国家重点研发计划项目（2016YFC0501104）资助
煤炭开采水资源保护与利用国家重点实验室资助

大型煤电基地水资源保护关键技术

张建民　李全生　刘晓丽　等　著

科学出版社
北京

内 容 简 介

水资源保护是我国大型煤电基地科学开发和区域生态文明建设的重要保障。本书按照"系统保护与协同利用"思路，针对大型煤电基地开发水资源保护利用重大技术难题，结合东部草原区典型基地研究与示范工程，聚焦矿区水资源地质保护评价、软岩区大型露天/井工矿地下水库构建、煤炭开采地下水原位保护、矿井/矿坑水洁净储存与生态利用、水资源多目标优化配置与调控等关键技术和方法，提出了采动渗流分析、开采导水裂隙带自修复促进等新方法和大型露天矿立体储水模式、露天地下水库和含水层保护的柔性开采等新技术，初步形成适于大型煤电基地水资源科学保护与有效利用技术体系。

本书具有较强的理论性和实用性，可供矿业学科、生态学科、环境学科的科研人员、高校教师、相关专业的高年级本科生和研究生，以及从事煤炭开采、地下水保护、矿区生态修复等工作的技术人员参考，对大型煤电基地水资源保护开发实践具有重要参考价值。

图书在版编目（CIP）数据

大型煤电基地水资源保护关键技术 / 张建民等著. -- 北京 : 科学出版社，2025.6.
 ISBN 978-7-03-077700-3

Ⅰ.①大… Ⅱ.①张… Ⅲ.①煤炭工业－工业开发－关系－水资源保护－研究－中国 ②电力工业－工业开发－关系－水资源保护－研究－中国 Ⅳ.①F426.21 ②F426.61 ③TV213.4

中国国家版本馆 CIP 数据核字(2024)第 018549 号

责任编辑：王　运　柴良木 / 责任校对：何艳萍
责任印制：肖　兴 / 封面设计：楠竹文化

科学出版社 出版
北京东黄城根北街 16 号
邮政编码：100717
http://www.sciencep.com

北京建宏印刷有限公司印刷
科学出版社发行　各地新华书店经销

*

2025 年 6 月第 一 版　　开本：787×1092　1/16
2025 年 6 月第一次印刷　印张：25 1/4
字数：600 000

定价：388.00 元
（如有印装质量问题，我社负责调换）

Supported by the National Key Research and Development Project（2016YFC0501104）
Supported by the State Key Laboratory of Water Resource Protection and Utilization in Coal Mining

Key Technologies for Water Resources Protection in Large Coal Power Base

Zhang Jianmin　Li Quansheng　Liu Xiaoli et al.

Abstract

Water resource protection is a crucial safeguard for the scientific development of large coal-electricity bases in China and for the construction of regional ecological civilization. Based on the concept of "systematic protection and coordinated utilization", this book addresses major technical challenges related to water resource protection and utilization in the development of large coal-electricity bases. Drawing on research and demonstration projects in typical bases located in eastern grassland regions, it focuses on key technologies and methods such as geological assessment of water resource protection in mining areas, construction of underground reservoirs in covering soft rock regions for large-scale open-pit and underground mines, in-situ protection of groundwater during coal mining, clean storage and ecological utilization of mine water/pit water, and multi-objective optimization and regulation of water resources. It proposes new methods such as mining-induced seepage flow analysis and promoting the self-healing of mining-induced water-conducting fracture zones. It also introduces new technologies including three-dimensional water storage models for large open-pit mines, open-pit underground reservoirs, and flexible mining techniques for aquifer protection. The initial technical system supported by these contributions is established, available for the scientific protection and effective utilization of water resources in large coal-power bases.

This book has strong theoretical and practical significance. It can serve as a reference for researchers in the fields of mining, ecology, and environmental science; university faculty members; senior undergraduate and graduate students in related disciplines; as well as engineering and technical personnel engaged in coal mining, groundwater protection, and ecological restoration of mining areas. It holds significant reference value for the practical development and protection of water resources in large coal-power bases.

本书主要作者名单

张建民　李全生　刘晓丽　曹志国　鞠金峰

杨　建　刘　基　于　涛　杜文凤　池明波

张溪彧　杜　涵　王玉凯　陈树召　马正龙

张润廷　宋仁忠　温建忠　武　洋　王甜甜

Principal Authors List

Zhang Jianmin	Li Quansheng	Liu Xiaoli	Cao Zhiguo
Ju Jinfeng	Yang Jian	Liu Ji	Yu Tao
Du Wenfeng	Chi Mingbo	Zhang Xiyu	Du Han
Wang Yukai	Chen Shuzhao	Ma Zhenglong	Zhang Runting
Song Renzhong	Wen Jianzhong	Wu Yang	Wang Tiantian

序

  大型煤电基地是我国能源规模化集约化开发的重要方式，也是国家能源安全保障和区域经济可持续发展的重要支撑。我国煤基能源集约化开发中水资源科学保护与有效利用一直是煤炭资源可持续开发与区域生态安全协调的难点，也是大型矿区生态保护性开发中面临的重大难题。东部草原区聚集了13个大型褐煤田及大量的中小煤田，分布在呼伦贝尔和锡林郭勒草原区的大型褐煤田支撑着煤电基地建设，其煤炭产能超4亿t，装机超过2000万kW，约占东北区的57%和29%，形成了草原区煤电基地群。该区具有酷寒、干旱半干旱、土地瘠薄等生态脆弱性特点，近年来草地退化、土地沙化、水土流失严重、生物多样性下降等导致区域生态系统呈退化态势，煤电基地开发的生态问题与区域生态安全的矛盾更加凸显，而保护有限的水资源成为保障煤电基地可持续开发和促进区域生态安全的重要内容。

  《大型煤电基地水资源保护关键技术》针对我国大型煤电基地科学开发面临的水资源短缺与开采地下水系统破坏问题，按照"系统保护与协同利用"思路，以大型煤电基地可持续开发与区域生态安全协调为目标，依托我国生态脆弱区典型大型煤电基地群——东部草原区大型煤电基地聚集区的系统研究与工程实践，聚焦大型露天矿区地下水库、大型井工矿地下水系统保护和区域水资源科学配置等重点，提出了大型露天矿三层储水模式、近地表生态型储水机制、导水裂隙带自修复机制、露天矿地下水库储水介质重构机制、区域水资源调控机制等，以及地下水保护地质评价、采动渗流系统分析、含水层导通区分析等新方法，开发了大型露天煤矿地下水库构建、大型井工矿地下水原位保护、导水裂隙带自修复促进、矿井（坑）水洁净储水与生态利用等新技术，初步形成适于东部草原区煤电基地可持续开发的地下水资源保护与利用的关键技术体系。

  该书基于我国大型煤电基地典型案例研究提出的水资源保护理论与关键技术，不仅为我国地下水资源保护和利用充实了创新性内容，也为我国煤电基地科学开发与区域生态保护协调提供了重要的技术支撑。该书的面世有助于读者正视我国煤基能源开发中存在的问题，了解相关领域广大科技工作者的不懈努力及对煤基能源绿色开发的追求，同时也期待进一步加强该领域的深入研究与工程实践，彰显科技作为第一生产力的作用，促进我国煤电基地科学开发与区域生态文明建设。

中国工程院院士
2022年12月16日

前　　言

大型煤电基地是基于我国煤炭为主体能源的国情形成的能源集约化开发模式，是国家能源安全保障和区域经济可持续发展的重要支撑，而水资源科学保护与有效利用是煤电基地可持续开发面临的重大难题，也是区域生态安全的有效保障。东部草原区聚集了13个大型煤田和一大批中小煤田，支撑着东部草原区煤电基地群的开发。由于该区具有酷寒、干旱半干旱、土地瘠薄等生态脆弱性特点，煤电基地开发的生态影响和近年来区域生态退化，凸显煤电开发与区域生态安全协同的重要。传统的煤炭资源开发实施的"边开发边治理"或"先开发后治理"的策略具有生态修复难度大和生态持续影响时间长的弊端，如何在煤炭资源开发全过程按照"减损开采"策略控制生态影响强度和时间，特别是从生态系统学视角突破传统认识，开发生态型水资源保护方法和技术，有效提升大型煤电基地水资源保护和利用水平，促进能源开发集中区域生态安全，已经成为能源、生态和煤炭开发等领域关注的焦点，也是本书开展专题研究与工程实践的重点。

（一）

大型煤电基地是依托大型煤炭基地建立的煤电现代化生产集中区域，是国家能源安全战略的重要支撑。为确保煤基能源开发中水资源保障和区域生态安全，国家相关部门相继出台了一系列管理措施，如2013年国家发展和改革委员会出台了《矿井水利用发展规划》；2014年国务院发布了《水污染防治行动计划》（水十条），明确指出"推进矿井水综合利用，煤炭矿区的补充用水、周边地区生产和生态用水应优先使用矿井水"；2017年财政部、国家税务总局、水利部联合发布了《扩大水资源税改革试点实施办法》，在试点地区将矿井水纳入了征收范围；2021年生态环境部、国家发展和改革委员会和国家能源局联合发布了《关于进一步加强煤炭资源开发环境影响评价管理的通知》，规定了矿井水要充分利用，确需外排时，水质应满足或优于受纳水体环境功能区划规定的地表水环境质量对应值。这些都为煤基能源开发中水资源保护与利用提出了明确的要求，也是区域生态安全管理的重要内容。煤炭资源开发对水资源的影响一直是社会各界关注的热点话题，目前煤炭高强度开采对矿区及区域水资源系统（如地下水和地表水水量与水质等）均有一定影响，其影响机理和机制问题仍在不断深入研究和探索中。在井工开采方面，国内外学者研究了井工开采过程中覆岩破断对上覆含水层和隔水层影响，分析了不同工况下含水层变化特征以及对生态环境的影响，并在此基础上提出了绿色开采、保水采煤等理念和技术体系，推动了矿山安全开采和绿色开采的发展；露天开采方面，露天开采工艺和流程的特殊性，导致了露天开采对地表生态的破坏远大于井工开采。为此，国内外专家学者已有大量相关成果及案例，主要集中在三个方面。一是针对开采过程中引起的矿区含水层挖损与区域水系统演变发生变化等，通过优化生产工艺等减小开采对生态环境的破坏，提出了露天开采生态环境保护等技术，重在减少开采对局域生态环境的直接破坏；二是基于大型露天开采工艺不断进步，适时调整"采后再治理"或"采后再恢复"生态恢复策略，通过挖掘露天开采与矿区环境的时空关系，强化人为的合理干扰或修复力度，重在提高局域环境的生态修复效率；三是针对开采局域生态环境破坏对区域生态安全的影响，深入研究高强度煤炭开采的生态影响范围和区域生态环境响应，通过矿区绿色开采、煤电清洁开发、区带生态功能建设的协同，促进大型煤电基地区域社会经济可持续发展。

本书针对制约煤电基地可持续开发的关键问题之一和影响区域生态环境与安全的关键因子——水资源，着眼煤电基地开发系统，按照"源头保护、生态储存、分质利用、优化配置"技术思路，揭示煤电基地开发过程中水资源保护（原位保护、生态储存和有效利用）机制，研究适用于煤电基地开发情景的水资源保护关键技术和应用模式，依托东部草原区大型煤电基地和神东大型煤炭基地开展现场试验和关键技术示范，提出大型煤电基地水资源保护与利用模式和关键技术体系，作为大型煤电基地开发生态减损与系统修复的重要支撑，将为东部草原区和我国大型煤电基地开发水资源保护与利用及区域生态安全协同保障提供引导示范作用。

（二）

本书是在我国大型煤电基地水资源保护与利用研究及实践基础上，依托"东部草原区大型煤电基地生态修复与综合整治技术及示范"项目和神东矿区水资源保护与利用工程实践，重点论述煤炭开采水资源保护与利用研究及应用技术的学术著作。本书按照"减损开采"思路，注重生态损伤源头控制，突出大型露天矿区和井工矿区高强度开采下水资源保护技术与有效利用途径，内容涉及水资源保护与利用的理论及方法和关键技术，可概括为以下几个方面。

（1）理论上着眼煤电基地水资源系统，一是首次界定了大型煤电基地水资源保护范围及具体内涵，明确了水资源保护与煤电基地开发活动的协同关系、对煤电基地生态建设与区域生态安全的支撑作用，构建了大型煤电基地水资源保护与利用模式；二是围绕煤炭开采扰动下水资源保护机制，提出露天矿地下水库储水介质重构机制、导水裂隙带"水-气-岩"耦合自修复机制、近地表生态型储水机制、区域水资源调控机制等；三是针对地下水开采扰动下多样化地质情景，提出多样性地质条件下地下水保护地质评价方法、大型井工开采局域流场的采动渗流系统分析方法、采动裂隙导通区辨识方法、露天煤矿地下水库库容评价方法、煤电基地区域多用户水资源科学配置等。

（2）技术上按照绿色近零排放目标，一是突破传统的大型露天矿采-排-复系统的局限，创新构建了面向生态的地下水"三层"（地下水库含水层、导水层和近地表生态型储水层）保护与利用模式，开发了大型露天煤矿地下水库构建技术、地下水库储水介质重构技术、近地表生态型含水层构建技术、洁净储存和净化处理工艺等；二是基于开采扰动含水层状态和自修复机制，创建了大型井工开采地下水原位保护模式，开发了导水裂隙带自修复促进技术、软岩区煤矿地下水库构建技术、矿井水洁净转移存储技术等；三是按照矿区生产安全和生态安全的矿井水零排放目标，基于采动覆岩导水裂隙带自修复机制，通过开采导水裂隙带发育规律模拟、渗流异常区圈定、导水通道辨识和导水裂隙带工程验证，提出"低进—高推—慢停"的柔性开采工艺，形成具有软岩区特色的地下水原位保护技术。

（3）实践上按照安全为基、总量控制和效率优先原则，将现场科学试验与工程示范相结合，一是按照三层储水模式，通过大型露天矿（宝日希勒露天矿）地下水库示范工程获得了软岩区地下水库储水介质特性、可注抽性等关键参数，优化提出大型露天矿采-排-筑-复工艺过程，构建了国内外业界第一例软岩区露天煤矿地下水库；二是通过大型露天矿排土场近地表生态型储水层大尺度试验（储水介质筛选、储水层和坝体构筑等），探索提出适于大型露天矿生态修复的近地表洁净储-用水结构和构筑模式；三是按照"地下水原位保护"思路，通过大型井工矿（敏东一矿）软岩储水介质的地下水库构筑试验、矿井水第四系含水层洁净转移存储试验、导水裂隙带自修复探查试验、矿井水洁净处理工艺试验等，探索了软岩区煤矿地下水库构建、导水裂隙带自修复促进、矿井水生态型利用的可行性，采用"低进—高推—慢停"柔性回采模式，有效提升了含水层保护效果；四是按照废弃地生态利用思路，基于大型露天矿（宝日希勒和胜利露天矿）地下水渗流季节性特点，构建了具有储水作用和景观效果的地表蓄水池，形成安全储水-生态景观融合的生态型水资源保护利用模式。

本书突破我国大型煤电基地煤炭开采模式，基于东部草原区大型煤电基地复杂情景，开展了高强度扰动下水资源保护与利用难点问题探索与工程实践，提出的大型煤电基地开发水资源保护与利用模式及关键技术，进一步完善了大型煤电基地水资源保护与利用技术体系，为推进我国大型煤电基地水资源保护与利用提供了重要示范作用。

（三）

全书是由张建民和李全生策划，曹志国和池明波协同组织下集体完成的成果。各章执笔者分别如下。前言：张建民、李全生、池明波；第1章：张建民、曹志国、池明波、于涛、刘晓丽、鞠金峰、杨建、刘基、周正武；第2章：于涛、王延忠、于鹏、赵伟、马俯波、王亮、王向浩、胡博文、高群旺、靳利涛、徐立升；第3章：刘晓丽、张建民、杜涵、王玉凯、孙欢、张润廷、张周爱、郭海桥、苏慎忠、李雁飞、王常建、陈树召；第4章：鞠金峰、温建忠、马正龙、宋金海、王志宇、赵会国、赵伟；第5章：鞠金峰、许家林、温建忠、马正龙、杨静、沙猛猛、方志远、赵富强；第6章：张建民、李全生、曹志国、温建忠、杜文凤、池明波、赵会国、武洋；第 7 章：杨建、张溪彧、王甜甜、温建忠、张周爱、董兴玲、葛光荣、郭海桥、赵会国；第 8 章：刘基、张溪彧、王甜甜、董兴玲、葛光荣、张润廷、张周爱、郭海桥、黄玉凯、王党朝；第 9 章：李全生、曹志国、刘勇、王海清、陈维民、张润廷、宋仁忠、丁序海、杜文凤、宋金海、张周爱、韩兴、温建忠、佘长超、王党朝、赵会国；结束语：张建民、李全生；全书插图编辑：池明波、武洋。全书由张建民统稿和审定。

此外，参与工作的还有国家能源投资集团有限责任公司的杜彬、南清安、刘生优、张凯、李井峰、周保精、王丹妮、卓卉、方杰，神华地质勘查有限责任公司的刘福义、吴德山、刘向阳、张顺峰、韩东亮，中国矿业大学（北京）的赫云兰、陈磊，煤炭开采水资源保护与利用国家重点实验室的吴宝杨、张勇、石精华、门东坡、张康宁、蒋斌斌、郭强、郭俊廷、杨英明、白璐、邢朕国等。

本书涉及我国煤电基地水资源保护理论与方法和技术等诸多方面内容，由于理论水平和实践的局限，尚有不足之处，希望得到读者指正和帮助，以不断完善。

作　者

2022 年 11 月

目　　录

序
前言
第1章　概述 ··· 1
　1.1　研究背景 ··· 1
　　1.1.1　东部草原区大型煤电基地及煤矿分布特征 ······································· 1
　　1.1.2　东部草原区煤炭资源开发特征 ·· 9
　　1.1.3　大型煤电基地水资源保护利用挑战 ·· 14
　1.2　国内外研究现状及存在问题 ··· 16
　　1.2.1　大型煤矿区煤炭开采水资源影响研究 ··· 17
　　1.2.2　开采扰动下地下水保护方法研究 ·· 19
　　1.2.3　地下水资源保护与利用方法研究 ·· 22
　1.3　东部草原区大型煤电基地地下水资源保护研究 ································· 25
　　1.3.1　面临的主要问题和解决技术思路 ·· 25
　　1.3.2　主要研究内容与方法 ·· 27
第2章　大型煤电基地地下水资源地质保护评价方法 ···································· 29
　2.1　地下水资源地质保护的基本问题 ··· 29
　　2.1.1　地下水地质保护与机制 ·· 29
　　2.1.2　地下水资源地质保护区划 ·· 32
　2.2　地下水地质保护基本条件 ·· 34
　　2.2.1　地下水地质保护自然地质条件 ·· 35
　　2.2.2　地下水地质保护工程地质条件 ·· 41
　2.3　地下水保护地质模型与适宜性评价 ·· 48
　　2.3.1　地下水保护地质模型 ·· 48
　　2.3.2　地质保护适宜性评价数学模型 ·· 51
　　2.3.3　地质保护适宜性分类评价 ·· 55
　2.4　地下水地质保护分析 ·· 58
　　2.4.1　扰动区地下水地质保护适宜性分析 ·· 58
　　2.4.2　采损区地下水地质保护适宜性综合分析 ······································· 60
　　2.4.3　典型矿区地下水地质保护适宜性分析 ··· 61
第3章　大型露天煤矿地下水库及建设关键技术 ··· 75
　3.1　露天煤矿地下水库储水能力 ··· 75
　　3.1.1　露天煤矿地下水库基本概念 ··· 75

3.1.2　露天煤矿地下水库储水机制与模式 79
　　　3.1.3　地下水库库容确定方法 83
　3.2　露天煤矿地下水库设计 90
　　　3.2.1　设计原则和主要指标 90
　　　3.2.2　地下水库主要功能设计 95
　　　3.2.3　地下水库分项设计 96
　3.3　露天煤矿地下水库建设关键技术 104
　　　3.3.1　地下水库选址技术 104
　　　3.3.2　储水体重构技术 107
　　　3.3.3　坝体构筑技术 116
　　　3.3.4　采-排-筑-复一体化技术 121

第4章　大型井工矿地下水库储水空间研究 125
　4.1　采动导水裂隙带演化规律 125
　　　4.1.1　超大工作面开采导水裂隙带结构及变化基本规律 125
　　　4.1.2　中硬覆岩导水裂隙带演化规律分析 128
　　　4.1.3　软弱覆岩导水裂隙带演化规律分析 134
　　　4.1.4　岩性软硬对覆岩导水裂隙带演化的影响 141
　4.2　覆岩导水裂隙带渗流特性研究 142
　　　4.2.1　覆岩导水裂隙类型划分 143
　　　4.2.2　不同类型覆岩裂隙的渗流特性分析 144
　　　4.2.3　采动导水裂隙带导水主通道分析 150
　4.3　地下水库储水系数研究 154
　　　4.3.1　地下水库储水空间物理模型 154
　　　4.3.2　采动区储水介质空隙量分析 155
　　　4.3.3　地下水库的储水系数分析 161

第5章　采动覆岩导水裂隙带自修复机制与促进方法 164
　5.1　采动覆岩导水裂隙带自修复机制 164
　　　5.1.1　自修复的定义及特征 164
　　　5.1.2　自修复作用过程 166
　5.2　水-气-岩耦合作用的裂隙渗流影响实验研究 167
　　　5.2.1　砂质泥岩压剪裂隙岩样实验分析 167
　　　5.2.2　典型岩性张拉裂隙岩样实验研究 176
　　　5.2.3　酸性水对含铁破碎岩样降渗特性实验分析 187
　5.3　采动裂隙人工引导自修复促进方法 193
　　　5.3.1　人工引导裂隙自修复的促进机制 194
　　　5.3.2　基于铁/钙质化学沉淀封堵的自修复促进方法 195
　　　5.3.3　基于水平定向钻孔注浆封堵的修复促进方法 201
　　　5.3.4　基于边界煤柱/体松动爆破的裂隙促进闭合修复方法 211

第 6 章 软岩区煤炭开采地下水保护与分析方法······214
6.1 地下水原位保护机制与技术途径······214
6.1.1 软岩区水文地质与矿井水特征······215
6.1.2 软岩覆岩区地下水原位保护机制······218
6.1.3 地下水原位保护技术途径与模式······220
6.2 采动渗流系统及渗流场模型······222
6.2.1 采动渗流系统及特征······222
6.2.2 采动渗流场结构与效应模型······226
6.3 采动渗流场特征分析······231
6.3.1 "采-渗耦合"效应分析······232
6.3.2 采动渗流扰动特征······234
6.3.3 采动渗流辐射特征······240
6.3.4 多源采动渗流耦合关系······244
6.4 采动渗流理论应用······244
6.4.1 导通区辨识应用······244
6.4.2 保水安全开采应用······254

第 7 章 东部草原区大型煤矿矿坑/井水的洁净储存与利用技术······261
7.1 东部草原区煤炭开采矿坑/井水来源及特征······261
7.1.1 矿坑/井水来源及主要特征······261
7.1.2 水文地球化学特征······264
7.1.3 地下储水的水质安全特征······266
7.2 宝日希勒露天矿矿坑水储存与利用风险识别······267
7.2.1 矿井水地下储存污染组分特征······267
7.2.2 露天矿矿坑水地下储存安全风险评价······270
7.2.3 地下水库洁净调控功能设计······273
7.3 敏东一矿矿井水储存与利用过程风险识别······281
7.3.1 矿井水污染组分特征与风险因子识别······281
7.3.2 矿井水储存净化过程水质演化规律······282
7.3.3 典型污染物迁移转化过程风险分析······283
7.4 矿坑/井水洁净储存风险控制方法······287
7.4.1 矿区水质分析及风险控制······287
7.4.2 矿坑水处理工艺组合优化与效果评价······289
7.4.3 矿井水处理工艺组合优化与效果评价······292

第 8 章 面向生态的水资源多目标优化配置与调控方法······295
8.1 煤电基地水资源来源与利用途径······295
8.1.1 煤电基地水资源主要来源及分布特点······295
8.1.2 煤电基地水资源主要利用途径······299
8.2 典型煤电基地水资源优化配置方法······300

8.2.1　典型煤电基地需水量预测及平衡分析 ·················· 300
　　　8.2.2　煤电基地水资源多目标优化配置方法与分析 ·············· 306
　8.3　煤电基地水资源调控机制与方法 ························· 315
　　　8.3.1　煤电基地水资源动态调控机制 ······················ 315
　　　8.3.2　基于煤电基地可持续开发的管控方法 ·················· 316
　　　8.3.3　基于有限水资源量的调控方法 ······················ 318
　　　8.3.4　基于多类型水质的调控方法 ······················· 320
第9章　示范区地下水资源保护工程应用实例 ························ 323
　9.1　胜利矿区地表储存与转移利用工程应用 ······················ 323
　　　9.1.1　矿区水资源分布及利用情况 ······················· 323
　　　9.1.2　基于地表"水湖"的储存和转移利用模式与设计 ············· 326
　　　9.1.3　工程实施及效果 ···························· 327
　9.2　宝日希勒露天煤矿地下水库建设与工程应用 ···················· 329
　　　9.2.1　宝日希勒矿区水资源分布及保护模式 ·················· 329
　　　9.2.2　近地表储水层系统构建及效果分析 ··················· 333
　　　9.2.3　地下水库系统构建及效果分析 ······················ 338
　9.3　敏东一矿地下水资源保护方法应用研究 ······················ 347
　　　9.3.1　软岩条件构建地下水库工程试验 ···················· 347
　　　9.3.2　第四系含水层转移存储可行性试验 ··················· 352
　　　9.3.3　矿井涌水生态利用试验 ························· 358
　　　9.3.4　地下水原位保护可行性研究与分析 ··················· 363
结束语 ·· 375
主要参考文献 ·· 377

Contents

Foreword
Preface
Chapter 1 Overview ·· 1
  1.1 General background ·· 1
    1.1.1 Distribution feature of mines in large-scale coal-power bases of the eastern prairie area ·· 1
    1.1.2 Development feature of coal resource in the eastern prairie area ················ 9
    1.1.3 Challenge of protecting and using water resources in large-scale coal-power bases ·· 14
  1.2 Research status and existing problems at home and abroad ····························· 16
    1.2.1 The mining impact on water resources in large coal mining areas ············ 17
    1.2.2 The protection methods of groundwater resources under mining disturbance ········ 19
    1.2.3 The method research for protecting and using groundwater resources ············ 22
  1.3 Study on protecting groundwater resource in large coal-power bases of eastern prairie area ··· 25
    1.3.1 Existing problems and technical thinking for solving them ···················· 25
    1.3.2 Main content and methods of the research ·· 27
Chapter 2 Evaluation method for geological protection of groundwater resources in large-scale coal-power bases ·· 29
  2.1 Basic issues in the geological protection of groundwater resources ················· 29
    2.1.1 Geological protection and mechanism of groundwater ···························· 29
    2.1.2 Division for geological protection of groundwater resources ·················· 32
  2.2 Basic conditions for geological protection of groundwater ······························ 34
    2.2.1 Natural conditions for the protection ·· 35
    2.2.2 Geo-engineering conditions for the protection ·· 41
  2.3 Geological models and suitability evaluation for groundwater protection ············ 48
    2.3.1 Geological models for groundwater protection ······································· 48
    2.3.2 Mathematical models of the suitability evaluation ·································· 51
    2.3.3 Suitability evaluation for the classified geo-conditions ··························· 55
  2.4 Suitability analysis for geological protection of groundwater ························· 58
    2.4.1 Suitability analysis of the protection in disturbance zones ······················ 58
    2.4.2 Suitability analysis of the protection in damaged areas ·························· 60

2.4.3　Suitability analysis for the protection in typical mining areas ················· 61

Chapter 3　Construction of underground reservoir and key technologies in large-sized open-pit mines ··· 75

3.1　Water-storage capability of underground reservoirs in open-pit mines ············· 75
　3.1.1　Basic concepts of underground reservoirs in open-pit mines ················ 75
　3.1.2　Water-storage mechanism and the mode in open-pit mines ················· 79
　3.1.3　Determining method for storage capacity of underground reservoirs ·········· 83
3.2　Design techniques for underground reservoirs in open-pit mines ···················· 90
　3.2.1　Design principles and main indicators for construction of groundwater reservoirs ······· 90
　3.2.2　Function design of underground reservoir system ···························· 95
　3.2.3　Itemized design of underground reservoir ······································· 96
3.3　Key technologies for the construction of underground reservoirs in open-pit mines ······· 104
　3.3.1　Siting methods for the underground reservoirs ································ 104
　3.3.2　Reconstruction techniques of water-storage body ··························· 107
　3.3.3　Construction techniques for underground dam ······························· 116
　3.3.4　Mining-dumping-constructing-restoring integrated technology for the reservoir construction ··· 121

Chapter 4　Research on water-storage space of underground reservoirs in large-sized mine ·· 125

4.1　Evolution law of mining-induced water-conducting fissure zone ··················· 125
　4.1.1　Structure of water-conducting fissure zone and its evolution law for large-sized working face ··· 125
　4.1.2　Evolution law of water-conducting fissure zone under mining coverage with medium-hard rocks ·· 128
　4.1.3　Evolution law of water-conducting fissure zone under mining coverage with soft rocks ··· 134
　4.1.4　Influence on the evolution of water-conducting fissure zone by lithology hardness of mining coverage ··· 141
4.2　Seepage features of the water-conducting fissure zone ······························ 142
　4.2.1　Classification of water-conducting fissure zone ······························ 143
　4.2.2　Seepage features of water-conducting fissure zone with different type of rocks ······ 144
　4.2.3　Main channel of mining-induced water-conducting fissure zone ············ 150
4.3　Water-storage coefficient of underground reservoir ································· 154
　4.3.1　Physical model of water-storage space of underground reservoir ············ 154
　4.3.2　Porosity analysis of water-storage medium in mining area ·················· 155
　4.3.3　Water-storage coefficient analysis of underground reservoir ················ 161

Chapter 5 Self-healing mechanism of water-conducting fissures zone and its stimulating methods ································ 164

5.1 Self-healing mechanisms of water-conducting fissure ························ 164
   5.1.1 Self-healing definition and its feature ····························· 164
   5.1.2 Self-healing work process of water-conducting fissures zone ············ 166

5.2 Experimental study on influences on fissure's seepage by water-gas-rock interactions ···· 167
   5.2.1 Analysis of sandy mudstone specimens from compression-shear fissure zone ······· 167
   5.2.2 Analysis of typical rock specimens from tension fissure zone ············· 176
   5.2.3 Permeability reduction characteristics of iron-bearing broken rock samples with acid water ················ 187

5.3 Artificially guided promotion method for the self-healing process of mining-induced fissures zone ················ 193
   5.3.1 Stimulating mechanism of artificial-guided self-healing fissure and technical approaches ················ 194
   5.3.2 Self-healing stimulating methods by plugged iron/calcium chemical precipitation ················ 195
   5.3.3 Repair promotion methods by grouting plugging of horizontal directional drilling ················ 201
   5.3.4 Repair methods of accelerating fissure closure by loose-blasting pillar/body boundary ················ 211

Chapter 6 Analysis method for groundwater protection of coal mining under soft-rock coverage areas ·················· 214

6.1 Mechanisms and technical approaches for in-situ protection of groundwater ········· 214
   6.1.1 Features of geology and mine water in soft-rock coverage areas ············ 215
   6.1.2 In-situ protection mechanisms for groundwater in soft-rock coverage areas ········ 218
   6.1.3 Technical approaches and models for in-situ protection of groundwater ········· 220

6.2 Mining seepage system and mining-induced seepage field model ················ 222
   6.2.1 Mining seepage system and main features ························ 222
   6.2.2 Structure and effect model of mining-induced seepage field ················ 226

6.3 Features analysis of mining-induced seepage field ·························· 231
   6.3.1 Features analysis of mining-seepage coupling effect ···················· 232
   6.3.2 Disturbance features of mining-induced seepage ······················ 234
   6.3.3 Radiation features of mining-induced seepage ························ 240
   6.3.4 Coupling relationship of mining-seepage process under multi-sources mining-seepage ················ 244

6.4 Theoretical application of mining-induced seepage field ···················· 244
   6.4.1 Identification of main water-conducting channel in mining-induced fissure zone ····· 244
   6.4.2 Analysis for water conservation and safe mining ······················ 254

Chapter 7 Clean storage and use technologies of groundwater for large-sized mine/pit in eastern grassland area ········ 261

7.1 Source and characteristics of coal pit or mine groundwater ········ 261
- 7.1.1 Sources and main features of pit or mine groundwater ········ 261
- 7.1.2 Hydrogeochemical features of groundwater ········ 264
- 7.1.3 Water-quality guarantee of underground storage ········ 266

7.2 Risk identification of pit-water storage and utilization in Baorixile open-pit mine ········ 267
- 7.2.1 Polluted component features of pit-water in underground storage ········ 267
- 7.2.2 Safety risk assessment of underground storage of pit-water in open-pit mine ········ 270
- 7.2.3 Cleaning design of operation and controls system for underground reservoir ········ 273

7.3 Risk identification of mine-water storage and its utilization in Mindong No.1 mine ········ 281
- 7.3.1 Polluted component features of mine-water and risk-factor identification for storage ········ 281
- 7.3.2 Evolution law of water quality in mine-water storage and purification process ········ 282
- 7.3.3 Migration and transformation mechanism of typical pollutants from mine water ········ 283

7.4 Risk control method for clean storage based on treatment process of mine/pit water ········ 287
- 7.4.1 Typical pollutant treatment process and parameter control ········ 287
- 7.4.2 Optimization and effect evaluation for combined treatment process of pit water ········ 289
- 7.4.3 Optimization and effect evaluation for combined treatment process of mine-water ········ 292

Chapter 8 Optimally allocating and regulating water resources with ecology-oriented & multi-objectives ········ 295

8.1 Sources and usage of water resources in coal-power base ········ 295
- 8.1.1 Main sources and distribution characteristics of water resources ········ 295
- 8.1.2 Main usages of water resources ········ 299

8.2 Optimized allocation method of water resources for the typical coal power base ········ 300
- 8.2.1 Water demand prediction and balanced analysis ········ 300
- 8.2.2 Optimal allocation method and analysis of multi-objective usage of water resources ········ 306

8.3 Regulation mechanism and methods of water resources in the coal-power base ········ 315
- 8.3.1 Mechanism of dynamic regulation on water resources ········ 315
- 8.3.2 Management and regulation methods for sustainable development ········ 316
- 8.3.3 Regulation method based on limited-quantity water resource ········ 318
- 8.3.4 Regulation and control methods based on multi-type water quality ········ 320

Chapter 9 Engineering examples of protecting groundwater resources in sample area ········ 323

9.1 Engineering application of storage and transfer based on the "Lake" model in Shengli pit area ········ 323
- 9.1.1 Distribution and usage of water resources ········ 323

9.1.2 Model and design of storage, transfer and utilization based on the "Lake" model ········· 326
9.1.3 Engineering implementation and utilization effect ········· 327
9.2 Construction example of the underground reservoir in Baorixile pit mine ········· 329
9.2.1 Distribution and protection mode of groundwater resources in mining area ········· 329
9.2.2 Construction of near-surface water storage system and its effect analysis ········· 333
9.2.3 Construction of groundwater reservoir system and its effect analysis ········· 338
9.3 Applied research on protection methods of groundwater in Mindong No.1 mine ········· 347
9.3.1 On-site test of constructing underground reservoir under soft-rock coverage ········· 347
9.3.2 On-site feasibility test of transfer and storage in the aquifer of Quaternary strata ········· 352
9.3.3 On-site test and analysis for ecology usage of mine water ········· 358
9.3.4 Feasibility study and analysis on groundwater protection in-situ ········· 363

Conclusions ········· 375

References ········· 377

第1章 概 述

大型煤电基地是基于我国煤炭为主体能源的国情形成的能源集约化开发模式，大型煤电基地可持续开发是国家能源安全和区域经济可持续发展的重要组成部分，而大型煤电基地的重要资源——水资源的科学保护与有效利用不仅是可持续开发亟待解决的重大难题，也是缓解区域生态安全压力的重要途径。东部草原区大型煤电基地是我国大型煤电基地之一，该区相继开发的13个大型煤田支撑着区域煤电基地群开发，目前已成为我国东北、华北和华东等区域煤电重要供给区。该区酷寒、干旱半干旱、土地瘠薄等生态脆弱性特点显著，近年来区域生态退化和受煤电基地开发生态累积影响，特别是水资源不足加剧生态影响问题，凸显大型煤电基地水资源保护与利用的重要性。本研究以东部草原区大型煤电基地为例，通过开展水资源保护与利用关键技术研究及实践，探索面向我国大型煤电基地可持续开发的水资源保护和利用水平提升技术途径，为大型煤电基地煤电开发与区域生态安全协同提供有效的水资源保障支撑。

1.1 研究背景

大型煤电基地区域具有分布地域广阔、煤炭资源丰富、开采集约化程度高、坑口电厂局域集中的显著特点，大多依托一个或若干个煤炭基地，形成空间上相对集中的煤电能源开发聚集区。研究以东部草原区为例论述煤电基地区域开发背景和煤电基地可持续开发中水资源保护利用面临的挑战。

1.1.1 东部草原区大型煤电基地及煤矿分布特征

东部草原区泛指以蒙东草原区域为主的地域，包含锡林郭勒草原、呼伦贝尔草原、科尔沁草原、鄂尔多斯草原和乌兰察布草原共5片牧区草原，内蒙古大草原是我国最为重要的陆地生态系统之一，不仅是众多动植物的栖息地，更是我国北方地区重要的生态屏障。其中大型煤电基地开发集中区域主要在锡林郭勒草原区和呼伦贝尔草原区。

1. 区域构造特征

东部草原区大型煤电基地主要分布在海拉尔、二连伸展断陷盆地群，呈北东向，断陷盆地埋藏较深并且成盆后期的构造运动相对较弱，从而煤系保存较好或较完整。

海拉尔断陷赋煤构造带和二连断陷赋煤构造带表现为隆拗相间的构造格局，二连断陷赋煤构造带呈北东向条带状展布，煤系地层呈现原始状态，断裂稀少，仅在靠近大兴安岭隆起的地方，断裂较为发育一些；海拉尔断陷赋煤构造带表现为由交织成网的断裂分割而成断块的特点，煤系地层后期构造较弱，因断裂较为发育，被分割成规模不等的块体。

1）海拉尔断陷赋煤构造带

海拉尔断陷赋煤构造带主体位于额尔古纳和大兴安岭两个隆起带之间的海拉尔凹陷，也包括德尔布干断裂西侧的额尔古纳造山带上的少量盆地。基底的主体为牙克石市早海西褶皱带，西跨额尔古纳地块，具有寒武系基底。含煤地层为中生界下白垩统大磨拐河组和伊敏组，赋存有扎赉诺尔、大雁、伊敏、呼和诺尔等煤田。

总体格局为"四隆三陷"，自西向东为额尔古纳隆起、扎赉诺尔断陷、嵯岗隆起、贝尔湖断陷、巴彦山隆起、呼和湖断陷、大兴安岭隆起。以巴彦山隆起为界，东部拗陷为东断西超，西部拗陷为西断东超。靠近盆地边缘，受大断裂控制，形成双断型拗陷。

该赋煤构造带内成煤盆地形成主要受西部的北东向德尔布干断裂和东部乌努尔深断裂控制，使盆地总体呈北东向展布。由于盆地的主体带基于褶皱带上，盆地基底起伏较大，次级构造单元形态不规则。煤盆地的构造格局受北东、北北东向断裂为主，北北西、东西向断裂为辅而交织成网的断裂体系所控制，使整个盆地被分割成多个小的断块，呈北东向雁行排列。煤系褶皱宽缓或近水平，断层为主要的控煤构造，以高角度正断层为主，由于断裂的控制作用，煤系分布表现为一些规模不等的断块。

海拉尔断陷赋煤构造带内煤系地层所受的后期改造微弱，仅东部靠近大兴安岭的一些盆地中煤系受构造影响较大，煤系地层后期的构造形变以高角度的正断裂为主，以平行或垂直盆地的纵、横向断裂比较发育，多切穿煤系地层，甚至达基底，但断距一般不大，褶皱较少且宽缓。煤系地层多被断裂分割呈规模不等的断块。这些断裂展布走向为北东、北北东或近东西向，倾角一般较大。典型的煤盆地构造特征叙述如下。

（1）扎赉诺尔煤盆地

该盆地东西两侧均以同沉积断裂为界，东侧为阿尔公断裂，西侧为扎赉诺尔断裂，走向均为北北东向，倾向盆内。盆内煤系呈不对称向斜，东翼倾角为 3°～5°，西翼倾角为 7°～10°，有少量北北东、北东向断层，以前者为主，多为正断层，落差为 20～200m，构造简单。

（2）大雁煤盆地

该盆地为单侧断陷盆地，北缘为同沉积断裂，走向为 60°。盆内为单斜构造，地层走向北东、北北东向，倾向北西向，倾角为 15°～20°，一般浅部陡、深部缓，伴有与其近于平行的张性断裂。伊敏矿区有着同样的构造特征。

（3）陈旗煤盆地

该盆地受南北两侧近北东向张性盆缘断裂控制，南部盆缘正断层控制着盆地的形成，断裂均倾向盆内，属于同沉积断裂性质。盆内煤系地层为一轴向大体呈北北东向的宽缓向斜，沿走向、倾向均有次一级波状起伏，一般倾角为 5°～10°，两翼地层倾角略陡。以正断层为主，除盆缘断裂外断距均不大，构造较为简单。

除了成煤期后构造对煤盆地的影响外，岩浆活动的侵入和喷发对已形成的煤田及其赋存和煤层、煤质同样具有不同程度的影响。对于海拉尔赋煤构造带内的成煤盆地，岩浆活动主要发生于侏罗纪，形成了兴安岭群火山岩沉积地层。而在成煤期后即白垩纪以后的火山活动比较轻微,对煤系地层的影响很小。

海拉尔断陷赋煤构造带内控煤构造样式主要有三类:以伸展构造样式为主的,主要分为单斜断块和箕状构造,这两种在断陷盆地内很常见,如扎赉诺尔断陷、伊敏断陷等;同沉积断层构造样式在伊敏盆地内比较典型;反转构造样式在乌尔逊-贝尔拗陷内比较发育。

2)二连断陷赋煤构造带

二连断陷赋煤构造带南界为赤峰-开源断裂,东界为大兴安岭隆起,北接中蒙边界,西至狼山,盆地基底主要为加里东期、早海西期和晚海西期褶皱带和锡林浩特微地块。含煤地层为下白垩统白彦花群,主要的成煤盆地有霍林河、白彦花、胜利、巴音胡硕等。

该赋煤构造带的构造格局特征除了北西侧和南东侧边界隆起外,总体格局为"两拗"加"一隆",中部北东向展布的苏尼特隆起上也分布着少数小规模盆地。苏尼特隆起的西北侧为马尼特拗陷、乌兰察布拗陷、川井拗陷;隆起的东南侧为乌尼特拗陷和腾格尔拗陷。其南部拗陷由于受到阴山-燕山构造带的影响,呈北东东向,但内部次级凹陷仍呈北东向展布。

总体而言,苏尼特隆起西北侧断陷带具有沉降幅度大、活动性强、火山活动频繁、地温梯度高等特点,为含油气盆地;东南侧断陷带边缘断陷断距较小、活动性弱、火山活动微弱、湖泊相发育,有利于成煤,如霍林河、白音华、胜利等盆地均有很厚煤层形成。盆地内断裂主要为正断层,走向以北东东为主,北北东和近东西向次之,断面倾角为 $30°\sim50°$,剖面上陡下缓。此外,由于在晚侏罗世及早白垩世晚期,区域范围内经受了挤压作用,发育一些反转构造,形成传递断层、逆掩断层等剪切压性断裂。

二连断陷赋煤构造带内的断陷盆地主要成盆期为早白垩世,所形成的煤系建造以宽缓褶皱和近水平产状为主,煤系地层大多数盆地内保留较完整,成煤期后的构造形变很弱,以比较宽缓的褶皱为主,断裂稀少,故煤系及煤层大多保留比较完整,连续性也比较好,基本保留了原貌,如胜利矿区、巴彦宝力格矿区。只有在褶皱抬升或背斜核部的相应位置,遭受了一定的剥蚀。如分布于大兴安岭西缘的胜利、霍林河、巴音胡硕等盆地受强烈断块活动影响,断层抬升剥蚀较明显。典型的煤盆地构造特征叙述如下。

(1)霍林河煤盆地

该盆地为北东向的狭长形不对称箕状向斜,向斜轴偏西北侧,其走向与盆地展布方向一致,次级褶皱发育,倾角一般小于 $10°$。盆地西缘和北缘均有倾向盆内的正断层,为同沉积断层。西缘断裂为主要控制性断裂,在剖面上呈"Y"形;北缘断裂与西缘断裂近于直交,两者共同控制盆地基底的沉降,在断裂旁侧有最大的沉积厚度。这两组同沉积断裂同时被北西向和北北东向小型横切断层错开。盆内还发育一些北东向和北西向小规模断裂,多为高角度正断层,但控制作用不大。

霍林河盆地基底为兴安岭群火山岩系,发育有三个次级凹陷和两个次级隆起。这些次级凹陷和隆起被北西向的基底断裂所分割,断块沿着西部盆缘断裂差异翘倾和升降,对沉积盖层的次级同沉积构造和煤系的堆积有明显控制作用。

(2)白音华煤盆地

该盆地为大型山间断陷盆地,呈北东-南西向展布,向斜轴向与盆地展布方向一致,地层倾角为 10°～15°，有明显起伏。盆地北西缘和南东缘均有倾向盆内的正断层，呈典型地堑构造，盆地西南缘多为横向断裂所截，东北缘保存完整。

（3）胜利成煤盆地

该盆地为北东-南西向展布的断陷盆地，受东、西两侧的同沉积断裂控制，总体呈宽缓的北东-南西向向斜，其中西侧为控盆正断层，呈直线状。盆地后期受到左旋扭动，在盆内发育北西、北东向断层，前者发育程度较后者好，均为正断层，构造较简单。

2. 煤炭资源量

东部草原区（内蒙古东部地区）具有丰富的煤炭资源，褐煤探明储量和预测储量均居全国第一位，该区分布着十几个大型褐煤田以及大量的中小褐煤田，也是我国最大的褐煤资源开发区域。依托大型煤田建设一批煤电生产集中区，形成了以锡林郭勒和呼伦贝尔为中心的煤电生产集中区域——煤电基地。

1）呼伦贝尔草原区煤电基地煤炭资源概况

呼伦贝尔草原区是内蒙古五大草原区之一，位于东部草原区北部。该区煤炭资源以褐煤为主，局部有长焰煤，已探明储量达到 400 亿 t 以上，主要分布在 8 个煤田，各煤田简要情况如表 1-1 所述。

表 1-1　呼伦贝尔草原区煤炭资源分布概况

煤田序号及名称		地理位置	探明地质储量/亿 t	煤种	注
1	大雁煤田	呼伦贝尔市牙克石市西南	36	褐煤	
2	宝日希勒煤田	呼伦贝尔市陈巴尔虎旗	41	褐煤	64%适合露采
3	呼山煤田	陈巴尔虎旗和新巴尔虎旗交界处	23	褐煤	
4	伊敏煤田	鄂温克旗	48	褐煤	52%适合露采
5	伊敏五牧场煤田	鄂温克旗伊敏煤田南	53	长焰煤和褐煤	
6	红花尔基煤田	鄂温克旗	27	褐煤	
7	呼和诺尔煤田	跨鄂温克旗和新巴尔虎左旗	104	褐煤	
8	扎赉诺尔煤田	满洲里	83	褐煤	

其中，伊敏煤田是我国第一个采取煤电联营方式开发的煤田，配套露天矿直接建设坑口电厂，将褐煤就地转化成电力输出，后期开发的敏东一矿及坑口电厂与其形成伊敏煤田的煤电生产聚集区。宝日希勒煤田也是煤炭输出、坑口发电和煤化工开发的聚集区。呼伦贝尔煤电基地就是依托伊敏煤电、宝日希勒煤田开发，以煤电为主，煤化工为辅的煤基能源开发聚集区。

2）锡林郭勒盟草原区煤电基地煤炭资源概况

锡林郭勒草原区是内蒙古五大草原区之一，位于东部草原区南部。该区是我国褐煤资源最集中的区域，已探明煤炭资源（褐煤）储量达到 584 亿 t 以上，主要分布在 5 个煤田，各煤田简要情况如表 1-2 所述。

表 1-2　锡林郭勒草原区煤炭资源分布概况

煤田序号及名称		地理位置	探明地质储量/亿 t	煤种	注
1	霍林河煤田	通辽市霍林郭勒市	131	褐煤	23%适合露采
2	乌尼特煤田	锡林郭勒盟东乌珠穆沁旗	69	褐煤	38%适合露采
3	白音华煤田	锡林郭勒西乌珠穆沁旗	140	褐煤	32%适合露采
4	胜利煤田	锡林浩特市	214	褐煤	57%适合露采
5	白音乌拉煤田	锡林郭勒盟苏尼特左旗	30	褐煤	

其中，胜利煤田也是我国特大型褐煤生产集聚区之一，该区以大型露天开采为主，第一个采取煤电联营方式集中开发了一批大型露天矿（东二露天矿、胜利露天矿、西二露天矿、西三露天矿等）和特大型坑口电厂，将褐煤资源就地转化成电力输出。锡林郭勒大型煤电基地就是依托胜利煤田、白音华煤田和霍林河煤田开发的，该区也是我国煤基天然气和煤化工潜在发展区。

3. 煤田开发区域气候分带

东部草原区整体呈南北向展布，该区东西向超过 1000km，南北纵向超过 1500km。目前煤炭资源分布和煤电开发主要集中在南、北两大区带，北区带是以呼伦贝尔市为核心的大型煤矿群（主要集中在海拉尔区周围），南区带是以锡林郭勒为重心，沿胜利煤田-白音华煤田-霍林河煤田分布的大型煤矿群。根据自然气候条件，北区带为酷寒草甸草原区，南区带为干旱半干旱典型草原区。

1）北区带酷寒草原区特征

呼伦贝尔草原区位于内蒙古高原东北部的海拉尔盆地及其周边地区。该区地处温带-寒温带气候区，年平均气温-2.6~1.8℃，表 1-3 显示了近 20 年内平均气温低于 0℃的天数；属于干旱-半干旱气候，年降水量 150~540mm。全年无霜期 80~110d。地表植被以草原植被为主，自西向东分布着荒漠化草原、典型草原、温性草甸草原、稀树草原等多种草原类型。

表 1-3　近 20 年平均气温低于 0℃天数统计

项目	<0℃	<-10℃	<-20℃	<-25℃	<-30℃	<-40℃
近 20 年平均/d	223.4	155.5	114.3	89	56.8	4.7
近 20 年最多/d	233	166	130	107	83	19

注：气温-25℃一次持续时间最长为 404h/a（16.83d/a），最短为 42h/a（1.75d/a）。

呼伦贝尔草原地貌景观以低山丘陵为主，属于中温带大陆性季风气候，春秋两季气温变化急促，夏季温凉短促，冬季寒冷漫长（逐月气温与降水量变化规律见表 1-4），且春温高于秋温，秋雨多于春雨，无霜期短，气温年、日差较大，光照充足。该区域 9 月下旬到翌年 4 月下旬为结冻期。平均结冻日数 245.2d，平均结冻深度 3.235m，岛状永久冻土厚度 2.22m。

表 1-4 锡林郭勒、呼伦贝尔地区逐月气温与降水量变化规律（多年平均值）

月份	锡林郭勒 日均最高气温/℃	锡林郭勒 日均最低气温/℃	锡林郭勒 平均降水总量/mm	呼伦贝尔 日均最高气温/℃	呼伦贝尔 日均最低气温/℃	呼伦贝尔 平均降水总量/mm
1	-12	-25	2	-20	-31	4
2	-8	-22	3	-15	-28	3
3	2	-13	5	-4	-18	6
4	13	-2	7	8	-4	14
5	20	5	24	18	3	25
6	25	11	47	24	10	55
7	28	15	82	26	14	96
8	26	13	65	24	12	84
9	20	6	25	17	4	37
10	12	-3	11	8	-5	14
11	0	-13	5	-6	-17	5
12	-10	-21	2	-17	-27	5

2）南区带典型草原区特征

该区域位于内蒙古中部锡林郭勒盟，首都北京的正北方，是距京津冀经济圈最近的草原牧区。该区域属北部温带大陆性气候，其主要气候特点是风大、干旱、寒冷。年平均气温 0～3℃，结冰期长达 5 个月，寒冷期长达 7 个月，1 月气温最低，平均-20℃。平均降雨量 295mm，由东南向西北递减，降雨多集中在 7、8 月内（逐月气温与降水量变化规律见表 1-4）。年平均相对湿度在 60%以下，蒸发量在 1500～2700mm 之间，由东向西递增。蒸发量最大值出现于 5～6 月。年日照时数为 2800～3200h，日照率 64%～73%，无霜期 110～130d。

4. 煤炭资源开发空间聚集性

东部草原区煤炭资源分布聚集区大致可以划分为南、北两区带，受煤炭资源分布和开发模式影响，煤炭资源开发表现出明显的聚集性。北区带形成以呼伦贝尔市为中心和三个矿区聚集区的煤基能源开发集中区——呼伦贝尔煤电基地，南区带是以锡林郭勒等为中心和三个矿区聚集区的煤基能源开发集中区——锡林郭勒大型煤电基地，南、北两区带也是东部草原区煤炭主要产能集中区。

1）呼伦贝尔区带

该区是以海拉尔区为中心，由宝日希勒聚集区、伊敏聚集区和大雁聚集区组成的大型露天煤炭生产区域，在100km范围内分布有大小矿井十余处，形成亿吨级煤炭生产区（表1-5），2022年的煤炭总生产能力逾9000万t/a。该区已经初步形成大型煤电基地雏形，保障着东北区域煤炭需求。

表1-5 呼伦贝尔区域主要煤矿概况

序号	名称	2016年核准或核定能力/（万t/a）	2022年产量/（万t/a）	备注
		宝日希勒煤矿聚集区		
1	宝日希勒露天煤矿	3500	2740	
2	东明露天矿	300	126	正在核定生产能力400万t/a
3	呼盛煤矿	180	101	
4	天顺煤矿	120	101	
5	蒙西一井	180	101	
6	顺兴煤矿	60	50	
7	呼伦贝尔宝日希勒金源煤矿	30	25	
		伊敏煤矿聚集区		
8	敏东一矿	500	400	
9	伊敏露天矿	3500	3500	2022年核定生产能力为3500万t/a
		大雁煤矿聚集区		
10	大雁三矿	270	252	
11	扎泥河露天矿	600	645	
	合计（1~11）	9240	8041	

（1）宝日希勒煤矿聚集区

宝日希勒煤矿聚集区位于呼伦贝尔草原中部，距呼伦贝尔市中心15km，主要由宝日希勒露天煤矿、东明露天矿、呼盛煤矿等组成，宝日希勒煤田地质储量41亿t，现有产能4300万t/a。矿区煤层埋藏浅、倾角小、厚度大、赋存条件好；煤质属低硫、低磷、中低灰分的优质褐煤。

（2）伊敏煤矿聚集区

伊敏煤矿聚集区位于内蒙古自治区呼伦贝尔市鄂温克族自治旗伊敏镇境内，北距海拉尔85km，距滨洲铁路及301国道78km，区内有海伊铁路（伊敏铁路支线）、海伊公路、504省道通过，交通十分便利。伊敏煤田地质储量48亿t，现主要由伊敏露天矿和敏东一矿组成，产能达到4000万t/a。

（3）大雁煤矿聚集区

该聚集区坐落在呼伦贝尔市中部鄂温克族自治旗境内，位于大兴安岭西麓海拉尔河中游，东接牙克石市，西连海拉尔区，南邻巴彦嵯岗苏木，北隔海拉尔河与陈巴尔虎旗相望。区域交通便利，国防公路301线在矿区北部通过，滨洲线铁路在矿区中部穿过。大雁火车站东距牙克石市 18km，向西至海拉尔区 64km。主要由大雁三矿和扎泥河露天矿组成，探明储量 36 亿 t，产能达到 870 万 t/a。

2）锡林浩特区带

该区是以锡林郭勒为重点，由胜利煤田聚集区、白音华聚集区和霍林郭勒聚集区组成的大型露天煤炭生产区域，2022 年的煤炭总生产能力近 160Mt/a，支撑着锡林郭勒大型煤电基地及周边区域的煤炭需求，锡林浩特区域主要煤矿概况见表 1-6。

表 1-6　锡林浩特区域主要煤矿概况（2022 年）

序号	名称	核准或核定能力/（万 t/a）	备注
胜利煤田聚集区			
1	胜利一号露天矿	2800	
2	胜利西二号露天矿	1000	
3	胜利西三号露天矿	600	
4	胜利东二号露天矿	1000	一期公告生产能力 1000 万 t/a，二期核准规模 2000 万 t/a。因受剥采比偏高等因素影响，一直未能达产
白音华聚集区			
5	国家电力投资集团露天矿	1500	
6	平庄煤业一号露天煤矿	1200	
7	海州公司露天矿	500	
8	蒙东公司三号露天矿	2000	
9	四号露天矿二期工程（井工矿）	500	
霍林郭勒聚集区			
10	扎哈淖尔煤业露天矿	1800	
11	霍林河煤业南露天矿	1800	
12	霍林河煤业北露天矿	1000	
13	源源公司露天矿	165	
14	源源公司金源里矿	120	
	合计（1～13）	15985	

（1）胜利煤田聚集区

该区是以胜利煤田为主要开发对象，在锡林浩特市周边形成由多个大型露天煤矿组成的特大型煤炭基地，主要包括胜利一号露天矿、胜利西二号、三号露天矿和胜利东二号露天矿，总生产能力 5400 万 t/a。

（2）白音华聚集区

白音华聚集区位于内蒙古自治区西乌珠穆沁旗，该区是以白音华煤田为主要开发对象，在白音华区域形成由多个大型露天煤矿组成的特大型煤炭基地,主要包括国家电力投资集团露天矿、平庄煤业一号露天煤矿、海州公司露天矿、蒙东公司三号露天矿、四号露天矿二期工程(井工矿),总生产能力5700万t/a。白音华金山电厂一期已建成投产,建设规模2×600MW。

(3)霍林郭勒聚集区

霍林郭勒聚集区位于内蒙古东部科尔沁草原,地处大兴安岭西南麓,煤田面积540km²,蕴藏有133亿t优质褐煤,是内蒙古自治区规划的7个5000万t煤炭基地和国家规划的13个亿吨级煤炭基地之一,目前已建成扎哈淖尔、南露天、北露天3座现代化大型露天煤矿,形成了以霍林郭勒市为中心的总生产能力逾4800万t/a的特大型煤炭基地。

1.1.2 东部草原区煤炭资源开发特征

1. 大型露天矿煤炭开采

东部草原区煤炭资源以露天开采为主,区域内采煤区主要有呼伦贝尔区带宝日希勒矿区、伊敏矿区、大雁矿区、扎赉诺尔矿区,锡林郭勒区带的胜利矿区、白音华矿区和霍林河矿区等。

1)资源赋存特征

根据煤层倾角大小可将东部草原区大型露天煤矿分为近水平煤层矿区与倾斜煤层矿区,开采近水平煤层的露天煤矿有宝日希勒矿区、伊敏矿区、胜利矿区等;开采倾斜煤层的露天煤矿有霍林河矿区、白音华矿区等。

(1)近水平煤层矿区特点

A. 宝日希勒矿区

该矿区位于宝日希勒勘探区27~84线间,地势平坦,地表被植被覆盖。含煤地层为下白垩统大磨拐河组,全区发育,厚度在595~1540m之间,本组共分五个含煤岩段,即砂砾岩段、含泥岩段、中部砂砾岩段、砂泥岩段、含煤段,含煤段共13个煤层(群),由上至下编号为:B、1^1、1^2、1^3、1^4、1^5、2^1、2^2、2^3、3^1、3^{2+3}、4、5煤层,B、1^2、2^1、3^1、3^{2+3}等5个煤层为全区可采或局部可采,其余均为不可采或零星可采。

B. 伊敏矿区

该矿区位于伊敏向斜轴部及东南翼,区内地层由老到新发育有中生界上侏罗统兴安岭群龙江组、扎赉诺尔群大磨拐河组、伊敏组、新生界古近系、新近系、第四系。其中龙江组为煤系基底,大磨拐河组和伊敏组为含煤地层。

伊敏组含煤15个层组19个煤层,由上到下编号为:1、2、3、4、5、6、7、8、9、12、13、14、$15^{上}$、$15^{中}$、$15^{下}$、$16^{上}$、$16^{中}$、$16^{下}$、17煤层。尤以$15^{上}$、$16^{下}$比较稳定,全区发育2层($15^{上}$、$16^{下}$);大部可采8层(1、2、3、4、5、9、14、$16^{中}$);局部可采煤层5层(8、$15^{中}$、$15^{下}$、$16^{上}$、17)。华能伊敏露天矿可采煤层为5、9、14、$15^{上}$、$16^{中}$、$16^{下}$共6个煤层,其中二采区仅为$15^{上}$、$16^{下}$两个煤层。

C. 胜利矿区

该区含煤地层有三个层段含煤,即大磨拐河组下含煤段、泥岩段含煤段、上含煤段。其中上含煤段含煤层多、厚度大,6 号煤层以上各煤层适合露天开采。大磨拐河组的两个岩段虽然含煤,但层少且薄,是盆地初期发育阶段沉积环境较不稳定的情况下形成的,可采煤层自上而下有 5、$5^下$、$6^上$、5^{-1}、6、$6^下$。

（2）倾斜煤层矿区特点

A. 霍林河矿区

该矿区含煤系地层属于山间断陷盆地,厚度超过 700m。组成为含煤系地层的岩石为不同粒度的碎屑岩、泥岩和煤,其中细粒岩层即泥岩和粉砂岩占整个含煤地层的 44%,粗粒岩即砂岩和砾岩占 27%,煤层夹矸约占 8%。煤层露头埋藏深度较浅,为 0~16m,上覆第四系松散土岩,在勘探区内厚度多在 16m 以下,北部丘陵地区厚度较小,由洪积、冲积、坡积、残积和风积层组成。岩性上部为腐殖土,中部为细沙或流沙层,颗粒分选和磨圆度良好。下部为砂砾或砂石层,磨圆度和分选性均较差,成分多为流纹岩和安山岩砾石。不整合覆于含煤段或其他地层之上。该区可采煤层 8 层,即 6、10、11、14、17、19、21、24 煤层。

B. 白音华矿区

矿区煤层厚度变化较大,均呈大小不等的透镜状。向斜中部狭长地段内沉积较厚,向边缘逐渐变薄、分岔直至尖灭。本煤田煤层均赋存于上侏罗统上组第三段之中,按其沉积特征划分为三个含煤组。自上而下依次分为第一、第二、第三煤组。

白音华二号矿含煤地层为下白垩统巴彦花组,只有一个含煤岩段,含煤段共 41 个煤层,其中全区可采或局部可采煤层共 8 层,由上至下编号为：1^{-1}、1^{-2}、$2^{-1上}$、$2^{-1中下}$、2^{-2}、3^{-1}、3^{-2}、3^{-3} 煤层,其余均为不可采或零星可采。

2）煤炭开采工艺特征

由于岩石硬度普遍较小,在广泛应用单斗—卡车工艺开采的同时,东部草原区各露天矿也在积极探索连续、半连续开采工艺在露天矿的应用。

（1）单斗—卡车工艺

单斗—卡车工艺以其机动灵活、适应性强、生产能力大、初期投资省等优点得到了露天采矿界的普遍认可和广泛使用。单斗—卡车工艺应用的核心问题包括两个方面：一是应用单斗—卡车工艺的经济合理性。与半连续工艺相比,大量土岩单纯依靠卡车运输存在成本高、设备多、效率低、环境污染大等缺点,因此需要通过详细的技术经济论证以确定单斗—卡车工艺的应用范围。二是采运设备规格的优化选择与匹配。随着露天矿开采规模的扩大,设备的大型化与生产的集约化是必然的趋势,这也得到了国内外研究、设计、生产单位的普遍认可。但是,大型设备不利于选采,在煤层结构复杂、倾角较大的情况下,单纯追求设备大型化可能会影响原煤回采率和采出原煤煤质,因此东部草原区的露天矿普遍采用大型矿用设备与小型设备并存的协同生产工艺。

（2）轮斗机连续工艺

轮斗挖掘机—带式输送机—排土机连续工艺（以下简称"轮斗连续工艺"）的采掘由轮

斗挖掘机完成，运输由带式输送机完成，剥离物排弃由带式排土机完成，矿石则直接运入储矿场。该工艺具有自动化程度高、生产连续、效率高、开采强度大、采运排设备运营费少，生产成本低等显著优点；但也具有工艺环节复杂、设备较多、设备单重的购价较高、设备投资较大、受气候影响较大、切割力小、对待采装物料的块度要求严格等缺点。

我国内蒙古准格尔黑岱沟矿、内蒙古平庄元宝山露天矿、内蒙古白音华一号露天矿、内蒙古霍林河扎哈淖尔露天矿等在采剥作业中应用了该工艺，另外伊敏露天矿也引进了一套轮斗连续工艺用于剥离作业，现已完成联合试运转。国内主要露天矿应用轮斗连续工艺情况见表1-7。

表 1-7　国内主要露天矿应用轮斗连续工艺情况

露天矿	设计能力/(m^3/h)	应用物料	应用现状	说明
黑岱沟露天矿	3100	黄土剥离	废弃	效率低
元宝山露天矿	3600	松散层剥离	在用	效果国内最好
扎哈淖尔露天矿	3600	松散层剥离	在用	2010年后新建
白音华一号露天矿	2000	采煤	在用	配卡车试验
伊敏露天矿	3600	松散层剥离	在用	联合试运转

（3）自移式破碎机半连续工艺

21世纪以来，随着大批特大型露天煤矿的开发，绝大多数露天矿的煤炭生产都采用了不同形式的半连续工艺，半连续工艺的应用形式也趋于多样化。自移式破碎机半连续工艺系统的构成为：单斗挖掘机（电动机械铲）—履带自移式破碎机—履带自移式转载机（连接桥、转载桥）—带式输送机—履带自移式排土机。与单斗—卡车工艺系统相比，自移式破碎机半连续工艺系统取消了卡车运输，整个工艺系统实现"以电代油"，连续装载，挖掘机作业效率可提高约25%。该工艺的长距离或提升运输时带式输送机明显降低了物料运输成本，整体降低了露天矿设备投资和运营成本，减少因大量使用汽车而产生的废气排放和道路扬尘，大幅度降低卡车运输事故风险，改善矿山安全状况和露天矿周围的环境。

伊敏大型露天矿现有两类半连续工艺系统用于采煤作业，即单斗挖掘机—卡车—半固定破碎站—带式输送机半连续工艺和单斗挖掘机—自移式破碎机—带式输送机半连续工艺。其自移式破碎机半连续工艺系统生产流程为：露天煤矿采煤工作面采用WK-35单斗挖掘机采掘，直接装入位于采煤工作面的自移式破碎机，将煤破碎至300mm以下；破碎后的煤分别经A型转载机、M11工作面带式输送机和B型转载机转载至M12端帮带式输送机；然后由M13出入沟带式输送机经301、302地面带式输送机转至303上仓带式输送机，由仓上304、305刮板输送机将煤卸入2号缓冲仓内；缓冲仓下部设有8台给料机，仓内煤由给料机给至306、307带式输送机后进入三期发电厂输煤系统，或经308、309带式输送机进入一、二期发电厂输煤系统。

2. 大型井工矿煤炭开采

东部草原区大型井工矿主要集中在呼伦贝尔区带，如敏东一矿、雁南矿、呼盛煤矿等，南区带未来当露采资源枯竭时将会采用井工开采方式。井工开采主要采用综合机械化装备。开采方式为综采放顶煤采煤法，以及采用大功率滚筒采煤机、综采放顶煤液压支架、工作面大功率刮板输送机、配套的机道转载机、可伸缩皮带运输机及其他附属设备进行配套联合生产，实现采煤工艺全过程机械化的一种采煤方法。这种采煤方法具有可连续化生产、高产、高效、掘进率低、生产成本少、经济效益好的优点。综采放顶煤工艺的主要工序为：割煤—移架—推移前部运输机—放顶煤—拉移后部运输机—拉转载机—缩胶带输送机—支回端头和超前支柱。

其中，敏东一矿位于呼伦贝尔草原伊敏河中下游的东南部，设计规模年产 5.0Mt/a，是鄂温克电厂配套的大型煤电一体化矿井。该矿采用立井方式开拓，走向长壁综采放顶煤开采工艺。矿井位于伊敏河东矿区 15 勘查线中部，开拓方式为立井多水平，开采水平为一水平+340m。

3. 煤电一体化开发模式

东部草原区是我国重要的煤炭资源富集区域，因受人口和经济发展水平影响且自身能源需求有限，同时受煤质和铁路运输等条件限制，制约了传统煤炭资源开采-长距离运输-利用模式的规模化实施。随着以煤电一体化为核心的煤基能源开发模式推广，东部草原区已经纳入国家能源安全布局的重要组成部分，目前是我国规划和在建的大型煤炭生产与电能输出基地，近年来各矿区按照煤电一体化规划开发，现已成为东北、华北甚至华东地区的电能集中输出区，特别是随着特高压输电技术应用，其电能将辐射更广泛区域。目前，该区煤电一体化生产模式分为紧密型和松散型两类，前者是由单一经济主体运作的煤电一体化项目（伊敏矿和电厂、敏东一矿和蒙东电厂），后者是不同经济主体共同经营的煤电分离式项目（如宝日希勒矿和国华电厂）。

1）伊敏煤电一体化开发

伊敏煤电一体化开发是我国首个煤电联营项目，1976 年 7 月开发建设以来，历经多次改造。华能伊敏煤电有限责任公司现有电力装机 3400MW，露天矿核定生产能力 27Mt/a。依托煤电一体化优势，形成了呼伦贝尔区域煤电生产重要源点，实现了点源入网向东北区域外输，同时实现了矿区循环经济模式——露天矿供煤+电厂供电+采场处置粉煤灰+矿井水生态化利用（图 1-1）。

2）敏东煤电一体化开发

敏东煤电一体化工程是基于煤电联营模式、大型井工矿（敏东一矿）+坑口电厂（鄂温克电厂）一体化协同建设和国源电力集团有限公司独立运营的项目（图 1-2）。该工程位于呼伦贝尔市鄂温克族自治旗境内，北距海拉尔区约 70km，西距海伊公路和海伊铁路约 15km，电厂、煤矿相距 3.5km，建有输煤连廊，直接由煤矿将煤炭运输至电厂。电厂一期建成两台 60 万 kW 超临界发电机组，所发电能通过呼辽 500kV 直流输电线路送至辽宁。与伊敏煤电一体化项目不同，其配套的敏东一矿属于大型井工矿，设计规模年产 500 万 t，采用"煤来电去、水来汽去、煤来灰去"的先进生产思路，即煤矿向电厂提供稳定可靠的煤源，电厂直接提供用电，大幅降低煤矿生产成本，电厂大幅增加发电收益，实现以煤供电，以电促煤，互相依托，达到共赢和共促，提升煤电一体化项目整体竞争能力的效果。

图 1-1　呼伦贝尔草原伊敏煤电一体化开发区

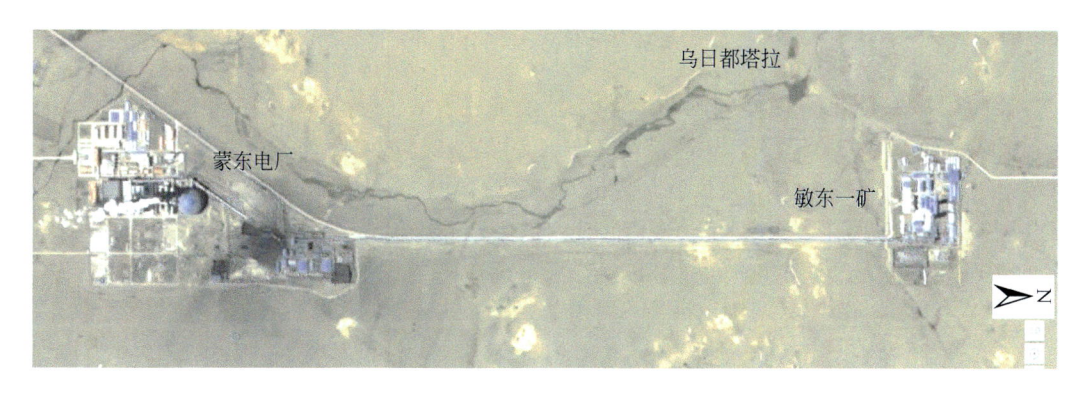

图 1-2　呼伦贝尔草原敏东一矿煤电一体化开发区

3）锡林郭勒煤电一体化开发

锡林郭勒煤电一体化开发工程是在内蒙古中部锡林浩特市建设的大型煤矿聚集区开发的煤电一体化项目（图1-3）。该工程位于胜利煤田中西部，保有资源储量20.43亿t，是外通京津唐、内连蒙内东西、南联北开的重要煤炭产源地。该区主要包括胜利一号露天矿、西三矿和东二矿等，煤电工程配套三个电厂，分别由内蒙古大唐国际锡林浩特矿业有限公司、华能锡林郭勒热电公司北方胜利电厂、神华北电胜利能源有限公司等电厂开发建设。其中，神华水电胜利能源有限公司电厂的装机容量超过 6×660MW，建成的胜利电厂冷却塔（高225m）创"最高的冷却塔"吉尼斯世界纪录。该区域还将进一步增加电力装机容量和煤炭生产能力，应用亚临界或超临界燃煤直接空冷机组和环保工艺，提升低碳环保水平。该区开发模式与伊敏煤电一体化模式相同，是由大型露天矿和大型电厂协同开发建设，主要由内蒙古大唐国际锡林浩特矿业有限公司、华能锡林郭勒热电公司北方胜利电厂、神华北电胜利能源有限公司等多个主体同步开发，形成了项目规模化开发和集约化煤电生产能力。

图 1-3　锡林郭勒煤电一体化开发区

按照煤电一体化。锡林郭勒草原区已经建成胜利、白音华两个 5000 万 t 级大型矿区，煤炭核准产能 2.05 亿 t，年产原煤 1.3 亿 t 以上，建成、在建和规划建设电厂 24 个、总装机 2164 万 kW，已投运 19 个、装机 1436 万 kW，火电发电量 603 亿 kW·h。同时借助国家建成的"两交一直"特高压通道和"十四五"全区首条、胜利矿区至张北特高压通道开工建设，总送电能力达 1800 万 kW，现在每年已向北京、华北和华东地区送电 750 亿 kW·h，有力保障了国家能源安全供给。

1.1.3　大型煤电基地水资源保护利用挑战

大型煤电基地是我国按照基地化、规模化、集约化的生产要求，发展绿色高效煤炭生产方式和应用清洁高效大容量燃煤机组发电，形成的煤-电能源集约化开发区域和煤基能源生产-输出集中区，也是国家能源安全的基本保障部分。根据国家能源产业布局和内蒙古自治区国民经济发展规划，东部草原区有序推进着呼伦贝尔和锡林郭勒煤电基地的大型坑口燃煤电站群建设，同时不断提升煤炭安全高效绿色开采水平。大型煤电基地水资源保护与利用是面向区域可持续发展客观要求，通过降低煤炭高强度开采对地下水资源破坏程度，大幅度提升大型煤电基地水资源保护与利用水平，以确保大型煤电基地能源经济和区域社会可持续发展及区域生态安全。目前，大型煤电基地水资源保护利用面临着技术、资源和安全不同层面的挑战。

1. 高强度煤炭开采地下水保护的近零排放

大型煤电基地是大型露天/井工矿聚集区域，由于现代煤炭开采应用高强度开采工艺与方法，采煤过程中不可避免地造成了对含水层的影响和破坏，产生了大量的矿井/矿坑水，特别是含水层丰富和距离地表水系发育区域的近距离矿区，不仅扰动破坏了地下水资源，同时也引发了煤炭开采地下水系统破坏。

东部草原是我国温带草原分布最集中、最具代表性的地区，发育了多种类型的草原生态系统，是我国北方地区重要的生态屏障。但因该区域分布有一大批大型露天煤矿，露天开采引发了一系列的水资源问题，同时也影响了与之密切相关的生态环境。2014 年内蒙古自治区煤田地质局 109 勘探队分析了宝日希勒矿区的野外调查及水质测试结果，认为宝日希勒矿区露天煤矿开采导致地下水位出现明显下降，部分观测孔地下水位下降幅度大于 5m，煤矿地下水疏干影响半径达到 2.5km；矿井水中的矿化度、氨氮和铁等指标出现不同程度的超标，如不经水处理直接外排，则会对地下水、地表水造成一定污染。

绿色开采是大型煤电基地高强度煤炭开采的生态和环境基本要求，高强度煤炭开采中水资源有效保护是绿色开采的重中之重和煤电基地绿色发展的可持续性指标，"近零排放"则是煤电基地水资源保护利用面临的技术挑战。基于 2020 年的东部草原区煤炭生产能力和每吨煤矿井/矿坑水平均产生量 1~1.5t 估算，矿井/矿坑水产生量超过 $0.4×10^9$t。近零排放不仅是降低高强度煤炭开采对地下水资源的破坏和保护矿区生态环境的基本要求，也是高强度煤炭开采实现绿色开采的重要目标。高强度煤炭开采中采用地下水原位保护和矿井水洁净储存等技术途径，有助于实现地下水保护和近零排放，为大型煤电基地水资源保护与有效利用提供技术保障。

2. 大型煤电基地水资源可持续保障

大型煤电基地是以煤炭资源为基础、煤和电规模化开发为核心的煤基能源开发系统工程，集人类活动、能源生产、自然资源与区域环境相结合的复杂系统，其中水资源与其他资源（如煤炭、土地等）相比更具有稀缺性，特别是在生态脆弱区，水资源不仅是煤电开发活动中的基本资源，而且也是区域生态维持的基本"给养"、区域人类居住和活动的生态保障要素。大型煤电基地区域集中了煤电生产、农牧业区、林业区、草原区和城镇区等单元，但又处于一定水文地质单元和流域的区域，水资源可持续保障需要建立煤电基地区域水资源量有限条件下区域多类型利用的多业共享平衡格局。

大型露天/井工矿集聚区高强度开采产生的区域水资源扰动和大量排放影响了区域水资源利用的平衡，或加剧区域水资源可利用量不足问题。如陕北神木-鄂尔多斯区域煤矿开采导致王道恒塔子流域和神木子流域地表径流总量减少，窟野河的基流域减少超过 40%。同时，伴随长周期连续采煤产生的大量矿井/矿坑水排入地表及水系又产生次级污染，地下水资源的损失与地表污染共同加剧了水资源不足的局面，影响着大型煤电基地水资源利用的可持续保障。东部草原区气候干燥，生态环境脆弱，煤电开发引发的地下水资源破坏、草原植被破坏、大面积水土流失、原生地下水位下降等一系列生态问题，破坏了区域煤电生产与农牧业和城镇发展及区域自然生态之间的水资源共享平衡关系，导致大型煤电基地发展中水资源可持续保障呈现资源量供给波动性和供给不稳定性。

大型煤电基地水资源可持续保障是煤电基地可持续开发的基本条件，稳定的水资源量和可持续保障也是煤电基地可持续开发面临的资源挑战。充分挖掘自然水资源（地下水、地表水、大气降水等）的承载能力、充分提高水资源的利用效率（如循环利用、分质利用等）、广泛应用绿色开采技术和水资源节约型技术等，将有助于确保大型煤电基地区域自然水资源不足时的可持续保障，促进煤电基地高质量发展和区域生态安全。

3. 大型煤电基地区域生态安全稳定

大型煤电基地开发过程中人类各种行为（能源开发与其他人类活动）对自然资源要素（如煤炭、土地、水资源等），特别是对局域地下水和地表生态环境持续破坏（如高强度开采、过度放牧、农业种植、城镇扩张等）及对水资源的持续扩张性索取，驱动着区域自然环境发生变化并形成区域生态和水资源影响累积效应，特别是对生态脆弱区开发的大型煤电基地的生态影响显得尤为严重，对东部草原区北方区域生态屏障弱化影响越来越受到国家与区域社会的广泛关注。

大型煤电基地开发过程中人类活动行为方式对于水资源保护与区域生态安全具有重要的影响。如煤电开发占用土地资源，缩小草原可牧区域；城镇和人口扩张加大区内城镇污染输出规模和强度等，增加煤电基地区域生态环境压力。而建设绿色矿山和零排放电厂、科学放牧、建设清洁绿色城市等行为有助于提高水资源协调和利用水平，降低大型煤电基地开发区域的生态影响负荷，确保区域经济发展活动和生态安全。大型煤电基地区域水安全水平则反映了区域自然范畴内的水资源、水环境及水灾害三者的综合效应，水资源除满足生活和生产的需要外，还可使自然环境得到妥善保护。近年来东部草原区草原退化趋势明显，煤电开发引发的地下水资源破坏累积效应影响显得尤为突出。显然，水安全保障已成为煤电开发区域与水资源之间一种最基本不可或缺的协同要求，涉及煤电生产、农牧业生产、城镇发展等，涉及水资源统一管理及自然水资源的合理保护和有效利用、煤基能源生产区的生态恢复、煤电局域的生态景观格局优化和煤电基地区域生态安全调控等，而水资源则是煤电基地水安全和生态安全保障中最重要的条件。

大型煤电基地区域生态安全是煤电基地可持续开发的基本要求，可持续水资源安全保障也是煤电基地区域生态安全稳定面临的安全挑战。大型煤电基地水资源保护利用中应坚持"保持生态优先和绿色发展"思路，在先进有效的水资源保护利用技术支撑下，通过低质水洁净处理、分阶水分质利用、水资源优化配置、水资源精细化等途径，确保大型煤电基地的水安全和区域生态与能源开发的水资源共享平衡关系，维持大型煤电基地区域生态安全和稳定，促进大型煤电基地的可持续开发和高质量发展，实现国家能源安全保障与区域生态安全协同。

1.2 国内外研究现状及存在问题

水是文明之源、生态之要、发展之需，2020 年我国水资源总量 3.1 万亿 m^3，仅为世界平均水平的 1/4，被联合国列为 13 个贫水国家之一。我国大型煤矿区或大型煤炭基地高强度开采引发地下含水层破坏产生矿井水，大量外排导致地下水资源流失和地表生态环境破坏，特别是在生态脆弱区和水资源匮乏区，加剧了开采破坏的生态环境累积效应，成为我国煤炭资源有效利用和煤基能源可持续开发面临的重大问题。为此，国家高度重视矿井水保护工作，先后出台了《矿井水利用发展规划》（发改环资〔2013〕118 号）和《水污染防治行动计划》（国发〔2015〕17 号），明确指出：推进矿井水综合利用，煤炭矿区的补充用水、周边地区生产和生态用水应优先使用矿井水。财政部、国家税务总局、水利部又联合发布了《扩大水资源税改革试点实施办法》（财税〔2017〕80 号），将矿井水纳入了征收范围。生态环境部、国家发展和改革委员会和国家能源局联合发布了《关于进一步加强煤炭资源开发环境影响评价管理的通知》（环环评〔2020〕63 号），规定了矿井水在充分利用后确需外排的，水质应满足或优于受纳水体环境功能区划规定的地表水环境质量对应值，且含盐量不得超过 1000mg/L。国家《煤炭工业"十三五"规划》也明确了未来我国煤矿矿井水资源发展战略、目标与技术路线，要求到 2020 年矿井水综合利用率达到 77%～80%。这些政策的出台对我国大型煤矿区域开发的水资源保护与有效利用具有重要的现实意义和深远影响。同时，根据国家及行业对煤矿地下水资源的管理规定，为大幅度减少大型煤矿区矿井水排放量和提高地下水资源保护利用水平，特别是处于我国西部的干旱半干旱地区和生态脆弱区，地下水是区域水资源总量的重要组成部分，对区域经济可持续发展和生态环境都有着重要的影响。对此，国内外相关科研和实践工作者开展了大量相关研究与实践。

1.2.1 大型煤矿区煤炭开采水资源影响研究

众所周知，煤炭开采导致采空区上覆岩层直至地面，出现冒落带、弯曲带和裂缝带，从而改变了上覆含水层的结构，影响了地下水的补给、排泄以及径流条件。另外，使得地下水的运动规律及其原始的自然流场发生改变，地下水的运动由采煤前的横向运动向垂向运动过渡，表现为地下水采煤前的基流和潜流排泄（横向运动）变为矿坑排水（垂向运动），从而导致地下水位下降。陶虹等（2016）以榆阳区萨拉乌苏组潜水为对象，开展地下水位动态与煤炭开采量、大气降水量的相关性分析，运用模糊聚类分析法认为：Ⅰ类区主要受大气降水影响，水位动态变化较大；Ⅱ类、Ⅲ类区受大气降水和煤炭开采的综合影响，水位动态变化较弱。在现有开采条件下，研究区地下水动态的主要影响因素是大气降水，其次是煤矿开采；范立民等（2016）通过资料收集和实地调查两种方法，获取了矿区煤炭资源大规模开采前（1995 年）地下水位和煤炭开采后（2014 年）地下水位，研究了榆神府矿区高强度煤层开采对地下水的影响。结果显示，研究区 7.3%区域地下水位下降幅度超过 8m，高强度开采是矿区地下水位下降的主要驱动因素。郭倩（2014）探讨了榆阳煤矿不同开采条件下不同时间的地下水位和流场变化，发现矿坑排水导致地下水位下降幅度较大，随着远离榆阳煤矿采空区地下水位下降幅度逐渐变小，形成以榆阳煤矿位置为中心的降落漏斗；此外，通过对榆阳区和横山区 1980～2008 年 12 口观测井的地下水埋深连续观测分析发现地下水动态特征主要受自然因素和人为因素的影响，其中降雨量是主要的自然因素，人为因素主要是煤炭、天然气等能源的开采，其改变了含水层的赋水条件，导致地下水位下降，地下水位变化强烈，且随煤炭资源开发呈动态变化；戚春前（2011）以赵各庄煤矿为对象，论述了赵各庄矿区地下水分布情况、采用经验公式计算了导水裂隙带发育高度，分析了煤系地层上部隔水层是否发生断裂，以及矿井涌水量与降水量直接的关系。发现最大导水裂隙带发育不到铝土层隔水层，隔水层遇上的地下水不会受到开采的明显影响，矿井涌水量与降水量之间关系密切；兰荣辉等（2014）以西山煤田某煤矿为对象，采用 Visual MODFLOW 软件计算了采煤影响下奥灰和太灰含水层的地下水位的变化，发现煤层开采使两含水层均出现水位下降的现象，采煤 2373 天后，太灰含水层最大水位降深达 137m，并在研究区南部形成疏干区，奥灰含水层的最大水位降深为 8.1m。太灰含水层和奥灰含水层地下水位的下降速度随着煤炭开采时间的延长呈不断减小的趋势；张凤娥和刘文生（2002）以神府矿区大柳塔井田为例，基于数值模拟的方法建立了二维平面地下水流模型，分析了煤矿开采对地下水流场的影响，得出随着采煤的进行会改变地下水的循环途径，充水含水层被疏干，泉水断流的结论；范立民等（2015）研究了神府矿区浅埋煤层开采对地下水流场变化规律的影响，认为煤炭开采导致地下水流场发生改变，大量的地下水转化成矿井水使得地下水位持续下降从而引发萨拉乌苏组含水层枯竭；顾大钊等（2013）研究了神东矿区超大工作面开采对地下水的影响，认为超大工作面开采引发地下水流场重新分布，且含水层厚度越小，基岩越薄，开采对含水层的影响越大；李向全等（2021）通过建立泉流量与矿井涌水量、岩溶地下水开采量和大气降水间的多元相关性分析，揭示了岩溶大泉衰减机制及主控因子。通过地表径流切割和氢氧稳定同位素组成混合比例计算，识别了不同水体间的相互转化关系和矿井水的水源组成，发现辛安泉域岩溶大泉流量和岩溶地下水位总体呈下降趋势，矿区东部煤炭开采对岩溶水影响强烈，主要影响途径是采煤活动造成岩溶水补给径流区的上覆含水层结构严重破坏和地表径流量衰减，导致岩溶水补给量减小。局部地下水流系统主要受采煤影响，改变了裂隙水和孔隙水原有的循环模式，表现为地下水向采空区集中排泄，形成新的汇流中心；马向东（2014）、姬广青（2013）分别以锦界煤矿和伊敏一号露天矿为例，采用现场调研分析、数值模拟等手段探讨了井工煤矿和露天煤矿开采对地下水系统的影响规律，均发现煤矿开采使井田地下水流场发生较大的变化，区域水资源量不断减少。

同时，规模化煤炭开采形成的导水裂隙带和地表塌陷使地表水体和地下水的水力联系变得更加紧密，矿井水长期疏放导致地下水位持续下降，使地下水对地表水体的补给作用愈加削弱，导致地表水体面积出现不同程度的减小，形成煤炭开采的地表水资源累积影响。如张思锋等（2011）建立了大柳塔矿区煤炭开采与乌兰木伦河径流量的相关关系，得出煤炭开采是影响乌兰木伦河径流量变化的最为关键要素，达到 77.3%（其中疏排水占 24.8%，煤炭开采导致地表塌陷占 52.5%）；马雄德等（2015）通过遥感资料得出红碱淖在 2001~2011 年之间面积减少了 47.37km^2，采用层次分析法得出煤炭开采对其影响占主导地位；蒋晓辉等（2010）以黄河中游窟野河为研究对象，通过统计学方法以及所建立的水均衡模型，发现 1997~2006 年间煤炭资源开采量为 5.5×10^7t/a，其地表水资源减少量为 2.9×10^8m^3/a；在此基础上，吕新等以神府东胜矿区窟野河流域为例，探讨了煤炭开采对地表水资源的影响机制，得出开采 1t 煤使河流基流量减少 2.038m^3（1997~2005 年）的结论。李舒等（2016）提出一种新的统计学方法用来评估煤炭开采对窟野河基流量减少的影响程度，结果显示自 1997 年以来，煤炭开采是河流基流量减少的主要诱因，在 1997~2009 年间窟野河基流量以 21.15mm/a（占到正常基流量的 56%）的速率减少；王子昕等（2019）以巴拉素煤矿为例，利用 GMS 地下水数值模拟软件，定量分析矿区内地表径流量随煤炭开采的衰减变化规律，表明煤炭开采第 49 年后，地表径流量衰减明显上升，其主要原因为煤炭开采引起了明显的地表沉陷，第四系潜水水位抬升，造成无效蒸发量增大，从而造成补给地表水体水量减少。Luan 等（2020）利用充分考虑植被动态的 SIMHYD-PML 水文模型，估算了采煤对河流径流的影响。结果表明，1998~2017 年，煤矿开采减少王道恒塔子流域 29.35%地表径流总量，神木子流域减少了 55.41%，整个窟野河流域减少了 49.44%。还有学者在山西省古交矿区采煤对河流径流影响研究中，采用了 MIKE-SHE 一体化分布式水文模型分析表明：1981~2008 年间开采 1t 原煤使河流径流减少 2.87m³，其中地表径流减少 0.24m³，基流减少 2.63m³。

相比而言，国外学者相关研究则主要集中于煤炭开采对地层含水层水位、水质、渗透性等参数影响的基础理论研究方面。例如，对美国伊利诺伊盆地长壁开采工作面上覆浅层含水层水位和水质变化的大量实测研究，表明煤层开采后由于上覆岩层裂隙及沉陷的共同作用，引起浅层含水层水位、渗透性、储水能力、水力及水质特性发生变化。煤炭开采引起的地下水位下降在一定条件下可以缓慢恢复，其主要取决于含水层的渗流补给和采动裂隙的压缩闭合。采动渗流场变化规律研究中基于采动引起的应力重新分布进而导致有效孔隙率和渗流场的变化，采用有限元方法分析了采动条件下覆岩破裂变形和地下水流动的耦合关系，刻画了水位下降的动态变化过程。

同时，煤炭开采相关的地面辅助生产活动也造成地表水污染和破坏，井下排出物亦可能造成地表水污染。中国南方地区煤炭开采对地表水体水质的影响主要表现在外排的酸性矿井水挟带一定含量的重金属对地表水体产生污染。罗海波等（2010）探讨了贵州省中部已关闭煤矿区煤矸石堆积场在降雨作用下煤矸石中污染物对周边地表水体质量的影响。结果表明，废弃煤矿井周围溪流水体的 pH 呈强酸性，SO_4^{2-} 的浓度远超过了集中式生活饮用水地表水源地补充项目标准限值；Fe 和 Mn 浓度超过了标准限值的 108~270 倍，且随着离井口距离的增加，污染物的浓度逐渐下降。刘伟等（2020）采用数理统计分析、Pearson 相关性分析以及综合污染指数评价法对贵州省摆沙河流域煤矿区周边地表水重金属污染进行了评价分析。结果发现，由于当地酸性矿井水外排的影响，地表水体中重金属污染严重，远离矿区区域重金属含量明显降低。西北地区矿井水主要表现为高矿化度水，对外排入河流等地表水体后，由于混合、径流、稀释等作用，其对地表水质的影响较小。刘基等（2020）采取了榆神矿区秃尾河和榆溪河沿程水样，通过数理统计、图解法等探讨了煤炭开采对地表水体水质的影响，结果发现，地表水局部地段受人类采矿活动的轻微影响，但由于河流的径流、混合和稀释等作用，采煤活动对地表水水质的影响有限。国外矿山开采对地表水水质的影响主要表现在金属矿山开发外排富含金属离子的酸性矿井水（AMD）影响地表水体水质。

1.2.2 开采扰动下地下水保护方法研究

煤炭开采过程中的地下水资源保护是一种主动行为，从时间上划分为采前、采中和采后三个阶段。其中，采前集中在安全开采的地下水风险控制，实施采前预抽等方法转移形成矿井水外排，采中（或开采扰动时）地下水或含水层保护则针对导水裂隙带发育规律进行开采工艺控制，采后则是针对开采扰动形成的矿井水转移储存和利用。国内外学者大多采用理论分析、数值模拟、物理模型试验及现场实证相结合的方法，集中在开采扰动下地下水流场、导水裂隙带和含水层保护等方面，目前国内学者和工程实践重点集中在开采导水裂隙带发育规律研究和工程控制。

导水裂隙带是煤炭开采水资源保护中的重要参数，针对开采扰动下导水裂隙带研究重点是采动覆岩破断运移及导水裂隙演化规律方面，在早期"三带"理论基础上，刘天泉（1986）基于大量实测统计结果形成"导高"计算经验公式，钱鸣高和许家林（1998）基于关键层理论提出"导高"确定新方法。我国在采煤实践中通常按照"三下"规程确定的采煤高度经验公式推测导水裂隙带高度，随着开采技术进步和工艺方法变革，大量实践发现导水裂隙带不仅与采煤厚度有关，还受煤层倾角、顶板特性、采深、工作面长度和工作面推进速度等影响。为提高导水裂隙带预测准确性，近年来我国科研工作者针对机械化开采、综采、综放、大采高、大深度等条件进行了有益探讨和实践，一是形成基于采动覆岩新理论，不断改进导水裂隙带理论计算法，如基于大采深工作面采动覆岩运动特点和采场顶板"上四带"划分理论，多因素参与的导水裂隙带理论计算公式，基于采动覆岩关键层理论的煤炭开采导水裂隙带高度预计方法，针对特厚煤层综放开采的导水裂隙带模拟分析方法，基于导水裂缝带上位岩土层下沉规律的导水裂缝带最大高度的计算方法等；二是采用数值模拟方法，应用$FLAC^{3D}$、UDEC和有限元分析等，结合典型工作面参数模拟综采和综放工作面的导水裂隙带发育高度，形成与矿区实际情况结合的模拟预测法；三是针对导水裂隙带高度影响因素的复杂性和预测方法不足，充分利用大量实测数据，综合考虑了机械化开采条件下采高、硬岩岩性系数、工作面斜长、采深、开采推进速度等多因素，采用线性拟合、多元非线性回归、趋势面分析、灰色人工神经网络组合模型与模糊分析等方法确定导水裂隙带的高度。此外，有些学者还从开采学角度研究揭示了深部开采引起的采场围岩能量积聚、分布状况及变化规律，实验证实了岩石力学失稳过程中应变能量集聚与动力破坏，开采过程中采动覆岩空间损伤规律。这些成果为煤炭开采形成的导水裂隙发育规律的认识和导水裂隙带高度预测提供了实践指导，据此我国煤炭开采实践中相继提出通过调整采煤工艺、优化开采参数来控制覆岩导水裂隙带发育状态，以此避免含水层受采动破坏、实现地下水原位保护和绿色开采目标。

导水裂隙带工程控制是采后及时治理的地下水资源保护的重要工程措施。由于大型煤矿区高产高效采煤需求与导水裂隙发育控制之间存在的现实矛盾，许多矿区只能采取"采后再治理"或"采后再恢复"的保水模式，以力求恢复或尽可能逼近地下含水层的原始生态赋存状态。注浆封堵是目前岩土、水利等工程领域应用较为成熟的控水手段之一，许多学者基于该方法开展了人工注浆封堵采动岩体导水通道的含水层改造或修复研究。以我国华北型煤田为典型代表的矿区，常受到煤层底板奥陶系等高水压、强富水石灰岩含水层的水害威胁；为实现在此类承压含水层安全采煤，通过多年研究与实践形成了以注浆封堵含水层原生储水空隙和底板采动裂隙为思路的含水层加固与改造技术，即通过井下或地面钻孔向底板直至含水层的采动岩体中注入水泥、黏土、砂石等封堵材料，利用浆体的胶凝作用封堵岩体采动裂隙及储水空隙，既能起到加固岩体、提高强度的作用，又可"置换"含水层储水而降低其富水性。由于此类灰岩含水层多属于储水空隙十分发育的岩溶型含水层（溶洞、陷落柱等时有存在），采用传统的黏土、砂石等低成本惰性材料即可实现导水通道的有效封堵，因而大大促进了相关技术在多个底板大水矿区的推广应用（如肥城、峰峰、焦作等矿区），有效降低了底板承压水上采煤的水害威胁，实现了底板水资源的保护。然而由于注浆"置换"的作用，采动影响区含水层的赋水状态已发生改变，某些注浆区域岩体甚至已由"含水"转变为"隔水"，在一定程度上又改造了区域底板含水层。

顶板采动含水层是地下水保护的难点，工程治理参照底板堵水治理成熟经验相继开展了注浆封堵导水通道的修复实践。其方法主要归纳为两类：一是采取注浆帷幕的方式在来水方向设置挡水墙，以切断外围水源向采动影响区的补给通道；二是对顶板含水层受采动影响的导水裂隙发育区域实施注浆，以阻隔水体向采空区流失的通道。对于第一类对策，其实施的关键在于寻找与之原生储水空隙尺寸相匹配的封堵材料。实践发现，顶板含水层多属于孔隙/裂隙型含水层，相比底板岩溶型含水层，其原生储水空隙发育尺寸明显偏小，采用传统的水泥（甚至是超细水泥）、黏土、水玻璃等材料往往难以注入，只能选择微粒径的聚氨酯类、脲醛类等高分子有机化学材料，但大量使用这类材料又会导致成本过高与毒性污染等问题。而对于第二类对策，准确识别顶板采动裂隙导水通道的发育位置，并注入与其圈闭条件相适应的封堵材料，是成功实施的关键。已有研究发现，顶板采动裂隙发育区实际存在水体流失的"主通道"，重点针对该"导水主通道"实施封堵势必取得事半功倍的效果。然而，由于这些导水主通道多为开采边界附近的张拉裂隙，裂隙开度及其过流断面普遍较大，注入的水泥、水玻璃、黏土等常规封堵材料常易受动水冲蚀影响而难以凝结，浆体溃至采空区的"跑浆"现象时有发生。而采用砂子、石子等粗粒材料进行注浆时，又常易发生材料在钻孔内提前堵塞的"堵孔"现象。由此可见，顶板采动覆岩相比底板岩溶型含水层的注浆加固与改造，采动孔隙/裂隙型含水层的注浆修复难度显著增大，浆体"注不进""堵不住""成本高"是目前面临的常见问题。因此，现场实践时大多矿井被迫采取人为疏排方式以确保安全回采，难以兼顾地下水保护。

近年来，许多学者根据采动覆岩的移动与破坏引起地下水及生态环境改变，试图采用立体生态思路，利用覆岩移动变形规律和科学封堵采动覆岩导水通道修复地下水系统，或利用采动覆岩自修复特性引导含水层功能再恢复，这些都促进保水采煤理论与技术体系发展。但从整体研究进展看，目前尚处于初期探索与试验阶段，距离工程化实现仍存在一些亟待研究的理论与技术问题。对开采产生的地下水移动路径观测分析表明，含水层水体通过含水层孔隙/裂隙通道由采区外围向采动影响区补给，再由采动覆岩破坏裂隙不断向采空区排泄，切断外围水体向采动裂隙或破坏区流动的补给通道，或将水体流失的裂隙通道直接封堵，是解决含水层地下水流失的两种方式，或"外屏"和"内堵"，而后者是解决采动破坏含水层生态功能修复问题的有效途径。现场测试发现，开采引起的破坏覆岩实际具备一定程度自我修复能力，即破碎岩块在物理和化学作用下会出现胶结成岩现象，致使开采裂隙发生弥合，甚至尖灭现象。充分利用采动覆岩自修复特性，采取必要的工程措施引导或加快其自修复进程，无疑为实现采动覆岩导水通道的封堵与含水层修复提供了便捷途径。采动覆岩裂隙自修复促进可分为物理方法与化学方法，前者是针对处于开采边界附近覆岩大开度张拉裂隙，通过局部覆岩和边界煤柱/体爆破，诱导上覆岩层发生超前断裂与回转，使原有边界张拉裂隙趋近闭合，降低裂隙开度和渗流性；后者则是利用采动覆岩中水-气-岩相互作用的化学沉淀反应及其沉积封堵作用，通过调整水的化学特性加快自修复进程。相关研究表明，采动导水裂隙的自修复与水-气-岩相互作用过程中发生的化学沉淀反应及沉积封堵作用密切相关，这些沉淀物如 $Fe(OH)_3$、$CaCO_3$、$CaSO_4$ 等通常具有较强的吸附-固结特性，极易沉积在裂隙通道表面，表现出"包藏-共沉-固结"的结垢过程。为此提出了人工灌注与地下水特性相互作用可发生沉淀反应的修复剂，加快沉淀物生成并封堵岩体孔隙/裂隙导水通道的技术思路。进一步样本实验研究采用了单一裂缝岩样模型和石英砂管模型，模拟地下水在岩层破断裂隙和破碎岩体孔隙这两类典型通道中的渗流状态变化，一是采用 $NaHCO_3$ 弱碱性地下水注入 $FeSO_4$ 试剂反应获得铁质沉淀物对裂隙岩样渗流性变化规律，二是利用 Na_2SO_4 中性地下水注入 $CaCl_2$ 试剂反应获得钙质化学沉淀物对石英砂裂隙渗流性变化规律，实验证实利用化学沉淀方法进行采动覆岩导水通道封堵的可行性。还有研究提出向采动地层的富含碳酸盐岩目标岩层中注入酸性软化剂，以加快岩体结构的塑性流变、促进裂隙被压密而闭合的人工促进修复方法。

1.2.3 地下水资源保护与利用方法研究

煤炭开采过程中采动覆岩结构破坏导致地表及地下水资源漏失进入矿井形成涌水，早期与瓦斯、粉尘、火灾等一同被视为矿井四大灾害之一。通常采用预疏放、超前区域治理等方式消除其安全隐患，致使大量矿井水外排加剧了区域水资源短缺和生态环境污染。随着我国水资源不足与环境问题的日趋严峻，越来越多的专家学者意识到煤炭安全绿色开采与资源和环境的协调对煤炭资源可持续开发的深远作用，而煤炭开采将地下水资源转换产生的矿井水是开发的重要资源支撑。地下水资源保护与利用可以分为采后保护与有效利用两方面，前者重在洁净储存，后者重在有效利用。其中，矿井水有效保护与利用成为地下水资源保护利用和煤基能源科学开发必须解决的问题，对有效缓解区域水资源短缺的矛盾、推进煤炭绿色开发和矿区生态文明建设具有重大意义。

地下水有效利用是随着我国环境保护法治化要求逐步实施，以及利用水平不断提高的。从 20 世纪 80 年代到 2005 年，我国矿井水处理和排放的管理较为粗放，大量中小型煤矿直接外排，矿井水处理要求也仅是去除矿井水中的煤粉等大颗粒悬浮物，其代表性技术为简单的"混凝-沉淀-过滤"。2006~2010 年，国家环境保护总局和国家质量监督检验检疫总局发布了《煤炭工业污染物排放标准》(2006 年)，要求所有煤矿外排矿井水的化学需氧量(COD_{Cr})、悬浮物等 6 项指标必须达到排放标准要求限值，标志着我国对矿井水的管理逐渐实现正规化，通过法治化推进煤炭企业矿井水处理技术的快速提升，在传统"混凝-沉淀-过滤"的基础上发展出"高密度迷宫斜板（斜管）沉淀"技术，矿井水处理率和水质达标率也大幅提升。2011~2015 年，国家推行了一系列政策，进一步加强与提高矿井水处理与利用水平，煤炭企业也应用了煤矿地下水库、微砂絮凝、磁分离等新技术，同时随着我国煤炭开采主产区向西部地区的转移，高矿化度矿井水处理和利用面临的主要问题，致使超滤、反渗透等技术的应用也开始逐年增多。

地下水储存是地下水有效利用的基础，而矿井水洁净处理、储存区回灌顺畅是关键。地下水库是地下水存储的重要方式，对此国内外已经有大量的研究与实践案例。水文地质实践中通常将"地下水库"定义为地层中能储存外来补给水源以便于开发利用的地下储水层。林学钰（1984）提出，地下水库是一个便于开发和利用地下水的储水地区，具有多种功能，包括水的供给、储存、混合和输送；赵天石（2002）认为，地下水库是利用地壳内的天然储水空间储存水资源的一种地下水开发工程，自然储水空间就是含水层，包括坚硬岩石和松散堆积物中的空隙、孔隙、裂隙、溶洞等；杜汉学等（2002）认为，地下水库就是指存在于地下的天然大型储水空间，一般指厚度较大、范围较广的大型层状孔隙含水层，也可能是大型岩溶储水空间、大型含水断裂带等，为便于社会接受，提出将一些地区的厚含水层命名为"地下水库"。但随着地下水库建设发展，"地下水库"已经成为水利工程中的一个概念。地下水库是由地下砂砾石孔隙、岩石裂隙或溶洞所形成的有确定范围的储水空间，具有不占地、库容大、蒸发损失小等优点。日本长崎县建成世界上第一座地下水库，其坝体尚使用普通防渗墙；美国实施的含水层储存和回采（aquifer storage and recovery，ASR）计划是通过预先在含水层中注水对水进行储存，待到需要时再将水抽取出来；荷兰阿姆斯特丹市则利用天然风积沙丘人工补给地下水形成沙丘储水介质的地下水库。我国在水资源保护方面开展了大量研究，如以潮白河地下水库为背景的地下水回灌工程模式研究，基于储水盆地的地下水库工程系统框架、关键工程模块及系统参数，基于石川河地质环境分析提出地下水库建库条件、适宜的地下储水构造和足够的无污染绿色水源是地下水库选址中不可缺少的条件等，促进了矿区地下水资源保护和利用的研究与实践。

我国第一座地下水库是 1975 年在河北省兴建的南宫地下水库，标志着我国地下水库建设的开始。此后，20 世纪 90 年代开始进行北京西郊地下水库的研究、山东八里沙河地下水库的试验研究工作，之后，山东、辽宁、广西、贵州、福建、台湾等地相继建成了一批不同类型的地下水库，地下水库的规模也超过了 5000 万 m^3。不过，很多地下水库仍然停留在地下水人工补给的基础上，并非真正意义上的地下水库。尽管如此，地下水库的建设，仍不同程度地解决了当地水资源短缺的问题，取得了良好的社会效益和经济效益。地下水库将是我国继地表山区水库、平原水库之后兴起的一类重要的蓄水水利工程。其中，华北、西北地区具代表性的地下水库有：河北省南宫地下水库，是一座无坝地下水库，蓄水 48 亿 m^3，库区长 20km，宽 10km，地下砂层厚 30m，库底是不漏水的黏土层，库面是入渗条件良好的沙壤土，同时利用深井进行地表水回灌，水库补给水源充足，初步建成提水、输水、拦洪、排水、引渗等工程设施，已达到库水有源、提水有路、可采可补；北京西郊地下水库，处于永定河冲洪积扇中上部，利用永定河道、首钢大口井、砂石坑进行回灌，并通过建闸、坝拦蓄洪水增加河道入渗回灌量，使永定河河床地下水位上升了 2~3m，但是从某种意义来讲，北京西郊地下水库仅做了地下水人工补给工作。此外，目前已完成或运行的地下水库有：南水北调中线工程设计了 15 座地下调蓄水库、石家庄滹沱河地下水库、郑州市新石桥-黄庄地下水库、关中盆地秦岭山前地下水库、三河流域山前地下水库、包头市地下水库等。

山东省是我国目前地下水库建设数量较多、研究程度最深的地区，其代表性的地下水库有：八里沙河地下水库，是"拦蓄调节地下水防止海水入侵技术试验研究"项目的主体试验工程，该库位于山东省龙口市大陈家镇以北，是一座有坝的地下水库，地下坝全长756m，含水层以中粗砂和亚砂土为主，兴利库容和满蓄库容分别为35.5万m^3和39.8万m^3；黄水河地下水库位于龙口市境内黄水河中下游平原区，库区北临渤海，东西两侧为低山丘陵所环抱，地下坝位于河口地区距离海边1200m左右，坝轴线长度为5842m，含水砂层厚度一般在10～30m，人工补源工程包括人工渗井工程和河道调蓄工程，其中渗井工程包括机渗井300眼，人工渗井2218眼和垂直河道布置的448条渗沟，河道拦蓄工程为6座拦河翻板闸；济宁市地下水库位于地下水开采漏斗区，利用疏干含水层空间进行地下水库规划建设，地下调蓄水位上限3.5m，下限21m，调蓄库容4.43亿m^3；莱芜区傅家桥地下水库位于莱芜盆地东南部河谷地带，第四系冲洪积砾质粗砂及含砾中粗砂沿河谷呈带状分布，砂层厚度3～10m，砂层下部为中奥陶统灰岩含水层，灰岩总厚度868m，裂隙岩溶发育深度130m左右，200m以下岩溶不发育，岩溶地下水库库区构成一个单独的水文地质单元，地下水库储水介质为松散与岩溶混合介质。

东北地区先后修建了龙河地下水库、三涧堡地下水库、老龙湾地下水库等，另外正在研究的地下水库有白城地下水库、东辽斑下游地下水库、大庆地下水库、下辽河平原地下水库等。东北地区地下水库以辽宁省大连市龙河地下水库和黑龙江省大庆地下水库为代表。其中，龙河地下水库工程由地下帷幕坝、橡胶坝、补源沟和集水廊道部分工程组成。地下帷幕坝长544.6m，橡胶坝长60m，补源沟10条，集水廊道2组，每组2条，每组1眼集水井、3个检查井，共2眼集水井、6个检查井。拟建的大庆地下水库是利用地下水位降落漏斗进行调蓄的地下水库，地下水降落漏斗最深达48m，最高调蓄水位确定为135m，最低调蓄水位115m，注水井管径400mm，井深200～210m。

煤矿地下水库是针对煤炭规模化开采地下水保护而提出的应用解决方案。顾大钊等（2012）首次提出了煤矿地下水库，并建立了地下水库理论框架和技术体系，该构想将采空区作为地下储水空间，基于神东矿区超大工作面开展建成了一批示范工程，开辟了煤炭开采与水资源保护利用相协调的技术途径。针对煤矿地下水库应用推广，相关学者提出并推进了煤矿地下水库技术标准的制定，从导水裂隙带高度的角度深入研究了煤矿地下水库适应性评价方法、废弃煤矿采空区中构建地下水库实现矿井水蓄能调峰的系统与方法、煤矿地下水库储水介质的碎胀特性、基于相似试验和数值模拟方法的采空区构建地下储水空间可行性、针对西部缺水矿区的地下水库库容及中硬岩区采空区储水系数评价方法等问题，初步解决了地下水库工程实施中一些难点问题。

储存区回灌是地下水库建设的关键技术，也是地下水库工程实施的难点问题，涉及储存介质、回灌工艺和回灌水等环节。由于矿井水含有大量的悬浮物，主要由煤粉、岩粉和黏土组成，在人工回灌过程中，由于水中悬浮物充填介质空隙，随着时间进行会导致回灌介质渗透性下降进而引发介质堵塞，而介质堵塞往往是人工回灌能否顺利进行的决定性因素。首先，由于矿井水在井下流动过程中卷扫了部分煤粉及岩尘，主要呈现高浊度水质特性，若不经有效手段进行处理，随着回灌过程的进行，会迅速导致回灌介质渗透性下降，严重时直接导致回灌系统报废，制约着矿井水的有效利用；其次，目前矿井水收集至矿井水处理站集中处理，如果一味地追求进水水质将严重增加建设与运行成本；最后，适度的孔隙堵塞可以扩大非饱和流动区域，增加矿井水悬浮物去除效果。因此，矿井水悬浮物去除是矿井水处理的首要亦是最关键的一步，其去除效率对后续工艺的处理效果将产生直接影响，进而影响最终的出水水质与复用途径。矿井水人工回灌技术核心是在分析堵塞机理的基础上调整相关回灌参数，澳大利亚某地在地下水人工回灌过程中发现，水中悬浮颗粒浓度若低于 150mg/L 便不会引起严重堵塞，荷兰、英国和美国等国家则规定回灌水浊度不得超过 2～5NTU。我国相关研究和实践中普遍认为能够防止井灌堵塞的悬浮物浓度应小于 30mg/L。除主动治理外，被动治理是指当回灌系统达到堵塞后，通过定期的刮削、回扬、反冲洗等手段重新使介质渗透性恢复至回灌前标准，其中刮削介质厚度、回扬周期、反冲洗水力负荷等参数则需要通过具体的实验手段给予率定。

近年来，我国科技工作者针对矿井水排至地表处理占用大量土地资源、蒸发损失（如西部干旱半干旱区），提出充分利用井下空间，在井下完成矿井水处理作业的技术路径。研发的矿井水井下处理技术与装备，可将井下产生的矿井水直接在井下处理，处理后可直接回用于井下的生产、降尘、消防等，多余矿井水还可储存于井下采空区改造的地下水库中，降低了矿井水总体处理成本。煤矿地下水库作为矿井水洁净处理的一项关键技术已受到行业广泛关注，最具代表性的是采空区净化技术，该技术充分利用了采空区中冒落岩体对矿井水的过滤、沉淀、吸附等作用，实现了矿井水大规模低成本处理。研究发现，经地下水库自净化作用，矿井水中 Fe^{3+} 去除率达到 68%～100%，Mn^{2+} 去除率达到 75%～99%，其主要通过附着在悬浮物表面被去除，采空区垮落及充填的煤矸石中的高岭石与石英石对矿井水中硝酸根、氨氮等污染物具有一定的吸附作用；此外，井下处理技术中，还应用井下高密度沉降（重介速沉）、井下超磁分离、井下反渗透等一批先进新技术与装备，如用于井下处理的低成本天然矿物和粉煤灰材料，基于"库前预处理-库内自然净化-库后深度处理-浓盐水封存"工艺的矿井水井下处理技术体系，实现了矿井水井下洁净处理的规模化、高效低成本及零排放。

上述研究表明我国煤炭开采区水资源保护一直是采矿行业的一大难题，尤其是从矿区尺度到大型煤电基地尺度的高强度煤炭开采地下水资源的保护和利用，诸如高强度开采情境下采动覆岩导水裂隙发育规律、含水层保护性开采、采动含水层生态功能修复等方面的研究成果都为本书提供了重要的理论和实践基础。但软岩区含水层"原位保护"和含水层自修复、软岩区矿井水转移存储、大型露天矿地下水库、大型露天矿矿坑水"冬储夏用"、矿井水生态化利用、矿井水/矿坑水的洁净处理及回灌、煤电基地水资源利用优化调配等理论与实践问题仍有待进一步深入研究，以适应大型煤电基地可持续开发对水资源保护与利用的基本要求。

1.3 东部草原区大型煤电基地地下水资源保护研究

1.3.1 面临的主要问题和解决技术思路

东部草原区具有煤炭资源分布地域广、开发规模大和生态本底脆弱的显著特点，大规模开采引起水资源流失，导致地表水位下降、土地沙化、植被退化等问题加剧了开采局域生态破坏和区域生态安全风险，生态安全已经成为东部草原区煤炭资源开发利用和大型煤电基地可持续开发的瓶颈，特别是大型煤电基地高强度煤炭开采中减少水资源流失成为提升煤炭开采绿色水平和生态环境质量的关键问题。

针对我国东部草原区大型煤电基地开发水资源环境条件和煤炭开采扰动特点，以大型煤电基地的生态稳定性与区域生态安全为目标，以水资源科学保护与合理利用为主线，突出"保护水量、保障水质、循环利用"三个重点，研究在大型煤电基地水资源保护与利用总体目标下，通过分析水资源与需求和影响因素，着眼四个核心问题，针对12项关键技术内容突破重点环节，实现5项具体技术目标（图1-4）。研究重点聚焦以下方面，旨在突破大型煤电基地的水资源保护利用技术难点，构建适用于东部草原区大型煤电基地开发的水资源保护模式与技术支撑体系。

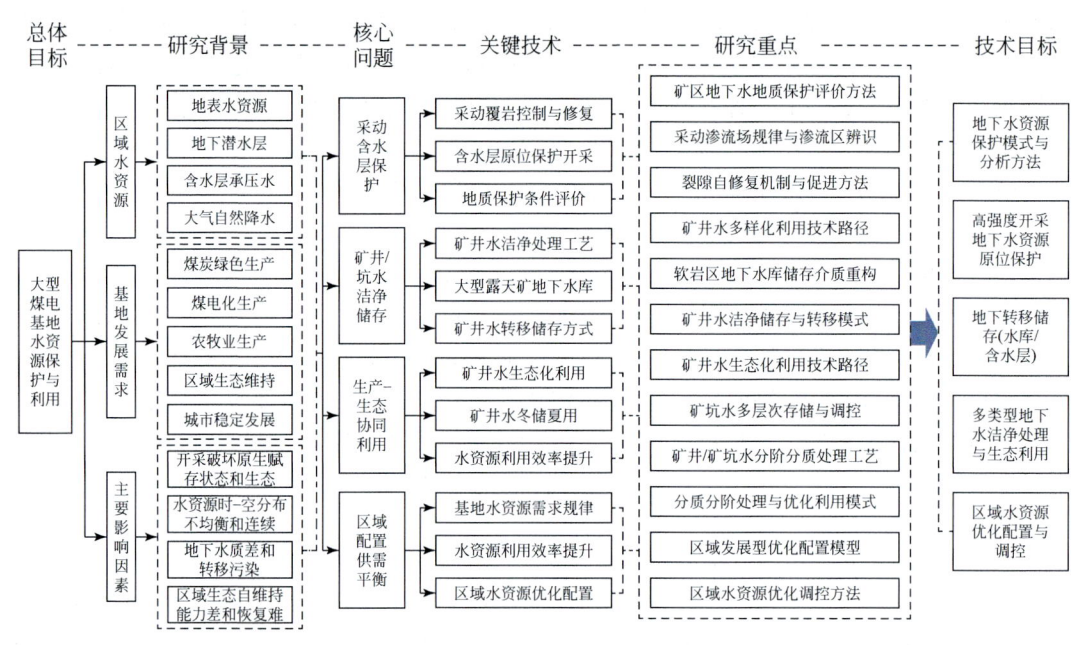

图 1-4 研究总体技术思路

（1）针对大型煤电基地水资源总体特征，结合高强度煤炭开采的区域水文地质环境和局域地下水赋存必要条件，通过地下水资源保护的地质环境条件研究，建立基于地质环境（如封闭性、渗流性等）和赋存条件模型，开展基于地质条件的地下水资源地质保护评价，探索为大型煤电基地地下水资源保护提供有利的储存条件。

（2）针对大型煤电基地高强度井工开采覆岩破坏及引发的地下水大量流失问题，结合软岩区采动覆岩结构变化规律和地下水渗流场及覆岩渗流性演化特征，通过研究采动覆岩发育过程和自修复过程与机制，探讨基于覆岩裂隙发育规律的储存方法和基于覆岩物理及化学性质的裂隙自修复促进方法，为高强度开采时地下水资源储存和"原位"保护，特别是减少草原区井工矿矿井水排放量和为实现零排放提供有力技术支撑。

（3）针对大型煤电基地高强度露天开采引发的地下水大量流失问题，结合大型露天开采的采-排-复一体化工艺特点和软岩区采动覆岩的岩性及结构变化规律，应用煤矿地下水库技术思路，通过构建以地下水保护与生态化利用为目标的地下水立体保护模式，研发适于大型露天矿区地质和开采条件的储水介质与储水结构及工程设计与构建方法,探讨大型露天矿区建设地下水库和近地表生态促进型储水层的可行性,为高强度露天式地下水资源储存、生产冬储夏用和生态修复的生态化利用提供有效技术途径。

(4)针对大型煤电基地高强度开采产生的大量矿坑/矿井水流失问题,结合草原区煤炭开采矿坑/矿井水的水质特点和地下水资源保护的水质要求,按照洁净储存和分质利用的技术要求,以草原区典型露天和井工高强度开采矿区为例,基于储存、生产、生态等多目标利用深入分析矿坑/矿井水的水质及水化学特点,通过实验研究适宜的洁净化处理工艺,探讨矿坑/矿井水的地下回灌储存和生态化利用的可行性及生态风险,为地下水资源的有效保护与提高利用水平提供有效技术途径。

(5)针对大型煤电基地可持续开发要求与潜在区域生态安全风险控制,结合草原区生态脆弱性和水资源时空分布特点,按照开发保障、生态优先、分质利用、总体平衡的水资源利用技术思路,在水质保障基础上,以典型煤电基地为例,通过系统调查区域水资源分布特点和利用情境,分析煤电基地可持续发展趋势和对水资源的要求,建立适用煤电基地科学发展的水资源利用模型,研究基于水资源保护关键技术的调控技术和方法,提出强化大型煤电基地水资源科学利用的保障措施,为系统提升大型煤电基地水资源利用水平提供有效保障。

1.3.2 主要研究内容与方法

1. 开采扰动下地下水资源地质保护评价方法

在研究分析区域气象水文、地形地貌、采损区及周边水文地质和工程地质、基地生产活动等条件基础上,以水文地质学与工程地质学为基础,运用地下水系统理论,一是深入分析高强度煤炭开采(井工/露天)情景下地下水资源储存基本条件(储存空间封闭性、储水介质渗流性)、工程实施条件、水资源条件等,构建地下水资源储存保护的地质环境模型;二是提取基于区域或矿区地质条件的控制因子与影响因素构建地质保护可行性评价指标体系,采用因子层次分析法确定不同因子之间的关系,形成开采扰动下地下水资源地质保护评价方法;三是通过示范区实际场景应用,分析和提出适用于水资源地质保护的区域,为矿区地下水资源地质保护提供可利用空间。

2. 开采扰动下含水层原位保护与修复关键技术

综合采用现场实测、理论分析与模拟实验等手段,一是基于岩层控制的关键层理论,通过理论模型与数值分析研究高强度开采下岩层破断运移与导水裂隙及采动覆岩渗流场时空演化过程及分布规律,重点是导水裂隙带主通道与开采工作面的空间关系;二是基于裂隙岩体渗透性变化测试,研究高强度开采下导水裂隙在"水-气-岩"耦合作用下渗流性变化规律,通过揭示采动破裂岩体的"水-气-岩"耦合自修复机理,深入分析导水裂隙在水-气-岩耦合作用下自修复可行性及促进自修复过程的控制因素;三是采用数值模拟与现场测试相结合方法,研究导水裂隙带主通道的区域判别及渗透性评价方法,提出降低导水裂隙发育程度的优化开采工艺参数;四是采用数值分析与现场试验相结合方法,研究超大工作面采空区储水空间及储水系数,分析软岩区采空区构建地下水库的可行性及主要问题;五是按照人工引导裂隙自修复的技术思路,采用模型分析与现场工程验证方法确定主通道修复区封堵工程布局和施工方法。

3. 露天煤矿区地下水保护分布式水库建设技术

采用现场实测、模拟实验与工程设计等综合手段,一是针对露天煤矿区地下水保护难点和生态保护性目标,研究露天矿区地下水资源保护的模式、储存利用中存在的问题和技术路径;二是按照煤矿地下水库技术思路,研究软岩区覆岩条件下岩性及结构特征、露天开采排弃物介质物理性质和储水性能;三是结合开采扰动对水文和工程地质条件影响,提出分布式水库储水机制及储水库容分析评价方法;四是按照水利工程建设要求,结合露天开采工艺和地质条件,研究提出多种"防渗-地下坝体复合结构"地下水库形式、不同工况下(静力学与动力学)稳定性评价方法、露天煤矿分布式水库安全性评价指标及方法;五是结合大型露天开采工艺和地质条件,研究提出不同层次储水工程(地下水库、近地表储水层和地表储水区)的实现工艺与方法,通过大型工程试验,验证不同层次储水工程的可行性及效果。

4. 露天/井工煤矿矿井水洁净储存与利用技术

采用数据采集、现场实测、模拟实验与工程设计等综合手段,一是基于煤电基地水资源水质调查,系统分析矿井/矿坑水产出的水文地质、矿井水形成过程和排放及污染源现状等,研究矿井/矿坑水迁移聚集规律,构建三维地下水污染物迁移模型,提出储存风险因子识别方法;二是针对洁净安全储水过程,采用室内土柱迁移实验、静态吸附实验、岩(土)样测定等方法,分析矿井水储存安全风险控制因素,提出矿井水储存安全评价方法;三是针对软岩区采空区空隙结构和渗流性较差,结合第四系含水层渗流性好和储存空间大优势,采用数值模拟和工程验证相结合,分析矿井水转移存储的可行性;四是按照水、土、植相关国家标准,系统分析矿井水生态利用的衍生效应,研究提出矿井水生态化利用可行性及洁净安全处理方法;五是针对矿井水储存利用需求,结合研究区矿井水的水质和水量,研究主要污染组分去除效应及主要影响因素,提出"污染物"最佳处理方式与实现条件,形成规模化矿井水洁净处理工艺。

5. 面向生态的水资源多目标优化配置与调控方法

面向大型煤电基地水资源保护利用目标,采用收集资料、现场调查和模拟分析等手段,运用系统分析和实测资料相结合方法,一是以大型煤电基地开发水资源需求为导向,依托矿井水和水库等资源,分析生态环境和地下水资源等约束条件,利用均衡法评价研究区水资源量,从供需平衡机理分析区域水资源变化及均衡情况;二是采用模拟分析方法,基于供水保证率、外排水量、供水成本和多目标利用(煤炭生产、煤电生产、农牧生产、生态恢复与维持、城市运营等)需求,构建煤电基地区域水资源联合调度管理模型;三是系统梳理大型煤电基地水资源保护和利用技术与方法,提出大型煤电基地水资源优化配置与调控机制及保障措施。

第 2 章 大型煤电基地地下水资源地质保护评价方法

煤炭高强度开采不可避免地会引起含水层结构破坏，造成局域含水层水平径流向含水层间垂向径流为主的水循环模式转变，导致大部分承压含水层水及第四系潜水渗流至矿井采空区，影响着区域地下水赋存、补给、循环模式发生改变。大型煤电基地地下水保护，主要分为"堵"和"用"两种方式，"堵"是指以保护隔水层方式避免含水层"泄流"，目前常用限高保水开采、分层保水开采、窄条带保水开采及充填开采等技术，重在抑制采煤产生的导水裂隙带发育高度或修复上部已破坏隔水层，通过保护上部隔水层实现地下水保护目标。"用"则是以含水层破坏和矿井水排放场景控制方式避免矿井水大量排放，按照地下水排泄、储存、净化和利用路径，采用地下水库、洁净储存、分质供给、生态利用等技术，有效用于矿井生产、矿区生活和草原生态恢复等，实现矿井水有效利用目标。地质保护评价将地质条件和开采扰动情况相结合，通过分析矿区地质储存条件，为矿区地下水资源保护布局提供依据。

2.1 地下水资源地质保护的基本问题

地下水资源地质保护是针对煤炭高强度开采引发的问题，即如何利用客观地质条件和采动损伤规律，通过人工利用方法和工程措施实现地下水资源保护的行为。地质保护也是本研究借鉴保水采煤、地下水库、生态水位、城市给排水等研究和实践成果提出、针对矿区水文地质、采矿地质和生态恢复等情景提出的解决方案之一，有必要厘清其基本定义和保护机制、基于矿区实际情境的区划，便于进一步研究讨论。

2.1.1 地下水地质保护与机制

1. 地下水地质保护定义及内涵

通过对煤矿开采对地下水流场的影响研究，结合《环境影响评价技术导则 地下水环境》《矿区水文地质工程地质勘查规范》《固体矿产地质勘查报告编写规范》要求，同时依据地下水的排泄-存储及地质、工程条件，提出了煤矿开采区域地下水地质保护的概念，即基于煤炭开采过程中对地下水流场的影响及补-径-排关系变化规律，根据开采地下水的排泄-储存机制，利用自然地质或人为重构条件，开发适于地下水资源储存的地质空间，确保最大限度减少地下水资源的破坏流失。其内涵为：

（1）地质保护是针对煤炭开采对区域地下水流场影响和基于矿区地下水环境提出的地

下水资源保护途径之一。高强度开采使覆岩至地表产生了垮塌、导水裂缝、地表变形和沉陷，采动覆岩直接改变等，导致介质的含、导、储、阻水能力发生改变，即地下水环境系统内部的结构和边界系统要素发生变异，由此产生地下水位下降、井下大量涌水、水质污染等响应。煤炭开采通过影响地下水流场致使地下水资源分布发生变化，并重新建立开采扰动情景下补-径-排关系。而扰动区自然地质条件未发生改变，即原岩结构和地下水赋存环境未变。高强度开采活动是地下水环境系统功能演化的控制性外部动力条件，其对地下水系统的影响规律认识是地下水资源地质保护的理论基础，而自然地质条件则是采动破坏的地下水环境补-径-排关系调整的地质保护工程基础。

（2）地质保护是基于采矿影响区域的自然地质环境，构建储水区域，实现地下水调节功能。开采扰动条件下地下水向外排泄是地下水资源损失的主要方式，而排泄水转移储存与有效利用是地下水资源保护的重要途径。调整采动破坏的地下水环境补-径-排关系，应基于矿区地质和水文工程条件认识构建地下水储存地质空间，确定地质保护工程解决方案。如，高强度井工开采中，部分含隔水层在受到破坏后难以保持原态，而煤炭安全开采又要求矿井水外排或转移储存。地质保护则是根据开采地下水的排泄-储存机制，利用自然地质或人为重构条件，在采动影响区域（采损区和扰动区）寻求构建地下水储存地质空间，通过洁净处理—转移—存储—调用，基于地下水资源量和需求调节地下水储存区与矿井水排泄、利用之间补-径-排关系。

（3）地质保护是针对开采扰动条件下地下水向外排损失提出的地下水资源保护的解决方案之一。矿井水外排是矿区地下水资源损失的主要方式，也是矿井安全生产的基本保障。为降低保护地下水资源和减少外排损失，地下水的原位保护和转移存储成为地下水资源保护的主要方式，而具有可渗、可抽、可储和可控的地下水储存空间则是保护工程解决方案的基础。如煤炭开采遗留的大量采空区为其提供了有利空间条件，通过对采空区加以人工干预（如防渗加固、坝体构筑和净化处理等），将排泄矿井水储存至采空区，实现地下水调节功能，消除矿井水安全隐患，避免外排至地表蒸发引起的水资源浪费和矿井水外排对地表生态的污染。在扰动区充分利用原有地质条件和辅以必需的人工方式构建具有可渗、可抽、可储和可控功能的地下储水区域，实现对地下水的有效保护和利用。

2. 地下水地质保护的机制

1）煤矿开采对地下水资源的影响

采矿扰动会引起矿区水文地质条件变化。采矿活动会造成煤层上方含（隔）水岩层受到不同程度的扰动，加之不合理的采煤工艺对地下水影响比较大。影响方式是通过破坏或改变含（隔）水岩层的完整性，增加采动裂隙，引起局部地下水变化，改变矿区补径排特征，打破原有的地下水均衡状态，重新形成地下水均衡状态，进而形成新的地下水运动和流场，这些变化将引起矿区周边水位降落。露天煤矿开采对地下水资源的影响主要包括：

（1）采矿引起含水层结构、厚度及水文地质参数发生明显变化。因含水层厚度减小（越接近矿坑中心和水位降落漏斗中心，含水层厚度越薄），水文地质参数（断面上平均渗透系数、储水系数）也较天然情况下减小，这主要是强含水层厚度减小引起的。如霍林河一号露天矿，矿区内第四系砂砾石层已全被剥离，天然情况下由砂砾石层和煤系强、弱风化带含水层组成的三元结构含水层已不存在。矿区范围内仅由煤系强、弱风化带组成二元结构含水层。矿坑坑底已到标高约+840m，根据现在矿坑疏降后的水位，研究区天然地形较高的部位，即北坑北端帮、工作帮一带水位已下降到了煤系弱风化带内，含水层厚度减小，仅为弱风化带含水层。相应地，在该区内某位置含水层断面上平均渗透系数、储水系数也较天然情况下在相同位置断面上明显减小。南坑受采剥、降水后，第四系砂砾石层已不存在。虽然矿坑附近地下水位也有近 40m 的下降，但因天然水位埋深浅，目前该区内水位仍处于强风化带内。

（2）采矿引起地下水流场及边界条件变化，改变地下水流场。表层覆盖物和煤层上覆岩层的剥离，导致地下水含水层和含水状况的改变，使地下水的水文地质条件发生变化，进而影响了地下水的水动力场。随着煤炭的不断开采，采场逐渐推进，地下水大量疏干，地下水位下降，形成区域性降落漏斗。在影响半径范围内，地下水由水平流动为主改为垂直流动为主，矿坑的不断排水导致地下水流动加快，改变了地下水流场，形成了新的地下水流动系统。同时对流场的分布起决定作用的断层和原始地貌不再发生作用。露天矿连续抽降地下水，在矿坑及其外围一定范围内形成一降落漏斗，相应的地下水天然流场会发生变化，边界条件也会发生变化。如霍林河一号露天矿，地下水总体流向已不再是自西北向东南方向流动，而是向疏水孔布置区（南坑内）流动，矿坑西部边界外一定远处（约1500m）仍为补给边界；北部矿坑边界外约 650m 处仍为分水岭边界；东部矿坑边界以外约 500m 处为下泥岩段组成的隔水边界；东南部则由天然排泄边界变成补给边界。

（3）改变地下水和地表水的补排关系。煤层上覆岩层的剥离破坏了浅部隔水层和储水结构，使浅层地下水环境中的裂隙水、孔隙水和浅部承压水相互贯通。随着疏干范围的不断扩大，地表水和降雨不再向由天然地貌形成的下游补给，而是不断向矿坑汇集，原始地下水和地表水形成的补排关系受到破坏，天然地表流量减少。

（4）降低地下水位。长期的疏干水排放，使区域内地下水位逐年降低，对周围地表水流、泉等影响显著。

（5）减少地下水资源量。地下水资源分为静储量、动储量、调节储量、开采储量。静储量亦称永久储量，是指天然条件下，储存于地下水最低水位以下含水层中的重力水。静储量的体积仅随地质年代发生变化；动储量指通过含水层横断面的天然径流量；调节储量指地下水位变动带内含水层中的重力水体积；开采储量指在不减少地下水资源量，不对地下水环境造成影响且在合理范围内的地下水开采量。由于露天矿人为疏干地下水，疏干水量超过可开采水量，使地下水静储量大大减少，降雨、河流等又不能及时补给，造成区域内地下水资源减少、浪费。

（6）采矿引起地下水导水通道混合或向下渗漏及串层污染。开采活动对地貌影响较小，对地下水环境影响比较大，开采中地下水通过导水通道混合或向下渗漏，开采后，水位恢复地段易发生串层污染，使优质水资源恶化，造成水资源浪费。

2）地下水地质保护的机制

从采矿对地下水资源破坏的影响因素看出，含水层结构破坏和地下水环境演化对水质水量的影响是扰动地下水资源的关键因素。因此，对地下水资源破坏采取保护性措施应从防止或减少含水层结构破坏及维护地下水环境平衡来重点考虑。

煤矿区地下水资源的保护主要涉及以下主体：一是煤层顶板以上含水层，涉及第四系松散层含水层、煤层顶板基岩含水层等；二是煤层含水层；三是煤层底板含水层的地下水资源保护。

在地下水资源地质保护中，首先是防止或减轻含水层结构的破坏，维护地下水环境平衡；其次是在煤矿开采过程中考虑以水害防治为重点，同时要开展矿井水储存与综合利用。地下水地质保护机制是在客观认识采动环境下地下水运移规律基础上，充分利用矿区地质条件（如岩石裂隙孔隙、隔水断裂构造、低洼区、底板隔水层等），构建基于地质条件的地下储水区域、通过地下水储水工程实施（挡水墙/隔水层防渗、抽水系统、注水系统、生态利用系统等），建立采动破坏的地下水资源与地下储水系统及利用系统之间的排-径-补-用的系统关系和运行方式，实现采矿扰动下地下水资源的转移存储和有效利用。

目前，煤矿开采过程中地下水资源保护主要有两种途径：

（1）面向安全开采目标的被动式保护

该方式是根据地下水采动破坏规律，选择合理的开采区域和优化采煤方法，布设安全辅助工程（如预留防水煤柱、预先疏排、帷幕灌浆、矸石充填等），通过利用矸石充填技术、疏排放技术、矿井水净化技术等，实现采动破坏地下水的疏导、排放和利用。目前在超大规模煤矿开发过程中水资源保护利用技术体系已经完善。

（2）面向地下水资源的主动式保护

该方式基于地下水采动运移规律和赋存地质环境（如岩层含隔水结构、岩层地形、断层结构、岩石渗流性等），一是利用关键层结构、含水层再造等支撑，矸石充填开采方法、柔性开采方法等，最大限度地保持含水层原始赋存结构，通过保护含水层实现地下水原位保护。二是利用具备储水能力的天然地质体（地质空间结构体）和人工干预条件下的储水工程进行储存（如煤矿地下水库、第四系砂砾岩含水层、近地表人工构造地下储水区等），实现采动破坏的地下水转移存储和利用。

2.1.2 地下水资源地质保护区划

矿区范围内自然条件下地下水资源处于稳定的补给、径流、排泄循环过程中，当地下水循环系统单元中地质环境条件不变时，补-径-排关系也基本不发生变化。而在煤矿开采过程中，矿井排水疏干及采空区垮落沉陷等改变了周围含水岩层水资源稳定的补-径-排泄关系，导致矿区地下水循环系统发生了变化，形成高强度采动情境下的地下水环境的响应。根据矿区水文地质、煤层覆岩结构类型和工程地质特征、采动覆岩裂隙发育状态等，含水层形成了原态区、失水区和无水区，按照开采对地下水资源影响程度可划分为轻微、显著区及严重区。本研究则以地下水保护为基本出发点，将采矿影响与保护相结合，将高强度采动情境下矿区地下水环境响应区划分为采损区、扰动区及未扰动区。其中采损区是与开采破坏直接相关的地下水流场破坏区域，扰动区则是对地下水流场产生影响的区域，未扰动区为采动对地下水流场无影响的区域。

1. 采损区及地质特点

采损区是开采行为的直接破坏或响应区域，直接破坏了局域地下水流场环境，是地下水流场发生变化并重新建立地下水补-径-排关系的区域。根据开采方式，采损区可分为井工矿采损区和露天矿采损区。

1）井工矿采损区

井工煤炭开采过程中，随着工作面推进，采空区顶板垮落，上覆岩层出现裂隙带，且不断向高处发展，甚至有的裂隙直接与地表贯通。此时采动覆岩的构造、结构、力学性质等物理条件受到破坏，导致孔隙、裂隙等水文地质条件正向演化，大面积裂隙发育区造成岩石透水性增大成为新的地下水积聚区或地下水流通道，当采动裂隙贯通主要含水层时，为含水层中地下水的加速渗漏提供了通道。随着矿井水不断疏干和地下水流动加快，地下水流动由横向层流动逐渐演变为垂向跨层流动。采损区空间范围具体包含采掘区及顶板冒落带和导水裂隙带及邻近影响区。

2）露天矿采损区

露天矿生产过程中随着采矿工作面的剥-采-排循环推进，岩层剥离完全破坏了地下含水层和隔水层结构，破坏的原岩通过逐层排弃形成与原始层序大致相同而岩石结构和性状完全不同的组合结构。大面积岩石破坏区域造成地下水漏斗区，随着矿坑水不断疏干和地下水流动加快，地下水流动由横向层流动逐渐演变为多含水层采坑汇聚流动。采损区空间范围具体包含剥-采-排循环推进区、采过区及邻近影响区。

2. 扰动区及未扰动区地质特点

1）扰动区

扰动区是开采行为的间接破坏或响应区域，间接影响采动局域附近的地下水流场。随着采动工作面（露天采坑）推进，扰动区的煤层覆岩构造、结构、力学性质等物理条件保持原状态，但因采动区域水文地质条件正向演化，井工开采大面积裂隙发育区形成地下水流通道和露天开采形成的矿坑水汇聚区，形成了地下水流动汇聚区，构建了以采损区为中心的地下水漏斗结构和补-径-排关系。由于矿井水（矿坑）不断疏干，地下水资源储水量减少，地下水浸润线比降随着与采动区距离增加而不断降低。

2）未扰动区

未扰动区是开采行为无间接破坏区域或地下水流场无响应区域。显然，该区域内地层的构造、结构、力学性质等物理条件均未受到煤炭开采影响。此区域地下水埋藏条件和环境未变化，地下水流动仍以横向流动为主，从水资源的补给到排泄过程较长。

3. 地下水保护区划分

根据煤矿开采地质环境破坏和地下水赋存环境变化特点，研究将采矿客观影响与地下水保护相结合，按照地下水保护和高强度开采协同目标，针对高强度采动情境下矿区地下水环境响应区，地下水保护区域采用分区应对策略。

1）保水开采区

该区域也是采损区核心区，采动覆岩裂隙发育区形成地下水渗流通道，向矿井或矿坑积聚，影响矿井生产安全和引发矿井（矿坑）水污染，导致大量矿井水资源外排，成为煤矿安全生产的重大隐患和绿色环保开采的主要障碍。此区也是开采直接破坏的地下水流场紊乱区。地下水保护的核心是最大限度地降低开采对含水层的直接损伤，保持采动覆岩原始构造、结构、力学性质等物理条件，抑制采动区水文地质条件正向演化。确保地下水流动基本保持横向层流动状态，稳定地下水埋藏深度。

目前，井工矿区保水开采区大多采用多工作面协同开采、限高柔性开采、采空区充填开采等方式，其核心是通过降低采动裂隙影响高度确保含水层处于近原始状态，实现地下水资源的有效保护。在露天矿采损区中，保水开采则是针对含水层颠覆性破坏，近年来主要采用地表水库方式协同地下水保护，本书其他章节根据安全和生态需求提出了地下含水层重构、露天矿地下水库、近地表储水层等新途径。

2）地下储水调节区

该区域则是采动对地下水流场产生间接影响区域，采动影响主要显现为地下水流场因采损区地下水漏斗聚集效应产生的渗流方向和渗流量变化，地下水资源储水量有不同程度减少，但埋藏深度变化不大，地下水流动加快且流动由横向逐渐改为横向与垂向混合流动，导致地下水埋深随着趋近采损区而逐步下降，但地下水资源的状态和属性不变。该区域与扰动区的主要地质差别在于原岩结构和赋存状态，包括原岩层序、含水层和隔水层特征及其关系、原岩层状起伏和断裂构造状态等。该区域地下水保护的核心是针对地下水流场影响和补-径-排关系，最大限度地利用自然地理地质条件（如微盆地、不透水断裂构造、砂砾岩结构层、含水层等），通过构建储水结构，调整采动引发的补-径-排紊乱关系，确保地下水资源量不受影响。

目前，高强度开采矿区的地下水调节大多采用地面水库储水、基于采空区的煤矿地下水库储水等途径。本书则基于该区域原岩结构和赋存状态不变，试图借鉴我国地下水库建设的成熟案例，利用矿区原岩结构和水文地质特点，分析发现适于矿井水储存的地下空间，构建地下储水区域，实现地下水资源的调节。客观评价原岩地质条件和构建可行性是构建地下储水区域的认识前提，地质适宜性评价就是从地质工程角度系统研究构建地下储水区域的地质可行性，确定可构建地下储水区域的地质潜力区。

2.2 地下水地质保护基本条件

传统方式的地下水保护大多以含水层富水性和地下水存储工程可实施性作为基本条件考虑。综合前人研究，含水层富水性涉及因素包括钻孔探放水涌水量、体缩因子、褶曲断层构造、含水层补给作用、汇水条件、补给水源、补给通道、含水层厚度、脆塑性岩厚度比、单位涌水量、岩石质量指标、渗透系数、冲洗液消耗量、陷落柱、构造发育密度等，地下水存储工程条件涉及因素包括地层岩性、地质构造、自然地理条件、人为因素、水文地质条件、土壤植被、地下水库总库容、地下水回灌补给可行性等。如煤矿地下水库建设主要包括水量预测、水库选址、库容计算、坝体构筑、安全运行、水质保障等方面。但目前建设项目实施过程中对地下水环境可能造成的直接影响和间接危害（包括地下水污染，地下水流场或地下水位变化）的预测和评价，尚未形成完整的评判方法体系。

研究基于地下水地质保护机制，应用多因素综合层次分析法将地下水地质保护条件分为两大类（自然地质条件和工程地质条件），以及水源条件、储层条件、圈闭条件、安全保护条件、工程可行条件等五个方面。

2.2.1 地下水地质保护自然地质条件

自然地质条件是地层岩性与结构及赋存状态、地质构造及水文地质系统等客观存在且无扰动的地质空间状态。本书突出与地下水资源保护直接相关的基本控制因素，包括确定可保的、可储水的岩层和自然存在圈闭结构，且根据前人相关研究进行了归一化的定量处理，便于客观评价其对构建地下储水区的贡献。

1. 水源条件

矿区地下水资源，简称水源，是指赋存于地面以下各种岩石孔隙里的地下水，狭义上是指地下水面以下饱和含水层中的水。在国家标准《水文地质术语》（GB/T 14157—2023）中，地下水是指地面以下岩土空隙中的水。本研究所指水源条件主要是源于自然赋存岩层中的上层滞水、潜水和承压水，这类地下水资源既是地质保护的对象，也是采动破坏情境下转移储存和利用（生态利用、农业灌溉、工矿生产生活及城镇居民生活）的资源。

1）上层滞水

上层滞水指存在于包气带中，局部隔水层之上的重力水。上层滞水的形成主要由包气带岩性的组合、地形和地质构造特点所决定。一般平坦、低凹或地质构造（平缓的地层及倾斜）有利地下水汇集的地区，地表岩的透水性好，包气带中存在一定范围的隔水层，补给水渗透时，就容易形成上层滞水。

上层滞水的特点是水量一般不大，随季节变化明显，在雨季水量多，可作小型水源用水，在旱季则水量锐减，甚至干涸；上层滞水分布区域和补给区域具有一致性，但其水位及其运动规律具有不稳定性。

2）潜水

潜水指位于地表之下，第一个稳定隔水层以上，具有自由水面的重力水。潜水一般埋藏在第四纪松散沉积层、裸露基岩的裂缝或者溶洞之中。潜水的自由水面称为潜水面，潜水面至地表的距离称为潜水埋藏深度，潜水面上任一点的标高称为该点的潜水位，潜水面至隔水底板的距离称为含水层厚度。由于潜水的顶部没有连续的隔水层，潜水层水面没有静水压力，潜水面是只承受大气压力的自由表面，潜水在重力作用下自高水位流到较低水位。潜水上覆岩层无隔水顶板，大气降水、地表水等水体可以通过包气带渗流直接补给潜水层，其地下水位、水量、水质等因子变化与气象、水文、地形等因素有密切关联，具有明显的季节性和地域性特点。

潜水面的形状和补排状态是潜水的重要特征。潜水面的形状和水力坡度受到地形、含水层的透水性、厚度变化，以及隔水底板起伏、气象因素和人为因素等的影响，通常情况下的自然潜水面是朝向排泄区倾斜的曲面，潜水面起伏和地表起伏大体一致，但对地形而言较平缓。根据前人研究成果，潜水的水力梯度一般比较小，平原区通常为 1/1000 以下，山地则在 1/100 以上；潜水面的补排状态不仅反映了潜水补给来源，还描述了地下潜水的流动方向、水力坡度等潜水运移特征。如雨季情境下含水层补给量较大，水位上升较高，含水层较厚，潜水埋藏深度较浅，潜水量增大；旱季时潜水层排泄量大于补给量，水位下降，潜水埋藏深度增大，含水层厚度变薄。

3）承压水

承压水泛指充满于两个隔水层之间的含水层中的地下水，其形成与地层结构和构造关系密切，只要有适合的地质构造，无论是松散沉积区，还是基岩区，均可以形成承压水，最适宜于承压水形成的地质构造多为向斜构造和单斜构造。承压水承受静水压力，形成埋藏条件首先是上下均有隔水层，中间是透水层，其次是水必须充满整个透水层。如在适宜地形条件下，当钻孔打到含水层时，水便喷出地表，形成自喷水流。承压水由于顶部有隔水层，它的补给区小于分布区，动态变化不大，不容易受污染，水质比较好。

与潜水补给直接源于当地大气降水和部分河湖水不同，承压水则是借助潜水层间接补给大气降水与河湖水，或含水层露头直接补给大气降水与地面水。承压水受隔水顶板限制和静水压力控制，形成承压水面和一个高于隔水层顶板的承压水位，而承压水则由静水压力大的地方流向静水压力小的地方。

三种水源中，上层滞水量小，且随季节变化水量差别显著，不易规模开发利用；地下潜水埋藏深度浅、补给源丰富、资源量较丰富、开发利用简单；承压水源丰富，不容易受污染，水质总体较好，但随赋存的岩层物理和化学性质不同而有变化，水质变化较大，开发利用时需要视用途洁净处理。

2. 储层条件

储层条件因素分为地层特征、空隙特征两大类，地层特征控制是否具有可储性，而空隙特征确定了可储量及可控性。前者为地质保护的主控因素，后者属结果表征因素。

1）地层特征

（1）地层厚度：对于地下水储层而言，地层总厚度即为所有岩性在垂向上的累加厚度，地层厚度大往往具有更大的地下水储水空间和更好的径流条件，其中粗砂岩及松散层是最主要的储水介质，其在储水和导水的作用上具有先决条件，通常情况下含水层厚度与富水性呈正相关关系。

（2）地层类型：构成含水层的岩层应具有一定的储水空间，凡透水性能好、空隙大的岩石（如卵石、粗砂、疏松沉积物等）及富有裂隙的岩石和风化岩层，岩溶发育的岩石均可作为储水层，其储水性取决于含水层的成因类型、岩性结构和颗粒成分。地层岩土类型决定了储层空隙性质，影响地下水的流动和富集，通常储水性能由差到好的岩石类型分别为粉砂岩、细砂岩、中砂岩、粗砂岩、风化基岩层、松散砂砾石层。

(3) 砂地比：砂地比是沉积相类型判别研究中经常采用的一项指标，表示砂岩厚度相对于整段地层厚度的占比。对于垂向上厚度变化不大，同时受构造改造较小的同一套砂岩含水层而言，一般砂地比越大，指示其含水空间越大，富水性也越强，而对于垂向厚度变化较大且受构造控制的同一套含水层，其砂地比对富水性的指示作用一般较弱。

(4) 砂泥比：砂泥岩厚度的比值可作为定性判断砂岩裂隙含水层渗透性能的一个指标。在构造应力破坏下，不同力学性质的岩性所反映出的破裂特征不同，脆性的砂岩层受力后以破裂形式释放应力，其释放应力的形式以剪破坏和张破坏为主，因而砂岩层内裂隙、节理较为发育，渗透能力大大增强；塑性泥岩在受力载荷作用下以塑性变形形式释放应力，使得塑性黏土岩受力后透水性能变化不大。一般情况下，比值越大，地层储水性能越好，反之越差。

(5) 岩性组合：含水层富水性不仅与单一的岩性厚度有关，也与其垂向上的组合特征关系密切。对于一套厚度相同的含水层，其岩性变化越复杂、分层越多，地下水系统越复杂，水流速度变化越频繁。相比之下，具有统一岩性的含水介质缓慢，地下水径流条件相对较差，储水性也较弱。故将岩性组合也作为衡量储水性强弱的一项重要因子。

2) 空隙特征

(1) 孔隙度：孔隙度是衡量储层中所含孔隙体积多少的一种参数，反映岩土体储存流体的能力，它是评价储水层和计算储水性能的一个重要指标。影响孔隙度的因素主要是颗粒的分选程度、压实程度、颗粒形状、胶结程度等。一般情况下孔隙率越大，储层透水性能越强，储水性越高。

(2) 渗透系数：构成含水层的岩层应具有良好的给水能力和透水能力。渗透系数是表征岩石渗透性能的参数，渗透系数越大，岩石的透水性能越强，裂隙连通性越好，储水性越高。渗透系数主要取决于岩石性质（如粒度成分、颗粒排列、充填情况、裂隙性质和发育程度等），而且与流体的物理性质（如容重、黏滞性等）有关。

(3) 岩心采取率：岩心采取率反映了岩层中裂隙发育程度，一般情况下，岩心采取率低，反映岩石裂隙交切程度高，岩层不完整。岩心采取率越高，标志岩层完整性越强，则储水性越弱；而岩心采取率越低，标志岩层完整性越差，则储水性越强。

(4) 冲洗液消耗量：钻探冲洗液的水位和稠度变化，是代表钻孔所穿岩层水力性质的重要指标。作为一项能够反映岩层透水性能的标志，冲洗液消耗量反映岩层的裂隙发育情况，冲洗液漏失带通常表明该层段裂隙比较发育，透水能力较强，渗透系数较大，对应部位储水性也较强。

(5) 岩石质量：岩石质量指标也是用来表示岩体完整性的指标之一，岩石质量越低说明岩石越破碎，透水能力越强，对应部位储水性也就越强。该指标以百分比表示，采用直径为 75mm 的金刚石钻头和双层岩心管在岩石中钻进和连续取心，回次钻进所取岩心中长度大于 10cm 的岩心段长度之和与该回次进尺的比值表征。

3. 圈闭条件

储层只有在封闭条件下才能形成可储水区域，封闭可以为自然地质条件形成的圈闭结构（隔水层、断陷、隔水断裂等），也可为人工方法构筑的封闭工程（如坝体、防渗面等）。地质保护中重在利用自然地质条件形成的封闭条件，简称为储水圈闭条件。

1）构造圈闭

相关研究表明，对于断层型圈闭，断层的封闭性起决定性作用。断层侧向封闭的影响因素很多，如断层岩性、断层两盘岩性对置情况、断层性质、地应力、断裂带充填情况、断层活动情况、断距大小、泥岩涂抹情况、后期成岩作用等。其影响因子主要是：泥岩涂抹、断层力学性质、断层两盘岩性对置、断层产状对置、断面压力。各因子分述如下。

（1）泥岩涂抹：泥岩涂抹是断层岩封闭的主要表现形式之一。在断裂形成过程中，断层两盘相互滑动必然造成岩层的相互拖曳，将黏土或页岩等塑性层挤入断层，形成连续的页岩断层泥或复层黏土，从而使得泥岩涂抹层的孔渗性明显低于断层两侧地层的孔渗性，可对目的层形成封闭，因此可以利用断层涂抹发育程度来间接地评价断层的封闭性。

泥岩涂抹性主要采用泥岩沾污潜力（CSP）、泥岩沾污因子（SSF）和断层泥比率（SGR）等参数综合表达。其中：

$$\begin{cases} \text{CSP} = \sum \dfrac{\text{泥岩层厚度}^2}{\text{断距内某点到泥岩层距离}} = \sum \dfrac{h_i^2}{L_i} \\ \text{SSF} = \sum \dfrac{\text{垂直断距}}{\text{泥岩层厚度}} = \sum \dfrac{L_i}{h_i} \qquad (i=1,\cdots,n) \\ \text{SGR} = \dfrac{\sum \text{泥岩层厚度}}{\text{垂直断距}} \times 100\% = \dfrac{\sum h_i}{L} \end{cases}$$

式中，CSP 为黏土或页岩层断裂时，沿断层面涂抹在某一特定点的可能涂抹量，是反映泥岩涂抹潜能的无量纲参数；h_i 为泥岩层厚度（m）；L_i 为断距内某点到泥岩层距离（取该点到上、下盘黏土或页岩层最短距离）（m）；SSF 为断层沿一个横截面内的位移倾斜断距（垂直断距 L_i）与断面附近发生明显位移的泥页岩厚度（h_i）之比，反映了泥岩涂抹的发育程度，其值越小，反映断层内泥岩涂抹越发育，断层封闭性就越好（当 SSF>7 时，泥岩涂抹变得不完整）；SGR 参数也称断层泥岩质量分数，为断层沿一个横截面内泥页岩厚度之比；L 代表垂直断距（m）；h_i 为第 i 个断开的泥岩层厚度；SGR 值越大，反映断层的封堵性越好，反之泥岩累积厚度相对占比较小时，断层的封堵性较差。

在实际应用过程中，SGR 对断层封闭性具有更好的预测性，SGR 越大，反映泥岩涂抹层在空间上的连续性越好，反映断层封堵性越好，输导能力越差。研究表明，只有泥岩层比例为 15%～20% 时泥岩涂抹才趋于连续。为此将 20% 确定为泥岩涂抹连续并提供有效封闭的临界值，即当 SGR≥20% 时断层封闭，SGR<20% 时断层渗漏。按照赋值原则可将泥岩涂抹因子 SGR 分别赋值为 1（SGR≥20%）和 0（SGR<20%）。

（2）断层力学性质：断层封闭性主要取决于断层性质，其中压性和压扭性断层因受挤压应力作用，压扭活动过程中断层两盘紧密研磨，砂岩颗粒被碾碎为泥质物，增加了断层泥来源，在地层中泥岩比例不很高时形成泥岩涂抹带。因此，扭压性断裂紧闭程度高，使断层封闭性好，有助于储层封闭作用和水体保存；而张性和张扭性断层面受到的正应力较小，断层封闭性较差。按照赋值原则将断层性质因子赋值，压性断层为 1、压扭性断层为 0.75、扭性断层为 0.50、张扭性断层为 0.25、张性断层为 0。

（3）断层两盘岩性对置：断层两盘的岩性对置情况是影响断层封闭性的重要因素之一，而断层两盘渗透性地层与非渗透性地层的对接是形成这种差异最主要的原因。当储集层砂岩层与对盘泥岩层对接时，断层具有较好的侧向封闭性，相反，当储层砂岩层与对盘砂岩层对接时，断层在侧向上不具封闭性，或封闭性较差。另外，储层砂岩和对盘泥岩（或砂岩）部分对接时也可能出现封闭，该类断层的封闭机理可以解释为隔膜封闭，包括泥岩涂抹、岩石破碎带，或者是沿断层面的胶结作用。按照赋值原则将砂-泥对接模式赋值为 1，砂-砂对接模式赋值为 0，砂-泥部分对接赋值为 0.5。

（4）断层产状对置：断层的产状对置主要指断层的倾向与两盘岩层倾向的配置关系。本研究区域常见断层组合形式大致有同向式断层和反向式断层两类。其中，反向式断层稳定性好，断面两侧块体接触紧密，相较于同向式断层具有更好的封闭性。另外，断裂带内部结构的不对称性也可能是反向遮挡强于顺向遮挡的主要原因。通常滑动破碎带封闭性要好于诱导裂缝带，而诱导裂缝带通常主动盘（正断层多为上盘）较发育，被动盘发育规模较小或不发育。因此，按照赋值原则将同向式断层、反向断层产状配置因子赋值分别为 0 和 1。

（5）断面压力：影响断层垂向封闭能力的关键因素之一是断面的紧闭程度。断裂带紧闭程度主要受断移地层埋深、碎裂作用和后期胶结作用影响。断层埋深越大，上覆地层对断裂带压力越大，紧闭程度越高，孔渗性越差，断层垂向封闭性越好。断面的紧闭程度可由断面所受正压力来评价，断面正压力越大，断面紧闭程度越高。

断面正压力可通过公式求取：

$$P = H\rho \times 0.00987\cos\theta \tag{2-1}$$

式中，P 为断面压力（MPa）；H 为断点埋深（m）；ρ 为上覆地层的平均密度（g/cm³）；θ 为断面倾角，(°)。

前人测试表明泥页岩在 7.5～22MPa 之间处于塑性变形范围，表明当断层面正压力在此范围时，泥岩就会发生塑性变形流动，堵塞断裂渗漏空间，使断层封闭性大大增强。因此，研究将断层面封闭的临界正压力值取 7.5MPa，正压力大于等于 7.5MPa，因子赋值为 1，正压力小于 7.5MPa，因子赋值为 0。

上述表征构造圈闭特性的 5 项因子影响断层封闭性的原理不同，封闭性差异明显，赋值各不相同（表 2-1），其赋值规律遵循了地质因素归一化原则，即评价因子最有利于断层封闭时赋值为 1，最不利于断层封闭时赋值为 0，其余按照线性内插，数值越大即封闭性越好。结合研究区地质构造特征，利用层次分析法等多种评价方法，可以对研究区断层封闭性进行综合评价。

表 2-1 断层封闭性评价模型因子赋值表

序号	影响因素	评价标志	赋值
1	泥岩涂抹因子	≥20%	1
		<20%	0
2	断层力学性质	压性断层	1
		压扭性断层	0.75
		扭性断层	0.50

续表

序号	影响因素	评价标志	赋值
2	断层力学性质	张扭性断层	0.25
		张性断层	0
3	断层两盘岩性对置	砂岩与泥岩对接	1
		砂岩与泥岩不完全对接	0.5
		砂岩与砂岩对接	0
4	断层产状对置	反向式断层	1
		同向式断层	0
5	断面压力	≥7.5MPa	1
		<7.5MPa	0

2）岩性圈闭

岩性圈闭是基于地质岩性渗流性较差、岩层低洼区等形成的地质隔水条件（如隔水层岩、极低渗岩石、洼面等），岩性圈闭条件下地下水储层储水能力主要受到隔水层（或弱透水边界）、储水层厚度、给水度、渗透系数、地形坡度等 5 个因素控制。如东部草原区，整体属于新生代构造断陷型盆地，盆地中松散岩层堆积的厚度通常较大，孔渗条件好，是潜在的良好水储层，属于孔隙型地下储水空间。如果在松散层周边存在低渗透性岩石构成的不透水或弱透水边界，则可形成有效的岩性封堵储水圈闭。按照构造形态和隔水边界分布特征，将松散层分成两类岩性圈闭：一是在盆地中局部形成小型洼陷构造，洼陷内松散层底部有完整的隔水底板形成有效的储水圈闭；二是在地势平坦、水力坡度小、松散层连续分布区域，底部和周围存在隔水边界，也能保证储水空间内的水体不会过度渗漏从而造成水量流失。

一个潜在的地下储水空间应至少满足储水空间大、岩层渗透性强、内部连通性优良、外部封闭性好等条件。以孔隙介质为储水空间的库容通常利用等高程分区分层计算法，如设 Δh 为各类蓄水体在储水区域范围的平均储水层厚度，μ 为各种蓄水体的重力给水度，A 为区域内各类蓄水体的面积，地下储水空间库容 V 可用下式表示：

$$V=\sum \Delta h \mu A \tag{2-2}$$

式（2-2）表明在特定地区内，储水层厚度和重力给水度是地下水储层可储水空间大小的决定性因素，岩层渗透性也是影响地层储水能力的重要参数，显然低渗透性的储水构造同样不适宜作为地下水库的储水空间。另外，水力坡度也影响着储层储水能力，水力坡度越大，储层越不易储水。一般而言，松散砂层的水力坡度主要受控于区域地形条件，地形坡度越大，水力坡度越大。

根据岩性圈闭 5 项因子对储层储能力的影响原理，按照归一化原则对 5 项因子进行赋值（表 2-2），其数值越大即对封闭性趋好影响越大。实际应用中针对各项因子的不连续性，可结合研究区岩性构造特征，进行线性内插。

表 2-2 岩性圈闭评价模型因子赋值表

序号	影响因子	评价标志	赋值
1	隔水层（或弱透水边界）	有	1
		无	0
2	储水层厚度	厚层	1
		薄层	0
3	给水度	>20	1
		10~20	0.5
		<10	0
4	渗透系数	>40	1
		20~40	0.5
		0~20	0
5	地形坡度	0°~1°	1
		2°~5°	0.5
		>5°	0

2.2.2 地下水地质保护工程地质条件

工程地质条件是从地下水安全保护和工程可实施视角出发，确定影响地下水地质保护可行性的条件控制因子，本研究突出与地下水资源保护实施相关的主要控制因素，包括保水空间、储水介质和水源水质等安全因子与储水介质可注性以及可抽性等工程保障因子。为便于客观评价这类工程条件因子对构建地下储水区的影响，研究也进行了归一化的定量处理。

1. 安全保护条件

地下储水区是利用天然含水层、储水构造或建筑地下截水坝截蓄地下水而形成的储水空间，其安全条件主要涉及承载储水介质的底板隔水能力、输入的水质条件及地质载体的影响。

1）底板隔水能力

含水层和隔水层之间并没有截然的界限，在一定条件下可以相互转化。在不同情况下，含水层和隔水层二者之间是可以互相变化的。岩性相同、渗透性完全一样的岩层，在某些地方可以被认为是隔水层，而在另一些地方可以被认为是含水层。作为含水层底板条件重要指标之一的岩土渗透性分级划分标准可以是确定的，但是含水层底板是随着具体的空间位置，即相邻岩层间的组合关系而变化的。因此，研究根据 2008 年颁布的《水利水电工程地质勘察规范》（GB 50487—2008）规定，划分含水层底板岩土渗透性分级（表 2-3），并以此来确定含水层的底板条件。

表 2-3 岩土渗透性分级

渗透性等级	标准		岩体特征	土类
	渗透系数 k /(cm/s)	透水率 q /Lu		
极微透水	$k<10^{-6}$	$q<0.1$	完整岩石，含等价开度<0.025mm 裂隙的岩体	黏土
微透水	$10^{-6}\leq k<10^{-5}$	$0.1\leq q<1$	含等价开度 0.025～0.05mm 裂隙的岩体	黏土-粉土
弱透水	$10^{-5}\leq k<10^{-4}$	$1\leq q<10$	含等价开度 0.05～0.01mm 裂隙的岩体	粉土-细粒土质砂
中等透水	$10^{-4}\leq k<10^{-2}$	$10\leq q<100$	含等价开度 0.01～0.5mm 裂隙的岩体	砂-砂砾
强透水	$10^{-2}\leq k<1$	$q\geq 100$	含等价开度 0.5～2.5mm 裂隙的岩体	砂-砂砾、卵石
极强透水	$k\geq 1$		含连通孔洞或等价开度>2.5mm 裂隙的岩体	粒径均匀的巨砾

注：Lu 即吕荣，为透水率单位，是 1MPa 压力下，每米试段的平均压入流量，以 L/min 计。

2）输入的水质条件

水质是水与其中所含的物质组分共同表现的物理、化学和生物学的综合特征，主要分为物理性、化学性和生物学三大类指标。

考虑到地下水库水体功能，参考国内水域功能类别与水环境质量标准、规范等的使用标准，可采用《污水综合排放标准》（GB 8978—1996）中污染物最高允许排放浓度标准执行（表 2-4）。

表 2-4 污染物最高允许排放浓度

序号	污染物	最高允许排放浓度	序号	污染物	最高允许排放浓度
1	总汞/(mL/L)	0.05	8	总镍/(mL/L)	1.0
2	烷基汞/(mL/L)	不得检出	9	苯并[a]芘/(mL/L)	0.00003
3	总镉/(mL/L)	0.1	10	总铍/(mL/L)	0.005
4	总铬/(mL/L)	1.5	11	总银/(mL/L)	0.5
5	六价铬/(mL/L)	0.5	12	总α放射性/(Bq/L)	1
6	总砷/(mL/L)	0.5	13	总β放射性/(Bq/L)	10
7	总铅/(mL/L)	1.0			

3）地质载体的影响

地下水库的水体是赋存于一定的地质空间之中的，作为承载水库水体的地质载体，其中的任何形态的水都是受地质载体影响的。由于地下水库建设的最终目的是要为周边城市服务，考虑到城市公共集中式供水和自建设施供水的安全需求，地质载体对所承载的水库水体在水质方面的影响，必须符合《城市供水水质标准》（CJ/T 206—2005）里供水水质在感官性状和一般化学指标、毒理学指标，以及放射性指标等某些城市供水水质常规检验项目标准中的要求（表2-5）。

表2-5 城市供水水质常规检验项目及限值

序号	项目		限值
1	感官性状和一般化学指标	铝/（mg/L）	0.2
		铜/（mg/L）	1
		总硬度（以碳酸钙计）/（mg/L）	450
		铁/（mg/L）	0.3
		锰/（mg/L）	0.1
		溶解性总固体/（mg/L）	1000
		锌/（mg/L）	1.0
2	毒理学指标	砷/（mg/L）	0.01
		镉/（mg/L）	0.003
		铬（六价）/（mg/L）	0.05
		氰化物/（mg/L）	0.05
		氟化物/（mg/L）	1.0
		铅/（mg/L）	0.01
		汞/（mg/L）	0.001
		硝酸盐（以N计）/（mg/L）	10
		硒/（mg/L）	0.01
3	放射性指标	总α放射性/(Bq/L)	0.1
		总β放射性/(Bq/L)	1.0

2. 工程可行条件

地下水保护可有效解决缺水地区水资源优化利用，因此寻找地下水储存空间至关重要，而影响地下水储层工程的因素众多，内在因素主要有含水层的岩性组合、渗透系数、岩层结构、给水度等，归结为表征参数主要为岩石可钻性、工程可注性和工程可抽性。

1）岩石可钻性

岩石可钻性是指在一定钻头规格、类型及钻井工艺条件下岩石抵抗钻头破碎的能力。岩石可钻性主要取决于岩石的特性和钻进技术工艺条件，岩石特性包括其矿物组分、结构特征、物理性质和力学性质，这些特性通过影响岩石力学性质而间接影响可钻性。其中岩石物理和力学性质主要包括硬度、强度、弹性、塑性及研磨性等；此外，钻进技术工艺条件（如包括钻进切削研磨材料、钻头类型、钻探设备、钻探冲洗介质、钻进工艺的完善程度，以及钻孔的深度、直径、倾斜度等）也是控制可钻性的作用因子。但在特定的工艺条件下考虑储层岩石力学性质影响可钻性时，影响因子可简化为储层岩石硬度、塑性系数和研磨性系数。

（1）储层岩石硬度：岩石硬度是岩石表面的局部对另一物体压入时的阻力，硬度与抗压强度既有一定联系又有差别。岩石强度表征岩石整体破碎时的阻力，实验表明岩石压入硬度与单轴抗压强度之比大约在 5~20 倍，故不能简单地把岩石单轴抗压强度作为岩石硬度指标。当钻进破碎岩石时，因大多数情况下对孔底岩石破碎方式为局部压碎，岩石硬度指标更接近于钻进碎岩的难易程度，通常岩石可钻性随压入硬度增大而降低，此时采用岩石的压入硬度比单轴抗压强度更具实际意义。表 2-6 反映了各种岩石的硬度系数。

表 2-6 岩石硬度系数分级（普氏系数）

岩石级别	坚固程度	硬度系数	代表性岩石
I	最坚固	20	最坚固、致密、有韧性的石英岩、玄武岩和其他各种特别坚固的岩石
II	很坚固	15~20	很坚固的花岗岩、石英斑岩、硅质片岩，较坚固的石英岩，最坚固的砂岩和石灰岩
III	坚固	10~15	致密的花岗岩，很坚固的砂岩和石灰岩，石英矿脉，坚固的砾岩，很坚固的铁矿石
III$_a$	坚固	8~10	坚固的砂岩、石灰岩、大理岩、白云岩、黄铁矿，不坚固的花岗岩
IV	比较坚固	6~8	一般的砂岩、铁矿石
IV$_a$	比较坚固	5~6	砂质页岩，页岩质砂岩
V	中等坚固	4~5	坚固的泥质页岩，不坚固的砂岩和石灰岩，软砾石
V$_a$	中等坚固	3~4	各种不坚固的页岩，致密的泥灰岩
VI	比较软	2~3	软弱页岩，很软的石灰岩，白垩，盐岩，石膏，无烟煤，破碎的砂岩和石质土壤
VI$_a$	比较软	1.5~2	碎石质土壤，破碎的页岩，黏结成块的砾石、碎石，坚固的煤，硬化的黏土
VII	软	1~1.5	软致密黏土，较软的烟煤，坚固的冲击土层，黏土质土壤
VII$_a$	软	0.8~1	软砂质黏土，砾石，黄土
VIII	土状	0.6~0.8	腐殖土，泥煤，软砂质土壤，湿砂
IX	松散状	0.5~0.6	砂，山砾堆积，细砾石，松土，开采下来的煤
X	流沙状	0.3~0.5	流沙，沼泽土壤，含水黄土及其他含水土壤

（2）塑性系数：岩石塑性系数是定量表征岩石塑性及脆性大小的参数，采用岩石破碎前耗费的总功（AF）与岩石破碎前弹性变形功（AE）的比值表示，表 2-7 反映岩石脆性—脆塑性—塑性分级。岩石的弹塑性影响碎岩工具作用下岩石变形和裂纹发展导致破碎的特征，通常岩石可钻性随塑性系数的增大而提高。

表 2-7 岩石塑性系数分类表

类别	脆性	脆塑性 低塑性—高塑性				塑性
级别	1	2	3	4	5	6
塑性系数	1	1~2	2~3	3~4	4~6	>6

（3）研磨性系数：岩石的研磨性是指岩石在被钻进过程中，与钻头产生连续或间歇的接触摩擦从而使钻头变钝或损坏的这种磨损钻头牙齿以及胎体的能力。岩石研磨性表征了岩石磨损破岩工具的性质，决定了碎岩工具的持久性和机械钻速的递减速率，其测定结果不仅取决于岩石自身的性质，也与现场钻井参数密切相关，表 2-8 是各种典型岩类的研磨性系数，通常岩石可钻性随岩石研磨性系数增大而降低。

表 2-8　巴隆岩石研磨性等级表

等级	分类	研磨性系数/mg	代表性岩石
Ⅰ	极弱	<5	石灰岩、大理岩、岩盐、磷灰石、泥质页岩
Ⅱ	很弱	5～10	泥板岩、绿泥质页岩
Ⅲ	较弱	10～18	微粒石英砂岩和长石砂岩、硅化灰岩、铁矿石
Ⅳ	中等	18～30	细粒石英砂岩和长石砂岩、辉绿岩、含石英的石灰岩
Ⅴ	较强	30～45	中粒、粗粒石英砂岩和长石砂岩、斜长花岗岩、细粒花岗岩
Ⅵ	很强	45～65	花岗岩、闪长岩、角闪岩、石英片岩、片麻岩
Ⅶ	极强	65～90	闪长岩、花岗岩、正长岩
Ⅷ	最强	>90	刚玉、金刚石

（4）岩石可钻性分级：岩石可钻性分级是指在一定的技术工艺条件下，岩石按被钻头破碎的难易程度进行的分级。不同钻进方法（岩心钻探、手动回转钻进、螺旋钻进、钢丝绳冲击钻进、冲击振动钻进和石油钻井等）的岩石可钻性有所区别。如中国冶金工程钻探采用的岩心钻探对岩石可钻性分为 12 级（表 2-9），它是以在规定设备、工具和技术规程条件下进行实际钻进所得大量资料统计分析为基础确定。随着对岩石物理力学性质深化、测试技术方法和仪器的进步、钻探设备和工艺技术发展，目前以金刚石钻探工艺为基础的岩石可钻性分级更趋科学、准确、合理，《金刚石岩心钻探岩石可钻性分级表》（地质矿产部，1984 年）即采用了以岩石压入硬度为主，同时考虑摆球回弹次数、塑性系数、微钻速度和声波穿透速度等综合分级法，将压入硬度、摆球硬度和统计效率作为参考指标（表 2-10）、以微钻速度为指标（表 2-11）和以声波穿透速度为指标的分级表，在实际应用时具体分级互相参照，以便定级更符合实际情况。

表 2-9　岩石 12 级分级表

等级	岩石类别	代表性岩石	可钻性/(m/h)	回次长度/m
Ⅰ	松软疏散的	次生土、土壤、硅藻土	7.50	2.80
Ⅱ	较软疏散的	黄土、黏土、冰	4.00	2.40
Ⅲ	软的	风化变质的页岩、千枚岩、泥灰岩、褐煤、烟煤	2.45	2.00
Ⅳ	较软的	页岩类、较致密泥灰岩、岩盐、火山凝灰岩	1.60	1.70
Ⅴ	稍硬的	泥质板岩、细粒石灰岩、蛇纹岩、纯橄榄岩、无烟煤	1.15	1.50
Ⅵ	中等硬度	微硅化石灰岩、千枚岩、石英云母片岩、辉长岩	0.82	1.30

续表

等级	岩石类别	代表性岩石	可钻性/(m/h)	回次长度/m
Ⅶ	中等硬度	硅质灰岩、石英二长岩、含长石石英砂岩、角闪石斑岩、玢岩	0.57	1.10
Ⅷ	硬的	夕卡岩、千枚岩、微风化花岗岩	0.38	0.85
Ⅸ	硬的	高硅化石灰岩、粗粒花岗岩、硅化凝灰岩	0.25	0.65
Ⅹ	坚硬的	细粒花岗岩、花岗片麻岩、坚硬的石英伟晶岩	0.15	0.50
Ⅺ	坚硬的	刚玉岩、石英岩、含铁矿碧玉岩	0.09	0.32
Ⅻ	最坚硬的	未风化致密的石英岩、碧玉岩、燧石	0.045	0.16

表 2-10 金刚石岩心钻探岩石可钻性分级表（压入硬度和摆球硬度）

岩石级别	岩石物理力学性质				钻进时效指标		
^	压入硬度/MPa	摆球硬度		统计效率/(m/h)		
^	^	弹次	塑性系数	金刚石	硬合金	钢粒
1~4	<1000	<30	>0.37	>3.90		
5	900~1900	28~35	0.33~0.39	2.90~3.60	2.50	
6	1750~2750	34~42	0.29~0.35	2.30~3.10	2.00	1.50
7	2600~3600	40~48	0.27~0.32	1.90~2.60	1.40	1.35
8	3400~4400	46~54	0.23~0.29	1.50~2.10	0.80	1.20
9	4200~5200	52~60	0.20~0.26	1.10~1.70		1.00
10	5000~6100	59~68	0.17~0.24	0.80~1.20		0.75
11	6000~7200	67~75	0.15~0.22	0.50~0.95		0.50
12	>7000	>70	<0.20	<0.60		

表 2-11 金刚石岩心钻探岩石可钻性分级表（微钻速度）

岩石级别	3	4	5	6	7	8	9	10	11	12
微钻速度/(mm/min)	216~259	135~215	85~134	53~84	34~52	21~33	14~20	9~13	6~8	≤5

注：为使用方便，常把 1~3 级称为"软岩石"；把 4~6 级称为"中硬岩石"；把 7~9 级称为"硬岩石"；把 10~12 级称为"坚硬岩石"。

2）工程可注性

工程可注性是指向地下水储存区域（或含水层）注入水的能力，影响地下水可注性因素主要有水文地质条件以及工程注水工艺等，其中水文地质条件是可注性分区选择的主要条件，主要包括含水层岩性、含水层矿物组成、渗透系数、地下水位埋深、含水层温度等。

（1）含水层岩性：含水层由于沉积环境存在差异造成岩性的不同，不同岩性的颗粒大小直接影响着含水层的可注性，颗粒越粗可注性越高；相反，可注性越低。一般以粗砂、砾石为主的含水层可注性较高；以中砂、中细砂为主的含水层可注性一般；以细砂、粉砂为主的含水层可注性较差。

（2）含水层矿物组成：含水层矿物组成一般以脆性矿物及黏土矿物为主，含水层黏土矿物主要有高岭石、蒙脱石、伊利石、绿泥石等，黏土矿物具有吸水特性，吸水后与水发生水合作用，产生膨胀，然后进一步分散形成直径小于10m的细小微粒，黏土膨胀和微粒的移动会降低地层的渗透率或堵塞注水的通路，因此，含水层黏土矿物含量越高可注性越差；相反，含水层可注性越好。

（3）渗透系数：含水层渗透系数是综合反映含水层渗透能力的指标，影响渗透系数大小的因素很多，但主要取决于土体颗粒的形状、大小、不均匀系数和水黏滞性等。一般含水层渗透系数越大，水流通过能力越强，含水层可注性越高。渗透系数可通过实验室测试和现场测定法或经验估算法（表2-12）确定。

表2-12 岩土渗透系数经验值

地层岩性	渗透系数/(cm/s)	地层岩性	渗透系数/(cm/s)
黏土	$<1.2\times10^{-6}$	细砂	$1.2\times10^{-3}\sim6.0\times10^{-3}$
粉质黏土	$1.2\times10^{-6}\sim6.0\times10^{-5}$	中砂	$6.0\times10^{-3}\sim2.4\times10^{-2}$
粉土	$6.0\times10^{-5}\sim6.0\times10^{-4}$	粗砂	$2.4\times10^{-2}\sim6.0\times10^{-2}$
黄土	$3.0\times10^{-4}\sim6.0\times10^{-3}$	砾石	$6.0\times10^{-2}\sim1.8\times10^{-1}$
粉砂	$6.0\times10^{-4}\sim1.2\times10^{-3}$		

资料来源：《岩土工程试验监测手册》。

（4）地下水位埋深：地下水位与含水层可注性具有一定的关系，地下水位埋深越大，含水层水位压越小，含水储层空间越大，含水层可注性越大，相反地下水位过浅，水位压越大，越不利于含水层回注，根据前人研究，一般地下水位埋深以10m为界限，小于10m时需要采用加压回注，可注性相对较差；大于10m时含水层可注性相对较好。

（5）含水层温度：在一定温度范围内，含水层温度直接对可注水的黏度和密度产生影响，最终影响含水层的渗透性，随温度升高，水的黏度会降低，流动性增强，含水层可注性增强，含水层温度降低时可注性也降低。但回注水温度高过一定温度后会加速水中气体解析出来，影响流速，同时也促使水中矿物沉淀和溶解，对水流产生一定影响。

3）工程可抽性

工程可抽性是从地下水储存区域（或含水层）抽取地下水的能力，影响可抽性水文地质因素较多（如岩类、岩石结构、岩-水化学沉淀、矿物分解沉淀等），但综合各因素作用结果，可采用赋水岩石载体的渗透系数、导水系数和给水度等参数表征其可抽性。

（1）渗透系数：含水层渗透系数分析与含水层可注性、渗透性分析基本一致，主要影响因素仍然为颗粒的形状、大小、不均匀系数和水的黏滞性等，取值范围参考可注性渗透系数取值范围。

（2）导水系数：导水系数即含水层的渗透系数与其厚度的乘积，导水系数取决于岩层的渗透能力和含水层厚度。岩层的渗透能力主要与岩层结构、质地以及水流在岩层空隙中的流动性有关。多孔的、成碎块的或成团粒的岩层要比压实的和致密的岩层有较高的渗透能力，故具有粗孔隙的砂质岩层的导水能力比具有细孔隙的黏土层要大得多。

（3）给水度：给水度是从地下水供水的角度提出，采用饱和介质在重力排水作用下可以给出的水体积与多孔介质体积之比表示。影响给水度大小的因素有储水介质岩性、潜水面深以及地下水位下降速度等。给水度大小与岩性类型有密切关系，如当储水层为松散沉积物时，颗粒粗、大小均匀，给水度大（表2-13）。此外，当潜水面深度小于岩土中毛细管水最大上升高度时，给水度是一个变数，当潜水面深度等于或超过毛细管水最大上升高度后，给水度趋于常数。

表 2-13 给水度取值范围

岩土	给水度	岩土	给水度
粗砂	0.20~0.35	粉砂	0.10~0.15
中砂	0.15~0.30	亚砂土	0.07~0.10
细砂	0.10~0.20	亚黏土	0.04~0.07

2.3 地下水保护地质模型与适宜性评价

地下水地质模型是地质各要素的相互空间关系定性刻画，地下水保护地质模型则指面向地下水保护目标的地质要素的空间组合及与保护工程条件的综合，也是分析各种条件因子集参数确定的地质模型对地下水保护可行与否（简称为适宜性）的定量评价基础。为使适宜性评价方法的定量化分析应用范围更广，考虑到各种相关因素数据间影响的独立性，研究主要采用多因素综合层次分析法、GIS（地理信息系统）多源地学信息叠加方法和模糊数学方法等。

2.3.1 地下水保护地质模型

地下水地质保护实践是依据采矿活动对覆岩和地下水的影响程度，采用分区（采损区和扰动区）对待处理，采损区以地下水原位保护为目标，而扰动区则以转移存储保护为主。针对地质保护基本条件分析的复杂性和因子关联性，地质模型构建基于开采地质环境破坏和地下水赋存环境变化特点，突出有利于地质保护的地质主控因素，降低模型的复杂度和应用分析便利性。

1. 扰动区

扰动区是因采损区地下水漏斗聚集效应产生的渗流方向和渗流量渐变区域，该区域仍为原岩结构和赋存状态，充分利用微盆地、砂砾岩结构层等地质条件构建储水结构，实现保护地下水资源量的目标。根据地质条件和主控因素，主要有基于构造主控的断层圈闭模型和基于岩性主控的岩性圈闭模型。该类模式重点解决矿井水量大、煤矿地下水库构建难度大、安全生产风险高区域的地下水地质保护问题。

1) 断层圈闭模型

断层圈闭是指基于断层构造形成的可储水封闭结构，其基底以隔水层（如煤层或泥页岩构成具有隔水性能的岩层）为主，侧翼为不透水断层（如泥岩充填断层、逆掩断层、微断陷盆地等）构成的圈闭。

寻找基于断层圈闭的有利储水构造时，应结合区域地质构造条件，分析影响断层圈闭的主控因素和综合判断断层封闭性，预测有利储水构造。断裂构造防渗性是断层圈闭的主控因子，前人大量观察和实验表明，断层两盘岩性对置封闭和泥岩涂抹封闭是断层封闭的两种主要形式，也是预测断层圈闭条件下有利储水构造优先考虑的因素。

2) 岩性圈闭模型

岩性圈闭是指基于可储水岩层形成的地下自然储水区，其自然基底以隔水岩层为底板，侧翼也是渗流性较差的岩层形成的挡水圈闭（如可储水岩层自然微起伏面形成的低洼区）。岩性圈闭主要针对第四系松散层或露天矿坑回填重构型松散层等类型的储层。

东部草原区第四系松散层发育广泛，岩性主要为冲积、湖积、冰水堆积的细/中砂夹砂砾石层、粉砂、亚砂土、亚黏土透镜体。该层中含水层富水性好、导水能力强，隔水层分布不连续，需要按照评价模型各影响因素，结合区域勘探资料，掌握隔水层岩性和分布特征、储水层厚度和给水度等主要影响因子，寻找有利储水圈闭。在分析研究水文地质条件基础上，在有利区布置钻井，合理设置井身结构和井间距，利用抽、灌试验获取水文地质参数，开展回灌效果评价和后续回灌水工程，验证储水工程可行性。

3) 断层-岩性复合圈闭模型

断层-岩性复合圈闭是指基于可储水岩层形成的地下局部不完全封闭的自然储水区，其自然基底以隔水岩层为底板，侧翼未封闭段则是由断层分布，形成局部断层挡水结构（如可储水岩层自然微起伏不完全与断层相切形成的低洼区），该类型圈闭含自然岩性储水层和断层两大控制要素。

如在东部草原区第四系松散层及浅层岩层中广泛发育着不同形式的断裂，特别是断层两侧岩层对置或逆掩断层与可储水岩层构成的局部低洼区，也是地下储水的理想区域，这类断层起到了坝体的挡水作用。寻找这类复合圈闭形成的储水结构时，需要综合分析赋水岩性及赋存状态、断层构造性质及赋存状态、赋水岩性与断层构造的空间相互关系，分析影响复合圈闭的主控因素和判断封闭性，预测有利的储水构造。其中，断裂构造防渗性是断层要素的关键因子，储水层厚度及渗流性、可注性和可抽性等可作为断层要素的关键因子。实践中可根据地下水流场分布确定断层隔水性，同时在有利区布置水文钻井，开展抽、灌试验确定储水层的水文地质参数，进一步评价构建地下储水区域的工程可行性。

2. 采损区

采损区是因采损活动直接形成的地下水漏斗中心区域，其核心区-采动区也是地下水近垂向流动效应聚集区，采动区是含水层损伤和地下水流场变化剧烈的区域，降低采动含水层损伤程度、抑制地下水流动垂向流动、保持原态流动状态和稳定地下水埋藏深度是采损区地下水保护的重点。采损区地下水保护分为基于开采工艺改进的保护方法和基于地下水疏导的保护方法，前者采用多工作面协同开采、采空区充填开采等方法，重在维持含水层的原态（简称为原位保护），后者则针对采动地质结构变化，采用地下水储存方式、露天开采含水层重构等方式，构建适宜地下水储存的空间和恢复含水层流动通道，重在确保地下水资源量稳定可用。本章重点考虑基于地下水疏导的保护方法的地中保护模型。

1）煤矿地下水库地质保护模型

煤矿地下水库是借鉴传统的地下水库建设模式，结合煤矿开采特点提出的一种矿区地下水保护新途径。它是通过利用或重构地下水库要素（储水介质、防渗坝体、隔水层/墙等）、辅之以洁净处理和注抽系统，实现地下水资源的保护利用。按照损伤区特点，可以分为井工矿地下水库和露天矿地下水库。

（1）井工矿地下水库

井工矿地下水库，是基于大面积采空区及采动裂隙形成的自由空隙构建储水空间和底板隔水层，辅之以开采煤柱+人工坝体形成的圈闭。将矿井水注入地下水库，通过储水介质沉淀、过滤、吸附作用，实现矿井水的净化处理，达到地下水资源的储存和利用目标。

该模式相对地表水库具有安全性高、投资少、不占地、无淤积等优点，在神东矿区应用累计建设了 32 座煤矿地下水库，储水量达 2900 万 m^3，每年为矿区供水 3000 万 m^3 左右，提供了矿区 95%以上的地面生活用水，供给了矿区全部工业用水和生态用水。目前，煤矿地下水库作为"环保型水资源开发工程"已成为国内外研究的热点之一。

（2）露天矿地下水库

露天矿地下水库是基于大面积采动区（剥离、采煤、排弃区）原岩完全破坏和地层重构提出的地下水保护模式。该方法利用底板隔水层，构建储水介质和圈闭（人工坝体或自然微凹陷）形成的储水空间及圈闭。该模式下将矿坑水在地表经过洁净处理后注入地下水库，还可通过储水介质的沉淀、过滤、吸附作用，进一步提高水质，实现矿坑水的净化处理，达到地下水资源的储存和利用目标。

该模式相对地表水库也具有安全性高、投资少、不占地等优点，目前在国内外尚处于研究与开发阶段，本研究在宝日希勒矿区进行了系统的研究与实践，初步显现了应用前景，其他章节中将重点论述。

2）含水层重构地质模型

（1）原岩含水层重构

原岩含水层重构模型是基于大面积采动区原岩完全破坏和地层重构工序提出的地下含水层恢复保护模式。该方法借鉴原岩含水层/隔水层，通过重构似含水层/隔水层结构，构建重构含水层与原岩含水层的地下水疏导通道，为地下水自然恢复创造地质条件。

该模式着眼于采矿区生态型恢复目标，尽管相对原岩含水层完全重构难度大，但具有投资少、不占地，以及渗流性能、顶底板构建可控性高等优点。目前该模式在国内外尚处于研究与现场试验阶段，本研究在宝日希勒矿区进行了初步实践，初步显现了矿区生态恢复应用前景。

(2) 生态型储水区重构

生态型储水区重构模型是基于露天矿大面积采动区原岩完全破坏和地层重构工序提出，面向促进地表生态恢复的地下水保护与利用模式。该方法借鉴地下水库建设方式，在近地表垂向有序构建隔水层、储水介质和疏松渗流层、横向构筑人工坝体形成储水层圈闭。

该模式突破原岩含水层界定，着眼于采矿区生态型恢复目标，通过仿潜流层生态功能，调整近地表排弃工艺构建生态型储水区。该模式具有重构难度小，投资少、不占地和构建可控性高等优点，且随采动区动态推进分区构建和动态管理，特别是对地表生态恢复支撑作用显著。该模式下可将经洁净处理后的矿坑水注入储水区，还可通过储水介质的沉淀、过滤、吸附作用进一步提高水质，同时聚集地表渗流的大气降水补给，实现地表水和地下水资源的储存和利用目标。

2.3.2 地质保护适宜性评价数学模型

地质保护适宜性是指面向地下水保护目标的各要素之间相互关系是否有利于构建地下水地质保护区，如针对原岩结构损伤的采动区，是否可通过预见性的开采工艺改进适宜降低开采影响实现含水层原位保护，或针对地下水流场扰动区，是否可通过预见性发现适宜地质有利储水空间和转移存储工程，实现水资源不外排不污染。适宜性表征了通过利用原生地质条件或损伤状态，通过人工干预和疏导方式，创建地下水地质保护工程的地质基础保障程度，显然，适宜性越高，可行性越大。

1. 适宜性评价数学模型

为定量分析地质各要素空间综合作用地下水地质保护适宜性，基于地质保护条件（岩性、圈闭和安全条件等）和工程要素（水源条件、工程条件等），针对复杂的各要素间关系、因素间互相影响和制约，某些因子难以定量描述，研究引入模糊系统分析方法构建因子层次分析参数集，依据各种参数对实施地质保护的影响程度和专家知识，确定各层次因子或指标的权重值，利用层次分析法（analytic hierarchy process，AHP）构建适于适宜性分析的权重决策分析数学模型，通过适宜性定量化分析及适宜性指标比较，确定地下水保护适宜的区位。

如果以 S 表达煤矿地下水保护系统，S_0 为无工程影响时系统的地质状态，S_1 为考虑工程要素时的状态，则煤矿地下水保护状态可表述为

$$S_1 = S_0(x,r,s,t) \otimes M(y,w,e) \tag{2-3}$$

式中，S_0 状态函数包括状态点位 x 及地质工程要素（岩性条件 r，圈闭条件 t 和安全条件 s）；M 影响函数包括影响点位 y、水源条件 w 和工程条件 e 等要素及参数；$\otimes$ 为耦合关系算子。

为分析便利，将影响适宜性分析目标决策的各个因素依据保护条件进行条理化和层次化，将各项地质条件作为确定适宜性要素，影响要素的综合参数作为因子或表征要素适宜性程度的指标，而确定因子量的参数作为实际控制变量，在适宜性评价指标体系中，在地下水地质保护目标下，依次为描述要素的准则层和表征影响因子的指标层，从而构成要素、

因子和参数的层次结构。针对参数多样性，具体分析过程中可视相关数据可获取性和对指标的控制程度确定计算方案，结合专家知识和现场经验简化处理。

依据确定地质保护的基本条件分析，控制地质保护条件适宜性的要素及因子主要包括如下几个。

（1）岩性条件：控制岩层赋水能力的主要因子包括岩性类型、地层厚度、砂地比、岩性结构、岩石质量、渗透系数，岩性结构越松散、厚度越大、渗流系数越大则赋水能力越强，适宜性越高。

（2）断层圈闭条件：控制断层圈闭程度的主要因子包括泥岩涂抹因子、断层性质、断层两盘岩性对置、断层产状对置、断面压力、隔水层（或弱透水边界）等，涂抹因子越大、断层两盘岩性对置差异越大，则阻断渗流能力越强，封闭性越好，越有利于保水利用。

（3）岩性圈闭条件：控制岩性圈闭程度的主要因子包括储水层厚度、给水度、地形坡度、底板条件等，给水度越大、岩性层产状起伏越大，则微地貌越易形成聚水结构，适宜性越高。

（4）安全条件：控制地下水保护空间安全水平的主要因子包括底板的隔水性、注入水洁净程度——水质和赋水岩性的稳定性。显然，底板隔离层越稳定，注入水质越好；赋水岩性物理化学性质越稳定，储存区域地下水越安全。

（5）工程条件：控制地下水地质保护工程可行性的主要因子包括储水介质及围岩可钻性、表征储水介质流动性的可注性及可抽性。可钻性越高则钻探工程越易开展，可注性和可抽性越强，储存效率和储存水利用率越高。

（6）水源条件：控制地下水地质保护工程可行的重要因子包括各种上层滞水、潜水、基岩层裂隙水等各种可用水资源量越大、基岩层裂隙水越发育、潜水越丰富，保护工程的性价比越高。

2. 权重值确定原则

针对影响地下水保护适宜性的因素多样性、因子和参数的层次性、各参数的不可对比性，依据实际场景各因素和各因子的重要性，科学合理地分配各层次及各因子的权重，对合理评价地下水保护适宜性显得尤为关键。类似实践中通常是基于专家知识和现场经验给定权重，但不可避免地存在一些不合理成分。为克服可能存在的不合理因素，研究按照层次分析法基本原理来确定各因素的权重值。

1）建立判断矩阵

当在确定各层次指标之间的权重过程中，仅定性的描述结果会出现不符合客观理论的情况，也不容易被认同和接受。在此引用"一致矩阵法"，即将两两指标相互比较，同时为尽可能避免性质不同的各因素间不好相互比较，采用相对尺度确定因子结果。其中的判断矩阵用以表示本层所有因素针对上一层对应因素的相对重要性的比较，表2-14显示了同一层因素 $B_1 \sim B_n$ 针对上一层对应因素 A 的相对重要性，矩阵中元素 b_{ij} 表示针对元素 A，元素 B_i 较元素 B_j 的重要性。

表 2-14 判断矩阵表

A-B_i	B_1	B_2	...	B_j	...	B_n
B_1	b_{11}	b_{12}	...	b_{1j}	...	b_{1n}
B_2	b_{21}	b_{22}	...	b_{2j}	...	b_{2n}
...	...	...	...	...	...	...
B_i	b_{i1}	b_{i2}	...	b_{ij}	...	b_{in}
...	...	...	...	...	...	...
B_n	b_{n1}	b_{n2}	...	b_{nj}	...	b_{nn}

矩阵中 $b_{ij}>0$，$b_{ij}=\dfrac{1}{b_{ji}}$，$b_{ii}=1$。为度量指标间相对重要性，采用专家调查表形式征询专家意见，收集构造正互反两两判断矩阵的信息，采用"1~9"标度方法进行量化处理（表2-15）。

表 2-15 标度意义表

标度	指示意义
1	两指标相比，有同等的重要性
3	两指标相比，一指标比另一指标稍微重要
5	两指标相比，一指标比另一指标明显重要
7	两指标相比，一指标比另一指标强烈重要
9	两指标相比，一指标比另一指标极端重要
2，4，6，8	上述判断的中间值

2）计算权重系数

在量化同一层各因素针对上一层因素的重要性后，可采用特征根法计算同一层影响因素权重值，具体计算方法如下。

第一步，计算判断矩阵每一行元素的乘积 M_i：

$$M_i = \prod_{j=1}^{n} b_{ij} \tag{2-4}$$

式中，b_{ij} 为根据因子 B_i 较因子 B_j（针对元素 A）的重要性的量化标度值。因此，若为 $n \times n$ 矩阵，则可计针对 n 行，得到 n 个乘积值。

第二步，计算 M_i（$i=1,2,3,\cdots,n$）的 n 次方根 ϖ_i：

$$\varpi_i = \sqrt[n]{M_i} \tag{2-5}$$

第三步，将所有的 ϖ_i 组成向量 $\boldsymbol{\varpi} = [\varpi_1, \varpi_2, \varpi_3, \cdots, \varpi_n]^{\mathrm{T}}$，然后将其进行正规化处理，即可得到各因子的权重系数 ω_i：

$$\omega_i = \frac{\varpi_i}{\sum_{i=1}^{n} \varpi_i} \tag{2-6}$$

3）一致性检验

为保证计算结果的合理性，需要验证判断矩阵是否具有大体的一致性，从而保证其准确性，即矩阵的一致性检验。

首先，依据判断矩阵 A 和计算得到的各因素权重系数 ω_i，计算该矩阵的最大特征根 $\lambda_{\max}$，具体表达为

$$\lambda_{\max} = \sum_{i=1}^{n} \frac{(A\omega)_i}{n\omega_i} \tag{2-7}$$

式中，$\boldsymbol{\omega} = [\omega_1, \omega_2, \omega_3, \cdots, \omega_n]^T$。

其次，进行一致性检验，即根据矩阵最大特征根和因子个数，计算一致性比率：

$$I_c = \frac{\lambda_{\max}}{n-1} \tag{2-8}$$

$$R_c = \frac{I_c}{I_r} \tag{2-9}$$

式中，I_r 为随机一致性指标，可由表 2-16 确定。当 $R_c < 0.1$ 时，可确定该判断矩阵不一致程度在允许范围之内，说明其求得的特征向量能够客观地表示各因素的权重值。

表 2-16　随机一致性指标取值表

n	1	2	3	4	5	6	7	8	9	10	11
I_r	0	0	0.58	0.90	1.12	1.24	1.32	1.41	1.45	1.49	1.51

3. 计算方法

针对地质保护适宜性评价具体情况，采用模糊评价方法进行综合判定，模糊评价法有别于其他评价方法的地方在于其可体现出待评价对象本身的模糊性。评价程序如下：

（1）针对 n 个影响评价对象的因素，确定评价对象影响因素集 $U=\{u_1, u_2, u_3, \cdots, u_n\}$，此处的因素集也就是用来确定评价指标的体系，即我们用哪几个因素（指标）和方面来分析这个评价系统。

（2）针对划分的 m 种不同的评价等级，确定评价等级 $V=\{v_1, v_2, v_3, \cdots, v_n\}$。每一个等级对应一个模糊子集。为进一步提高评价精确性，可由多个不同的评价等级组成一个评价集。

（3）确定各评价指标的权向量 $A=\{a_1, a_2, a_3, \cdots, a_n\}$。其中各项数值的大小由待评价对象中各指标的相对重要程度来决定。考虑到各评价因子对地下水保护具有不同的影响程度，用模糊方法对模糊子集的隶属度在合成之前进行归一化处理。

（4）进行单因素评价，建立模糊矩阵。确定从单因素来看评价对象隶属于不同等级模糊子集的隶属度，得到最后的模糊关系矩阵：$R=(r_{ij})_{n \times m}$（$0 \leq r_{ij} \leq 1$）。矩阵中元素 r_{ij} 表示

因素 u_i 对 v_i 等级模糊子集隶属度。

$$\boldsymbol{R} = \begin{bmatrix} R_1 \\ R_2 \\ \vdots \\ R_n \end{bmatrix} = \begin{bmatrix} r_{11} & r_{12} & \cdots & r_{1n} \\ r_{21} & r_{22} & \cdots & r_{2n} \\ \vdots & \vdots & & \vdots \\ r_{n1} & r_{n2} & \cdots & r_{nn} \end{bmatrix} \quad (2\text{-}10)$$

(5) 将之前计算得到的权重矩阵 $\boldsymbol{A}$ 与模糊综合评价矩阵 $\boldsymbol{R}$ 进行合成，合成公式为 $\boldsymbol{B}=\boldsymbol{A}\times\boldsymbol{R}$，求得综合评价向量 $\boldsymbol{B}$。我们所选择的评价指标与待评价对象的模糊关系 $\boldsymbol{A}$，借助模糊变换器 $\boldsymbol{R}$，即选择的评价指标和评价集间的模糊关系，通过模糊合成求得评价对象与评价集的模糊关系 $\boldsymbol{B}$。

(6) 通过对评价向量 $\boldsymbol{B}$ 做出分析，并得到最终的适宜性分析结论。

2.3.3 地质保护适宜性分类评价

1. 基于地质条件的适宜性评价

基于地质条件的适宜性评价是重点考虑地质要素和控制因子，结合开采状态，按照各要素对地下水保护（如储存、转移等方式）的影响控制关系，建立基于地质条件的层次分析参数集，确定各种参数对实施地质保护的不同影响程度，应用适宜性定量分析数学模型，引入具体研究区各种参数，对地质基本条件客观评价其地质保护适宜性程度，确定地下水保护适宜的区域和层位。

1）权重确定

首先采用两两指标相互比较的方法，建立地质条件准则层和因子指标层判断矩阵，再根据特征根法计算每一层级影响因素权重值，获得地质保护适宜性各层级的权重系数表(表2-17)。求得的特征向量能否客观表示各因素权重值的标准如一致性检验所述。

表 2-17 地质保护适宜性评价因素因子权重系数表

控制条件	权重	主控因子	权重	控制条件	权重	主控因子	权重
岩性条件	0.33	岩性类型	0.27	岩性圈闭条件	0.33	隔水层（或弱透水边界）	0.25
		地层厚度	0.37			储水层厚度	0.25
		砂地比	0.15			给水度	0.25
		岩性结构	0.15			渗透系数	0.15
		岩石质量	0.03			地形坡度	0.10
		渗透系数	0.03				
断层圈闭条件	0.17	泥岩涂抹因子	0.30	安全保护条件	0.17	底板条件	0.34
		断层性质	0.10			水质	0.33
		断层两盘岩性对置	0.30			地质载体	0.33
		断层产状对置	0.10				
		断面压力	0.20				

2）评价子集确定

针对各因子量纲不同和数据大小差异较大，为增强各因子数据可比性，在不影响最终评价结果的前提下将各参数进行归一化处理，即各因子数据变换为 0~1 之间的隶属度值。

对数值越大、越优的因子采用式（2-11）计算，对数值越小、越优的因子采用式（2-12）计算，即

$$A = \frac{A_i - A_{\min}}{A_{\max} - A_{\min}} \tag{2-11}$$

$$A = \frac{A_{\max} - A_i}{A_{\max} - A_{\min}} \tag{2-12}$$

式中，A 为归一化后某一集合某一因子的数值，值范围为 0~1；A_i 为该因素的原始数值；$A_{\min}$ 和 $A_{\max}$ 分别为该集合中所有因子的最小值和最大值。

考虑地质扰动条件下各种情况，研究分 30 种情景将各评价因素子集进行归一化，情景 1、2 和 3 分别代表理想状态下好（完全适宜）、中和差（完全不适宜）三种情景，其余情景介于三者之间的各种可能情况。基于指标层各评价因子权重系数及各评价因素子集，经过计算分析，建立准则层评价因素子集。

3）评价结果

将权重矩阵与评价子集进行计算，得到各情景下隶属度，该参数反映了各种地质条件（如岩性、构造圈闭等）对基于地质条件的地下水保护的有利程度，子集隶属度越高，该要素或条件越有利。此时，基于隶属度分析，综合各子集权重计算的地质模型隶属度作为地质保护适宜性评价比较系数（0~1），具体判定该情景是否适宜进行地下水保护，同时依据子集条件确定该情景下实现地下水地质保护可行性及主要风险。

不同情景评价分析结果表明（图 2-1），30 种情景中，5 种情景评价系数高于 0.8，子集隶属度介于 0.8~1，特点为岩性条件、安全条件较好，地质保护适宜性总体较好；7 种情景评价系数低于 0.4，子集隶属度介于 0~0.2，特点为圈闭条件较差，安全条件较差，适宜性总体较差；其余 18 种情景评价系数为 0.4~0.8，适宜性中等。

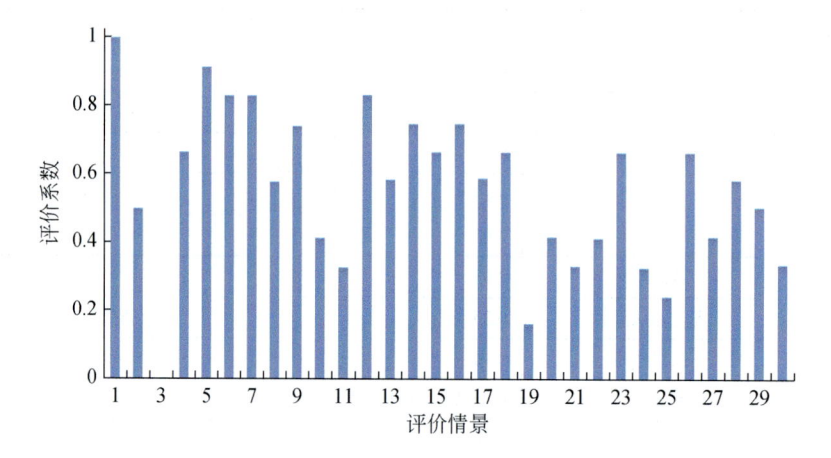

图 2-1 不同地质条件情景下适宜性分析结果

2. 基于工程条件的适宜性评价

基于工程条件的适宜性评价是着眼工程要素和控制因子，结合现场工程实施条件，按照各要素对地下水保护工程实施的影响控制关系，建立基于工程可行性条件的层次分析参数集，确定各种参数对实施地质保护的不同影响程度，应用适宜性定量分析数学模型，引入具体研究区各种参数，评价工程实施客观条件的地质保护适宜性程度贡献，确定地下水保护工程是否现场可行。

1）权重确定

与地质保护适宜性评价相同，建立工程条件准则层和因子指标层判断矩阵，再根据特征根法计算每一层级影响因素权重值，获得基于工程条件实施地质保护的适宜性各层级权重系数集合（表 2-18），求得特征向量并进行一致性检验。

表 2-18 工程保护适宜性评价因素权重系数表

条件	权重	因素	权重
工程条件	0.50	可钻性	0.2
		可注性	0.4
		可抽性	0.4
水源条件	0.50	上层滞水	0.2
		潜水	0.4
		基岩裂隙水	0.4

2）评价子集确定

与地质基本条件的适宜性评价类似，针对地质扰动条件下各种情况，分 15 种情景将各评价因素子集进行归一化，情景 1 和情景 3 分别为完全适宜和不适宜的理想情景，其余情景为介于两种理想状态之间的各种可能情况。基于指标层的各评价因子权重系数集和准则层评价因素子集计算方法与地质保护适宜性分析相同。

3）评价结果

将权重矩阵与评价子集进行计算，得到各种情景下工程保护适宜性评价系数，从而判定该情景是否适宜进行地下水保护。根据 15 种情景的评价结果（图 2-2），按照有利（0.75～

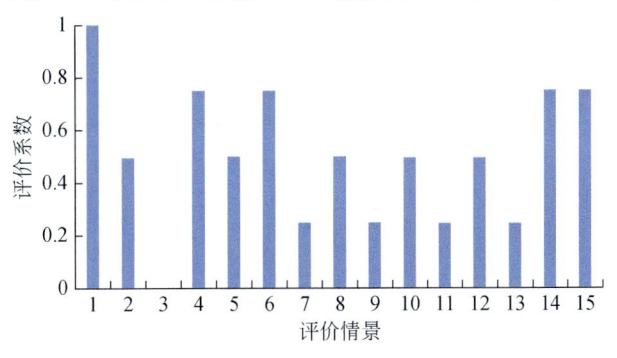

图 2-2 15 种工程条件情景下适宜性评价结果

1)、中等（0.25～0.75）、差（<0.25）三类划分，适宜性结果好中差各占比相同，表明工程条件和水源条件均为适宜性评价的主控因素。

2.4 地下水地质保护分析

针对大型煤电基地开采扰动下地下水保护目标，在分析开采扰动下水文地质环境变化特点基础上，结合东部草原区区域地质环境、生态环境和煤炭开采活动等，应用上述模型以层次分析方法构建了针对具体情景的地下水地质保护适宜性评价因素权重集，进一步分析将矿区分为采损区和扰动区的不同情景下适宜性水平。

2.4.1 扰动区地下水地质保护适宜性分析

1. 断层圈闭条件下适宜性分析

该分析针对扰动区岩性原态条件，且不考虑岩性圈闭状态时，重点研究断层封闭状态对适宜性的影响。但针对应用情景未考虑岩性圈闭要素及因子，重点考虑影响断层圈闭状态的各因子的实际参数［泥岩涂抹因子、断层性质、断层两盘岩性对置、断层产状对置、断面压力、隔水层（或弱透水边界）］的变化对断层圈闭程度的影响，进一步分析断层圈闭对保护适宜性的影响，具体分析方法和验证方法同上。

1）权重确定

权重确定是在适宜性分析数学模型基础上，针对开采扰动区地下水保护目标，综合自然地质条件和地质工程条件，突出断层形成的封闭作用和工程可实施性的作用，依据现场专家经验调整各控制因素的影响程度，其中提升了岩层圈闭和工程条件的权重（表2-19）。

表2-19 断层圈闭情景下适宜性评价因素权重系数表

控制因素	权重	影响因子	备注
岩性条件	0.17	岩性类型、地层厚度、砂地比、岩性结构、岩石质量、渗透系数	因子权重见表2-17和表2-18
断层圈闭	0.33	泥岩涂抹因子、断层性质、断层两盘岩性对置、断层产状对置、断面压力	
安全条件	0.17	底板条件、水质、地质载体	
工程条件	0.33	可钻性、可注性、可抽性	

2）评价子集确定

针对扰动区条件下各种具体情景，依据参数变化组合设计了30种，将各评价因子进行归一化处理后代入模型。其中，情景1、情景2和情景3分别为理想情况下的好、中、差三种情景，其余情景为介于三者之间的各种可能情况。

3）评价结果

评价结果显示可将 30 种情景分为好（评价系数较高）、中（评价系数中等）、差（评价系数较低）三类，其中 5 种情景系数高于 0.8，其子集隶属度介于 0.8～1，特点为工程条件、安全条件、断层圈闭条件均较有利，地质保护总体适宜性较好；7 种情景的系数低于 0.4，子集隶属度仅为 0～0.5，特点为工程条件、安全条件、断层圈闭条件较差，岩性条件中等，总体适宜性较差；其余 20 种情景评价系数介于 0.4～0.8，特点为工程条件、安全条件和圈闭条件有利性参差不齐，岩性条件中等，适宜性水平显现中等（图 2-3）。

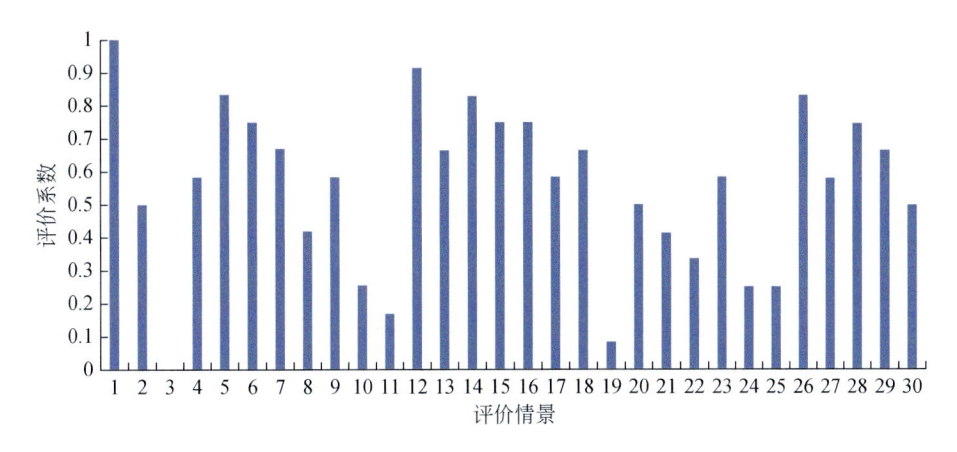

图 2-3 不同断层圈闭条件下适宜性评价结果

2. 岩性圈闭条件下适宜性分析

该分析针对扰动区岩性原态条件，且不考虑断层圈闭状态时，重点研究岩性圈闭状态对适宜性的影响。但针对应用情景未考虑断层圈闭要素及因子，重点考虑影响岩性圈闭状态的各因子的实际参数（隔水层或弱透水边界、储水层厚度、给水度、渗透系数、地形坡度）的变化对断层圈闭程度的影响，进一步分析岩性圈闭对保护适宜性的影响，具体分析方法和验证方法同上。

此分析权重确定突出了岩性形成的封闭作用和岩性条件的影响，考虑到岩性圈闭状态与断层圈闭状态工程实施相对容易，弱化了工程条件和可实施性作用，依据现场专家经验调整各控制因素的影响程度，提升了岩性条件和岩性圈闭的权重（表 2-20）。

表 2-20 地下水保护适宜性评价因素权重系数表

控制因素	权重	影响因子	备注
岩性条件	0.33	岩性类型、地层厚度、砂地比、岩性结构、岩石质量、渗透系数	因子权重见表 2-17 和表 2-18
岩性圈闭	0.33	隔水层或弱透水边界、储水层厚度、给水度、渗透系数、地形坡度	
安全条件	0.15	底板条件、水质、地质载体	
工程条件	0.19	可钻性、可注性、可抽性	

评价结果大致分为三类，4 种情景的评价系数大于 0.8，子集隶属度介于 0.75～1，特点为圈闭条件、安全条件、工程条件和岩性条件均有利，地质保护适宜性总体较好；6 种情景的评价系数低于 0.4，子集隶属度较低，因子参数综合反映为工程条件、安全条件和圈闭条件较差，岩性条件中等，总体适宜性较差；其余 20 种情景评价系数介于 0.4～0.8，尽管岩性条件中等，但工程条件、安全条件等因素有利性参差不齐，适宜性总体水平显现中等（图 2-4）。

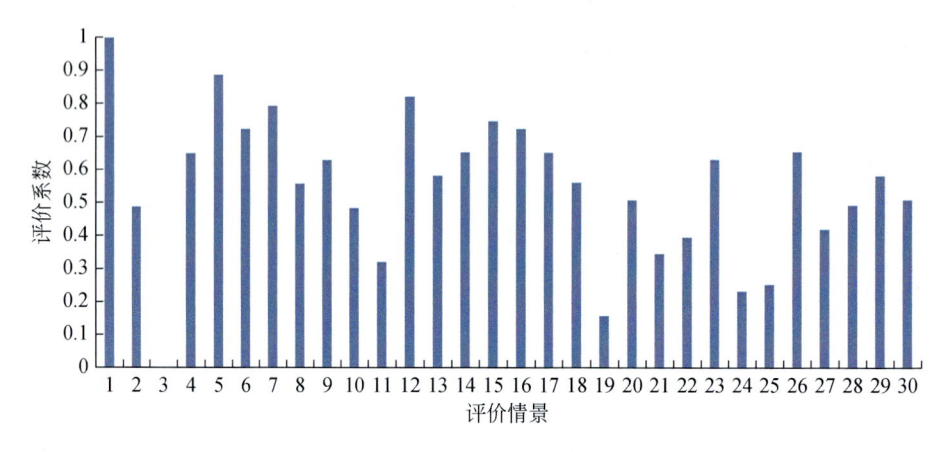

图 2-4　不同岩性圈闭条件下适宜性评价结果

2.4.2　采损区地下水地质保护适宜性综合分析

该分析针对高强度井工和露天开采形成的采动区的岩性条件发生变化、圈闭条件被彻底破坏、岩石物性条件发生变化导致安全条件及工程条件凸显的情景，不考虑断层和岩性圈闭状态，重点研究表征赋水能力的岩性条件、工程基础条件和工程可实施性，即适宜性主控因素主要取决于岩性条件、工程条件和安全条件，依据现场专家经验调整各控制因素的影响程度，构建适于采损区的控制因素权重集（表 2-21）。

表 2-21　采损区适宜性评价因素权重表

控制因素	权重	影响因子	备注
岩性条件	0.34	岩性类型、地层厚度、砂地比、岩性结构、岩石质量、渗透系数	因子权重见表 2-17 和表 2-18
安全条件	0.33	底板条件、水质、地质载体	
工程条件	0.33	可钻性、可注性、可抽性	

评价中根据不同地质特点设计了 18 种具体情景，根据控制因子的参数调整和组合，具体分析方法同扰动区情景分析。评价结果中仅有 3 种情景的评价系数高于 0.8，子集隶属度介于 0.8～1，特点为岩性条件、安全条件、工程条件均较好，地质保护适宜性水平较高；4 种情景的评价系数低于 0.4，子集的隶属度均低于 0.5，其特点为岩性条件、安全条件和工

程条件均较差，适宜性较差；其余11种情景评价系数0.4~0.8，适宜性中等（图2-5）。结果说明在采动区开采对地质圈闭条件损伤严重，地下水工程保护实施难度相对较大，且与煤矿开采安全生产协同水平要求更高。

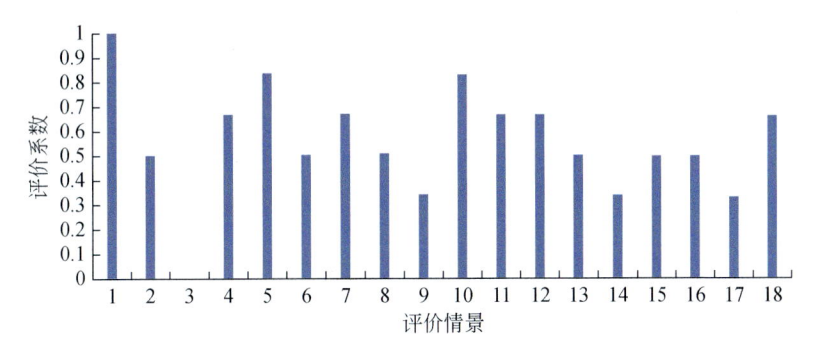

图2-5 采损区不同情景下适宜性评价结果

2.4.3 典型矿区地下水地质保护适宜性分析

1. 敏东一矿扰动区地质保护适宜性综合分析

1）水文地质情况

伊敏河东一区位于河东区南部，伊敏河阶地之上；河东区南高北低，为低山丘陵区，中部地势平缓，伊敏河和锡泥河分别从勘探区西部和东部流过。区内含水层由上而下分别为第四系砂砾石，中砂、粗砂含水层和伊敏组煤层间砂砾岩，中砂、粗砂岩含水岩层。通过敏东一矿井下掘进生产，证实煤层不是主要含水层。区内隔水层按地层时代划分为第四系黏土、亚黏土类隔水层和白垩系煤系地层的泥岩、粉砂岩类隔水层。

（1）第四系含水层、隔水层

第四系粉中砂、粗砂，砂砾石孔隙含水层：勘探区为第四系广泛覆盖，第四系孔隙含水层由粗砂、中砂和砂砾石等组成。其上部为浅黄色-浅褐黄色的粉、细砂层，分选均匀；下部为浅灰-杂色的砂砾石层，分选性差，砾石一般为圆-次圆状，砾石直径一般0.5~4cm不等。第四系含水层主要分布于伊敏河冲积平原，与下伏煤系地层直接接触，含水层厚度一般0~99.65m，平均厚度57.77m。

该含水层呈条带状分布，由中西部向两侧逐渐变薄[图2-6（a）]，其富水性好，导水性强，为该区主要含水层。经抽水试验，其单位涌水量q=0.582~23.669L/(s·m)，渗透系数K=58.168~114.09m/d，水化学类型为$HCO_3·Cl-Na·Ca$和$HCO_3·SO_4-Na·Ca$型水，矿化度为0.224~0.897g/L。该含水层地下水类型为潜水，地下水水位标高655.36m，地下水径流方向为由东南向北西径流（即由台地向河谷及其下流方向径流），水温一般4℃。含水层导水性随含水层厚度增加而增加。根据勘探报告，该区伊敏河阶地之上松散层透水不含水，而在伊敏河冲积平原及漫滩区含水量丰富。

第四系黏土、亚黏土隔水层：分布于冲积平原内第四系砂砾石含水层之下，由西向东逐渐变厚到逐渐尖灭，台地之上为第四系无水区，台地之下的冲积平原区第四系黏土、亚黏土层厚度一般0～93.55m，平均厚度为5.72m，在矿区南部较厚向北部变薄［图2-6（b）］，在阶地前缘黏土层连续发育阻断了该部位第四系含水层与煤系地层的水力联系，其他部位连续性较差，隔水性亦较差；大部分地区第四系细砂层裸露，大气降水可直接渗入补给。

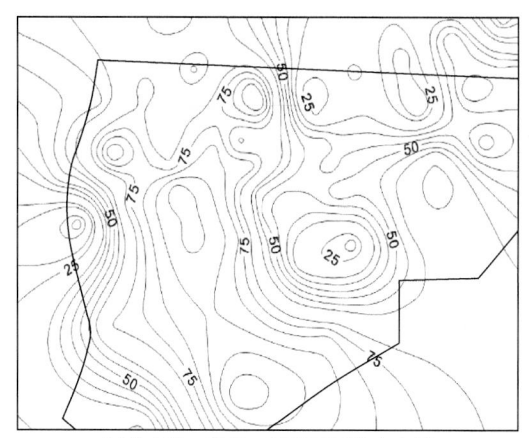

(a) 粉中砂、粗砂，砂砾石孔隙含水层　　　　(b) 黏土、亚黏土隔水层

图2-6　第四系孔隙含水层/隔水层等厚度分布图（单位：m；折线为矿区边界，下同）

（2）15煤层组顶板及层间砂砾岩、砂岩含水岩组（Ⅰ号含水层）/隔水层

15煤层组含、隔水层结构由上至下为顶板隔水层—顶板及层间砂砾岩、砂岩含水岩组（Ⅰ号含水层）—层间隔水层。

Ⅰ号含水层：岩性以砂砾岩、中粗砂岩为主，岩石为灰色-深灰色，凝灰质胶结，厚度一般0～140.50m，平均厚度46.36m，含水层厚度由东北部向西南部逐渐变薄［图2-7（a）］。该含水岩组富水性强，是15煤层的直接充水含水层，其单位涌水量介于1.412～2.153L/(s·m)，渗透系数为1.62～3.79m/d，水化学类型为$HCO_3·Cl-Na·Ca$型水，矿化度0.349g/L，地下水位标高在650.157～672.34m变化，地下水类型为承压水。

顶板隔水层：岩性为煤层顶板的泥岩、粉细砂岩层，厚度一般为0～122m，平均厚度为7.79m，仅在矿区东北部分布，其余部位缺失，为不稳定隔水层。

层间隔水层：岩性为泥岩、粉细砂岩层，厚度一般为0～214.30m，平均厚度为43.48m，其厚度空间变化呈现为东北部较厚向西南逐渐变薄直至尖灭，总体为不稳定隔水层［图2-7（b）］。

（3）16煤层组顶板及层间含水岩组/隔水层

16煤层组含、隔水层结构由上至下为顶板隔水层—砾岩、砂砾岩含水岩组（Ⅱ号含水层）—层间砾岩、砂砾岩含水岩组（Ⅲ号含水层）/隔水层。

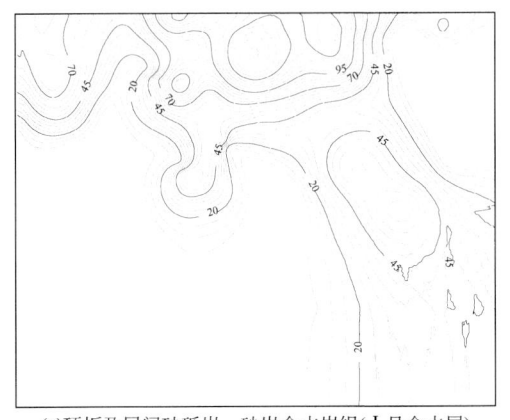

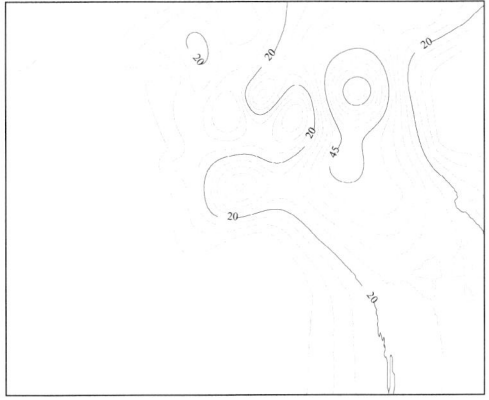

(a) 顶板及层间砂砾岩、砂岩含水岩组(Ⅰ号含水层)   (b)15煤层组层间隔水层

图 2-7 15 煤层组含水层（Ⅰ号含水层）/隔水层等厚度图

Ⅱ号含水层：该含水层为顶板砾岩、砂砾岩含水岩组，岩性组成为砾岩、砂砾岩、粗砂岩等，为灰白色-深灰色，凝灰质或泥质胶结，在全区发育，含水层厚度一般 0～133.45m，平均 55.00m，在勘探区北部和西部较厚向东南变薄［图 2-8（a）］，以下简称Ⅱ含。该层为本区主采煤层 16-3 煤的间接充水含水层，富水性强。其单位涌水量 $q=1.061$～6.896L/(s·m)，渗透系数 $K=1.26$～8.33m/d，水化学类型为 $HCO_3·Cl-Na·Ca$ 型水，矿化度 0.208～0.562g/L，水位标高 622.352～653.287m，地下水类型为承压水。

通过抽水试验、钻探和物探测井资料，以及本区沉积环境资料分析得知，本区在沉积作用过程中，经过一个动水沉积到稳水沉积过程，北部为物质来源方向，在从北向南地层由粗粒物质向细粒物质渐变的沉积过程中，表现为砂岩颗粒逐渐变小，砂砾岩间胶结物质即泥质、凝灰质逐渐增高，抽水试验地层渗透性逐渐变小，地层聚焦电阻率增加。

16 煤层组顶板隔水层：该隔水层岩性为 16-1 煤层顶板的泥岩、粉细砂岩层，厚度一般为 0～66.3m，平均厚度为 19.98m，其分布规律为中部较薄向两侧逐渐变厚，西北部部分缺失该层，见图 2-8（b）。

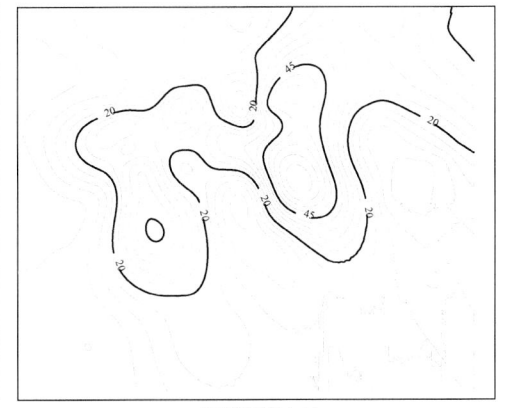

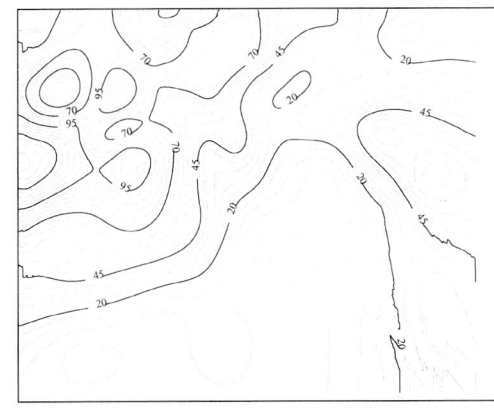

(a) 顶板砾岩、砂砾岩含水岩组(Ⅱ号含水层)   (b) 顶板隔水层

图 2-8 16 煤层组顶板含水层/隔水层等厚度图

16煤层组间砾岩、砂砾岩含水岩组（Ⅲ含）：Ⅲ含为16煤层组间砾岩、砂砾岩含水岩组，岩性组成为砾岩，砂砾岩，中、粗砂岩等，岩石颜色为灰白色-深灰色，凝灰质或泥质胶结，在全区发育。含水层厚度一般0～135.41m，平均38.13m，分布规律与16煤层顶板砾岩、砂砾岩含水岩组相似，在勘探区北部和西部较厚，向东南变薄，见图2-9（a）。该含水层为16-3煤层直接充水含水层，富水性强。其单位涌水量q=0.146～1.378L/(s·m)，渗透系数K=0.28～1.71m/d，水化学类型为$HCO_3·Cl-Na·Ca$型水，矿化度0.208～0.562g/L，水位标高628.996～660.225m，地下水类型为承压水。分析显示该水层向北部地层渗透系数增大，与Ⅱ号含水岩组具有相近变化趋势。

16煤层组层间隔水层：该层间隔水层岩性为16-1至16-3煤层层间的泥岩、粉细砂岩层，厚度一般为1.83～131m，平均厚度为54.6m，其分布规律为中南部厚向北部逐渐变薄，见图2-9（b）。

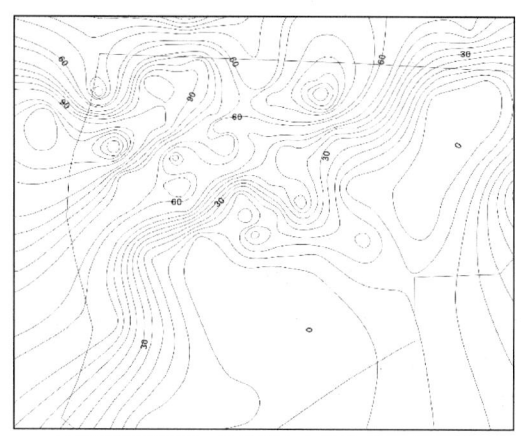

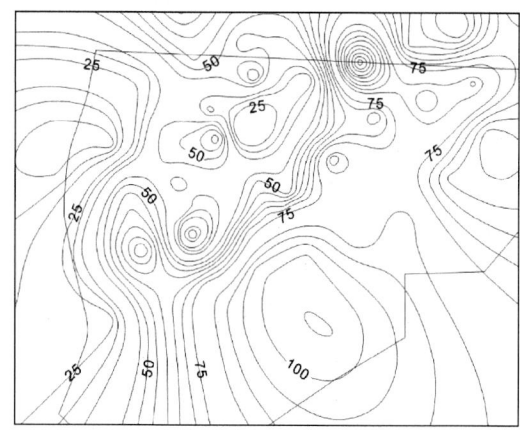

(a)煤层组间砾岩、砂砾岩含水岩组(Ⅲ号含水层)　　(b)层间隔水层

图2-9　16煤层组层间含水岩组/隔水层等厚度图

2）研究区地质保护适宜性评价

根据研究区基岩的含水层、隔水层空间分布结构，不受采矿影响且具有较大的存储空间和较厚的隔水层结构区是有助于地下水转移存储保护的有利区域，即适应于地下水保护的区域。影响基岩含水层地质保护适宜性的因素是多方面的，如含水层孔隙度的大小及连通性、渗透系数以及含水层厚度等。在评价模型建立和应用中合理恰当地选取影响基岩含水层地质保护适宜性的主控因素，直接影响到评价结果的准确性。因此，含水层地质保护主控因素的选取和数据采集就显得十分重要。

（1）主控因素确定

由于该区现场评价中难以获取已获得适宜性分析的所有参数，根据矿区水文地质条件、矿井水中长期观测趋势分析、安全生产和环保要求，地下水地质保护采用转移存储保护方案，关键是确定合适的层位和区域。该区高强度井工开采直接破坏了扰动区Ⅲ含，局域间接严重影响了Ⅱ含，形成Ⅲ含和Ⅱ含共同驱动的矿井水，可见作为矿井水储层不具备适宜的圈闭条件。分析发现Ⅰ含在扰动区基本不受采动地下水流场影响，岩性组合以砂砾岩、中粗砂岩为主，含水层岩组渗流性较强（渗透系数为1.62～3.79m/d），厚度变化大（0～140.50m），较大面积范围内含水层、隔水层结构比较稳定，且很少受到断裂构造的影响，具有存在岩性圈闭的可能性。

在聚焦岩性圈闭主控因素基础上，进一步优选反映赋水性能的含水层厚度和反映微地貌变化的隔水层厚度作为评价关键因子指标，开展地质保护适宜性的定量评价。

（2）适宜性计算

首先，制作反映主控因素因子分布规律的含水层厚度和隔水层厚度专题图（即附有属性数据电子图件），特别是将收集到的反映研究区松散孔隙含水层富水性的含水层厚度基础数据进行插值计算处理，建立出各主要影响因子的专题图。

其次，采用前述分析方法和指标权重确定方法，在此情景下的含水层和隔水层是主控因素，含水层作为有利的储水和导水空间，而有利的隔水层是储水区域圈闭保水的基础。因此将关键因子含水层厚度指标权重定为0.322，隔水层厚度指标权重定为0.678。

最后，对研究区地质钻孔统计和分析，采用k均值聚类分析法，结合专家意见划分主控因子归一化区间阈值和确定分级标准，建立单指标未确知测度矩阵；结合单指标测度的评价矩阵，确定出各个评价单元的多指标综合测度评价向量；根据置信度识别准则，取$\lambda=0.6$，即可得含水层地质保护适宜性评价结果。

（3）评价结果

针对研究区域各种要素空间分布的不均一性，评价结果采用等值图分析方法，按照评价系数分为三个类型，良好区（＞0.7）、较好区（0.45～0.7）、不利区（0.45～0.2）和不适宜区（＜0.2）。适宜性区域分析显示：适宜性系数总体显现为西低东高且逐步递增的格局，矿区西部区域小于0.2，东部区域介于0.45～0.75，其形成显著的聚集趋势，局域系数大于0.7，总体居于中等适宜性（图2-10）。由于该区域Ⅰ含渗透系数普遍较强，含水层厚度及底板隔水性则为适宜性分析主控因素。结果表明，敏东一矿Ⅰ含地质保护的有利区为矿区的北东东区，该处含水介质较厚，一般在100m以上，隔水层较厚，一般在100m以上，具有较好的储水空间（图2-10）。

2. 宝日希勒矿区地质保护适宜性综合分析

1）水文地质情况

（1）主要含隔水层

依据含水介质的空隙类型，地下水的补、径、排条件，含水层的富水性可将区内的含水层划分为两大含水岩组，即第四系孔隙含水岩组和下白垩统大磨拐河组裂隙-孔隙含水岩组。其中大磨拐河组裂隙-孔隙含水岩组可划分五个相对独立的含水层。含水层岩性以煤层、砂砾岩、粗砂岩及中砂岩为主；隔水层以泥岩、粉砂岩和细砂岩为主。含水层、隔水层划分情况见表2-22和表2-23。

A. 第四系孔隙含水岩组

该区第四系在宝日希勒矿区及周边区域广泛分布，厚度介于5～80m，矿区平均厚度高于周边区域，区域上显现为西厚，北、东和南区域较薄的总体分布趋势。矿区范围显现厚度大部分介于 25~50m，局部厚度大于 50m，中心区域局部小于 25m 地带呈东西向不规则条带状分布（图 2-11）。

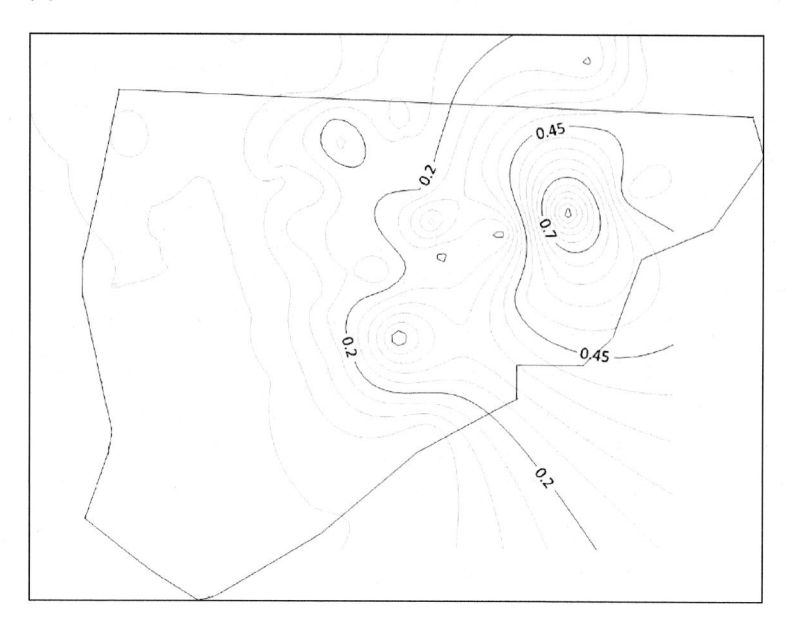

图 2-10　敏东一矿 I 含地质保护适宜性系数分布

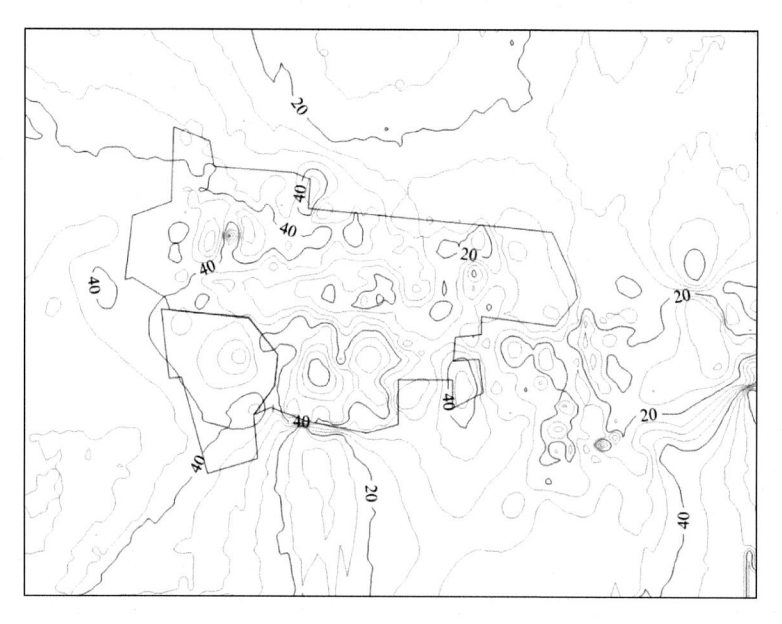

图 2-11　第四系等厚度图（单位：m；折线为矿区边界，下同）

第四系孔隙含水岩组主要分布于矿区西部、莫勒格尔河河漫滩及沟谷之中。在勘探区范围内，据钻孔揭露仅存在一个较稳定的含水层，其岩性主要是 Q_{11} 的砂砾层，结构松散，孔隙发育，含水性好。该含水层的厚度不均一，一般为 7~30m，变化趋势为从南向北，由西向东逐渐变薄、尖灭。在省道 201 以东（波状高平原）由于普遍发育了黏土、亚黏土及泥砾层，砂砾层不发育，且第四系的底板因高于区域地下水位，致使矿区大面积第四系不存在含水条件。近年随着宝日希勒露天煤矿及周边煤矿的采煤疏干，区域内地下水位大幅下降，矿区内第四系已基本不含水。

表 2-22 含水岩组划分一览表

地质分层				含水组				水文地质特征
系	统	组	符号	含水组名称	含水层			
^	^	^	^	^	编号	厚度/m	水位/m	^
第四系			Q	孔隙含水组	Q	7.60~29.90	599.931~600.874	主要分布于国防公路西、河漫滩及其与高平原的过渡地带，大气降水及上游河水的入渗是其主要补给来源，地下水径流方向与河流向基本一致，以径流和蒸发（腾）为排泄途径
白垩系	上统	大磨拐河组	K₁d	裂隙-孔隙含水组	B	8~35		发育于全矿区，含水介质以煤层为主，包括其顶底板的部分砂岩、砂砾岩，其水文地质特征受构造控制，侧向径流是其主要补给来源。天然状态下，由东向西径流。各含水层以静储量为主
^	^	^	^	^	Ⅰ	10.00~61.06	594.135~615.179	^
^	^	^	^	^	Ⅱ	1~48	594.135~615.179	^
^	^	^	^	^	Ⅲ	2~58	576.839~614.653	^
^	^	^	^	^	Ⅳ	3.75~50.46	604.590~614.839	^

表 2-23 宝日希勒一号露天煤矿主要隔水层特征表

序号	名称	分布范围	隔水性能
1	第四系孔隙潜水含水层底部隔水层	分布于整个矿区，由黏土、亚黏土及冰碛泥砾组成	隔水性能良好
2	1号煤层裂隙承压含水层顶、底部隔水层	整个矿区发育。由泥岩、粉砂岩或细砂岩组成，底板厚度 2~21m，顶板厚度 2~16m。由于构造的影响，局部隆起，顶板被剥蚀而形成"天窗"	分布连续，厚度稳定，隔水性能良好
3	Ⅲ号煤层裂隙承压含水层顶、底部隔水层	整个矿区发育。由泥岩、粉砂岩或细砂岩组成，底板厚度 5~20m，最厚可达 100m；顶板厚度 2~40m，最厚可超过 70m	分布连续，厚度稳定，隔水性能良好

B. Ⅰ号含水层（以1号煤层为主）

该含水层发育于整个矿区，分布连续，为裂隙-孔隙含水岩组的主要含水层。其岩性结构特征是以褐煤为主，包括部分煤层顶板中的中砂岩、粗砂岩及砂砾岩，厚度为 10~60m。总体上呈东、西厚，中部薄，北厚南薄的变化规律。含水层顶板、底板通常由泥岩、粉砂岩或细砂岩组成，分布连续，厚度稳定，隔水性能良好。其中，底板厚度一般为 2~21m；顶板厚度一般为 2~16m，但由于构造的影响，局部隆起，顶板剥蚀形成"天窗"（图 2-12）。

该含水层水动力特征为由向斜的构造形态及地下水的埋深条件决定含水层呈带状分布，向斜核部为承压区，两侧为无压区。由于含水层顶板分布连续稳定，具良好的隔水性，且矿区第四系不含水，不透水，在垂向上除个别部位外无补给来源，即不能直接接受大气降水的补给。向斜南北两翼的煤层翘起，其底板标高高于矿区地下水位，同样不能构成补给条件。故其补给来源只能局限于向斜的东西两端。纵观全区的地下水位表明在天然状态下，Ⅰ号含水层的地下水由东向西径流，故其补给源主要为东部的侧向补给。但在激发状态下（即人工抽水），矿区西部"天窗"区的越流补给是一个不可忽视的重要的补给途径。

图 2-12　Ⅰ号含水层等水位标高图

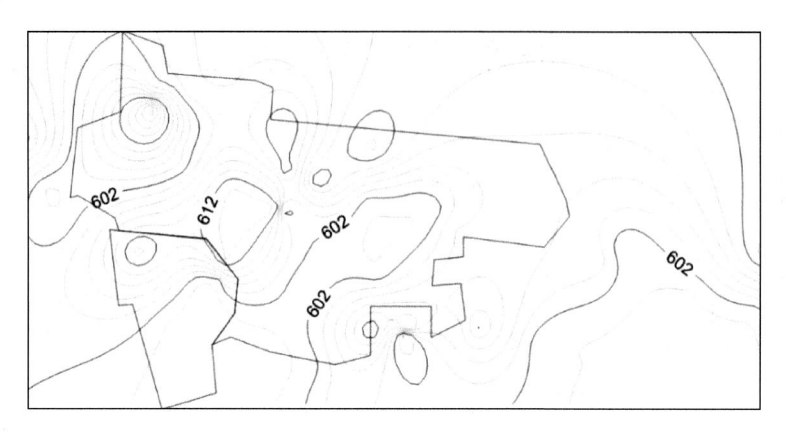

表 2-24 显示该含水层进行的 11 次抽水试验（其中群孔 9 次、单孔 2 次）结果，经比较表明：最大单井涌水量达 52.47L/s，最小仅有 1.579L/s，一般为 2～10L/s。水化学类型为 HCO_3-Cl-Na-Ca 或 HCO_3-Cl-Na 型水。整个矿区Ⅰ号含水层由于受构造影响，其补给来源有限，除局部地段外水量普遍较小，储蓄存量有限。单位涌水量分布显示向斜东西两端水量丰富、导水能力强，中部贫水、导水能力差，这一规律与其补给来源方向是一致的。该区局部地段水量差异很大，反映了含水层本身在不同部位导水能力的差异。水$_{15}$号孔涌水量最大，钻孔位于次一级蓄水构造的核部，利于汇水，含水层厚度大（58m）。除上述因素外，同时反映了该区距"天窗"补给区近，补给来源相对充足以及 F_{23} 断层具有良好的纵向导水能力和横向透水性。而水$_{14}$号孔涌水量最小，反映了其所处向斜北翼含水层薄，F_{20}断层阻水，以及导水性差、水交替差的滞流环境的水动力特征。水$_3$号孔水量较小，反映了断层束透水性弱的特征。

表 2-24　Ⅰ号含水层钻孔抽水试验资料一览表

孔号	水$_8$	水$_4$	水$_{14}$	观$_{14}$	水$_3$	观$_{43}$	水$_{12}$	水$_{11}$	水$_2$	水$_{13}$	水$_{15}$
最大涌水量/(L/s)	11.21	29.94	2.02	4.46	1.58	3.40	2.97	0.202	5.12	5.00	52.47
最大降深/m	9.84	14.26	31.11	16.50	7.85	8.99	16.19	10.03	17.2	11.44	3.36
降深 10m 时单位涌水量/[L/(s·m)]	1.150	2.480	0.092	0.328	0.201	0.364	0.204	0.191	0.416	0.444	0.223
构造部位	向斜东部	向斜西部	F_{20}断层西侧向斜北翼	F_{18}断层西侧	F_{12}断层西侧向斜中部	向斜中部	向斜中部	向斜中部	F_{23}断层北部	天窗附近	次一级向斜构造轴部
导水系数/(m²/d)	719.25	282.49	6.497	6.497	28.915	56.53	19.91	28.58	137.29	56.91	1633.31

C. Ⅲ号含水层

Ⅲ号含水层发育于整个矿区,其岩性组合与Ⅰ号含水层基本相同,即以3号煤层为主,包括其中砂、粗砂岩和砂砾岩的顶板、底板,含水层厚度2~58m(平均24.23m)。隔水顶板、底板由泥岩、粉砂岩及细砂岩组成,其中顶板厚度一般为2~40m,最厚可超过70m;底板厚度一般为5~20m,局部可达100m。

该含水层地下水位一般低于Ⅰ号含水层水位,与Ⅰ号含水层相比,其补给、径流及排泄条件更差(图2-13)。以F_{14}断层为界,东西两区水位差也达10多米,由于受宝日希勒煤矿疏干的影响,已形成大范围的降压漏斗,其中心在观$_{38}$号南侧。距漏斗中心4000m和1000m的观$_1$和观$_{38}$号孔水位标高分别为597m和576m,已下降了3~23m,两孔的水位动态呈典型的消耗型。

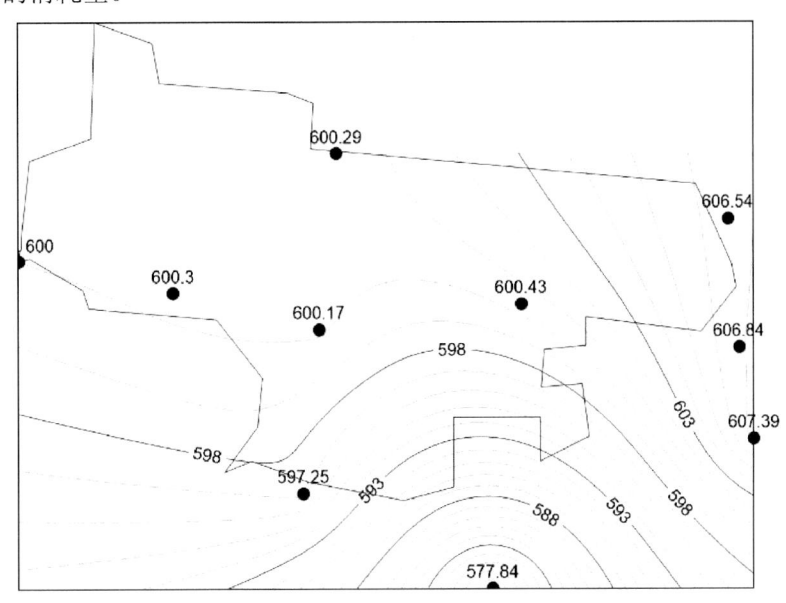

图2-13 Ⅲ号含水层等水位标高图

Ⅲ号含水层与大气降水无直接联系,侧向径流是其主要补给源。由于宝日希勒露天矿采区地下水疏干作业影响,附近含水层处于疏干或半疏干状态。

该含水层共进行抽水试验4次,其单孔涌水量为0.48~4.43L/s,单位涌水量0.020~0.538L/(s·m),水位标高一般为576~597m,水化学类型为HCO_3^--Cl-Na-Ca型水,矿化度1.1~1.6g/L,与Ⅰ号含水层相比,其富水性较差。

D. 其他含水层

B号含水层位于含煤段顶部,主要分布于矿区东部,西部因B号煤底板高于地下水位,该层不含水。

Ⅱ号及Ⅳ号含水层稳定性较差,由于煤层时有变薄、尖灭的现象,使其结构显得格外复杂。其中,Ⅱ号含水层施工2个钻孔(观$_{44}$、观$_{19}$),Ⅳ号含水层施工6个钻孔。钻孔资料统计表明:Ⅱ号含水层厚度为1~48m,平均厚18.72m;Ⅳ号含水层厚度为3.75~50.46m。水$_6$是Ⅳ号含水层抽水孔,其最大流量20.2L/s,最大单位涌水量3.256L/(s·m),表明在东部详查区Ⅳ号含水层具有较强的富水性。

可见矿区含水层的水文地质特征总体显现在水平方向和垂直方向都有明显变化规律，集中表现于水位、水文地质参数及水量在平面和剖面上的变化。平面上以F_{14}断层为界，东西两区水位、水文地质参数具有明显差异；在垂直深度方向随含水层埋深的增大，地下水矿化度随之增高，而涌水量却随之减小。

(2) 矿区水文地质边界

矿区各含水层地下水补、径、排关系总体受地质构造的控制影响，该区水文地质特征表明煤系地层褶皱构造和断裂分布形成的自然隔水空间（如低洼区和不透水断裂等）与该区独特的各含水层地下水补、径、排条件有密切关系。

由于矿区含煤地层已经褶皱变形，以一个轴向近东西的开阔向斜展布，向斜两翼地层翘起，形成各含水层的垂向隔水边界，到两翼（煤层露头线外侧）逐渐转化为侧向隔水边界，隔断了外围含水层与矿区煤系裂隙-孔隙含水层间水力联系，致使煤层露头线两侧，地下水位标高相差数米。如位于向斜北翼煤层露头线北侧的观$_{21}$和观$_{22}$两观测孔，水位标高分别为614m和605m，比矿区水位（约600m）高5~14m；位于南翼煤层露头线南侧的观$_{15}$、观$_{16}$和观$_{17}$三个观测孔，水位标高分别为607m、613m和611m，比矿区水位高7~13m，证明在煤层露头线外侧存在隔水边界。

而矿区东部北北东向的断层束切穿了煤层群，致使含水层与隔水层频繁对接，水位呈现阶梯状，形成了断块蓄水构造。在F_{10}、F_{16}断层以东，水位标高一般为614m，在F_{12}、F_{20}与F_{10}、F_{16}断层之间水位标高为605~609m，而在F_{12}、F_{20}以西水位标高一般为600m。在水质上断层束两侧，也有明显差别，就Ⅰ号含水层而言，F_{20}、F_{12}断层东侧，地下水矿化度约0.8~0.9g/L，而在其西侧，地下水矿化度则均大于1g/L，表明东侧该水层地下水径流、交替条件较好。基于断层两侧水位呈阶梯状分布的特征及矿区流场形态分析，结合剖面地层对比，可以确定该断层束具有弱透水性质。

矿区西部边界为一透水边界，由于抽水影响已经形成区域性降落漏斗，漏斗西部为主要来水方向，由此确定矿区西部边界为补给边界。由于煤层向西延伸甚远，可认为含水层向西是无限延伸的。此外，根据勘探资料，在Ⅰ号含水层"冲刷带"及附近地段接受第四系"天窗"补给，构成垂向补给边界。

综合分析表明，矿区属于一个调节能力很差的向斜蓄水构造，它是一个次一级较完整的水文地质单元，其南、北边界为隔水边界，东部边界为弱透水边界，而西部边界则是透水边界。

(3) 矿坑充水因素分析

地下水来源及方式是确定地质保护适宜性的主要因素之一，主要包括矿坑冲水来源和充水通道，前者确定了矿坑水来源，后者确定充水速度，二者综合确定了矿坑水资源量。

该区各主要含水层的水文地质特征及露天开采的开采方式，决定了其充水水源以地下水和大气降水为主，而地表水（莫勒格尔河）则由于远离矿区且被透水性能差的地层所隔，对矿坑涌水总量不会产生影响。

矿区采坑地层断面显示开采煤层上部赋存有直接充水含水层，含水层中地下水通过其裂隙、孔隙"均匀"地渗入矿坑，其中裂隙通道主要是煤层本身的构造和风化裂隙，而孔隙通道则是指发育于煤层顶板、底板砂岩、砂砾岩中的孔隙。前已述及煤层是主要含水介质,且第四纪含水层普遍不含水,表明矿坑的充水通道以裂隙通道为主,多属渗入型通道特征。

根据该区直接充水含水层的岩石性质、蓄水构造类型及其渗透条件和富水性,按照《矿产地质勘查规范 煤》(DZ/T 0215—2020)的划分原则,鉴于该区直接充水含水层以裂隙含水层为主,其单位涌水量一般小于2.0L/(s·m),煤层位于地下水位和当地侵蚀基准面之下,但矿区远离地表水体,确定该区水文地质条件复杂程度为中等,矿床水文地质勘探类型应属二类二型。

2)地质保护适宜性评价

地质保护适宜性评价方法与敏东一矿区评价相同,主要区别为含水层地质构造和地下水补-径-排方式,前者是井工开采破坏覆岩含水层结构形成矿井涌水,后者则采用露天开采方式形成含水层地下水向采坑汇聚形成矿坑水。而含水层岩性结构及矿区构造变化也对隔水空间具有重要的影响。因此,针对该区地质构造特点,确定基于地质构造格局选择适宜含水层,构建以岩性条件和安全条件为主控因素的评价体系,开展含水层地质保护适宜性的定量评价,确定适宜的地质保护区域。

(1)主控因素因子集权重优选

矿区水文地质及构造地质分析表明:Ⅰ号含水层在全矿区发育且分布连续,裂隙-孔隙型岩性结构和中砂岩、粗砂岩及砂砾岩等构成的含水岩组有利于地下水渗流和注、抽工程实施。矿区断层构造对该含水层没有显著的圈闭作用影响,而构造影响形成局部向斜和背斜,前者为无压区,后者为承压区,地下水补给来源局限于向斜两翼端和局部"天窗"区的越流补给。

基于矿区水文地质特征和数据可采集性,研究聚焦岩性圈闭型地下水保护思路,优选岩性圈闭因子中含水层厚度、渗透率、反映富水性的涌水量作为主控因子,以控制岩性起伏状态的底板高程作为辅助因子。将这些影响研究区地下水分布规律的主要或关键因子进行数量化并对基础数据进行系统采集和网格化处理,形成评价模型因子专题图。

图2-14综合反映了研究区主控因素之一——Ⅰ号含水层的储水空间属性,其中含水层厚度总体呈不均匀状态分布,较厚区域分布在矿区西北区域和区外东部,其中心区厚度大于42m,矿区中部局域超过32m[图2-14(a)]。对应含水层厚度空间变化,分布在矿区西

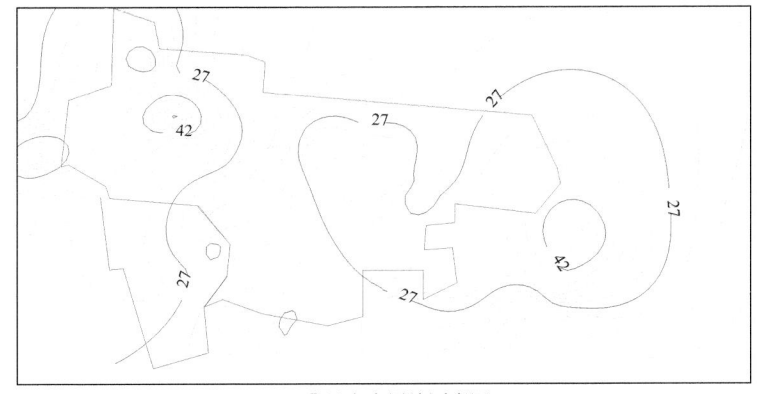

(a)Ⅰ号含水层等厚度图

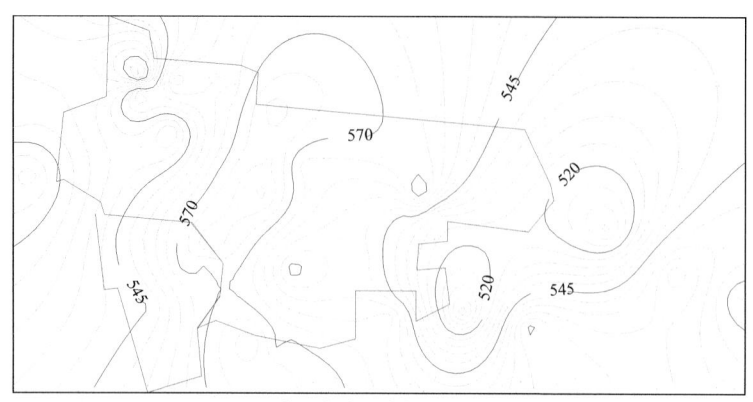

(b) Ⅰ号含水层底板等高程图

图 2-14　Ⅰ号含水层及底板特征示意图

北较厚区域和区外东部区域的底板标高相对较低，而矿区中部南北向分布的含水层厚度较薄区域的底板标高相对较高，局部超过 580m，而东南局域低于 520m，显现含水层底板的起伏变化趋势 [图 2-14（b）]。

图 2-15 综合反映了研究区主控因素之一——Ⅰ号含水层的富水性空间属性，其中含水层涌水量较强区域集中在矿区的西北区域，其中心最大涌水量 9.22m³/h。矿区中部和东部区域普遍较小，大部分介于 0.4~0.2m³/h 之间，局部小于 0.1m³/h，说明含水层强涌水区相对集中 [图 2-15（a）]。相对应区域的含水层渗透系数分布呈现强渗透系数与强涌水区基本一致的分布规律，最强涌水区的渗透系数超过 18m/d，而最弱区域的渗透系数与其相差一个数量级，仅为 3m/d 左右 [图 2-15（b）]。

（2）评价结果

根据研究区水文地质条件分析和现场专家认识确定各因子对岩性圈闭的影响程度，与敏东一矿研究方法相同，通过建立准则层和指标层判断矩阵，然后根据特征根法计算每一层级影响因素的权重值，获得地质保护适宜性各层级的权重系数集合。主要评价指标和权重：含水层厚度为 0.388，渗透系数为 0.279，涌水量为 0.209，底板高程为 0.124。基于该集合求得适宜性评价系数空间分布。

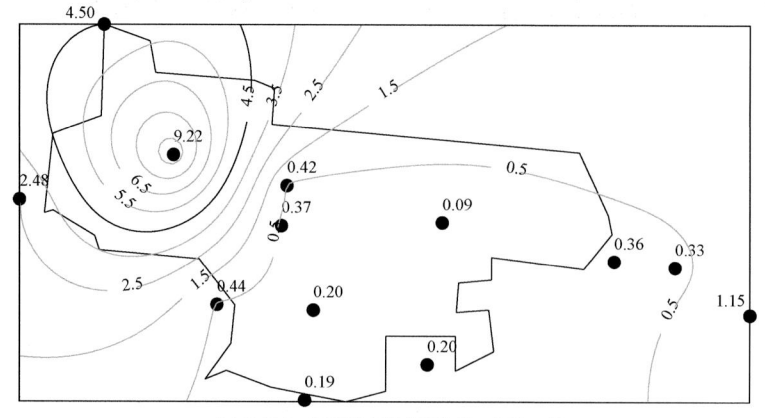

(a) Ⅰ号含水层涌水量图[单位：L/(s·m)]

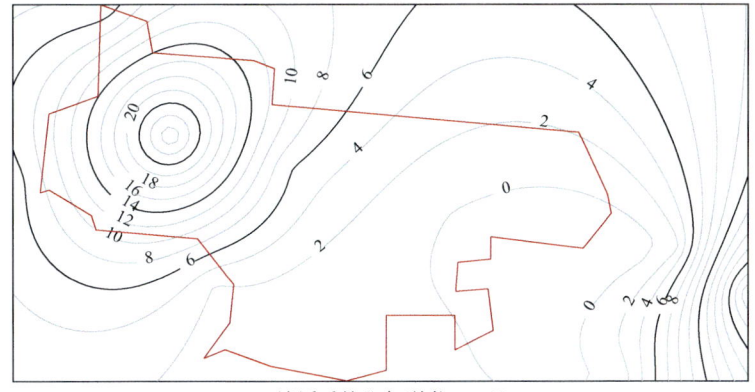

(b)渗透系数分布(单位：m/d)

图 2-15　Ⅰ号含水层水文参数特征图

评价结果显示，在矿区西北区域总体较高，大部分区域系数介于 0.45～0.75，且局部较强，其中主控因素含水层厚度、渗透系数和涌水量起到控制作用。而在矿区东部地区的适宜性系数总体也相对较高，大部分区域介于 0.45～0.6，其中含水层厚度为主控因素，而含水层渗流性为弱控因素（图 2-16）。综合分析结果表明，宝日希勒Ⅰ含的地下水地质保护适宜地区位于矿区的西北部，该地区含水层厚度在 40m 以上，渗透系数在 13m/d 以上，渗透性良好，地势相较于周边地区比较低洼，涌水量较大，有比较好的充水水源；而矿区东部地区含水层厚度局部相对较厚，介于 30～40m，但该区渗透系数较低，虽具有存储空间，但因渗透性较差，工程注入储存难度较大，因此不宜作为地下水储水区域。

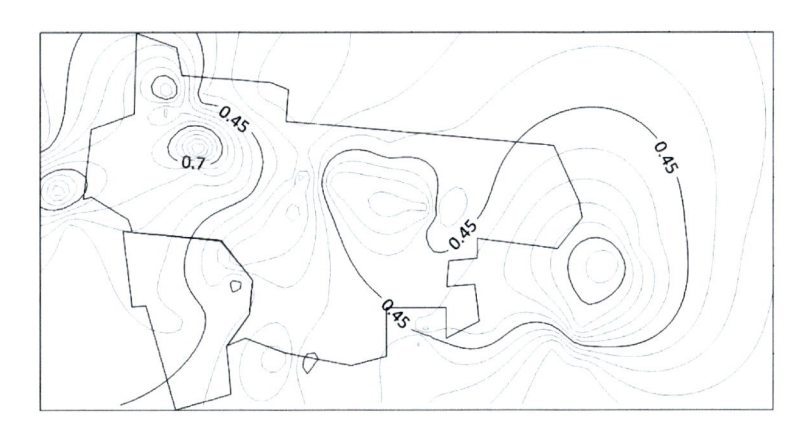

图 2-16　宝日希勒矿区Ⅰ含地质保护适宜性评价图

本章针对大型煤电基地煤炭高强度开采现状，结合煤炭开采过程中对地下水补-径-排关系变化规律和开采地下水的排泄-储存机制，提出矿区地下水地质保护的概念，依据自然地质条件和工程地质条件确定地下水主控因素，通过利用自然地质或人为重构条件建立基于地质条件的地下水保护定量评价指标体系，综合研究适应于地下水资源储存的地质空间，确保最大限度减少地下水资源的破坏流失。典型区研究表明，未受煤炭开采直接影响区域及含水层，且具有自然封闭条件（隔水层及隔水区域）的区位是有利于矿区地下水转移存储的地质空间。发现和利用这类地质空间，在原有地质条件不能满足时辅以人工方式的适当干预（如防渗和强化工程等），将矿井水或矿坑水进行洁净储存，有助于实现矿井水/矿坑水不外排，消除矿井水安全隐患，避免外排至地表蒸发引起的水资源浪费和矿井水外排对地表生态的污染。

第 3 章 大型露天煤矿地下水库及建设关键技术

煤矿露天开采是我国东部草原煤炭高强度开发的主要方式，也是煤电基地能源开发中煤炭生产的主要形式。露天煤矿地下水库则是伴随露天开采地下水保护和生态修复提出的地下水保护利用新方式。目前，神东矿区已经建成井工煤矿地下水库 35 座，储水量约 3000 万 m^3，每年可为矿区提供约 95%以上的生产生活用水。然而，神东矿区所建设的煤矿地下水库均为井工煤矿地下水库，通过对煤矿地下水库调研得知，国内尚无露天煤矿地下水库建设的先例。与井工矿地下水库相比，由于储水介质和构建形式不同，露天煤矿地下水库需充分利用露天开采空间条件和水源条件，满足了生态和可持续发展要求。本章将现代露天开采过程与地下水库建设技术相结合，按照生态导向性思路构建适于生态减损和修复的地下水库三层储水模式，揭示地下水储水机制，协同大型露天矿区生态修复，为煤电基地区域生态安全保障提供有效技术支撑。

3.1 露天煤矿地下水库储水能力

3.1.1 露天煤矿地下水库基本概念

1. 煤矿露天开采工艺及特点

露天开采就是移走煤层上覆的岩石及覆盖物，使煤敞露地表而进行开采，其中移去土岩的过程称为剥离，采出煤炭的过程称为采煤。露天采煤通常将井田划分为若干水平分层，自上而下逐层开采，在空间上形成阶梯状。这种方法的工况条件好，安全性也较高，是我国着重发展的煤炭开采方法。露天开采是煤炭开采的一种重要方式，随着机械装备水平的提高和开采强度的增大，煤炭露天开采的生态影响在逐渐增加，依托现代技术装备逐步形成了大型露天矿采-排-复一体化开采工艺。目前，我国大型露天矿开采具有以下几个特点。

1）生产规模化

同样条件下，生产规模化的露天矿生产效率高、安全易管理、经济效益好。20 世纪 60 年代以来，各露天产煤国家的露天矿规模不断扩大，凡具备条件的煤田都已建成或正在建设大型露天矿（图 3-1）。德国、俄罗斯、哈萨克斯坦等国均已建成年设计能力 50Mt 的露天矿，如汉巴赫·弗尔图纳、别列佐夫 1 号、鲍罗金、勇士等，其中勇士露天矿年产量曾达到 54Mt；美国、德国、波兰、澳大利亚、捷克建成年设计能力或产量为 20~40Mt 的露天矿，如黑雷、扬斯瓦尔德、贝尔哈托夫、罗扬等。印度、哥伦比亚、中国、泰国、印度尼西亚等已建成 10Mt 的露天煤矿。在露天矿规模大型化的同时仍有大量小型露天矿，因矿山开采规模首先取决于地质条件及自然环境，如德国、美国仍有年产几万吨的小型露天矿，英国露天煤矿的平均年产量为 300～400Mt。

图 3-1　露天煤矿开采俯视图

2）设备大型化

大型露天矿必须装备相应的大型设备，而中型甚至一些小型露天矿也使用相应的大型设备，如美国、英国的一些露天煤矿，因设备台数少，操作人员也少，易于矿山技术与组织管理，提高经济效益。2022 年，全球露采装载机械铲斗最大容量已经达到 64m³，自卸汽车载重达 218～318t，钻机孔径达 445mm，轮斗挖掘机和排土机日设计能力达 240km³，长距离运输的带式输送机带宽为 2800～3000mm，拉铲臂长达 123m，斗容 168m³，剥离运输排弃桥年运量 120～150Mm³，铁道运输牵引机组黏重达 360～372t，自翻车载重达 180t，推土机功率达 780kW。20 世纪 80 年代以来，通用型露天矿用设备规格继续大型化，以满足露天开采集中化、大型化的需要，但单机设备大型化速度减缓，主要是提高设备自控性能、故障诊断性能，加强人机工程研究，提高操作人员舒适性。

3）开采集中化

露天矿规模及设备大型化导致露天开采集中化，表现在两个方面：一方面是用少数大型露天矿开发储量丰富、地形较开阔的大型煤田；另一方面是在露天采场内采用尽可能少的剥采系统和设备，实现现代化开采。德国莱茵褐煤矿区年产量 110Mt，1995 年后，只有 3 座露天矿，其中年总剥采能力为 300Mm³+50Mt 的汉巴赫露天矿只有 8 套轮斗连续开采系统；哈萨克斯坦的埃基巴斯图兹矿区年总规模为 105Mt，2024 年有三座煤矿生产；俄罗斯的坎斯克-阿钦斯克矿区一期年总规模为 350Mt，设计 8 座露天矿，目前已有 3 座投入生产；美国波德河煤田年产量 206.2Mt，是目前产量最大的露天矿区，共 18 座露天矿；澳大利亚、印度、捷克、波兰等大型煤田均实现集中化开采。

4）开采工艺多样化

在地质赋存条件复杂、开采深度大的情况下，为取得最大的经济效益，许多露天矿采用两种或两种以上的开采工艺，充分利用各自的经济适用范围，如美国广泛采用拉铲剥离倒堆、机械铲或前装机采煤、汽车运输联合开采工艺；德国采用运输排土桥运排剥离物、带式输送机运煤的联合工艺；俄罗斯和哈萨克斯坦用铁道运输间断工艺与轮斗连续工艺结合的开采工艺；我国抚顺西露天矿技术改造后用半连续开采工艺与间断开采工艺相结合的联合工艺代替单一的机械铲、铁道运输开采工艺。

2. 露天煤矿地下水库基本概念

常规地下水库是指建于地下并以原态含水层为调蓄空间的蓄水实体，具有减少蒸发量、水质不易污染、投资小、不占用地表面积等优点，在我国西北干旱地区和滨海地区均受到广泛重视。露天煤矿地下水库是一种新型的地下储水结构，它利用露天开采形成的凹陷结构作为储水空间，以松散大孔隙回填物料作为储水介质，通过利用原始隔水层智能碾压形成防渗库底及坝体，辅以抽注水井实现矿坑水或含水层渗流水的存储与利用。其内涵主要体现在以下 3 个方面：露天煤矿地下水库位于露天开采形成的采坑中，储水空间由人工回填物的自由孔隙组成；突出煤矿地下水库具有可人为控制人工坝体安全和调控利用水资源的作用；地下水库还具有空间分布性，不同位置的地下水库可以采用人工碾压坝体分隔构建储水区并通过管路连接。露天煤矿地下水库解决方案为东部草原大型煤电基地可持续开发中面临的水资源保护与有效利用难题，按照煤炭绿色开发理念，提供了一种煤炭开采和水资源保护协同的新途径。

露天煤矿地下水库与井工煤矿地下水库相比，主要区别体现在以下几个方面。

1）储水介质

露天煤矿地下水库是利用岩石破碎后混合排弃物或人工构建的储水孔隙进行储水，在储水介质中，水的赋存形式主要以结合水、重力水以及毛细水三种形式赋存，根据连通性、空间分布、孔隙率以及渗透性四种性质比较，结合水、重力水以及毛细水的性质差异较大（表3-1）。井工煤矿地下水库则是利用采空区垮落物的大孔隙进行储水，主要包括采空区遗煤和垮落的顶板岩石。露天煤矿地下水库的储水介质可以完全通过人为干预的方式构建，因此其力学及储水性能可根据需求设计；而井工煤矿地下水库的储水介质由开采垮落的顶板岩层自然形成，其力学及储水性能主要由原始地层决定，很难通过人为方式改变其性能，可控性较差。

表 3-1 露天煤矿地下水库水的赋存形式

水的赋存形式	不同性质比较			
	连通性	空间分布	孔隙率	渗透性
结合水	较好	好	较好	好
重力水	良好	较好	较好	好
毛细水	好	良好	好	好

2）水库结构

露天煤矿地下水库的储水空间是露天开采形成的凹陷盆地，主要由露天矿底板和周围边坡圈闭形成封闭结构，在天然采坑中通过排弃大孔隙储水介质形成储水复合体。井工煤矿地下水库的储水区是顶板冒落形成的采空区，其封闭空间由煤柱坝体（开采预留煤柱）和人工坝体（人工挡水构筑物）构成，由采空区大孔隙的冒落矸石和遗煤形成储水复合体（图 3-2）。

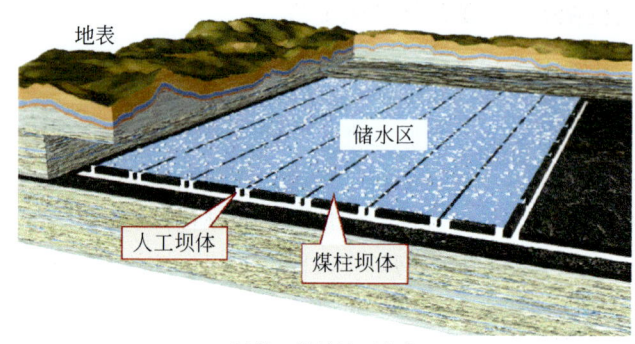

(a) 井工煤矿地下水库

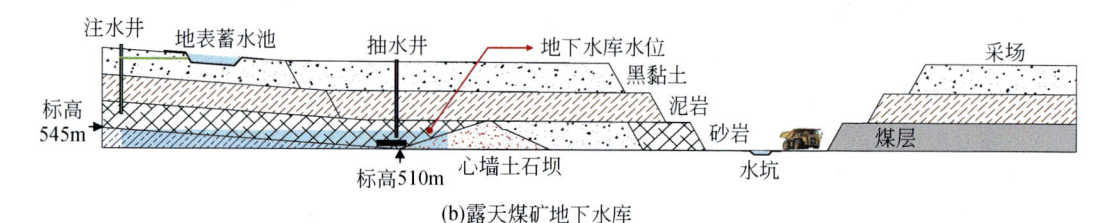

(b) 露天煤矿地下水库

图 3-2　煤矿地下水库结构

3）建造工艺

煤矿地下水库结构形式的不同决定了其建造工艺存在差异。井工煤矿地下水库是利用煤柱和原岩结构辅之以人工镶嵌坝体形成的人工辅助型圈闭结构，其建造是在设计和开采中通过预留煤柱坝体和构建人工坝体形成储水空间。露天煤矿地下水库则是在露天开采排弃过程中利用排弃物空隙性差异或人工储水结构构建储水空间，利用底板防渗层构建底部圈闭结构，其建造过程中的重点是碾压形成防渗层和排弃大孔隙储水介质构造。

4）汇水形式

露天煤矿地下水库储水来源以钻孔注入为主，储水介质排弃后在凹陷低地的最低处位置采用钻孔钻进的形式形成注抽水井，通过水井完成水库水的注入和抽出。井工煤矿地下水库的水源则以自然渗流为主，注入为辅，通过矿井内提前铺设的管道将矿井水输送到设定的位置。两种地下水库都以矿井水为主要储水水源，实现了矿区废水资源化，解决了矿区水资源短缺难题。

3.1.2 露天煤矿地下水库储水机制与模式

1. 露天煤矿地下水库储水机制

露天矿的开发伴随着大量的上覆岩层的剥离，致使原始地层和土壤结构被破坏，这些岩土经剥离后无序堆存形成排土场，使得排土场内部存在很多孔隙甚至裂隙，水分入渗时会沿优先流路径快速下渗，极少留存在土壤内，故在进行排土场土壤复垦时因其持水能力通常较自然土壤差，难以达到预期的复垦效果。而土壤中的有效水分对于干旱、半干旱地区的植被恢复至关重要。研究表明，构造具有层状剖面结构的土层可以提高土壤的持水能力，持水能力通常与构造土层层序的土壤性质有关。露天煤矿地下水库正是基于排弃物空隙储水性，通过排弃结构的人工重构过程，构建储水介质和封闭结构，形成地下储水区域。

露天煤矿地下水库储水空间主要为排弃物之间的孔隙，水资源在排弃物之间的孔隙中储存和净化，针对东部草原区实际情况，根据排弃物料种类，地下水库储水状态可分为软岩排弃物混合态原岩重构孔隙储水层和软岩排弃物储水介质重构孔隙储水层。软岩排弃物混合态原岩重构孔隙储水界面都与隔水层接触，而软岩排弃物储水介质重构孔隙储水下边界有连续隔水层。

1）基于混合排弃物的排土场地层重构

利用混合排弃物作为储水空间时，需要将排弃物顶部覆盖表土并压实，使储存的矿坑水在压缩后的排弃物重构岩层内储存，因此在外载荷作用下，储水层中水的体积与密度将产生变化，恒温情况下，水体积受力变化的特性用水的压缩系数表示，即在单位压力变化时单位水体积的变化量。承压含水层接受补给时，由于防水顶板的限制，不增加含水层的厚度以适应增加的水量。根据该类型地下水库储水特点，混合排弃物承压孔隙储水机制可分为补给和排泄两种情况：

当储水层受外部补给时，储水层中的水密度随着压力的增加而增加，由于孔隙水压力的增加和有效应力的降低，含水层骨架略有反弹，孔隙度增加，即含水量的增加是由含水层介质中水密度的增加和孔隙的增加所调节的。当储水层排泄或将水体抽出时，减少的水量也源自储水层中的水密度降低和介质中孔隙的收缩，即当水位下降时，储水层释放的水来自一些孔隙的排水（图3-3）。

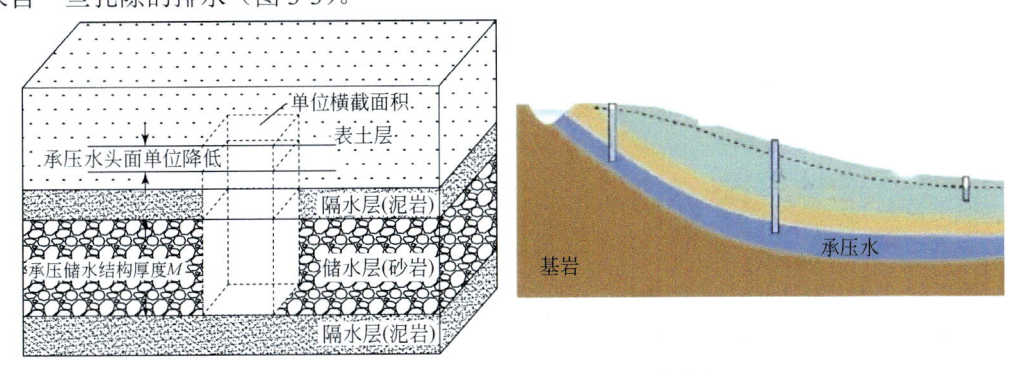

图3-3 软岩排弃物混合态重构孔隙储水

2）基于原生地层的层序结构的排土场地层重构

基于原生地层的层序结构排弃物对排土场进行重构，重建土壤层序工作机理的核心就是利用含水层土壤在非饱和时的持水性来存储水分和隔水层土体的低渗透性防止水分向更深地层下渗的储水/隔水层结构，确保使上部含水层储存更多的水分。其储水作用过程是：在有降水的时候，重构的含水层将水分保持在其中，重构的隔水层进行"兜底"，使得水分不会一直下渗到深部，无法被植物生长所利用。所以，选取合适的重构土壤层序物料至关重要，而影响土壤存储水分和阻挡水分下渗的两个重要因素是土体的持水性和渗透性（图3-4）。

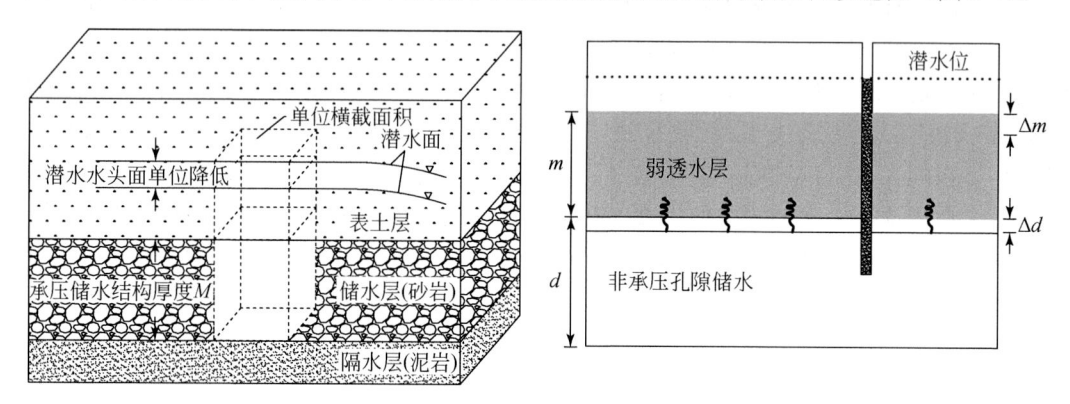

图3-4 软岩排弃物储水介质重构孔隙储水示意图

研究表明，良好的储水性能要求排弃物料及基底层面具有足够的储水能力，可以暂时储存未排出的含水量。储水能力大小可以用孔隙结构中储水空间的大小即连通孔隙体积大小来衡量。影响透水连通孔隙体积大小的关键影响因素为孔隙率和结构层厚度。排弃物本身状态是影响地下水库储水能力和机制的关键，特别是排弃物的块度大小、压实后孔隙大小等均决定了地下水库的储水能力，是保持"存储水机制"的核心。

2. 水资源保护模式

大型露天矿开发中矿坑水保护技术是实现煤矿生产与生态协调发展的有效保障，露天煤矿地下水库建设则是保障东部草原大型煤电基地水资源保护的有效途径之一。露天煤矿采-排-覆工艺产生的唯一可用的储层空间为露天坑和排土场，随着采646推进（如宝日希勒露天采区东移、露天坑东进西排），形成大型露天矿区建设地下水库的特殊采场条件。露天煤矿地下水库建设就是在有限的采场和原岩排弃物条件下，利用不同原岩排弃物料差异性，重构具有不同空隙度的层位，形成储水、隔水结构，构建适用储水的含水层，形成空间储水结构。地下水资源保护模式则是依据采场区域含水层结构、水源补给和流量交换、使用需求等方面因素综合考虑，构建露天开采、地下水保护和生态需要相协调的保护思路。

1）露天矿区立体储水模式

经过大型露天矿区现场大量调研，结合矿区地下水保护与利用、地表生态修复用水需求，研究提出大型露天矿水资源保护的立体储水模式，即地表储水池模式/近地表生态型地下水库模式/原位储水模式。其中，地表储水池可以解决大气降水汇聚和矿坑水洁净处理后的临时储存问题；近地表生态型储水层可以利用排土场，在近地表（如距地面 5~20m 深度范围）、人工重构储水介质（分选的有利于储水的砂岩，或人工构筑的储水介质）和调节系统，解决大气降水汇聚和矿坑水洁净处理后的长期储存问题，同时有助于地表植被的吸收和利用；原位储水模式则是利用原位含水层的岩石作为储水介质，或者人工构造管涵之类的储水体，主要解决含水层连通恢复和矿坑水洁净处理后的长期储存问题（图3-5）。地下水补给源主要为地表降雨、原始地下水含水层和采区涌水，不同水源之间相互交换，形成露天矿内排区地表水—地下水—采区涌水的互联补给、存储与利用关系。实践中需要根据具体地质条件、经济性和现场实施可行性综合考虑与设计保水结构和重构层次。

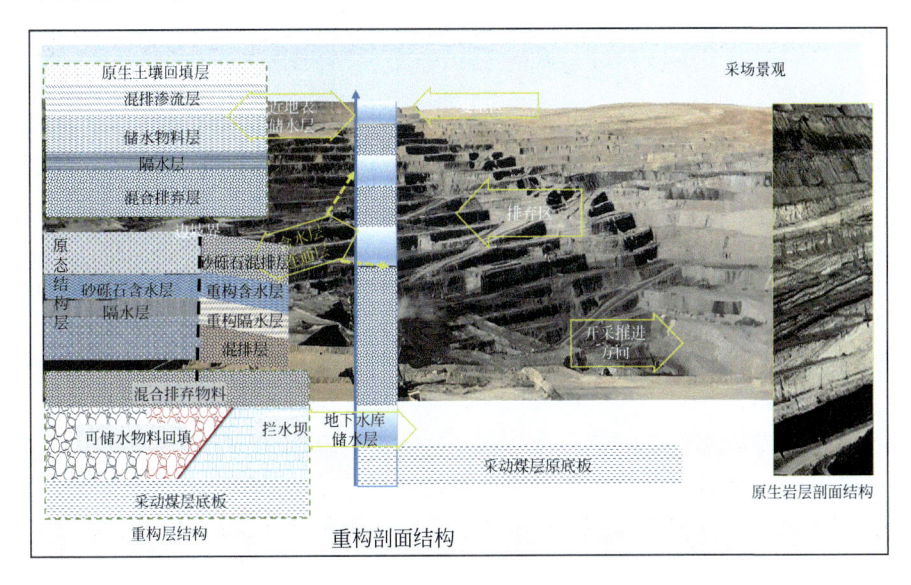

图 3-5　基于大型露天开采的立体储水模式示意图

2）各层储水结构

（1）地表储水池

地表储水池是在露天排土场上部建立一个或多个储水池塘，以达到矿井废水资源化的目的，从而实现矿区水资源保护。地表储水池建设过程中通常就地取材、因地制宜地选取储水池构建材料；储水池底部采用开采过程中产生的隔水性较强的黏土等材料构成，结合智能化自动碾压技术，通过调节碾压参数满足库底的防渗需求。储水池周边铺设塑胶跑道、公园、健身器材等公共设施，满足矿区周边生活需求。地表储水池主要实现以下两个目标：满足储水要求，通过储水池的调蓄功能满足矿区生产生活用水需求；满足生态景观需求，构建地表储水池可以美化景观，形成生态湿地，增加物种多样性。

基于露天开采过程中内排区特点，在地表构建地表水库，将开采过程中产生的矿坑水进行临时储存，其中应当注意以下三方面问题：一是地表水库的坝型。根据东部草原情况，以胜利矿区为例（图3-6），可采用土石坝，由于坝基为强透水材料采用防渗体分区坝的形式，防渗体采用土工膜与泥岩防渗土料，坝壳料利用矿区开挖土料填筑，护坡采用干砌石。二是库底防渗。根据目标露天矿提供的地勘资料，以胜利矿区来说，基础为可选择细沙、粗沙、砾石等强透水层，防渗是工程的关键所在，拟采用土工膜防渗或泥岩防渗，经过实践研究表明，土工膜防渗效果优于泥岩。三是坝体结构。根据水库位置，设计的水库坝体要满足水库运行过程中稳定性要求，同时要保证具有一定的防渗功能。

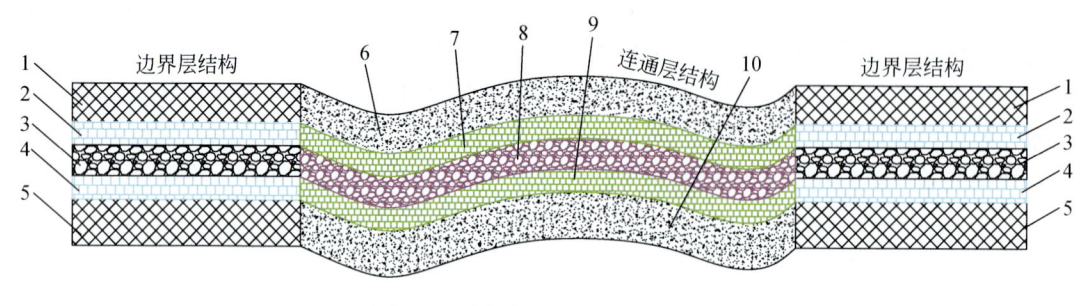

图 3-6　重构岩层储水形式示意图

1-原岩层；2-隔水层；3-含水层；4-隔水层；5-原岩层；6-人造储水层；7-隔水层；8-含水层；9-隔水层；10-人造储水层

（2）近地表生态型储水层

近地表生态型储水层是基于回填区物料多为软岩的特点，通过人为创造储水空间，以采场颗粒砂岩为主要骨料，添加配比具有水性胶结的材料，通过人工造砾或者 3D 打印技术，快速形成强度较高、粒径较大的大尺度储水块体。该种形式地下水库较为合理的储水方案就是人工创造满足特定需求的储水空间，排土场重构砂岩是优选的储水介质。近地表含水层的核心是构建持水性较好的含水区域、阻渗性较好的底部隔水层和基于排土场空间条件的坝体隔离带。通过实验室研究重构物料性质优选重构物料，按照生态恢复规划确定储水层和储水区域。但需要考虑的是借助重构含水层地势变化情况，将重构含水层地势低凹地带作为地下水库选址。砂岩含水层储水具有大孔隙、高透水的特点，重构砂岩含水为相对松散介质，从理论上讲渗透性和孔隙度均较高，但仍然需要可靠的试验数据作为支撑。因此，露天煤矿地下水库储水功能是以重构砂岩含水层地势低凹带为地质条件，将重构砂岩含水层作为地质储水介质，借助地势变化有利条件建立与原始含水层层位关系的控制关联，通过人工坝体实现地下水水量交换控制。

近地表含水层的核心是构建持水性较好的含水层和阻渗性较好的隔水层，排土场地层重构是近地表含水层储水的基础，因此需要对重构岩层（图 3-6）工作机理和长期作用性能进行分析、评价。通过实验室研究采重构物料性质，为近地表含水层参数选取提供基础，同时对于土壤层序的研究和现场工程提供理论基础。

近地表含水层构筑的目的主要有两方面：一是将矿坑水进行储存利用，保障了区域生态环境的恢复，同时将破损的地层进行近自然地貌恢复，二是将破坏后的含水层进行联通，恢复区域水资源系统的补径排特点和模式，最大化地保护区域水资源。

（3）含水层原位重构

含水层原位重构是地下水原位储存保护的一种形式，它是按照原生地下水含水层的位置，利用原含水层的岩石具有大孔隙、高透水的特点，通过物料优选和近原位重构，形成与原岩含水层性质相近的含水结构，建立与原始含水层层位关系的控制关联，通过降渗和注入引导地下水存入和水量交换控制。

(4) 煤层原位型地下水库

煤层原位型地下水库也是原位保护的一种主要形式，它是基于采区开采条件、煤层底板和排弃物料等条件，以储水层重构为重点，按照露天工作面布局建设坝体形成地下水库，或利用底板地形变化确定储水范围（区域和高度）。后者充分利用开采煤层底板变化和隔水性，大幅降低了地下水库建设的难度。

露天煤矿地下水库设计中，如何实现快速建设、有效储水与利用，成为露天煤矿地下水库建设亟待考虑的问题。在露天煤矿排土场区域建设地下水库中，必须解决内排土作业、挡水坝结构设计和储水介质材料等问题。宝日希勒露天煤矿采-排-覆作业接续合理，但大量运送外来储水物料必然会引起采-排-覆接续紧张，而合理选择地下储水材料必须考虑就地取材、经济合理。因此，地下水库的建设条件必须考虑地质意义和覆土空间，且优先考虑含水层地势低凹地带作为储水区和砂岩覆土层作为储水体。宝日希勒露天煤矿西区地下水库就是基于煤层底板高程变化差异性，将地下水库位置选在采动煤层底板地势低凹地带，重构储水介质，通过首采区毛石沟槽形成的储水通道进行注水和抽水，形成露天矿地下水库。而东区地下水库设计则是通过构建地下水拦截坝体和借助煤层底板高程落差，形成"重构含水层+心墙土石坝"形式的露天煤矿地下水库。

3.1.3 地下水库库容确定方法

露天煤矿地下水库储水能力是由储水介质的孔隙结构和储水空间规模所确定，其中与井工矿地下水库的主要区别在于储水介质的储水能力。确定方法分为基于现场试验的综合确定和基于实验室测试的理论计算，前者是通过现场深度采样和测试获取储水介质实际参数，后者是依据原岩特性和排弃层物料的实验室分析测试获取储水介质的参考参数，计算分析储水系数后结合储水区规模确定地下水库储水能力。

1. 储水系数计算方法

1）基于理论计算的储水系数计算方法

地下水库的储水层按照布置位置可分为承压储水层和潜水储水层，承压储水层上下界面都与隔水层接触，而潜水储水层只有下边界有连续隔水层，因此从以下两个方面分别讨论储水系数的计算方法。

（1）承压储水层的储水系数

外载荷作用下，储水层中水的体积与密度将产生变化，恒温情况下，水体积受力变化的特性用水的压缩系数表示，即在单位压力变化时单位水体积的变化量。压缩系数可以表示为

$$\beta = \frac{1}{V}\frac{\mathrm{d}V}{\mathrm{d}p} \tag{3-1}$$

取微分后：

$$\mathrm{d}V = \mathrm{d}\left(\frac{m}{V}\right) = -\frac{m}{\rho^2}\mathrm{d}\rho = -\frac{V}{\rho}\mathrm{d}\rho \tag{3-2}$$

将式（3-1）代入式（3-2）得

$$\beta = \frac{1}{\rho}\frac{\mathrm{d}\rho}{\mathrm{d}p} \tag{3-3}$$

式中，V 为水体积；β 为水压缩系数，常数；$\mathrm{d}V$ 为单位水体积变化量；$\mathrm{d}p$ 为单位压力变化量；ρ 为水的密度；m 为水的质量。

储水率和储水系数是影响储水层储水特性的重要因素，储水率表示水头下降（上升）一个单位时，单位体积储水层释放（储存）的水量。

$$\mu_s = \frac{\Delta V_\mathrm{w}}{V_\mathrm{t}\Delta h} \tag{3-4}$$

式中，μ_s 为软岩排弃物混合态原岩重构孔隙储水率；V_t 为储水层体积变化；Δh 为压力水头变化值；ΔV_w 为释放或储存的水量。

软岩排弃物混合态原岩重构孔隙储水层的储水率是储水层骨架压缩和水体膨胀共同作用的结果，进一步可表示为

$$\mu_s = \beta_s \rho g + n\beta_\mathrm{w}\rho g = \rho g(\beta_s + n\beta_\mathrm{w}) \tag{3-5}$$

式中，ρ 为水的密度；g 为重力常数，9.8N/kg；β_s 为软岩排弃物混合态原岩重构孔隙储水系数；β_w 为承压水体压缩系数；n 为水体积与储水层体积之比。

储水系数指水头下降（上升）一个单位时，从单位水平面积含水柱体中释放（储存）的水量。储水率与储水系数两者的区别是储水高度的不同。因此，储水系数和储水率满足以下关系：

$$\mu^* = M\mu_s = M\rho g(\beta_s + n\beta_\mathrm{w}) \tag{3-6}$$

式中，M 为含水层厚度。

（2）非承压储水层的储水系数

尽管储水层受外载荷作用，但是内部任意位置的应力均处于平衡状态，主要原因是储水层水平方向上的力相互抵消，垂直方向产生压缩变化，饱和储水层上的总应力等于骨架承受的压应力与孔隙水压力之和，即

$$\sigma = \sigma_e + p_\mathrm{V} \tag{3-7}$$

式中，σ 为储水层上的总应力；σ_e 为骨架压应力；p_V 为孔隙水压力。

如果储水层位于近地表，且上覆荷载较为稳定，可将总应力假定为定值。孔隙水压力的变化与骨架压应力的变化相反，数值相等，即

$$\mathrm{d}\sigma_e = -\mathrm{d}p_\mathrm{V} \tag{3-8}$$

式（3-8）说明，当储水层中水的压力减小时，骨架的有效应力就会增大，从而引起骨架的压缩，这就是储水层骨架的压缩性，反过来也成立。因此可以把储水层作为弹性体处理，用骨架压缩系数表示储水层骨架的弹性变形，即

$$\alpha = -\frac{1}{V_\mathrm{t}}\frac{\mathrm{d}V_\mathrm{t}}{\mathrm{d}\sigma_e} \tag{3-9}$$

式中，α 为骨架压缩系数；V_t 为储水层体积。

压缩系数的物理意义为单位体积储水层骨架的体积变化率，其中负号表示随着有效应力增加，储水层体积向降低方向变化。

储水层骨架体积由颗粒体积和孔隙体积组成，其中固体颗粒通常是不可压缩的，即 $V_s = (1-n)V_t = $ 常数，则

$$\frac{dV_s}{d\sigma_e} = 0 \tag{3-10}$$

由此可得

$$\frac{dV_t}{d\sigma_e} = \frac{V}{(1-n)}\frac{dn}{d\sigma_e} \tag{3-11}$$

将式（3-10）代入式（3-11），则

$$\alpha = -\frac{1}{1-n}\frac{dn}{d\sigma_e} = \frac{1}{1-n}\frac{dn}{dp} \tag{3-12}$$

式中，n 为孔隙率；V_s 为孔隙体积。

储水层并非理想的弹性体，水压力的降低将造成储水层骨架产生压缩变形，所以当水压力上升至原状态时，含水储水层的变形一般无法完全恢复，可恢复的部分属于弹性变形，不能恢复的部分属于塑性变形，永久性的地面沉降就是这个原因。

软岩排弃物储水介质重构孔隙储水层的储水能力与储水系数有很大的关系，其储水系数 μ 与承压储水层的储水系数的含义是相同的。潜水的储水系数又称为给水度或饱和差、自由孔隙率，表达式：

$$\mu_1^* = \frac{\Delta w}{A \Delta h} \tag{3-13}$$

式中，A 为含水层的水平面积；μ_1^* 为潜水储水层储水系数。

2）基于现场试验的储水系数计算方法

通常露天煤矿地下水库储水采用内排土场重构砂岩形成的高孔隙材料介质，借助重构含水层底板地势变化情况，在地势低凹地带作为重构含水层的储水区域。地下水库储水系数即为重构含水层单位体积的储水介质所储存的水量，其与重构储水层介质的孔隙性密切相关。排土场钻孔能够真实揭露重构砂岩储水介质的各项力学和水理特性，和室内试验相比的优势在于现场钻孔方法保留了储水介质原有的压实状态和应力环境，能够真实反映地下水库的储水特征，现场通常采用钻孔法获取储水介质水理参数，钻孔钻进完成后，进行现场注水试验测定储水介质的渗透性，从而计算储水介质的分层孔隙性，进而确定含水层储水系数。

(1) 注水钻孔布置

A. 钻孔位置

钻孔位置布置应综合考虑地下水库应用的需要、工程量、露天矿剥采排历史等因素。露天煤矿地下水库库底高程一般起伏不定，从试验数据准确性的角度考虑，注水钻孔应穿过所有上覆盖层并贯穿水库库底。由于地下水库上部为露天矿内排土场台阶，近地表海拔起伏情况不同，这意味着终孔深度相同的情况下，钻孔长度可相差数十米，由于钻孔深度不影响试验结果，应尽量选择在地表海拔较低的区域开钻，以降低工程难度和加快施工速度。排土场地下水库主要是利用排弃物料孔隙储水，为了避免钻孔试验造成地下水污染，

钻孔位置应避开露天矿未开采的区域，即钻井终孔位置应在露天矿采场深部境界以内，处于内排土场的正常排土区域。同时，为了进一步提高数据的准确性，应在地下水库区域范围内设计多个注水钻孔并且尽量平均分布。遵照以上原则，以宝日希勒露天矿西区地下水库建设为例，在排土场西南部建库区布置6个抽、注水孔，设计钻孔坐标与具体工程量见表3-2。

表3-2 宝日希勒露天煤矿排土场地下水库抽注水系统钻孔参数

钻孔	开孔坐标			终孔坐标/m	孔径/mm	预计深度/m
	X坐标	Y坐标	Z坐标			
1	478300	5473049	684	542	330	142
2	478379	5472554	681	550	330	131
3	478609	5472181	670	555	330	115
4	478226	5473550	698	550	330	148
5	478418	5474144	710	555	330	155
6	478727	5472446	703	552	330	151
合计						842

B. 钻孔施工方案

排土场施工形成的钻孔应满足上部管壁不透水，下部管壁透水的要求。为此钻孔施工时在井壁上部采用套管，中间采用实管，下部采用花管，其中花管为钻孔的注水段。由于排土场为松散介质，钻孔施工应遵循以下原则：①为了减小孔深，孔位选在排土场的低处。以宝日希勒西区3#孔为例，钻孔开孔高程670m，设计终孔坐标555m，预计孔深115m。已进行的排土场地下水库试验钻孔SG1实际钻深达120m，表明从孔深角度分析钻孔施工是可行的。②尽量选用小孔径钻进。钻孔孔径可选为开孔孔径Φ325mm，通过缩小孔径降低施工的风险，增加成孔率。③确保钻孔的可注性。钻孔成孔后全孔下入Φ127×6mm无缝钢管，管外环空99mm，保证填充粒料厚度，保证注水试验时不塌孔。④确保钻孔的可抽性。完孔后下套钢管内径105mm，可下Φ98mm的水泵，抽水流量可达5m^3/h，同时具备下测管和测绳的空间；若孔底有水可采用抽水试验确定储层的渗透系数。⑤充分利用施工窗口期，确保施工效率。尽量选取4~6月温暖、少雨的有利天气条件施工，提高钻进效率和时间利用率。

以宝日希勒露天矿地下水库为例，为了验证排土场地下水库储水情况，按照上述钻孔施工方案进行了钻孔施工。现场采用的钻井设备为SPC-1000型钻机[图3-7（a）]。施工的3#钻孔编号为BKCZ3，设计终孔深度127m，终孔直径205mm，终孔层位为采动煤层底板。该钻孔实际孔深122.4m，井壁管高于地表0.5m[图3-7（b）]。井壁管和沉淀管的孔径为Φ127mm和Φ219mm；过滤管和沉淀管的起始位置为井深73m和106m处，长度分别为33m和6.7m，过滤管孔径为219mm。

(a)钻井平台　　　　　　　　　(b)成孔后钻孔

图 3-7　3#钻孔现场施工

(2) 钻孔注水试验

根据《水电工程钻孔注水试验规程》(NB/T 35104—2017),钻孔常水头注水试验适用于渗透性比较大的壤土、粉土、砂土和砂卵砾石层,或不能进行压水试验的风化、破碎岩体、断层破碎带和其他透水性强的岩体;钻孔降水头注水试验适用于地下水位以下渗透系数比较小的黏性土层或岩层。为了增加试验结果的可靠性,本研究采用钻孔常水头和降水头两种试验方法测定地下水库储水介质的渗透性。

A. 试验设备

结合《水利水电工程注水试验规程》及工程现场可提供的设备条件,本次试验用到的试验设备见表 3-3。

表 3-3　钻孔注水试验设备一览表

设备类型	名称
供水设备	水箱、水泵
量测设备	水表、量筒、瞬时流量计、秒表、米尺等
止水设备	栓塞、套管塞
水位计	电测水位计

B. 试验过程

①用钻机造孔,至预定深度下套管,严禁使用泥浆钻进。孔底沉淀物厚度不得大于 10cm,同时要防止试验土层被扰动。②在进行注水试验前,应进行地下水位观测,作为压力计算零线的依据。水位观测间隔为 5min,当连续两次观测数据变幅小于 5cm/min 时,即可结束水位观测。③钻至预定深度后,可采用栓塞或套管塞进行试段隔离,并应保证止水

可靠。对孔底进水的试段，用套管塞进行隔离；对孔壁和孔底同时进水的试段，除采用栓塞隔离试段外，还要根据试验土层种类和孔壁稳定性，决定是否下入护壁花管。对孔壁和孔底进水的试段，同一试段不宜跨越透水性相差悬殊的两种土层。对于均一土层，试段长度不宜大于5m。④试段隔离后，用带流量计的注水管或量筒向套管内注入清水，套管中水位高出地下水位一定高度（或至孔口）并保持固定不变，观测注入流量。向套管内注入清水，应使管中水位高出地下水位一定高度（初始水头值）或至套管顶部后，停止供水，开始记录管内水位高度随时间的变化。⑤流量观测应符合下列规定：开始5次流量观测间隔为5min，以后每隔20min观测一次并至少观测两次；当连续两次观测流量之差不大于10%时，即可结束试验，取最后一次注入流量作为计算值；当试段漏水量大于供水能力时，应记录最大供水量。⑥管内水位下降速度观测应符合下列规定：量测管中水位下降速度，开始间隔为5min观测5次，然后间隔为10min观测3次，最后根据水头下降速度，一般可按30min间隔进行。在现场采用半对数坐标纸及时绘制水头下降比与时间的关系曲线进行动态分析。当水头比与时间关系呈直线时说明试验正确；当试验水头下降到初始试验水头的3/10或连续观测点达到10个以上时，即可结束试验。

（3）介质储水系数计算

介质储水系数表征了储水介质的空隙空间与渗流性的内在关系，针对不同类型的注水水头，渗流介质的渗流性具有差异。据此，介质储水系数可依据不同类型水头获得的渗透系数研究介质的空隙度，进而确定储水系数。

A. 常水头注水试验渗透系数

当试验土层位于地下水位以下时，采用以下公式计算试验土层的渗透系数：

$$k = \frac{17.67Q}{AH} \tag{3-14}$$

式中，k 为试验土层的渗透系数（cm/s）；Q 为注入流量（L/min）；H 为试验水头（cm）；A 为形状系数（cm）。

当试验土层位于地下水位以上时，可采用以下公式计算试验土层的渗透系数：

$$k = \frac{7.2Q}{H^2} \lg \frac{2H}{r} \tag{3-15}$$

式中，r 为钻孔半径（cm）；其余符号同前。

B. 降水头注水试验

根据注水试验的边界条件和套管中水位下降速度与延续时间的关系，采用如下公式计算试验土层的渗透系数：

$$k = \frac{\pi r^2}{A} \cdot \frac{\ln \frac{H_1}{H_2}}{t_2 - t_1} \tag{3-16}$$

式中，H_1 为在时间 t_1 时的试验水头（cm）；H_2 为在时间 t_2 时的试验水头（cm）；r 为套管内径（cm）；A 为形状系数（cm）。

C. 储水系数（储层孔隙度）

对于常规的储水介质材料来说，渗透性和孔隙性之间没有必然的函数关系，但是对于同一种材料或内部空间结构相似的材料来说，孔隙性与渗透性之间具有较大的相关关系，即渗透性越大，材料的孔隙度也就越大。对于西区地下水库来说，储水介质为重构砂岩，当视为同一种材料或相近内部空间结构的材料，其渗透性和孔隙度之间存在必然联系。地质学家、石油工程师、土木工程师和土壤科学家已经得到关于流体流动性质与像砂岩那样的自然界多孔介质表面积之间的各种关系，特别是为了推导出一个明确的数学关系，许多科学家都对松散介质沉积层和含水层的孔隙率与渗透率之间的关系进行了大量研究。其中以柯兹奈和卡尔曼关于测定地下流体流动的公式比较有名，关系如下：

$$\Phi = k \frac{S_p^2}{C} \tag{3-17}$$

式中，k 为渗透率；Φ 为孔隙度（以小数表示）；S_p 为每一单位孔隙体积内的表面积；C 为依胶结程度和其他因素而定的常数。

2. 总体库容确定方法

1）排弃物型地下水库库容计算

选用人工构筑砂岩作为地下水库储水介质时，由于储水介质大致为同一种材料，其内部孔隙结构相同或具有较高的相似性；但因其所处高程不同，其所处的应力环境也不同，在不同压实状态下，储水介质呈现不同的渗透性，此时对储水介质渗透性的影响最大的因素是介质所处的高程（即上覆载荷），且介质高程基本为唯一影响因素，通过统计归纳法拟合可得出储水介质渗透性与高程的基本关系。当通过注水试验求得储层的分层渗透性后，采用式（3-17）即可计算储层的分层孔隙型。本研究中地下水库库容分析采用分层总和法进行计算，即在已知储水介质分层孔隙性的基础上，基于等高线信息求得库体每分层的体积，用孔隙度和分层体积相乘得出每分层储水容量，将地下水库每分层的储水量计算后进行加和获得地下水库总库容（图3-8）。

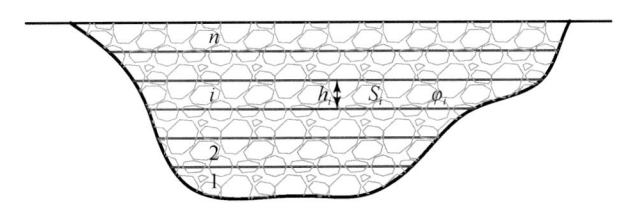

图 3-8　地下水库纵剖面分层总和法计算储水量示意图

$$Q = \sum_{1}^{n} \varphi_i \cdot h_i \cdot S_i \tag{3-18}$$

式中，Q 为地下水库储水容量；φ_i 为地下水库储水介质第 i 分层的孔隙率；h_i 为地下水库储水介质第 i 分层的分层厚度；s_i 为地下水库第 i 分层的储水面积；n 为分层数目。

2）管涵型地下水库库容计算

管涵型地下水库是以储水管涵作为储水介质的地下水库形式，其储水空间为管涵内部储水空腔，具体将储水空腔体积加和即可求出地下水库储水容量（图3-9），其库容计算步骤如下。

（1）采集露天煤矿内排土场 1（编号）的排土高度为 D_m，通过如下公式计算所述露天煤矿交错式地下水库的分布数目：

$$N=\text{Int}(D_m/2\times 3.8) \tag{3-19}$$

（2）采集露天煤矿内排土场 1 的最小宽度为 W_m，然后通过如下公式计算所述露天煤矿内排土场 1 的单个水库所需管涵数目，N_C 可取整，此时：

$$N_C=\text{Int}(W_m/2\times 1.9) \tag{3-20}$$

（3）将露天煤矿内排土场的地下水库管涵储水结构体库容依次记为 V_{1-R_1}、V_{1-R_2}、…、V_{1-R_n}（1 代表排土场编号、n 代表储水层号，R_n 代表储水体第 R 储水区第 n 层），采集露天煤矿内排土场 1 不同位置堆叠管涵的长度为 L_{1-R_n}，然后通过如下公式计算所述露天煤矿内排土场 1 的地下水库总库容：

$$V_{1-R}=V_{1-R_1}+V_{1-R_2}+\cdots+V_{1-R_n}=[\pi\times(1.5/2)^2]\times(L_{1-R_1}+L_{1-R_2}+\cdots+L_{1-R_n})\times N_C \tag{3-21}$$

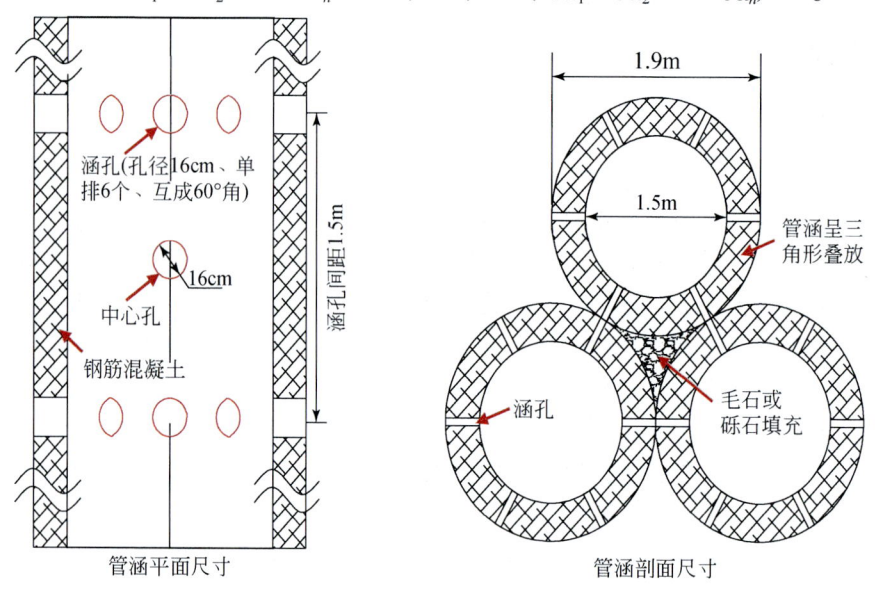

图 3-9 地下水库储水管涵

3.2 露天煤矿地下水库设计

3.2.1 设计原则和主要指标

1. 设计原则

1）需求性原则

随着东部矿区浅部煤炭资源逐渐枯竭，同时深部开采又面临地热、高地应力等问题，煤炭资源开发重心逐渐向储量大、埋藏浅的西部地区转移。但是，晋陕蒙宁甘煤炭资源大规模开发区域严重缺水，水资源量仅占全国总量的 3.9%，且地表蒸发量大，是降水量的 6 倍以上。同时，煤炭开采形成大量矿井水外排，每开采 1t 煤炭约产生 2t 矿井水，每年因煤炭开采产生约 80 亿 t 矿井水。特别是缺水的大型露天矿区急需寻求一种全新的储水模式来满足矿区水资源保护利用需求，露天煤矿地下水库应运而生。目前，在西部的神东矿区建成的井工煤矿地下水库已有 30 余座，通过煤矿地下水库储存的矿井水已超过 2500 万 m³，极大程度地减少了该区水资源的损失，极大地满足煤炭资源开发和生态保护的需求。缺水的露天矿区急需寻求一种全新的储水模式来解决矿区缺水问题和生态修复需求，而露天煤矿地下水库则提供了一种协同煤炭生产需求与生态修复要求协同解决方案。

煤炭生产中通常以传统的矿井（坑）水保护以水处理技术为主，主要包括：沉淀、悬凝沉淀、气浮等，无论是膜分离技术或离子交换法，面临的主要问题均是处理工序复杂、成本高且处理能力有限。而露天煤矿地下水库建设为矿井（坑）水处理、资源化回收利用提供了一种新途径，在一定程度上降低了煤炭生产的成本，有利于提高露天矿山生产的经济效益。

生态修复需求主要是解决大气蒸发和矿井水流失及修复水资源不足等问题。建造地下水库，将矿井水储存于赋水介质孔隙内，具有减少蒸发量、水质不易污染、投资小、不占用地表面积等优点。基于地下水库的蓄水功能，利用巨大的贮水空间，地下水库可以在丰水期蓄积大量的水，以备枯水期之用，从而优化水资源在时间上的配置，实现"以丰补歉"的有效利用。地下水库还可以防止地面沉降、滋润生态环境、增加对降水资源的截留、实现局域调节小气候、储冷储热等作用。此外，露天煤矿地下水库的设计可实现矿井水的生活回用，满足矿区整体用水需求，同时确保地下水库水质洁净及综合利用的目标，实现环境效益的最大化。

2）可行性原则

露天煤矿地下水库设计的可行性主要涉及露天矿具备的储水介质条件、水资源条件、与生产可协同方面，实践中需要根据具体地质条件、经济性和现场实施可行性综合考虑。露天煤矿地下水库既不同于一般意义上利用含水层介质构建的地下水库，也不同于利用已有的地下空间或煤矿采空区构建的地下水库，它是围绕露天采场区域，由人工建设完成，通过科学选址和坝区设计，在露天矿采场底部或某一台阶上围成半封闭区域，经过工程回填后形成地下储水空间。传统的水库库容和地下水库库容计算方法通常需要测量蓄水体体积、重力给水度等参数，测量工作烦琐且难度较大。以孔隙介质为储水空间的地下水库为例，库容确定中需要测量蓄水体的体积和介质的给水度两项指标，蓄水体的体积等于各类蓄水体在库区的平均厚度与水面面积的乘积，其平均厚度需要通过物探或钻孔工程获得，而给水度则需要钻孔对各类蓄水体分别取样，在实验室开展大量的测量工作来获得。

国内目前尚无可借鉴的露天煤矿地下水库建设经验，露天煤矿"采-排-覆"工艺形成的唯一储层空间为露天坑和排土场，且采区和排弃区处于持续推进状态，这是露天矿构建地下水库的基本采煤的采场条件。因此，大型露天煤矿地下水库建设必须以重构含水层空间储水为主，但因重构含水层储水系数差异性，唯一能够满足地下水库库容需求的方法即为考虑扩展地下水库库区条件，从储水库容、水源补给和流量交换等方面综合考虑，人工构筑以排土物料为储水介质和坝体材料的地下水库储水体和挡水构筑物，建成一座形式符合、库容充足的露天煤矿地下水库。

经过现场调研与理论分析，研究提出适用于大型露天矿水资源保护的三层储水模式，即地表储水池、近地表生态型地下储水层、煤层原位储水模式。其中，地表储水池模式可以解决大气降水汇聚和矿坑水洁净处理后的临时储存问题；近地表生态型地下储水层可以利用排土场，在近地表（如距地面10~50m深度范围），人工重构储水介质（分选的有利于储水的砂岩，或人工构筑的储水介质）和调节系统，解决大气降水汇聚和矿坑水洁净处理后的长期储存问题，同时有助于地表植被的吸收和利用；煤层原位储水模式是利用原位含水层的岩石作为储水介质，或者人工构造管涵之类的储水体，主要解决矿坑水洁净处理后的长期储存问题。三层储水模式在实践中也需要根据具体地质条件、经济性和现场实施可行性综合考虑。

3）经济性原则

露天矿地下水库建设的经济性在于供水系统在运行期间内净利润最大，单位供水成本最低，与水资源开发相关部门的工农业产值最大，开发水资源投资最小，流域灌溉总净收入最多，应综合考虑预处理工艺占地、设备化程度、建设成本、运行成本、水库储水容量、采排关系等因素，在经济成本可接受的前提下进行露天矿地下水库建设。与此同时，提出科学开采条件下的地表水-地下水联合调蓄方法来进行水资源的高效利用。

4）安全性原则

地下水库作为利用天然储水空间的地下水开发工程，近年来在调蓄水资源平衡中发挥越来越大的作用。露天矿地下水库是一个复杂的系统工程，剥采排和构筑等各个环节必须协同配合，其中施工流程的优化设计和安全保证尤为重要。只有严格规范和设计要求，根据不同地质条件，灵活采用不同的施工工艺和方法，才能在最大程度上确保露天矿地下水库的安全性。为确保水库安全运行，需要引入成熟的安全预警技术，构建水库安全预警系统，布局覆盖西区水库的地下水在线监测网，实时获取水库水位和水温等信息，实现随时随地查询、设备远程监控、数据统计与分析、水位预警等主要功能和水库安全预警报警功能（图3-10）。

2. 技术指标

1）水库库容

露天煤矿地下水库最主要的功能是储存矿井水，地下水库库容是地下水库建设首先要满足的技术指标。露天煤矿重构砂岩含水层为主要松散储水介质，对于此类松散砂岩层组成的地下水库，计算地下水库库容的方法主要有两种，第一种只考虑水文地质分区，不考虑各区沿高程分布差异性，依据水文地质参数分别求出各区的库容；而第二种方案采用等高程分区分层计算法，先从库区平面上进行水文地质分区，然后考虑不同高程含水层面积的差异进行计算，具体公式如下：

$$V = \sum_{i=1}^{n}\sum_{j=1}^{m}(\mu_{ij}h_{ij}A_{ij}) \tag{3-22}$$

式中，V 为地下水库总库容，单位 m³；m 为高程分层个数；n 为水文地质分区个数；A 为水文地质分区的面积；h 为地下水库水文地质分区的高度；μ 为含水层的储水系数。以宝日希勒露天煤矿西侧地下水库选址为案例，重构砂岩含水层储水系数需要具体试验。地下水库库容公式计算中，初步假设松散砂岩储水系数为 0.1，砂岩重构厚度约 40m，计算中设计地下水库储水高度大于 10m，得到井田西南侧地下水库库容为 1.50×10^6 m³，地下水库选址均满足 100 万 m³ 储水需求。

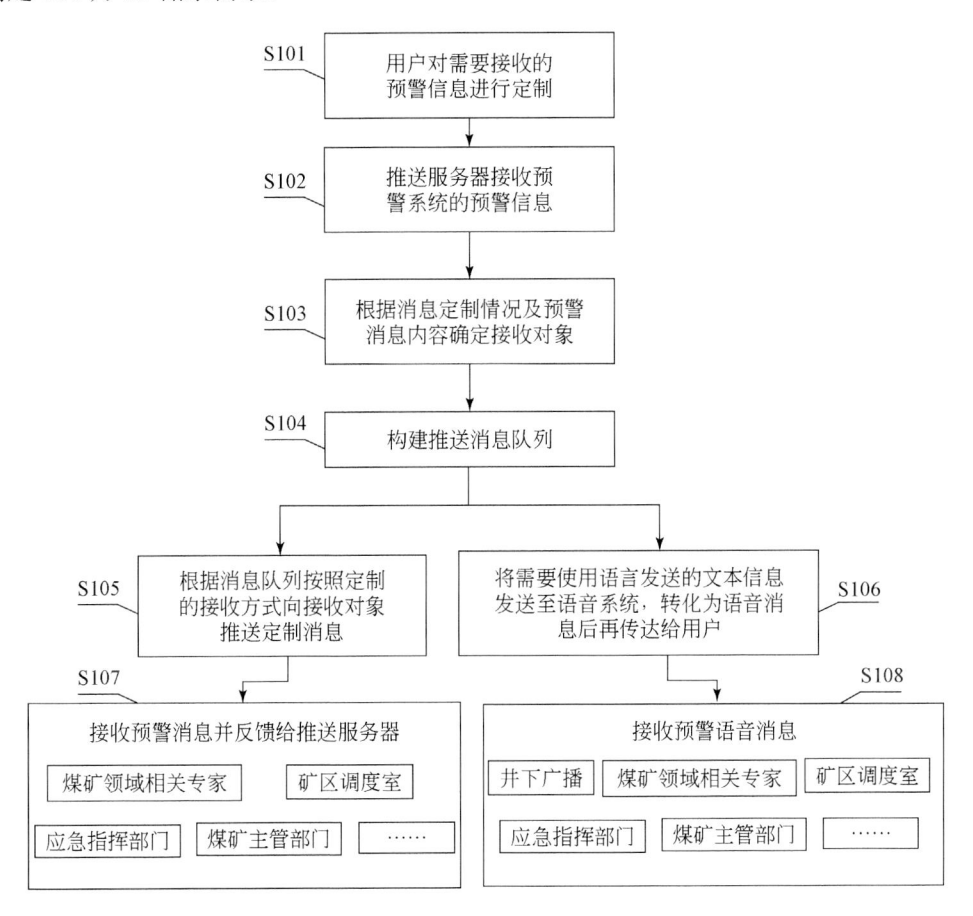

图 3-10 安全预警技术关键流程图

2）地下水库特征水位

由于地下水库在功能上不同于地表水库，一般不具有航运、发电功能，防洪、调洪也非其主要功能，而且地下水库对水位的控制不如地表水库灵活和迅速。因此，地下水库的特征水位划分应当简单实用，过于烦琐则不利于实际运用。参考地表水库特征水位与库容的划分方案，将地下水库特征水位与特征库容进行如下划分：正常蓄水位与调蓄库容。在长期储水而不引起环境负效应的前提下，地下水库能发挥最大蓄水效益时所达到的水位称为正常蓄水位。正常蓄水位到死水位之间所对应的地下水库蓄水体积称调蓄库容，它是地下水库调蓄能力大小的重要指标，相当于地表水库的兴利库容。地下水库现状地下水位到正常蓄水位之间的蓄水体积称为腾空库容，表示地下水库可利用的蓄水空间大小；从含水层隔水底板到现状地下水位之间已经被占用的库容称为已占库容，该指标表示现状条件下地下水库总库容中的已经利用部分。这两个特征库容的设定体现了地下水库对水量动态调控的要求。正常蓄水位到地下水库隔水底板所对应的库容称为总库容，它包括地下水库的调蓄库容和死库容，数值上等于已占库容和腾空库容之和（图3-11）。

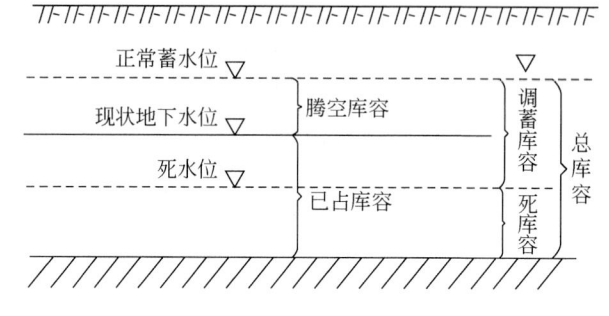

图3-11 地下水库特征水位与特征库容划分示意图

3）地下水库水质

（1）进水水质要求

依据我国地下水水质现状、人体健康基准值及地下水质量保护目标，并参照生活饮用水、工业、农业用水水质最高要求，将地下水质量划分为五类。矿坑水经过"高效旋流混合澄清+机械过滤器+回灌砂滤池"联合工艺处理后，建议水质需满足《城市污水再生利用 地下水回灌水质》（GB/T 19772—2005）和《地下水质量标准》（GB/T 14848—2017）后即可注入地下水库。

（2）地下水库出水回用水质要求

矿坑水在地下水库储存过程中通过填充材料的自净化作用，使水质进一步得到净化，须满足矿区绿化和降尘用水的标准——《城市污水再生利用 城市杂用水水质》（GB/T 18920—2020），以实现矿坑水的资源化利用。

4）安全监测指标

地下水库建设于内排土场底部，对水库安全监控做了充分的考虑。如在建的宝日希勒露天矿地下水库，利用地下水库中部高，东西两侧形成两个低洼区域，作为主要的储水区域。为了确保地下水库稳定及不渗漏，分别在水库坝体外侧布设了自动监测井。水库注水过程中对比分析检测井水位变化，待水库达到可容纳库容，且地下水库及周边地下水位稳定后，开始连续监测。在自动监测平台可设定水位预警值，当检测井水位达到或超过预警值则会自动报警提示（图3-12）。

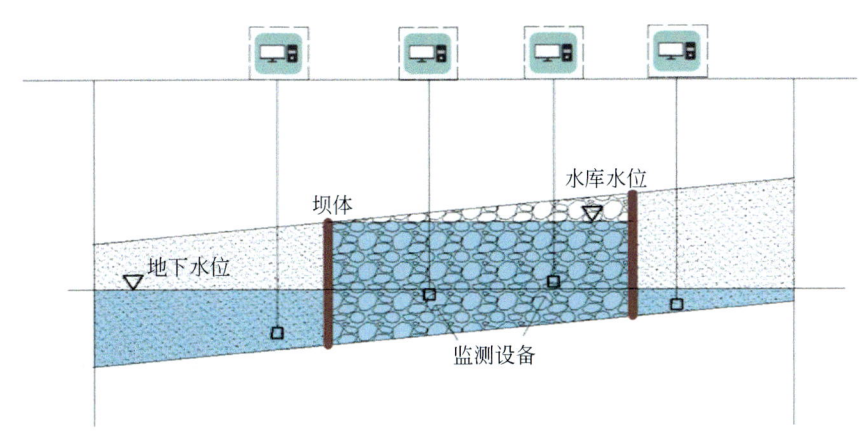

图 3-12 安全监测系统布局示意图

3.2.2 地下水库主要功能设计

根据大型露天矿地下水库选址、露天采场水源地和周围设施辅助条件，地下水库功能主要包括多源储水功能、洁净处理功能、运行调控功能和安全监测功能（图 3-13）。

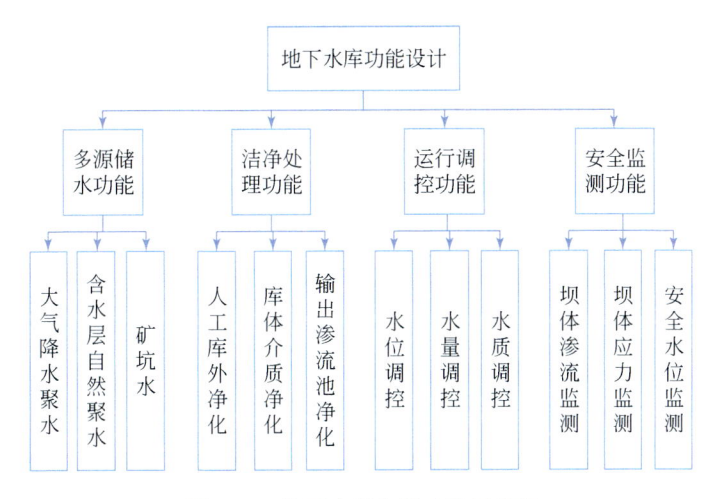

图 3-13 地下水库主要功能示意图

1）多源储水功能

地下水库水源来自三个方面：一是矿坑采动煤层的含水层涌水，即矿坑水，通过采坑蓄水池储存和处理后注入地下水库；二是排土场周围含水层通过径流方式向地下水库"漏斗"补给的含水层自然聚水；三是大型露天矿采区对于大气降水的收集汇聚，即大气降水聚水，通过处理后补充至地下水库。

2）洁净处理功能

洁净储存是地下水库安全运行的水质保障，分质利用是地下水库储水有效利用的要求，洁净处理功能是针对露天矿矿坑水的特殊性设计。洁净处理包括矿坑水的一次物理处理，重点去除水中悬浮物和杂质；矿坑水处理后再处理，重点去除水中污染地下水的化学成分，确保达到地下水储存的化学安全指标；地下水抽取后的处理，重点是按照使用用途，确定水处理方法，确保水质指标达到使用用途。

3）运行调控功能

安全是地下水库运行的基本要求，主要包括水质安全、抽注系统安全和输送管网安全。运行调控是通过参数动态获取（水质、水位、水量、应力应变等），按照地下水库安全运行机制控制地下水位安全高度、按照地下水库注入水要求控制洁净处理的工艺流程参数、按照水用途及用量调整地下水库的出水水质和分质用量。通过系统集成动态获取参数、分析参数变化规律，按照设置的水质标准和水位安全高度等，动态调整水位和控制注入和抽出水质，实现地下水库安全运行。

4）安全监测功能

安全监测是确保地下水库安全运行的基本保障，重点包括安全水位监测、坝体渗流监测、坝体应力监测等。安全监测就是系统地动态采集进出库的水质、地下水库区域及周边区的水位、坝体的应力应变、管网压力参数等，基于相关的设计安全标准和允许范围，持续分析安全监测参数的动态变化趋势，超出安全许可范围时及时预警，为地下水库运行调控提供支持。

3.2.3 地下水库分项设计

1. 地下水库结构设计

1）库区布局设计

露天煤矿地下水库布局主要包括地下挡水坝和重构含水层，以宝日希勒露天煤矿为例，煤层底板为浅灰色，上部为泥质粉砂岩，下部渐变为粗砂岩，浅灰-灰褐色，成分由长石，石英，中酸性火山岩屑及少量暗色矿物等组成，中夹0.3m灰褐色细砂岩，中下部泥质增多，分选差，含2~4mm的粗粒砂，层理不明显。考虑到建设区域范围大，混凝土重力坝成本较高，设计按照就地取材原则，优选粗粒砂岩，设计为心墙土石坝结构，平面布置结构见图3-14。

整个地下水库的空间分布由西侧内排土场的重构砂岩含水层和心墙挡水坝体构成，重构砂岩含水层地层厚度35~40m，设计毛石沟槽位于库底部上游坡底，宽度设计15m、厚度3m，主要与坝体取水管网相联系，便于控制地下水库水位标高和水库坝体稳定性（图3-15）。

2）水库坝体设计

（1）土石坝体断面设计

土石坝体断面设计的基本尺寸包括坝顶高程、坝顶宽、上下游坡度、防渗结构、排水设计及基本尺寸。鉴于露天煤矿地下水库设计尚无可借鉴经验，根据土石坝设计规范要求及参照已建工程的经验数据，同样要求地下布置方式的土石坝不允许溢流，但因设计区地下水文分布区资料显示重构后地下水汇聚量较少,确定设计坝高与重构含水层高程差值为35m。坝顶宽度由构造、施工等因素确定,根据《碾压式土石坝设计规范》(SL 274—2020),高坝选用10~15m,中低坝选用5~10m。根据现场调研和物料研究资料,初步拟定地下水库坝顶宽度9m,土石坝断面设计见图3-16。

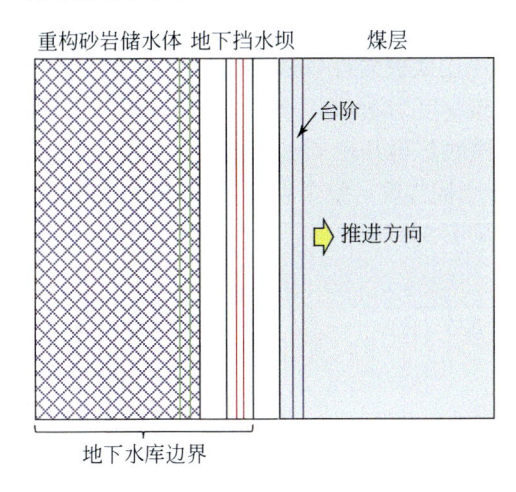

图3-14 地下水库储水区-挡水坝体-推进采区平面结构设计

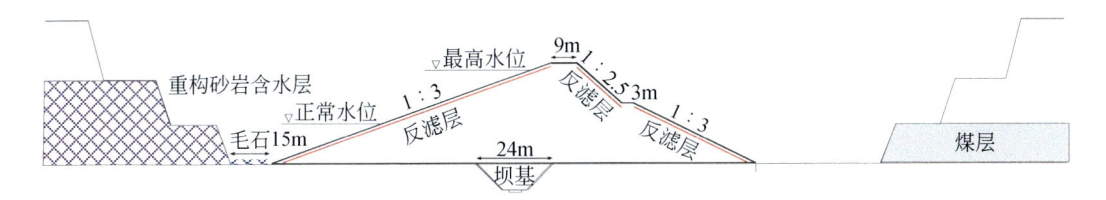

图3-15 露天煤矿地下水库剖面结构设计

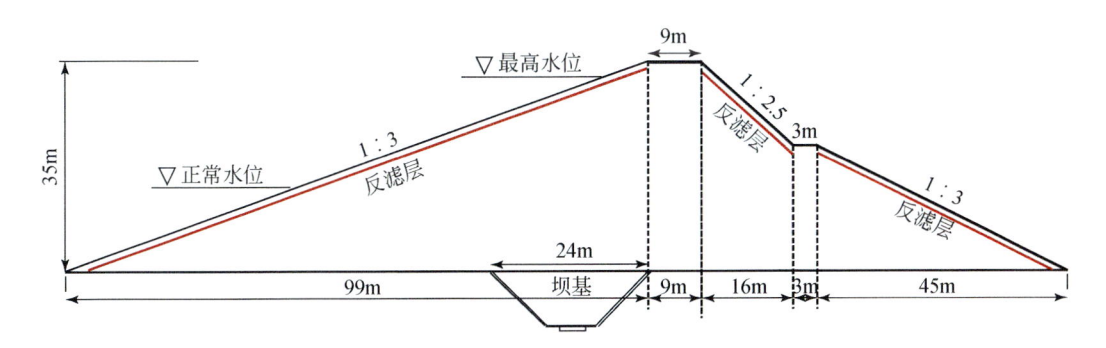

图3-16 露天煤矿地下水库土石坝断面设计

按照坝顶宽度9m,下游坝体坡度和上游坝体坡度设计为1∶2.5和1∶3,坝坡设计反滤层,设计厚度为1.5m,采用内排土场黑黏土进行碾压形成防水层,上游坝坡设计反滤层能够保证坝体不受地下水库储水体影响,下游坝坡反滤层设计能够保证下游坝体不受下游地下水的渗透影响。坝底高程510m,整个坝体高度设计为35m,坝体采用黏土心墙。坝坡设计同时考虑了此区域邻近内排土场,为保证内排土场边坡稳定性,设计最终坝体底宽度为172m。

(2)坝基防渗处理设计

防渗土料需要足够的不透水性和塑性,坝基要求防渗体材料的渗透系数比坝体渗透系数小 10^3,并且具有足够的塑性。防渗体能适应坝基和坝体的沉陷和不均匀变形,不致断裂。黏粒含量为 15%~30%、塑性指数为 10~17 的黑黏土或者相关指数更高的黏土体材料,都是填筑防渗体的优选土料。通过选用渗透系数小于 $1.0×10^{-5}$cm/s 的黏土材料作为防渗材料,由于宝日希勒露天矿 1 号煤层底板岩性以砂岩居多,因此考虑在坝基上采用明挖回填黑黏土截水槽,设计截水槽下部厚度为 8.0m,开挖深度为 8m,同时为了加强截水槽与煤层底板岩性的耦合性,在截水槽底部再开挖 4m×0.5m 的齿槽,截水槽开挖边坡为 1:1,两侧设有 0.4m 厚粗砂层,保证底板强度,整个坝基防渗处理的截水槽位于坝顶上游底部,坝基防渗处理截水槽断面设计见图 3-17。

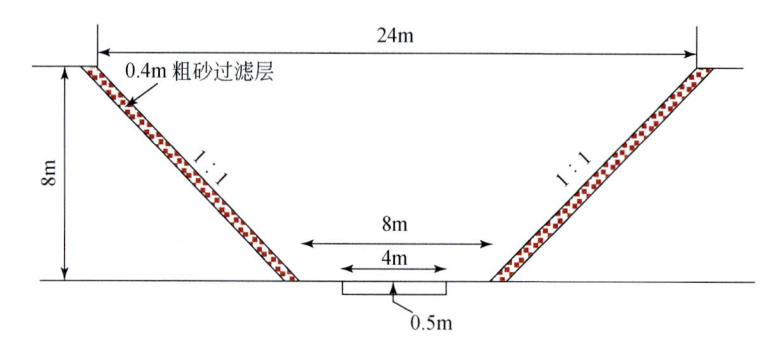

图 3-17 坝基防渗处理截水槽断面设计

(3)反滤层设计

坝体防渗的结构和尺寸必须满足减小渗流量、降低水位线控制渗透坡降的要求,同时还要满足施工、防裂和稳定等方面的工程要求,坝体渗水排除坝外时,还要防止产生心墙黏土坝体的渗透破坏。因此坝坡设计的反滤层,一般由 1~3 层级配均匀,采用耐风化的砂砾或碎石构成,每层粒径随渗流方向增大。反滤层应设计应有足够的尺寸,以适应可能发生的不均匀变形,其中同时避免与周围黏土层混掺,水平反滤层的最小厚度采用 1.3m,垂直或者倾斜反滤层的最小厚度设计为 1.5m(图 3-18)。

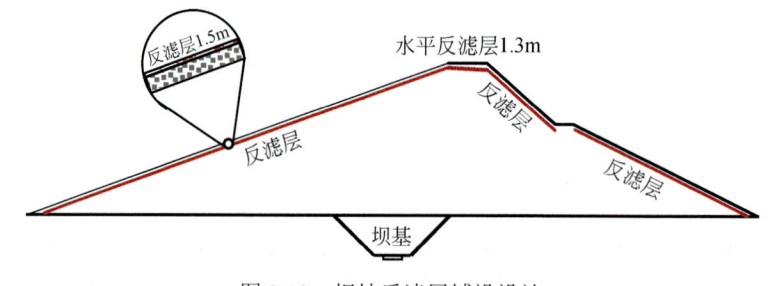

图 3-18 坝坡反滤层铺设设计

(4)土石坝渗流分析

土石坝渗流分析的目的是确定坝体浸润线和溢出位置,为坝体稳定性评价、应力应变分析和排水设备的选择提供依据；同时，能够确定坝体与坝基的渗流量，估算水库的渗漏损失，确定坝体排水设备的尺寸，确定坝体和坝基渗流溢出区的渗流坡降，定量化评价地下水库坝体渗透的可能性。为了计算心墙地下挡水坝的渗流分析，建立了如图3-19所示的土石坝渗流分析模型，按照不透水土石坝的渗流公式计算：

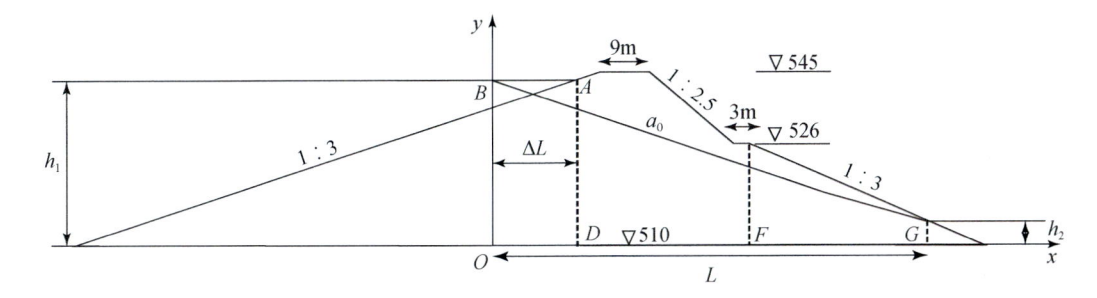

图 3-19 土石坝渗流分析模型

设计采用下游无渗水情况，设 k 为土体渗透系数，m_1 和 m_2 为边坡系数，a_0 代表浸润线溢出点到 h_2 水面高度的距离，在模型中取 $h_2=0$，计算可得 ΔL 和渗流距离 L，即：

$$\Delta L = \frac{m_1 h_1}{2m_1 + 1} = 12.85\text{m} \tag{3-23}$$

$L=12.85+(542-540)\times 3+9+(542-526)\times 2.5+3+(526-510)\times 3=118.85\text{m}$

第一段渗流量计算：$q_1 = \dfrac{k(h_1^2 - a_0^2)}{2L} = \dfrac{4\times 10^{-6}(12.85^2 - a_0^2)}{2\times 118.85}$

第二段渗流量计算：$q_2 = \dfrac{k a_0}{m_2 + 0.5} = \dfrac{4\times 10^{-6} a_0}{2.75 + 0.5}$

浸润线方程：$y^2 = h_1^2 - \dfrac{2q}{k}x = 35^2 - \dfrac{2\times 1.49\times 10^{-5} a_0}{2\times 10^{-6}}x$

式中，y 和 x 分别为浸润高度和浸润距离；k 取 2×10^{-6}。

2. 地下水库运行调控系统设计

1）运行调控系统组成

地下水库运行调控系统设计思路：结合露天矿地下水库结构特征、充填物的理化性质、水动力特征等资料，基于宝煤露天矿坑水中污染物的浓度特性，拟采用四级洁净处理联合工艺，按照相关水质标准和用途（绿化用水和降尘用水），通过水质监测与控制，达到地下水库水质洁净及综合利用的目标。地下水库运行调控系统包括地面管网子系统、洁净水注入子系统、水库水抽取子系统、调控参数测试子系统（图3-20）。

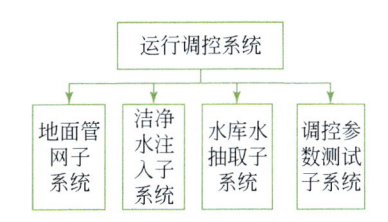

图 3-20 运行调控系统组成示意图

2）洁净水注入子系统

注水系统主要作用是将经过洁净达标处理的矿坑水注入地下水库，处理的流程见图 3-21。

```
采空区水坑 → 一体化设备 → 地下水库入水口
```

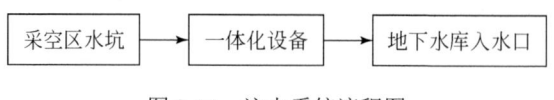

图 3-21 注水系统流程图

进水量基于实际矿井排水量预测，按夏秋季排水量 6500～7000m³/d 和冬春季排水量 4000～4500m³/d 的最大值计算，则年水量为 210 万 m³。建设范围设计进水管道铺设从采区积水坑连接至"高效旋流混合澄清+机械过滤器+回灌砂滤池"一体化设备，水处理满足要求后接入位于地势高处地下水库入水口。根据已有矿井涌水量及现场注水试验资料，针对注水孔的数量设置提出两种方案（表 3-4），具体实施需进一步论证。其中：

（1）矿井涌水量为 200 万 m³/a，折算为 80m³/h。每个注水孔注水量根据经验值约为 10m³/h，抽水孔抽水量约为 20m³/h，则注水孔数量为 8 个。

（2）基于抽水试验资料，单位时间渗流量确定为 q=0.6L/(s·m)，则 1m 降水的抽水量为 Q=0.6L/s=50m³/h，抽水孔数量约为 N=200/50=4 个，考虑保险系数 1.5～2，当设计抽水孔数量为 6～8 个时，注水孔数量约为抽水孔数量的 2 倍，约为 12～16 个。

表 3-4 注水孔设计方案

项目	方案一（按注水量计算）	方案二（按抽水试验参数）
基本参数	涌水量=80m³/h	q=0.6L/(s·m)
注水孔/个	8	12～16

由于钻孔注水量受到诸多因素的影响，如渗透系数、注水压力等因素，因此注水孔施工应分阶段进行。根据最先施工钻孔的注水量动态调整钻孔的数量，需要注意：如果按照地下水库储水能力为 100 万 m³ 时，则上述所有数量减半，上述估算视现场情况可进行调整。

3）水库水抽取子系统

抽水系统主要作用是将分散在出水介质中的水体，利用自然梯度或压力差提取到地面，其流程如图 3-22 所示。

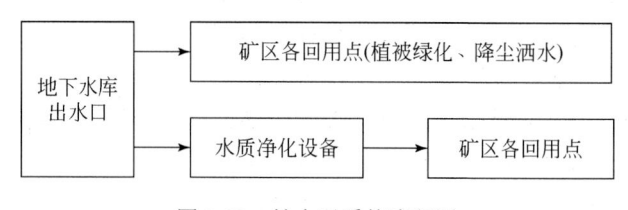

```
                  ┌→ 矿区各回用点(植被绿化、降尘洒水)
地下水库出水口 ──┤
                  └→ 水质净化设备 → 矿区各回用点
```

图 3-22 抽水子系统流程图

出水量设计依据矿区需求而定，总需水量约 250 万 t，其中，植被绿化需水量约为 145

万 t，降尘洒水约 100 万 t。抽取子系统建设范围，铺设出水管道建议从地下水库抽水孔处，具体计划抽出孔选在处建设 300m 左右 3m×4m 的毛石坑，地势低，渗透性好的地段，并连接至矿区各回用点，主要用于矿区排土场的植被绿化用水和采坑内、卸煤点的降尘用水（如出水不满足矿区回用水质要求，需考虑将管道连接至水质再净化设备，水质处理达标后连接至矿区各回用点）。

抽水孔设计根据已有矿井涌水量及现场抽水试验资料，针对注水孔和抽水孔的数量设计两种方案（表 3-5），其中：

（1）依据矿井涌水量为 200 万 m^3/a，按照单位时间总抽水量 80m^3/h 作业时。据经验值确定每个抽水孔抽水量约为 20m^3/h，实际需要抽水孔数量为 4 个。

（2）依据现场抽水试验资料，q=0.6L/(s·m)，则 1m 降水的抽水量为 Q=0.6L/s=50m^3/h，抽水孔数量约为 N=200/50=4 个，考虑保险系数 1.5～2，则设计抽水孔数量为 6～8 个。

考虑到现场诸多因素影响，在现场施工中需要依据实际渗透系数、抽水降深、已施工钻孔实际抽水量等因素动态调整钻孔数量。

表 3-5 抽水孔设计方案

项目	方案一（按注水量计算）	方案二（按抽水试验参数）
基本参数	涌水量=80m^3/h	q=0.6L/(s·m)
抽水孔/个	4	6～8

4）地面管网子系统

（1）进水管网设计方案

进水管道铺设从采区的积水坑连接至"高效旋流混合澄清+机械过滤器+回灌砂滤池"一体化设备，水处理满足要求后接入地下水库入水口（选在地势高处，大概位置见地下水库设计图）。根据矿井涌水量计算结果，建议铺设两根 DN250 的碳钢管，有压流的管道一般采用防腐的碳钢管，最好是能埋地铺设，管道最好能在冻土以下，落差大，需要做管道保温，另外要在管道低点设放空阀，管道高点设放气阀。利用泵送，设置 3 台泵，二用一备，都是变频控制，冬春季开 1 台泵，夏秋季开 2 台泵。

（2）出水管网设计方案

出水管道铺设从地下水库抽水孔处（此处建设 300m 左右 3m×4m 的毛石坑）连接至矿区各回用点，主要用于矿区排土场的植被绿化用水和采坑内降尘用水。如出水不满足矿区回用水质要求，需考虑将管道连接至水质再净化设备，水质处理达标后连接至矿区各回用点。

用于矿区植被绿化用水的管道，要根据用水量需求计算结果，选用铺设管径为 DN250 的碳钢管，采用泵送，泵一用一备；用于降尘洒水的管道选用管径为 DN200 的碳钢管，泵一用一备。该管径仅为泵进出口的管径，植被和洒水的位置点较多，后面的支管管径需要根据不同用水点的水量进一步确定。

3. 地下水库安全控制设计

地下水库投入运行后，水的储存和运移不仅使排土场内的应力状态发生显著变化，而且有可能对坝体及基底物料的物理力学性质产生影响,进而影响到边坡稳定,因此水库安全控制显得尤为重要。

1）构筑物料的水稳定性评价

根据我国水利工程建设经验、宝日希勒露天煤矿生产条件和地下水库建设需求,坝体可以选择钢筋混凝土重力坝或基于矿区剥离物的碾压土石坝,如图3-23（a）所示。

对选定材料进行表面浸水实验和干湿循环实验,以验证地下水库水位变化过程中坝体材料的稳定性。对压实后的坝体材料进行抗剪强度测试（包括室内实验和原位实验）,以便分析地下水库侧向压力下坝体的稳定性,主要包括：进行煤层底板物料的渗透性和水解泥化实验,验证地下水库的持水特性；为了防止坝体在侧向压力下发生整体滑移,进行物料浸水后的摩擦系数和抗剪强度测试（包括室内实验和原位实验）,以便分析地下水库的整体稳定性。

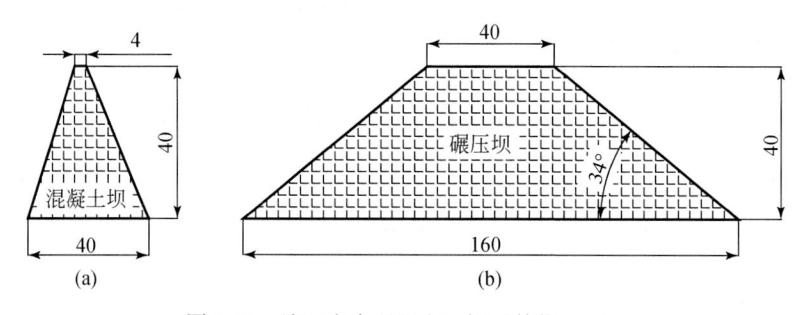

图3-23 地下水库碾压土石坝（单位：m）

现场构筑材料水稳定性测量主要包括：一是进行煤层底板物料的渗透性和水解泥化实验,以便验证地下水库的持水特性；二是为了防止坝体在侧向压力下发生整体滑移,进行物料浸水后的摩擦系数和抗剪强度测试（包括室内实验和原位实验）,以便分析地下水库的整体稳定性。

参照相关规范及研究成果,并结合煤矿水文及工程地质条件,将地下水库安全评价体系分为地表松散介质储水空间和地下储水空间两大类,确定了以安全指标、生态指标、库容指标、水质指标4类指标和12项分指标为煤矿地下水库安全评价指标体系,针对储水介质和储存空间的影响因素提出地下水库构筑材料水稳定性评价指标体系（图3-24）。

2）地下水库推进端坝体安全设计

露天矿采场推进端是地下水库的主要自由面方向,拦水坝是排土场安全的主要限制因素；由于拦水坝面向露天矿采场方向,不会对外部环境造成影响,且可以根据需要进行参数和施工设计,因此需要综合考虑地下水库的储水容量、采排关系、建设成本等因素对露天矿推进方向上的地下水库坝体进行优化设计。

以坝体的自稳定为要求,提出几种典型的坝体结构形式,确定坝体高度与结构形式、底宽度、坡面角、破底深度等参数的关系（图3-25）。一是采用一个高度为40m的坝体,底宽160m,截面积为4000m^2；二是采用1个高25m的坝体加1个高20m的坝体形成总高为40m的组合坝（重叠部分的5m起加强防渗作用）,占用坑底宽度为115m,截面积为

3337.5m² （1937.5m²+1400m²），在长度相同的情况下工程量可以减少 1/6。

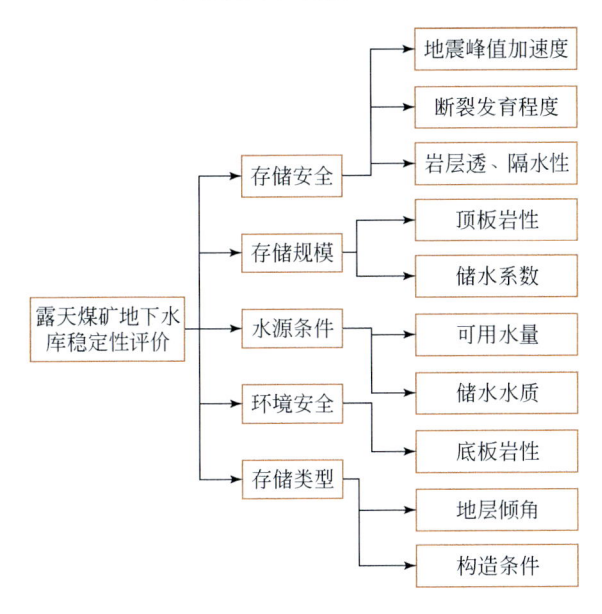

图 3-24 地下水库构筑材料的水稳定性评价指标模型

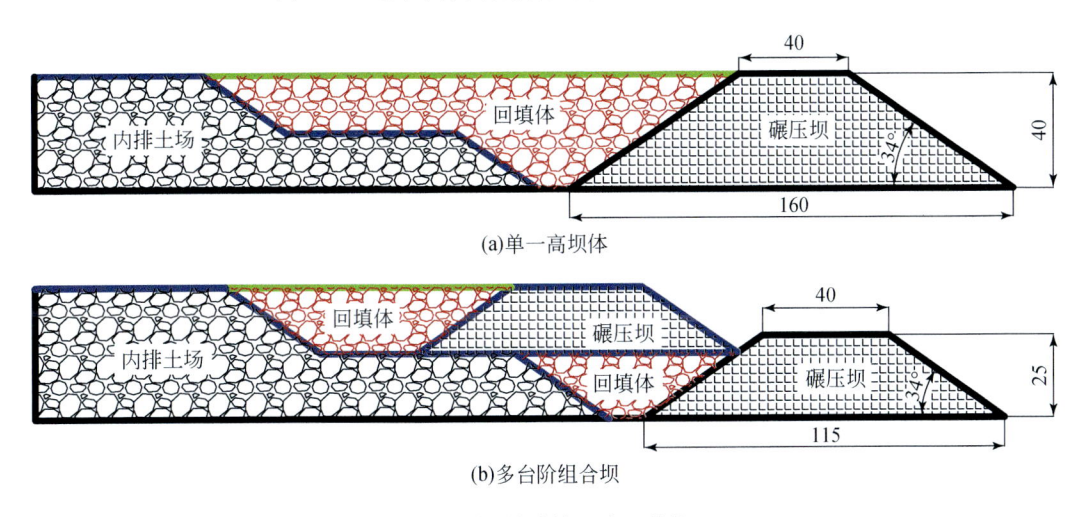

图 3-25 典型坝体结构形式（单位：m）

3）排土场结构安全设计

随着排土场整体边坡角增大，内排土场容量增大、剥离物内排运距缩短，但是边坡整体稳定性降低。根据拦水坝的构筑方式和排土工作面边坡稳定性评价结果，以露天矿采排关系平衡为约束优化排土场的台阶参数和排弃层序。主要通过以下三方面确保并提高排土场结构安全性：

（1）优化剥离物排弃层序，利用不同粒径物料的毛细阻滞作用避免水库中的水位上升至上部台阶。在地下水库的顶板设置一层由较细物料组成隔水层，阻断上下部台阶的水力联系。

（2）优化排土平盘宽度，通过平盘宽度调整边坡结构和整体帮坡角，提高整体稳定性。

（3）设计坝体压脚控制坝体移动，随着坝体的构筑完成，在采场侧坑底宽度允许的条件下尽快压脚，使拦水坝体处于三维应力状态，以提高其稳定性。

4）地下水库储水区安全设计

露天矿的剥采排工程和地下水库的蓄水工程都是一个动态的过程。随着地下水库蓄水量的增加，坝体的内层承压增大、稳定性降低；同时，随着排土工作面推进，外侧排弃的物料给拦水坝提供了支撑力，同时使其处于三维应力状态中，有利于整体稳定。

地下水库的蓄水主要来源于两个方面，一是人工回灌的矿坑水（处理后），二是自然汇聚的排土场及地层存水。前者可以人为调控，后者主要取决于自然补给情况。从保证坝体和边坡稳定的角度出发，提出不同条件下的地下水库水位预警阈值，当水库水位超警戒线时，报警并启动相应的应急预案。根据露天矿剥采排工程的发展和边坡稳定性评价结果，预警阈值可根据需要进行调整。

为了保证地下水库坝体和整体边坡稳定，在拦水坝的内侧（地下水库侧）和内部安装监测系统。坝体内侧的水位监测装置主要负责监控地下水库的水位，以便掌握水库蓄水量及其对坝体的侧向压力；坝体内部的监测装置主要负责监测坝体的完整和防渗性能，当监测结果异常升高时，说明坝体局部失效，存在出现管涌甚至坝体崩解的可能。水位超限应急预案根据地下水库的设计要求和水坝监测系统设计，将地下水库状态分为四种，分别以蓝色、黄色、橙色、红色表示。

（1）蓝色，表示地下水库及拦水坝正常，因此正常进行蓄水作业。

（2）黄色，表示地下水库超预设水位线，如果地下水位继续升高，则有可能导致边坡稳定系数显著下降（边坡稳定系数低于1.5），因此停止矿坑水回灌作业。

（3）橙色，表示地下水库已经达到了安全水位线，如果地下水位升高有可能使排土场边坡处于临界稳定状态（边坡稳定系数低于1.3），因此开始启动抽水作业。

（4）红色，表示地下水库已经达到了警戒水位线（边坡稳定系数低于1.1）或者出现了坝体渗漏现象，因此在启动抽水作业的同时组织边坡威胁区作业人员撤离。

3.3 露天煤矿地下水库建设关键技术

3.3.1 地下水库选址技术

1. 选址原则

东部草原大型煤电基地区域生态脆弱，露天煤矿开采又极易造成土地沙漠化，同时对地下水运行系统造成污染和破坏，露天煤矿地下水库选址是保障露天煤矿地下水库建设的关键之一，需要从不同角度综合、客观、全面地评估选址位置是否适宜，重点考虑如下几点因素作为选址原则。

1）满足水库构建物料特性要求及经济可取

（1）储水物料

以露天煤矿典型剥离物为基础，研究其孔隙、储水、渗透、水性，结合矿山开采规划和地下水库建设规划预测不同物料的建库效果和调运费用。

（2）隔水物料与材料

一方面，根据地下水库不同位置对材料隔水性能的要求，以露天煤矿典型剥离物为基础研究其渗透和水稳定特性，验证黏土、泥岩、砂砾岩（防渗处理后）等物料作为地下水库隔水材料的可行性，预测地下水库建设过程中隔水物料的调运费用；另一方面，针对地下水库建设过程中天然或因生产而必须存在部分，如煤层底板、中间桥、上覆排弃层等，通过取样测试、原位实验、相似模拟等方法研究其渗透和水稳定特性，掌握其作为地下水库隔水构筑物的可行性。

2）低成本高效利用

露天煤矿在开采过程中，需要进行排水和剥离作业，目前露天煤矿开采过程中大量的水资源通常被抽排到地面，这样不仅造成了水资源的浪费，同时采煤过程所污染的水源未进行净化处理也直接排放到地面，污染环境。在区域水文地质调查的基础上，通过科学测算，基于水库调蓄和地灾协同控制综合约束，露天矿地下水库建设的综合效益最大化体现在供水系统在运行期间内净利润最大，单位供水成本最低，与水资源开发相关部门的工农业产值最大，开发水资源投资最小，总净收入最多等多方面。选址分析应综合考虑预处理工艺占地、设备化程度、建设成本、运行成本、水库储水容量、采排关系等因素，选择经济成本可接受的前提下确定露天矿地下水库建设区域。与此同时，提出科学控灾开采条件下的地表水-地下水联合调蓄方法来进行水资源的高效利用。通过采用地表水-地下水联合调蓄方法，分区控制性开采规避岩溶塌陷、分质供水、雨洪水资源化、市场调整、改进水处理工艺和中水利用等手段来实现水资源区域配置平衡和综合效益最大化，同时抑制区域环境水文地质灾害，实现水资源的高效利用。

2. 地下水库选址步骤

露天煤矿地下水库主要是以储水功能为目标，其选址涉及地质环境、工程地质条件、构建工程可实施、水库效用发挥等多方面，具体步骤主要如下。

1）确定设计区基本地质条件分析

重点勘探分析露天煤矿采区底部区域的地质构造，原则上水库区域优先布置在煤层底板岩层地形下凹处、渗透率低、无导水断裂带或不良地质条件，同时受下部和邻近煤层采动影响较小的位置；进一步根据第 2 章提出的地下水库地质可行性分析方法，分析勘探区域的地质构造类型，选择地质构造封闭区稳定的勘探区域的岩石样本进行渗透系数测定，确定可用储水体物料及物理特性、底板结构稳定性及渗流特性；优先选择渗透系数小于或等于预定值的勘探区域作为备选区，测定备选区与下一采区的距离，选择所有备选区中与下一采区距离最小的备选区作为地下水库的建设区域位置。

2）水库建设工程可行性分析

大型露天矿区地下水库主要由储水地质体、坝体和注排水井组成。其中，储水地质体的容量和充足的地下水源是考虑地下水库选址的首要条件，在确定的露天开采区域环境条件下储水地质体构建工程可实施性是选址的关键。当露天煤矿开采剥离地表岩土层和采出煤体后，进行剥离物回填形成内排土场，也是露天煤矿地下水库建设的主要选址区。当具备储水物料源和坝体构筑材料时，重点考虑将建设过程与露天矿生产的剥-采-排-复工艺过程相结合，解决剥离和内排土作业过程中的储水物料筛选和储水体构建、挡水坝构筑等工程实施可操作性，开采过程也是水资源有效储水与利用工程实施过程，通过剥-采-排-复（建）一体化的随采随建工程实施，协同露天矿生产与地下水库建设，降低工程实施成本和提高工程实施效果。

3）水资源保护工程目标分析

露天煤矿在开采过程中，需要进行排水和剥离作业，目前露天煤矿开采过程中大量的水资源通常被抽排到地面，这样不仅造成了水资源的浪费，同时采煤过程所污染的水源未进行净化处理也直接排放到底面，污染环境。采用露天煤矿建设地下水库的储水解决方案，可以实现保护水资源和不外排采煤过程中污染的地下水资源保护以及控制水源污染的工程目标。

水资源保护工程目标分析，就是依据地下水库储水能力、矿井水配套净化处理能力、抽注需能力和水资源的来源与利用要求等，综合平衡矿山生产安全、用水、调度等条件，分析实现水资源保护工程目标的主要影响条件和控制因素，重点考虑工程地质条件、水文地质条件、矿井水运移规律、煤炭开采工艺和与露天生产接续计划等因素，确定目标实现的工程风险，分析提出应对解决措施。

3. 近地表储水层选址步骤

近地表储水层是以面向生态修复和储水功能为目标，具有地下水库的储水功能、地表渗流水的汇集功能，其选址涉及生态修复工程、储水层物料筛选。其与地下水库建设相比具有选区明确（生态修复区）、工程实施过程简单和工程实施便利，选址主要考虑储水层物料的筛选和构建。具体步骤主要如下。

1）储水层物料来源筛选

根据储水层渗透性的顶部渗流介质的基本要求，系统采集露天煤矿采区勘探区域的岩石样本，优选具有一定厚度和渗流性较好的剥离层，系统测定岩石样本和组合岩石样本的渗透系数。

2）确定不同类型物料的最优组合

根据不同类型物料的渗透性和可利用量，结合储水物料压实过程中的渗透性变化规律，确定适于储水的不同物料的组合模式（如中粗砂岩+粉砂岩组合）、用于微渗流的不同物料的组合模式（粉砂岩+细砂岩）、具有底部不透水功能的不同物料组合模式（泥岩+页岩等），为优化剥离工艺和定目标（定层、定区）回填和储水层构建提供依据。

3) 水资源保护利用工程目标分析

近地表储水层作为兼顾水资源调蓄和生态利用的一种方法，其构筑工程内容与地下水库相同，包括了储水地质体、坝体和注排水功能，对储存水质也具有严格的环保要求。根据储水层的储水特性、封闭性、储区地形特点及与水源供给等多个因素，重点控制注入水和抽出水的标准，利用洁净处理系统，如采用原状砂砾岩、高效旋流联合工艺（高效旋流混合澄清+机械过滤器+回灌砂滤池）等，对矿坑水进行预处理，满足相关标准后注入储水区。同时，可利用地下水库填充材料的自净化作用，进一步净化以满足矿区绿化用水和降尘用水；如抽出水质仍不能满足相关用水标准，可选用纳滤膜、反渗透等深度处理技术，实现矿井水的生活回用，进而满足矿区整体用水需求，最终达到综合利用的工程目标，实现资源和生态效益最大化。

3.3.2 储水体重构技术

1. 基于排弃物的储水介质重构技术

1) 排弃物结构特征

露天矿的开发伴随着大量的上覆岩层的剥离，致使原始地层和土壤结构被破坏，这些岩土经剥离后无序堆存形成排土场，使得排土场内部存在很多孔隙甚至裂隙，水分入渗时会沿优先流路径快速下渗，极少留存在土壤内，故在进行排土场土壤复垦时因其持水能力通常较自然土壤差，难以达到预期的复垦效果。而土壤中的有效水分对于干旱、半干旱地区的植被恢复至关重要。研究表明，构造具有层状剖面结构的土层可以提高土壤的持水能力，持水能力通常与构造土层层序的土壤性质有关，同时地质勘探结果表明宝日希勒露天矿采区上覆原生岩层具有明显的层状结构（图3-26）。

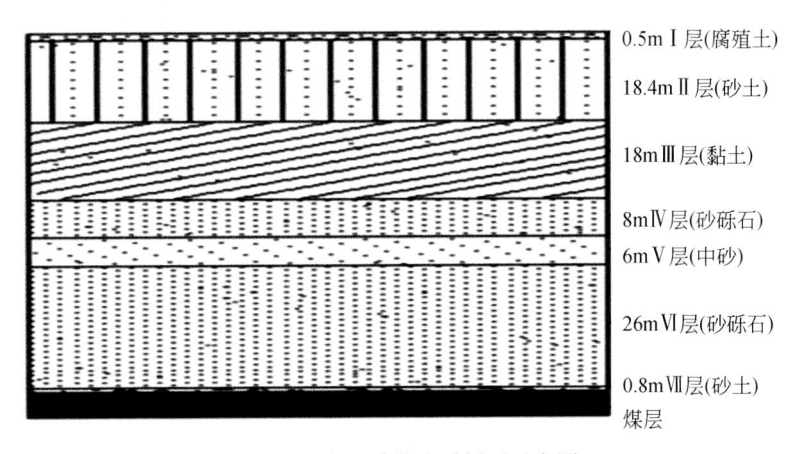

图3-26 宝日希勒地质剖面示意图

研究提出了仿原生地层层序结构对排土场进行关键层位的结构重构，即土壤层-渗流层-储水层-隔水层结构。重建后土壤层序工作机制是利用重构含水层土壤在非饱和状态时其持水性来存储水分和重构隔水层土体的低渗透性防止水分向更深地层下渗以致流失，使其在一定程度上能够使重构含水层储存更多的水分。其作用过程是：当有降水时，通过渗流层渗入重构的含水层且将水分保持在其中，重构的隔水层进行"兜底"，使得水分一直下渗到隔水层以上，可以被植物生长所利用。所以，选取合适的重构土壤层序物料至关重要，而影响土壤存储水分和阻挡水分下渗的两个重要因素是土体的持水性和渗透性。

重构物料选择是地层重构效果的关键，也是现场实现技术目标的基础。就地取材是重构物料的优先选项，一方面可对露天矿排弃物料进行再利用，另一方面排土场面积辽阔，地处偏远位置，采用其他外运来的材料进行土层重构是不太现实的。研究采用现场观测与实验室测试相结合的方法研究地层重构物料的筛选。实验室试验相比于现场试验更便利、更标准、更便捷，重点研究物料的物理特性和渗流性。为了试验的可靠性和真实性，试验采用的土体材料均取自现场，并且尽量还原原始土体物理性质以宝日希勒地质剖面为例（图3-27）说明重构物料的选择方法。该地区表土层（含腐殖质）厚度约0.5m，在距离地表约20m处有一黏土隔水层，两层中间为一厚度约20m的砂土含水层。所以，选取砂土

图3-27 宝日希勒矿区砂土和黏土物料采集

作为重构含水层材料进行持水性试验；选取黏土作为重构隔水层进行渗透性试验，验证原生岩土在露天开采、剥离扰动后能否仍可作为构建含水层和隔水层物料。

矿区地质勘探报显示，该区表土的粗粉粒含量为58.23%，属于粉砂土，Ⅱ层的风化及原状基质的细黏粒含量分别为24.03%、59.14%，属于粉黏土和黏土，Ⅲ层的风化及原状基质的细黏粒含量分别为95.35%、99.85%，属于重黏土。各层土壤颗粒的组成和基础物理性质见表3-6。

表3-6 宝日希勒研究区颗粒组成　　　　　　　　　（单位：%）

样品	物理性砂粒含量（>1mm）				物理性黏粒含量（<1mm）			
	<0.1	0.1~0.2	0.2~0.5	0.5~1	1~5	5~25	25~100	100~300
	细黏粒	粗黏粒	细粉粒	中粉粒	粗粉粒	细沙粒	粗砂粒	石砾
对照	2.2	9.17	13.77	12.02	58.23	4.61	0	0
Ⅱ1	24.03	38.29	22.66	7.28	7.74	0	0	0
Ⅱ2	59.14	35.61	3.84	1.12	0.29	0	0	0
Ⅲ1	95.35	4.63	0.02	0	0	0	0	0
Ⅲ2	99.85	0.15	0	0	0	0	0	0

根据该区前期研究成果,结合地下水库建设工程,研究利用在露天煤矿排土场西南部建库区布置的 6 个抽注水孔钻探施工获得的钻孔岩性分析结果,进一步验证了排弃物的岩性组成及结构特征。以 3#钻孔为例,各层排弃物原始记录情况见表 3-7,表明原始剥离排弃物中具有松散的中砂层和黏土层前途含砾层等有助于重构的基本物料。

表 3-7 钻孔钻探原始记录表

采样深度/m	岩石厚度/m	采样长度/m	序号	岩石描述
0.20	0.20	0.20	1	黑土:以回填为主
6.80	0.60	1.00	2	中砂:以砂、砾石混排物为主,松散
10.30	3.50	0.60	3	黏土:黄褐色,中夹回填黑土,松散
15.48	5.18	0.80	4	黏土含砾:黄色至黑色,层间不呈散体堆积 以黏土物和砾石胶结一起的混排物,松散
40.78	25.30	2.40	5	黏土:黄褐色,松散状
52.00	11.22	2.00	6	黏土含砾:黄褐色,呈松散状,主要以第四系的砾石与黏土以及泥岩碎块组成
57.00	5.00	2.20	7	中砂:灰色,中夹 1mm 左右的砾石及砂土,呈松散状
65.70	8.70	2.60	8	砂砾石:以砂砾石和黏土,泥岩块混排而成
75.20	9.50	2.40	9	细砂:以沉积岩里的砂泥岩和第四系的黏土为主
84.80	9.60	1.60	10	砂:以粗砂为主,灰色,含砾石,主要为采坑相砂岩排弃物
102.50	17.70	2.00	11	砂:以采场的砂质泥岩为主,含砾石
119.20	16.70	2.50	12	砂岩:以粗砂为主,灰色含砾石,其中 111.0~111.5m 为黑色的煤
121.80	2.60	0.50	13	煤:黑色,木质结构,褐色条纹,参差状
122.40	0.60	0.20	14	砂泥岩:灰色,砂泥质结构,原层状

2)储水介质重构方案

露天矿生产过程中,下部砂砾岩层经采装、运输、排卸后排弃在内排土场最下层,近似原地层排弃;上部三层需要精细化作业才能实现近似原地层排弃。研究重点是以露天矿采剥物料为基础,进行近地表含水层和隔水层重构。根据示范工程露天矿开采地层中物料赋存情况(图 3-28),提出如下 3 个近地表不同类型隔水层的地层重构方案(图 3-29)。

方案 1:以露天矿剥离的沙土、砂砾土、黄土、砂砾岩等物料为基础构建含水层,以亚黏土和泥岩为主要物料构建隔水层;该方案所构建的近地表地层以最大限度接近露天矿原始地层,验证亚黏土在正常排弃后自然构建隔水层的可行性。含水层的厚度 3m 左右,隔水层的厚度 5m 左右。

方案 2:含水层物料不变;由于亚黏土是露天矿的一种较稀缺资源,且分布不均匀,因此试验寻找亚黏土的替代品。试验中采用亚黏土与黄土或泥岩以 1:1 混合排弃,验证亚黏土与其他露天矿剥离物 1:1 混合排弃后的隔水效果,以便在亚黏土不足的情况下使用。

方案 3:与方案 2 类似,不同的是在隔水层物料排弃后进行一次压实。设计目标是验证压实作业对隔水层构建的作用,通过隔水效果、生产组织管理、经济费用等指标对比方案 1 和方案 2,为亚黏土稀缺条件下隔水层构建物料选择提供依据。

图 3-28 示范工程露天矿开采地层中物料赋存情况

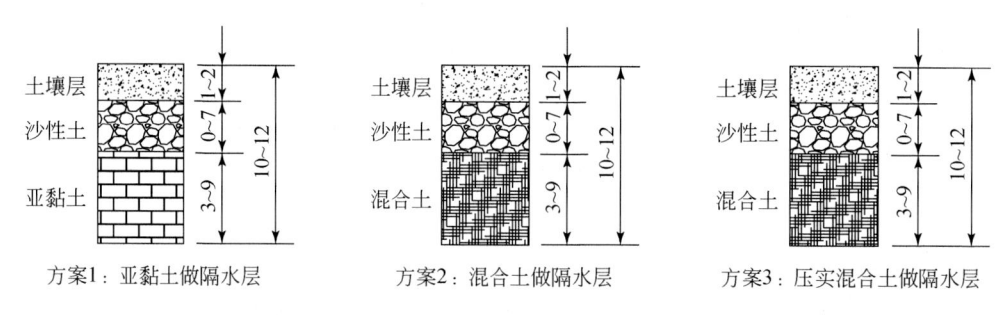

图 3-29 近地表地层重构方案（单位：m）

方案1：亚黏土做隔水层　　方案2：混合土做隔水层　　方案3：压实混合土做隔水层

另外，在内排土场选择一块区域仍按现行参数排弃重建上部覆土层进行生态修复；主要用作对照组，以便论证项目研究方案的应用效果。

宝日希勒露天矿采区上覆岩层主要岩性及基本关系如图 3-30 所示，表明该地区表土层（含腐殖质）厚度约 0.5m，在距离地表约 20m 处有一隔水层，两层中间为一厚度约 20m 的黄土含水层。本书研究的重点就是以露天矿采剥物料为基础，进行近地表含水层和隔水层重构。

露天矿生产是集剥离-排弃-开采-回填-复垦的循环往复过程，通常原岩层各层在剥离后经采装、运输、排卸，排弃在内排土场大致相同层位，但由于原始岩层厚度、剥离和排弃高度、运输路线等，导致不同层剥离物的混排，致使排弃结构与原始层序有较大的区别。为此，当以露天矿采剥物料为基础进行近地表含水层和隔水层重构，或者含水层保护及地下水库储水层重构时，需要统筹考虑各层破碎岩性在储水、隔水层构建和坝体构筑中的作用，为精细化作业方式提供物料定向排弃依据。研究按照上述三种近地表含水层重构方案设计思路，基于宝日希勒露天矿开采地层中物料赋存情况和现场可提供的重构物料进行比较性研究，提出如下 6 个具体的近地表层重构方案（图 3-31），对比分析各方案如下。

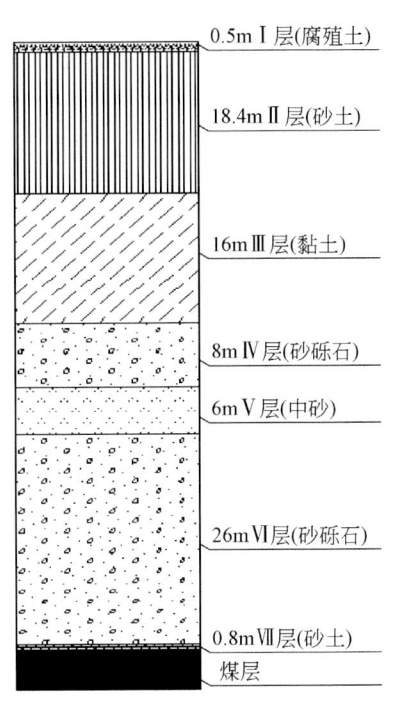

图 3-30 宝日希勒露天矿地质剖面示意图

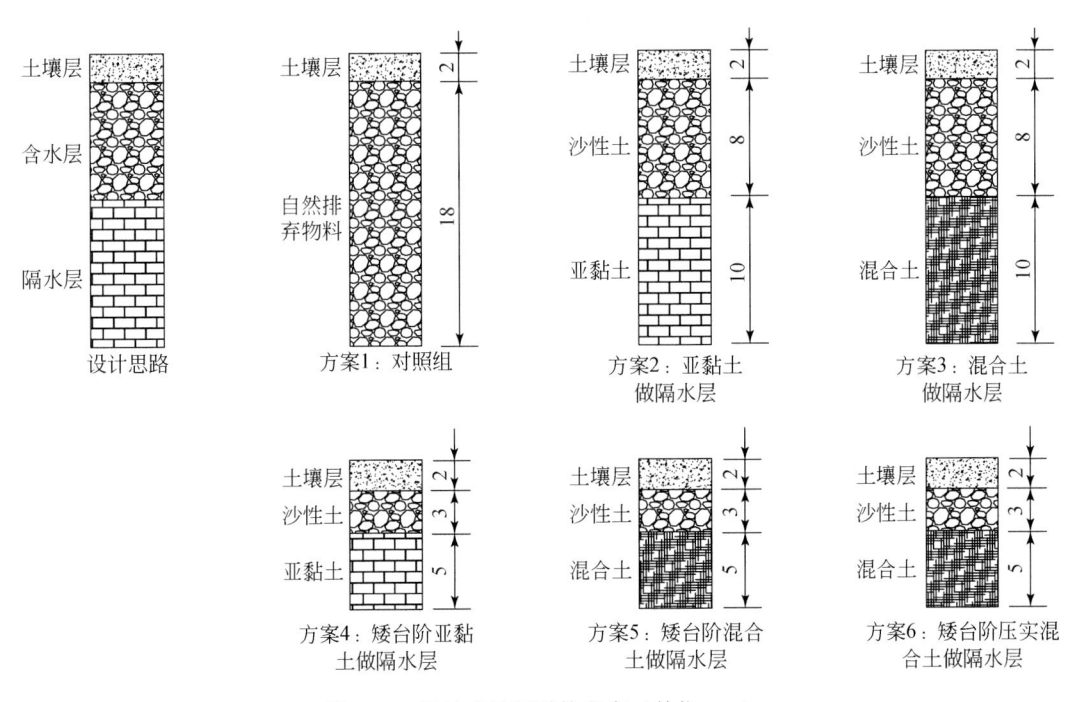

图 3-31 近地表地层重构方案（单位：m）

方案 1：台阶主体仍按现行参数排弃，上部覆土以便进行生态重建；本方案主要用作对照组，以便论证项目研究方案的应用效果。

方案 2：以露天矿剥离的沙土、砂砾土、黄土、砂砾岩等物料为基础构建含水层，以亚黏土为主要物料构建隔水层；本方案所构建的近地表地层最大限度接近露天矿原始地层，验证亚黏土在正常排弃后自然构建隔水层的可行性。

方案 3：含水层物料不变；由于亚黏土是露天矿的一种较稀缺资源，且分布不均匀，试验寻找亚黏土的替代品。本方案中采用亚黏土与黄土或泥岩以 1∶1 混合排弃，验证亚黏土与其他露天矿剥离物 1∶1 混合排弃后的隔水效果，以便在亚黏土不足的情况下使用。

方案 4：降低上部精细化重构台阶的高度（后 3 个方案思路相同）。将含水层的厚度降低至 3m 左右，隔水层的厚度降低至 5m 左右。本方案为调整方案，旨在减少因施工造成的露天矿生产费用增加，同时，分析含水层厚度变化和潜水位对上部土壤层水分的影响。

方案 5：各层设计与方案 4 相同，只是与方案 3 的思路一样，用混合土代替亚黏土做隔水层。本方案旨在验证厚度降低后混合土作为隔水层的效果。

方案 6：各层材料与方案 5 相同，不同的是在隔水层物料排弃后进行一次压实作业。本方案旨在验证压实作业对隔水层构建的作用，通过隔水效果、生产组织管理、经济费用等指标对比方案 3 和方案 6，为亚黏土稀缺条件下隔水层构建物料选择提供依据。

近地表层重构的目标是，一方面可以建立和恢复地表潜水位或建立重构含水层与原生含水层的自然联系，另一方面加大渗流-储水层的厚度，构建与地表生态修复协同的区块式储水区，构建储水层与地表土壤层的地下水联系，满足地表植物的用水需求。因此研究以隔水层的完整性、连续性作为前期重构效果评价的主要指标，现场采用含水率监测系统（图 3-32）。为获得各层含水率，现场采用灌溉渗流方法。经过灌溉或高强度降水后，如果隔水层上下两个监测点的水分差达到设计要求，表明储水层和隔水层构建成功；同等灌溉量条件下，经过一段时间的自然蒸发后如果土壤层水分含量显著高于对照组，则说明含水层对于土壤水分起到了有效补充作用，即含水层构建成功，且对地表植物水分具有补充作用。

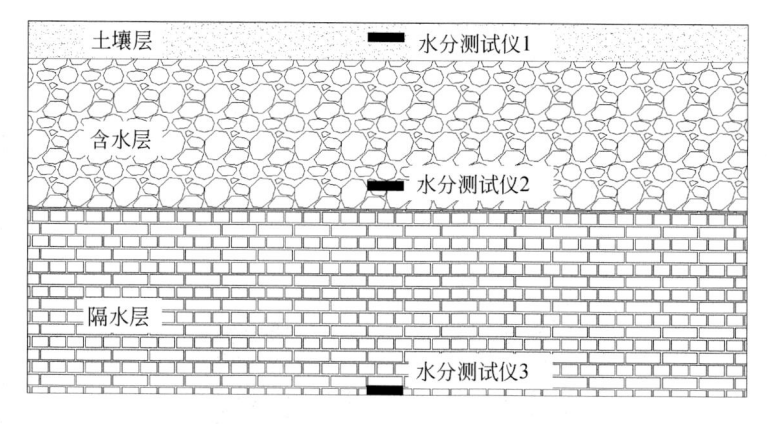

图 3-32 含水层重构效果评价的水分测试仪布置

近自然恢复也是近地表层重构的基本要求，特别是草原区地貌与重构区地貌的协调，也是矿区生态修复效果的重要标志。研究按照仿自然地貌的引导，参照原地层结构特点和结构相似性原则，注重重构地层层位与周围原地层的平面上具有连续性（图 3-33），在内排土场与端帮、非工作帮自然地层之间形成良好的过渡,确保不同年份之间的重构区连续性良好。为确保近地表层的重构生态效果和空间连续性,需要综合考虑原岩物料组合、排弃物料分布、重构区域和高度、重构层位结构要求等,尽量将相关内容融入露天矿生产规划中,确定重构各地层与采排的进度协同关系,实现排土场整体排弃效果的经济和生态效果最大化。

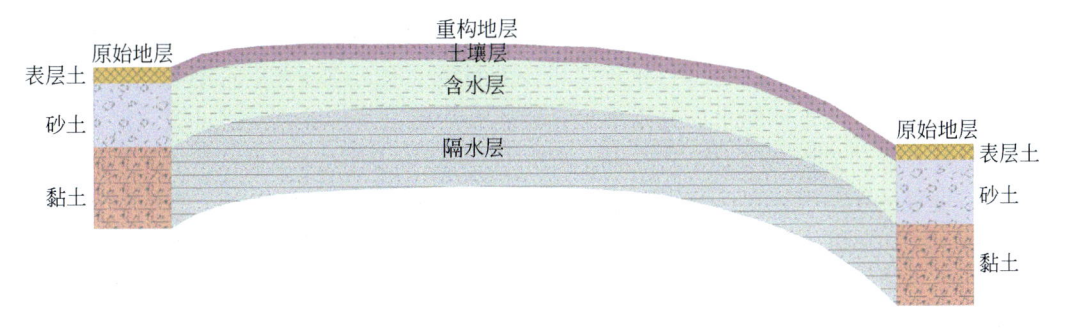

图 3-33 露天矿近地表重构层与周边地层的连续性

2. 基于地下水库建筑物设计及构筑技术

该技术主要利用储水管涵作为储水体构建露天矿地下水库。预制管涵采用粗集料(碎石)和细集料(中粗砂)作为骨料,涵壁需要预制涵孔,涵孔排间设有中心孔(实现管间导水),管涵相互之间呈三角形堆叠,不同管涵间采用砂浆浇筑拼接。预制管涵之间的堆叠间隙充填碎石对水质具有分级净化作用,而且交错式布置的预制管涵可保障储水体结构的稳定性。在不同储水区域或地下水库之间设置输水管具有方便各地下水库间的调水功能,从而使露天煤矿地下水库具有库容大、施工简单和结构稳定的特点。

1) 地下水库的预制管涵

预制管涵的内径设计为 1.5m,外径为 1.9m,管涵壁厚 0.4m,管涵采用粗集料(碎石)和细集料(中粗砂)作为骨料,选用散装 P.O 42.5 水泥(普通硅酸盐水泥)配比搅拌,钢筋可选用甲级冷拔低碳钢(螺旋状),涵壁需要预制涵孔,单排涵孔 6 个、互成 60°夹角,涵孔孔径 16cm,涵孔排间距 1.5m,涵孔排间设有中心孔(实现管间导水),管涵相互之间呈三角形堆叠,单个管涵长度预制设计为 50m,不同管涵间采用砂浆浇筑拼接(图 3-34)。

图 3-34 管涵储水模式

2）基于管涵构建形式的地下水库布局

根据露天煤矿内排土场空间布局，选择采区推进边界构筑心墙挡水坝，采区排弃方向为库体储水区；不同地下水库的挡水坝朝向剥离区方向依次构筑。坝内布置储水管涵结构，其中采用近直墙式的心墙堆石挡水坝结构，坝顶宽度10m，坝坡角87°，坝基H_b设计为10m。坝体高度H_N与露天坑深H的关系为$H=H_N+10$，坝体最大宽度W与露天煤矿坑深H的关系为$W=20+(H-10)/\tan87°$。心墙挡水坝可设计为混凝土重力坝或者土石重力坝，分阶段浇筑和碾压而成。地下水库储水体采用预制管涵储水、呈三角形堆叠两层设置，由坑底向上依次交错式布置，交错高度设计为3.8m（即2个管涵堆叠高度），水库四周边界的堆叠管涵外壁不设置涵孔，保证水库有效储水、不泄漏，不同库间设有输水管，方便调水。管涵堆叠间隙采用砾石或者毛石填充，其他库间填充采用剥离的砂质灰土、黄土、黑黏土依次由坑底向地表填充（也是露天矿内排土场的回填顺序），露天坑底铺设库底防渗物料，可就地取材采用剥离的黑黏泥碾压铺设（图3-35）。

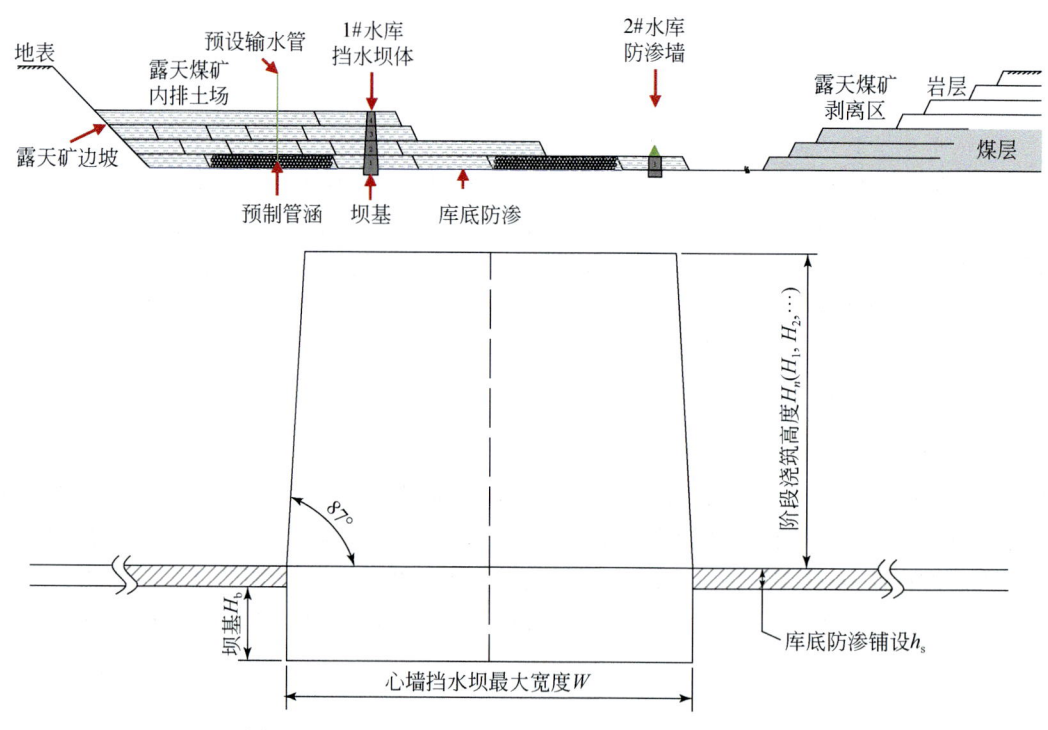

图 3-35 露天煤矿内排土场心墙管涵挡水坝结构示意图

3. 基于人工构造件的重构技术

地下水库的储水介质应具备较高的储水能力，通常需要满足以下几方面的要求：①具有较好的持水性和渗透性；②具有合理的储水/隔水层序；③重构后的储水介质具有较高的强度承载上部排弃物载荷。

主要采用储水系数来描述储水介质的储水特性，而储水系数是在含水层具有弹性的前提下，由含水层的储水率而定义的。由于储水介质的自身物理性质和含水层受上覆岩层和压头的综合压力作用，使含水层（指岩层骨架和水）具有一定的弹性释水和储水作用。

通常弹性释水和储水作用在承压含水层中表现较强，在潜水含水层中则弱得多，并且随着含水层厚度减小而减小，当接近潜水面时，这种弹性作用趋近极弱。在此前提条件下，通过建立含水层的状态方程以及渗流连续方程，再利用它们之间的关系就可建立出承压和潜水含水层的地下水三维流偏微分方程。其中的储水系数反映了含水层水头下降或上升单位高度时，从单位水平面积和高度等于含水层厚度的柱体中释放或储存水体积能力。基于以上认知，按照图3-36所示的储水区布局，统一坝体 c 参数，设计优选以下6种储水介质，作为重构储水空间。

1）人造砾石结构

现场将颗粒性较好的砂土等材料进行胶结，形成完整性和物理强度较高的人造砾石结构，在露天矿内排土场将人造砾石材料作为储水体进行储水空间重构，储水系数约为0.4~0.5，储水空间长100m、宽100m、高10m，储水约4万~5万 m^3。同时，在储水空间东侧构筑黏土心墙坝，坝体坡度1∶0.3，坝体坡面设计有反滤层、坝顶宽度3m。

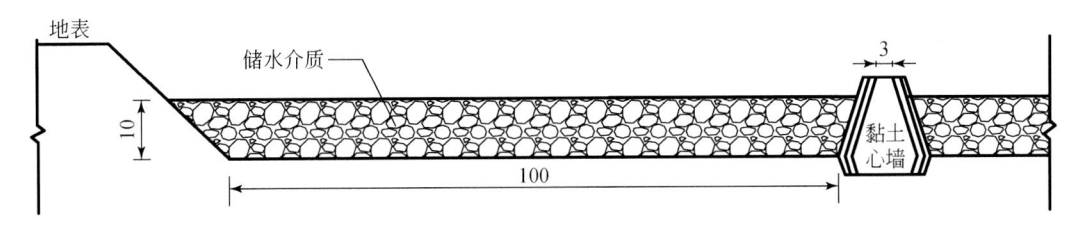

图3-36 地下水库储水结构示意图（单位：m）

2）块石料加水泥砂浆-大孔隙结构

以块石作为骨料，研究不同水灰配比条件下的水泥砂浆块石强度，提出以块石和水泥砂浆混合形成的复合块石材料作为大孔隙储水体。采用该结构在露天矿内排土场进行储水空间重构，储水系数约为0.3~0.4，储水空间长100m、宽100m、高10m，储水约3万~4万 m^3。同时，在储水空间东侧构筑黏土心墙坝，坝体坡度1∶0.3，坝体坡面设计有反滤层、坝顶宽度3m。

3）基于混凝土管的蜂窝状孔洞结构

预制六边形的混凝土管，混凝土管壁厚50mm，管径50cm，管长2m，凹槽尺寸为15cm×20cm，不同混凝土管之间可通过凹槽进行啮合。采用该结构在露天矿内排土场形成空间层位相互连通的蜂窝状储水空间，储水系数约为0.7~0.8，储水空间长100m、宽100m、高10m，储水约7万~8万 m^3。同时，在储水空间东侧构筑黏土心墙坝，坝体坡度1∶0.3，坝体坡面设计有反滤层、坝顶宽度3m。

4）基于可再生PVC管材的孔洞结构

聚氯乙烯（PVC）管材作为储水体，在露天矿内排土场接近地表层进行连接和土料充填（不同 PVC 管之间），储水系数约为 0.8～0.9，储水空间长 100m、宽 100m、高 10m，储水约 8 万～9 万 m³。同时，在储水空间东侧构筑黏土心墙坝，坝体坡度 1∶0.3，坝体坡面设计有反滤层、坝顶宽度 3m。

5）基于空心砖（煤矸石、废石料）的大空隙结构

废弃煤矸石和废石料进行混合加工制成空心砖，采用该结构在露天矿内排土场进行储水空间重构，储水系数约为 0.6～0.7，储水空间长 100m、宽 100m、高 10m，储水约 6 万～7 万 m³。同时，在储水空间东侧构筑黏土心墙坝，坝体坡度 1∶0.3，坝体坡面设计有反滤层、坝顶宽度 3m。

6）基于建筑垃圾（砖块、砖头、混凝土垃圾）的空隙结构

将建筑废料砖块或砖头作为堆积储水体材料，采用该结构在露天矿内排土进行储水空间重构，储水系数约为 0.3～0.4，储水空间长 100m、宽 100m、高 10m，储水约 3 万～4 万 m³。同时，在储水空间东侧构筑黏土心墙坝，坝体坡度 1∶0.3，坝体坡面设计有反滤层、坝顶宽度 3m。

3.3.3 坝体构筑技术

1. 构筑物料选择

1）水库坝体构筑结构选择

根据我国水利工程建设经验、露天煤矿生产条件和地下水库建设需求，坝体可以选择钢筋混凝土坝或基于矿区剥离物的碾压重力坝，如图 3-37 所示。

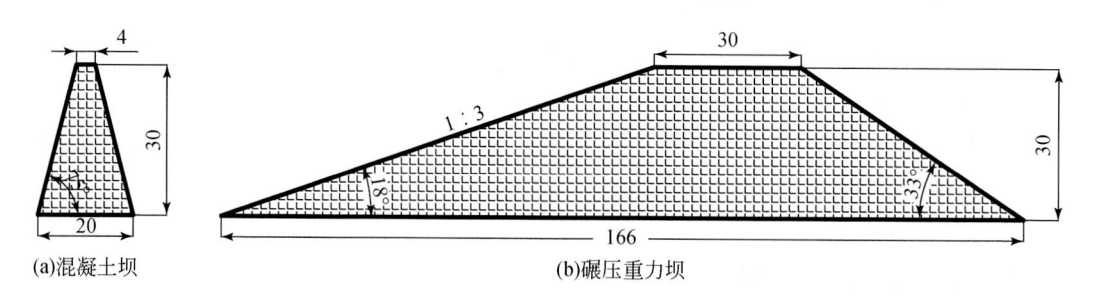

图 3-37 坝体构筑材料选择（单位：m）

2）水库坝体构筑材料选择

钢筋混凝土坝是常规水库的主要坝体形式，具有强度大、体积小、防渗性能好等优点，但也存在建设时间长、费用高、坝体施工对露天矿生产影响大等问题。直接采用露天矿剥离物构筑碾压坝存在的最大的问题是工程量大和占用坑底空间大。

因此，坝体构筑材料实际选择按照经济可行、施工便捷和稳定安全原则，根据覆岩排弃物的分层岩性和结构，优选适用坝体构筑的物料，分离堆积和定点排弃，确保坝体的稳

定性和安全性。在宝日希勒露天煤矿研究区情景下，材料选择应以露天矿采剥物料为基础，水库防渗和坝体稳定为约束，物料选择和构筑中重点是以下几个方面：

（1）坝体构筑材料选择应综合考虑材料的强度、耐久性、防水性能以及成本等因素，以确保坝体的安全性和长期稳定性、坝体构筑的经济性。

（2）优选构筑材料可充分利用露天矿采剥物料，现场调研情况表明在距离地表10~40m的地方有一层黏土，渗透性差、赋存量大、水稳定性和重塑性好，是构筑拦水坝的优良材料。物料筛选时要与现有生产系统相结合，易于实现采-排-复一体化。

（3）优选构筑材料和构筑坝体时，应进行综合优化露天矿剥采排关系。针对现场坑底宽度一般小于100m，季节性采剥条件下最大坑底宽度（一般出现在春季）也只有200m左右，难以满足构建40m高重力坝的空间要求，因此要同时优化坝体的结构形式以便于碾压构筑工程实施。

2. 坝体构筑方法

与井工矿地下水库坝体是由煤柱坝体构成有所不同，露天矿地下水库坝体是由人工构筑的，所以坝体结构及构筑物料也不同。通常人工坝体的核心组成部分是由混凝土材料构筑的混凝土墙，由混凝土材料构筑的人工坝体承载强度大但构筑成本高。针对宝日希勒露天矿实际情况，为降低坝体构筑作业成本，研究考虑选用煤矸石骨料混凝土作为水库坝体的构筑材料，并采用实验室相似模拟实验的方法分析选用上述材料构筑坝体的适用性。同时，针对人工坝体长期处于地下水浸泡复杂条件和水作用下的软化和渗透作用，研究将物料的渗透性作为主要评价参数，采集普遍且强度和变形差异明显的砂岩、泥岩岩样等主要物料进行模拟实验分析，研究其在作业环境中的渗透性差异和作为地下水库人工坝体构筑材料的适用性，为构筑人工坝体材料选用提供方案依据。

1）实验原理与方案

采用相似模拟方法模拟水库坝体在储水条件下的渗流情况。假设实验条件下，出入水口流速稳定，即可认为试样已经达到稳定渗流状态，因此，必然满足达西定律：

$$K = \frac{Q \cdot u \cdot \Delta l}{A \cdot p} \tag{3-24}$$

式中，K为岩石渗透率，m^2；Q为水的流量，m^3/s；Δl为渗流出入口两端高差；p为渗流出入口两端的水头差，m；u为水的黏度，取$1.005 \times 10^{-3} Pa \cdot s$；$A$为试样的横截面面积，$mm^2$；

为使数据更直观且便于处理，将渗透率转化为渗透系数：

$$K^* = K \cdot \frac{\rho g}{\mu} \tag{3-25}$$

模拟坝体作业条件下的受力情况，选用合理比例施加于试样中，坝体首先受到上覆岩层的轴压和底板对其的支撑力，其次还受到水压力和周围岩体的围压；因此，试样的上下端以一定的水压差施加均布水压p_3、p_4，水压差为p_3-p_4，试样的四周施加均布围压p_2，上覆岩层和底板的相互作用力模拟为实验中的轴压p_1，试样受力如图3-38所示。

煤矸石样品经颚式破碎机和密封锤式破碎机破碎后得到粒径不同的煤矸石碎石，通过对破碎后的碎石进行筛分，制得了煤矸石粗细骨料，其中粗骨料级配为5～20mm，细骨料粒径≤5mm，其加工流程如图3-39所示。

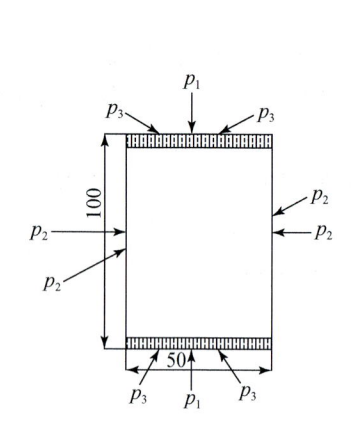

图 3-38　坝体试样受力分析（单位：m）

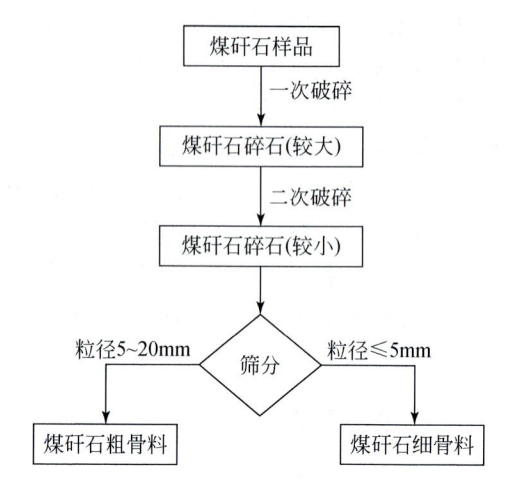

图 3-39　煤矸石骨料加工流程

通过对煤矸石颗粒级配测试，试验方法参考《水工混凝土试验规程》(SL/T 352—2020)，煤矸石骨料加工样品如图3-40所示。待煤矸石细骨料混凝土在养护箱中养护至第7天时，对混凝土进行立方体抗压强度试验，试验结果见表3-8和图3-41所示。

试验结果显示，随着混凝土细骨料中煤矸石用量的增加，第7天混凝土的立方体抗压强度逐渐下降。尤其是在煤矸石细骨料取代率10%～30%区间内，混凝土抗压强度下降明显。煤矸石骨料本身吸水性较强，在混凝土拌合物搅拌的过程中会吸收一定量的自由水，影响胶凝材料水化反应的进行，从而造成了混凝土强度的降低。但在一定替代率（30%）内，仍能得到较高强度的混凝土。

(a)煤矸石样品　　(b)煤矸石碎石　　(c)煤矸石细骨料　　(d)煤矸石粗骨料

图 3-40　煤矸石骨料加工

表 3-8　试验结果统计　　　　　　　　　　（单位：MPa）

试验编号	抗压强度
C-0(0%)	58.7
C-1(10%)	54.9

续表

试验编号	抗压强度
C-3(30%)	43.9
C-5(50%)	37.8
C-10(100%)	27.8

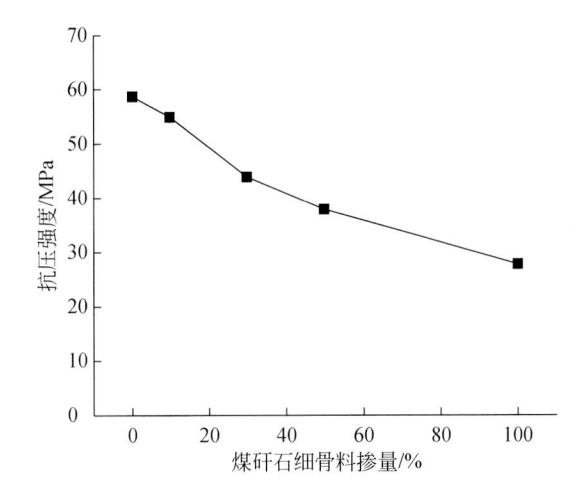

图 3-41　煤矸石掺量对煤矸石细骨料混凝土强度的影响

以上试验验证表明，一般情况下的渗透压在裂痕孔隙中的渗透率很低，水对岩样的渗流能力也极其微弱，岩体在外界应力作用下的变形过程可以间接反映出裂痕孔隙的发育程度，裂痕孔隙的张开性越好，渗透能力越强，裂痕孔隙的紧密性越好，所表现的渗透能力就越弱。

2）坝体构造步骤

堆石混凝土坝河床段坝基宜设置常态混凝土垫层，垫层厚度宜为0.5～1.0m。坝顶部位宜采用常态混凝土。

坝内廊道和孔口应满足下列要求：堆石混凝土坝宜减少廊道和孔洞的设置；堆石混凝土坝中，基础帷幕灌浆、排水、检查、安全监测及交通等廊道宜合并布置；廊道、孔口周边等部位宜采用常态混凝土或同步浇筑的高自密实性能混凝土。

堆石混凝土坝体分缝应满足下列要求：堆石混凝土坝不宜设置纵缝；堆石混凝土重力坝横缝间距宜为20～40m，防渗层可设置短缝，间距宜为15～20m；堆石混凝土拱坝的坝体分缝布置，按照行业标准《混凝土拱坝设计规范》(NB/T 10870—2021) 的有关规定执行。

3. 坝体防渗处理方法

1）基底防渗处理

地下水库由于岩层中的岩石之间存在缝隙，会发生向外渗水现象，浪费水资源。同时外部水也会通过水库侧壁和水库顶部渗入，影响水质。为此提供了一种从自然隔水层的基底以及人工构建的防渗系数。结合现场工程实际情况，选择适用于实际工程地下水库防渗的优选材料：

（1）丙烯酰胺浆凝胶材料

该材料简称丙烯，作为已经被广泛应用于坝基的防渗帷幕灌浆工程的防渗材料，与水相似，具有良好的可灌性和较低的黏度。选择丙烯作为防渗材料，可以控制丙烯的胶凝时间，发挥其封堵作用。同时，丙烯具有良好的强度和弹性，凝结成胶后会有轻微的弹性。膨胀后达到封堵缝隙的效果，增加抗渗性。

（2）硅化灌浆材料

该材料是一种将水玻璃作为防渗主要成分的坝基的防渗帷幕灌料。选择该材料时，应根据防渗过程选择两种或单一溶液法；两种溶液法是将水和氯化钙溶液混合压入灌浆处的方法。两种液体混合后形成坚硬的石头，但硅酸盐液较厚，流动性差。

（3）环氧灌浆材料

该材料是一种以环氧树脂为主体的防渗材料，配合加入一定比例的固化剂、稀释剂、增韧剂等其他能效的材料进行混合后，形成具有对坝基的防渗帷幕灌浆工程起到防渗作用的化工材料；环氧树脂作为环氧氯丙烷与双酚A或环氧氯丙烷与多元醇之间通过发生缩聚反应而生成的聚合物，其分子结构中含有两个以上的环氧基团。在环氧基团的影响下，这种材料用于防渗处理时具有附着力强、收缩率小、硬化后稳定性好等优点。大量工程处理试验表明防渗效果很好。

2）坝体防渗处理

一般在水利工程中，为了达到拦坝截水的目的，人工坝体往往采用置换、充填或是压实、冻结以及化学方法等常用手段，在岩层中形成垂直向下的防渗墙或防渗帷幕。这种技术方法叫作垂直防渗；该工程常用的防渗方法有置换法、喷射法和搅拌法三种。这三种方法都属于竖向防渗的通用形式，地下水库坝体防渗处理可以借鉴。

（1）置换法

该方法是将原有坝体的土体材料转换成为防渗材料，通过这种简单置换的方法可以修建形成密封不透水防渗墙，这种方法具有效果好、操作简便、成墙连续性好特点，但也有置换材料昂贵、实施成本相对高、工艺工程成本高的缺点。

（2）喷射法

该方法必须通过喷射机等机械设备实现，主要以喷射水泥等泥浆类防渗材料为关键，具体操作首先要破坏原有土体结构，然后通过喷射水泥浆修筑防渗墙，根据操作步骤可知，钻机钻孔、喷射设备等机械设备必不可少。喷射材料和喷射方式往往会根据土体的特性来选取，根据实践经验累积，粉末状态的土体如粉土、砂土等优先选择定喷法最为适宜；颗粒状态的土体如砂卵石层、砂土、黏性土以及地下障碍物等质地较为坚硬的岩体优先选用摆喷法和旋喷法最为适宜。经过喷射法修筑的坝体结构防渗效果优秀且坝体成墙后连续性好，但喷射材料和喷射设备的成本较高，同时还存在因为材料造成的环境污染的可能性，所以在选用喷射法时应衡量利弊后慎重选择。

(3)搅拌法

该方法是介入性坝体防渗技术中的一种。它使用水泥作为固化剂，混合注入水泥浆和松散土壤，通过深层搅拌机械，将软土在堤体内强制搅拌，使软土转化为整体性强、低渗透性良好、有一定强度的水泥土搅拌桩，多个水泥土搅拌桩相互重叠衔接后形成连续、密实的防渗墙。该方法操作简单方便，设备选型简单，携带方便，施工效率高。同时，该方法对岩体无特殊要求，可适用于各种土体。

(4)注浆法

该方法是针对采动覆岩裂隙产生的孔隙和裂缝设计封堵截流方法。地下水库中煤柱坝体裂隙和空隙是自身无法改变的物理性质，在受到采矿作业影响甚至在塑性区发生渗流。因此，根据裂缝发育的分布特点，通过注浆加固封并封闭裂缝集中区域。常用的化学灌浆堵漏材料有丙烯（丙烯酰胺浆液凝胶）、甲基丙烯酸甲酯堵漏浆液（甲基凝固）、硅化灌浆材料（主要是水玻璃）、环氧树脂灌浆。目前比较成熟和应用比较广泛的工程防渗方法有：帷幕灌浆法、竖向塑性土工布法；混凝土防渗墙，包括喷水墙施工、抓斗薄壁防渗墙、振动下陷防渗板墙；煤柱防渗工程可采用水泥浆防渗墙，包括高压喷射注浆、针孔开槽高喷、深层搅拌桩等方法。

近些年，为了应对处理好混凝土材料高弹性模量和高造价的影响，防渗材料领域也出现新型的塑性混凝土材料，这种材料主要是将黏土和膨润土代替混凝土而形成具有同样防渗效果的墙体材料。这种材料因其物理性质好，成本低而得到了迅速发展。它具有优良的力学性能、良好的抗渗性、施工方便、水泥用量低、成本低等优点，适用于复杂的地质条件。

3.3.4 采-排-筑-复一体化技术

1. 构筑工艺嵌入技术思路

露天煤矿开采是将岩土破碎成的松散土石混合体进行采装、运输、排弃，在水、热、堆载和运输设备动荷载作用下进行重塑，并进行土地复垦的过程。为最大限度减少地下水库建设对露天矿生产组织的影响，可将露天煤矿地下水库构筑作业纳入采-排-复一体化技术体系，形成采-排-筑-复一体化。

(1)一体化中的"筑"指的是人为筑坝，在排土过程中人为干预回填材料排弃顺序、压实程度、孔隙特性、隔水性能等参数，在正常排土的过程中形成一个周边隔水、内部孔隙储水的盆地式地下储水结构，从而形成地下水库。

(2)该工艺就是充分利用采剥物料（松散土石混合体）和现有生产系统，在不显著增加生产成本的前提下，按照一体化思路嵌入地下水库构筑过程，通过调整排弃物料和及空间结构，构建适于地下水储存或转移的排土场地层结构，形成有利于水资源存储和保护的空间结构，同时促进矿区地表生态修复。

(3)采-排-筑-复一体化是一种常规生产模式与地下水保护技术相结合的新型露天矿生产工艺，势必对传统的采-排-复一体化工艺的效率和生产方式产生影响。一体化实施中应综合考虑煤炭安全绿色生产要求和矿区水资源保护与有效利用需求,同时应综合考虑储水效果、建设费用、作业安全等因素,通过优选建库物料、排弃方式、筑坝方式、运输路径和优化相关系统布置,形成可规模化推广的露天煤矿地下水库建设模式。

2. 宝日希勒露天矿地下水库构筑

采-排-筑-复一体化地下水库建设技术在实施过程上同传统开采工艺相同,只是在排弃过程中通过剥离物料筛选、人为干预排弃物料配置完成地下水库筑坝过程,因此符合绿色、安全、高效的开采理念。

1)构建思路和要求

针对宝日希勒露天矿恢复过程和排土场垂直结构和推进现状,地下水库构建中充分利用了开采煤层底板隔水性和底板微凹面形成的西区岩性圈闭环境(图3-42),具体构建思路如下。

(1)基于排土场岩土空间结构选址

地下水库的选址参考岩性圈闭模式,图3-42中 A 处所示的区域中间低周边高,且煤层底板隔水,可以用来作为地下水库的合理选址位置,为了保障库底的隔水性,可以在库底排弃一层隔水性较好的黑黏土并压实到预期程度作为隔水库底;图3-42中 B 处为储水盆地的缺口,因此在建设地下水库时要特殊处理,在排弃过程中优选强度高且隔水性好的材料形成挡水坝体,当此处坝体水压力较大时甚至可以考虑采用土石坝、混凝土坝等方式。

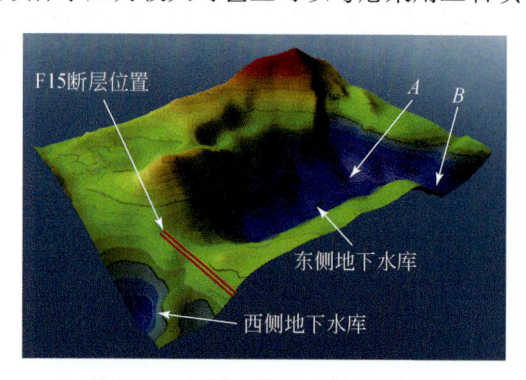

图 3-42 宝日希勒地下水库示意图

(2)储水物料要求

在完成储水盆地选址和坝体构筑后,采用正常的排土工艺向 A 处排弃储水物料,储水物料要求有较大的孔隙性可以用来储存更多的水体,同时要求其有足够的强度在承受上部载荷的同时能保证足够的孔隙率。

2)构建工艺过程

在露天煤矿采-排-筑-复技术体系中,地下水库构筑工艺主要包括以下几个方面。

(1)隔水层构建

首先在内排土场布置储水区,储水区底部铺设厚度为10m左右的泥岩类地质聚合物材料,作为重塑后的隔水层,隔水层设置为3‰~5‰的水力坡度,中间低,两边高,水源向中间汇集,有利于取水。隔水层上下边界分别布置水分传感器,负责监控隔水层的完整性和防渗性能,当隔水层底部的传感器数值异常,表明隔水层存在失效的可能性。

(2)坝体构筑

初始工作线构筑。一方面,为了提高拦水坝的整体抗滑性能,需要对煤层底板进行一定的处理,如开挖破底板沟或者进行毛糙化处理等。另一方面,随着排弃分层的到界,新排弃分层初始工作面必须与矿山运输系统有效衔接,因此初始工作面选择在运输系统一侧。

坝体类型选择。坝体采用碾压重力坝,采用重塑后的泥岩类地质聚合物材料,按照环形结构筑坝,分层排弃,循环碾压。为保证坝体的稳定性,在坝体内部安装监测系统,负责监控坝体的完整性和防渗性能,当监测结果异常升高时,说明坝体局部失效,存在出现管涌甚至坝体崩解的可能。此外,为了加强隔水层和坝体的防渗性,可在表面铺设土工膜。

筑坝方式选择。以筑坝物料的小台阶边缘排弃和分层碾压为基本方式,结合防水材料的铺设和监测设备的安装完成拦水坝的构筑。首先,根据坝体设计宽度,在卡车卸载后由推土机推弃至台阶边缘,并进行整平;其次,前一车物料排弃后,后续运输卡车自然完成前期排弃物料的压实作业,根据车辆的有效压实厚度确定分层厚度;最后,根据设计需要,在坝体内侧沿坡面铺设防水材料(如土工布等)和安装水位、水压、水质监测设备。为了保证筑坝作业设备安全和提高坝体的稳定性,随着坝体高度的升高在内侧(地下水库侧)填筑防渗材料,在外侧排弃剥离物形成正常的排土平盘。

(3)储水层物料铺设

储水层铺设作业滞后筑坝作业进行,在建造一定的坝体高度后,坝体内侧(环形结构内)铺设储水物料,同时外侧进行正常的剥离物排弃作业(图3-43),坝体内外侧同时铺料,有助力确保坝体的稳定性和提高整体工程的效率,同时避免影响正常的剥离工程。储水层设计厚度为12m左右,在每个储水区的四周布置注水井,中间布置取水井,取水井的材料为预制混凝土,顶部高出表土层0.5m左右,各类水井直径均为2m,各水井底部安装过滤网,过滤网底部与隔水层上表面相平,同时在水井垂直方向每隔2m,水平方向相隔90°,留设水流通道,通道直径为0.2m,通道安装过滤网,在水井内壁布置水位传感器,实时监

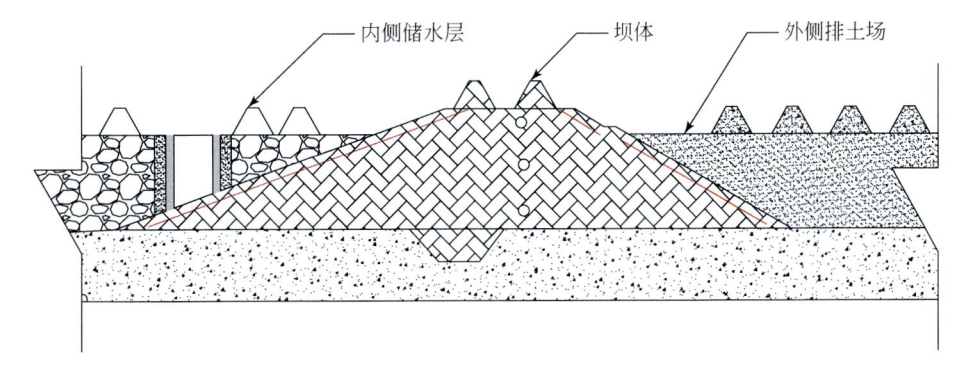

图3-43 地下水库施工过程

测水井内水位的变化。此外,为避免冬季注排水受到天气影响,在地层中铺设内管,直接

与表土层下的水井连接，进行抽蓄水作业。

（4）复垦层铺设

为了对矿区表土层的土壤提质增肥，基于粉煤灰改良土壤的措施，通过试验研究出粉煤灰、秸秆粉末、表土土壤三者最优比例组合的土壤替代物料，将物料分堆堆放，用倒堆工艺的方式进行2~3次倒堆拌料，推平作为表土层，然后使用推土机挂载耕犁的方式对铺设区域垂直交叉耕作三次，使三者充分搅拌，形成适于植物种植的表土层土壤。植被的种植选择适用于东部草原地区生长的紫花苜蓿、披碱草、羊草等植物。

本章借鉴大型井工矿地下水库研究与实践，针对大型露天矿开采地质环境与采-排-复生产特点，将地下水保护利用与生态恢复相结合，提出大型露天矿区地下水保护利用新方式——大型露天煤矿地下水库。积极探索大型露天煤矿地下水库构建的难点问题及实现可行性。本研究第一次明确提出大型露天矿地下水库的基本定义，即露天开采过程中采用开采剥离物或人工构建物构建储水介质和地下隐伏坝体、形成具有存储功能的地下储水区，与传统地下水库和井工矿地下水库的储水介质及构建方法有显著区别；按照生态型储用水思路提出了三层储水模式[煤层底板原位储水（地下水库）、含水层原位重构（含水层联通层）、近地表含水层-土壤"联通型"储水层（微地下水库）]，以及储水机制，初步形成以储水系数为核心的地下水库储水能力评价方法；提出了大型露天矿地下水库设计方法，涵盖地下水库设计原则、选址依据和水库主要技术指标（介质孔隙、库容、坝体防渗等），设计流程（地质分析定位、储水参数评价、工艺可行分析等）和关键技术（地下水库建筑物设计及构筑技术、基于开采排弃物或人工构造物件的储水介质重构技术），初步结合大型露天矿排弃工艺和物料，提出解决地下水库隐伏坝体构筑的物料、构筑方法和安全防渗问题的技术途径；以宝日希勒大型露天矿为实例，提出可持续的地下水保护与生态修复自维持模式与方法，通过地下水库构建、近地表生态型储水层构建工程试验，提出了嵌入露天开采的采-排-复工艺的工程构建方法，为大型露天矿区水资源保护与生态修复相协同和煤电基地区域生态安全保障提供了重要技术支撑。

第4章 大型井工矿地下水库储水空间研究

井工煤矿地下煤炭的开采会引起上覆岩层的移动变形与裂隙发育，极易导通含水层致使其"释放"大量地下水，造成地下水资源流失和地表生态环境损伤。东部草原区地处蒙东酷寒地区，煤层多赋存于软岩地层，协调高强度采煤与含水层保护间矛盾具有极大挑战性，探究软岩条件下采动裂隙演化规律、适宜的井工开采工艺和保水模式与方法，有助于有效保护地下水资源。近年来在我国西北部缺水矿区成功研发应用煤矿地下水库保水技术，它以井下采空区作为矿井水储存空间，利用采区保护煤柱和密闭墙作为隔离坝体结构，实现了矿井水的安全蓄存与循环利用，取得显著实施效果。与神东等西北地区煤矿区中硬岩开采条件下高强度开采不同，软岩类覆岩环境下导水裂隙带发育规律及形成的采空区垮裂岩体趋于密实的趋势，极大地限制了采空区储水空间和储水体的可储水性，采用地下水库模式的地下水资源保护方式是否适宜，有待通过理论研究与现场可行性试验回答。其中最关键的就是采空区储水空间问题（即库容）。相比中硬岩开采环境，软岩类覆岩环境下形成的采空区垮裂岩体将更趋于密实，这无疑将大大限制采空区的储水空间，降低了地下水库保水技术实施的可行性。本章重点研究东部草原区软岩条件下的覆岩垮裂规律、自由储水空隙分布及其渗流特征等问题，旨在深入了解软岩环境下高强度开采覆岩空间变化规律和特征，为地下水库构建可行性提供理论依据，同时为井工开采地下水原位保护技术研究提供支撑。

4.1 采动导水裂隙带演化规律

采动导水裂隙带一直是煤炭开采中研究的热点问题，由于采动煤层地质条件的多样性导致影响采动导水裂隙发育因素的复杂性。基于现代开采普及的综采工艺，研究导水裂隙带发育规律，有助于探究利用地下水保护的技术途径。

4.1.1 超大工作面开采导水裂隙带结构及变化基本规律

超大工作面是基于现代综采工艺和煤层赋存条件，在传统工作面尺寸基础上通过增加工作面宽度和推进长度，优化安全保障系统，实现安全高效生产的现代采煤技术集成。如神东矿区最大工作面宽度超过400m，最大推进长度达到6000m。超大工作面条件下导水裂隙带发育特征及对含水层影响是地下水保护中需要认识的基本问题。

1. 导水裂隙带发育主要影响因素

东部草原区煤炭资源丰富，适合采用超大工作面综采或综放开采工艺。以该区域典型井工矿敏东一矿为例，矿井目前主采$16^{-3上}$煤和16^{-3}煤，平均煤厚达7.2m和21.5m，采用盘区布置、双向对拉式开采布局，综采或综放开采工艺；单一工作面采宽可达 200～400m，推进长度 1000～3000m，煤层采厚最大达 14.0m（综放开采割煤加放煤总厚）。

由于超大工作面一次采出空间的显著增加，覆岩移动与破坏程度明显加大，导致采动裂隙对地层结构及含水层易产生较大影响。贯通岩层的竖向破断裂隙及岩层间离层裂隙，引起地下水涌至采煤工作面的通道，通常将竖向贯通裂隙及层间离层裂隙共同发育分布的区域称为导水裂隙带。

采动覆岩导水裂隙带发育范围的影响因素主要包括煤层采高、覆岩岩性及其组合、断层构造，以及工作面开采尺寸与采空区顶板管理办法等。

1）开采高度

煤层开采高度（采高）是影响覆岩导水裂隙发育高度的根本因素。一般情况下，煤层采高越大，覆岩导水裂隙发育高度也越大。但是，相同的煤层采高，覆岩导水裂隙发育高度并不一定相等，这与覆岩岩性及其组合密切相关。采用充填法等特殊开采方法处理采空区与顶板全部垮落式处理对比，相当于减小了煤层采高，覆岩导水裂隙发育高度自然也会降低。

2）覆岩岩性及其组合

脆性岩层容易产生裂隙，而塑性岩层则不易产生裂隙。坚硬岩层断裂后裂隙不易闭合和恢复原有的隔水能力，导水裂隙发育高度相对较大；而软弱岩层断裂后裂隙易于闭合和恢复原有隔水能力，导水裂隙发育高度相对较小。根据岩层控制的关键层理论，覆岩关键层对岩层破断运动过程起控制作用，因而关键层也必然会对覆岩导水裂隙发育高度产生影响；覆岩岩性及其组合对导水裂隙发育的影响本质是关键层位置的影响，后面将有介绍。

3）小断层构造

若回采工作面内存在断层等构造，断层采动活化对岩层破断会产生影响，因而断层的活化运动会对导水裂隙发育产生影响。工作面开采尺寸对导水裂隙发育高度的影响主要体现在：当工作面宽度较小时，覆岩破断高度可能尚未达到最大值，从而降低了导水裂隙的发育高度。

基于煤层采高和覆岩岩性对导水裂隙发育高度影响的认识，我国学者在大量实测基础上，考虑煤层倾角和岩层的坚硬或软弱，整理得到了覆岩导水裂隙带发育高度的经验公式，并编入我国《建筑物、水体、铁路及主要井巷煤柱留设与压煤开采规范》，满足了我国多数矿井条件水体下采煤设计的要求。

2. 导水裂隙带空间发育形态

由于岩层破断结构回转后裂隙的闭合、上覆岩层的压实等作用，采空区中部对应覆岩导水裂隙带高度会有所降低，从而形成采空区两侧高、中间低的"马鞍形"导水裂隙带发育轮廓。且由于岩层超前断裂及采动超前支承压力的影响，导水裂隙一般会超出开采边界向外侧发育。由于在工作面两侧导水裂隙边界发展高度大，又超出了开采边界，此处最容易沟通水源，导致突水。

实测与实验室模拟研究发现，随着煤层采高的增大，覆岩导水裂隙带轮廓范围也不断增大，其不仅体现在导水裂隙带的发育高度上，也体现在其侧向偏移发育的水平距离。图4-1（a）所示为某矿 K8404 工作面模拟得到的不同采高条件下的导水裂隙带发育范围。当将覆岩导水裂隙的发育投影到平面上可发现，裂隙显著发育区呈现"O"形圈分布[图 4-1(b)]，多数裂隙（宏观开度大、导流能力强）分布于采取边界附近的"O"形范围内，而中部则处于压实区，裂隙相对闭合、导流能力相对偏弱。

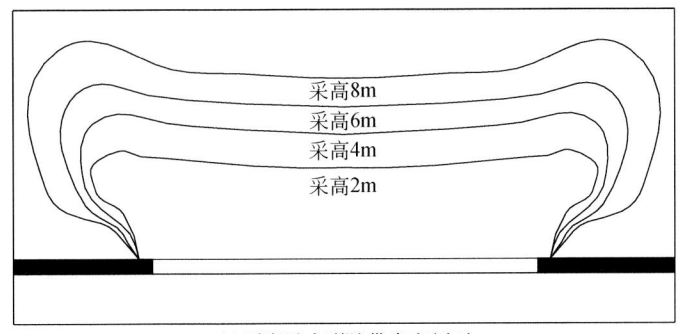

(a)覆岩导水裂隙带发育剖面

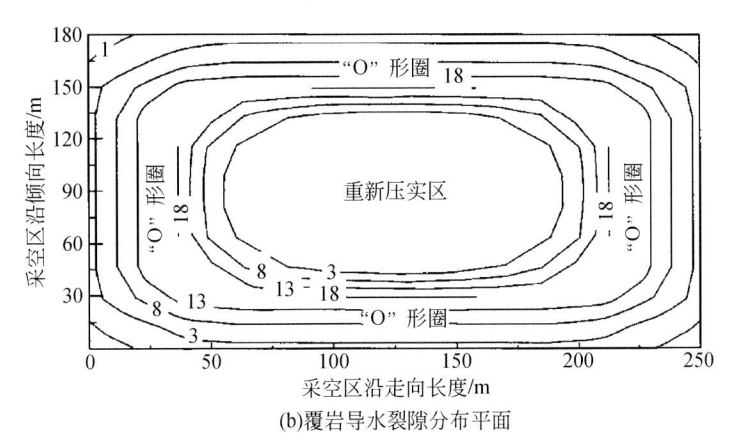

(b)覆岩导水裂隙分布平面

图 4-1　某矿 K8404 工作面导水裂隙带空间发育特征

图（b）中数字为离层率，单位为‰

3. 导水裂隙带动态演化规律

覆岩中的导水裂隙是在岩层张拉破坏或受压屈服后产生的，其动态发育过程与采动岩层的破断运动密切相关。考虑到覆岩关键层对岩层移动与应力、裂隙演化的控制作用，研究基于岩层控制的关键层理论，对采动导水裂隙的动态演化规律进行系统分析。研究发现，煤层开采过程中，覆岩导水裂隙的发育高度随关键层的破断运动而呈台阶跳跃上升规律；仅当关键层的破断裂隙上下贯通而导水时，其所控制的岩层才产生贯通裂隙而导水，相应导水裂隙带高度跃升至上部邻近关键层底界面。关键层条件下的采煤工作面推进试验过程（图 4-2）表明：

（1）当工作面推进至 60m 时，亚关键层 1 发生初次破断，导水裂隙发育至亚关键层 2 底部。由于亚关键层 2 没有破断，尽管工作面继续回采，导水裂隙发育高度并没有增大，出现了"台阶"平台。

（2）当工作面继续推进至 80m 时，亚关键层 2 发生初次破断，导水裂隙直接发育至亚关键层 3 底部。随着工作面继续推进，亚关键层 3 破断前，导水裂隙发育高度保持不变。

（3）工作面推进至 120m 时，亚关键层 3 发生初次破断，但由于亚关键层 3 的破断裂缝没有贯通，导水裂隙发育高度没有增加，仍保持在亚关键层 3 底界面以下。

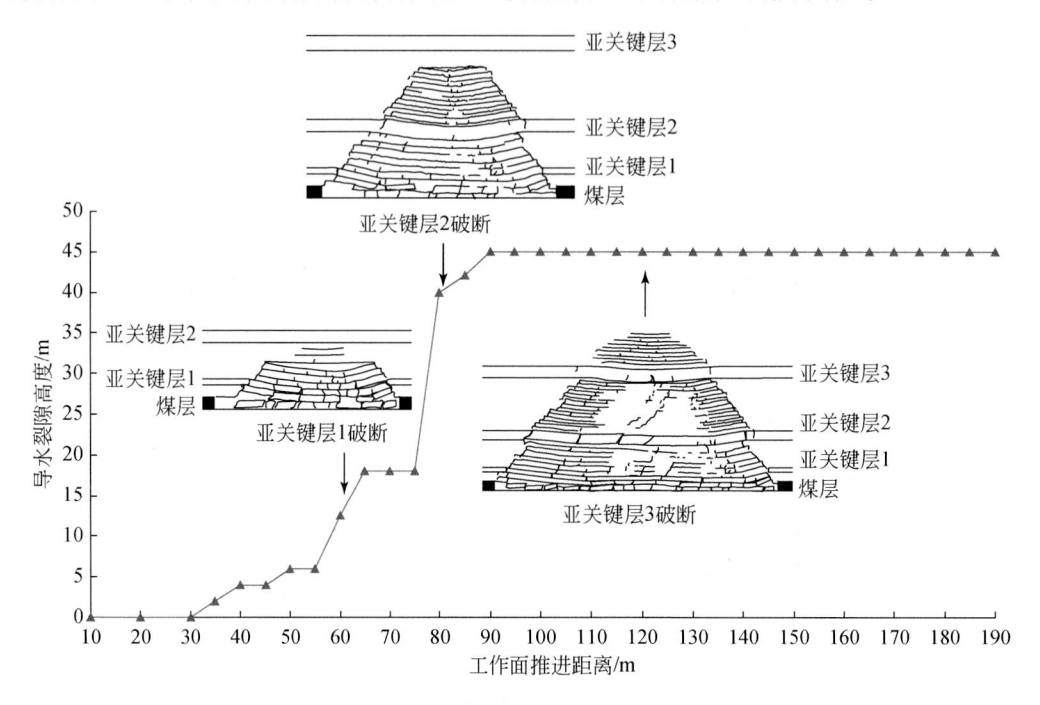

图 4-2　导水裂隙发育高度随关键层破断的动态变化过程

当覆岩中关键层位置改变时，导水裂隙的发育情况将有所不同。可见，覆岩导水裂隙的发育范围不仅与煤层采高等开采参数有关，而且还与覆岩关键层赋存密切相关。在覆岩关键层产生破断、回转、反向回转直至稳定的过程中，导水裂隙将经历"产生—发育—闭合"的动态过程。若关键层破断结构在此运动过程中能稳定铰接，则裂隙易闭合；而若关键层破断结构发生滑落失稳，则导水裂隙长期存在。

所以，受采动覆岩中不同区域关键层破断结构形态及其稳定性的影响，不同区域导水裂隙的发育形态及其开度将有所不同，从而造成覆岩导水裂隙带范围不同的渗透率差异性分布。

4.1.2　中硬覆岩导水裂隙带演化规律分析

覆岩岩性及其组合是控制导水裂隙带发育的环境因素，覆岩硬度是岩性和结构的综合指标，中硬岩采动覆岩又是我国井工煤炭开采典型覆岩条件之一，中硬岩控制下导水裂隙带发育规律认识对研究采动覆岩的渗透率分布和可储水空间具有重要意义。针对中硬覆岩条件下的导水裂隙带演化，研究以鄂尔多斯地区万利一矿为例，通过模拟试验揭示岩性条件影响采动导水裂隙发育及其渗流特征，同时与后文所述的蒙东草原区软岩地层条件下的采动覆岩导水裂隙演化规律形成对比。

目前，万利一矿主采 3-1 煤和 4-2 煤，一盘区为主采 4-2 煤的单一煤层开采区，煤层采高 5.0m，采用综采一次采全高开采工艺，工作面宽度 300m 左右，累计推进长度超 2000m，与东部草原区敏东一矿类似，属典型的超大工作面开采条件。煤层顶板主要以砂岩类岩层赋存，泥质类岩层赋存偏少；且采后地表下沉系数基本为 0.5～0.7，与蒙东草原区井工开采地表接近 1 的下沉系数相比明显偏小，表明覆岩岩性强度相对偏硬。软、中硬岩两者类似开采技术参数条件下分析，能有效对比地层岩性变化对采动导水裂隙带演化的影响规律。

1）模拟实验方案设计

以一盘区的 ZK1717 钻孔覆岩柱状为原型（图 4-3），并进行一定的简化抽象，计算模型为沿煤层走向的剖面。模型走向长 410m，高度 105m，留设 20m 底板，4-2 煤采高 5m。数值计算模型中各岩层的力学参数如表 4-1 所示。模拟实验方案建立时，以实际工作面开采条件为基础模型构建方案 1，在此基础上，通过调整工作面不同采高、不同关键层赋存、不同埋深等情况，设置如表 4-2 所示的 7 个模拟方案。模型采用无应力位移边界约束条件，模型的左边界、右边界、底边界采用零位移边界条件。计算模型中的材料本构关系采用摩尔-库仑弹塑性模型。摩尔-库仑弹塑性模型中主要涉及的岩体物理、力学参数为剪切模量、容重、体积模量、内摩擦角、内聚力。其中，剪切模量 G 和体积模量 K 分别根据下式求得

$$G = \frac{E}{2(1+\mu)}$$

$$K = \frac{E}{3(1-2\mu)}$$

式中，E 为岩体的弹性模量；μ 为岩体的泊松比。

表 4-1 模型内各岩层力学参数

编号	分层	容重 /(kN/m³)	弹性模量 /GPa	泊松比	内聚力 /MPa	内摩擦角 /(°)	抗拉强度 /MPa	厚度/m
1	上覆软岩	23	10	0.2	20	20	1.0	7
2	关键层 5	25	60	0.4	40	40	7.0	5
3	软岩 5	23	15	0.3	30	25	1.0	14
4	关键层 4	25	60	0.4	40	40	7.0	8
5	软岩 4	23	15	0.3	30	25	1.0	5
6	关键层 3	25	60	0.4	40	40	7.0	5
7	软岩 3	23	15	0.3	30	25	1.0	10
8	关键层 2	25	60	0.4	40	40	7.0	5.5
9	软岩 2	23	15	0.3	30	30	1.0	6.5
10	关键层 1	25	60	0.4	40	40	7.0	7
11	软岩 1	23	15	0.3	30	30	1.0	4
12	4 煤	14	10	0.2	10	15	1.0	5
13	底板	25	60	0.3	30	40	1.0	20

尾号	厚度/m	埋深/m	岩层岩性	关键层位置	岩层图例
27	2.81	2.81	砂砾石层		
26	3.39	6.20	粉砂岩		
25	1.00	7.20	煤层		
24	5.10	12.30	细砂岩	主关键层	
23	1.30	13.60	粉砂岩		
22	1.99	15.59	细砂岩		
21	4.41	20.00	粉砂岩		
20	2.10	22.10	煤层		
19	3.70	25.80	细砂岩		
18	0.70	26.50	粉砂岩		
17	7.82	34.32	中砂岩	亚关键层	
16	1.51	35.83	粗砂岩		
15	5.20	41.03	砂质泥岩		
14	1.18	42.21	细砂岩		
13	5.12	47.33	粉砂岩	亚关键层	
12	1.54	48.87	中砂岩		
11	1.71	50.58	粉砂岩		
10	1.40	51.98	煤层		
9	2.05	54.03	砂质泥岩		
8	3.20	57.23	细砂岩		
7	5.50	62.73	粉砂岩	亚关键层	
6	2.10	64.83	细砂岩		
5	3.50	68.33	粉砂岩		
4	0.70	69.03	细砂岩		
3	6.85	75.88	粉砂岩	亚关键层	
2	2.34	78.22	细砂岩		
1	1.40	79.62	粉砂岩		
0	6.05	85.67	煤层		

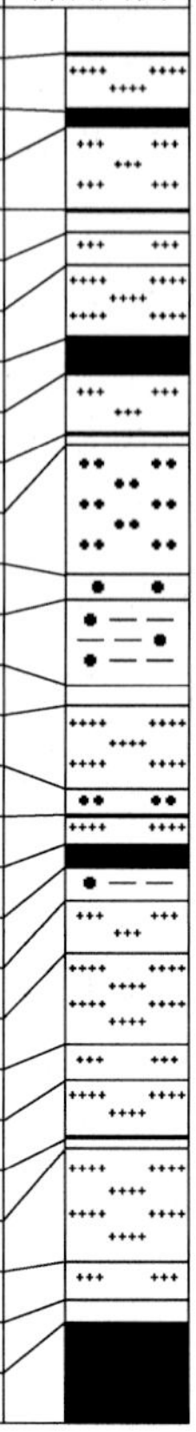

图 4-3　万利一矿 ZK1717 钻孔柱状

表 4-2　数值模拟方案参数

模拟方案	采高/m	埋深/m	煤层上方关键层数	软岩 5 厚度/m
1	5	80	5	14
2	3	80	5	14
3	7	80	5	14
4	5	80	4	26
5	5	80	5	4
6	5	145	5	14
7	5	145	5	34

为了简便运算，关键层的块体宽度均按简支梁计算取整得到的周期破断步距划块，其他岩层均按照软岩对待，分层厚度基本为 2~3m，划块宽度为 2~4m。其中，基础模型块体划分情况如图 4-4 所示。

2）模拟试验结果与分析

数值模拟模型计算过程中，分别按照采高变化方案、关键层变化方案、埋深变化方案进行了分类模拟和对比。试验中主要针对煤层开采引起的覆岩导水裂隙带发育高度、导水裂隙带顶界面的标高位置、导水裂隙带侧向偏移距等参数进行了统计分析，试验结果详见表 4-3。

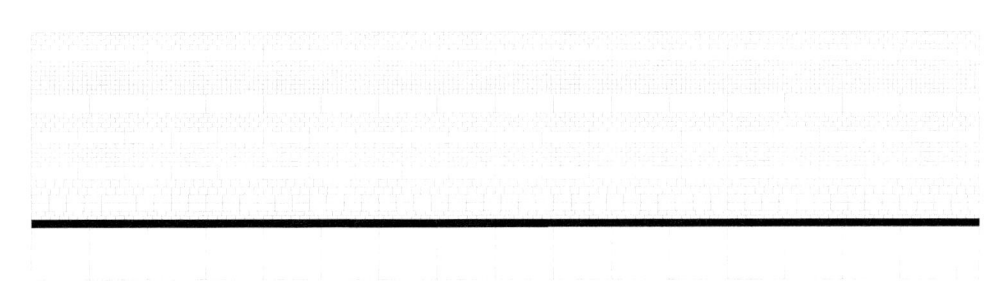

图 4-4 数值计算基础模型块体划分图

表 4-3 各方案模拟试验结果统计表

	方案		导水裂隙带发育高度/m	导水裂隙带侧向偏移距/m
1	基础模型	采高 5m，埋深 80m，上覆 5 层关键层	66.5	25.7
2	采高变化方案	采高 3m	33.8	14.6
3		采高 7m	67.1	26.7
4	关键层变化方案	软岩 5 厚度为 26m，上覆 4 层关键层	77.9	33.6
5		软岩 5 厚度为 4m	53.9	24.4
6	埋深变化方案	上煤埋深 145m	66.5	26.8
7		上煤埋深 145m，软岩 5 厚度为 34m	85.7	40.9

模拟分析采用比较法，以基础模型［选用大采高 5m、浅埋藏条件（采深 80m），且上覆 5 层关键层］为参照（方案 1）。模拟通过调控采高（方案 2、3）和关键层结构（方案 4~7），研究不同采高、覆岩结构和采深变化时裂隙带的发育规律。

（1）基础模型分析

模拟结果显示，导水裂隙带发育至主关键层底界面，发育高度为 66.5m，这与现场实测结果和理论判别结果基本相同，由此说明了基础模型与现场开采实际的相似性。从模拟结果中也可以看出，导水裂隙带侧向偏移距为 25.7m（图 4-5）。

（2）不同采高比较

当煤层采高为 3m 时（方案 2），10 倍采高外的第一层关键层为关键层 3，导水裂隙带发育至 10 倍采高外的第一层关键层即关键层 3 底界面，高度为 33.8m。采高为 7m 时（方案 3），关键层 5 为 10 倍采高外的第一层关键层，导水裂隙带发育高度与开采 5m 时基本一致。由此说明基于关键层位置的导水裂隙带发育高度预计方法的正确性。当 3m 采高时的导水裂隙带侧向偏移距明显小于 5m 采高时，7m 采高时的导水裂隙侧向偏移距与 5m 采高时几乎一致，说明开采高度增加会使导水裂隙带侧向偏移距增加，但 10 倍采高外的第一层关键层对其也有控制作用（图 4-6）。

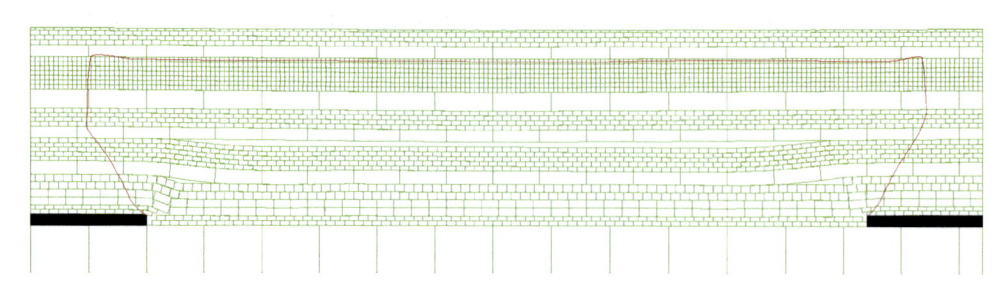

图 4-5　基础模型（方案 1）数值计算结果

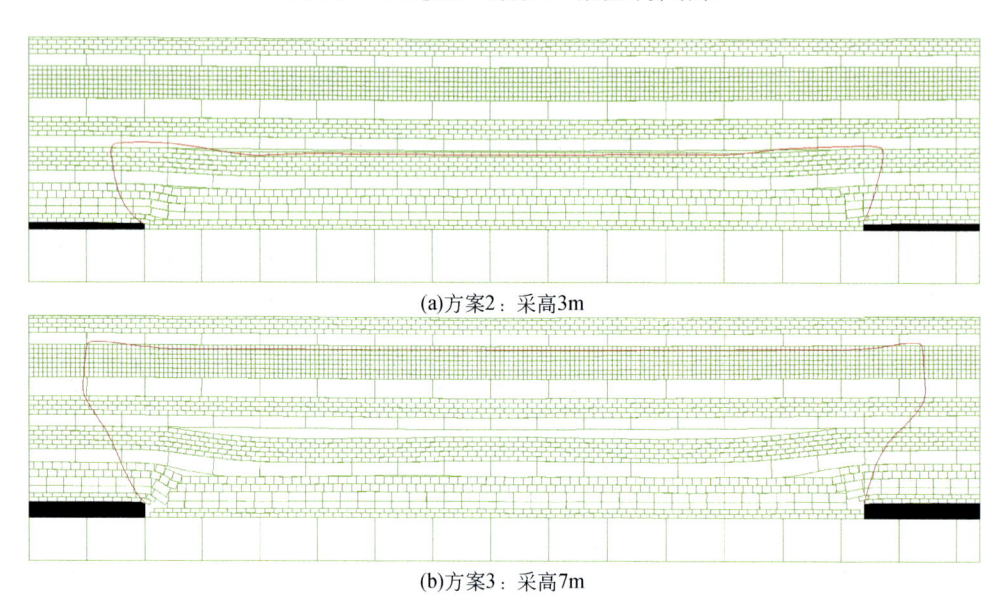

(a)方案2：采高3m

(b)方案3：采高7m

图 4-6　单一煤层开采不同采高方案模拟试验结果

（3）覆岩结构层变化比较

对于方案 4，10 倍采高外没有关键层，导水裂隙带直接发育至基岩顶界面，导水裂隙沟通地表；对于方案 5，关键层 4 原本位于 10 倍采高内，当提高 10m 后，就位于 10 倍采高外，导水裂隙带则发育至关键层 4 下方，高度为 54.4m。这再次说明了基于关键层位置的导水裂隙带发育高度预计方法的正确性。与方案 1 作对比可以发现，方案 4 的导水裂隙带侧向偏移距增幅明显，方案 5 中的略有减小，这说明 10 倍采高外的第一层关键层与煤层的距离对导水裂隙带侧向偏移距有很大影响：两者之间的距离增大，导水裂隙带侧向偏移距增大；反之则减小（图 4-7）。

对于方案 6 和方案 7，无论是增加埋深还是增加埋深的同时提高关键层 5 层位，导水裂隙带均发育至关键层 5 底界面，说明埋深对导水裂隙带发育高度没有明显影响。方案 6 中导水裂隙带侧向偏移距小幅增加，方案 7 中导水裂隙带侧向偏移距增幅很大，这说明增大埋深，会使导水裂隙带侧向偏移距增大。方案 6 中导水裂隙带侧向偏移距没有明显变化是因为 10 倍采高外的关键层控制了导水裂隙带的侧向发育（图 4-8）。

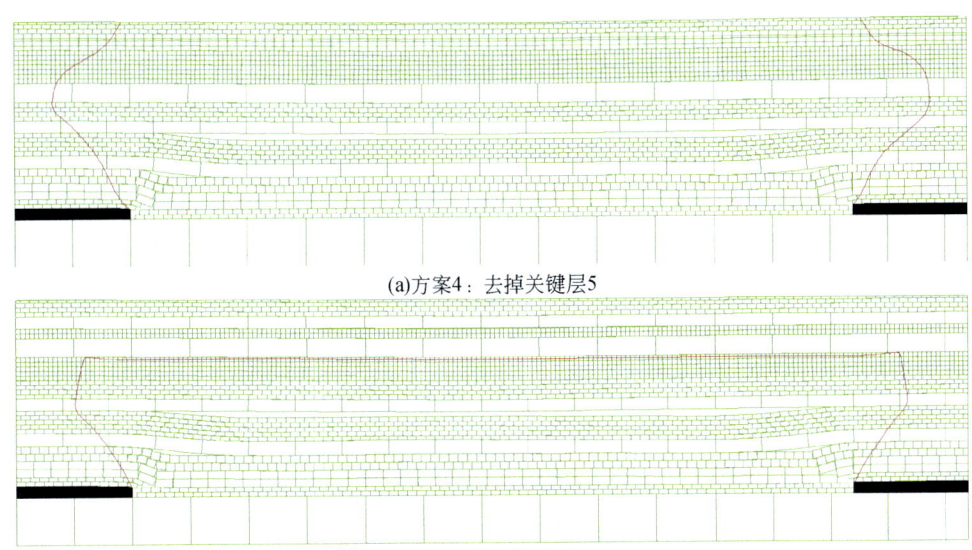

第4章 大型井工矿地下水库储水空间研究

(a)方案4：去掉关键层5

(b)方案5：关键层4上移10m

图4-7 单一煤层开采关键层变化方案模拟试验结果

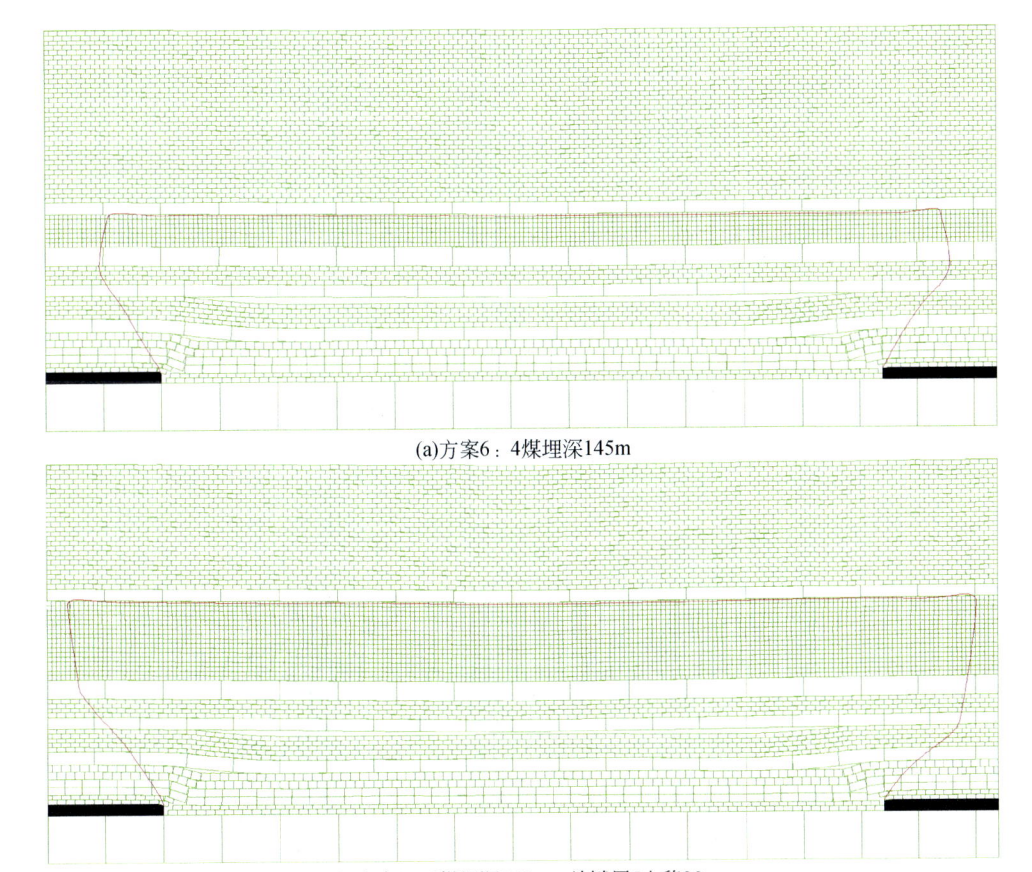

(a)方案6：4煤埋深145m

(b)方案7：4煤埋深145m，关键层5上移20m

图4-8 中硬岩开采条件不同模拟方案时试验结果

4.1.3 软弱覆岩导水裂隙带演化规律分析

软岩与中硬岩相比也是覆岩岩性及其组合一类典型结构,其对于采动裂隙带导水性或渗透性具有重要的影响。该类型采动覆岩条件常见于东部草原区井工煤炭开采中,软岩控制下导水裂隙带发育规律认识对研究采动后是否可建地下储水空间具有重要意义。研究以东部草原区典型井工矿敏东一矿软岩地层条件为背景,采用物理模拟和数值模拟相结合的方法,综合研究不同开采强度下对应覆岩导水裂隙的演化规律。

模拟试验模型按照敏东一矿已回采的一盘区 56-22 号钻孔柱状(图 4-9)为参照进行构

层号	厚度/m	埋深/m	岩层岩性	关键层位置	岩层图例
45	52.07	52.07	松散层		
44	3.13	55.20	泥岩		
43	3.47	58.67	粗砂岩		
42	5.4	64.07	泥岩		
41	10.5	74.57	中砂岩		
40	7.4	81.97	粉砂岩		
39	2.8	84.77	泥岩		
38	12.29	97.06	中砂岩		
37	9.54	106.60	粉砂岩		
36	15.27	121.87	泥岩		
35	2.36	124.23	粗砂岩		
34	6.1	130.33	泥岩		
33	23.98	154.31	粉砂岩		
32	9.07	163.38	泥岩		
31	4.65	168.03	粉砂岩		
30	13.31	181.34	中砂岩		
29	12.5	193.84	泥岩		
28	28.8	222.64	中砂岩	主关键层	
27	25.5	248.14	泥岩		
26	22.8	270.94	粉砂岩	亚关键层	
25	4.4	275.34	中砂岩		
24	9.1	284.44	粉砂岩		
23	1.6	286.04	粗砂岩		
22	4.3	290.34	粉砂岩		
21	4.4	294.74	粗砂岩		
20	14.2	308.94	粉砂岩	亚关键层	
19	4.1	313.04	泥岩		
18	0.35	313.39	煤层		
17	2.5	315.89	泥岩		
16	0.4	316.29	煤层		
15	2.65	318.94	泥岩		
14	0.6	319.54	煤层		
13	1.8	321.34	泥岩		
12	0.8	322.14	煤层		
11	7.41	329.55	泥岩		
10	1.2	330.75	煤层		
9	2.5	333.25	泥岩		
8	0.6	333.85	煤层		
7	8.39	342.24	泥岩		
6	1.3	343.54	煤层		
5	7.63	351.17	泥岩		
4	1.4	352.57	煤层		
3	0.47	353.04	泥岩		
2	0.55	353.59	煤层		
1	0.41	354.00	泥岩		
0	8.29	362.29	煤层		

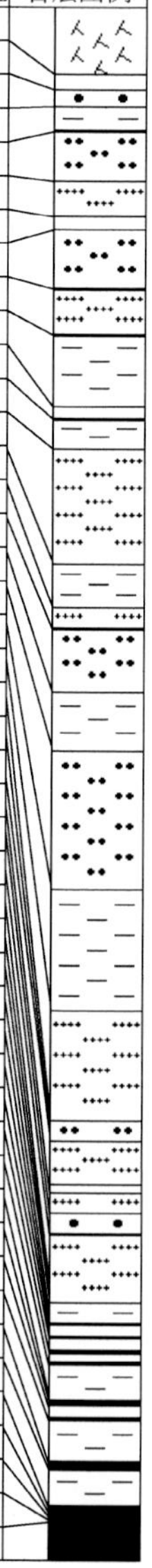

图 4-9 敏东一矿 56-22 号钻孔柱状及关键层位置判别

建,并对相关岩层进行适度简化,凸显覆岩关键层在其中的控制作用。考虑到物理模拟与数值模拟在试验周期和操作难易程度上的区别,物理模拟中选取与现场基本一致的参数模型,数值模拟中则通过改变开采参数、开采强度等参数来分析不同因素影响下的覆岩导水裂隙演化规律,并对两者实验结果进行对照分析。

1. 导水裂隙带演化物理模拟分析

1)物理模拟方案

根据敏东一矿 56-22 号钻孔柱状及关键层判别结果可知,开采煤层上覆岩层中存在 3 层关键层,关键层间软岩厚度小且分层多,在模型铺设时,对软岩层进行均化设计,铺设如图 4-10 所示的物理模拟模型。物理模拟试验采用长、宽、高分别为 1.2m、0.1m、1.3m 的小型试验模型架,设计几何相似比 1∶200,密度相似比 1∶1.6,应力相似比 1∶320。模拟岩层采用河砂为骨料,以石膏和碳酸钙为胶结料,按照表 4-4 所示的配比进行不同岩层的铺设,不同岩层间铺设云母模拟岩层的交界弱面。

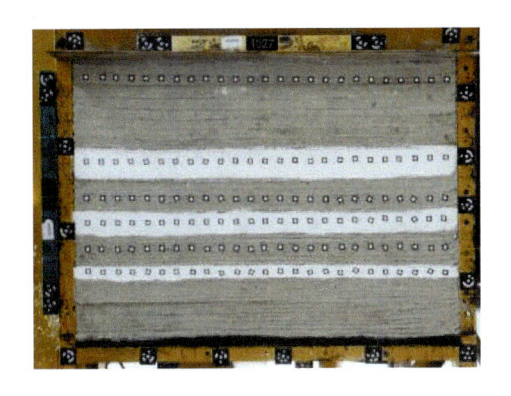

图 4-10 物理模拟模型图

表 4-4 物理模拟的相似材料配比

编号	岩性	厚度 原型/m	厚度 模型/cm	总重/kg	配比号 砂子	配比号 碳酸钙	配比号 石膏	配比号 水	配比质量/kg 砂子	配比质量/kg 碳酸钙	配比质量/kg 石膏	配比质量/kg 水
1	松散层	52	50 载荷	0	0	0	0	0	0	0	0	0.0
2	软岩	142	46	106	4	7	3	1/9	85	15	6	11.8
3	主关键层	28	14	32	4	3	7	1/9	26	2	4	3.6
4	软岩	26	13	30	4	7	3	1/9	24	4	2	3.3
5	亚关键层1	22	11	25	4	3	7	1/9	20	1	4	2.8
6	软岩	24	12	28	4	7	3	1/7	22	4	2	3.1
7	亚关键层2	13	6.5	15	4	3	7	1/9	12	1	2	1.7
8	软岩	46	23	53	4	7	3	1/9	42	8	3	5.9
9	煤层	9	4.5	10	7	7	3	1/9	9	0.50	0.50	1.1

物理相似模型岩性分层和岩层厚度基本与 56-22 号钻孔柱状保持一致,主关键层厚度取 28m,亚关键层 2 厚度取 22m,亚关键层 1 厚度取 13m,各关键层层间软岩层严格按照柱状厚度分层铺设,关键层整层设计整层铺设,考虑到模型架高度限制,未铺设的部分软岩层和全部松散层采用铁块加载的形式,由于纯铁和砂子的密度比约为 5∶1,在模型顶界面铺设 10cm 厚的铁块模拟上覆 50cm 厚的岩层载荷,因此最终模型铺设高度为 140cm。

试验过程中采用摄影测量系统监测煤炭开采过程中上覆岩层垮落和移动变形情况,以此判断煤炭开采后上覆岩层最大导水裂隙带发育高度,并与工程探测结果和数值模拟结果进行对比验证。

2)模拟结果与分析

为保证设计开采模型满足相似理论中的边界效应,在开采煤层左右两侧各留设 5cm 区段边界煤柱,在模型开采试验过程中严格控制开挖步距,每次开挖步距为 2cm,在煤层采动影响稳定后完成开采效果图拍摄,采用摄影测量系统进行模型表面位移数据采集和分析,然后进行下一步工作面开挖,图 4-11 为物理模拟模型开挖过程图。

模拟采动覆岩裂隙分布素描分析发现:煤层临近上覆两层软岩层破碎程度高,部分破断块体粉化成渣随开采煤层漏失;在煤层至亚关键层 1 之间,软岩层破断充分,尤其是开采边界岩层破断角较明显,裂隙相互贯通且均为肉眼可见裂隙;亚关键层 1 在采动影响下破断成 3 个块体且破断裂隙贯通该关键层,破断裂隙发育为导水裂隙;亚关键层 1 控制的

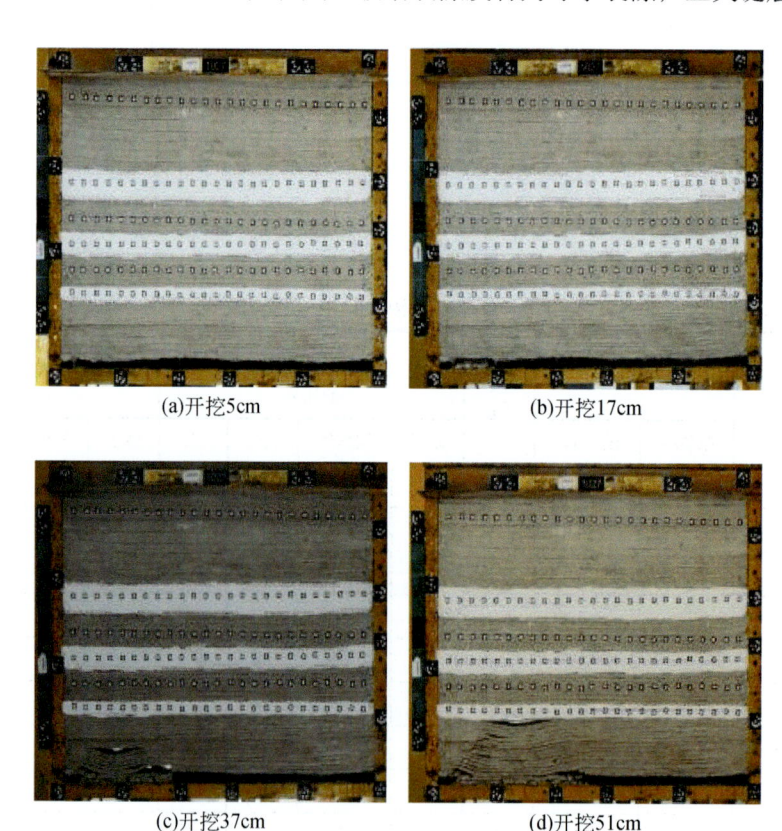

(a) 开挖5cm

(b) 开挖17cm

(c) 开挖37cm

(d) 开挖51cm

(e)开挖75cm　　　　　　　　　(f)开挖100cm

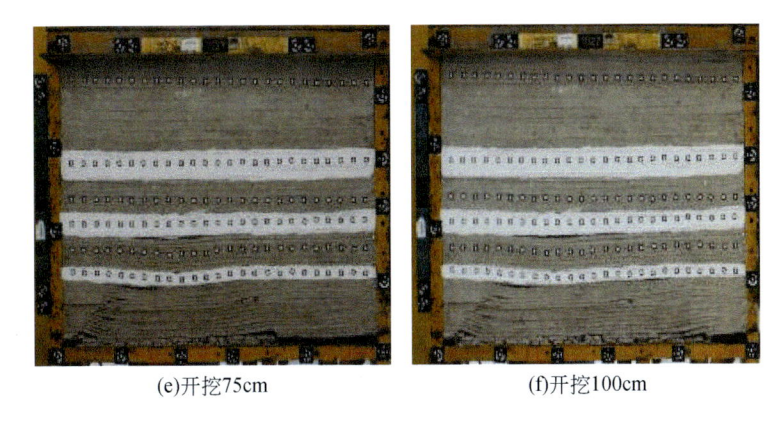

图 4-11　模型开挖过程

软岩层由于随其同步发生破断变形,层间产生的肉眼可见裂隙较少;在采动影响下,亚关键层 2 和主关键层顶界面在开采边界处形成两个小裂隙,底界面在开采中间形成一个小裂隙,但产生的裂隙均未贯通;亚关键层 2 上覆岩层移动变形值较小且裂隙发育程度弱(图 4-12)。

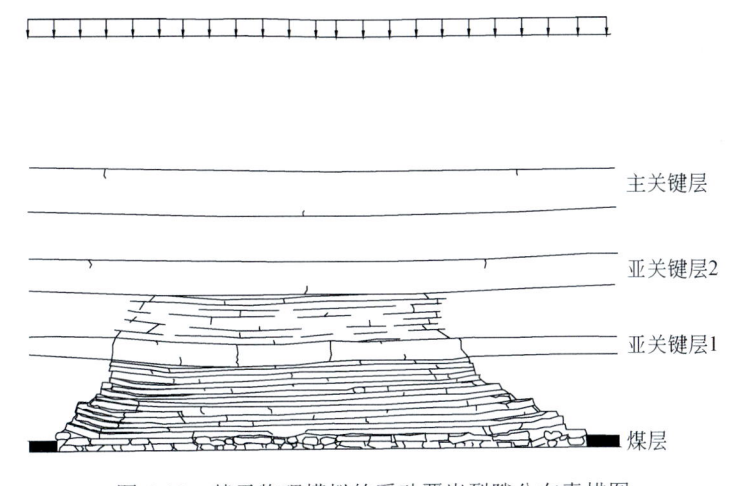

图 4-12　基于物理模拟的采动覆岩裂隙分布素描图

综合模型采后效果图和岩层采动裂隙素描图分析结果可知,在采宽 100cm 即对应实际工作面采宽 200m 时,上覆岩层采动裂隙发育至亚关键层 2 底界面,且采动裂隙可以相互贯通,由此可初步推断煤层采后上覆岩层最大导水裂隙发育至亚关键层 2 底界面,对应导水裂隙带发育高度为 41.5cm,按照 1∶200 的相似比换算成实际导水裂隙发育高度为 83m。

2. 导水裂隙带演化数值模拟分析

1) 数值模拟方案

数值模拟试验采用 UDEC 数值计算软件进行,同样参照 56-22 号钻孔柱状进行数值计算模型的构建。通过在基础模型上改变采高、采宽等因素来对比研究覆岩导水裂隙的演化规律，模型中各岩层赋存特征及力学参数见表 4-5。

表 4-5 数值计算基础模型中各岩层赋存特征及力学参数

岩层	厚度/m	密度/（kg/m³）	体积模量/GPa	剪切模量/GPa	内摩擦角/（°）	黏聚力/MPa	抗拉强度/MPa
表土层	52	2000	20	10	20	2	1
软岩层 4	142	2500	40	20	10	2	1.0
主关键层	28	2700	300	260	35	8	9.8
软岩层 3	26	2500	60	40	10	6	1
亚关键层 2	30	2700	100	80	30	6	6.8
软岩层 2	24	2500	40	20	10	5	3.0
亚关键层 1	13	2700	60	40	20	6	2.3
软岩层 1	46	2500	15	10	10	4	2.0
煤层	9	1500	30	15	20	3	2
底板	20	2500	40	22	8	4	3

按照工作面采高、采宽、关键层赋存，以及区段煤柱留设等因素不同，设计表 4-6 所示的数值模拟方案，主要考察导水裂隙带发育高度、导水裂隙带发育形态，以及导水裂隙带侧向偏移距等关键参数。

表 4-6 数值模拟试验方案

模拟方案	采高/m	采宽/m	采深/m	关键层数	备注
1	6	200	383	3	采高不同
2	9	200	383	3	采高不同
3	12	200	383	3	采高不同
4	9	100	383	3	采宽不同
5	9	300	383	3	采宽不同
6	9	400	383	3	采宽不同
7	9	200	383	2	亚关键层 1 缺失
8	9	200	383	2	亚关键层 2 缺失
9	9	200	383	3	5m 区段煤柱
10	9	200	383	3	20m 区段煤柱
11	9	200	383	3	35m 区段煤柱

试验过程中主要通过提取煤层开采后不同岩层测点的水平变形值来判断相应区域岩体变形是否超出水平变形临界值，从而判断相应区域是否出现导水裂隙。据此，可绘制不同方案条件下覆岩导水裂隙带发育图，以此研究工作面覆岩导水裂隙带发育高度、导水裂隙带发育形态、导水裂隙带左右两侧最大侧向偏移等变化规律。

2）模拟结果与分析

数值计算分析时，通过在覆岩不同层位设置测线，根据不同区域岩层的水平变形值确定相应区域是否发生破裂而导水；结合敏东一矿曾开展的覆岩"三带"高度实测结果，将覆岩是否处于导水裂隙带的水平变形临界值设为5mm/m。由此可通过覆岩水平变形等值线图绘制相应的导水裂隙带范围（图4-13）。据此，通过改变采宽、采高、区段煤柱留设等，计算得到了不同开采强度下的覆岩导水裂隙发育规律。

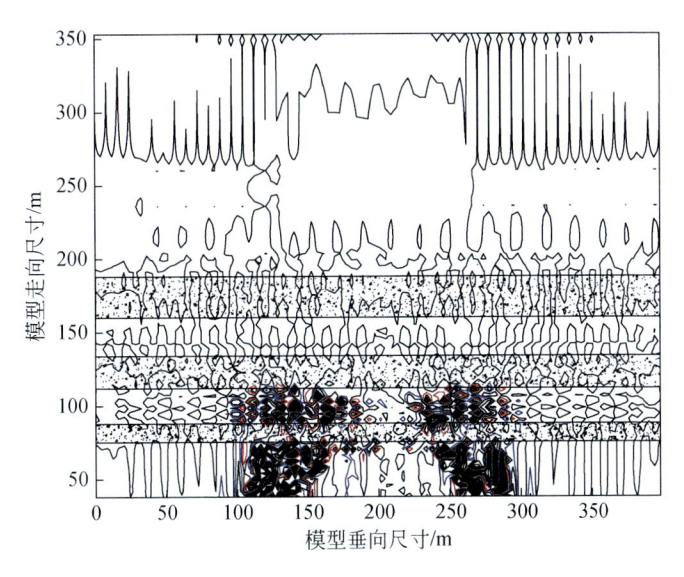

图4-13 基础模型水平变形等值线图

图4-14显示了不同采高条件下覆岩导水裂隙带基本轮廓，其形态变化表明：当煤层采高6m时，上覆岩层导水裂隙带发育至亚关键层2底界面，最大导水裂隙带发育高度83m[图4-14（a）]；当煤层采高9m时，上覆岩层导水裂隙带同样发育至亚关键层2底界面，最大导水裂隙带发育高度为83m[图4-14（b）]；当煤层采高12m时，上覆岩层导水裂隙带发育至主关键层底界面，最大导水裂隙带发育高度为131m[图4-14（c）]。这表明在不同采高条件下，上覆岩层导水裂隙带发育形态均呈马鞍形，且随着采高增加，导水裂隙带发育至相应关键层层位不断上移，最大导水裂隙带发育高度呈阶梯式增加，导水裂隙带左右两侧最大侧向偏移距也随之增大[图4-14（d）]。

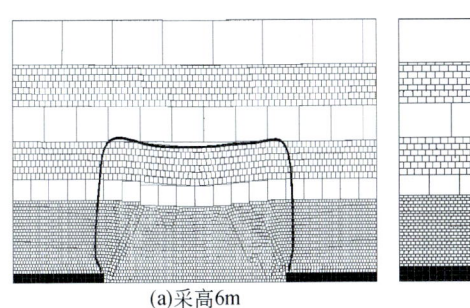

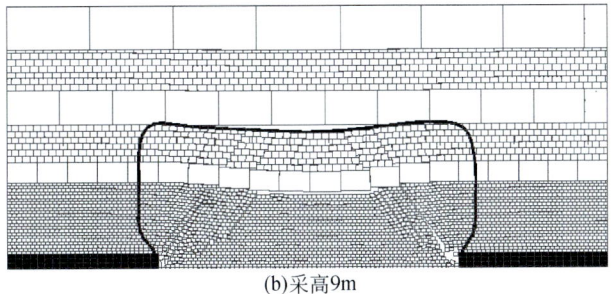

(a) 采高6m　　　　　　　(b) 采高9m

(c)采高12m

(d)不同采高条件下的导水裂隙带侧向偏移距

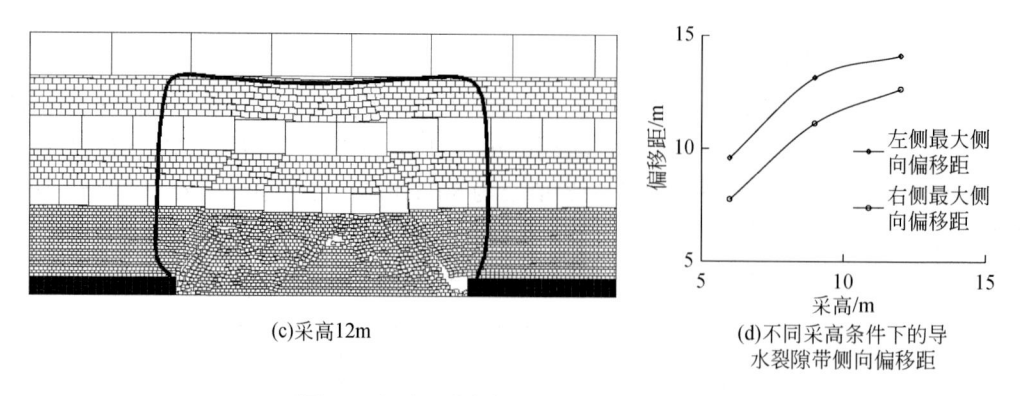

图 4-14　不同采高条件下导水裂隙发育图

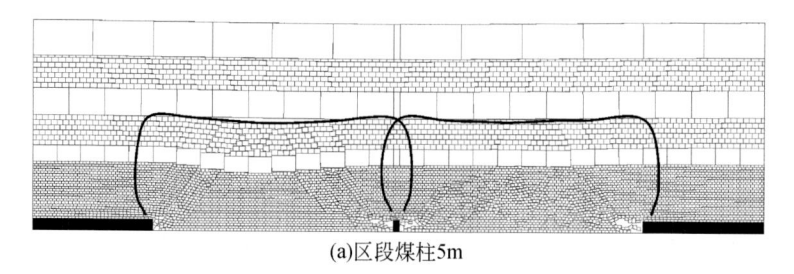

图 4-15 为不同采宽和不同区段煤柱宽度条件下的覆岩导水裂隙带发育模拟结果。随着采宽的增加，导水裂隙带发育高度及其侧向偏移距离随之增加，但增加到一定程度便趋于稳定。而随着相邻工作面间区段煤柱宽度的减小，两工作面开采引起的覆岩导水裂隙带区域重叠，并在区段煤柱处重新压实且裂隙闭合（图 4-16）。

(a)采宽100m

(b)采宽200m

(c)采宽300m

(d)采宽变化对导水裂隙带侧向偏移的影响

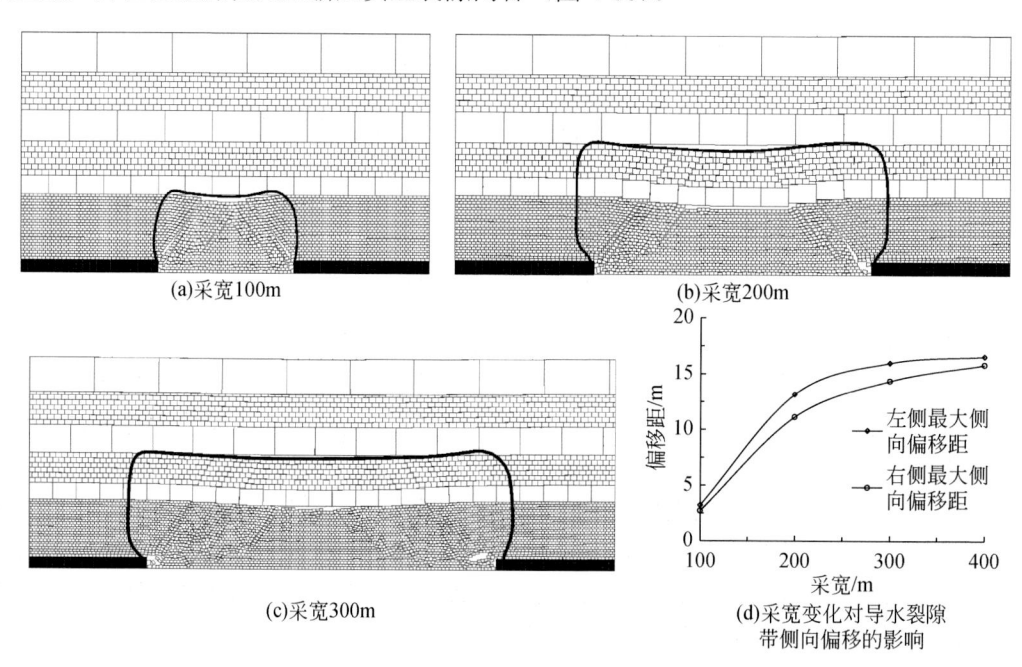

图 4-15　不同采宽条件下导水裂隙发育图

(a)区段煤柱5m

(b)区段煤柱20m

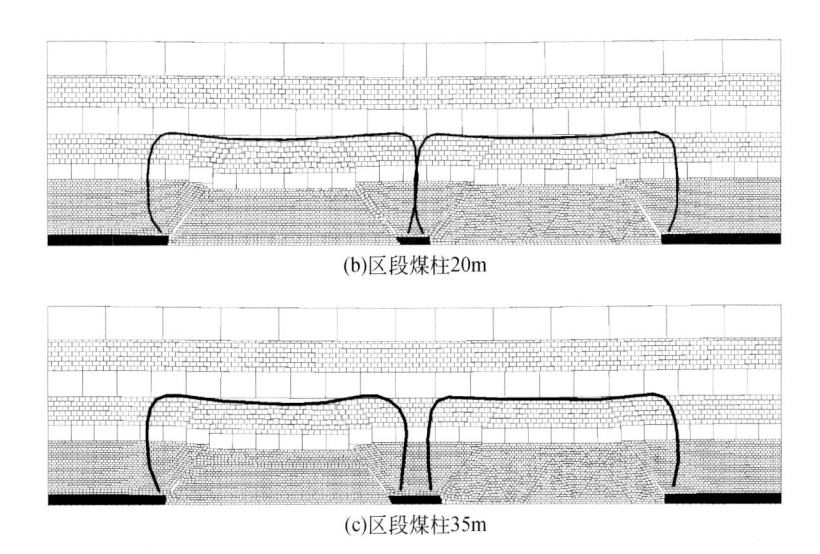

(c)区段煤柱35m

图4-16 不同区段煤柱宽度条件下导水裂隙发育图

4.1.4 岩性软硬对覆岩导水裂隙带演化的影响

对不同岩性条件下覆岩导水裂隙带演化模拟，尽管单纯以破碎或峰后破裂岩体作为研究对象难以全面、准确地揭示覆岩不同区域、不同类型导水裂隙的渗流特性，但无论是中硬岩条件还是软岩条件，导水裂隙的发育均受控于采高、岩性结构及引发的覆岩关键层运动状态等，模拟结果分析表明结果如下。

1) 工作面参数对裂隙带的影响特征

中硬岩条件和软岩条件下，单纯采高增加并不会造成导水裂隙带高度的线性增加，而是呈现跳跃式上升趋势；仅当开采引起的关键层破断裂隙上下贯通时，导水裂隙带高度才会跃升至上一层邻近关键层底界面。随着采高、采宽的增大，导水裂隙带发育高度及其侧向偏移距均随着增大，但当采宽增大到一定程度，导水裂隙带高度就不再增加；随着区段煤柱宽度的减小，其两侧工作面开采引起的导水裂隙带逐步贯通，导致区段煤柱位置对应导水裂隙开度减小。

2) 岩性结构对导水裂隙带的影响特征

中硬岩条件和软岩条件两类岩性条件下，类似开采参数（如中硬岩条件方案6和软岩条件方案1）模拟结果发现，在两者采高分别为5m和6m相差不大的条件下，导水裂隙带侧向偏移距差异显著。中硬岩条件覆岩导水裂隙带侧向偏移距超过软岩条件下的2.5倍，且在导水裂隙带顶界面位置对应上下邻近关键层间距增大条件下，这一差距将更为显著。这一现象的发生与覆岩关键层或较厚硬关键层的超前断裂密切相关。

通常条件下，上覆岩层在受采动影响而发生断裂活动时一般均会超前一段距离（超前支承压力的产生即与此密切相关），岩性强度越大，对应岩层超前断裂的距离就越大。覆岩导水裂隙带侧向偏移的产生即由岩层的超前断裂及超前支承压力引起，因而才发生了中硬岩条件导水裂隙带侧向偏移距明显偏大的现象。由此推得，在煤层开采尺寸相同条件下，中硬覆岩导水裂隙带轮廓范围的左右边界宽度将更大。

3) 覆岩关键层空间组合对导水裂隙带的影响特征

(1) 软硬岩相同关键层空间组合的上下移动变化。关键层空间组合的变化以及关键层层位的上下移动将直接引起导水裂隙带发育范围的变化，这主要体现在导水裂隙带向开采边界外侧偏移的水平距离以及导水裂隙带的发育高度上。在导水裂隙带范围内，相邻关键层之间距离的增加引起导水裂隙带侧向偏移距的增加，这在软岩地层条件下将更为显著。而覆岩 7～10 倍采高之外第一层关键层的层位直接决定了导水裂隙带的最终发育高度，因而该关键层层位上下移动也将直接引起导水裂隙带高度的上下变动。

(2) 软硬岩不同关键层组合的静态差异变化。软硬岩不同关键层组合静态差异体现在相同空间结构条件下不同软硬岩层的硬度之比差异。当软硬比差异较大时，硬度越小的岩层应力"吸收能力"却强，采动应变响应范围越小，导水裂隙带发育高度越小。当软硬层厚度比相对较大时，高度也会减小。同理，中硬岩层关键层相对越厚，则应力响应范围越大，导水裂隙带发育高度越大。此时，软岩也是软岩区地质环境下采动导水裂隙带发育程度的关键层。

4) 软硬岩差异影响着导水裂隙带导通区宽度和过流能力

事实上，采动覆岩导水裂隙中除了有岩层受塑性屈服破坏后的压剪裂隙外，还大量存在着因岩层破断回转运动产生的张拉裂隙。两者在覆岩中的空间分布特征及其发育形态存在着明显差别，且处于裂隙带的拉剪破坏岩体导水流动状态与垮落带的破碎岩体存在本质区别。从覆岩导水裂隙带分布的一般特征看，导水裂隙带"马鞍形"凸起区域处于开采边界附近，岩层破断回转形成张拉裂隙，裂隙开度大、过流能力强。但在软岩覆岩情景下则张拉裂隙的裂隙开度相对变小，导通区范围小、过流能力相对变弱；对于"马鞍形"下凹区域，处于开采区域中部的压实区，岩层破断块体间的裂隙趋于闭合，过流能力相对较弱；而在"马鞍形"轮廓线侧向偏移位置附近，岩体则受超前支承压力的影响发生塑性屈服，这种环境下产生的压剪裂隙无论在裂隙形态还是过流能力上都与前两者有着明显差异。

4.2 覆岩导水裂隙带渗流特性研究

在覆岩导水裂隙带范围内，含水层漏失的主要渗流通道即导水通道，研究确定导水裂隙主通道的分布规律及其导流特性，对科学评价含水层"漏失"程度，制定导水主通道人工限流的保水对策具有重要的指导意义。不少学者对有关采动覆岩导水裂隙带的水渗流特性开展过研究，但大多是用破碎岩体或峰后破裂岩体的水渗流规律来描述和分析采动岩层导水裂隙的水流动特征。依据 4.1 节的导水裂隙带分析，不同硬度岩石条件下，压剪和破断两类主要裂隙的发育程度和空间分布决定了采动覆岩裂隙带的导水渗流性。

4.2.1 覆岩导水裂隙类型划分

导水裂隙是在岩层张拉破坏或受压屈服后产生的，覆岩不同区域岩层所受的应力状态及其自由活动空间不同时，对应产生的裂隙形态和发育程度（或开度）也将有所不同，最终将影响裂隙的导流性能及其对地下含水层的破坏程度。因此，覆岩导水裂隙带中形成的裂隙类型精细划分，是开展裂隙导水流动特性分析以及覆岩导水裂隙主通道分布模型构建的前提和基础。

覆岩导水裂隙的形成伴随于岩层的破断运移以及岩体应力重新分布，在此过程中将存在两种类型的导水裂隙（图4-17）。

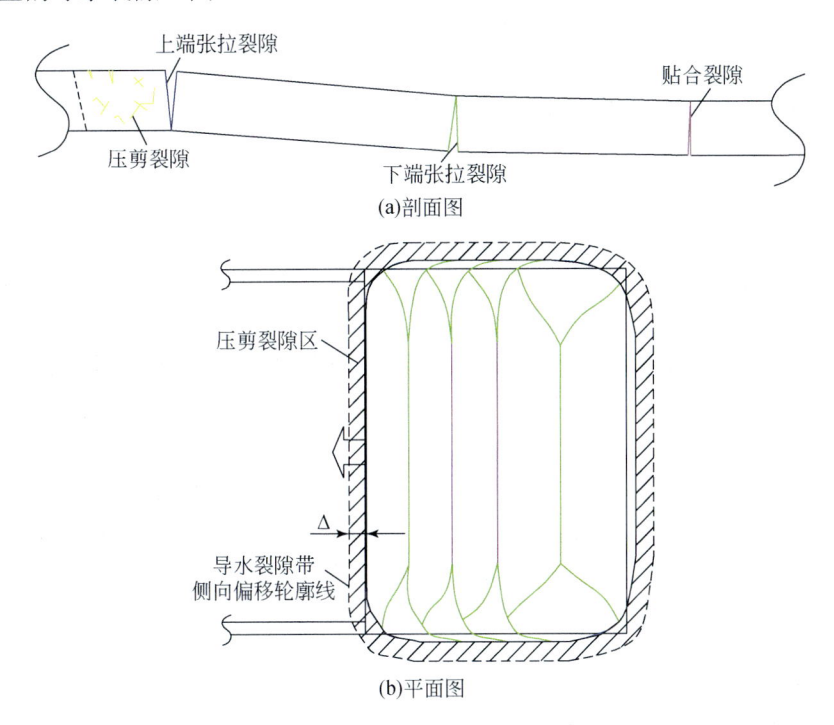

图 4-17 关键层破断运动及其导水裂隙分布示意图

1）剪切破坏裂隙

该类为开采边界外侧煤岩体在超前支承压力作用下产生的剪切破坏裂隙（岩层压剪裂隙），这类裂隙的分布相对杂乱无序，且其分布密度通常要高于后者。

2）拉剪破坏裂隙

该类为岩层周期性破断回转运动过程中出现的拉剪破坏裂隙（岩层破断裂隙），这类裂隙在覆岩中的分布相对均匀，且裂隙间的水平间距近似为岩层的破断步距。

其中，拉剪破坏裂隙类型的导水裂隙，受破断岩层在覆岩中不同位置影响，又可分为3种类型：

（1）处于开采边界附近的上端张拉裂隙，由于岩层破断块体仅经历一次回转，其回转角始终存在，裂隙剖面呈现类似楔形；

（2）处于开采区域中部压实区的贴合裂隙，由于岩层破断块体已经过双向回转运动，相邻块体间已无回转角差异，裂隙由相邻破断块体水平挤压而成，其外观虽表现为闭合状态，但受相邻裂隙表面形貌及其粗糙度差异的影响，裂隙面并不能完全贴合，裂隙仍具有一定的开度及过流能力；

（3）处于开采边界与中部压实区之间的下端张拉裂隙，由于相邻破断块体间回转角的差异，裂隙剖面呈现倒楔形。

由此可见，覆岩不同区域岩层所受的应力状态及其运移特征不同时，对应其产生的导水裂隙形态和发育程度（或开度）也将有所不同，最终影响到裂隙的导流性能。所以，针对不同类型导水裂隙分别建模分析其水流动特性显得尤为重要。

4.2.2 不同类型覆岩裂隙的渗流特性分析

1. 破断型裂隙

根据 4.2.1 节的分析，岩层破断裂隙可分为上端张拉裂隙、下端张拉裂隙，以及贴合裂隙 3 种类型。由于这类裂隙是由岩层的破断回转运动产生，其具有规则而特定的发育形态和分布特征，因此将其与岩体受载状态下的破裂裂隙或破碎岩体裂隙等同视之是不合适的，宜针对单个裂隙建立模型开展水流动特性的分析。假设采动含水层在平面上处于均匀赋存状态，同一平面不同区域的富水状态可视作相同；同时假设岩层为水平分布状态。如此，地下水由采动含水层底界面处向下部岩层中的导水裂隙中流动时，同一裂隙中的水体在同一平面的不同位置处的流动状态基本相同；因而水体在同一裂隙中以垂向流动为主（水平分量可忽略）。基于这一考虑，以图 4-18 所示的裂隙剖面形态进行建模分析。

1）裂隙导水流态判别

如图 4-18 所示，以导水裂隙带范围内处于含水层底界面的邻近岩层为例，假设含水层漏失水体在这 3 种裂隙入口处的流速和压力相同，分别设为 v_0 和 P_0；设水体流出裂隙时流速分别为 v_{2a}、v_{2b}、v_{2c}，压力分别为 P_a、P_b、P_c；通过各裂隙的流量分别设为 Q_a、Q_b、Q_c。对于上端张拉裂隙，其过流断面由两部分组成：水流首先通过上端开度为 d_{1a}、下端开度为 d_{2a} 的渐缩通道，其次通过长度为 m_a、平均宽度为 d_{2a} 的近似等径通道。其中，d_{1a} 与岩层破断块体的回转角 β 密切相关，可表示为 $d_{1a}=h\tan\beta$，其中 h 为破断岩层的厚度；d_{2a} 为破断块体铰接接触面处的裂隙宽度，考虑到铰接接触面处两侧裂隙面一般难以完全吻合，而处于部分接触、部分"镂空"的状态，因此该处的裂隙宽度按照平均宽度设定。而下端张拉裂隙实质是上端张拉裂隙的倒置形态，两者的进水口和出水口形态正好相反，且 d_{1b} 的计算方法与 d_{1a} 相同。贴合裂隙则与前两者在块体铰接接触面处的裂隙类似，也可近似视为等径流动通道，裂隙开度按照张拉裂隙铰接接触面处裂隙的平均开度类似设定。考虑到对于同一岩层而言，各破断块体间是通过同一水平应力挤压接触的，因此可近似视 $d_{2a}=d_{2b}=d_{2c}$。根据上述分析，若取岩层破断回转角为 8°，则 1m 厚的岩层上端张拉裂隙的上端开度（或下端张拉裂隙的下端开度）即可达到 140mm。而根据现场曾开展的覆岩导水裂隙注浆封堵的工程实践经验，在注浆骨料粒径 1cm 左右的条件下，导水裂隙仍难以有效封堵，可见 d_{2a}（或 d_{2b}、d_{2c}）值已达到厘米量级。由此推断，此类岩层破断裂隙的导水流态已不再属于渗流范畴，而是管流状态。

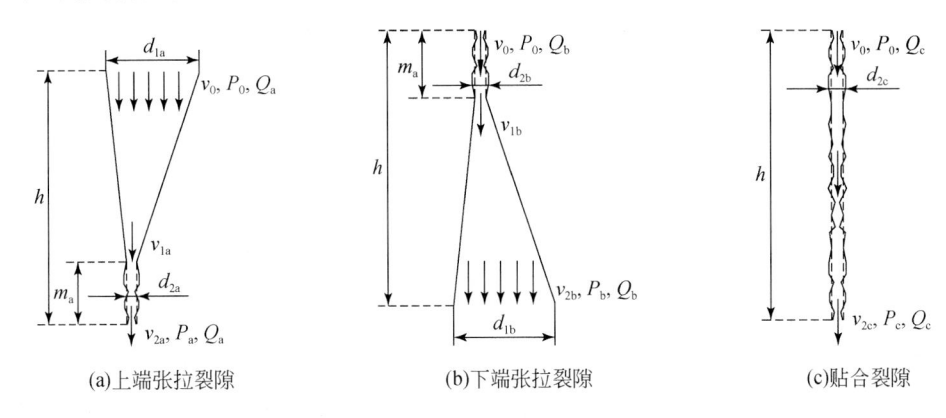

(a) 上端张拉裂隙　　(b) 下端张拉裂隙　　(c) 贴合裂隙

图 4-18　不同破断裂隙断面的水流动特性分析模型

为进一步确定此类裂隙通道的水流动特性，对其雷诺数 Re 进行了计算。根据非圆通道的雷诺数计算方法，则有

$$Re = \frac{vd}{\mu} \tag{4-1}$$

式中，v 为裂隙通道过流速度；μ 为水的运动黏度，常温下一般取值 $1\times10^{-6}\text{m}^2/\text{s}$；$d$ 为裂隙通道当量直径，可表示为 $d=\dfrac{4A}{\chi}$，其中 χ 为裂隙通道的湿周，A 为过流断面面积。设裂隙通道的宽度为 d'，岩层某一破断裂隙在平面上的延展长度为 S，则有

$$\chi=2(d'+S),\quad A=d'S$$

由于裂隙通道宽度在数值上远小于其平面延展长度，因此 $\chi\approx 2S$。则 $d=2d'$，且式（4-1）可进一步简化为

$$Re = \frac{2vd'}{\mu} \tag{4-2}$$

由于裂隙通道宽度已达到厘米级别，而从采动破坏含水层中漏失水体的渗流速度一般大于 10^{-4}m/s，因而按照式（4-2）计算得到的裂隙导流雷诺数至少为 1；而这正是渗流流态对应雷诺数的上限值。由此进一步证实了岩层破断裂隙的导水流态应属于管流范畴。

2）裂隙导水特性参数

鉴于岩层破断裂隙的导水流态为管流状态，因此，可利用伯努利方程对其水流动特性进行分析。如图 4-18（a）所示，对于上端张拉裂隙，以裂隙出口处对应水平面为基准面，则有

$$\frac{P_0}{\rho g}+\frac{\alpha_1 v_0^2}{2g}+h=\frac{P_a}{\rho g}+\frac{\alpha_2 v_{2a}^2}{2g}+h_{la} \tag{4-3}$$

式中，α_1、α_2 分别为裂隙过流进口和出口处的动能修正系数，一般近似取 1；h_{la} 为水流通过裂隙后的水头损失（即能量损失）。h_{la} 可按 v_0 至 v_{1a} 水流段的渐缩通道沿程损失 h_{fa} 和 v_{1a} 至 v_{2a} 水流段的等径通道沿程损失 h_{ma} 之和进行计算，两者可分别表示为

$$h_{fa}=\xi_a\frac{d_{1a}^2}{d_{2a}^2}\cdot\frac{v_0^2}{2g}, \quad h_{ma}=\lambda_a\frac{m_a}{d_a}\cdot\frac{v_{1a}^2}{2g}=\lambda_a\frac{m_a}{d_a}\cdot\frac{d_{1a}^2}{d_{2a}^2}\frac{v_0^2}{2g}$$

即

$$h_{la}=\left(\xi_a+\lambda_a\frac{m_a}{d_a}\right)\cdot\frac{d_{1a}^2}{d_{2a}^2}\frac{v_0^2}{2g} \tag{4-4}$$

式中，ξ_a 为渐缩通道阻力系数，它与渐缩通道前后的断面比密切相关，由于 d_{2a}/d_{1a} 一般小于 0.1，因此 ξ_a 取 0.5；m_a 为破断块体铰接接触面长度，可表示为 $m_a=\frac{1}{2}(h-L\sin\beta)$，其中 L 为岩层破断步距；d_a、λ_a 分别为 v_{1a} 至 v_{2a} 水流段等径通道的当量直径及其沿程阻力系数，其中 d_a 根据前节分析可近似为 $2d_{2a}$，λ_a 与雷诺数 Re_a 呈正相关关系，且当 Re_a 小于 2000 时，裂隙导水流动属于层流，λ_a 根据莫迪图可计算为

$$\lambda_a=\frac{64}{Re_a} \tag{4-5}$$

根据式（4-2），Re_a 还可表示为

$$Re_a=\frac{2Q_a}{\mu S_a} \tag{4-6}$$

式中，S_a 为上端张拉裂隙平面延展长度。由现场已有的工程经验可知，一般工作面涌水量不超过 2000m³/h，因而该裂隙的导水流量也不会超过此极限值。以该极限流量代入式（4-6）可以发现，250m 宽的常规工作面推进距超过 26.5m 时（对应 S_a 值大于 553m），存在裂隙通道的雷诺数小于 2000 的层流状态临界值。而这一条件一般在基本顶发生初次破断后即可满足。也就是说，岩层破断回转运动产生导水裂隙时对应上端张拉裂隙的导水流动即为层流状态，可以利用式（4-5）进行 λ_a 值的计算。由此式（4-4）可进一步表示为

$$h_{la}=\left[0.5+\frac{16(h-L\sin\beta)}{Re_a d_{2a}}\right]\cdot\frac{d_{1a}^2}{d_{2a}^2}\frac{v_0^2}{2g} \tag{4-7}$$

将式（4-7）代入式（4-3），上端张拉裂隙导水流动的伯努利方程可表示为

$$\frac{P_0}{\rho g}+\frac{v_0^2}{2g}+h=\frac{P_a}{\rho g}+\frac{v_{2a}^2}{2g}+\left[0.5+\frac{16(h-L\sin\beta)}{Re_a d_{2a}}\right]\cdot\frac{d_{1a}^2}{d_{2a}^2}\frac{v_0^2}{2g} \tag{4-8}$$

结合图 4-17（b），对应裂隙的导水流量可表示为

$$Q_a=v_0 d_{1a} S_a=2(B+Y)v_0 d_{1a} \tag{4-9}$$

式中，B 为工作面宽度；Y 为岩层发生破断区域沿工作面推进方向的长度。

同理，可对下端张拉裂隙以及贴合裂隙对应的导水特性参数进行求解。

对于下端张拉裂隙 [图 4-18（b）]，令其雷诺数为 Re_b，其过流水头损失同样分为两个

部分：

$$h_{\mathrm{mb}} = \frac{16(h - L\sin\beta)}{Re_{\mathrm{b}}d_{2\mathrm{b}}} \cdot \frac{v_0^2}{2g}, \quad h_{\mathrm{fb}} = \left[\frac{8}{Re_{\mathrm{b}}\sin\dfrac{\beta}{2}}\left(1 - \frac{d_{2\mathrm{b}}^2}{d_{1\mathrm{b}}^2}\right) + \sin\beta\left(1 - \frac{d_{2\mathrm{b}}}{d_{1\mathrm{b}}}\right)^2\right] \cdot \frac{v_0^2}{2g}$$

考虑到 $\dfrac{d_{2\mathrm{b}}}{d_{1\mathrm{b}}}$ 值较小且接近于 0，因此下端张拉裂隙的过流总水头损失可简化为

$$h_{\mathrm{lb}} = \left(\frac{16(h - L\sin\beta)}{Re_{\mathrm{b}}d_{2\mathrm{b}}} + \frac{8}{Re_{\mathrm{b}}\sin\dfrac{\beta}{2}} + \sin\beta\right) \cdot \frac{v_0^2}{2g} \tag{4-10}$$

对应伯努利方程为

$$\frac{P_0}{\rho g} + \frac{v_0^2}{2g} + h = \frac{P_{\mathrm{b}}}{\rho g} + \frac{v_{2\mathrm{b}}^2}{2g} + \left(\frac{16(h - L\sin\beta)}{Re_{\mathrm{b}}d_{2\mathrm{b}}} + \frac{8}{Re_{\mathrm{b}}\sin\dfrac{\beta}{2}} + \sin\beta\right) \cdot \frac{v_0^2}{2g} \tag{4-11}$$

裂隙的导水流量为

$$Q_{\mathrm{b}} = [2(B - L_{\mathrm{h}}) + 4nL_{\mathrm{h}}]v_0 d_{2\mathrm{b}} = 2(B - L_{\mathrm{h}} + 2\omega Y)v_0 d_{2\mathrm{b}} \tag{4-12}$$

式中，n 为岩层发生周期破断的次数（含初次破断）；L_{h} 为岩层发生"O-X"破断在开采边界处的弧形三角块沿工作面倾向的长度；ω 为 L_{h} 与岩层周期破断距的比值。

对于贴合裂隙［图 4-18（c）］，令其雷诺数为 Re_{c}，其过流水头损失为

$$h_{\mathrm{lc}} = \frac{32h}{Re_{\mathrm{c}}d_{2\mathrm{c}}} \cdot \frac{v_0^2}{2g} \tag{4-13}$$

对应伯努利方程为

$$\frac{P_0}{\rho g} + \frac{v_0^2}{2g} + h = \frac{P_{\mathrm{c}}}{\rho g} + \frac{v_{2\mathrm{c}}^2}{2g} + \frac{32h}{Re_{\mathrm{c}}d_{2\mathrm{c}}} \cdot \frac{v_0^2}{2g} \tag{4-14}$$

裂隙的导水流量为

$$Q_{\mathrm{c}} = (n - 2)(B - 2L_{\mathrm{h}})v_0 d_{2\mathrm{c}} = \left(\frac{\omega Y}{L_{\mathrm{h}}} - 2\right)(B - 2L_{\mathrm{h}})v_0 d_{2\mathrm{c}} \tag{4-15}$$

2. 压剪型裂隙

对于超前煤岩体在支承压力作用下产生的压剪裂隙的水流动特性，其实质上是岩石峰值应力后的水渗流问题。岩体内裂隙的分布杂乱无序，难以对每个裂隙分支分别进行建模分析，因此许多学者多选择某一区域的裂隙岩体开展水渗流特性的试验测试与理论建模工作，取得了许多有益成果。相关研究指出，该类裂隙岩体水流动特性呈现 Forchheimer 型非 Darcy 渗流特性，其渗透率 k 一般处于 $10^{-11} \sim 10^{-8} \mathrm{cm}^2$ 的量级。相比上述岩层破断裂隙，其导流能力已大幅降低。根据 Forchheimer 提出的二项式方程，其渗流压力梯度 ∇P 与渗流流量 Q 满足：

$$\nabla P = \frac{\sigma}{kA}Q + \frac{\rho\varphi}{A^2}Q^2 \qquad (4\text{-}16)$$

式中，ρ 为水的密度；φ 为非达西因子；σ 为水的动力黏度，常温下一般取值 $1\times10^{-3}\mathrm{Pa\cdot s}$。由此可根据式（4-16）确定其渗流的流量表达式：

$$Q = \frac{A}{2\rho\varphi}\left(\sqrt{\frac{\sigma^2}{k^2} - 4\nabla P\rho\varphi} - \frac{\sigma}{k}\right) \qquad (4\text{-}17)$$

式中，过流断面面积 A 根据图 4-18（b）表示为 $A=2\triangle(B+Y)$，其中 $\triangle$ 为压剪裂隙在岩层平面上的分布宽度，也就是覆岩导水裂隙带轮廓线在该岩层的侧向偏移位置距岩层破断裂隙的水平距离。

而对于岩层压剪裂隙的其他相关水渗流特性的描述，已有许多学者开展过大量研究，本章不再赘述。

3. 不同类型导水裂隙的水流动特性对比

根据前述各种裂隙类型对应的导流参数，可对不同类型导水裂隙的水流动特性进行对比分析。考虑到采动岩层的破断运动受控于覆岩关键层，导水裂隙发育程度也与关键层的破断运动密切相关，覆岩关键层中裂隙的水流动特性决定了导水裂隙带的总体渗流性。

1）裂隙导水流量

对于岩层破断裂隙的 3 种类型导水裂隙，其导水流量的差异主要在于裂隙的平面延展长度及其导流进口处的裂隙开度。其中，下端张拉裂隙和贴合裂隙的进流口开度可近似视为相等，即 $d_{2b}=d_{2c}$，而上端张拉裂隙的进流口开度 d_{1a} 与前两者一般存在 100 倍的差异（d_{1a} 值一般为分米或米级，而 d_{2b}、d_{2c} 值一般为厘米或毫米级）。即 $d_{1a}:d_{2b}:d_{2c}\approx100:1:1$。而对于各裂隙的平面延展长度，主要受工作面开采参数和岩层破断参数的影响；其中 B、L_h、ω 值受开采条件影响其变化相对较小，岩层破断区域的走向长度 Y 值受工作面推进距变化影响可由几百米变化至几千米，幅度相对较大。

为便于对比各类裂隙 S 值之间的差异，按照现场工程一般经验和实测结果，取工作面宽度 B 为 250m；关键层弧形三角块长度 L_h 一般为 30~50m，取值 40m；关键层周期破断距一般为 10~25m，因而 ω 一般为 2~5，本次取值 3.5。由此根据式（4-9）、式（4-12）、式（4-15）可得到关键层 3 种破断裂隙平面延展长度与工作面推进距的关系曲线，绘制如图 4-19 所示。可以看出，在目前国内已有工程案例 5000m 推进距的最大值条件下，无论工作面推进距如何，下端张拉裂隙和贴合裂隙的 S 值基本相同，且其值一般为上端张拉裂隙对应 S 值的 4~7 倍。由此，综合 3 种裂隙的进流口开度比值，它们的裂隙导流流量的比为 $Q_\mathrm{a}:Q_\mathrm{b}:Q_\mathrm{c}\approx100:(4\sim7):(4\sim7)$。这说明上端张拉裂隙相较于其他两种破断裂隙，其导水流量明显偏大。

而对于岩层压剪裂隙的导水流量，由式（4-17）可知，除了与在关键层破坏区域的分布面积 A 和渗流压力梯度有关外，还与裂隙的渗透率 k 及其非达西因子 φ 密切相关。与上述 3 种类型的岩层破断裂隙类似，A 的取值主要受 Y 的影响而有较大变化幅度。类似地，令工作面宽度 B 为 250m；压剪裂隙在岩层平面上的分布宽度 $\triangle$ 一般为 5~25m，取值 15m，

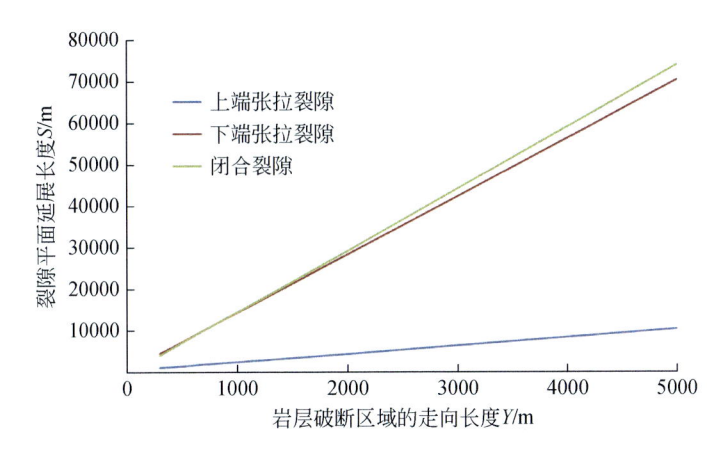

图 4-19 3 种破断裂隙平面延展长度对比曲线

则 $A=7500+30Y$。根据已有研究结果，该类裂隙的非达西因子 φ 一般为 $10^{12}\sim10^{15}\mathrm{m}^{-1}$ 量级；若取 $\varphi=5\times10^{13}\mathrm{m}^{-1}$，渗透率 k 取值 $5\times10^{13}\mathrm{m}^{2}$，水的密度取 $10^{3}\mathrm{kg/m^{3}}$，则式（4-17）可进一步简化为

$$Q=10^{-8}A(\sqrt{0.2\nabla P+4}-2) \tag{4-18}$$

含压剪裂隙岩体的水压梯度一般处于 $10^{4}\sim10^{6}\mathrm{Pa/m}$ 量级，而对于岩层破断裂隙进口处的初始水流速度 v_0，实际是含水层受采动破断后漏失水体涌出含水层而进入其与下部岩层之间层理空间时的瞬时速度，其值一般为 $10^{-4}\mathrm{m/s}$ 量级。以压剪裂隙中 $10^{4}\mathrm{Pa/m}$ 的压力梯度量级为例，设 3 种破断裂隙进流口开度 d_{2a}、d_{2b}、d_{2c} 分别取值 1m、1cm、1cm 时，2 类 4 种裂隙的导水流量与工作面推进距的关系曲线如图 4-20 所示。可见，上端张拉裂隙的导水流量显著高于其他 3 种裂隙对应流量，下端张拉裂隙和贴合裂隙的导水流量基本接近，且导水流量次之；而压剪裂隙的导水流量是其中最小的，约为下端张拉裂隙（或贴合裂隙）导水流量的 0.2~0.3 倍，但仅为上端张拉裂隙导水流量的 0.015 倍。

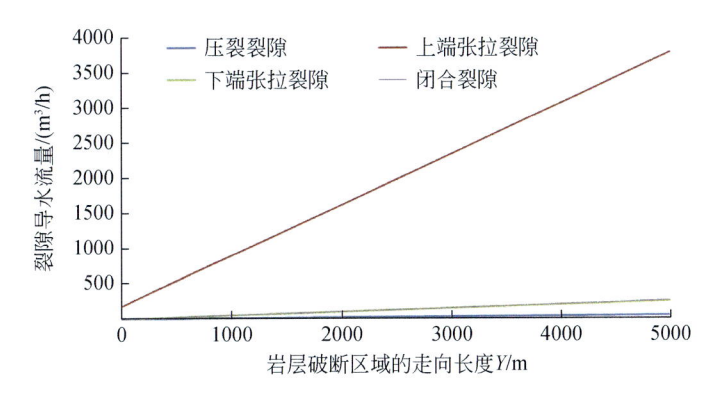

图 4-20 不同类型裂隙的导水流量对比曲线

2）裂隙导水流动损耗

对于岩层破断裂隙的 3 种类型导水裂隙，由式（4-7）、式（4-10）、式（4-13）可知，

其导流后的水头损失主要与雷诺数以及裂隙发育形态尺寸有关。考虑到 d_{1a} 与 d_{2b}、d_{2c} 近似相等，且 d_{1a} 近似为 d_{2a} 的 100 倍，因此有

$$Re_a : Re_b : Re_c = \frac{Q_a}{S_a} : \frac{Q_b}{S_b} : \frac{Q_c}{S_c} = d_{1a} : d_{2b} : d_{2c} = 100 : 1 : 1$$

所以

$$h_{la} - h_{lc} = \left[0.5 \times 10^4 + \frac{1600(h - L\sin\beta) - 32h}{Re_c d_{2c}} \right] \cdot \frac{v_0^2}{2g} \quad (4\text{-}19)$$

由于 $\frac{h - L\sin\beta}{h} = 1 - \frac{L}{h}\sin\beta$，$\frac{L}{h}$ 表示关键层破断块体块度，一般取值 1.3；β 一般不超过 15°，因而 $h - L\sin\beta$ 不小于 $0.66h$；所以式（4-19）必然大于 0，即 $h_{la} > h_{lc}$。同理，可将 h_{lb} 与 h_{lc} 进行对比。取 β 为 8°，则

$$h_{lc} - h_{lb} = \left[\frac{16(h + 0.14L)}{Re_c d_{2c}} - \frac{114}{Re_c} - 0.14 \right] \cdot \frac{v_0^2}{2g} \quad (4\text{-}20)$$

由于 d_{1c} 值一般为 $10^{-3} \sim 10^{-2}$ m，Re_c 值不超过 2000，因此式（4-20）也是大于 0 的，即 $h_{lc} > h_{lb}$，所以有

$$h_{la} > h_{lc} > h_{lb} \quad (4\text{-}21)$$

在裂隙出口处，3 种裂隙对应的水流速度比为

$$v_{2a} : v_{2b} : v_{2c} = \frac{v_0 d_{1a}}{d_{2a}} : \frac{v_0 d_{2b}}{d_{1b}} : v_0 = 10^4 : 1 : 10^2 \quad (4\text{-}22)$$

由此根据式（4-8）、式（4-11）、式（4-14）所示的伯努利方程可知，3 种裂隙出口处的水压有

$$P_a < P_c < P_b \quad (4\text{-}23)$$

上述分析表明，上端张拉裂隙导流的水头损失和水压衰减最大，但出口处的水流速度递增最快；而下端张拉裂隙导流的水头损失和水压衰减最小，但出口处的水流速度递减最大；贴合裂隙导流的相关特性参数变化趋势介于上述两者之间。

而对于水体在压剪裂隙中的渗流，其导水流动损耗相对较小，一般呈现渗流速度缓慢递增、水压缓慢递减的状态，且两者的变化幅度基本一致；仅当渗流水体进入其他类型裂隙（如上端张拉裂隙）赋存区域时，上述渗流速度的递增和水压的递减才会出现突变，并造成流动损耗的大幅提升。由于它与岩层破断裂隙分属两种截然不同的导水流动状态，尚难以对其两者的流动损耗情况进行对比。

4.2.3 采动导水裂隙带导水主通道分析

1. 导水主通道的定义及内涵

含水层受采动破坏后其赋水向井下采空区流动过程中，并非均匀由平面不同类型、不同形态的裂隙流动，大多实验表明都将由开采边界附近的上端张拉裂隙导流而来，其裂隙导水流量和流速显著强于周边，形成裂隙导流路径，也是采动漏失地下水由所属含水层向

井下采空区径流过程中的主要流动通道,称为导水裂隙带的导水"主通道",具有以下显著特征。

(1) 通道区以张拉裂隙为主。通过前述不同类型导水裂隙的水流动特性对比分析结果可知,处于开采边界附近的上端张拉裂隙,无论相较于同类型的破断裂隙(下端张拉裂隙、贴合裂隙)还是导水裂隙带侧向偏移处的压剪裂隙,它的裂隙过流能力都明显偏高。

(2) 通道区渗流聚集性强。从同一岩层不同导水裂隙之间的导水流动路径来看,各裂隙导流后受水压差异的影响,各自间又存在一定的水补给作用,如图4-21所示。由式(4-24)可知,上端张拉裂隙出水口处于较低的水压状态,而处于其两侧的压剪裂隙区和下端张拉裂隙出水口均呈现相对较高的水压状态;由此在水压梯度作用下,两侧的裂隙导流水体将会向上端张拉裂隙处汇聚。具体表现为:压剪裂隙区的高压水体沿岩层内的压剪裂隙向上端张拉裂隙通道内补给,而下端张拉裂隙出水口的高压水体则沿岩层之间的离层空间向其出水口补给。

(3) 通道区渗流强度大。通道区张拉裂隙集中,主要表现为裂隙进流口开度大、导水流量高、出口流速快等特征。而由于下端张拉裂隙与贴合裂隙出水口处的水压差异相对偏低,且两者之间的水径流补给通道相对前者的离层空间较小(贴合裂隙区处于岩层压实状态,层间离层难以发育),由下端张拉裂隙出水口向贴合裂隙区补给的水流量相对前者将明显偏小。

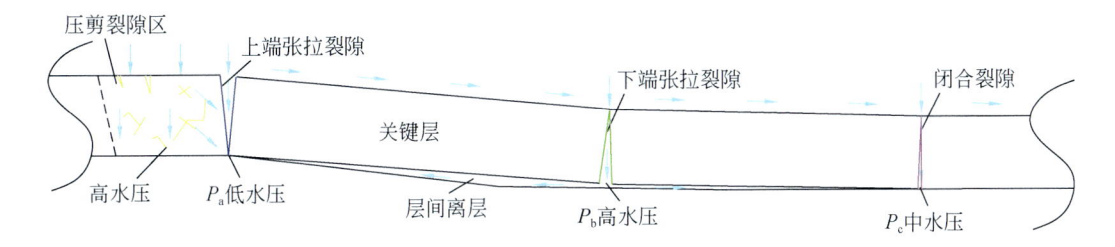

图 4-21 关键层各区域导水裂隙导流路径示意图(箭头为水流动路径)

2. 导水主通道的空间分布模型

采动覆岩地层中各岩层在岩性、厚度、力学强度,以及受力环境等方面都存在较大差异,厘清各层岩层上端张拉裂隙发育位置是非常困难的。考虑到覆岩结构体中的关键层对岩层破断运移的直接控制作用,导水裂隙主通道的分布范围可通过关键层破断运动特征及其裂隙发育状态探寻。

基于上述采动裂隙空间发育特征及裂隙类型分布状态分析,研究构建了在工作面开采处于充分采动状态时覆岩导水裂隙主通道分布剖面模型(图4-22),表明:

(1) 导水裂隙主通道分布区域位于开采边界两侧,并近似以导水裂隙带内各关键层在开采边界处的破断距为宽度,形成类似梯形的区域。

(2) 导水裂隙主通道跨近关键层发育,发育高度视关键层结构而定。图4-22中l_{c1}、l_{c2}分别代表关键层1、2的超前破断距,L_1、L_2分别代表两关键层在开采边界处的破断距,且在倾向剖面上该破断距为关键层弧形三角块破断长度。

（3）走向剖面上则为关键层的周期破断距（对应停采线处的开采边界）或初次破断距的一半（对应切眼处的开采边界）。也就是说，若覆岩导水裂隙带高度发育至某关键层 i 底界面，则导水裂隙主通道分布区域的一侧边界为该关键层直至关键层 1 超前破断位置的连线，而另一侧边界则为导水裂隙带内关键层超前破断块体末端连线，并从关键层 i-1 相应位置按岩层破断角 α 向上延伸至导水裂隙带顶界面。

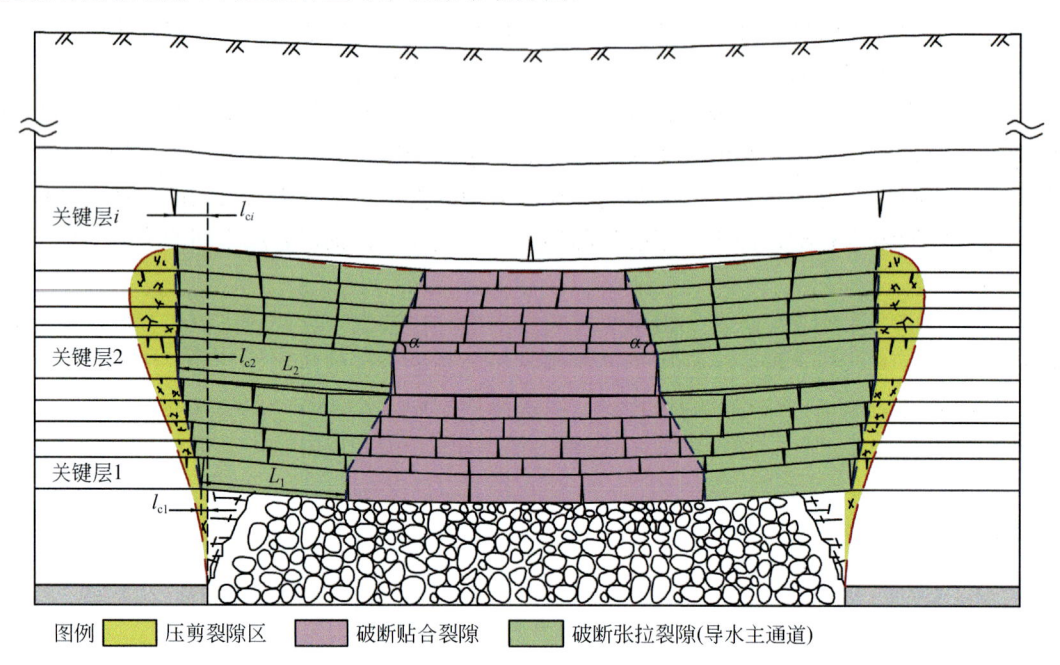

图例 ▨ 压剪裂隙区　▨ 破断贴合裂隙　▨ 破断张拉裂隙(导水主通道)

图 4-22　采动覆岩导水裂隙分区及其主通道分布剖面模型（充分采动状态）

3. 导水主通道的渗流特性

采动地下水在由含水层向导水裂隙带内流动直至汇入井下采空区时，会流经不同区域发育的不同类型裂隙，从而导致水渗流状态的改变。不同类型裂隙发育分布特征决定了采动覆岩导水裂隙带渗流特性分区。

（1）低渗流区。岩层压剪裂隙区，受裂隙发育密度及其导流参数的影响，其主要呈现低流速时的 Dacy 层流或高流速时的 Forchheimer 流态。

（2）强渗流区。岩层破断贯通裂隙区，其隙宽和导水的雷诺数明显偏大，属 N-S 紊流流态，所以在导水裂隙带轮廓线附近水体由含水层原岩进入导水裂隙岩体将经历"层流-紊流"的突变状态。

（3）低-强渗流过渡区。在导水裂隙带两侧边界压剪裂隙进入破断贯通裂隙时，发生 Dacy/Forchheimer 流转为 N-S 紊流的转变状态。

（4）跨层渗流状态调整区。采动漏失水体经由导水裂隙穿越某一岩层上下界面后，受相邻岩层间离层空间发育影响，从各区域裂隙流出的水体会在离层区重新达到另一流动状态；也就是说，进入下一岩层裂隙进口处的水流动状态已不再等同于上一岩层对应裂隙出口处的水流动状态。尤其是在水体流动穿越开采边界附近对应关键层上下界面后，关键层底界面离层发育最为明显且空间较大，裂隙导水流动特性重现突出。

其中，开采工作面边界附近的导水主通道破断张拉裂隙区则为紊流区的渗流，两侧边界处的压剪裂隙区为 Dacy/Forchheimer 流区，两者交界区域则为流态转换区，决定了导水裂隙带水平渗流特性和层流汇聚效果；开采工作面中部区通常属于闭合裂隙区，受压实程度不同多呈现层流状态。

4. 导水主通道渗流性的岩性硬度影响

前述研究已得出，岩性软硬变化会对覆岩导水裂隙带演化及其轮廓范围产生影响，无疑也会同时影响到覆岩导水主通道的分布及其渗流特性。比较两种典型采动覆岩情景（敏东一矿软岩类覆岩和万利一矿的中硬岩类覆岩）模拟计算结果，覆岩水平变形程度分布具有较大的差异（图 4-23），可见，中硬岩条件下导水裂隙发育不仅在侧向偏移上明显偏大，在开采工作面边界附近处的显著发育区域分布范围也明显偏宽，这就造成其中部压实区范围要相对偏小。

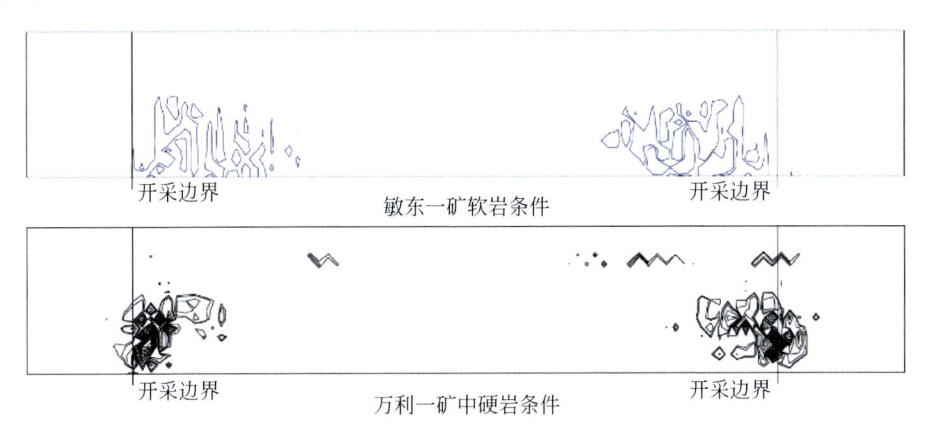

图 4-23 不同岩性条件对应导水裂隙发育差异对比

基于导水裂隙主通道分布模型可进一步得出，中硬岩条件下开采边界附近的压剪裂隙区及张拉裂隙区分布范围明显偏大，而中部压实区的贴合裂隙分布范围偏小。考虑到开采边界附近的张拉裂隙区即为覆岩导水主通道分布区，可见软岩条件下覆岩导水主通道的分布范围要相对偏小。

对于导水裂隙的渗流性差异，考虑到其主要与裂隙的发育形态及其宏观发育尺度有关，对比两者模拟条件下开采边界附近张拉裂隙的开度时发现，软岩开采条件下，处于开采边界附近的张拉裂隙宏观开度仅 1cm 左右，而类似位置处中硬岩条件下发育的张拉裂隙，其宏观开度可达前者的 3 倍（图 4-24）。这表明，软岩条件下，岩层破断产生的张拉裂隙易在采动应力作用下趋于闭合，软岩的塑性流变、遇水软化、泥化，以及岩层破断步距的短小都对这种促进闭合作用更显著，因而其导水流动性更弱。

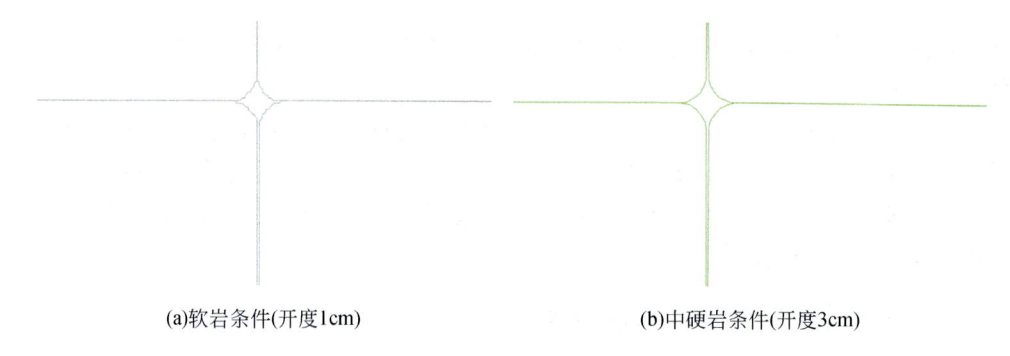

(a)软岩条件(开度1cm)　　　　　　　　　(b)中硬岩条件(开度3cm)

图 4-24　岩性软硬对裂隙发育开度的影响

4.3　地下水库储水系数研究

煤矿地下水库主要利用采空区破断垮落岩体间的自由空隙空间储水，水库库容即是采空区垮裂岩体的自由空隙量可储水范围，储存介质的赋水能力决定了库容大小。研究地下水库储水系数有助于指导矿井地下水库的科学选址。

4.3.1　地下水库储水空间物理模型

煤矿地下水库储水空间是以导水裂隙带和开采工作面采空区为区域形成的可储水区域，其中既包含垮落带破碎岩块间的自由空隙，还可能包括裂隙带岩体的采动裂隙空间量（横向离层裂隙和竖向破断裂隙）（图 4-25）。覆岩采动破坏后产生的自由空隙不仅与煤层开采尺寸有关，还与覆岩物理、力学禀赋特征及其破断垮落形态等因素密切相关，且当开采煤层存在一定倾角时，其自由空隙分布范围将呈现不规则、非对称状，所以不同地质条件、不同开采参数下形成的采空区，其储水能力也有所不同。研究表明储水能力有以下特点：

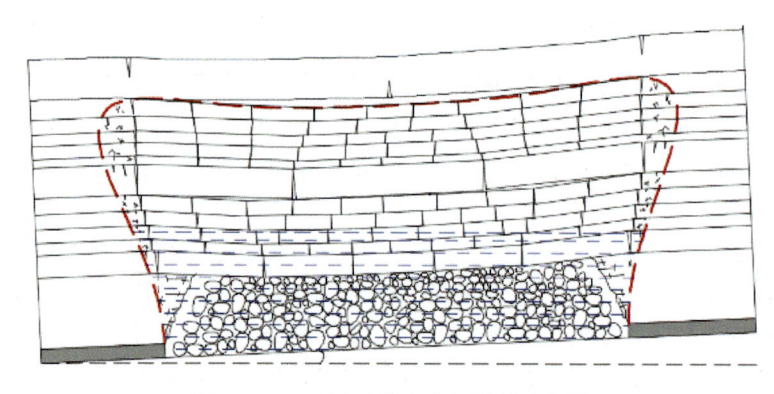

图 4-25　地下水库储水空间模型示意图

（1）空隙度大小决定了单位体积的储水能力。采空区储水空间主要为垮落带破碎岩块间的自由空隙以及裂隙带岩体的采动裂隙空间量，这些空隙量大小直接决定了地下水库的储水能力。同时，受采动覆岩横、纵向垮裂形态差异的影响，不同区域垮裂岩体的空隙度分布有所不同，所以，处于覆岩导水主通道分布范围的自由空隙应是地下水库储水的富集区。

（2）导水裂隙带的高度和贯通程度决定了储水的水位高度。采动覆岩垮裂带范围自由空隙连通且空隙量可观，是地下水库储水的有效区域，因而导水裂隙带的发育高度直接决定了储水的极限水位，超出这一高度后，由于弯曲下沉带与导水裂隙带之间相对隔离，继续储水势必引起水压突增，这对地下水库安全运行显然不利。此外，采空区四周煤岩体及隔水坝体的承载强度也是制约极限储水位的重要因素，应以确保围岩不发生渗水或强度失稳为宜控制水位。

（3）采空区大小及煤层倾角决定了可储水空间的基本面积。采空区大小及煤层倾角直接决定了储水的平面覆盖范围，其中尤以倾角影响较为显著。显然，煤层倾角越小、采空区面积越大，对应储水覆盖范围越广，因而仅需较低水位便可获得较大的储水量。若采空区大部分区域煤层倾角普遍偏大，则水体将聚集于地势偏低处，较少的储水量则会带来较高的水位，这不仅对地下水库安全运行不利，也影响储水的循环调用。

4.3.2 采动区储水介质空隙量分析

采动区导水裂隙和垮落区是采动后形成的主要储水空间，前者以裂隙空隙为主，后者则以垮落破碎岩石的空隙为主，实际可储水空间则是二者之和。由于两者空隙状态具有较大的差异，各自的岩性结构状态决定了其可储水空隙总量。

1. 垮落带破碎岩体空隙量

覆岩垮落带破碎岩体的空隙量，是指按照垮落带空间大小减去进入垮落带岩体体积量得到的。垮落带空间发育形态及其包络的空间大小是确定其中可供水资源蓄存的空隙总量的关键。

一般而言，覆岩垮落带为第一层关键层（即老顶）以下范围（特殊情况如特大采高时，第一层关键层也会进入垮落带，相应垮落带范围为第二层关键层以下范围），即工作面开采范围内由边界煤岩体、关键层 1，以及煤层底板构成的空间范围就可视为覆岩垮落带范围（图 4-26）。

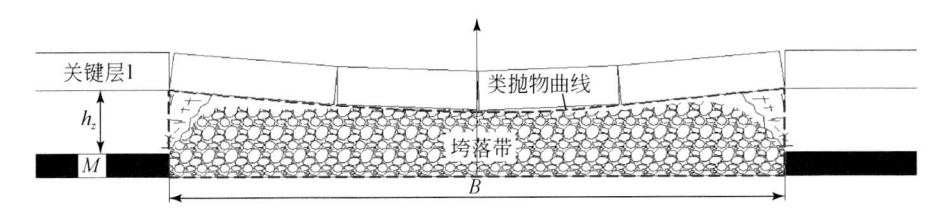

图 4-26 覆岩垮落带空间形态剖面

研究覆岩关键层 1 破断回转后呈现的下沉盆地形态，采用建立数学模型或其函数表达式，是快速评估垮落带空间大小的基础。开采工作面推进是一个持续的过程，采动覆岩也从局部垮落到完全垮落状态，显示为未充分采动状态和充分采动状态，采动覆岩关键层也处于不同的状态，其沉陷状态影响着采动裂隙的发育［图 4-27（a）(b)］。大量模拟实验结果表明，覆岩关键层 1 破断回转稳定后，其下沉盆地剖面曲线呈现类似抛物线形态，且煤层采动充分状态不同，对应类抛物曲线形态也有所不同［图 4-27（c）］。

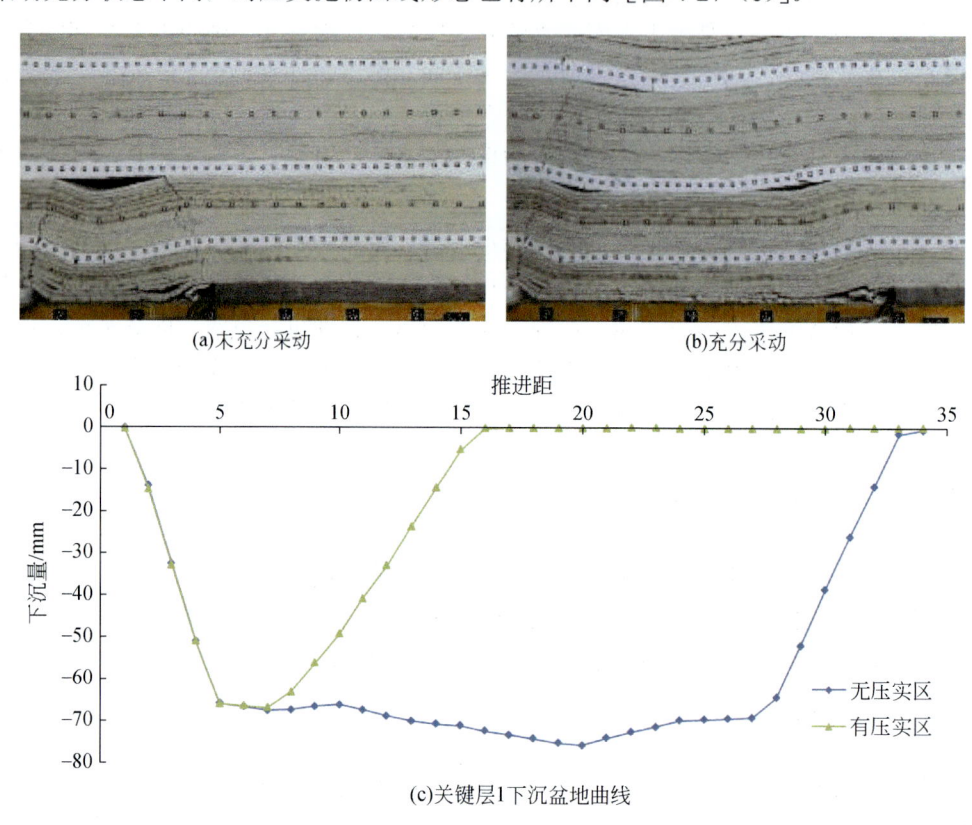

(a)未充分采动

(b)充分采动

(c)关键层1下沉盆地曲线

图 4-27 覆岩关键层 1 下沉盆地剖面曲线的模拟结果

图 4-27 显示，当工作面开采范围较小而处于非充分采动状态时，关键层 1 下沉曲线呈现抛物线状；而当开采范围增大使得覆岩处于充分采动状态时，关键层 1 下沉曲线呈现中部平缓的类抛物曲线，平缓段宽度对应垮落带的压实区宽度。垮落带自由空隙大部分集中于四周边界附近未压实区，而在压实区，由于岩块间挤压堆积紧密、上覆载荷作用较大，其中的空隙量相对偏小。

据此，设 z 为关键层的沉降量，B 为工作面倾向宽度，h_z 为直接顶厚度，$D_{压实}$ 为垮落带中部压实区宽度，K'_p 为压实区岩体残余碎胀系数，覆岩关键层 1 建立以工作面中心为对称轴的类抛物曲线函数模型，表达关键层 1 的沉降空间分布特性（图 4-28）。

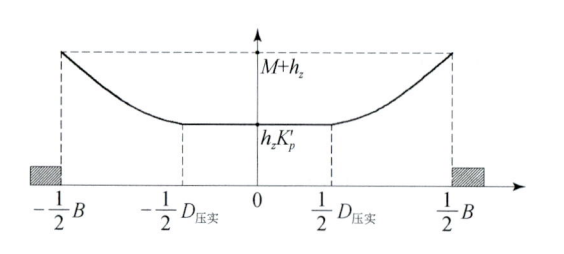

图 4-28 覆岩关键层 1 下沉曲线模型

此时，该类抛物曲线的函数表达式为

$$z = f(x) = \begin{cases} 4\dfrac{M+(1-K'_p)h_z}{(B-D_{\text{压实}})^2}x^2 - 4D_{\text{压实}}\dfrac{M+(1-K'_p)h_z}{(B-D_{\text{压实}})^2}x \\ +\dfrac{M+(1-K'_p)h_z}{(B-D_{\text{压实}})^2}D_{\text{压实}}^2 + h_zK'_p, \quad \dfrac{1}{2}D_{\text{压实}} < x < \dfrac{1}{2}B \\ h_zK'_p, \quad -\dfrac{1}{2}D_{\text{压实}} < x < \dfrac{1}{2}D_{\text{压实}} \\ 4\dfrac{M+(1-K'_p)h_z}{(B-D_{\text{压实}})^2}x^2 + 4D_{\text{压实}}\dfrac{M+(1-K'_p)h_z}{(B-D_{\text{压实}})^2}x \\ +\dfrac{M+(1-K'_p)h_z}{(B-D_{\text{压实}})^2}D_{\text{压实}}^2 + h_zK'_p, \quad -\dfrac{1}{2}B < x < -\dfrac{1}{2}D_{\text{压实}} \end{cases} \quad (4\text{-}24)$$

其中，参数 $D_{\text{压实}}$ 可按照工作面走向推进长度与覆岩主关键层初次破断距之差（或工作面倾向宽度与 2 倍的覆岩主关键层弧形三角块长度之差）进行计算，残余碎胀系数 K'_p 则可通过实验室测试或者现场覆岩内部岩移实测获得。研究利用神东矿区大柳塔煤矿中硬岩采动覆岩内部岩移实测结果为依据，通过试验测定各种岩性的残余碎胀系数（表 4-7），其直接顶残余碎胀系数为 1.05。

表 4-7 煤矿中常见岩石的碎胀系数和残余碎胀系数

岩石种类	碎胀系数 K_p	残余碎胀系数 K'_p
砂	1.06~1.15	1.01~1.03
黏土	<1.2	1.03~1.07
碎煤	<1.2	1.05
黏土页岩	1.1	1.1
砂质页岩	1.6~1.8	1.1~1.15
硬砂岩	1.5~1.8	—

所以，覆岩垮落带的整体空间大小可表示为

$$\begin{aligned} V_k &= L\int_{-\frac{1}{2}B}^{\frac{1}{2}B} f(x)\mathrm{d}x + \frac{1}{3}[(M+h_z)B - \int_{-\frac{1}{2}B}^{\frac{1}{2}B} f(x)\mathrm{d}x] \times \left(\frac{B}{2} - \frac{D_{\text{压实}}}{2}\right) \times 2 \\ &= L\int_{-\frac{1}{2}B}^{\frac{1}{2}B} f(x)\mathrm{d}x + \frac{(B-D_{\text{压实}})}{3}[(M+h_z)B - \int_{-\frac{1}{2}B}^{\frac{1}{2}B} f(x)\mathrm{d}x] \end{aligned} \quad (4\text{-}25)$$

若不考虑垮落带岩石自身体积膨胀效应，垮落带内空隙量 V_p 可表达为

$$V_p = V_k - Bh_zL \quad (4\text{-}26)$$

式中，L 为储水空间范围内对应工作面推进长度。

2. 裂隙带破断岩体空隙量

采动覆岩裂隙带的空隙量，是指采动裂隙形成的开放空间。裂隙带的空间发育形态及其包络的空间大小是确定其可储水空隙总量的关键。

通常，按照裂隙发育实际状态区计算空隙量是十分困难的，大多采用不同覆岩岩性结构状态下的采动过程物理模拟试验观察采动裂隙发育状态。图 4-29 所示物理模拟试验结果是针对中硬岩条件下加宽工作面设计的（模拟采高 4m、工作面宽度 300m），可见处于裂隙带内的破断岩体的空隙主要赋存于开采边界两侧（即"O"形圈内），其中包括两层关键层间各层软岩之间的层理碎胀空隙，以及关键层与其下部软岩间的离层空隙。图 4-29（b）为距切眼不同位置对应覆岩离层裂隙与竖向破断裂隙的分布密度曲线（采用摄影测量方式获取），离层裂隙是指相邻岩层间的层理裂隙，即水平裂隙，而竖向破断裂隙则是岩层周期性张拉破断产生的裂隙，即竖向裂隙。由于竖向裂隙的空间量相对较小，仅考虑对离层裂隙的空间量进行计算。

(a)物理模拟结果　　　　　　(b)裂隙分布密度曲线

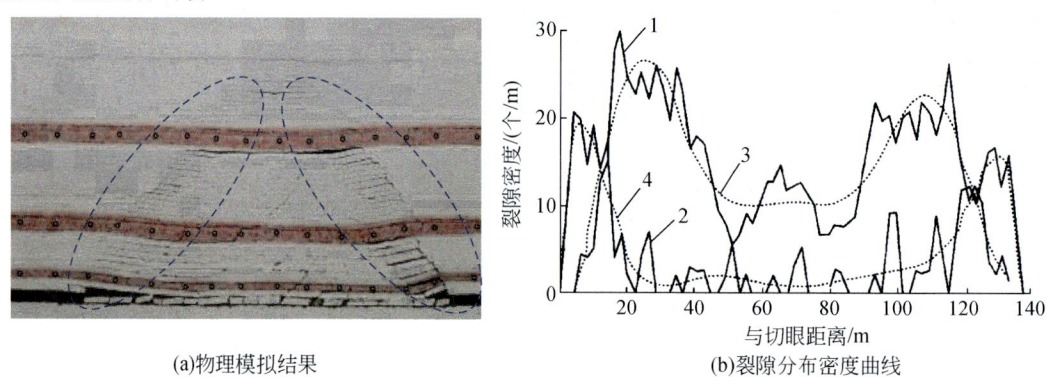

图 4-29　采空区破坏岩体裂隙空间分布特征

1. 水平离层裂隙；2. 竖向破断裂隙；3. 水平离层裂隙的拟合曲线；4. 竖向破断裂隙的拟合曲线

层理碎胀裂隙是发育在不同岩层之间，在覆岩沉降过程中形成，且以水平状态为主的岩石碎胀空间。考虑多层关键层存在时，总碎胀空间是各关键层之间的碎胀空间总和。此时，第 i 层关键层与第 $i+1$ 层关键层之间的软岩间的层理碎胀裂隙可按下式计算：

$$V_{i1}=(B-D_{压实})\sum \Delta_i L_t \tag{4-27}$$

式中，$\sum \Delta_i$ 为第 i 层关键层与第 $i+1$ 层关键层之间被水浸泡高度 $\sum h_i$ 范围内的软岩的层理间隙量，$\sum \Delta_i = (K_p-1)\sum h_i$，$K_p$ 同样可通过现场覆岩内部岩移实测获得。

对第 $i+1$ 层关键层底界面与下部软岩形成的离层空隙可按图 4-30 所示的物理模型计算。此时，设第 $i+1$ 层关键层的破断回转下沉量为 Δ_{i+1}，其空隙量可表达为

$$V_{i2}=\frac{1}{2}\Delta_{i+1}(\sqrt{l_{i+1}^2-\Delta_{i+1}^2}-\sqrt{l_i^2-\Delta_i^2})S_t \times 2 = \Delta_{i+1}(\sqrt{l_{i+1}^2-\Delta_{i+1}^2}-\sqrt{l_i^2-\Delta_i^2})L_t \tag{4-28}$$

图 4-30　第 i 层关键层底界面下部的离层空隙模型

所以，裂隙带破断岩体的空隙量 V_l 可表示为

$$V_l = \sum(V_{i1}+V_{i2}) \tag{4-29}$$

3. 采动区储水介质极限容量计算

采动区可储水空间极限储水总容量即考虑极限水位之内的破坏岩体空隙与岩石吸水量之和，对垮落带和裂隙带浸泡岩体的体积进行计算时，应考虑煤岩层沿走向的倾角进行积分计算。以煤层走向为 y 轴，其垂直方向为 z 轴，建立模型。当可储水空间所能承受的极限储水水位 h_j 不同时，对应采空区浸水空间范围也不同（图 4-30）。

（1）当极限储水水位低于覆岩垮落带高度时 [图 4-31（a）]，其浸水范围包括以下 3 个部分。

$(0, L_1)$ 范围内处于垮落带压实高度线（$z = h_z K'_p$）以下范围，利用工作面倾向方向覆岩垮落带形态函数 $z=f(x)$，该范围体积量可计算为

$$V_{1a} = L \int_{-x_1}^{x_1} f(x) \mathrm{d}x$$

式中，$-x_1$、x_1 为水位线与垮落带在倾向方向的类抛物曲线交叉点对应的倾向位置，即 $z_1=f(x_1)$。

$(0, L_1)$ 范围内处于垮落带压实高度线（$z = h_z K'_p$）以上与水位线之间范围，根据图 4-31 所示的几何模型可计算为（图 4-32）：

$$V_{1b} = \frac{1}{3}L_1[2z_1 x_1 - \int_{-x_1}^{x_1} f(x) \mathrm{d}x]$$

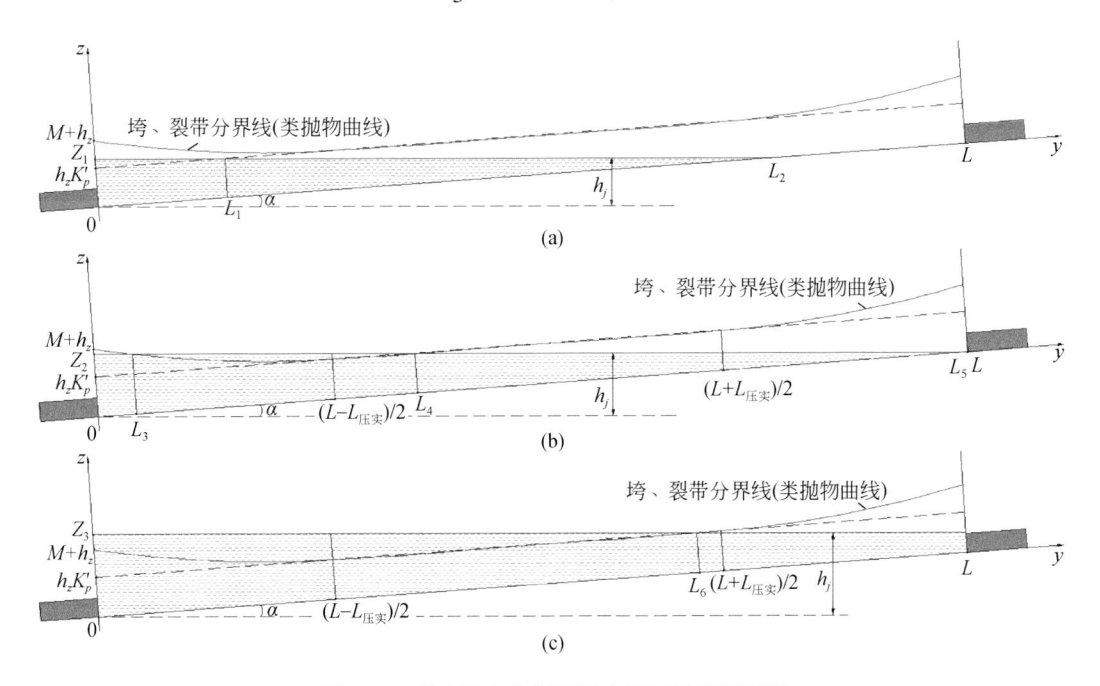

图 4-31 采空区走向剖面浸水区域计算模型图

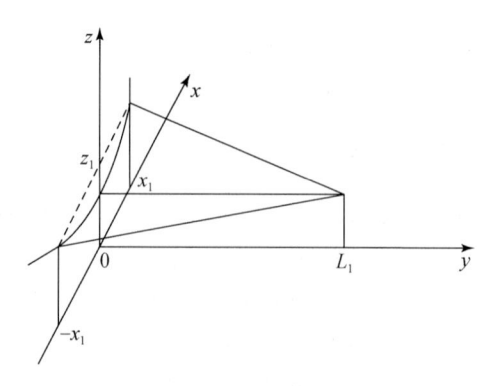

图 4-32 V_{1b} 计算几何模型图

（L_1，L_2）范围内处于垮落带压实高度线（$z=h_zK'_p$）以下范围的浸水空间，可计算为

$$V_{1c} = \int_{L_1}^{L_2} B(L_2-y)\tan\alpha \mathrm{d}y$$

所以，此类情况下的浸水空间总体积为 $V_{1z}=V_{1a}+V_{1b}+V_{1c}$。而处于该范围内的垮落直接顶岩体的体积则可按照浸水空间占垮落带空间总体的比值进行换算，即结合式（4-25）可表示为

$$V_{1s} = \frac{V_{1z}}{V_k}Bh_zL$$

如此，此类情况下采空区空隙的储水体积可表示为

$$V_1=V_{1z}-V_{1s} \tag{4-30}$$

（2）当极限储水水位与覆岩垮落带类抛物曲线交叉时［图 4-31（b）］，其浸水范围包括垮落带和裂隙带两大部分。

垮落带内浸水范围总体积按照前一种情况可类比计算为

$$V_{2z} = L_4\int_{-x_2}^{x_2}f(x)\mathrm{d}x + \frac{1}{6}(L-L_{压实})[2z_2x_2-\int_{-x_2}^{x_2}f(x)\mathrm{d}x] + \int_{L_4}^{L_5}B(L_5-y)\tan\alpha \mathrm{d}y$$

式中，$-x_2$、x_2 为水位线与垮落带在倾向方向的类抛物曲线交叉点对应的倾向位置，即 $z_2=f(\pm x_2)$。对应该类情况下垮落带空隙的储水体积为

$$V_{2a} = V_{2z} - \frac{V_{2z}}{V_k}Bh_zL$$

对于裂隙带内浸水范围中的空隙储水体积，根据走向剖面上是否处于压实区而分为 2 个部分：

$y=L_3 \sim (L-L_{压实})/2$ 区间，其空隙储水体积量可表示为

$$\int_{L_a}^{(L-L_{压实})/2} B[z_2-y\tan\alpha-f(y)](K_p-1)\mathrm{d}y$$

式中，$f(y)$ 为垮落带类抛物曲线在走向方向上的函数表达式，可与式（4-24）同理确定。

$y=(L-L_{压实})/2 \sim L_4$ 区间，其空隙储水体积量可表示为

$$\int_{(L-L_{压实})/2}^{L_4}(B-D_{压实})[z_2-y\tan\alpha-f(y)](K_p-1)\mathrm{d}y$$

需要说明的是，考虑到垮裂带分界线即为覆岩第一层关键层所在位置，且关键层存在

一定的厚度，因此，若极限水位线处于关键层 1 上下界面之内，则其中的储水空隙可忽略不计。此外，当极限水位线处于上部第 2 层关键层底界面附近时，上述公式中还需考虑式（4-28）计算的空隙体积量。

由此，裂隙带内浸水范围的空隙储水体积为

$$V_{2b} = \int_{L_a}^{(L-L_{压实})/2} B[z_2 - y\tan\alpha - f(y)](K_p - 1)\mathrm{d}y$$
$$+ \int_{(L-L_{压实})/2}^{L_4} (B - D_{压实})[z_2 - y\tan\alpha - f(y)](K_p - 1)\mathrm{d}y$$

如此，此类情况下采空区空隙的储水体积可表示为

$$V_2 = V_{2a} + V_{2b} \tag{4-31}$$

（3）当极限储水水位超出覆岩垮落带类抛物曲线交叉时[图 4-31（c）]，同理，其浸水范围也包括垮落带和裂隙带两大部分。

垮落带内浸水范围总体积按照前一种情况可类比计算为

$$V_{3z} = L_6 \int_{-\frac{B}{2}}^{\frac{B}{2}} f(x)\mathrm{d}x + \frac{1}{6}(L - L_{压实})[B(M + h_z) - \int_{-\frac{B}{2}}^{\frac{B}{2}} f(x)\mathrm{d}x] + \int_{L_6}^{L} B(z_3 - y)\tan\alpha \mathrm{d}y$$

对应该类情况下垮落带空隙的储水体积为

$$V_{3a} = V_{3z} - \frac{V_{3z}}{V_k} Bh_z L$$

对于裂隙带内浸水范围中的空隙储水体积，与上述情况类似，同样根据走向剖面上是否处于压实区而分为 2 个部分，其空隙总体积为

$$V_{3b} = \int_0^{(L-L_{压实})/2} B[z_3 - y\tan\alpha - f(y)](K_p - 1)\mathrm{d}y$$
$$+ \int_{(L-L_{压实})/2}^{L_6} (B - D_{压实})[z_3 - y\tan\alpha - f(y)](K_p - 1)\mathrm{d}y$$

如此，此类情况下采空区空隙的储水体积可表示为

$$V_3 = V_{3a} + V_{3b} \tag{4-32}$$

综合上述各分量分析采动区内极限储水水位范围内的空隙总量，则可得到可储水区域，也是地下水库构建区的极限总储量为

$$\sum V = V_1 + V_2 + V_3 \tag{4-33}$$

4.3.3 地下水库的储水系数分析

1. 地下水库储水系数界定

地下水库储水系数即采空区储水空间范围内可储水空间的比例，其实际表征了储水空间范围内垮落带和裂隙带岩体内自由空隙体积占储水空间总体积的比例。实际储水系数和采动覆岩条件、顶板垮落状况、裂隙发育密度等有关。

为便于理解分析，结合上述物理模拟和数学模型计算分析，设 V 为裂隙带破断岩体的空隙总量，S 为采空区储水范围在走向垂直剖面上覆盖面积，D 为采空区倾向延伸长度，

此时储水系数 ξ 可简化为

$$\xi = a\frac{V}{SD} \tag{4-34}$$

式中，a 为与覆岩岩性及其软硬特性等因素有关的调整系数函数。实际确定储水系数时，关键是要根据工作面开采参数（采高、工作面尺寸等），结合煤层厚度、覆岩结构地质条件与采空区孔隙度的关系确定采空区储水范围。也可通过类似地质及开采条件区域已有采空区的疏放水试验观测，基于水量与采空区尺寸估算该区域的储水系数，验证该类采动覆岩地质条件下计算的可靠性及误差。

2. 不同类型储水介质对储水系数影响

显然，采动覆岩的岩性软硬程度控制着采动裂隙发育程度，硬岩条件是裂隙发育范围大和裂隙空隙空间大，采动导水裂隙的分布及其发育范围也对地下水库的储水系数产生影响。而在垮落带的破碎岩体岩性呈现泥质成分偏多的软岩特性时，在储水过程中还易发生遇水膨胀现象，从而进一步压缩其中的自由储水空隙。

研究以采动覆岩是软岩条件为例，具体分析岩性对地下水库储水系数的影响变化。根据上述库容计算模型，敏东一矿 E02 工作面采动覆岩，当不考虑软岩遇水膨胀特性时，按照神东矿区中硬岩条件下的地下水库案例，其储水水位一般在 10m 左右，储水容量为 30 万～37 万 m^3，对应储水系数为 0.09～0.11。当考虑垮落带破碎软岩的遇水膨胀作用时，根据 E02 工作面覆岩柱状，在工作面实测的 36.65m 高度垮落带范围内，泥岩及薄煤层的厚度占据了 54.6%，且煤岩层的分层厚度普遍小于 2m。显然，泥岩遇水膨胀作用压缩了储水空间。

研究采用井中现场破碎岩石采样和实验室实测方法，具体测试泥岩遇水膨胀作用对储水空间的压缩作用。通过敏东一矿采空区现场采集水、岩样，进行了泥岩遇水膨胀作用的室内实验（图 4-33）。实验发现，垮落泥岩遇水后不仅会发生显著的体积膨胀现象，还会出现崩解、泥化的现象；且一般在浸水 1h 左右达到最大膨胀体积。不同岩样的遇水膨胀率测试结果见图 4-34，4 个样品测试得到的遇水膨胀率为 23.6%～64.9%，平均为 45.4%。可见，软岩条件下垮落泥岩遇水膨胀现象显著，大幅降低了空隙量，与中硬岩覆岩条件相比，软岩覆岩时采空区的储水系数较中硬岩条件将明显减小。

图 4-33 敏东一矿采空区垮落泥岩的遇水膨胀实验

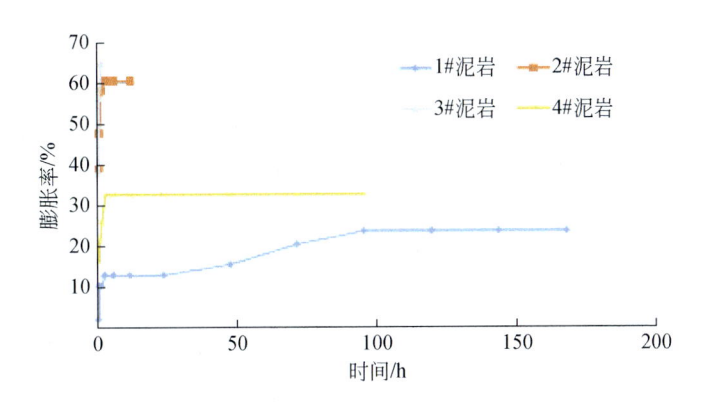

图 4-34 敏东一矿采空区垮落泥岩遇水膨胀率测试结果

据此对上述采空区储水库容的计算结果进行泥岩遇水膨胀影响后的修正。根据 E02 工作面钻孔柱状的揭露结果,在储水水位 10m 的范围内,泥岩占据的厚度平均为 0.98m;除去这 0.98m 厚泥岩遇水膨胀的体积,即采空区注水浸泡后的最终储水体积。由此计算得出,考虑 E02 工作面采空区垮落泥岩遇水膨胀作用后的储水库容量为 14.2 万~21.2 万 m³,对应储水系数为 0.04~0.06。可见,在本案例敏东一矿软岩地层条件下,地下水库储水系数的调整系数 a 大致为神东开采地质条件下的一半。

本章针对井工矿利用采空区构建地下水库储水部位及可储水空间分布,采用模型分析与现场测试相结合的方法,研究导水裂隙演化、裂隙导水渗流,以及垮裂带储水介质空隙分布等问题,结果表明:煤层开采引起的覆岩导水裂隙发育受控于采动覆岩关键层的破断运移,导水裂隙的发育高度随关键层的破断而呈台阶跳跃上升规律;仅当关键层的破断裂隙上下贯通而导水时,其所控制的岩层才产生贯通裂隙而导水,相应导水裂隙带高度跃升至上部邻近关键层底界面。通过对岩层压剪破坏和破断张拉破坏产生不同类型导水裂隙的水流动特征的力学建模分析,构建了地下水随导水裂隙流失的主通道分布模型,分析表明,导水裂隙主通道分布于开采边界附近的上端张拉裂隙和下端张拉裂隙分布区,其他区域因裂隙开度小、裂隙间联通度不高等因素影响,导水能力相对偏弱。同时,岩性越软,导水裂隙主通道分布范围越小,裂隙渗流能力越低;基于采动覆岩裂隙分布的"O"形圈理论模型和垮落带类抛物空间形态模型,构建了考虑煤层倾角条件下的垮裂带储水空隙量计算模型,依据储水水位在垮裂带内的不同位置,建立了地下水库储水空间物理模型、储水容量和储水系数确定方法,为东部草原区典型软岩区井工矿地下水库构建可行性分析与现场实施提供了理论指导。

第 5 章　采动覆岩导水裂隙带自修复机制与促进方法

　　大型井工煤矿高强度开采引发的导水裂隙带具有影响深度较浅和地表生态损伤面积大的特点，通过人工控制和引导减损提高采动覆岩导水裂隙带的"自修复"能力是有效保护含水层和降低开采生态影响的重要途径。现场实测与工程实践发现，煤层开采引起的破坏覆岩，在一定条件下会产生一定程度的"自我恢复"效应（称为自修复），出现破碎岩块的胶结成岩以及破断裂隙的弥合，甚至尖灭等现象，从而使得覆岩导水裂隙发育范围减小、区域水源水位回升。例如，厚煤层分层开采中利用"再生顶板"进行下分层顶板管理的开采实践，就说明了上分层冒落岩块的自胶结成岩现象。再如，神东矿区补连塔煤矿 1^{-2} 煤四盘区开采时，覆岩导水裂隙直接发育至基岩顶界面，导致地表水文观测钻孔内水全部漏失，但随工作面开采的继续推进，钻孔内观测水位出现逐步恢复现象。采用高精度四维地震多属性探测方法获得的采前、采中、采后，直至稳定状态下地下水赋存环境变化特征，发现在应力场作用下裂隙带原岩结构具有自修复倾向，覆岩含水性分布变化结果也验证了采动破坏岩体裂隙自修复的现象。可见采动破坏覆岩自修复是现实存在的客观现象，而揭示其发生机理与作用规律对采动区域含水层保护与生态修复具有重要的指导意义。本章将在深入分析导水裂隙自修复机制基础上，采用模拟实验方法研究自修复机理及控制因素，提出利于或促进裂隙自修复的地下水保护方法，为大型井工煤矿高强度开采生态减损提供借鉴和参照。

5.1　采动覆岩导水裂隙带自修复机制

5.1.1　自修复的定义及特征

　　"自修复"一词常运用于自然生态、水土保持等研究领域，它是指受破坏或创伤的物体依靠自然界本身存在的各种生物、化学和物理等作用，自行恢复其原有的某些属性的过程或方法。采动覆岩破坏后的自修复实际是地下水、采空区气体、破坏岩体三者的"水-气-岩"物理、化学作用与地层采动应力共同影响的结果（图 5-1），也应属于自然界中自修复的一种。本章所述"自修复"是指受采动破坏的岩体在自然界力量的作用下恢复原岩自有隔水功能的过程，而非恢复到原岩的原始赋存和力学强度状态。

　　在覆岩采动裂隙动态发育过程中，受扰动的地下水以及采空区的 CO_2、SO_2、H_2S 等气体将通过导水（气）裂隙通道流散并与破坏原岩发生充分反应，岩石中的元素受溶解和溶蚀等作用发生迁移与富集，导致原岩结构被破坏而发生泥化、软化，并生成次级矿物及新的结晶沉淀物。如此，在采动地层应力的压实和水平挤压作用下，受软化的破坏原岩发生流塑变形并压密采动裂隙；生成的次级矿物和结晶沉淀物则直接充填、封堵采动裂隙、孔隙等缺陷。通过长时间的累积作用后，采动覆岩一定范围内的裂隙将发生弥合与尖灭，最终恢复原岩的隔水性能，阻止区域水源的漏失（图5-1）。导水裂隙带自修复的显著特征如下所述。

（1）显著分区性。根据第4章的研究结果，覆岩不同区域导水裂隙在发育形态及其导流特性上都存在不同差异（图4-22），这种差异性也决定了导水裂隙带自修复后的分区性。在图4-22所示压剪裂隙区和贴合裂隙区，裂隙宏观开度偏小、水流扰动程度偏低，上述自修复过程中产生的次生矿物或结晶沉淀物易积累沉积在裂隙通道中，裂隙受堵实现修复所需的时间相对偏短。而在破断张拉裂隙发育的导水主通道分布区，裂隙宏观开度大、水流速度快，紊流扰动作用易对产生的衍生物形成冲蚀，从而削弱裂隙自修复效果、延长裂隙修复所需时间。所以，从这一角度看，覆岩导水裂隙带在自修复作用的过程中，其修复区域是具有显著分区性的。

（2）修复作用渐进性。导水裂隙的自修复是裂隙岩体与地下水以及采空区CO_2等气体长期水-气-岩相互作用的结果[图5-1（b）]，需要地下水不断溶解溶蚀裂隙面岩石矿物，才能通过软化、泥化膨胀、离子交换等物理、化学过程形成修复降渗作用，这一过程中尤以溶解溶蚀和离子交换反应所需持续的时间最长，仅当裂隙通道尺寸趋近于0或通道受衍生物等绝对封堵后，才能实现由"导水"向"隔水"转变的自修复作用。

（3）修复过程的控制因素。导水裂隙自修复过程及其作用效果受多重因素影响，其主要宏观控制因素即为水、气、岩三者涉及属性。地下水酸碱性及离子成分等化学特性、采空区气体成分及含量、覆岩岩性及裂隙发育特征等都会形成直接影响。相关因素的影响规律将通过室内实验过程及结果进行讨论分析。

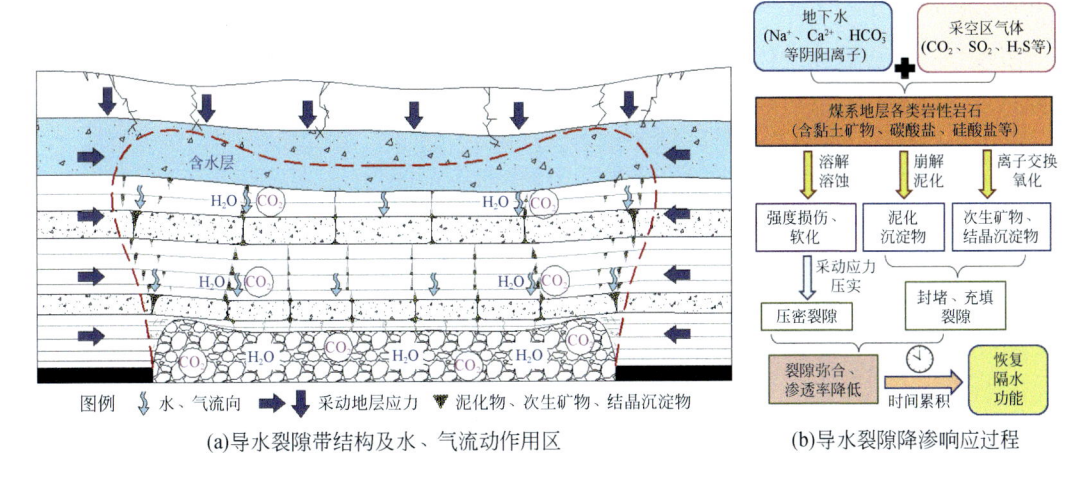

(a) 导水裂隙带结构及水、气流作用区

(b) 导水裂隙降渗响应过程

图 5-1 采动覆岩导水裂隙自修复过程示意图

(a) 中暂用 CO_2 代表采空区中易与水、岩发生反应的气体，采动地层应力的标识只代表方向，不代表应力大小

5.1.2 自修复作用过程

地下含水层受煤层采动破坏后,其漏失水体在导水裂隙通道中流动时会与破坏岩体发生一系列的物理化学反应,随着时间的积累以及采动地层应力的持续作用,覆岩导水裂隙将因压密或封堵作用而降低水渗流能力,最终呈现自修复的现象。采动覆岩导水裂隙的自修复作用的具体形式或物理与化学作用过程,可细化为 3 个方面。

1. 崩解、泥化的物理作用

这种作用主要发生于富含黏土矿物的泥岩类岩石中。蒙脱石、伊利石、高岭石等亲水黏土矿物遇水易发生膨胀、崩解、泥化等现象,膨胀作用使得裂隙空间被逐步压缩,而崩解、泥化产生的泥化物则会充填封堵裂隙空间,从而促使裂隙逐步发生弥合甚至消失。而且,由于黏土矿物中铝氧八面体的 Al—O—H 键是两性的,它在碱性地下水环境中易电离出 H^+,使其表面负电荷增加,导致晶层间斥力增大,促使黏土矿物更易水化膨胀或分散。所以,泥岩类岩石的采动裂隙在碱性地下水环境下更易发生自修复。

2. 溶解、溶蚀的化学作用

地下水在经由导水裂隙通道流动时,会溶解和溶蚀岩石中的元素或矿物成分;经过长时间的累积后,原岩会因结构的破坏而发生软化,而岩石破断裂隙面也会因水流的长期冲蚀作用趋于光滑。如此,在采动地层的垂直压实和水平挤压作用下,受软化的破坏原岩将发生流塑变形并压密采动裂隙,而裂隙面也会因粗糙度的降低更易紧密接触,最终降低裂隙的水渗流能力,如图 5-2 所示。其中,裂隙因岩体流塑变形而被压密的作用一般发生在超前煤岩体因支承压力作用产生的峰后破坏裂隙中;而因裂隙面趋于光滑而贴合紧密的作用一般发生在岩层破断块体的铰接接触面处,对应于岩层周期性破断回转运动产生的断裂裂隙。

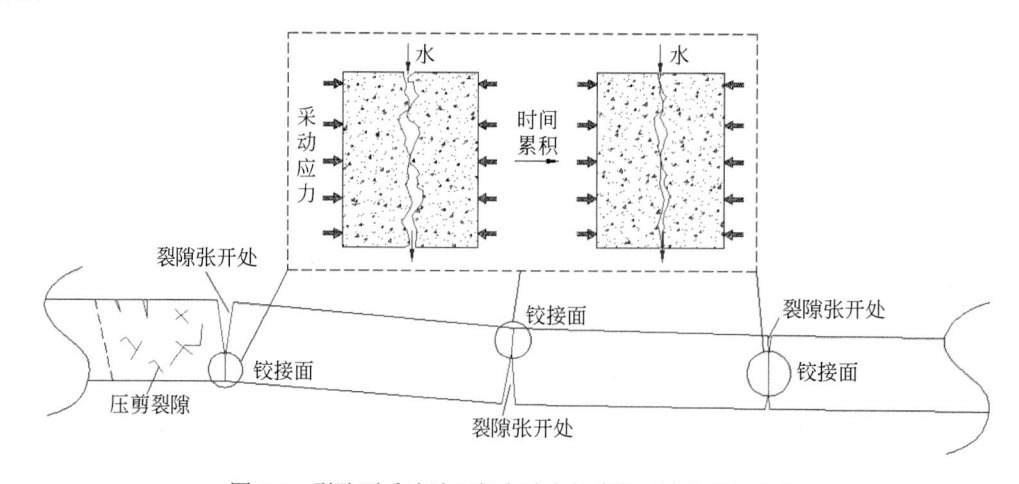

图 5-2 裂隙面受冲蚀而紧密贴合并降低导流性的示意图

3. 离子交换的化学作用

地下水中的阴阳离子和岩石中的一些矿物成分会发生一系列的氧化还原反应，相关反应往往会产生次级矿物或新的结晶沉淀物，这些次级矿物或沉淀物会顺着水流逐渐充填、封堵采动裂隙或孔隙等缺陷，降低破坏岩体的导水能力。例如，长石等原生铝硅酸盐易与采空区逸散的 CO_2 反应生成高岭石等黏土矿物和石英等；岩石矿物中溶解的 Ca^{2+} 可与地下水中的 CO_3^{2-}（或 CO_2）、SO_4^{2-} 生成 $CaCO_3$ 和 $CaSO_4$ 沉淀；菱铁矿、磁铁矿、绿泥石等富铁矿物被弱酸性地下水溶解，易形成 $Fe(OH)_3$ 沉淀，且当 Fe^{2+} 浓度超过 5mg/L 时，生成的 $Fe(OH)_3$ 能催化加速 Fe^{2+} 的氧化反应，促进 $Fe(OH)_3$ 的沉淀与絮凝。

5.2 水-气-岩耦合作用的裂隙渗流影响实验研究

为了进一步验证采动岩体导水裂隙的自修复机制，探究裂隙岩体在水气岩相互作用过程中的降渗规律，研究采用不同岩性、不同裂隙类型的岩样和配制的不同化学特性水溶液，通入 CO_2 等气体，进行水-气-岩耦合作用的裂隙渗流影响实验，揭示导水裂隙自修复过程和规律。

5.2.1 砂质泥岩压剪裂隙岩样实验分析

1. 实验方案设计

实验岩样选择由某煤矿采集的砂质泥岩，通过 X 射线衍射（XRD）测试得到该砂质泥岩主要由石英、菱铁矿，以及黏土矿物等组成，具体成分占比详见表 5-1。首先将岩样加工成直径 5cm，高 10cm 的圆柱形试件，然后将试件放入 MTS 压力试验集中进行人为加载破坏，从而形成含有裂隙的岩石试件，如图 5-3 所示。

表 5-1　实验前后砂质泥岩裂隙面各类矿物成分的变化　　　　（单位：%）

岩石样品		石英	菱铁矿	TCCM（黏土矿物）					
				总含量	伊/蒙间层	伊利石	高岭石	绿泥石	I/S 间层比
实验前岩样		29	52	19	50	12	28	10	25
实验后岩样	方案 1（酸性溶液）	51	21	28	10	4	86	—	15
	方案 2（碱性溶液）	30	51	19	42	11	47	—	18

注：表中所列数据为各类矿物占岩石总矿物成分的相对百分比，而非绝量。I/S 间层比表示伊蒙间层中伊利石的占比。

实验用水溶液采取两种方案，方案 1 为由某煤矿采集的地下水样，方案 2 为根据方案 1 地下水样配置的水溶液。两种方案对应水溶液的主要离子成分及 pH 详见表 5-2。考虑到现场采集的地下水样的水质类型为 HCO_3^--Na 型，且呈弱酸特性；为了对比分析不同酸碱度水溶液对裂隙岩石自修复特性的影响，根据现场水样的化学成分采用 $NaHCO_3$ 试剂进行了水溶液的配置，并控制 pH 使其呈弱碱性。

图 5-3 人为破坏后的裂隙岩石试件

表 5-2 实验前后水溶液主要离子成分与 pH

方案	阴阳离子	Na^+	HCO_3^-	CO_3^{2-}	Cl^-	NH_4^+	Fe^{3+}、Fe^{2+}	K^+	Ca^{2+}	Mg^{2+}	NO_2^-	pH
1（现场水样）	实验前	36.87	162.74	0.05	4.33	0.84	0.09	0.06	13.79	8.60	0.24	6.60
	实验后	88.96	312.42	14.4	9.57	0	0	5.38	24.79	20.55	0	8.12
2（配置水样）	实验前	372.62	899.5	48.74	6.95	1.55	0.07	0.02	2.08	0.26	0.01	8.43
	实验后	465.05	1126.12	99.61	9.36	1.77	0.47	3.49	0.36	0.37	10.5	8.83

注：表中主要离子成分单位为 mg/L。

将裂隙岩石试件的圆柱侧面用硅胶涂抹密封，然后将其封装至水-CO_2-岩相互作用容器中，并用树脂胶对试件与容器之间的空隙进行填充，使得水溶液仅能通过试件的上下面渗流。向容器中倒入水溶液，并用气管插入水溶液中持续供入 CO_2 气体，如图 5-4 所示。考虑到方案 2 水溶液呈碱性，持续通入 CO_2 气体会降低其 pH，影响实验评价目标。因此，仅对方案 1 的现场采集水样通入 CO_2。CO_2 气体的通入流量为 4~6mL/min。

图 5-4 水-CO_2-岩相互作用实验装置

实验过程中间隔 1~2 周打开泄水阀进行裂隙岩石试件的水渗流特性测试，测试完毕后放出水溶液重新倒回容器中，继续水-CO_2-岩相互作用。具体测试时，首先测试水溶液温度并确定其黏度;其次打开泄水阀使水溶液在自重条件下沿裂隙岩样渗流(考虑到裂隙岩样的渗透性相对偏高,故未专门施加水压),根据水溶液渗流时其液面降低一定高度对应的压力梯度、流量和速度,计算岩样的绝对渗透率值。实验结束后(持续约 8 个月),从容器中取出岩石试件、放出水溶液,对裂隙面附近的岩石矿物成分和水溶液离子成分进行测试,并与实验前岩样的矿物成分和水溶液离子成分进行对比,以评价长期水-CO_2-岩相互作用对岩石矿物成分和水溶液离子成分的影响规律。

2. 裂隙岩样物理特征变化

1) 裂隙岩样的降渗特征

经过近 8 个月的水-CO_2-岩相互作用实验,测试得到了砂质泥岩含裂隙试件分别在酸性和碱性溶液条件下的水渗流特征变化规律。结果显示,无论是在酸性溶液还是在碱性溶液条件下,无论水溶液中是否通入 CO_2 气体,裂隙岩石试件随实验时间的绝对渗透率均呈现出逐步下降的现象(图 5-5)。其中:

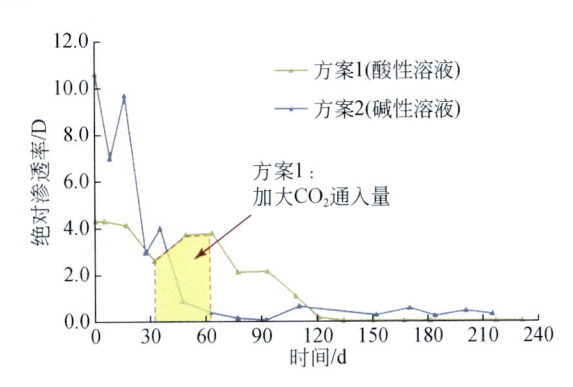

图 5-5 裂隙岩石试件的绝对渗透率变化曲线

(1)方案 1 酸性溶液条件下,在实验的前 120d 时间内,裂隙岩石试件的绝对渗透率由 4.32D[①]逐步降低至 0.185D;而后在后续的 111d 时间内又缓慢降低至最低值 $5.58×10^{-3}$D(仅为初始值的 $1.3×10^{-3}$ 倍);绝对渗透率的递减呈现出明显的分段变化特征。

(2)方案 2 碱性溶液条件下裂隙岩石试件的绝对渗透率也呈现出类似的特征,但在分段变化趋势上又与方案 1 表现出一定的差异。在实验开始的 47d 时间内,绝对渗透率由 10.6D 呈波动式快速降低至 0.871D,继而在后续的 45d 时间内缓慢下降至最低值 0.0769D,而后又在实验末期的 123d 时间内出现绝对渗透率小幅回升现象,其值在 0.233~0.629D 间波动,约 0.431D,为初始值的 $4.1×10^{-2}$ 倍。

(3)虽然两方案对应裂隙岩石均表现出明显的自修复特征,但受水溶液酸碱度的影响,其自修复进程又呈现出明显差异。碱性条件下裂隙岩石的自修复进程相对更快,但其最终的绝对渗透率却明显偏高,相对初始值的下降幅度也明显偏低;且在实验末期还出现了水

---

① 1D=0.986923×10^{-12}m²。

渗透率的反弹现象。这显然是与不同酸碱度水溶液下水-CO_2-岩的相互作用过程紧密相关的,同时也与两者明显不同的初始渗透率有关(方案 2 使用的岩石试件受人为破坏程度更大,裂隙更为发育),具体将在相关部分讨论分析。

值得说明的是,在方案 1 实施过程中,为了探究 CO_2 通入流量是否会对裂隙岩石的自修复进程产生影响,在实验进行的第 2 个月(第 32~63d),将 CO_2 通入量加大至 15~20mL/min,由此造成裂隙岩石试件绝对渗透率明显上升;而后当将 CO_2 通入量恢复至原来的 4~6mL/min 时,裂隙岩石试件的绝对渗透率也相应恢复为递减趋势。可见 CO_2 通入量影响了裂隙岩石的绝对渗透率,选择与裂隙岩石性质适宜的气体,对裂隙岩石自修复进程会有明显的抑制作用。

2)岩样裂隙面矿物组分变化

实验结束后,将裂隙岩石试件由反应容器中取出后发现,无论是方案 1 还是方案 2,试件表面及其裂隙面均附着了一些铁锈或泥质成分的物质(图 5-6),反映出水-CO_2-岩相互作用过程中相关物理、化学作用导致的部分衍生矿物或沉淀物的生成。在裂隙面刮取部分岩样进行扫描电子显微镜(SEM)和 X 射线衍射(XRD)测试发现,裂隙面矿物井田的微观结构及其组分均发生了明显变化。

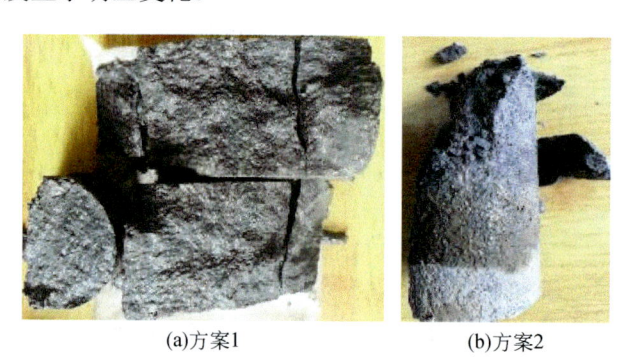

(a)方案1   (b)方案2

图 5-6 实验后裂隙岩石试件表面附着的铁、泥质成分物质

(1)裂隙面矿物晶体的微观结构变化

通过对两方案实验前后对应裂隙面各类矿物的微观结构形态进行扫描电子显微镜测试后发现,在长期的水-CO_2-岩相互作用下,岩石试件裂隙面发生了原生矿物的溶解、溶蚀以及新的衍生矿物或沉淀物出现的现象。

无论是方案 1 酸性溶液还是方案 2 碱性溶液条件下,岩石试件裂隙面的菱铁矿、绿泥石、伊利石或伊/蒙间层等矿物的微观结构形貌都发生了显著改变,矿物晶体受溶解、溶蚀的现象十分明显。如图 5-7 所示,根据其能谱分析的元素构成及微观形貌可判断其为菱铁矿晶体。从中可见,实验前原岩中的菱铁矿晶体表面光滑、棱角分明,但实验后的菱铁矿晶体却呈现出表面粗糙、棱角模糊且有明显溶蚀缺口的现象。而绿泥石以及伊利石或伊/蒙间层矿物晶体也发生了类似的变化(图 5-8、图 5-9)。实验后的绿泥石晶体形态破碎,不像原岩中呈现规整的片状形态,伊利石或伊/蒙间层矿物晶体表面则变得明显粗糙,表明不同的矿物晶体具有显著的差异性。

第5章 采动覆岩导水裂隙带自修复机制与促进方法

元素	重量百分比	原子百分比
C K	14.50	27.37
O K	35.26	49.94
Fe K	42.73	17.34
Mg K	1.50	1.40
Al K	1.36	1.14
Si K	0.75	0.61
Ca K	3.89	2.20

(a)方案1原始岩样　　　　　　(b)图(a)方框处的能谱分析

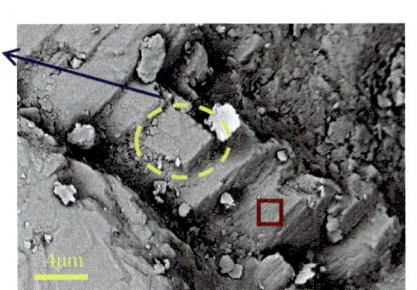

元素	重量百分比	原子百分比
C K	16.65	30.36
O K	34.54	47.27
Fe K	39.84	15.62
Mg K	1.87	1.68
Al K	2.61	2.12
Si K	2.17	1.69
Ca K	2.31	1.26

(c)方案1实验后　　　　　　(d)图(c)方框处的能谱分析

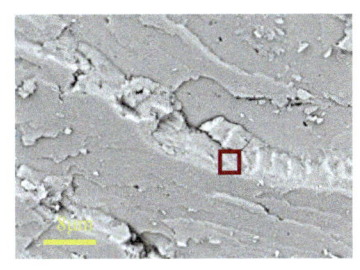

元素	重量百分比	原子百分比
C K	14.00	28.57
O K	30.03	46.02
Fe K	53.54	23.51
Mg K	0.88	0.89
Si K	0.22	0.19
Ca K	1.34	0.82

(e)方案2原始岩样　　　　　　(f)图(e)方框处的能谱分析

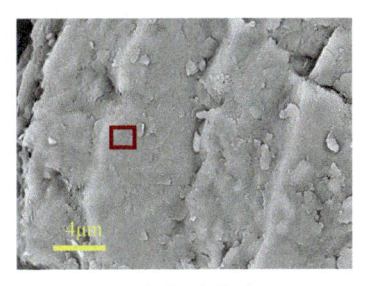

元素	重量百分比	原子百分比
C K	13.38	23.43
O K	44.79	58.90
Fe K	36.38	13.71
Mg K	1.34	1.16
Al K	1.08	0.85
Si K	1.62	1.21
Ca K	1.41	0.74

(g)方案2实验后　　　　　　(h)图(g)方框处的能谱分析

图 5-7　实验前后岩样裂隙面菱铁矿晶体微观形貌的扫描电子显微镜测试结果

图中方框区域元素构成的能谱分析是为了确认所探测区域即为对应矿物，下同

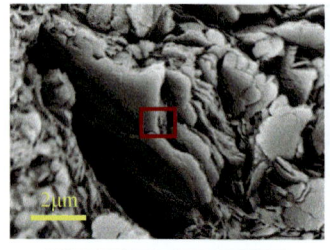

元素	重量百分比	原子百分比
C K	9.51	15.04
O K	50.25	59.64
Al K	15.25	10.73
Si K	17.75	12.00
K K	0.83	0.40
Fe K	6.40	2.18

原始岩样

元素	重量百分比	原子百分比
C K	7.89	12.67
O K	49.41	59.55
Al K	16.90	12.07
Si K	19.94	13.69
Fe K	5.86	2.02

方案1实验后

元素	重量百分比	原子百分比
C K	9.12	14.83
O K	47.59	58.08
Mg K	0.32	0.72
Al K	14.55	10.53
Si K	18.05	12.55
Fe K	9.45	3.30

方案2实验后

图 5-8　裂隙面绿泥石矿物在实验前后的微观结构变化

图片下方表格为对应图片方框部分的能谱分析，下同

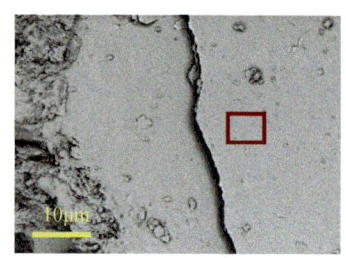

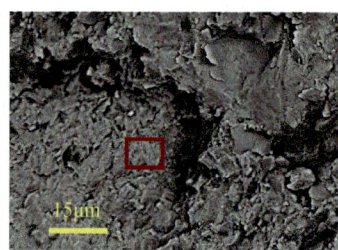

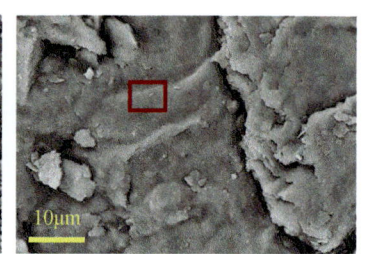

元素	重量百分比	原子百分比
C K	11.64	18.18
O K	45.09	52.88
Al K	18.29	12.72
Si K	22.48	15.02
K K	2.50	1.20

原始岩样

元素	重量百分比	原子百分比
C K	9.03	14.64
O K	42.77	52.06
Al K	19.49	14.07
Si K	25.29	17.53
K K	3.43	1.71

方案1实验后

元素	重量百分比	原子百分比
C K	8.55	13.84
O K	46.29	56.27
Na K	0.85	1.33
Al K	14.57	10.50
Si K	21.87	15.15
K K	3.85	1.91

方案2实验后

图 5-9　裂隙面伊利石或伊/蒙间层矿物在实验前后的微观结构变化

同时还发现，在实验后的裂隙面原生矿物晶体的间隙间，还出现了新的衍生矿物或沉淀物的充填或覆盖现象。如图 5-10 所示，方案 1 实验后在裂隙面原生菱铁矿和石英矿物晶体表面及间隙间发现了新的衍生矿物存在，根据 X 射线能谱分析探测其元素构成的分析结果，可推断其为衍生高岭石矿物（衍生高岭石矿物形态不如原生的规则）；同时，在原生高岭石矿物表面发现有含铁物质的存在，因其形态并非像菱铁矿那样呈规则六面

体状，故推断其为新生成物质，根据能谱分析结果，应为铁的氧化物（如铁锈）。而图 5-11 所示的方案 2 实验后的裂隙面也出现了类似的现象，在原生伊利石或伊/蒙间层矿物晶体表面及间隙间发现了充填的衍生高岭石矿物，在原生片状高岭石矿物晶体表面发现有含铁沉淀物。

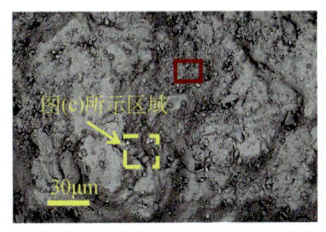

元素	重量百分比	原子百分比
C K	13.96	21.77
O K	41.52	48.61
Al K	18.72	13.00
Si K	24.04	16.03
Fe K	1.75	0.59

(a)菱铁矿晶体间覆盖的高岭石矿物 (b)图(a)红框处能谱分析(高岭石)

元素	重量百分比	原子百分比
C K	10.99	17.82
O K	38.88	48.34
Si K	47.69	33.08
Al K	2.44	0.76

元素	重量百分比	原子百分比
C K	9.81	15.37
O K	46.85	55.10
Al K	18.12	12.64
Si K	25.22	16.90

(c)图(d)方框1处的能谱分析
(原生石英晶体SiO$_2$)
(d)石英矿物晶体间充填的高岭石矿物
(e)图(d)方框2处的能谱分析
(衍生高岭石矿物)

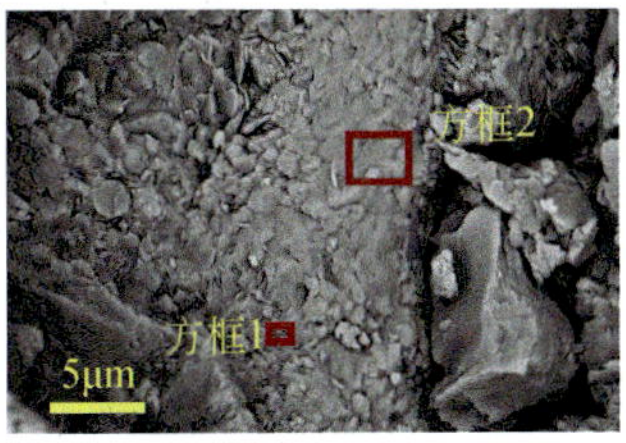

元素	重量百分比	原子百分比
C K	14.28	20.81
O K	53.90	58.99
Al K	14.47	9.39
Si K	17.35	10.82

元素	重量百分比	原子百分比
C K	9.01	16.21
O K	40.32	54.44
Fe K	29.70	14.45
Al K	9.74	7.80
Si K	10.14	7.11

(f)图(g)方框1处的能谱分析
(原生高岭石矿物)
(g)原生片状高岭石矿物上覆盖的含铁沉淀物
(h)图(g)方框2处的能谱分析
(含铁沉淀物)

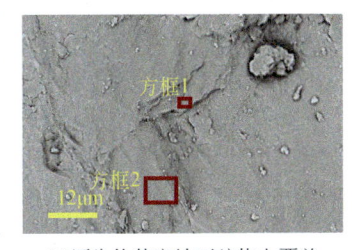

图 5-10　方案 1 实验后裂隙面原生矿物晶体间隙充填的新的衍生物或沉淀物

元素	重量百分比	原子百分比
C K	8.56	13.24
O K	53.83	62.50
Al K	14.07	9.68
Si K	18.18	12.03
K K	3.71	2.15

元素	重量百分比	原子百分比
C K	8.15	13.28
O K	46.12	56.46
Al K	12.28	10.83
Si K	25.80	18.00
K K	3.47	0.74
Fe K	1.96	0.69

(a)图(b)方框1处的能谱分析
(原生伊利石或伊/蒙间层)
(b)原生伊利石或伊/蒙间层矿物晶体间充填的衍生高岭石矿物
(c)图(b)方框2处的能谱分析
(衍生高岭石矿物)

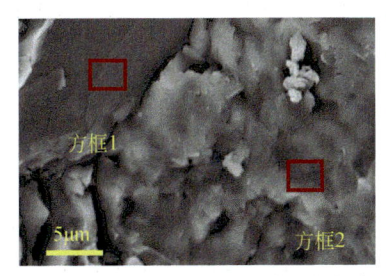

元素	重量百分比	原子百分比
C K	10.14	16.14
O K	47.23	56.42
Al K	14.56	10.99
Si K	19.93	15.57
K K	4.63	0.26
Fe K	1.81	0.62

(d)图(e)方框1处的能谱分析
(原生高岭石矿物)

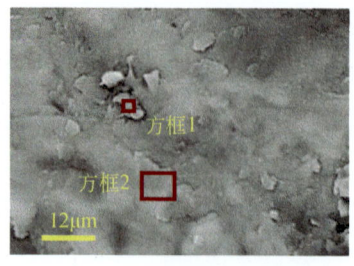

(e)原生片状高岭石矿物上覆盖的含铁沉淀物

元素	重量百分比	原子百分比
C K	13.81	27.11
O K	33.16	48.88
Fe K	47.01	19.85
Mg K	0.71	1.03
Al K	1.22	1.07
Si K	1.34	1.13
Mn K	2.17	0.93

(f)图(e)方框2处的能谱分析
(含铁沉淀物)

图 5-11 方案 2 实验后裂隙面原生矿物晶体间隙充填的新的衍生物或沉淀物

（2）裂隙面矿物成分含量变化

研究采用 X 射线衍射测试方法对两方案对应实验前后裂隙面的矿物成分及其含量进行了测定（表 5-1），测试结果验证了上述矿物微观结构变化的现象。可见，两方案对应裂隙面各类矿物成分含量的占比均发生了显著变化。

若以化学性质较为稳定的石英矿物（SiO_2）的含量为基数，则实验前与实验后方案 1、2 对应裂隙面 3 类矿物（石英：菱铁矿：黏土矿物）的组分比分别为 1：1.79：0.66、1：0.41：0.55、1：1.7：0.63；表明方案 1 裂隙面的菱铁矿含量急剧减小，黏土矿物含量小幅降低；而方案 2 裂隙面菱铁矿及黏土矿物的含量降幅相对较小。而若单纯考量黏土矿物成分，两方案裂隙面黏土矿物中各类组分的占比也发生了变化，具体表现为绿泥石的消失、伊/蒙间层或伊利石含量的降低，以及高岭石含量的增高；类似地，方案 1 对应这种变化程度较方案 2 更为显著。

由此可见，根据前述扫描电子显微镜的微观测试结果，X 射线衍射测试得到的菱铁矿、绿泥石，以及伊利石或伊/蒙间层等矿物含量的减少，反映这些矿物受水-CO_2-岩相互作用而发生的溶解、溶蚀过程产物，而高岭石矿物含量的增加以及裂隙面出现的铁锈质成分，反映上述矿物溶解、溶蚀过程中发生了化学反应、生成了新的物质。

测试结果表明，裂隙岩石试件在裂隙渗流过程中发生的上述矿物溶解、溶蚀与新物质的生成，降低了导水裂隙渗流性，实验过程中出现水渗透率下降趋势，宏观上意味着导水裂隙带的渗流性有恢复原态趋势，从而形成导水裂隙带的自修复现象。

3. 裂隙岩样水化学特征变化

实验前后水溶液离子成分对比结果见表 5-2，受长期水-CO_2-岩相互作用的影响，主要特征如下：

（1）水溶液中 K^+、Ca^+、Mg^+、Na^+ 等阳离子以及 HCO_3^-、CO_3^{2-} 等阴离子的浓度均呈现一定程度的增加，相应地 pH 也呈升高趋势（尤以方案 1 增幅明显）。根据前述对裂隙面矿物成分变化的分析可知，岩石中各类矿物的溶解与溶蚀是水溶液中阴、阳离子浓度增多的原因。

（2）菱铁矿（$FeCO_3$）、绿泥石等富铁矿物的溶蚀会产生 Fe^{2+} 或 Fe^{3+}，从而易在弱酸性或碱性水溶液条件下发生化学反应，生成 $Fe(OH)_3$ 沉淀物［$Fe(OH)_3$ 进一步水解可转变为铁锈等氧化物]，这也就进一步解释了裂隙面会出现铁锈成分物质的原因。

(3) 其溶解溶蚀的 CO_3^{2-} 也说明了实验后水溶液 HCO_3^- 和 pH 增高导致溶液呈碱性的原因（CO_3^{2-}+H_2O ↔ HCO_3^-+OH^-，HCO_3^-+H_2O ↔ H_2CO_3+OH^-）。

4. 自修复过程主要特征

采动导水裂隙自修复效应的客观存在，宏观上显现为采后地下水位回升、采动破坏岩体渗透率下降等现象，呈现出采动导水裂隙带水渗流能力逐步降低的自修复现象。该过程显现如下几个特征。

（1）岩样绝对渗透率呈现"先快后慢"的分区下降趋势。这与水-CO_2-岩相互作用过程中黏土矿物遇水膨胀的物理作用以及新的衍生矿物或沉淀物生成的化学作用密切相关。考虑到黏土矿物的遇水膨胀作用过程相比新物质化学生成的进程明显偏低，因而可推断前期阶段水渗透率的快速下降现象主要是伊/蒙间层等黏土矿物遇水膨胀引起的裂隙空间减少造成的；随着实验时间的累积，岩石中一些矿物受溶解、溶蚀作用形成的离子与水溶液中的离子发生离子交换化学反应，从而引起高岭石衍生矿物或 $Fe(OH)_3$、Fe_2O_3 等含铁沉淀物的生成；这些新的物质在裂隙面逐渐堆积充填，最终引起裂隙导水能力的降低。由于碱性条件下黏土矿物中铝氧八面体的 Al—O—H 键更易电离出 H^+ 并造成其表面负电荷增加，会使得晶层间斥力增大、促使黏土矿物更易水化膨胀或分散，所以在方案 2 碱性溶液条件下，前期阶段绝对渗透率的下降速度要明显高于方案 1 酸性溶液条件下。

（2）水溶液酸碱度影响修复效果。无论是在酸性水溶液还是碱性水溶液条件下，砂质泥岩含裂隙岩石试件在长期水-CO_2-岩相互作用过程中均发生降渗效果。显然，水溶液的酸碱度会直接影响裂隙岩体的自修复效果，这与不同酸碱度条件下岩石黏土矿物遇水膨胀量以及生成的衍生矿物或沉淀物的量都有紧密关系。其中，就砂质泥岩的水-CO_2-岩相互作用而言，酸性水溶液条件更有利于裂隙岩体的自修复，且自修复后期不易出现水渗流能力的"反弹"现象。

（3）裂隙渗流性出现反弹。在方案 2 碱性溶液条件下，实验后期出现岩样绝对渗透率增加现象，表明裂隙面岩石矿物受溶解、溶蚀作用致使裂隙开度变大。随着水溶液对裂隙面矿物的溶解、溶蚀，裂隙面粗糙度会逐渐降低，衍生矿物或沉淀物在裂隙通道中将不利于附着或充填。实验后期对岩样绝对渗透率测试时也发现，水溶液放出过程中在量杯出现了胶状沉淀物（图 5-12），说明裂隙开度变大导致沉淀物不易在裂隙通道中附着，从而引起渗透率的增大。这一现象从另一方面也证实了裂隙内存在化学反应生成的沉淀物。同时，本实验中未能对岩石试件实现加载，使得开度增大的裂隙不能进一步贴合，从而造成渗透率增大。尽管与采动岩体应力约束实际状态不符，但本实验至少验证了裂隙岩体的渗流性变化。

此外，CO_2 通入量增加会对酸性溶液条件下砂质泥岩裂隙岩体的自修复效果产生负面影响（对于其他岩性岩石是否有影响尚待研究），这可能是与 CO_2 参与化学反应的过程及其矿物成分有关。CO_2 易与地层中的原生铝硅酸岩（如长石）发生这样的反应：原生铝硅酸岩+H_2O+CO_2⟷黏土矿物+石英+碳酸盐+OH^-。由于实验所用砂质泥岩中仅有少量黏土矿物含有铝硅酸盐且含量较小,加大的 CO_2 量无法充分反应,易以碳酸的形式对裂隙面矿物产生溶蚀作用,从而增大裂隙开度,最终对裂隙岩石渗流性修复进程产生阻滞作用。

图 5-12 岩样绝对渗透率测试时流至量杯中的沉淀物

5.2.2 典型岩性张拉裂隙岩样实验研究

为了研究岩石岩性及其矿物成分对裂隙岩样在水-气-岩相互作用下的自修复进程的影响规律,选取 3 类典型岩石,开展张拉裂隙(模拟岩层张拉破断裂隙)在中性地下水(模拟水溶液)条件下通入 CO_2 气体过程中的降渗特性实验,进一步揭示了水-气-岩相互作用对裂隙岩样的降渗特性及规律。

1. 实验方案设计

实验选取现场采集岩样的粗粒砂岩、细粒砂岩,以及砂质泥岩三类岩石开展实验。通过 X 射线衍射测试得岩样的矿物成分主要由石英、钾长石、斜长石(钠长石、中长石、钙长石等),以及黏土矿物等组成,而黏土矿物则以高岭石矿物为主,具体成分占比详见表 5-3。实验前采用与 5.2.1 节类似的方式将岩样加工成带有张拉裂隙的圆柱形标准试件,如图 5-13 所示。

表 5-3 实验前后 3 种典型岩性岩石试件裂隙面各类矿物成分的变化 (单位:%)

岩石样品		石英	钾长石	斜长石	TCCM(黏土矿物)					
岩性	实验阶段				总含量	伊/蒙间层	伊利石	高岭石	绿泥石	I/S 间层比
粗粒砂岩	实验前	47	26	24	3	—	2	96	2	—
	实验后	50	23	24	3	—	2	97	1	50
细粒砂岩	实验前	54	14	24	8	6	12	73	9	10
	实验后	57	12	23	8	6	10	78	6	57
砂质泥岩	实验前	46	19	23	12	2	10	80	8	5
	实验后	48	19	24	9	2	7	86	5	48

注:表中数据为各类矿物占岩石总矿物成分的相对百分比,而非绝对量。I/S 间层比表示伊蒙间层中伊利石的占比。

图 5-13　3 类典型岩性岩样的张拉裂隙岩石试件

考虑到 5.2.1 节已开展裂隙岩样在酸性和碱性溶液条件下的水-CO_2-岩相互作用实验，为了对比地下水酸碱性对水-CO_2-岩相互作用规律的影响，本次实验选取中性水溶液条件。采用 Na_2SO_4 试剂与去离子水配制形成表 5-4 所示的水溶液，以模拟 SO_4^{2-}-Na 型中性地下水，对应 pH 为 6.24。

表 5-4　实验前后水溶液主要离子成分与 pH

实验阶段		Na^+	SO_4^{2-}	HCO_3^-	Cl^-	NH_4^+	K^+	Ca^{2+}	Mg^{2+}	pH
实验前	原始溶液	769.4	1434.8	10.3	5.6	—	0.1	0.1	—	6.24
实验后	实验 1（粗粒砂岩）	1007.4	2543.7	443.55	37.2	16.7	13.1	329.3	40.2	7.42
	实验 2（细粒砂岩）	1071.5	2129.6	626.1	86.9	8.6	12.6	172.7	35.3	7.68
	实验 3（砂质泥岩）	858.4	1367.7	817.8	34.6	2.5	11.8	119.7	232.6	7.33

注：表中主要离子成分单位为 mg/L。

具体实验过程中，首先，按图 5-14 所示将裂隙岩样试件封装置水-CO_2-岩相互作用容器中，对裂隙岩样试件的圆柱侧面用硅胶涂抹均匀，以隔绝试件裂隙与外界的联系；在距离试件底面 1～2cm 位置粘接隔离套环，套环内径 5.5～6cm（略大于试件圆柱直径），外径与反应容器内径相同；用硅胶将套环与圆柱试件之间的空隙封堵，并保证套环平面与圆柱上下表面平行；将带有套环的圆柱试件放至反应容器中，并用胶水将套环与容器壁面粘黏牢固；采用树脂胶将试件与反应容器之间的空隙充填封堵，为避免树脂胶灌注过多而由试件上表面的裂隙流入，故将其密封面高度控制在试件上表面以下 1cm 左右。其次，将配置水溶液倒入反应容器中；如此，实验水溶液将仅能由试件上表面通过其内裂隙从下表面流出；将气管插入水溶液中持续供入 CO_2 气体，并用微流量气体传感器实时监测其通入流量；按照进行采空区 CO_2 气体的一般赋存浓度，并参照前节的实验过程，设定 CO_2 气体的通入流量为 4～6mL/min。

实验过程中，参照前节的实验方法，间隔 1～2 周对裂隙岩石试件的绝对渗透率进行测试。测试时，同样采用自重渗流的方式，主要对水溶液温度、渗流流量、渗流压力梯度等参数进行测定。实验结束后（持续近 15 个月），按前述 5.2.1 节同样的实验方法对裂隙面的岩石矿物成分和水溶液离子成分进行测试，从而揭示长期水-CO_2-岩相互作用引起裂隙岩样渗透率变化的机理，并分析这种变化与水、岩化学成分变化之间的关系。

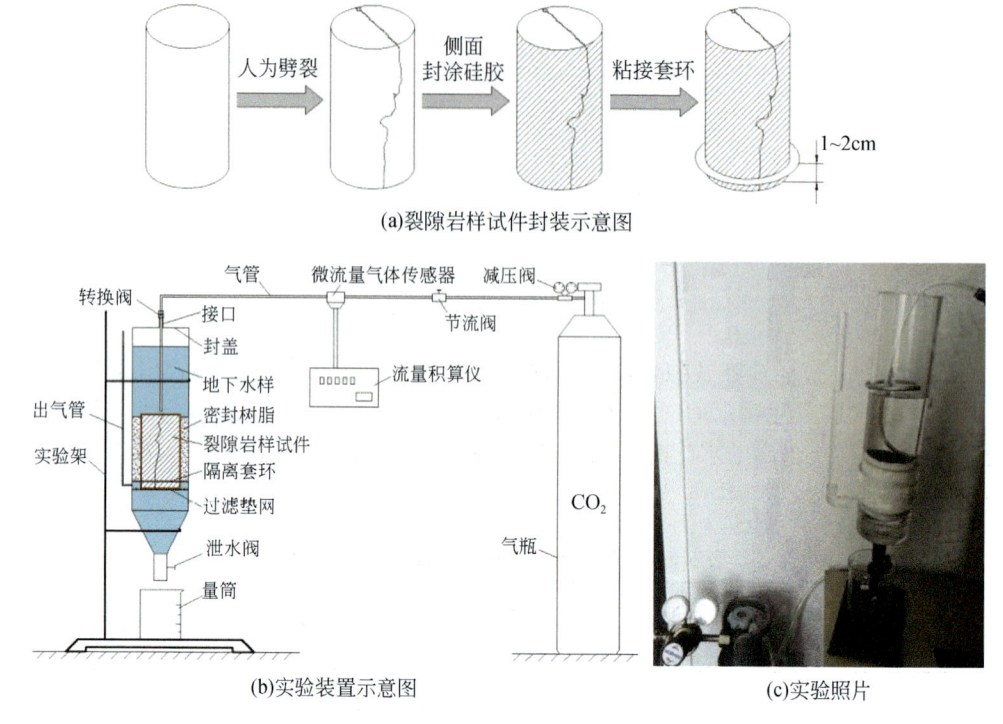

图 5-14　张拉裂隙岩石试件的水-CO_2-岩相互作用实验示意图及照片

2. 裂隙岩样物理特征变化

1）裂隙岩样的降渗特征

经过近 15 个月的水-CO_2-岩相互作用实验，测试得到了神东 3 种典型岩性的张拉裂隙岩样在中性水溶液条件下的水渗流特征变化规律。如图 5-15 所示的 3 种岩石试件随实验时间变化的绝对渗透率变化曲线，无论是哪种岩性的裂隙岩样，均呈现出明显的渗透率降低或降渗现象。其中，粗粒砂岩和细粒砂岩裂隙岩样累计实验 446d，两者的降渗曲线走势呈现一定的相似性；根据测试结果，粗粒砂岩裂隙岩样绝对渗透率由初始的 32.71D 逐步降低至最终的 12.55D，降渗速率平均 0.045D/d；细粒砂岩裂隙岩样绝对渗透率由初始的 23.99D 逐步降低至最终的 6.65D，降渗速率平均 0.039D/d，略低于粗粒砂岩裂隙岩样。而相比之下，砂质泥岩裂隙岩样的降渗趋势则呈现明显的分区特征，这与 5.2.1 节砂质泥岩裂隙岩样（压剪裂隙）在酸性和碱性水溶液条件下的降渗特征具有很好的一致性。砂质泥岩裂隙岩样累计实验 401d，其绝对渗透率由初始的 84.77D 经过 80d 的实验时间快速降低至 29.25D，降渗速率达 0.694D/d；而后又在 321d 时间内缓慢降低至 9.6d，对应降渗速率 0.06D/d。可见，无论是快速降渗阶段还是缓慢降渗阶段，砂质泥岩裂隙岩样的降渗速率均明显高于粗粒砂岩与细粒砂岩，这显然与岩样岩性及其矿物组分密切相关。

除此之外，通过与前节的实验结果对比后发现，虽然本次实验对应的水-CO_2-岩相互作用的实验时间明显加长（近 2 倍），但 3 种岩性裂隙岩样在实验结束时的最终绝对渗透率值反而高于 5.2.1 节的实验值（相差近 1 个数量级），且实验前后绝对渗透率之比反映的降渗幅度也明显偏小；这可能与两次实验对应原岩样的裂隙类型及其开度（或初始渗透率）有关，岩样裂隙越发育、开度越大，对应其初始渗透率越高，相应依靠水-CO_2-岩相互作用而发生自修复的难度越大，自修复效果越小。同时也发现，相同的砂质泥岩裂隙岩样，不管其裂隙类型或发育程度如何，在其实验过程中均表现出了"初期快速降渗、后期缓慢降渗"的分区降渗分布特征，且相比而言碱性和中性水溶液条件下这种分区特征更为显著(图 5-5, 图 5-15)。结合 5.2.1 节的讨论结果可以推断，这种分区降渗特性的差异应该与砂质泥岩中易发生遇水膨胀矿物的成分及含量密切相关，具体将在后面详细讨论。

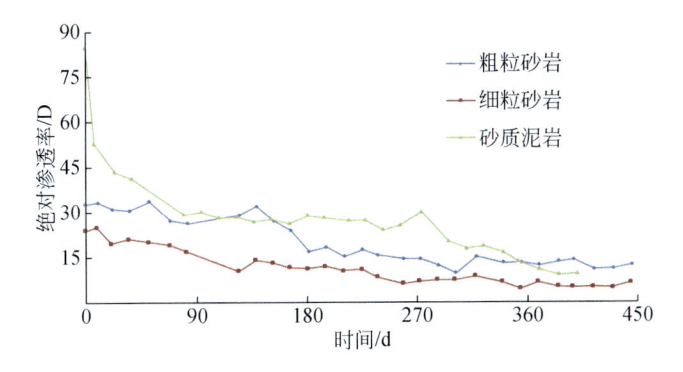

图 5-15　3 种岩性的裂隙岩石试件绝对渗透率变化曲线

2）岩样裂隙面矿物组分变化

与前节类似，在实验结束后同样对岩样裂隙面的矿物成分及其微观结构进行了测试，测试方法同样为使用 X 射线衍射和扫描电子显微镜。

（1）裂隙面矿物晶体的微观结构变化

通过对 3 种岩性裂隙岩样在实验前后对应裂隙面各类矿物的微观结构形态进行扫描电子显微镜测试发现，在长期的水-CO_2-岩相互作用下，无论是哪一种岩性的裂隙岩样，其裂隙面矿物晶体的微观结构形貌均发生了明显的变化，表现出岩石原生矿物的溶解、溶蚀以及新的次生矿物生成等现象（以下扫描电子显微镜观测照片中相关矿物类型的判别方法与 5.2.1 节相同）。

如图 5-16 所示的实验前后粗粒砂岩裂隙岩样裂隙面矿物微观结构形貌变化，岩石中占较大比例的长石矿物（钾长石与斜长石，详见表 5-3）受溶解、溶蚀的痕迹显著。实验前裂隙面原岩中的钾长石与钠长石（斜长石中的主要种类）晶体表面光滑、棱角分明，而实验后钾长石晶体表面出现明显的溶蚀孔洞，钠长石晶体表面粗糙而破碎。而对于岩石中占比较少的黏土矿物，基本未见其受溶解、溶蚀的现象。

此外，在裂隙面原生矿物表面还发现了次生矿物生成的现象，如图 5-17 所示。在规则棱柱状的原生石英矿物晶体表面附着有不少破碎的片状矿物，通过能谱测试分析后发现，该破碎片状矿物主要由 C、O、Si、Al 这 4 种元素组成，可推断其应为高岭石矿物；而由于其微观结构形态并不像原岩中的原生高岭石矿物呈现规则的"书页"状，故判断它是由水-CO_2-岩相互作用生成的次生矿物。

(a)原岩中的钾长石晶体(晶体表面光滑、棱角分明)

元素	重量百分比	原子百分比
C K	8.28	13.03
O K	50.92	60.15
Na K	0.45	0.37
Mg K	0.49	0.38
Al K	11.90	8.33
Si K	22.34	15.03
K K	5.62	2.72

(b)图(a)方框处的能谱分析结果

(c)实验后受溶蚀的钾长石晶体(有溶蚀孔洞)

元素	重量百分比	原子百分比
C K	14.08	21.03
O K	47.83	53.63
Al K	7.35	4.89
Si K	23.40	14.94
K K	6.87	5.36
Fe K	0.47	0.15

(d)图(c)方框处的能谱分析结果

(e)原岩中的钠长石晶体(晶体表面光滑、棱角分明)

元素	重量百分比	原子百分比
C K	21.48	33.10
O K	28.21	32.64
Na K	5.84	4.71
Al K	9.35	6.41
Si K	35.12	23.14

(f)图(e)方框处的能谱分析结果

(g)实验后受溶蚀的钠长石晶体(晶体表面粗糙、破碎)

元素	重量百分比	原子百分比
C K	11.50	17.42
O K	49.83	56.66
Na K	6.05	4.79
Al K	7.99	5.39
Si K	23.56	15.26
Ca K	1.08	0.49

(h)图(g)方框处的能谱分析结果

图 5-16 粗粒砂岩裂隙岩样裂隙面的长石矿物在实验前后的微观结构形貌变化

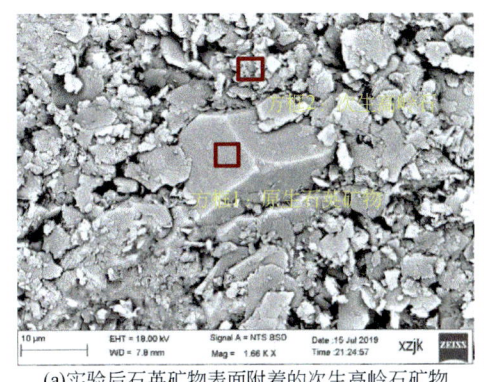

(a) 实验后石英矿物表面附着的次生高岭石矿物 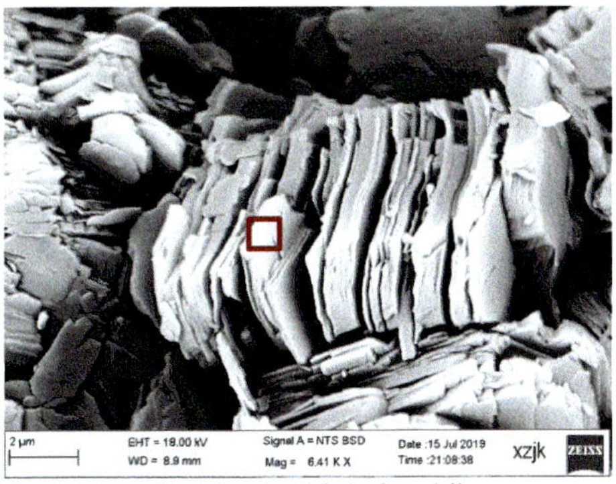　　(b) 原岩中的原生高岭石矿物

元素	重量百分比	原子百分比
C K	19.53	31.65
O K	24.04	29.24
Si K	56.43	39.11

元素	重量百分比	原子百分比
C K	26.44	38.13
O K	34.91	37.79
Al K	10.04	6.45
Si K	28.60	17.64

元素	重量百分比	原子百分比
C K	16.17	24.70
O K	40.57	46.52
Al K	19.87	13.51
Si K	23.38	15.27

(c) 图(a)方框1处的能谱分析结果　　(d) 图(a)方框2处的能谱分析结果　　(e) 图(b)方框处的能谱分析结果

图 5-17　粗粒砂岩裂隙岩样裂隙面的原生矿物表面附着的次生矿物

类似的现象在细粒砂岩和砂质泥岩裂隙岩样的实验中也有发生，但它们在溶解、溶蚀的矿物种类以及生成的次生矿物类型方面又有所差异。如图 5-18 所示，细粒砂岩裂隙岩样裂隙面原生钠长石矿物也受到明显溶解、溶蚀作用，且在其表面也出现了次生高岭石矿物的生成；但同时还发现了其他类型次生矿物或沉淀物生成的现象。如图 5-19 所示，在裂隙面原生矿物表面发现有堆簇状晶体出现，根据其能谱分析结果并结合晶体形态，可判断其应为 $CaSO_4$ 晶体（或石膏）；而由表 5-3 所示的岩石矿物组成可知，原岩中并未测得石膏矿物的存在，因此判断该晶体应由实验过程中次生而来。在对该次生矿物晶体发育位置进行能谱分析时还发现 [图 5-19（c）]，此类堆簇状晶体中除了含有组成 $CaSO_4$ 晶体的元素外，还含有 Si、Al、K、Fe 等元素。根据各元素的原子占比分析可知，其中应夹杂有钾长石或斜长石（或两者都有）的成分，由此表现出次生 $CaSO_4$ 晶体与原生长石矿物共融或在其表面"生长"的现象。

元素	重量百分比	原子百分比
C K	13.14	19.70
O K	48.29	54.34
Na K	7.31	5.73
Al K	7.48	4.99
Si K	23.78	15.25

(a) 原岩样中的钠长石晶体
（晶体表面光滑，棱角分明）　　(b) 图(a)方框处的能谱分析结果

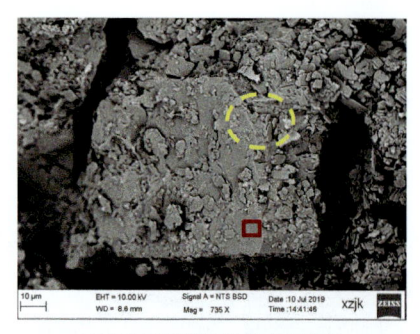

(c) 实验后受溶蚀的钠长石晶体

元素	重量百分比	原子百分比
C K	6.90	10.45
O K	57.30	65.16
Na K	7.00	5.54
Al K	7.41	5.00
Si K	21.39	13.86

(d) 图(c)方框处的能谱分析结果

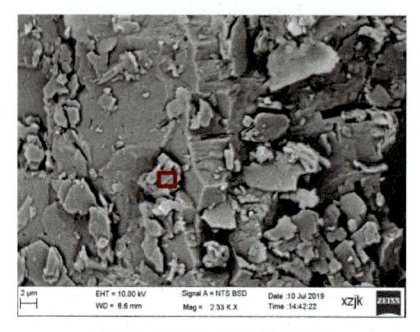

(e) 图(c)圆圈处的局部放大图

元素	重量百分比	原子百分比
C K	17.33	25.14
O K	49.49	53.89
Al K	15.39	9.94
Si K	17.79	11.03

(f) 图(e)方框处的能谱分析结果

图 5-18　细粒砂岩裂隙岩样裂隙面的钠长石矿物在实验前后的微观结构形貌变化

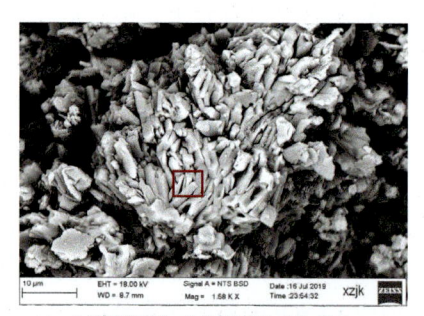

(a) 裂隙面生成的簇状 $CaSO_4$ 晶体

元素	重量百分比	原子百分比
C K	15.58	26.13
O K	38.24	48.14
S K	20.04	12.59
Ca K	26.14	13.14

(b) 图(a)方框处的能谱分析结果

(c) "生长"在长石晶体表面的 $CaSO_4$ 晶体

元素	重量百分比	原子百分比
C K	19.38	30.48
O K	40.51	47.82
Al K	1.54	1.08
Si K	4.17	2.80
S K	14.20	8.36
K K	1.43	0.69
Ca K	18.13	8.54
Fe K	0.64	0.22

(d) 图(c)方框处的能谱分析结果

图 5-19　细粒砂岩裂隙岩样裂隙面"生长"的 $CaSO_4$ 沉淀晶体

而在砂质泥岩裂隙岩样的裂隙面，除了有与上述 2 种岩性的裂隙岩样实验过程中出现的长石矿物受溶解、溶蚀以及次生高岭石矿物的生成外（图 5-20、图 5-21），裂隙面黏土矿物受溶解、溶蚀作用也十分显著。如图 5-22 所示，实验前岩石中的伊利石和绿泥石原生黏土矿物晶体一般呈完整的片状形态，而实验后则普遍呈破碎状；黏土矿物参与水-CO_2-岩相互作用过程的痕迹十分显著。对比 3 种岩性条件下的实验结果也可看出，粗粒砂岩和细粒砂岩裂隙岩样裂隙面黏土矿物受溶解、溶蚀作用程度（或其迹象）较砂质泥岩裂隙岩样明显偏低，这显然是与岩样中的矿物组成与含量密切相关的，具体将在后面详细讨论。

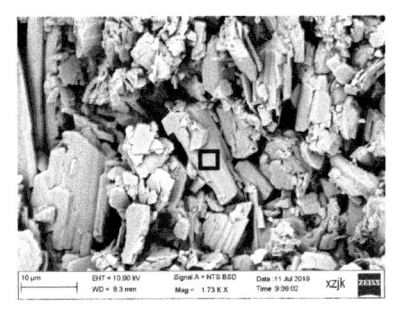

元素	重量百分比	原子百分比
C K	12.20	18.90
O K	47.07	54.76
Al K	7.63	5.26
Si K	24.18	16.02
K K	8.49	4.92
Fe K	0.42	0.14

(a)原岩中的钾长石晶体
(晶体表面光滑，棱角分明)

(b)图(a)方框处的能谱分析结果

元素	重量百分比	原子百分比
C K	18.25	29.35
O K	33.83	40.84
Al K	7.34	5.25
Si K	25.75	17.71
K K	11.58	5.72
Fe K	3.24	1.12

(c)受溶蚀的钾长石晶体
(晶体表面粗糙，有溶蚀孔洞)

元素	重量百分比	原子百分比
C K	10.60	16.97
O K	45.62	54.81
Na K	0.84	0.70
Al K	7.44	5.30
Si K	25.34	17.34
K K	9.33	4.58
Fe K	0.82	0.28

(d)受溶蚀的钾长石晶体
(晶体破碎、表面粗糙)

图 5-20　砂质泥岩裂隙岩样裂隙面的钾长石矿物在实验前后的微观结构形貌变化

（2）裂隙面矿物成分含量变化

采用 X 射线衍射测试方法对 3 种岩性实验条件下裂隙面的矿物成分及其含量变化进行了测定，表 5-5 所示的测试结果验证了上述矿物微观结构变化的现象。参照前节所述的方法，以化学性质较为稳定的石英矿物含量为基数，则可对 3 种岩性裂隙岩样在实验前后对

元素	重量百分比	原子百分比
C K	18.25	29.35
O K	33.83	40.84
Al K	7.34	5.25
Si K	25.75	17.71
K K	11.58	5.72
Fe K	3.24	1.12

元素	重量百分比	原子百分比
C K	15.88	23.10
O K	52.08	56.89
Al K	14.21	9.20
Si K	16.77	10.44
K K	0.33	0.15
Fe K	0.74	0.23

(a)扫描电子显微镜照片　(b)方框1处的能谱分析结果　(c)方框2处的能谱分析结果

图 5-21　砂质泥岩裂隙岩样裂隙面的原生钾长石矿物表面生成的次生高岭石矿物

元素	重量百分比	原子百分比
C K	14.14	23.24
O K	42.57	52.52
Mg K	1.73	1.40
Al K	9.70	7.10
Si K	12.52	8.80
K K	0.74	0.37
Fe K	18.59	6.57

(a)原岩中的绿泥石晶体　(b)图(a)方框处的能谱分析结果

元素	重量百分比	原子百分比
C K	17.04	27.47
O K	37.11	44.90
Mg K	2.37	1.89
Al K	11.37	8.15
Si K	17.70	12.20
K K	2.72	1.35
Fe K	11.70	4.06

(c)受溶蚀的绿泥石晶体(晶体破碎)　(d)图(c)方框处的能谱分析结果

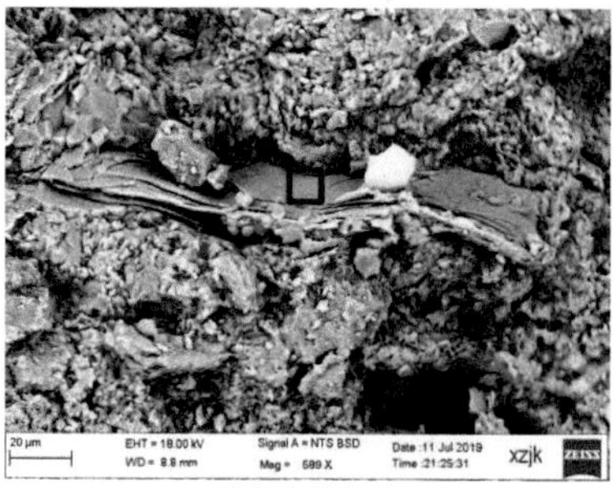

元素	重量百分比	原子百分比
C K	15.03	22.83
O K	46.96	53.55
Na K	0.44	0.35
Al K	13.46	9.10
Si K	17.25	11.20
K K	5.15	2.41
Fe K	1.71	0.56

(e)原岩中的伊利石　(f)图(e)方框处的能谱分析结果

第 5 章　采动覆岩导水裂隙带自修复机制与促进方法　·185·

元素	重量百分比	原子百分比
C K	19.51	28.93
O K	44.28	49.29
Mg K	0.70	0.52
Al K	9.48	6.26
Si K	19.94	12.64
K K	3.07	1.40
Fe K	3.02	0.96

(g)受溶蚀的伊利石晶体(晶体破碎)　　(h)图(g)方框处的能谱分析结果

图 5-22　砂质泥岩裂隙岩样裂隙面的黏土矿物在实验前后的微观结构形貌变化

应裂隙面各类矿物（石英∶钾长石∶斜长石∶黏土矿物）的含量之比进行计算，结果详见表 5-5。可以看出，3 种岩性裂隙岩样对应裂隙面长石（含钾长石与斜长石）与黏土矿物的含量均出现了降低现象；其中粗粒砂岩与细粒砂岩裂隙岩样裂隙面长石矿物消耗较多，但黏土矿物含量降幅较小，而砂质泥岩裂隙岩样实验后的对应现象则与之相反，这与上述扫描电子显微镜测试的结果相同。同时还发现，无论哪种岩性的裂隙岩样，裂隙面长石矿物中的钾长石在实验过程中的消耗均比斜长石明显偏多，详见表 5-5。

表 5-5　实验前后 3 种岩性裂隙岩样裂隙面矿物成分含量比例

实验岩样	实验前 石英∶钾长石∶斜长石∶黏土矿物	实验前 钾长石∶斜长石	实验后 石英∶钾长石∶斜长石∶黏土矿物	实验后 钾长石∶斜长石
粗粒砂岩	1∶0.55∶0.51∶0.06	1∶0.92	1∶0.46∶0.48∶0.06	1∶1.04
细粒砂岩	1∶0.26∶0.44∶0.15	1∶1.71	1∶0.21∶0.40∶0.14	1∶1.92
砂质泥岩	1∶0.41∶0.50∶0.26	1∶1.21	1∶0.39∶0.50∶0.19	1∶1.26

结合前述扫描电子显微镜的微观测试结果，X 射线衍射测试得到的裂隙面各类矿物含量的变化，主要是由水-CO_2-岩相互作用及其发生的溶解、溶蚀过程造成，而裂隙岩样在实验过程中出现的水渗透率下降的自修复现象，也应与相关反应过程密切相关；不同岩性裂隙岩样实验后测试数据的差异显然是它们之间不同的矿物组分造成的。

3. 裂隙岩样水化学特征变化

由表 5-4 所示的 3 种岩性岩样分别在实验前后水溶液离子成分对比结果可见，水溶液中的 Na^+、K^+、Ca^{2+}、Mg^{2+} 等主要金属阳离子浓度均呈现明显增高现象，其中尤以 Na^+ 和 Ca^{2+} 的增高幅度较高；而阴离子中则是 SO_4^{2-}、HCO_3^-、Cl^- 浓度增幅较高；相应水溶液的 pH 也呈小幅升高趋势（仍处于中性状态）。同时还发现，3 种实验对应各类阴阳离子的增幅也有明显不同。其中，实验 1（粗粒砂岩）和实验 2（细粒砂岩）水溶液中 Na^+ 和 SO_4^{2-} 的浓度增幅明显高于实验 3（砂质泥岩），但前者水溶液中 Mg^{2+} 的浓度增幅却明显低于后者；实验 1 对应 HCO_3^- 的浓度增幅明显低于实验 2 和实验 3，但 Ca^{2+} 浓度增幅却高于后两者；实验 2

对应 Cl⁻的浓度增幅在 3 种实验中最高。显然，这些离子浓度的增幅差异是各类岩性岩样的矿物组分不同引起的。

对照表 5-3 所列 3 种岩性岩样所含的矿物成分，可知水溶液中 Na⁺、K⁺、Ca²⁺、Mg²⁺等金属阳离子浓度的增高主要由长石和黏土矿物的溶解、溶蚀引起，增多的 Na⁺、Ca²⁺主要来自斜长石中的钠长石、钙长石以及黏土矿物中的伊/蒙间层，K⁺主要来自钾长石、伊/蒙间层以及伊利石，而 Mg²⁺主要来自伊/蒙间层、伊利石以及绿泥石。由于实验 3 砂质泥岩中对应黏土矿物的伊/蒙间层、伊利石、绿泥石含量明显高于实验 1 和实验 2 的砂岩岩样，因而其水溶液中 Mg²⁺的浓度增幅最高。而 3 种实验中 Na⁺、Ca²⁺浓度增幅的差异可能与各自岩样对应斜长石中的钠长石和钙长石的具体含量不同有关，钠长石和钙长石在实验 1 和实验 2 砂岩岩样中含量偏高，造成其水溶液中对应 Na⁺和 Ca²⁺浓度增幅偏高（由于具体含量未测，仅属推测）。对于实验后 SO_4^{2-}、Cl⁻浓度的升高推断可能是岩石中的一些有机物成分发酵或分解所致（仅实验方案 3 对应水溶液中的 SO_4^{2-} 浓度未见明显的改变，其原因尚待研究）。

4. 自修复过程主要特征

与 5.2.1 节砂质泥岩裂隙岩样的水-CO_2-岩相互作用降渗特性实验相比，本实验将裂隙岩样的岩性拓展至粗粒砂岩和细粒砂岩，将水溶液的化学性质由酸性或碱性改变为中性，实验过程中依然出现了裂隙岩样水渗流能力降低的现象，进一步证实裂隙岩体自修复效应的客观事实。

（1）裂隙岩样矿物组合影响水化学作用。3 种岩性裂隙岩样在水-CO_2-岩相互作用过程中出现的降渗自修复现象除了与黏土矿物的遇水膨胀作用有关外，其主要由长石等原生铝硅酸盐矿物溶解、溶蚀过程中产生的次生矿物或结晶沉淀物对裂隙空间的充填封堵作用引起。在通入 CO_2 条件下，长石等原生铝硅酸盐矿物更易发生溶解、溶蚀作用，并通过式（5-1）～式（5-4）发生次生矿物衍生的化学过程；而由于本实验采用的是 Na_2SO_4 模拟中性地下水，其中的 SO_4^{2-} 又易与钙长石溶解、溶蚀形成的 Ca^{2+} 发生化学沉淀反应。如此，水-CO_2-岩相互作用化学生成的次生高岭石矿物、次生石英矿物，以及 $CaSO_4$ 结晶沉淀物不断吸附沉积在岩样裂隙面，封堵裂隙空间、降低裂隙过流能力，最终表现出裂隙岩样水渗流能力下降的自修复效应。这也解释了 5.2.1 节扫描电子显微镜测试中发现的裂隙面岩石矿物表面附着次生矿物的现象。

$$\text{原生铝硅酸岩} + H_2O + [CO_2] \longleftrightarrow \text{黏土矿物} + [\text{胶体}] + [\text{碳酸盐}] + H^+ \text{或} OH^- \quad (5\text{-}1)$$

$$2K[AlSi_3O_8] + 2H^+ + H_2O \longleftrightarrow Al_2[Si_2O_5][OH]_4 + 4SiO_2 + 2K^+ \quad (5\text{-}2)$$
　　钾长石　　　　　　　　　　高岭石

$$2Na[AlSi_3O_8] + 2H^+ + H_2O \longleftrightarrow Al_2[Si_2O_5][OH]_4 + 4SiO_2 + 2Na^+ \quad (5\text{-}3)$$
　　钠长石　　　　　　　　　　高岭石

$$Ca[Al_2Si_2O_8] + 2H^+ + H_2O \longleftrightarrow Al_2[Si_2O_5][OH]_4 + Ca^{2+} \quad (5\text{-}4)$$
　　钙长石　　　　　　　　　　高岭石

$$Ca^{2+} + SO_4^{2-} \longleftrightarrow CaSO_4 \downarrow \quad (5\text{-}5)$$

（2）裂隙渗透率也呈"先快后慢"分区降渗特点。与砂质泥岩裂隙岩样水-CO_2-岩相互作用过程中相同的分区降渗相同，但其快速降渗阶段经历的时间更长、降渗幅度偏小。砂质泥岩裂隙岩样的初期快速降渗时间为碱性水条件下47d、酸性水条件下120d，降渗幅度由碱性水条件下的4.32D降至0.185D（约降低为原来的1/23）、由酸性水条件下的10.6D降至0.871D（约降低为原来的1/12）；本实验中性水条件下初期快速降渗时为80d，降渗幅度为84.77D降至29.25D（约降低为原来的1/3）。上述差异主要与本实验砂质泥岩中黏土矿物成分组成及含量有关：本实验砂质泥岩中黏土矿物总含量相对偏低，且其中主要起遇水膨胀作用的伊/蒙间层矿物含量明显偏小（黏土矿物中主要为高岭石，其遇水膨胀作用明显低于蒙脱石）。

（3）张拉裂隙较压剪裂隙修复效果相对较差。本实验采用的张拉裂隙岩样初始渗透率更高，且虽经过比前者更长时间的水-CO_2-岩相互作用过程，但最终降渗幅度仍明显偏小，这显然是与岩样裂隙的发育形态以及实验水溶液的酸碱性密切相关。由于压剪裂隙的发育开度或过流能力相比张拉裂隙明显偏小，其需要修复的裂隙空间更小，需要黏土矿物的遇水膨胀量及次生矿物或沉淀物的生成量也明显偏小，所以压剪裂隙在相对较短时间内取得较好修复效果。尽管张拉裂隙岩样随着水-CO_2-岩相互作用时间增加，其渗透率还会继续呈下降趋势，但受水溶液相关离子成分及裂隙面矿物不断消耗减少影响，降渗速度更慢。

5.2.3 酸性水对含铁破碎岩样降渗特性实验分析

1. 实验方案设计

实验岩样选择由某煤矿现场采集的砂质泥岩，通过X射线衍射测试得到该砂质泥岩主要由石英、钾长石、斜长石，以及黏土矿物等组成，具体成分占比详见表5-6。取少量岩样加入稀盐酸浸泡一段时间后发现，溶液呈现如图5-23所示的浅绿色，根据表5-6判断此现象是岩样中铁质矿物受酸液溶解形成的Fe^{2+}引起（如绿泥石、伊利石或伊/蒙间层等）。为了进一步确定岩石中的铁质成分占比，进行了岩样常量元素的测定，结果详见表5-7。可见岩石中的铁质成分偏多，铁元素占比仅次于硅、铝等常规岩石元素。

图5-23 岩石浸泡稀盐酸后的Fe^{2+}溶液呈浅绿色

表 5-6 实验前后砂质泥岩各类矿物成分的变化 （单位：%）

岩石样品	石英	钾长石	斜长石	云母	黏土矿物	各类黏土矿物成分占比				
						伊/蒙间层	伊利石	高岭石	绿泥石	I/S 间层比
实验前岩样	50	13	8	—	29	66	21	5	8	25
实验后岩样	57	9	—	2	32	50	10	37	3	15

注：表中所列数据为各类矿物占岩石总矿物成分的相对百分比，而非绝对量。I/S 间层比表示伊蒙间层中伊利石的占比。

表 5-7 实验前后砂质泥岩中的常量元素测试结果 （单位：%）

常量元素	Si	Al	Fe	K	Mg	S	Na	Ca	Mn	Ti
实验前	30.48	8.71	3.49	3.12	0.89	0.22	0.36	0.27	0.03	0.01
实验后	30.27	8.57	3.32	2.78	0.42	0.16	0.18	0.13	0.02	0.02

为了促进岩样中铁质等各类矿物成分的溶解，选取酸性水溶液开展实验。模拟取样矿井地下水的化学类型，利用 Na_2SO_4 试剂与去离子水配制形成表 5-8 所示的水溶液，并滴入少量稀盐酸，使其呈现 pH 为 4～6 的弱酸性状态。

表 5-8 实验前后水溶液主要离子成分与 pH

阴阳离子	Na^+	SO_4^{2-}	HCO_3^-	CO_3^{2-}	NH_4^+	Fe^{3+}、Fe^{2+}	K^+	Ca^{2+}	Mg^{2+}	pH
实验前	769.39	1434.84	0	0	0	0	0	0	0	4.37
实验后	1244.07	1703.64	0	0	1.98	0	134.88	399.44	544.09	6.78

注：表中主要离子成分单位为 mg/L。

实验时首先将岩样进行人为破碎，并将其装入如图 5-24 所示的实验容器中。容器内径 7cm，破碎岩样在容器中堆积的"岩柱"高度为 11.5cm。其次将配制的水溶液倒入容器中，使其在自重条件下沿破碎岩块渗流（考虑到破碎岩块的渗透性相对偏高，故未专门施加水压）。通过在容器的出水口处设置循环泵，使水溶液在岩样中始终处于流动状态。

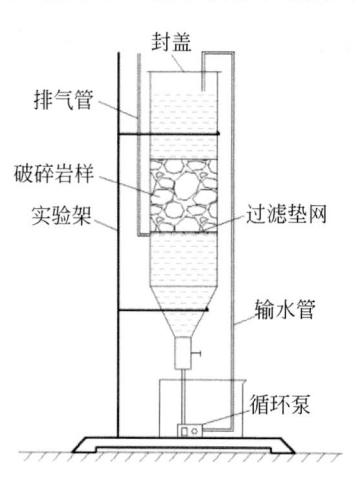

图 5-24 实验装置示意图

实验过程中间隔一段时间进行岩样绝对渗透率的测试（实验初期和末期间隔 5～7d，实验中期间隔 2～5d）；渗透率测试时暂时关停循环泵，首先测试水溶液温度并确定其黏度，其次根据水溶液渗流时其液面降低一定高度对应的压力梯度、流量和速度，计算破碎岩样的绝对渗透率。待岩样渗透率基本维持不变时结束实验，取出破碎岩样和水样，再次对岩石的矿物成分与水溶液的离子成分进行测试。

2. 铁质沉淀物的降渗过程

研究将破碎岩样降渗试验前后状态对比，旨在评价水、岩成分改变与岩样渗透性变化之间的关系。经过近 23 周的实验与测试，得到了破碎岩样绝对渗透率变化曲线（图 5-25）。由此可见，在实验初始的 1d 时间内，其绝对渗透率即由原来的 20.6D 急剧下降为 12.6D；而后，在经过 46d 的波动式小幅下降变化后，又以 0.31D/d 的平均递减速度快速下降至 3.4D；最终在后期的 84d 时间内缓慢降低至 1.1D。实验过程中岩样水渗透性持续下降，且下降速度呈现分阶段变化特点，实验前后的渗透率相差近 19 倍，说明酸性水溶液对该砂质泥岩破碎岩样的降渗作用十分显著。

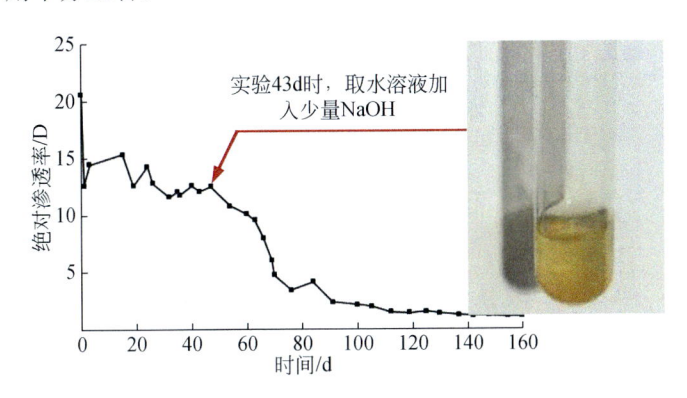

图 5-25 破碎岩样绝对渗透率变化曲线

为了考量水溶液对岩样中铁质矿物的溶解、溶蚀过程及作用程度，实验过程中间隔 1～2 周取少量水溶液滴入 NaOH 溶液，通过观察是否出现 $Fe(OH)_3$ 沉淀物来评价铁离子的析出程度。结果显示，在实验进行至 43d 时，取出的少量水溶液即与 NaOH 发生了黄棕色沉淀（图 5-25），说明此时水溶液中已析出一定的 Fe^{2+}（由于实验用的水溶液量有限，未能对 Fe^{2+} 的具体含量进行测定）。此后，随着实验的不断进行，实验容器内壁及破碎岩块表面陆续可发现铁锈状沉淀物的沉积现象。由此可见，在图 5-25 中对应实验时间 47～76d 阶段出现的绝对渗透率快速下降现象与铁质沉淀物对破碎岩样空隙的充填、封堵作用密切相关。

实验结束后，对破碎岩样在实验容器中不同层位的断面形态进行了观测（图 5-26），结果表明：无论是实验容器中哪个层位处的破碎岩块，还是容器或输水管内壁，其表面都明显吸附较多的铁质沉淀物；且破碎岩样的"岩柱"上表面沉积的沉淀物最多，越深入岩样内部沉淀物相对越少。而从微观尺度上来看，铁质沉淀物对岩石微观孔隙也形成了明显的封堵作用。图 5-27 显示实验后岩样进行扫描电子显微镜测试的结果，图 5-27（a）方框 1 处的能谱测试表明对应区域主要元素成分为铁和氧，推断应为铁锈成分（铁质氧化物）；而根据方框 2 处对应的片状矿物形貌和元素构成，可推断其应为绿泥石等黏土矿物（因水溶液的溶解、溶蚀作用呈现一定的破碎状态）；铁锈质成分在矿物晶体周边覆盖均匀，表明其对岩石孔隙的沉积充填作用明显。

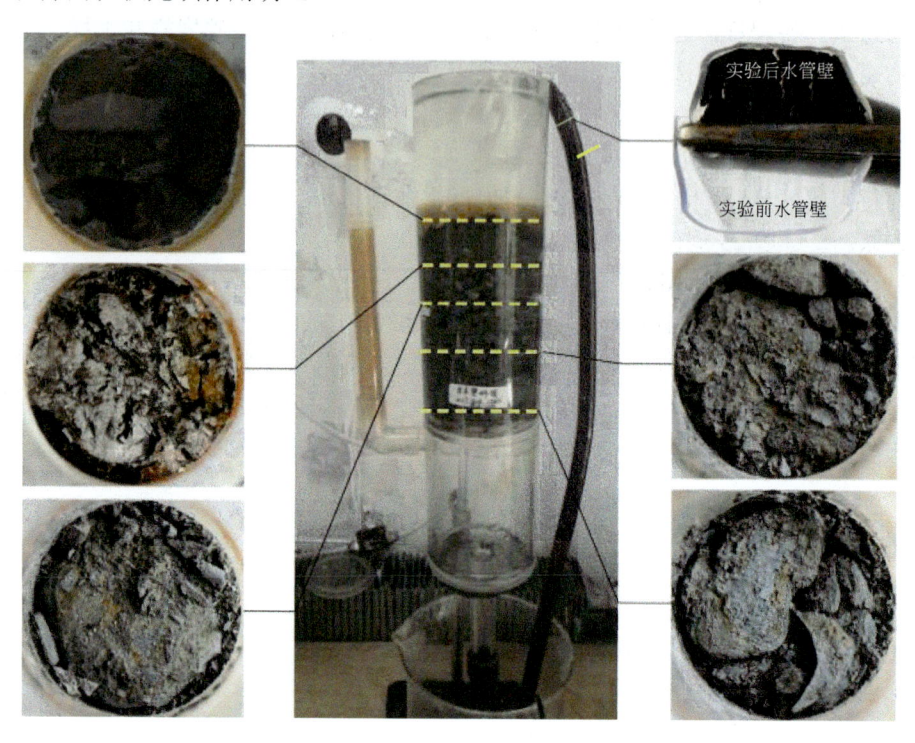

图 5-26 实验模型不同断面岩块上沉积的铁质沉淀物照片

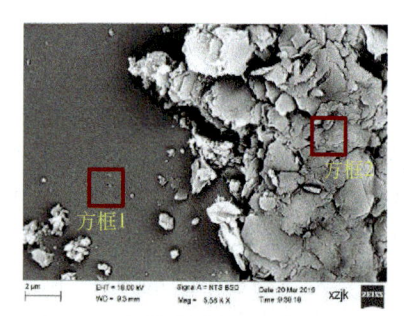

元素	重量百分比	原子百分比
C K	5.05	12.70
O K	20.66	39.06
Al K	3.56	3.99
Si K	7.04	7.58
K K	8.88	6.87
Ti K	1.21	0.77
Fe K	53.60	29.03

元素	重量百分比	原子百分比
C K	13.66	21.78
O K	44.82	53.67
Mg K	0.49	0.39
Al K	11.66	8.28
Si K	16.25	11.08
Cl K	0.26	0.14
K K	1.71	0.84
Fe K	11.14	3.82

(a)扫描电子显微镜照片 (b)图(a)方框1处的能谱分析（铁质氧化物） (c)图(a)方框2处的能谱分析（绿泥石）

图 5-27 铁质沉淀物沉积在岩石微观孔隙中的扫描电子显微镜测试结果

3. 实验前后水、岩样的化学成分变化

1）水溶液化学成分变化

由表 5-8 所示的实验前后水溶液主要离子成分对比结果可见，水溶液中的金属阳离子除 Fe^{3+}、Fe^{2+} 外均呈现明显增高现象，其中尤以 Na^+ 和 Mg^{2+} 的增高幅度较大；而阴离子中

仅 SO_4^{2-} 浓度发生了增高现象；相应地 pH 也呈升高趋势。对照岩石所含的矿物成分，可知水溶液中 Na^+、Mg^{2+}、Ca^{2+}、K^+等金属阳离子浓度的增高主要由长石和黏土矿物的溶解、溶蚀引起，增多的 Na^+、Ca^{2+}主要来自斜长石和伊/蒙间层，Mg^{2+}主要来伊/蒙间层、伊利石以及绿泥石，而 K^+主要来自钾长石、伊/蒙间层以及伊利石。对于实验后 SO_4^{2-} 浓度的升高推断可能是岩石中的一些有机物成分发酵或分解所致（实验后可闻到浸泡岩样有类似污泥的臭味产生）。而对于 Fe^{3+}、Fe^{2+}，虽然实验过程中已观测到其析出，但受氧化发生化学沉淀的影响，最终都以 $Fe(OH)_3$ 或 Fe_2O_3 形式吸附沉积在破碎岩样中（图 5-26、图 5-27），导致实验后测得的水溶液 Fe^{3+}、Fe^{2+}含量为 0。

此外，将表 5-8 与原岩中的常量元素占比情况（表 5-7）对比后还发现，虽然原岩中 K 元素占比明显高于 Na、Ca、Mg 等元素，但实验后水溶液中的 K^+含量却低于 Na^+、Ca^{2+}、Mg^{2+}；这显然与水岩相互作用过程密切相关。受溶解、溶蚀等作用影响，一些元素仅以离子形式稳定存在于水溶液中，而一些元素在形成离子后可能又会与其他离子转化形成其他物质，从而表现出其在水溶液中离子含量的降低，具体的将在后面详细讨论。

2）岩石矿物成分及其微观形态变化

研究采用 X 射线衍射测试、常量元素测试以及扫描电子显微镜测试等方法对实验后的岩石成分进行了测试（表 5-6），结果表明，实验后岩石中的矿物成分发生了明显改变。其中，石英与黏土矿物占比明显增高，而钾长石、斜长石占比却明显降低（斜长石直接消失），同时出现了云母矿物的次生现象。而单纯由黏土矿物中各类不同矿物的组分变化也可看出，高岭石矿物增加明显，而绿泥石、伊利石等其他矿物则明显降低。这说明水溶液在对部分岩石矿物溶解、溶蚀并导致其含量减少的同时，还会引起其他矿物的次生现象。与此类似，表 5-7 所示的实验后的岩石常量元素占比情况也发生了明显变化，其中尤以 Ca、Na、Mg、K 等金属元素的占比降低明显（K 元素占比降幅相对偏小），说明岩样受水溶液溶解、溶蚀作用显著，与实验后水溶液中相关金属阳离子含量增高现象相符（表 5-8）。而对于 Fe 元素，虽然实验过程中溶解析出了 Fe^{2+}，但由于它最终以铁质沉淀物的方式沉积在岩样中，因而其元素在岩石中的占比未发生明显改变。

扫描电子显微镜测试实验后岩石矿物微观形貌也从侧面证实了上述变化过程。如图 5-28 所示，实验后矿物晶体的微观形貌呈现明显破碎状态，且溶蚀孔洞普遍存在，说明水溶液对岩石矿物的溶解、溶蚀作用显著。同时，在原生矿物表面或间隙中还普遍发现有其他衍生物质的生成；这些物质不仅包括图 5-26 和图 5-27 所示的铁质化学沉淀物，而且还有图 5-28 所示的高岭石等次生矿物。如图 5-29（a）所示，根据扫描电子显微镜测得的矿物形貌可以推断，方框 1 处的片状矿物应为岩石中的原生矿物，结合能谱分析可推断其应为黏土矿物；而对于在其表面可见的明显沉积物，根据其主要含硅、铝的能谱分析结果可推断应为高岭石次生矿物。显然，上述这种沉淀物或次生矿物的衍生现象与水岩之间发生的离子交换化学作用密切相关。

4. 自修复过程主要特征

破碎岩样与酸性溶液相互作用过程中出现的水渗流能力逐步下降现象，具有以下几个显著特点。

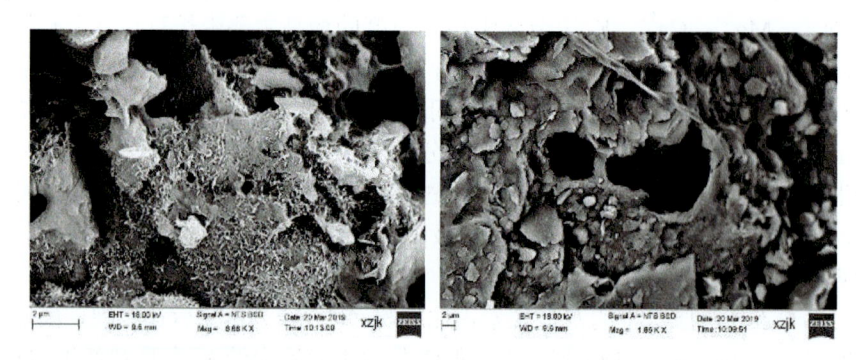

图 5-28 原生黏土矿物受水溶液溶解、溶蚀后的微观形貌照片

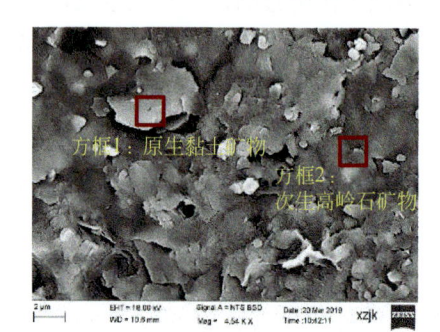

(a)扫描电子显微镜照片

(b)图(a)方框1处的能谱分析

元素	重量百分比	原子百分比
C K	15.61	24.07
O K	43.34	50.18
Mg K	0.55	0.42
Al K	12.90	8.86
Si K	20.80	13.72
K K	6.55	2.68
Fe K	0.26	0.08

(c)图(a)方框2处的能谱分析

元素	重量百分比	原子百分比
C K	15.26	25.39
O K	28.59	35.71
Na K	0.39	0.34
Al K	8.68	6.43
Si K	41.72	29.68
K K	3.33	1.70
Ti K	0.43	0.18
Fe K	1.61	0.58

图 5-29 原生片状黏土矿物表面沉积的次生高岭石矿物

1）破碎岩块孔隙空间减少

黏土矿物遇水膨胀的作用过程相比矿物的溶解、溶蚀及其离子的析出过程较为迅速，因而可推断图 5-25 所示实验初期出现的水渗透率急剧下降现象是由伊/蒙间层等黏土矿物（尤其是其中的蒙脱石）遇水膨胀引起的破碎岩块孔隙空间减少造成的。黏土矿物遇水膨胀的物理作用以及水、岩离子交换产生铁质沉淀物等衍生物质的化学作用导致空隙空间减少。

2）渗透性变化过程受水溶液酸-碱性影响

（1）酸性溶液时：受酸性溶液对岩石中各类矿物成分的溶解、溶蚀作用，矿物离子相继析出，并发生其与水溶液的离子交换化学反应。如前节所述，钾长石、斜长石（钠长石、钙长石、中长石等）等原生铝硅酸盐矿物会与 H^+ 发生如式（5-1）～式（5-4）以及式（5-6）所示的化学反应，在析出 K^+、Na^+、Ca^{2+} 等离子的同时，还会出现高岭石、绢云母、石英等次生矿物的生成。与此类似，绿泥石、伊利石、伊/蒙间层等矿物会逐步析出 Fe^{2+}、Mg^{2+}。由于水溶液的初始 pH 相对偏低，而 Fe^{2+} 在酸性条件下受氧化发生 $Fe(OH)_3$ 化学沉淀的进程较为缓慢，因而在实验初期难以形成可观的铁质沉淀物。由此可推断实验第 2～46d 时间内出现的岩样渗透率小幅下降现象主要由次生矿物的充填封堵作用引起，对应 Fe^{2+} 处于缓慢析出阶段。

（2）偏碱性溶液时：随着原生铝硅酸盐对水溶液中 H^+ 的不断消耗，水溶液 pH 逐步升高（表 5-8 所示实验后水溶液 pH 明显升高），Fe^{2+} 氧化生成 $Fe(OH)_3$ 沉淀物的速度也逐渐加快。生成的 $Fe(OH)_3$ 沉积覆盖在破碎岩块表面，一方面会对 Fe^{2+} 的氧化过程产生催化作用以促进新的 $Fe(OH)_3$ 的生成，另一方面处于沉积物内部的旧的 $Fe(OH)_3$ 又会逐步发生脱水老化，最终生成铁锈等物质。期间的主要化学反应过程如下：

$$4Fe^{2+}+O_2+2H_2O=\!=\!=4Fe^{3+}+4OH^- \tag{5-6}$$

$$Fe^{3+}+3H_2O=\!=\!=4Fe(OH)_3+3H^+ \tag{5-7}$$

$$2Fe(OH)_3=\!=\!=Fe_2O_3+3H_2O \tag{5-8}$$

与此同时，长石类原生铝硅酸盐矿物会按照式（5-1）～式（5-4）以及式（5-6）继续消耗上述沉淀反应过程中生成的 H^+，这不仅能避免水溶液 pH 的降低，其生成的次生矿物还能进一步提高破碎岩样的降渗效果。所以，实验中期（第 47～76d）出现的水渗透率快速下降现象主要对应于铁质沉淀物的逐步增多过程，沉淀物或次生矿物对破碎岩样的充填封堵降渗作用明显。

对比实验第 2～46d 和第 47～76d 这两个阶段的岩样水渗透性降低趋势也不难发现，次生矿物相比铁质沉淀物对破碎岩样的封堵降渗作用明显偏低，但如何定量评价两者降渗作用的差异尚有待进一步研究。

（3）水溶液 pH 逐步趋于中性时：矿物受溶解、溶蚀作用程度以及 Fe^{2+} 等金属阳离子的析出量也逐步较小，造成铁质沉淀物与次生矿物等衍生物质的生成进程大幅降低，相应破碎岩样的水渗透率递减速率也趋于平缓，说明水溶液对岩样的降渗作用进入尾声。

（4）式（5-1）～式（5-4）的化学反应很好地解释了表 5-6 所示实验后岩石出现的 SiO_2、云母与黏土矿物占比的增高以及钾长石、斜长石矿物占比降低的现象，也说明表 5-7 所示实验后岩石中 Na、Ca、Mg、K 等金属元素占比的降低以及表 5-8 所示实验后水溶液中相关金属阳离子含量的增高是水溶液的溶解、溶蚀以及相关离子交换反应造成。而式（5-6）所示 K^+ 与中长石的进一步化学反应，则解释了实验后岩石中 K 元素占比降幅不大且水溶液中 K^+ 含量偏低的现象（岩石受溶解、溶蚀形成的 K^+ 又与其他矿物生成新的矿物成分而继续停留在岩石中）。

对比实验结果表明，酸性水对含铁破碎岩体具有明显降渗作用。例如，选择对富铁质矿物的破坏岩层注入酸性物质，促使铁质矿物溶解及 Fe^{2+} 的析出，并配合含氧水或碱性水的灌注等方式，有助于促进 $Fe(OH)_3$ 等沉淀物的生成及其对岩体孔隙/裂隙的充填、封堵，实现导水裂隙带自修复过程和含水层生态修复。

5.3 采动裂隙人工引导自修复促进方法

覆岩导水裂隙是导致煤矿区地下水流失与地表生态退化的地质根源，目前传统做法多是通过降低采高或改变开采工艺（如充填开采）等方式来控制导水裂隙带的发育高度，避免含水层被破坏。但在高强度开采矿区却难以适用。基于采动裂隙自修复实验研究和规律总结，通过调整注浆封堵工艺等方法，即"人工引导方式"促进裂隙的修复愈合，成为采动破坏含水层生态再恢复的另一有效途径，

5.3.1 人工引导裂隙自修复的促进机制

1. 技术思路

已有的研究实践表明，单纯依靠限采降损的方式控制导水裂隙的发育往往难以有效实现保水采煤，多数矿区高产高效的采煤需求在一定程度上约束了导水裂隙的控制。因此，采取人工干预措施对覆岩导水裂隙实施人工修复（如注浆封堵）成为解决这一难题的有效途径。针对这一对策，传统做法往往是对采动覆岩所有区域的导水裂隙都考虑进行人工修复，这在理论上虽然能彻底隔绝地下水的漏失通道，但实际实施时却存在难度大、施工复杂、成本高等缺点。所以，若能依据前述研究的导水裂隙主通道分布模型，集中对导水裂隙主通道区域采取人工干预修复措施，无疑能将采空区大部分涌水流量阻截在导水裂隙之外；地下水仅能从导水裂隙带主通道分布区域之外的其他小流量裂隙渗漏。如此虽未能彻底消除井下涌水，但却大大提高了实施效率和便利程度，不失为导水裂隙人工限流的一项有效保水对策。覆岩导水裂隙主通道的发育尺寸及其形态直接决定了地下水的流失程度，为此可分别从导水通道直接封堵或导水通道尺寸控制这两方面来研究形成导水裂隙人工引导自修复的技术途径和方法（图5-30），详细对策与实施方法将在后面介绍。

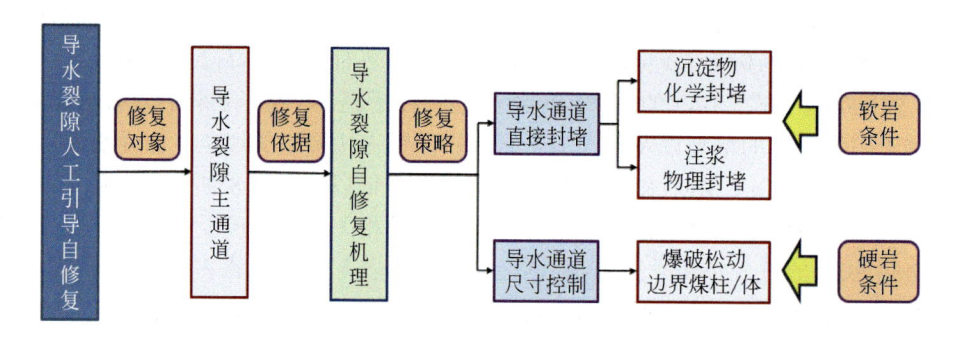

图 5-30 导水裂隙人工引导自修复机制及技术途径

2. 促进机制

1）导水通道直接封堵机制

针对导水通道区，采取化学或物理方式将覆岩导水裂隙主通道封堵，以切断地下水向采空区流动的通道。其中，物理方式则是采用目前岩土工程、地下空间工程等领域常用的注浆堵水方法，以钻孔等方式将封堵浆体输送至覆岩导水裂隙主通道发育区域，利用其凝结作用实现导水通道的封堵；化学方式是基于水气岩相互作用下的裂隙自修复机制提出。

考虑到裂隙自修复过程中化学沉淀在裂隙面的吸附、固结、成垢等封堵作用起到了较大作用，因而提出根据地下水的化学特性向裂隙岩体中灌注能与地下水产生化学沉淀的修复试剂，以加快沉淀物的产生进程，从而逐步封堵导水裂隙通道。

2)导水通道尺寸控制机制

针对导水裂隙带和导水通道,充分利用岩层运动对裂隙发育的影响规律,通过人为干预采动岩层的破断形态或运动状态,促使岩层破断裂隙的开度降低,甚至闭合,从而降低通道尺寸和空隙量。如可采用爆破松动边界煤柱/体的方式,以促使边界岩层再次发生超前断裂,使得边界附近的上端张拉裂隙(导水裂隙主通道)发生一定程度的闭合,降低其裂隙开度,从而减小裂隙的过流能力,实现限流保水。

考虑到覆岩岩性差异对导水裂隙主通道分布的影响,在重点针对覆岩导水裂隙主通道实施人工引导修复时,应根据各自岩性条件及其对裂隙封堵、闭合的影响规律,选择适宜的修复对策(图5-30)。对于硬岩条件,由于覆岩导水裂隙主通道分布范围相对偏大,裂隙宏观发育尺度大、导水性强,具有自然修复作用时间长、渗透性降低缓慢的特征,重点考虑采用降低裂隙开度的方式进行修复,有效降低裂隙导流能力;对于软岩条件,导水裂隙主通道分布范围窄、裂隙宏观发育尺度小,重点对主通道分布区域实施人工引导自修复,其他区域可完全依靠其自修复特性实现裂隙闭合。

5.3.2 基于铁/钙质化学沉淀封堵的自修复促进方法

1. 基于铁/钙质化学沉淀的裂隙封堵降渗特性实验

根据前述有关采动岩体裂隙自修复机制的研究结果,采动破坏岩体在与流失地下水、采空区CO_2等气体的长期"水-气-岩"相互作用过程中,会发生岩石矿物成分的解、溶蚀以及铁、钙等离子的析出,从而会在一定化学环境下发生沉淀反应,出现$Fe(OH)_3$、$CaCO_3$、$CaSO_4$等沉淀物的生成及其对孔隙/裂隙通道的封堵降渗现象,最终引起岩体裂隙的自修复。通过进一步调研发现,这种铁/钙质化学沉淀物或结垢物对孔隙/裂隙介质的封堵降渗现象在其他一些岩土工程领域也常有发生。例如,石油开发工程中的储层结垢损害现象、水坝减压井或尾矿坝排渗时的化学淤堵现象、地下水人工回灌工程中的注水井堵塞现象等。相关研究表明,此类铁/钙质沉淀物之所以会对岩体孔隙/裂隙产生堵塞,主要源于它们在物理介质表面的"吸附-固结"作用。由于它们通常具有较强的吸附性,极易吸附在岩石孔隙/裂隙等过流通道表面,以此为核心继续吸附周围的沉淀物,并层层包裹、表现出结垢晶体不断生长的现象;若环境中存在多种沉淀物时,各类沉淀物之间又会相互吸附,呈现"包藏-共沉-固结"的结垢过程;经过一段时间的累积,最终形成具备一定耐冲蚀能力的致密结垢物或包结物,堵塞孔隙/裂隙通道,如图5-31所示。

然而,从5.2节中不同条件下的水-气-岩相互作用实验也可看出,裂隙岩体与地下水、CO_2等化学作用产生铁/钙质沉淀物的自修复进程较为缓慢,单纯依靠自然产生的沉淀物难以实现导水裂隙通道的快速封堵与含水层修复。受此启发,若依据地下水的化学特性,向采动含水层中直接注入可与其赋水产生铁/钙质沉淀的"修复试剂",这无疑为加快化学沉淀的产生进程、实现导水裂隙快速封堵与含水层生态修复提供了一条便捷途径。为了验证铁/钙质化学沉淀对岩体裂隙通道的封堵修复作用,本节基于前述水-气-岩相互作用实验思路，开展了含水裂隙岩样灌注化学试剂促进铁/钙质化学沉淀的降渗实验研究。

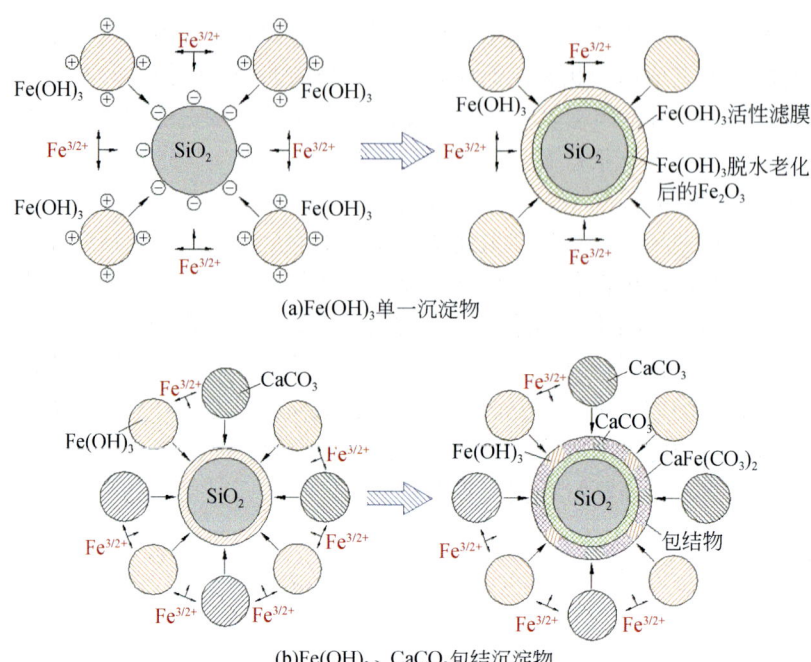

(a)Fe(OH)$_3$单一沉淀物

(b)Fe(OH)$_3$、CaCO$_3$包结沉淀物

图 5-31　化学沉淀物"吸附–固结"的结垢示意图（以铁/钙质沉淀物为例）

1）实验方案设计

实验针对裂隙和孔隙两种导水通道，分别设计了单裂隙岩样模型和石英填砂管模型这两类实验模型。其中，单裂隙岩样模型选择采用砂质泥岩作为实验岩样，并对其标准圆柱试件预先进行人工压裂以形成单一贯通裂隙，参照水气岩相互作用实验中的岩样封装方式将其装入类似实验容器中，以模拟含裂隙通道的采动含水层岩体；而石英填砂管模型则是选用粒径为 1～2mm 的石英砂作为实验介质，将其装入透明亚克力管中（管长 1000mm，管径 75mm），以模拟含孔隙通道的采动含水层岩体，如图 5-32 所示。对于单裂隙岩样模型，首先对实验容器中充入浓度为 1.38g/L 的 NaHCO$_3$ 水溶液，以模拟弱碱性含水层的赋水条件；待水体由裂隙岩样稳定渗流后，向容器中灌注浓度为 1.93g/L 的 FeSO$_4$ 水溶液，以模拟铁质化学沉淀对裂隙通道的修复降渗作用；两种溶液的灌注速度按照关键离子能发生充分化学反应进行设置。同理，对于石英填砂管模型，则首先充入浓度为 1.59g/L 的 Na$_2$SO$_4$ 水溶液，以模拟中性的含水层赋水条件；经过水体稳定渗流后，测试其孔隙率为 32.8%；而后由石英砂管另一位置向其内灌注浓度为 2.89g/L 的 CaCl$_2$ 水溶液，以模拟钙质化学沉淀对孔隙通道的修复降渗作用；溶液的灌注速度同样按照关键离子能发生充分化学反应进行设置。实验过程中，间隔 1～2h 对裂隙岩样及石英砂管的水渗透率进行测试（测试过程与方法参照 5.2 节的实验进行），以评价铁/钙质化学沉淀对孔隙/裂隙通道的封堵降渗作用。

第 5 章 采动覆岩导水裂隙带自修复机制与促进方法

(a)单裂隙岩样模型

(b)石英填砂管模型

图 5-32 单裂隙岩样模型与石英填砂管模型

2）实验结果与分析

经过近 6 周的实验，获得了"修复试剂"灌注过程中裂隙岩样及石英砂管的绝对渗透率变化曲线，如图 5-33（a）所示。实验发现，无论是单裂隙岩样还是石英填砂管模型，铁/钙质沉淀物都对其孔隙/裂隙形成了显著的封堵作用，使得实验模型表现出水渗透性持续快速下降的现象，且在 0.1MPa 的水压作用下也未出现明显的渗透性升高现象。如图 5-33（b）所示，$Fe(OH)_3$ 沉淀物在岩样裂隙面显著沉积，促使其绝对渗透率由初始的 15.1D 经历约 790h 降低为 0.01D；而 $CaSO_4$ 对石英砂孔隙的封堵则使其发生了一定程度的固结，并使其绝对渗透率由初始的 62.3D 经历约 860h 降低为 0.1D。由此不仅进一步证实了铁/钙质沉

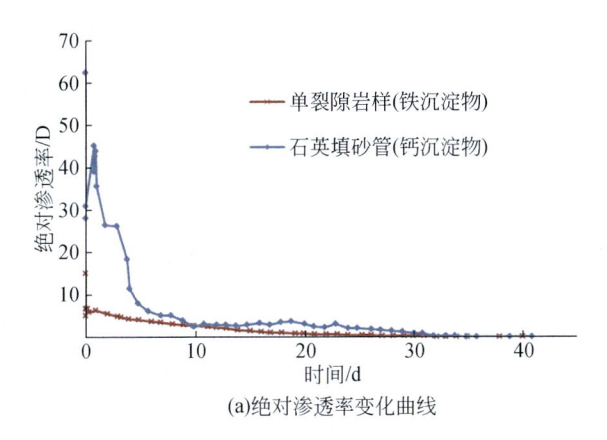

(a)绝对渗透率变化曲线

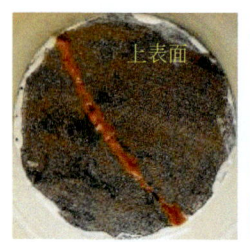

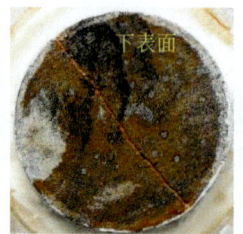

(b)岩样裂隙内沉积的Fe(OH)$_3$沉淀物

(c)CaSO$_4$在石英砂孔隙中沉积并使其固结

图 5-33　铁/钙质化学沉淀对孔隙/裂隙封堵降渗的实验结果

淀物对岩体孔隙/裂隙的封堵降渗作用，也说明前述提出的利用其封堵作用开展采动破坏含水层生态修复的技术思路是可行的。

2. 采动岩体孔隙/裂隙人工灌注修复试剂的封堵方法

该方法是基于上述研究结果，通过人工灌注化学试剂或改变地下水化学特性以促进铁/钙质化学沉淀封堵采动岩体孔隙/裂隙的含水层修复，即根据采动流失地下水的酸碱度、阴阳离子成分等化学特征选择合适的修复试剂，将其回灌至采动含水层裂隙发育区域；利用修复试剂与地下水阴阳离子化学生成的易吸附在岩石矿物表面的沉淀物，对含水层采动岩体中的孔隙/裂隙导水通道进行封堵，从而在含水层内对应导水裂隙带轮廓线位置附近形成一定范围的化学沉淀物隔离罩或隔离壁，有效隔绝地下水向采动破坏岩体范围的流失与补给通道，达到地下水资源保护与采动含水层原位修复的目的。具体内容包括：

（1）根据覆岩导水裂隙带高度和地质钻孔柱状判断地层含水层受采动破坏的采煤区域。若导水裂隙带高度范围内存在含水层，则对应区域导水裂隙带已沟通含水层，需要布置相应的修复试剂回灌钻孔；若导水裂隙带高度范围内不存在含水层，则无需施工回灌钻孔。

（2）针对导水裂隙带高度范围内存在含水层的区域，在对应地表进行修复试剂回灌钻孔的施工；回灌钻孔的施工类型及其布置方式，根据具体导水裂隙带顶界面相对于含水层顶界面位置的不同进行差别设计。

若导水裂隙带顶界面位于含水层顶界面以下，且导水裂隙带顶界面最高点距含水层顶界面距离大于 20m，则回灌钻孔采取地面水平定向钻孔与地面垂直钻孔相结合的方式进行（图 5-34）。其中，水平定向钻孔的水平分支在采区边界外侧附近成组布置，而垂直钻孔则布置于采区中部。某侧边界水平定向钻孔的成组水平分支在垂直剖面上呈 45°角布置，最高层位的钻孔位于导水裂隙带顶界面最高点以上 20~30m，并对应于采区边界位置；以此钻孔位置按照45°角斜向下延展布置其他水平分支，每组水平分支的钻孔间距为15~20m，直至达到含水层底界面。水平定向钻孔的垂直段和调斜段均用套管护孔，而水平段（水平分支）则为裸孔。垂直钻孔的终孔位置位于导水裂隙带顶界面以上20~30m，且从地表直至含水层顶界面以下10m范围内均采用套管护孔；若需修复区域对应走向或倾向长度超过1000m，则沿走向或倾向间隔1000m布置多个垂直钻孔，水平定向钻孔和垂直钻孔的护孔套管材质均为高强度聚酯材料而非铁质。

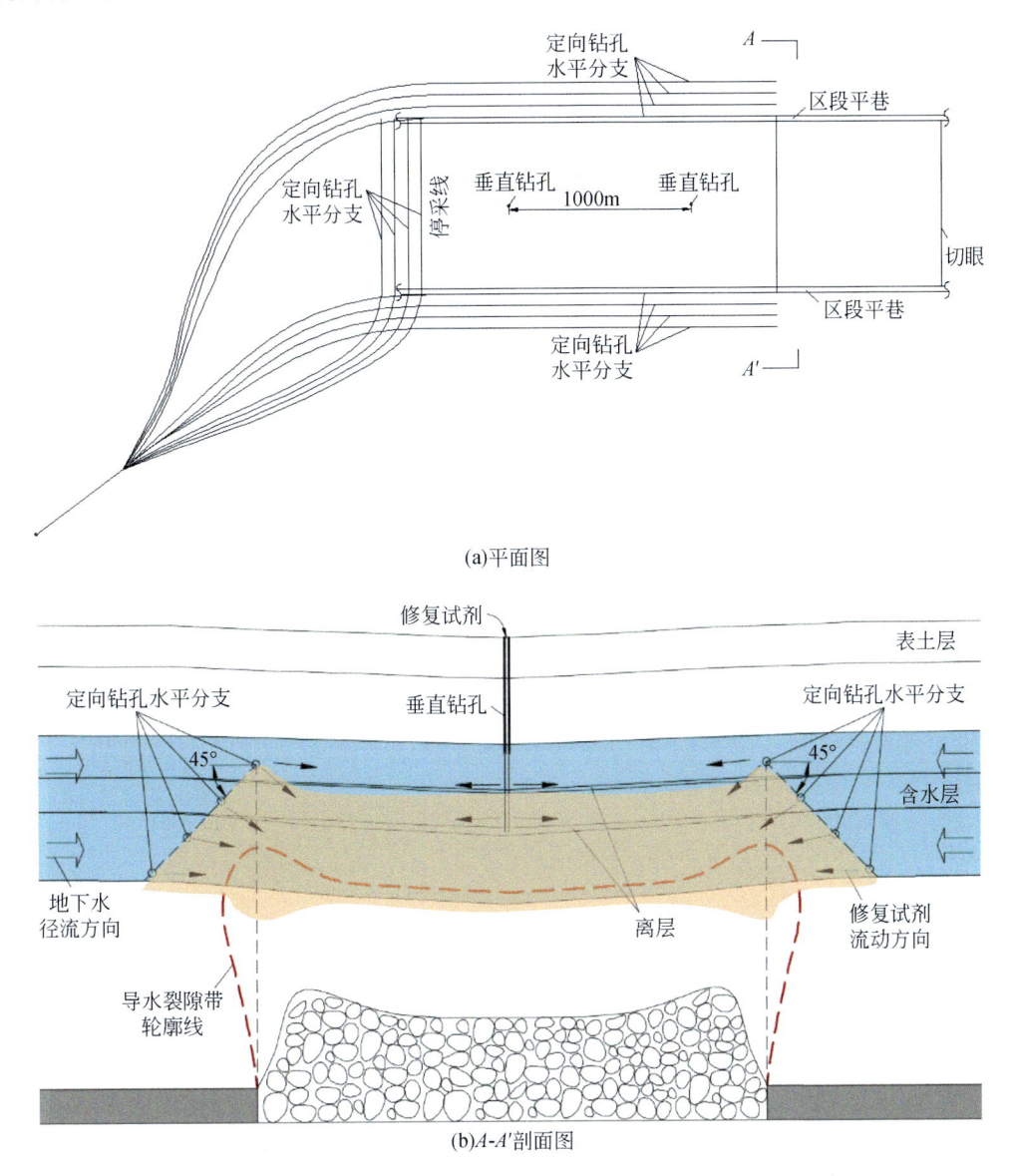

图 5-34 导水裂隙带顶界面位于含水层顶界面以下时的修复试剂回灌钻孔布置图

若导水裂隙带顶界面位于含水层顶界面以下且其最高点距含水层顶界面距离小于30m，或者导水裂隙带顶界面位于含水层顶界面以上，则仅需采用地面水平定向钻孔施工方式在采区边界外侧附近成组布置回灌钻孔（水平分支）（图 5-35）。与上述类似，成组布置的水平分支在垂直剖面上同样呈 45°角布置，最高位钻孔位于含水层顶界面并外错于开采边界 20~30m 位置，以此钻孔位置按照 45°角斜向下延展布置其他钻孔；每组水平分支钻孔的间距为 15~20m，直至达到含水层底界面。水平定向钻孔的垂直段和调平段均用套管护孔，而水平段则为裸孔，套管材质与前述相同。

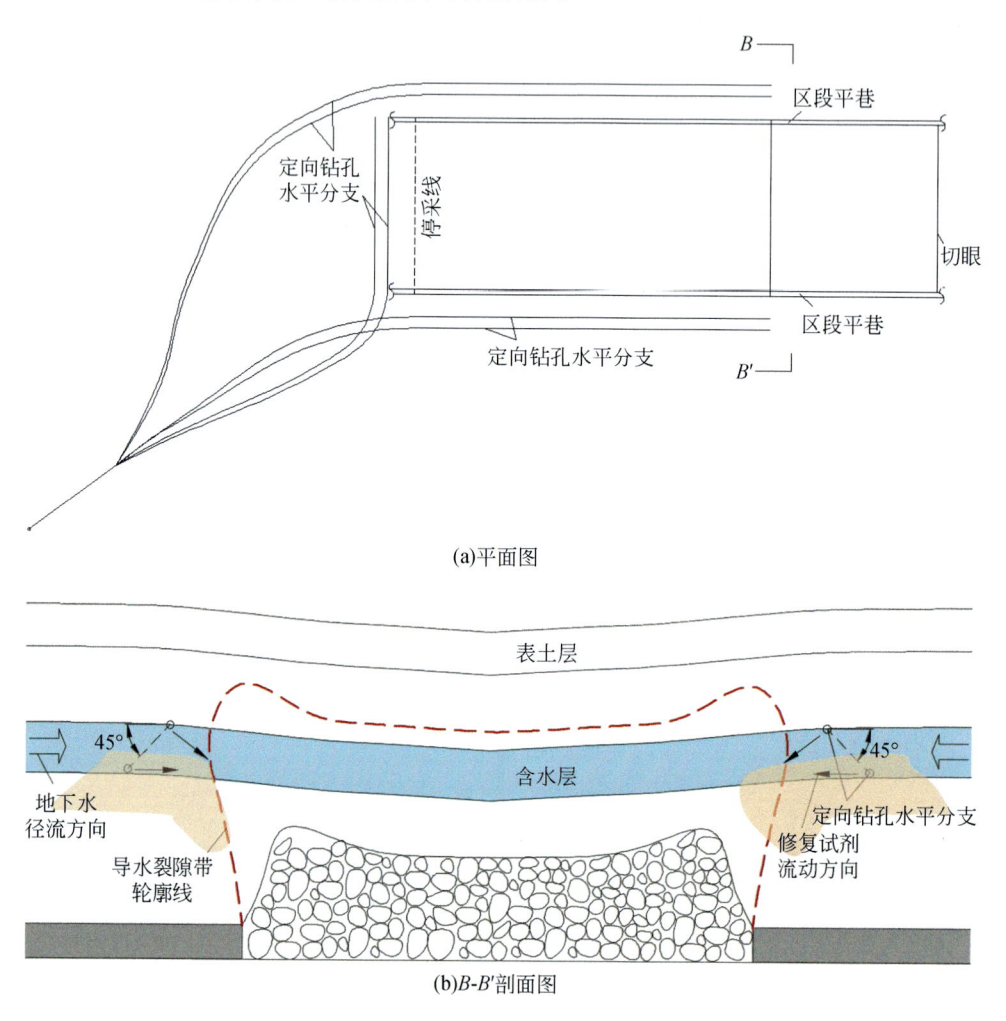

(a)平面图

(b)B-B'剖面图

图 5-35 导水裂隙带顶界面位于含水层顶界面以上时的修复试剂回灌钻孔布置图

（3）根据采动流失地下水的化学特征，选择合适的化学修复试剂通过回灌钻孔注入含水层。若地下水为碱性水，则用含 Fe^{2+} 或 Fe^{3+} 的化学试剂与弱酸水配置成富铁水溶液作为修复试剂。若地下水为高硬度水，则用含 CO_3^{2-} 的化学试剂与去离子水配置成溶液作为修复试剂，或者也可直接利用 CO_2 作为修复试剂注入含水层中。若地下水为酸性水，则除了需要用含 Fe^{2+} 或 Fe^{3+} 的化学试剂与弱酸水配置成富铁水溶液作为修复试剂进行回灌外，还需要在采区边界外侧增设含氧水回灌钻孔，并将充分曝气后的水通过该钻注入含水层中。上述修复试剂或含氧水的灌注压力均应大于含水层水压与钻孔深度对应水头压力之差，以确保能顺利注入含水层中。含氧水回灌钻孔布置如图 5-36 所示，布置在采区边界外侧 100~200m 位置，其终孔位置位于含水层底界面以上 10m 位置，钻孔由地表直至含水层顶界面以下 10m 范围均采用套管护孔，护孔套管材质为高强度聚酯材料而非铁质。且当修复区域走向或倾向长度超过 1000m，则沿走向或倾向间隔 1000m 布置多个钻孔。

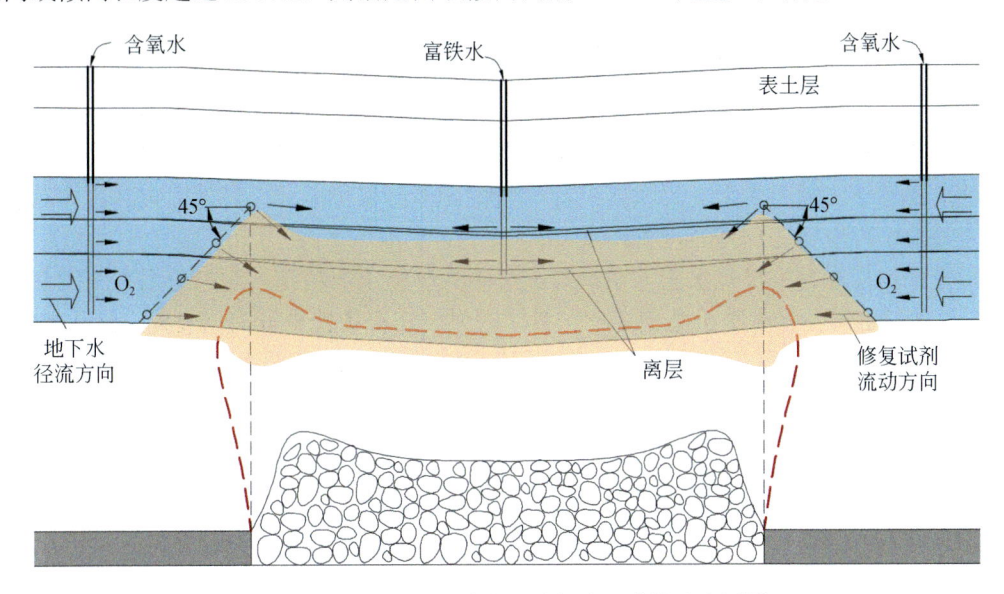

图 5-36 酸性地下水条件下含氧水回灌钻孔布置图

同时，修复试剂回灌过程中实时监测井下涌水量变化情况，间隔 1~2 周对井下涌水的化学特征参数进行测试；若发现井下涌水量显著降低或井下涌水中出现大量修复试剂成分，则减小修复试剂的回灌量。否则，持续进行修复试剂的灌注，直至井下涌水停止。

上述含水层修复方法是基于采动覆岩导水裂隙的发育规律和分布特征，充分考虑导水裂隙带与含水层的相对位置以及含水层储水的化学特征，有针对性地进行修复试剂回灌钻孔的布设以及修复试剂选取；利用修复试剂与地下水阴阳离子化学反应生成的沉淀物，可对采动含水层岩体孔隙/裂隙进行有效封堵，隔绝了地下水向采动破坏岩体范围的流失与补给通道，实现了水资源的科学保护与含水层的原位修复。所选取的修复试剂由于能与地下水发生化学反应，在一定程度上调节了地下水的酸碱度和硬度，能有效改善地下水水质。

5.3.3 基于水平定向钻孔注浆封堵的修复促进方法

注浆封堵是目前地下空间工程领域应用较为成熟的控水手段之一，该方法是通过向裂隙岩体中施工注浆钻孔，人为注入水泥、黏土等封堵材料，可有效充填裂隙空间，实现通道隔离与阻水。由于采动导水裂隙发育形态多样、裂隙导流能力强，且浆体在不同裂隙中的流动特性不一等因素，注浆过程中时常发生裂隙无法有效封堵（注浆材料漏至井下采空区）或注浆材料提前在钻孔中堵塞，以及封堵成功后继续钻进又再次出现漏水等现象，极大制约了采动裂隙通道的封堵效果。在煤炭开采领域，该方法主要集中于井筒/巷硐施工的围岩加固与堵水，以及底板承压含水层上采煤的突水灾害防治等方面，与采动覆岩裂隙修复存在明显差别，导致前者已有的研究成果难以直接应用于后者的工程实践。针对覆岩采动裂隙特殊的发育形态及其导浆特征，研究形成适宜于裂隙高效封堵的注浆工艺或方法研究显得十分必要。

1. 水平定向钻孔注浆封堵导水裂隙的合理层位

覆岩不同层位、不同区域（开采边界或采区中部）岩层破断运移规律的差异将产生不同发育特征的导水裂隙。由于水平定向钻孔是按照固定轨迹或层位钻进，在覆岩不同层位钻进时揭露的导水裂隙类型先后次序及其导浆特征也会有所不同，最终影响到浆体对裂隙的封堵效果，合理层位选择显得尤为重要。

研究采用相似材料模拟实验方法模拟分析不同层位定向钻孔钻进时导水裂隙发育特征及其导浆规律。实验模型基于案例煤矿一盘区的岩层赋存条件进行简化设置，利用 2.5m 长的物理模拟模型架建立实验模型，模型设置长 1.2m、高 1m、宽 0.2m（图 5-37）。

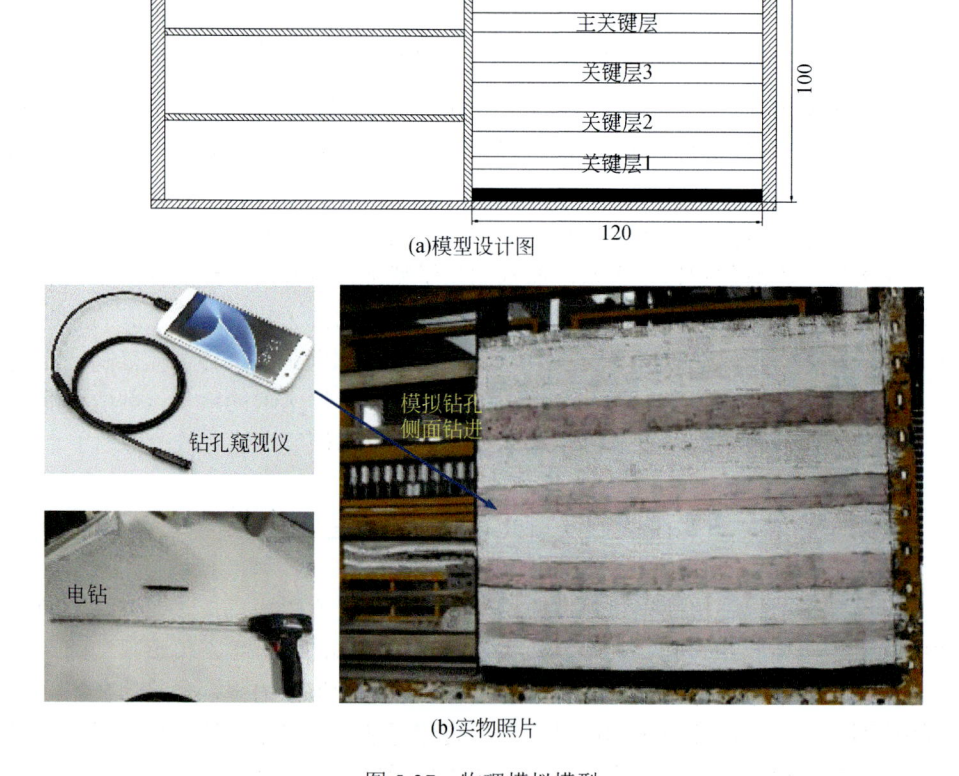

图 5-37 物理模拟模型

为模拟水平定向钻孔的钻进，并直观展现钻孔揭露的裂隙形态，仅利用模型架的一半进行实验,另一半的空间留作侧面实施模拟钻孔钻进,并利用钻孔窥视仪进行孔内揭露裂隙的实地拍摄。模拟实验的几何相似比1∶100,应力相似比为1∶125,密度相似比为1∶1.25,各岩层的相似材料相关物理力学参数设置如表5-9所示。模型开挖时两侧边界各留设5cm的保护煤柱。

表 5-9 模型材料配比表

岩层设置	岩层厚度/cm	配比号	砂子/kg	碳酸钙/kg	石膏/kg	备注
软岩	24	437	69.2	12.10	5.20	分24层,每层2cm
主关键层	8	337	21.6	2.16	5.04	
软岩	12	473	34.6	6.05	2.60	分6层,每层2cm
关键层3	8	437	23.04	1.73	4.03	
软岩	12	437	34.6	2.60	6.05	分6层,每层2cm
关键层2	8	473	23.04	1.73	4.03	
软岩	10	473	28.8	5.04	2.16	分5层,每层2cm
关键层1	5	437	14.4	1.08	2.52	
软岩	8	473	23.04	4.02	1.73	分4层,每层2cm
煤层	5	773	15.8	1.58	0.675	

1) 导水裂隙类型

模拟实验结果发现,水平定向钻孔由外侧原岩区向采动影响区水平钻进时,在其钻进沿线(或轨迹)上将主要揭露如图5-38所示的5种类型的导水裂隙,几类主要裂隙在钻孔中呈现的形态如图5-38(b)所示。由此可见,钻孔揭露不同类型裂隙时将会因其不同的裂隙开度而在孔内出现不同尺度的"空洞",从而影响注入浆体在其中的流动特性及封堵效果。对于开采边界附近因超前支承压力引起的压剪裂隙,其裂隙开度小、贯通性差,故浆体在

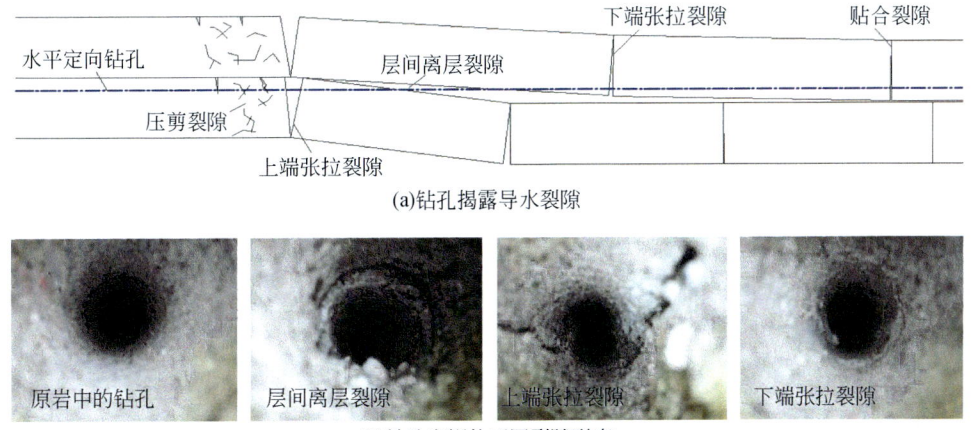

(a)钻孔揭露导水裂隙

(b)钻孔窥视的不同裂隙形态

图 5-38 水平定向钻孔钻进揭露的导水裂隙类型

其中具有较好的滞留效果,但注入大颗粒浆体时(粒径超过裂隙开度),易引起堵孔现象;对于岩层破断回转引起的 V 形上端张拉裂隙,由于裂隙空间延展度长、开度大、导流性强,注入浆体在其中流动扩散性强,封堵难度相对偏大;而在相邻岩层间产生的层间离层裂隙,其在平面上的延展范围较广,但在垂向上的空隙量相对张拉裂隙开度而言偏小;对于岩层破断回转引起的倒 V 形下端张裂隙,它除了具有与上端张拉裂隙类似的发育形态外,还因其常与层间离层裂隙沟通,注入浆体更不易滞留,封堵难度更大;对于岩层双向破断回转稳定后的贴合贯通裂隙,其裂隙开度相比张拉裂隙明显偏小,但它常与层间离层裂隙沟通,封堵难度较压剪裂隙偏大。

2)裂隙开度分布特征

模型开挖后覆岩破断垮落及裂隙发育情况如图 5-39(a)所示,可见覆岩导水裂隙带发育至上覆第 3 层关键层底界面,对应"导高"43m。为了探究不同层位钻进定向钻孔时揭露的裂隙开度分布特征,对覆岩裂隙分布进行了素描,并设定了图 5-40(b)所示的 8 条水平测线($L_1 \sim L_8$)。8 条测线距离模型底界高度分别为 25cm、29cm、30cm、33cm、40cm、45cm、50cm 以及 53cm。其中,L_1、L_2 测线位于关键层 3 内部、导水裂隙带范围之外,其余测线均位于导水裂隙带范围以内,且除了 L_6、L_7 测线处于单一岩层中外,其他测线均处于"穿层"状态。

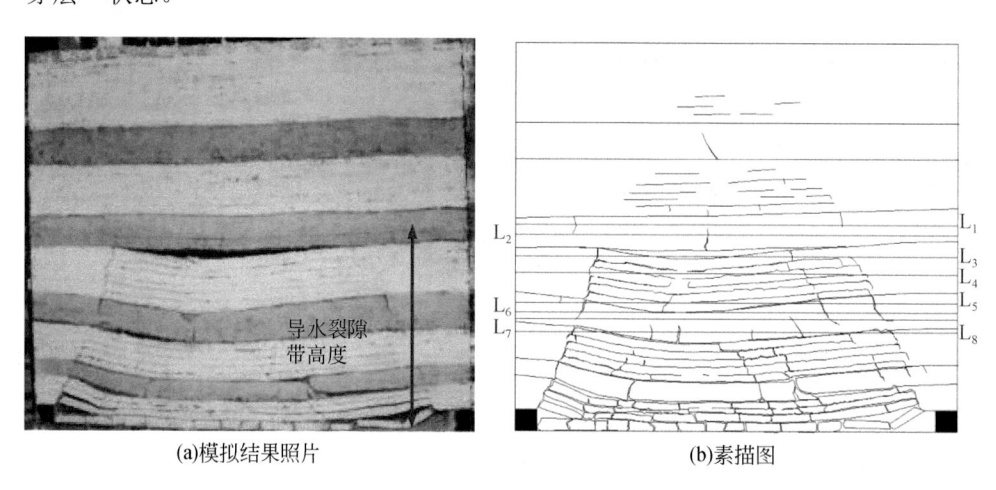

(a)模拟结果照片 (b)素描图

图 5-39 覆岩裂隙分布及监测层位图

测线布置后,由模型左侧向右侧分别对各条测线上相交的裂隙开度进行测量,每条测线上的裂隙开度分布如图 5-40 所示。为了便于标定和区别,分别对本岩层和上下岩层的不同类型裂隙进行了编号标识。A 表示本层岩层破断裂隙,包括 3 种类型的裂隙:A_1 为本层岩层采区边界的上端张拉裂隙,A_2 为本层岩层边界的下端张拉裂隙,A_3 为本层岩层采区中部的贴合裂隙;B、C 分别表示上部邻近岩层和下部邻近岩层的破断裂隙,同理也分为 3 种类型 B_1、B_2、B_3 和 C_1、C_2、C_3,分别代表上端张拉裂隙、下端张拉裂隙、贴合裂隙;D 表示层间离层裂隙。

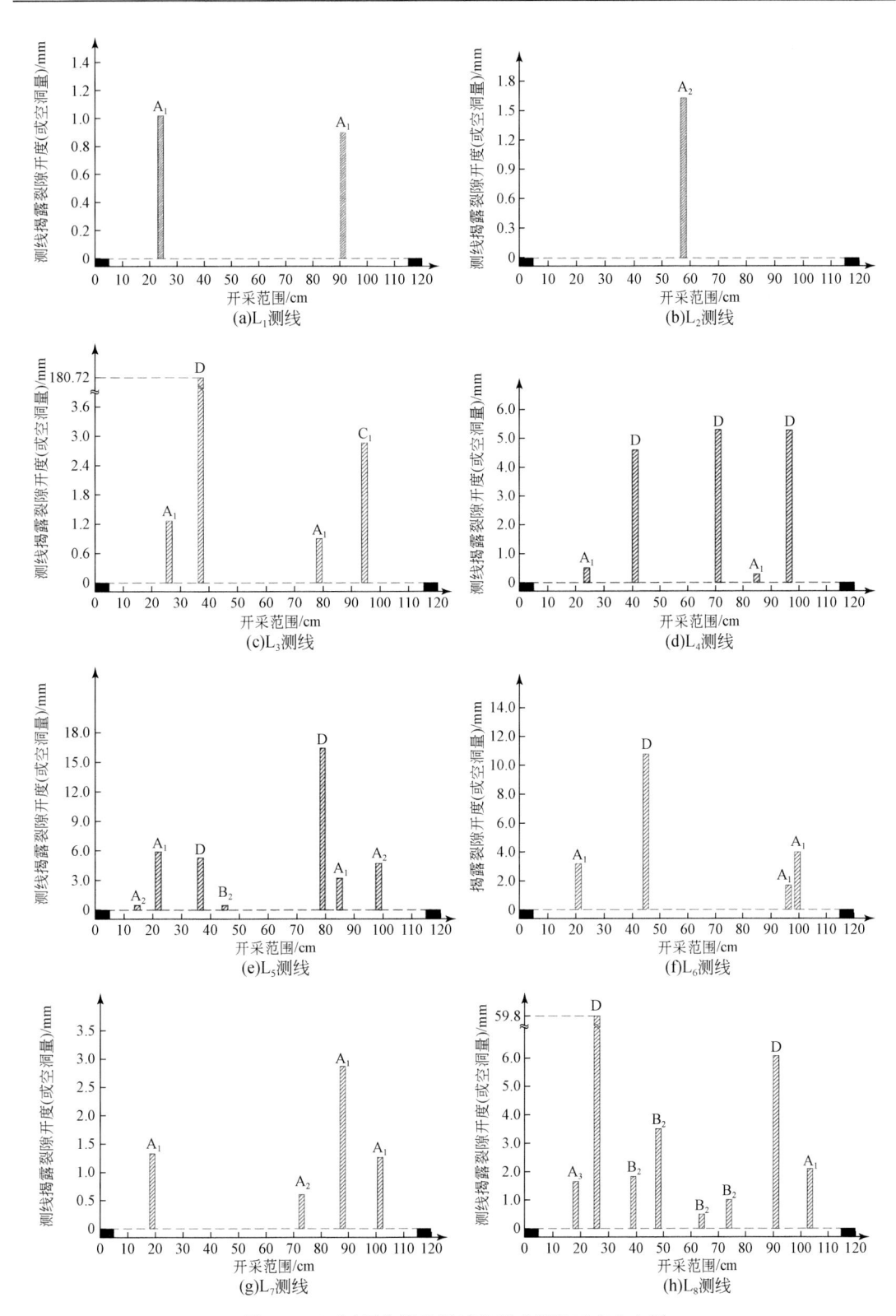

图 5-40 不同层位测线揭露的采动裂隙开度分布图

通过对比 8 条测线上采动裂隙的开度分布情况可以发现：随着监测层位的升高，采动裂隙数量呈现增多趋势，且裂隙开度也随之变小。L_1、L_2 测线位于第 3 层关键层内部、导水裂隙带以上，仅出现了 3 个破断裂隙，且开度较小；而在其下部的其余 6 条测线上的采动裂隙数量较其明显增多，且裂隙开度也较 L_2 与 L_1 大。处于导水裂隙带以内（即第 3 层关键层下方）的软岩，在开采范围中部多为离层裂隙，而边界多为破断裂隙。测线揭露的裂隙多为破断裂隙，仅当测线处于"穿层"状态时才会揭露层间离层；但测线上反映的离层裂隙的开度量（或空洞量）往往较破断裂隙大。如 L_3 测线揭露的关键层 3 下部的离层裂隙，其在测线上反映的空洞量达到 180.72mm，这意味着若在此层位钻进定向钻孔，则钻孔需要在离层空间中钻进 18m 左右才进入岩石中，也意味着需对这部分空洞实施注浆封堵后才能避免钻孔冲洗液的失返，表面钻孔注浆封堵难度明显增高。同样地，测线在采区边界处揭露上端张拉裂隙时，对应其开度量也明显偏高；如 L_5 测线在右侧采区边界揭露的上端张拉裂隙的开度量达到了 6mm，相当于实际钻孔钻进将揭露 0.6m 的空洞宽度（L_8 测线上距左侧开采边界 50cm 左右位置揭露的下端张拉裂隙亦是如此，裂隙开度 3.5mm 左右）。

3）裂隙分布类型及其导浆特征

根据上述不同层位水平测线揭露的裂隙开度分布特征观测结果可以知道，无论定向钻孔在哪一层位钻进，其钻进沿线揭露的裂隙分布主要存在以下 3 种类型。

（1）导水裂隙带内沿单一岩层钻进［图 5-41（a）］。由开采边界向采区中部钻进过程中依次揭露裂隙的顺序为"压剪裂隙→上端张拉裂隙→下端张拉裂隙→贴合裂隙"，而后随着向另一开采边界接近，揭露的裂隙顺序与前面相反。这种类型条件下钻孔冲洗液失返及注浆封堵的间隔与岩层的破断步距接近，且常易在厚硬岩层（如关键层）中钻进时发生。

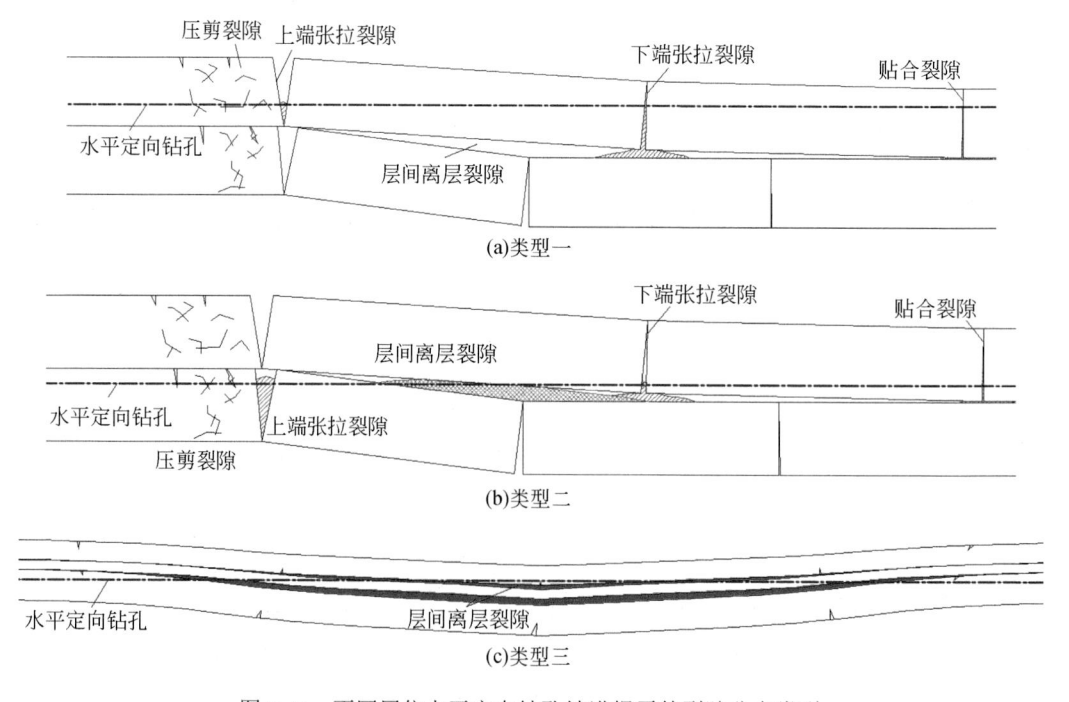

图 5-41　不同层位水平定向钻孔钻进揭露的裂隙分布类型

该类型的钻进层位施工水平定向钻孔,当钻进揭露压剪裂隙时,宜选择注入粉煤灰、水泥、水玻璃等细粒材料,封堵难度小,且不易跑浆;当钻进揭露上端张拉裂隙时,由于其揭露"空洞"量大,且裂隙常与下部邻近岩层的上端张拉裂隙连通,所以宜首先选用粗粒材料进行固结封堵,直至其隔绝与下部邻近的上端张拉裂隙的导流通道时,才可选取细粒材料大量注入;仅当浆体在揭露的裂隙"空洞"中流动达到其扩散半径后,才能逐步向上堆积,直至堆积高度达到钻孔层位与岩层底界面间的距离,钻孔周围空洞才能实现封堵,后续钻进工作才能顺利进行。所以,钻孔层位与该岩层底界面距离不同,对应其注浆量明显不同;其层位距岩层底界面越近,封堵所需注浆量越少,如图 5-42 所示。当继续钻进至揭露下端张拉裂隙时,由于其常与层间离层裂隙沟通,自由空间及其注浆量相比上端张拉裂隙往往更大,仅当浆体在层间离层裂隙中达到其平面扩展半径并逐步堆积至钻孔钻进层位时,才能恢复钻进。而后,当钻进揭露贴合裂隙时,虽然其常常与下部层间离层裂隙或邻近岩层的贴合裂隙连通,但由于其开度偏小,采用易凝结的细粒材料注浆即可实现裂隙封堵和继续钻进。值得说明的是,由于钻孔尺寸(孔径)相比上端张拉裂隙或层间离层裂隙的开度或空洞量明显偏小,所以注入一些大颗粒材料时常易在孔内提前"架桥"(堵孔),出现注浆起压而实际未堵住裂隙的困局。因此,在对揭露的大开度或大空洞量的裂隙进行注浆封堵时,可选择增加钻孔孔径或减小浆体注入流量,以降低堵孔风险。

(2) 导水裂隙带内穿不同岩层钻进 [图 5-41 (b)]。由开采边界向采区中部钻进过程中依次揭露裂隙的分布顺序为"压剪裂隙→上端张拉裂隙→层间离层裂隙→下端张拉裂隙→贴合裂隙",而后随着向另一开采边界接近,钻进揭露的裂隙分布顺序与前面相反。由于该层位钻进时"穿层"的影响,其相比类型一在开采边界附近需要多揭露层间离层裂隙这一类型裂隙,所以钻孔冲洗液失返及注浆封堵的间隔相比类型一密集。由于实际采动岩层破断回转的作用,在采动覆岩中钻进水平定向钻孔难免出现"穿层"现象,所以这种类型是现场实施中最常遇见的类型。

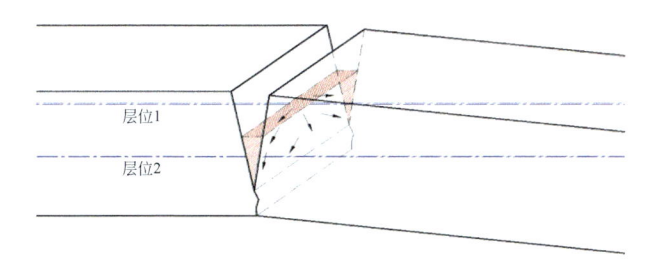

图 5-42 水平定向钻孔在某岩层的不同层位钻进揭露上端张拉裂隙时的导浆示意图

由于水平定向钻孔揭露层间离层裂隙时,在钻进沿线上反映的空洞量急剧升高,所以宜采用粗粒材料进行注浆封堵;且需持续注浆至浆体达到其水平扩散半径并在垂向上堆积至钻进层位,才能恢复钻进。钻孔在层间离层裂隙中钻进注浆的封堵程度(浆体扩散范围及其堆积高度)会影响后续钻进揭露下端张拉裂隙时的封堵难度,对层间离层裂隙的封堵程度越高、注浆体的扩散范围越大,钻孔在后续钻进至下端张拉裂隙时所需的封堵注浆量越小,相应封堵难度也越小。由于层间离层裂隙是上下邻近岩层破断回转不协调造成,因而在上部邻近较厚硬岩层(如关键层)时对应离层裂隙的自由空间会明显高于上部邻近薄软岩层条件；且岩层破断回转角越小，钻孔在离层空间中的钻进长度越长，对应注浆量及封堵难度随之升高。所以，在实际钻进过程中应结合钻进层位对应岩层柱状，合理安排注浆材料的选取及其注浆量。

（3）弯曲下沉带内穿岩层钻进［图5-41（c）］。由开采边界向采区中部钻进过程中多次穿层揭露层间离层裂隙。

与前述类型二中处于导水裂隙带的层间离层裂隙不同，弯曲下沉带的离层空间相对封闭，适宜采用细粒材料进行大量注浆，且不易出现跑浆现象。弯曲下沉带岩层的下沉量相对偏小，导致钻孔在离层中需要钻进较长距离才能进入上部邻近岩层，造成实际注入的封堵浆体量大、注浆频繁。前述案例煤矿最终调整层位施工的注2孔即属于这种类型，正是由于该类型钻孔钻进揭露的离层裂隙在钻进水平上反映的空洞量大、需注量多，才造成了现场注浆堵漏困难的局面。但需要指出的是，该类型中仅对弯曲下沉带中的离层裂隙进行注浆封堵实际难以达到堵水的目的，毕竟弯曲下沉带的离层裂隙并非导致地下水流失的通道；这也与案例煤矿堵水实践中注2孔大量注浆后井下涌水并未明显减小的现象相符（图5-43）。

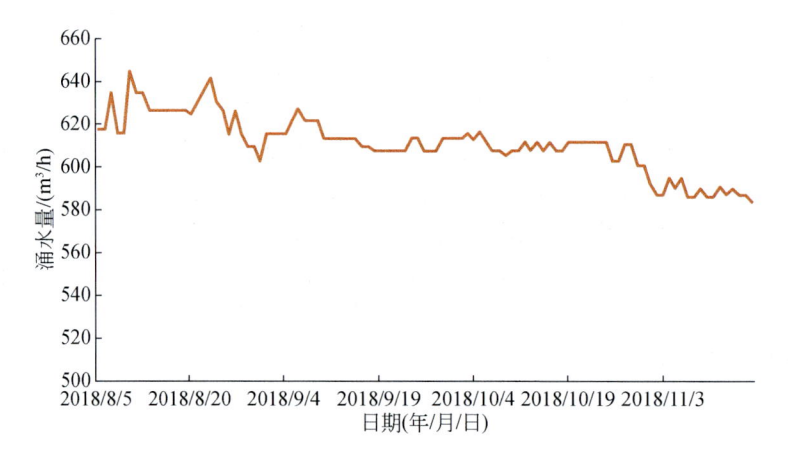

图5-43 案例煤矿一盘区注2孔注浆封堵过程中井下涌水量变化曲线

4）注浆封堵导水裂隙的合理层位确定

综合上述分析可知，采用水平定向钻孔注浆封堵覆岩导水裂隙时，要取得较好的封堵效果，并尽可能降低注浆需用量，科学确定合理钻进层位很重要。水平定向钻孔钻进层位的选择需满足以下3点原则。

（1）钻进层位揭露的裂隙应具有较好的"留浆"能力。也就是说，注入浆体能很好地滞留在裂隙空间并对其形成封堵作用，且无跑浆风险。根据浆体在裂隙中流动的立方定律，浆体在裂隙中的流量与裂隙宽度的三次方成正比，裂隙开度越大，过流能力越强，"流浆"能力越弱，相应所需的注浆量也越大。因此，应尽可能选择在裂隙开度偏小的层位钻进，以降低注浆成本，提高封堵效果。由图5-39的模拟结果可知，钻孔在导水裂隙带内的布置层位越高，相应岩层采动裂隙的开度越小；且若具体到某一裂隙时，如上端张拉裂隙，钻孔在该裂隙发育的岩层上钻进的层位越低，对应揭露的裂隙开度越小。因此，钻孔钻进层位应尽可能远离煤层,且应根据采动裂隙在平面上的开度分布特征合理选取开度相对偏小的层位。

(2) 钻进层位实施注浆封堵的应是地下水流失的导水裂隙通道。即应在导水裂隙带范围内选择层位进行钻孔注浆,这样才能达到隔绝地下水流失通道的目的。若在导水裂隙带上部的弯曲下沉带进行注浆钻孔施工,虽然也会出现钻孔冲洗液频繁不返浆现象,但那只是由相对封闭的层间离层裂隙引起,并非导水裂隙;对其进行注浆封堵实为"无用功"。

(3) 钻进层位应利于钻孔围岩的稳定。水平定向钻孔主要分为垂直段、造斜段和水平段,垂直段与造斜段都会采用套管进行固孔,而水平段则为裸孔。若水平段在岩性比较软弱的岩层中钻进,即便使用钻井固井材料,也容易发生塌孔事故,极大影响注浆工序和堵水效果。因此,应根据覆岩柱状情况,将钻进层位设置在岩性较稳定、岩石强度较高的岩层中(如厚硬砂岩)。

根据以上3方面原则,以图5-39中物理模拟结果呈现的覆岩条件及其导水裂隙分布情况为例,可对其实施水平定向钻孔的合理钻进层位进行确定。首先,由于导水裂隙带高度最大发育至关键层3底界面,因此钻孔钻进层位应尽可能靠近关键层3底界面。其次,由不同层位揭露的裂隙开度分布特征来看,L_3和L_7测线上对应裂隙的开度偏小;但因L_7测线层位偏低,且揭露的下端张拉裂隙与下部软岩间的离层裂隙空洞较大,所以L_3测线对应层位在裂隙开度分布对"流浆"的适应性上相对合理。最后,结合L_3测线对应岩层厚度相对较大,且裂隙发育数量相对偏少,因而可确定L_3测线对应层位是该物理模型钻孔注浆覆岩导水裂隙的合理层位。值得说明的是,虽然该层位钻进时会进入关键层下部的大尺寸离层空间,钻孔钻进沿线的空洞量会明显偏大,但可利用该处大量注浆浆体的平面扩散作用,对该岩层其他区域的发育裂隙实施封堵,如此将能有效增大钻孔的平面布置间距,大大降低注浆工程的实施成本。

2. 水平定向钻孔注浆封堵导水裂隙主通道的方法设计

含水层受采动破坏后其赋存水体并非由覆岩各区域导水裂隙均匀地向井下采空区流失,其往往主要沿导水裂隙带内局部区域的导水主通道流动,且这些主通道通常集中发育于开采边界附近。充分考虑上述水平定向钻孔注浆封堵的合理层位确定原则,形成了水平定向钻孔注浆封堵导水裂隙主通道的含水层保护方法,具体如下。

(1) 利用开采区域的地质钻孔柱状进行覆岩关键层位置的判别,采用"基于关键层位置的导水裂隙带高度预计方法"确定不同区域采动覆岩导水裂隙带的发育高度,也可根据钻孔冲洗液漏失量法进行现场工程探测;结合导水裂隙带高度及地层含水层的赋存位置,判断受采动破坏的含水层区域,并确定水平定向钻孔的施工区域。即,若导水裂隙带高度范围内存在含水层,则判断对应区域导水裂隙带已沟通含水层,需要进行水平定向钻孔的施工及注浆封堵,若导水裂隙带高度范围内不存在含水层,则无须进行注浆封堵。

(2) 导水裂隙带沟通地层含水层的开采区域内划定导水裂隙主通道分布区域,并由地面向其施工水平定向钻孔。依据前述研究得到的导水裂隙主通道分布模型,结合相关工程实测结果可判断,导水裂隙主通道分布区域一般处于开采边界外侧10m至开采边界内侧40~50m的范围内。水平定向钻孔的钻进轨迹设计时,应确保其水平段沿开采边界走向延展布置,并覆盖导水裂隙主通道分布区域。具体实施时(图 5-44),首先根据图 5-41 的研究结果确定水平段钻进的合理目标层位,考虑受采动破坏含水层在导水裂隙带内的位置,选择含水层内或其下部厚度大于 5m 的砂岩作为目标岩层,且目标岩层应尽可能靠近导水裂隙带顶界面;钻孔水平段位于目标岩层垂向中下部,尽量靠近岩层底界面。其次设置水平段的各个水平分支,水平分支由导水裂隙带侧向偏移的轮廓线与目标岩层的交界处依次向采区内部间隔布置;即第一水平分支与导水裂隙带侧向偏移轮廓线重合,第二水平分支位于开采边界向采区外侧水平偏移 10m 位置,第三至第八水平分支则分别由第二水平分支位置向采区内侧方向间隔 10m 依次布设,如此第二至第八水平分支将能覆盖导水裂隙主通道在目标岩层位置的平面分布范围。各水平分支的实际钻进施工顺序按照由外向内的次序进行,首先施工第一水平分支,最后施工第八水平分支。

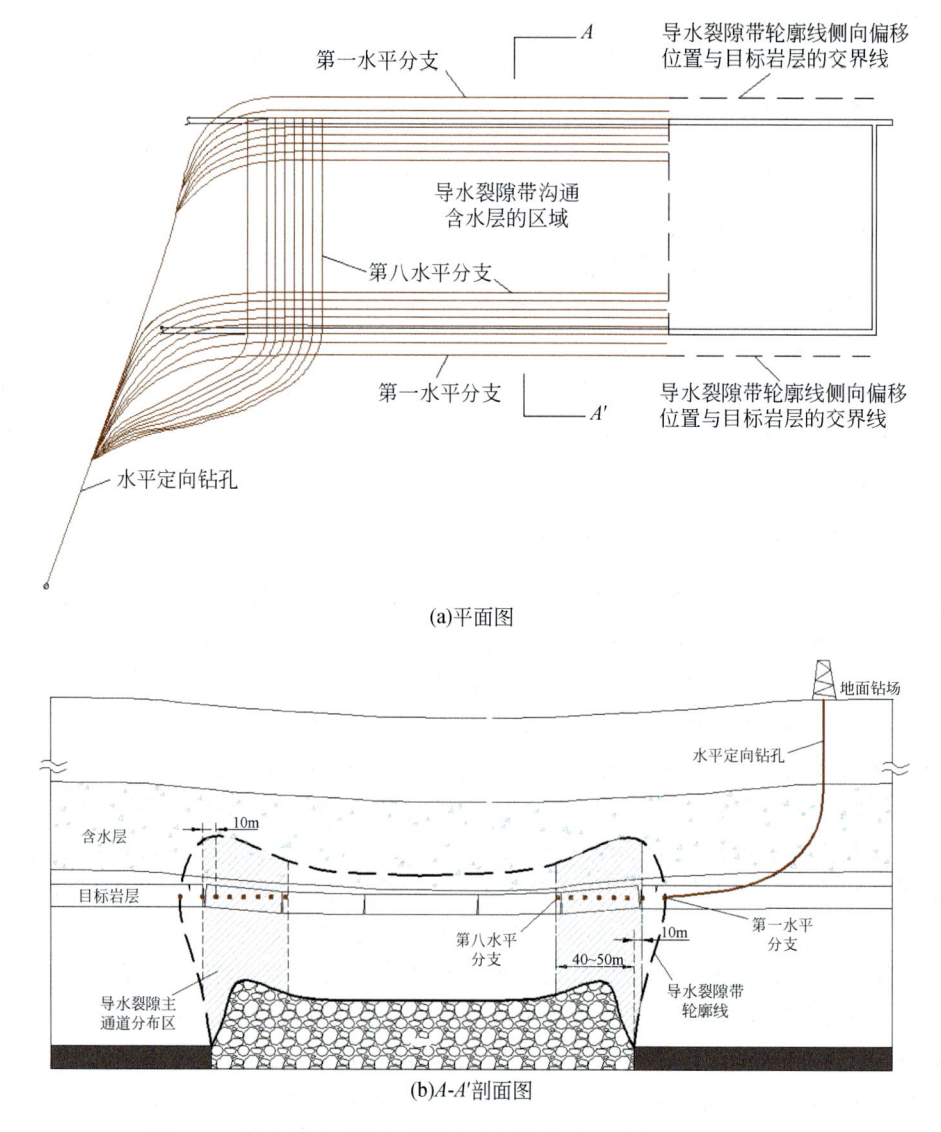

图 5-44 覆岩导水裂隙主通道注浆封堵的水平定向钻孔布置设计

（3）在水平定向钻孔的水平分支钻进过程，一旦出现冲洗液漏失而不返浆的现象时，则停止钻进并进行注浆封堵；待注浆封堵浆液彻底凝固后，重新下钻继续钻进，并在钻进过程中循环实施"逢漏即堵"措施，直至该水平分支钻进完毕。当某一水平分支钻进完毕后，用水泥浆对其进行封孔，而后进行下一个水平分支的钻进，并重复实施"逢漏即堵"措施，直至所有水平分支覆盖导水裂隙主通道在目标岩层的分布区域。注浆封堵时应根据水平分支所处位置对应裂隙发育形态的不同进行封堵材料的科学选取。对于第一水平分支，宜选用粉煤灰、水泥、黄土等细粒材料进行注浆，浆液比重可确定为 1.3~1.5；待注浆压力上升至 1~2MPa 时，采用水泥和水玻璃调制而成的快速凝固混合浆液进行注浆，直至注浆压力开始上升则停止注浆；快速凝固混合浆液的凝固时间按照浆液由孔口流动至钻孔底部所需时间加上 10~20min 进行设定。对于第二至第八水平分支，考虑到其揭露的裂隙往往是上端/下端张拉裂隙或层间离层裂隙等大开度裂隙，其首先选择注入的应是大颗粒的材料。可首先采用比重为 1.3~1.5 的黄泥浆或粉煤灰浆掺入粒径 3~5mm 的核桃壳一类的大颗粒骨料进行注浆，核桃壳的掺入比例为每 1m³ 的黄泥/粉煤灰浆中掺入 1~2kg 核桃壳；待注浆 24h 时，若注浆压力一直为 0，则改采用粒径为 2~3mm 的棉籽壳这种富含纤维的骨料掺入黄泥/粉煤灰浆浆中进行注浆，棉籽壳的掺入量比例与核桃壳相同。持续注入，直到注浆压力开始上升，继续采用核桃壳掺入进行注浆；当注浆压力上升至 1~2MPa 时，采用水泥和水玻璃调制而成的快速凝固混合浆液进行注浆，直至注浆压力开始上升则停止注浆；若注入掺有核桃壳的浆体在低于 24h 即出现注浆压力达到 1~2MPa，则在压力达到 1~2MPa 时直接注入快速凝固混合浆液。

上述方法基于煤层地质赋存条件与开采参数对覆岩导水裂隙带发育的影响，不但考虑了覆岩导水裂隙主通道分布区域，而且还考虑了注浆材料及其注浆方法对裂隙封堵效果的影响，对沟通地层含水层的覆岩导水裂隙采取"抓主要矛盾"的方式，对覆岩中的主要导水通道实施注浆封堵，不但科学可靠、工程量低，而且还能有效减小含水层水漏失程度、降低矿井水害威胁。该方法可为我国富水、富煤矿区的煤炭开采水资源保护与水害防治等提供保障，对采动含水层的生态修复具有重要指导意义。

5.3.4 基于边界煤柱/体松动爆破的裂隙促进闭合修复方法

1. 采动裂隙促进闭合的修复区域定位

采动地下水主要沿采区边界附近的导水裂隙主通道分布区流动（即张拉裂隙区），该区域张拉裂隙的过流能力直接影响着地下水的采动流失程度。限制或降低这些裂隙的过流通道尺寸（发育开度），无疑能对减缓地下水流失程度起到积极作用。由于采区边界附近张拉裂隙的开度主要取决于对应区域岩层破断块体的回转角（回转角越小裂隙开度越小），而该回转角又与破断块体相对于外侧未断岩层的下沉量密切相关。若能采取措施增大外侧未断岩层的下沉扰度（甚至促使其发生断裂），将会有效降低其与破断块体的相对下沉量，从而减小破断块体的回转角及其破断张拉裂隙。基于此，研究提出爆破松动边界煤柱/体促进导水裂隙主通道闭合或修复的含水层恢复方法（图5-45）。

(a)平面图

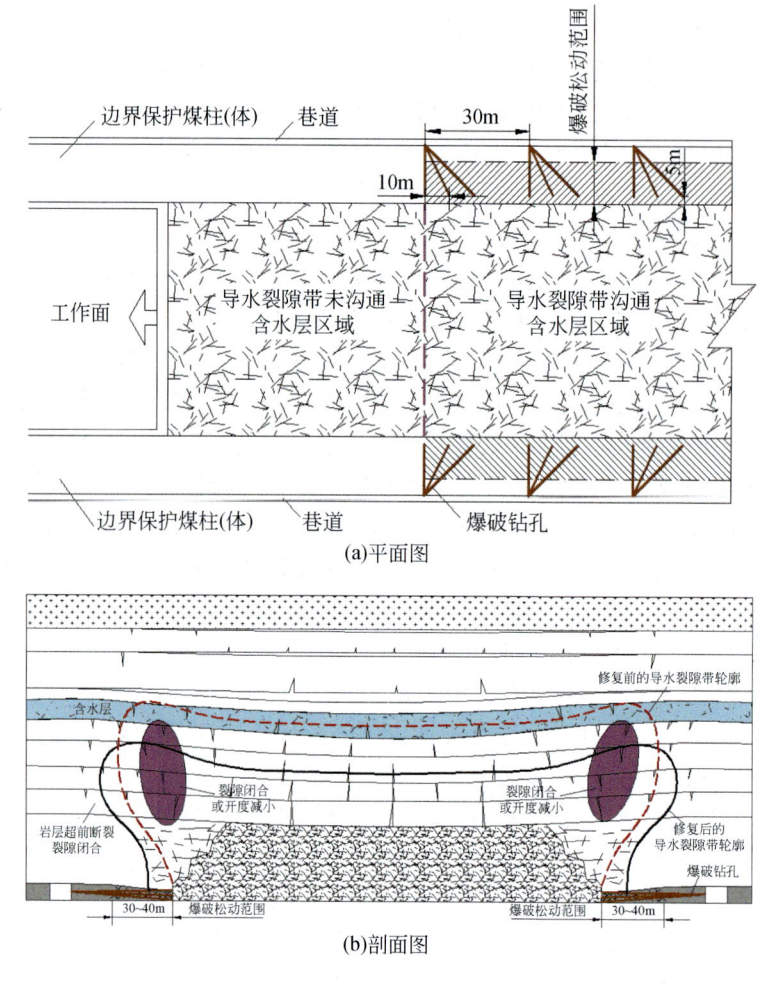

(b)剖面图

图 5-45 边界煤柱/体爆破松动钻孔布置图

修复区域重点针对覆岩导水裂隙带主通道分布区进行，其分布范围的圈定可参考图 4-23 的研究结果进行。根据现有研究结果和实测案例，一般而言，导水主通道在垂向剖面的分布区主要位于开采边界内侧 20～50m 范围，具体可根据实际地质条件，利用理论计算与模拟、现场钻探或物探等手段，揭示其空间分布范围。

2. 开采边界煤柱/体爆破松动方法

根据覆岩导水裂隙带发育高度及地质赋存柱状确定含水层受采动破坏的区域，在导水裂隙带沟通含水层的区域对应井下巷道中向采空区方向对边界煤柱/体施工爆破钻孔，人为松动、破坏边界煤柱/体，以促使上覆岩层发生超前断裂，从而使得原有采区边界导水裂隙主通道分布区域的张拉裂隙逐步发生闭合，减小裂隙开度，降低其导水能力，实现裂隙促进修复与含水层恢复。

如图 5-45 所示，爆破钻孔在对应采区附近的巷道中施工，平均间隔 25～35m 分别设一个钻场，每个钻场布置 2～4 个钻孔，钻孔终孔距离采空区边界 4.5～5.5m。每个钻场施工钻孔的终孔水平间距为 8~11m，各钻孔终孔的垂直层位可根据煤层厚度均匀布置。钻孔施工完毕后，即可进行装药爆破，爆破松动的范围应达到 30~40m 宽。爆破实施后，可根据井下涌水量变化情况及实施区域对应地表的下沉情况判断修复效果；若井下涌水量明显减小、对应地表出现较大下沉，且地表下沉的超前影响范围也增大了 30~40m，则说明对边界煤柱/体的爆破松动取得了良好的裂隙修复效果；反之则需进一步加强边界煤柱/体的爆破松动程度，以提高裂隙促闭合的修复效果。

本章针对采动覆岩导水裂隙在长期演变过程中发生水渗流能力逐步降低的"自修复"现象，设计了水-气-岩相互作用实验，研究了不同岩性裂隙岩样在不同酸碱性地下水和 CO_2 通入条件下的降渗自修复规律和导水裂隙自修复机理，据此提出人工引导裂隙自修复的地下水保护方法。结果表明：采动破坏岩石受地下水的溶解和溶蚀等作用将发生元素的迁移与富集，导致原岩结构被破坏而发生泥化、软化，并生成次级矿物及新的结晶沉淀物；在采动地层应力的压实和水平挤压作用下，受软化的破坏原岩发生流塑变形并压密采动裂隙，生成的次级矿物和结晶沉淀物则直接充填、封堵采动裂隙、孔隙等缺陷。经过长时间的累积作用后，采动覆岩一定范围内的裂隙将发生弥合与尖灭，逐步恢复原岩的渗水流性能，阻止含水层地下水漏失；通过开展典型岩样（砂质泥岩、粗粒砂岩、细粒砂岩等岩性的压剪裂隙或张拉裂隙岩样）与水溶液和气体的水-气-岩相互作用试验，验证了采动裂隙自修复过程的降渗机理，酸性和碱性地下水分别有利于砂岩类岩性裂隙和泥岩类岩性裂隙自修复，据此提出了基于人工改性的水、气、岩化学特征以促进地下水的水-气-岩相互作用进程、提高裂隙修复降渗效率的保水方法，为大型煤电基地采动地下水生态功能恢复提供了重要技术支撑。

第6章 软岩区煤炭开采地下水保护与分析方法

我国井工煤矿高强度开采产生的大量矿井涌水导致地下水系统原有自然状态失衡和补径排关系"紊乱"，有效保护利用地下水资源和控制地下水生态风险已经成为煤炭绿色开采和地表生态保护的难点问题。按照采矿与环境系统视角，煤炭开采实质是一个开采激励—覆岩响应—含水层耦合变化—区域水力场再平衡的动态过程，地下水原位保护开采则是基于煤炭开采地质和水文环境，通过采用适宜的开采工艺和方法，最大限度地维持或改善采动含水层原始渗流状态。由于矿区水文地质条件复杂性、煤层采动覆岩结构差异性和地下水观测系统有限性，煤炭开采引发的采动覆岩损伤、矿井水、渗流场变化等开采行为与地下水系统动态耦合过程的综合响应，降低了基于综合响应分析地下水渗流场的准确性。研究针对现代高强度井工开采方式，在前人地下水流场模型及理论分析方法、煤矿地下水储用模式与煤矿地下水库工程化路径、煤-水共采方法等研究与工程实践基础上，基于我国东部草原区软岩覆岩区开采地质环境，探索了适用于软岩区煤炭开采地下水原位保护机制与技术途径，针对煤炭开采与地下水系统耦合过程和形成的采动渗流场效应，通过创建以采动区域为核心及有限观测系统控制下的采动渗流系统（MSS），构建适用的采动渗流场模型和简洁的渗流场效应数学模型，建立开采行为、采动覆岩、地下水系统及采动渗流场响应的关系，深入分析采动-渗流耦合效应和采动渗流场扰动及辐射场特征，研究含水层导通区的位置及导水性确定方法、保水开采工艺优化方法和采动渗流调控影响分析方法，并以敏东一矿软岩区综放开采实践为实例，通过有限的全采期地下水观测数据挖掘，研究了采动渗流累积效应和导通区辨识，保水安全开采分析、采动渗流调控风险预测等定量分析方法，进一步补充完善了矿区地下水系统局域分析方法，也为东部草原区高强度井工开采情景下地下水原位保护工程实施提供了技术支撑。

6.1 地下水原位保护机制与技术途径

地下水资源保护是大型煤电基地生态修复的重要研究内容，地下水原位保护是煤炭绿色开采的必然选择。基于采动覆岩导水裂隙通道的发育位置和分布特征研究，如何认识矿井涌水机制和环境条件影响，建立合理的保护机制，探索有效的技术途径和模式，是对地下水保护系统的认知基础。

6.1.1 软岩区水文地质与矿井水特征

1. 软岩覆岩区煤炭开采特点

软岩覆岩是东部草原区主要含煤地层特点和煤炭开采面临的地质环境，呼伦贝尔煤电基地研究区包括敏东一矿、雁南矿等一批井工开采矿井，均为软岩类采动覆岩环境下开采，此处以敏东一矿为例具体说明。

该矿区位于伊敏煤田，区内地层由老至新依次为寒武系，泥盆系，下白垩统兴安岭群龙江组（K_1l）、甘河组（K_1g）、扎赉诺尔群南屯组（K_1n）、大磨拐河组（K_1d）、伊敏组（K_1y），以及第四系（Q）。其中，伊敏组为含煤地层，以灰白色粉砂岩、砂砾岩、粗砂岩、泥岩为主，夹中砂岩、细砂岩薄层；厚度0~720m。共含17个煤层组（1~17），15和16煤为主采煤层组，发育较好，最大厚度可达50.35m。

区内含水层由上而下分别为第四系砂砾石，中、粗砂含水层，伊敏组煤层间砂砾岩，中、粗砂岩含水岩层，内含15煤层组顶板及层间砂砾岩、砂岩含水岩组（Ⅰ含）、16煤层组顶板砾岩、砂砾岩含水岩组（Ⅱ含）16煤层间砾岩、砂砾岩含水岩组（Ⅲ含）三层含水层。开采水文地质条件复杂，Ⅲ和Ⅱ含普遍含水层厚和隔水层薄，且分布差异明显。其中，Ⅲ含为主含水层，富水性较弱，隔水层则以泥岩、细砂岩为主的互层结构易泥化软岩。Ⅱ含为间接含水层，富水性强至极强，以砂砾层为主，但厚度差异较大。

敏东一矿于2008年建矿，2012年试生产。设计生产能力500万t/a，设计可采储量70447.0万t，矿井服务年限为100.6a。矿井采用立井开拓方式，分两个水平开采，目前开采水平为一水平+340m，开采16煤组的16-3煤与16-3^{上}煤，可采煤层位于伊敏组中，主采伊敏组16煤组。针对软覆岩和厚煤层开采条件，开采选用综采放顶煤开采工艺。与该区域其他软岩覆岩开采环境类似，井工开采推进过程中，软岩支护和矿井涌水一直是该矿生产面临的主要问题（图6-1）。

图6-1 呼伦贝尔煤电基地某矿软岩顶板区综采和顶板支护场景

2. 矿井水文地质及涌水特点

1）矿井水文地质简况

研究区内含水层由上而下分别为：第四系砂砾石，中、粗砂含水层，伊敏组煤层间砂砾岩，中、粗砂岩含水岩层，内含 15 煤层组顶板及层间砂砾岩、砂岩含水岩组（Ⅰ含）、16 煤层组顶板砾岩、砂砾岩含水岩组（Ⅱ含）16 煤层间砾岩、砂砾岩含水岩组（Ⅲ含）三层含水层，含隔水层关系（图6-2）。

该区第四系潜水主要的补给来源为大气降水、地表水体，大气降水沿第四系砂层裸露区入渗补给第四系含水层，在第四系含水层中径流，一部分地下水以蒸发的方式排泄，一部分以地表径流的方式排泄于下游地区。

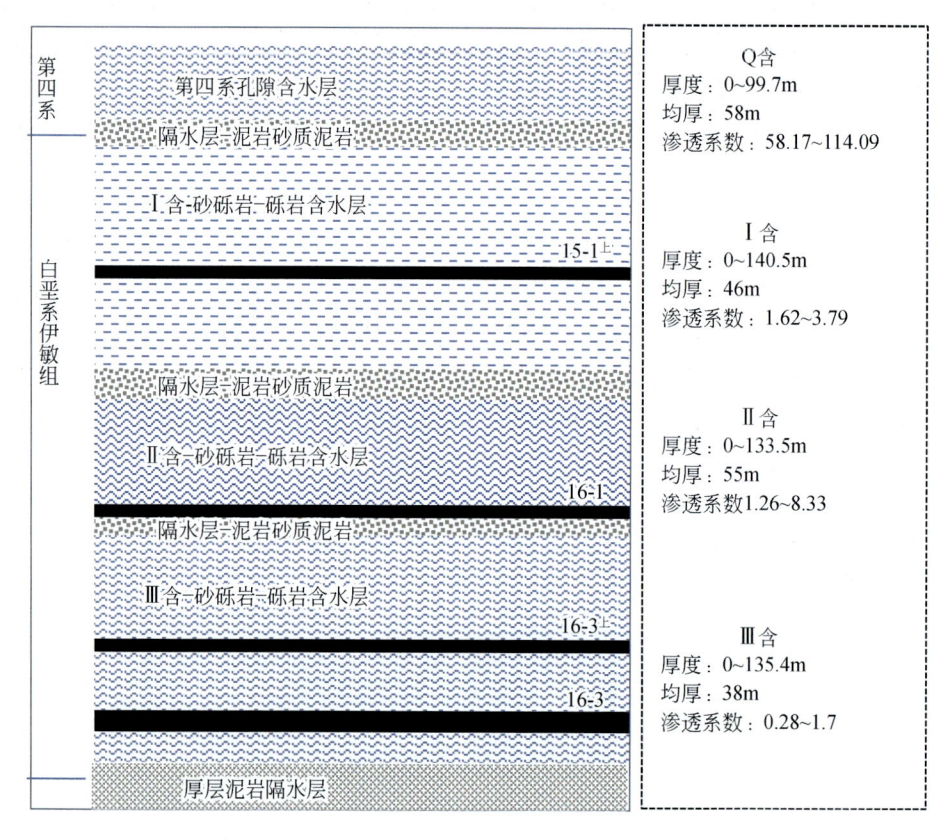

图 6-2 研究区水文地质柱状图

煤系含水层的补给主要有两个来源，一是大气降水通过煤系地层露头的直接渗入补给，二是由第四系含水层越流补给或通过断层补给，在含水层中径流，排泄于下游地区。直接充水含水层和间接充水含水层地下水的补给来源有本地层侧向补给、各含水层之间和断层的导通补给、煤系地层露头接受大气降水的直接补给。当开采强烈疏干时，原有地下水补径排关系发生扰动和变化，含水层之间的"天窗"和裂隙将会成为矿床开采中的主要突水部位和层段，从而导致开采水文地质条件发生改变，开采局域水力场趋于复杂。

2）采动涌水特点

矿井首采区位于南一盘区，其中盘区左翼开采 15-3^{上}煤层、右翼开采 15-3 煤层，于 2012 年 2 月 7 日试生产。首采工作面初采继续推进至 200m 时发生突水事件，最大涌水量超过 1000m³/h，因涌水量较大被迫停产。自首采工作面顶板涌水后，在回风顺槽、切眼、泄水巷、西大巷共施工放水钻孔 95 个，工作面及采空区探放水涌水量达到 950m³/h 左右，矿井总涌水量达到 1055m³/h，严重影响了首采面生产，采煤工艺由综采放顶煤法调整为限制采厚的综采法。

为查清软岩采动覆岩的"三带"发育规律，结合首采工作面区域Ⅱ含、Ⅲ含/隔水层厚度分布（图 6-3），先后部署以Ⅲ含（含 10 孔）和Ⅱ含观测为主（含 6 孔）的局域观测系统，采用瞬变电磁和高精度直流电法等方法探测发现 3 个高导异常区及 5 个异常中心，模拟与实测研究表明导水裂隙带裂采比达 1∶11～1∶12，采高为 8～16m 时导水裂隙带高度达 88～188m。实测确认首采工作面开采引起覆岩导水裂隙已沟通上覆Ⅲ含，最终造成了突水事件。

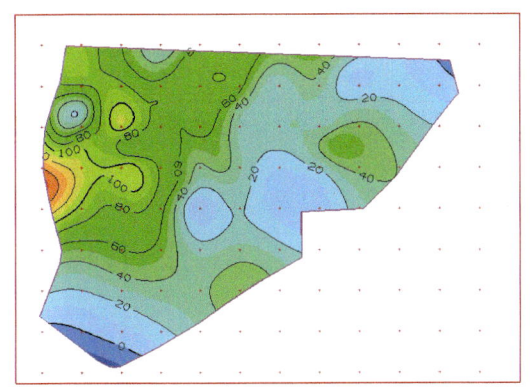

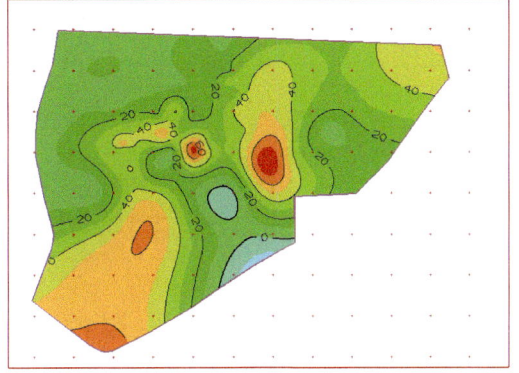

(a) Ⅱ含/隔水层厚度分布（左：含水层；右：隔水层）

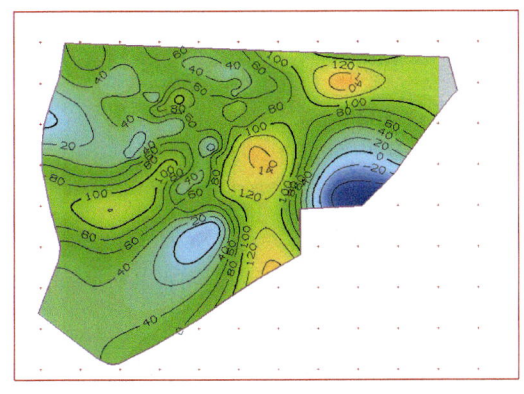

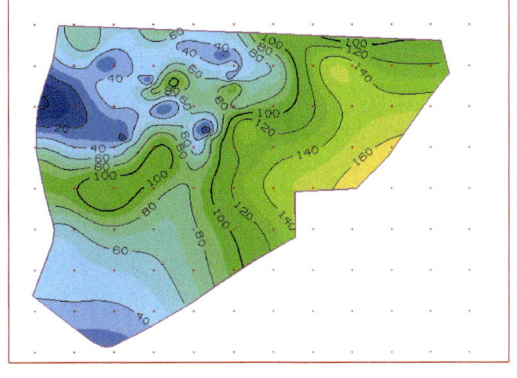

(b) Ⅲ含/隔水层厚度分布（左：含水层；右：隔水层）

图 6-3 主要含/隔水层（Ⅱ、Ⅲ含）赋存状态示意图（单位：m）

目前，该区水文观测现有 20 个可用观测孔，含水层以Ⅲ含为主，Ⅱ含次之，触及Ⅰ含和第四系含水层中长期动态观测。持续水位观测表明，Ⅲ含在 640~660m 水平，个别点达到 700m，Ⅱ含水位标高总体保持在 680~700m 水平。

该区矿井涌水量以开采工作面为单元同步观测，其中 W01 工作面作为重点涌水区。涌水量观测表明：首采工作面 W01 的涌水量开采初期急剧增加，250~800d 总体呈缓慢下降趋势，但在 245~420d 和 600~750d 出现局部急剧抬升后又恢复下降趋势的现象（图 6-4）。涌水量统计表明，开采初期属于采动涌水量急剧增加期，最高达到 1100m³/h 以上水平；2013 年 5 月逐步下降，但多次又出现上升趋势，且上升幅度达到 100~200m³/h；2014 年开始稳定下降，并在 2019 年出现显著的下降趋势，低于 400m³/h 水平。

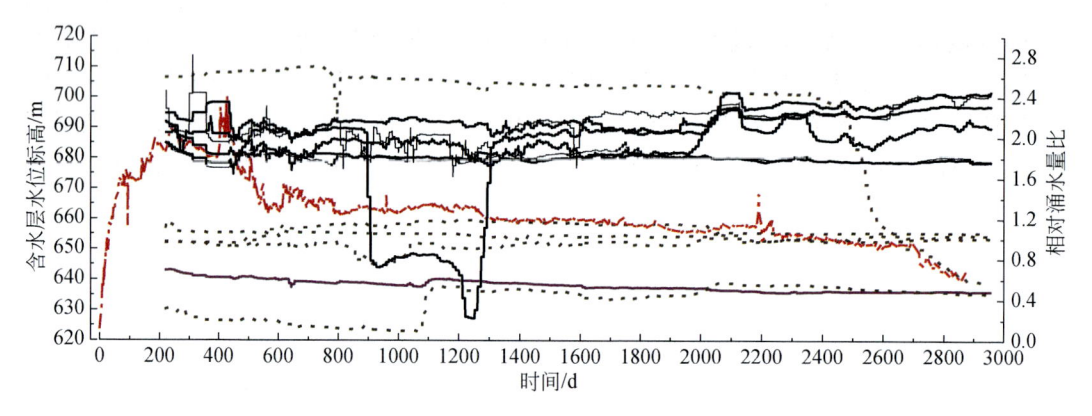

图 6-4　Ⅱ—Ⅲ含地下水位变化趋势（2012~2020 年）
实践：Ⅱ含组；虚线：Ⅲ含组；红线：相对涌水量比

6.1.2　软岩覆岩区地下水原位保护机制

1. 原位保护的基本定义

水是地球生态系统和人类生存赖以存在的重要物质基础，水资源是维系区域生态环境可持续发展的首要条件，矿区地下水资源是区域经济与社会发展的重要资源，也是矿区生态系统维系与矿区绿色开发的重要保障。显然，煤炭开采伴生的地下水系统破坏导致地下水原始自然状态紊乱，形成了矿井涌水并排泄到地表，究竟怎样才能保护水资源呢？

地下水原位保护是指在特定煤炭开采和水文地质环境条件下，通过协调安全开采工艺与地下水资源保护与利用方法，保护矿区地下水资源的原生空间状态和保持水资源量基本平衡，实现绿色开采和矿井水零排放的特殊行为。主要内涵包括：

（1）地下水原位保护是伴生煤炭开采中保持地下水资源原始平衡状态的特殊行为。煤炭开采中有效保持地下水原始平衡状态是水资源保护的基本目标。如敏东一矿煤系地层属软岩条件，且采动煤层覆岩赋存有 3 个含水层，成为实现安全高效开采地下水的风险因素。地下水原位保护则是基于煤层赋存条件和与含水层的空间关系，确定合理的开采工艺和方法，确保最大限度地减少含水层的损伤和破坏，并通过辅助工程手段降低顶板水害威胁、减小矿井水外排，保持地下水空间的原始平衡状态和补径排系统关系。

（2）地下水原位保护是在特定开采环境条件下煤炭安全开采与地下水资源保护协同的先进性工艺。煤炭开采引起的含水层破坏与水资源涌出问题，不仅增大了井下排水压力和水害隐患，还对区域水系及矿区环境造成了极大扰动。地下水原位保护要求在充分考虑煤层开采和水文地质条件基础上，协同布局柔性开采、导水裂隙带注浆封闭、矿井水净化处理、洁净水回灌等工艺，通过减损开采、导水裂隙封堵截流、地下水库储存净化、矿井水回灌等途径，确保矿区水资源总量趋于采前平衡状态。

（3）地下水原位保护也是实现绿色开采和矿井水零排放的重要技术途径。针对矿区复杂的水文地质条件和高产高效安全生产要求，实际生产过程中矿井水涌水量经常超出设计要求，大量外排对地表水系和生态环境产生影响。地下水原位保护要求则是通过控制基本建设过程中的水害、开采过程中导水裂隙带发育程度、矿井水储存与有效利用水平，矿区生态修复工程利用等，解决地下水库建设有效性、矿井水质与植被灌溉匹配性、矿井水净化处理与回灌可行性等，最大限度减少矿井水外排量，且通过回灌和生态利用等途径，逐步实现"矿井水零排放"目标，促进大型煤电基地的地下水科学保护与合理利用和区域生态平衡状态。

2. 地下水原位保护机制

地下水保护机制是在煤炭开采系统中为实现地下水保护目标，在各种要素（采动行为、环境要素、管理要素）之间构建的结构关系和协调运行方式。地下水原位保护则是以地下水赋存状态为基础而采取的保护性开采行为或基于地下水状态变化而采取的协调维持地下水原态的行为。因此，地下水原位保护机制是通过优化各种要素（采动行为、环境要素、管理要素）之间结构及关系和协调运行方式，维持煤炭开采区域地下水系统原态补-径-排关系，实现绿色开采（图6-5）。

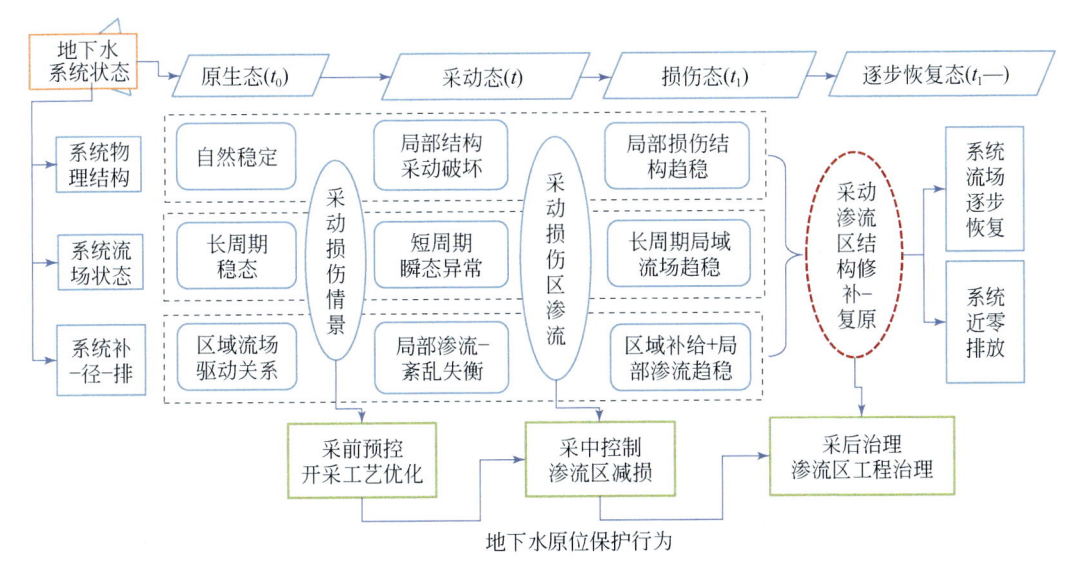

图6-5 开采地下水原位保护机制

1）要素结构关系

煤炭开采破坏局域原态地层结构关系，引起含水层流动路径和径流场发生变化，最终改变区域地下水系统变化，在水资源变化前提下导致区域生态环境发生变化，直观表现在植被发生变化。在此基础上对区域水资源保护进行思考，通过调整采动行为和修复或重构含水层（地层）的要素，将破坏后的补-径-排进行恢复或者近似恢复至破坏前状态，从而达到水资源保护的目的。

2）运行方式

在正视事物各个部分存在的前提下，协调各个部分之间关系以更好地发挥作用的具体实施流程。基于东部草原生态环境和水资源本底情况，通过露天开采排土场构筑过程中物料选配等工艺，重构含水层等地层关系，并将矿坑水储水在构筑的地下水库内进行净化后重新利用，对地表植被进行灌溉后逐渐恢复，最终达到水资源保护的目的。

3）保护方式

针对露天开采过程中水资源原位保护问题，通过构建煤矿地下水库对矿坑水进行储存利用，同时重构地层恢复区域（挖损区域）含水层流动路径恢复区域水系统补-径-排模式，达到水资源保护的目的；针对井工开采原位保护，通过限制采高等方式减少煤层开采对含水层的破坏程度和保护隔水层稳定性，达到减少煤炭开采对水资源的破坏程度，还可利用软岩区岩层在开采损伤后裂隙逐渐弥合等自修复机制及人工促进自修复技术，促进损伤含水层自修复过程，实现水资源保护的目的。

6.1.3 地下水原位保护技术途径与模式

针对该区地下水资源丰富和煤炭井工开采方式，有效控制采动涌水及开采风险成为实现零排放环保目标需要急切解决的问题。根据煤炭开采全过程不同阶段地下水状态，地下水原位保护可根据各种要素和情境，选择不同的技术途径和保护模式，实现面向地下水保护的绿色开采目标（图6-6）。

1. 原位保护技术途径

1）仿生开采控制（原生态）

维持"原生态"原位保护的理想状态，通过仿生开采渗流控制技术、含水层疏放转移技术等途径实现含水层原位保护和达到零排放的目标，主要技术要点包括"顶板人造柔性隔离层构建采动裂隙通道预控制技术"、"主含水层井下疏排技术"和"地下水库储存技术"等。

2）基于覆岩的采高智能化控制（采动态）

采动态是原生态含水层在采动影响下的破损状态，主要是采动作用引起导水裂隙带变化，当导水裂隙带导通含水层后引起含水层内的水资源流向采空区，造成水资源破坏。为降低开采对含水层（水资源）的影响，按照过程控制和自修复促进的思路，采用智能化限高开采、地下水库存储利用和自修复促进等技术，即通过顶板动态监测与采高采中动态调整达到降低导水通道渗流的作用，最大限度控制采动过程对含水层的损伤程度，为含水层自修复创造有利条件。

时空状态	技术途径	控制要点	目标
原生态 (t_0)	仿生开采渗流控制技术	顶板人造柔性隔离层构建-采动裂隙通道预控制	含水层原位保护，实现零排放
	含水层疏放转移技术	主含水层井下疏排，地下水库存储区或地下水储层	
采动态 (t)	智能化限高开采技术	顶板动态监测与采高采中动态调整，降低导水通道渗流	含水层自修复与地下水洁净利用
	地下水库存储利用技术	确认库容和渗流性，储水体渗流时保洁度	
损伤态 (t_1)	渗流通道工程治理技术	渗流区定位、注浆材料组合和注浆扩散工艺控制	含水层工程控制性逐步恢复和地下水有限利用
	人工引导自修复技术	渗流区定位、渗流裂隙物性与注浆材料合成性能控制	

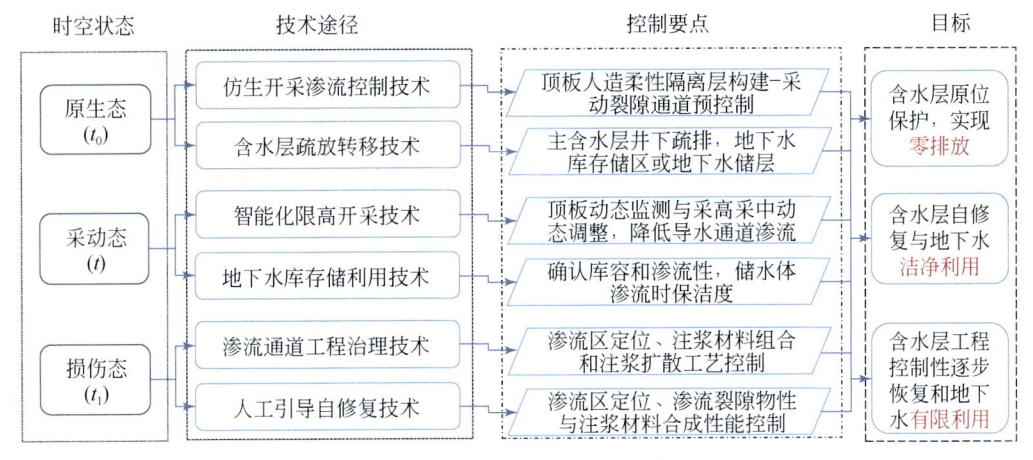

图 6-6 基于地下水状态的原位保护技术途径

3）渗流区工程调控治理（损伤态）

损伤态是指采动含水层的实际破坏状态，渗流区是损伤重点区域和采后地下水系统影响中心。通过渗流区定位、注浆材料的组合和逐渐扩散工艺控制渗流通道，进而降低井工开采过程中对含水层的扰动影响程度，即渗流通道工程治理技术。集成渗流区定位、渗流裂隙物性与注浆材料合成性能控制方法，进而促进自修复过程，即为人工引导自修复技术。综合这两项技术的工程运用，有助于调控渗流区含水层渗流通道控制和含水层自修复过程，有效减少地下水资源损失。

2. 保护技术模式

根据地下水的采动影响和保护区域及技术控制要点的不同，分为地下水系统原态型保护、地下水资源共享型保护和采动涌水调控型保护等三种模式（图6-7）。

1）地下水系统原态型保护模式

原态型保护模式是指通过开采工艺与原生环境之间的响应关系研究，按照含水层要素和结构关系采动无损目标，控制开采过程的方式。通过研究含水层结构、地下水流程和"补径排"关系（包括含/隔水层相对结构稳定、区域场控制和局部扰动紊乱、补径排流量原态平衡关系），明确开采过程及开采前区域地下水系统情况，集成渗流区高精度探查定位技术、压裂-注浆柔性层隔离技术、导水裂隙带注浆封堵隔离技术三种关键技术组合，实现地下水系统原生态保护。

2）地下水资源共享型保护模式

共享型保护模式是针对含/隔水层局域破坏导通、局部水流场呈漏斗扩张态、补排采动平衡流量关系等含水层损伤状态，基于开采工艺与采动破坏环境之间的响应关系调整控制开采和利用过程的方式。该模式通过渗流区流量工程控制技术、地下水洁净储存技术、地下水生态建设利用技术等关键技术的有机组合，达到地下水原位保护利用的目标。

3）采动涌水调控型保护模式

调控型保护模式是针对含水层采后损伤持续状态和含/隔水层局域破坏导通重点区，基于采动涌水与渗流环境之间的响应关系，调整控制渗流环境参数和采后涌水过程的方式。该模式集成渗流区高精度探查定位技术、渗流区流量工程控制技术和人工引导采动裂隙修复技术，旨在控制采动涌水量和逐步降低损伤含水层的损失量。调控型模式重点解决含/隔水层局域破坏通道、渗流环境与渗流量耦合关系、降渗修复材料的优选及促进工艺。

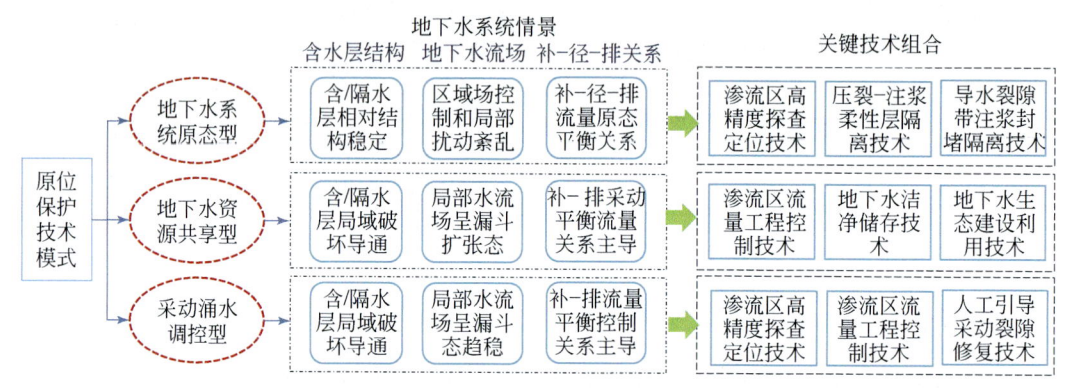

图 6-7 基于生态保护目标的地下水原位保护技术模式

6.2 采动渗流系统及渗流场模型

地下水原位保护本质上是维护地下水系统的原态结构与渗流状态，特别是采动应力破坏区及含水层损伤区域-采动局域的原始渗流状态及基本趋势，而采动激励与渗流场变化规律认识是确定原位保护中适用的开采工艺和含水层修复方案的基础。针对矿区地下水系统（MGS）应用中水流场理论描述的复杂性和边界条件不确定性，简化采动渗流场描述方法和提升采动局域渗流场精细程度是刻画开采行为与局域渗流场特征的关键。研究通过建立与矿区地下水系统既有联系又有区别的采区局域地下水系统，详细描述开采行为对局域含水层介质的影响规律。

6.2.1 采动渗流系统及特征

1. 采动-渗流耦合效应

1）采动-渗流耦合关系概化

MGS 研究中，通常基于井田区域水文地质条件和历史观测结果，依据地下水渗流连续性方程和达西定律确定的数学问题［式（6-1）］，描述复杂的矿区地下水流场现象。

第6章 软岩区煤炭开采地下水保护与分析方法

$$\begin{cases} \dfrac{\partial}{\partial x}\left(k_{xx}\dfrac{\partial h}{\partial x}\right)+\dfrac{\partial}{\partial y}\left(k_{yy}\dfrac{\partial h}{\partial y}\right)+\dfrac{\partial}{\partial z}\left(k_{zz}\dfrac{\partial h}{\partial z}\right)+w=\mu\dfrac{\partial h}{\partial t} \\ h(x,y,z,0)\big|_{t=0}=h_0(x,y,z) \\ h(x,y,z,t)\big|_{S_1}=h_1(x,y,z) \\ -K_n\dfrac{\partial h}{\partial n}\bigg|_{S_2}=q(x,y,z,t) \end{cases} \quad (6\text{-}1)$$

式中，w 为承压含水层单位时间、单位面积垂向流入/流出含水层的源汇项代数和（m/d），流入为正，流出为负；$h(x, y, z, t)$ 为含水层水头高度函数；k_{xx}、k_{yy} 和 k_{zz} 分别为各含水层沿主轴方向上渗透系数（m/d）；μ 为储水系数，承压含水层时为弹性给水度，潜水含水层时为重力给水度；S_1、S_2 分别为第一、二类边界；h_0、h_1 分别为初始水头和第一类边界水头；$q(x, y, z, t)$ 为第二类边界条件的单位面积流量（m³/dm²），流入为正，流出为负；K_n 为含水层沿界面外法线方向的渗透系数（m/d）。

MGS 是一个具有确定空间边界、含水介质和补-径-排关系的地下水力循环系统，而采动局域的地下水系统空间是与煤层开采关系密切，且具有显著的覆岩应变和水流场紊乱的空间，其渗流场具有显著的"采动激励"激发特点，即开采形成导水裂隙带（或"导水通道"）引发采动工作面涌水，导致 MGS 局域地下水渗流场异常变化（或称采动渗流场）。在多场视角下可简化为采动"激励"作用导致原始状态"覆岩应变"和含水层导通，引发含水层"泄流"和外部"补给"等地下水渗流场时序响应，采动渗流通过应变裂隙进一步持续作用应变岩石，"耗散"采动激励效应，形成应力-应变-渗流的多场耦合作用，即"采动激励-覆岩应变-渗流响应"耦合关系（mining exciting-over rock strain-field response，ESR），称为"采-渗耦合"机制（图6-8）。

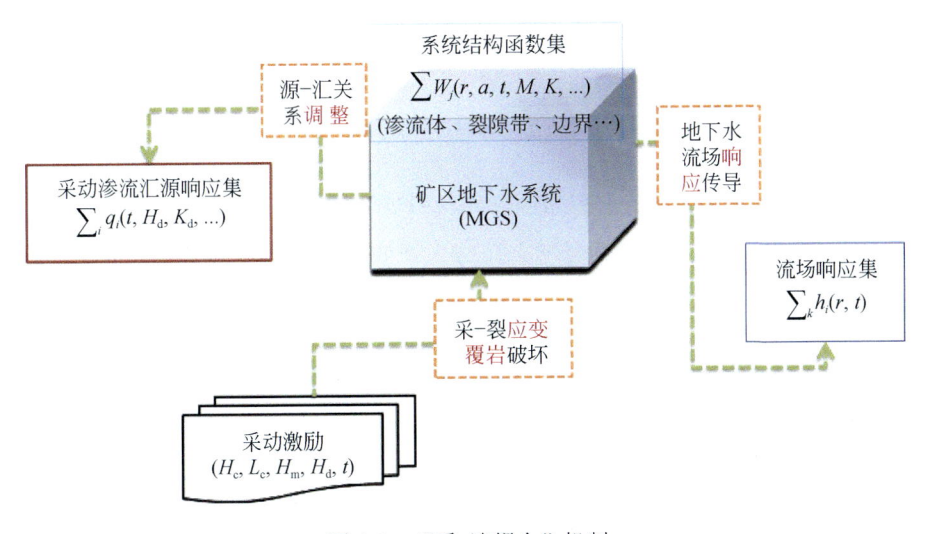

图6-8 "采-渗耦合"机制

（1）采动激励：开采"触发"覆岩介质应变引发渗流介质导水性"变化"的行为。采动激励强度越大，覆岩介质应变响应越强，则激励影响区域和影响强度越大。采动激励强度可采用开采方式（综采、放采）、采高等开采方法和工艺参数综合表征，如相同覆岩条件下，综放开采较综采的激励强度大，采高越大则激励强度越强。

（2）覆岩应变：采动激励作用下覆岩介质产生的应变及渗流性变化。采动应力作用剧烈的近区覆岩介质应变显现为导水裂隙带，延伸至主含水层时，导通含水层与采空区形成覆岩"导通区"和含水层"释水"通道；而延伸区覆岩裂隙扩展，与次含水层耦合形成"越层"导通渗流和补给作用。

（3）渗流响应：覆岩应变作用下地下水渗流场异常状态（水头及导水性等）变化。宏观上，采动渗流场近场响应反映了覆岩应变引发的含水层"释水"或次含水层越层补给渗流状态，含水层补给反映了采动渗流远场状态变化；微观上，采动应变岩石与渗流的水-岩物理与化学作用（如泥化、钙化作用等），影响应变区岩石力学性质和渗流性，随着覆岩应变状态趋稳，导水裂隙水-岩作用降渗效果逐步显现，流场耦合响应状态逐步趋稳。

2）采-渗耦合能量传递关系

根据系统能量守恒关系，理论上 MGS 中采动激励对围岩作用产生的动能与采动渗流量形成的势能是相等的。此时，若以 $F^c(t)$ 代表采动激励输入，$W^c(t)$ 代表覆岩介质应变状态，$E^h(t)$ 和 $Q^h(t)$ 代表采动渗流场水头响应和补-排变化响应，则数学上可将采动区域的"采-渗耦合"机制描述为

$$F_M^c(t) \bigcap_F W_M^c(t) = E_N^h(t) \bigcap_E Q_K^h(t)$$

$$\begin{cases} F_M^c(t) = \sum_1^M f_i(H_{ci}, L_i, v_i, t_i) \\ W_M^c(t) = \sum_1^M w_i(H_{di}, H_{mi}, r_i, a_i, t_i) \\ E_N^h(t) = \sum_1^N e_j(x, y, z, t_j) \\ Q_K^h(t) = \sum_1^K q_j(x, y, z, t_j) \end{cases} \qquad (6\text{-}2)$$

式中，∩代表算子关系，$\cap_F$ 为"激励-应变"耦合算子；$\cap_E$ 为"应变-响应"协同算子；M、N 和 K 为开采工作面、测点和含水层至工作面"导通区"总数；独立工作面的 f_i、w_i、e_j、q_j、t_i 分别为采动应力形成对围岩的冲击动量（kg·m/s）、覆岩应变体积单位时间变化量（m³/s）、单位渗流量势能（kg·m/s²）、渗流总变化量（m³）函数及采动激励时间（s）；r_i、a_i 和 t_j 分别为排泄点与响应观测点距离（m）、受损含水层的导水系数和响应观测时间（d）；H_{ci} 为采高（m）；L_i 为工作面宽度（m）；v_i 为推进速度（m/d）；H_{di} 为导水裂隙带高度（m）；H_{mi} 为冒裂带高度（m）；a_i 为相应含水层导水系数。

式（6-2）反映了采动行为-采动覆岩状态变化-渗流场变化间能量传递关系，当两侧耦合算子为"积"算子时，量纲分析显示左式代表采矿系统的采动能量，右式为地下水系统采动渗流场势能。

针对有限个开采工作面和开采环境下"激励-应变-响应"关系，该式表明通过调整开采行为可以控制激励-应变效应和影响 MGS 采动渗流场响应，反之由观测系统获得的地下

水流场状态反映了与"激励-应变"相关的采动渗流场变化。因此，利用采动渗流场响应可测性和采动激励可控性，建立开采情景下局域地下水系统，有助于精细刻画采动局域的渗流场变化规律。为便于理解，研究以独立开采工作面（$M=1$）为基础，通过简化采动局域渗流场效应和响应的物理-数学关系及应用场景，深入分析采动局域渗流场变化规律。

2. 采动渗流系统及特征

采动渗流场是采动行为引发的地下水流场的采区局域效应和非采区辐射影响，研究在MGS中以采矿场景相关的局域为有限空间、采动渗流ESR耦合机制为内在关系，局域采动影响覆岩和含/隔水层为采动渗流载体、采动渗流场变化显著且水文测量控制区域作为相对独立的地下水渗流空间单元（V_s），通过构建以采动区域为中心的采动渗流系统（MSS），聚焦开采行为及过程与矿区局域地下水流场关系，描述建立"采动激励-覆岩应变-渗流响应"耦合关系和特征，精细刻画采动局域地下水流场-采动渗流场规律（图6-9）。

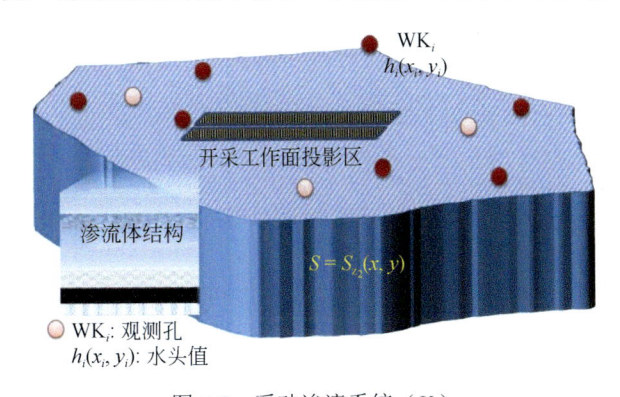

图6-9 采动渗流系统（V_s）

WK. 水文观测闭合网；h. 观测孔（位点）水头高度；S. 系统边界

MSS作为MGS的一部分，相比MGS具有以下显著特点。

1）系统尺度较大

与MGS相比具有相同的含、隔水边界组成的含水系统，但有不同的系统边界，即以矿区有限观测支点形成的网络为边界，以采动渗流场变化（水头或水位测点、涌水量等）实测区域作为系统空间范围，聚焦采动影响区与MGS交集区局域大尺度时空演变状态。

2）渗流状态多样

与MGS渗流状态相比，除含水层顺层渗流和越层渗流外，还有与采动激励有关的导水裂隙带垂直渗流、覆岩损伤形成的"越层"渗流等非稳态渗流状态，且导水裂隙带的导通性越好，含水层厚度和导水性越大，采动局域渗流状态越复杂。

3）补-排关系复杂

由于采动裂隙非均匀发育和采动覆岩沉陷作用具周期性，MSS有"多通道"非稳定导通渗流特点，与MSS外部渗流形成补给—平衡—再补给—再平衡的动态非稳定周期性补-排关系，即"采-渗"耦合机制改变了地下水系统渗流场原态关系，建立了与采动覆岩应变特点相关的采动区域补-排关系。

4）动态连续边界

MSS 是以采动渗流场变化显著且水文测量实际控制区域作为系统"边界"，采动渗流量"补给"（外源）是通过边界向导通区汇集排泄（内源），边界两侧流场连续，水头响应（位点）反映了内源排泄与外源补给共同作用，以边界"位点"为中心确立的"位-源"关系显示了 MSS 的"补给"与"排泄"协同响应关系（图 6-10）。

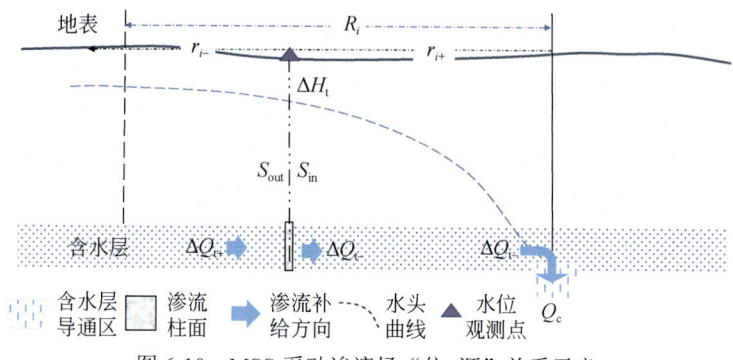

图 6-10 MSS 采动渗流场"位-源"关系示意

S_{in}，S_{out}：位点边界内外部区域；R_i：采动渗流场影响半径；r_{i+}：位点到导通区距离；r_{i-}：位点到影响边界距离；ΔH_t：水头增量；$\Delta Q_{t\pm}$：采动渗流补给与排泄量；Q_c：导通区渗流量

6.2.2 采动渗流场结构与效应模型

1. 采动渗流场结构

采动渗流是采动行为激发的地下水渗流异常，采动渗流场则是渗流异常场时-空状态。基于采动渗流类型划分（场结构）和时-空异常变化（场效应）特点，可将采动渗流场空间（V_s）概化为三个区（图 6-11）。

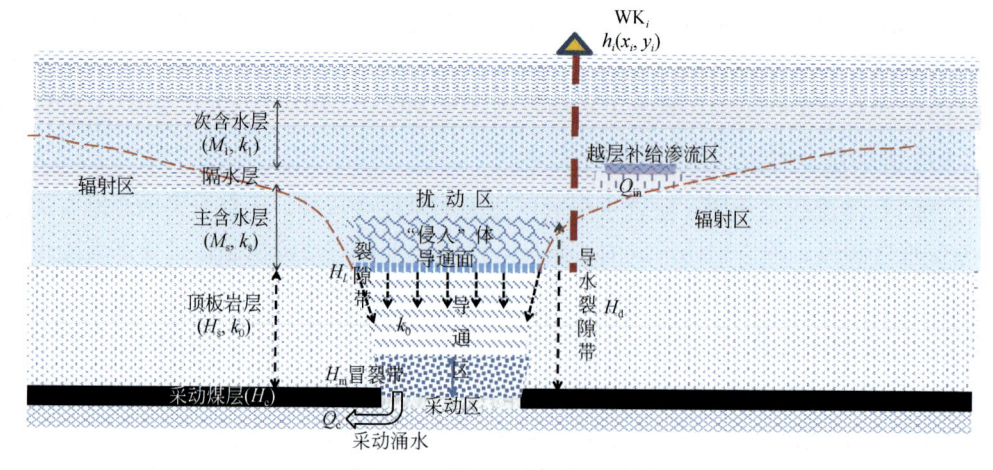

图 6-11 采动渗流场结构模型

1）导通区（$V_d \in V_s$）

该区以采动激励-覆岩应变作用为主，空间上位于主含水层与煤层间导水裂隙带，且以垂直紊乱强渗流作用为主，形成采动工作面渗流水，当单位时间渗流量超过矿井水流量标准时形成采动涌水。导通区渗流状态和渗流量不仅取决于导水裂隙带渗流性和含水层特性，还与导水裂隙带与主含水层相交的采动渗流界面（简称为"导通面"）位置有关，当含水层与裂隙带顶部接触时呈现为弱渗流，与裂隙带接触时呈现为中等渗流，与冒落带接触时呈现湍流状态，无侵入时则为微渗流到无渗流状态。

2）扰动区（$V_r \in V_s$）

该区以覆岩应变-流场耦合作用为主，空间上位于导通界面上部渗流变化显著区域且介于导通区垂直渗流边界至含水层顺层渗流变化阈值确定边界内。导水裂隙带对主含水层"侵入深度"越大、裂隙越发育、导通区渗透率 k 越大，则扰动响应和影响范围越大，当采动裂隙导通次含水层时呈现次级扰动响应。

3）辐射区（$V_f, \neq V_s$）

该区以采动渗流传导作用为主，空间上位于扰动区之外至采动渗流达到稳定状态的边界。辐射区渗流呈顺层渗流近稳定变化，辐射范围主要取决于含水层渗透率，渗流性越好则辐射影响区边界越远，区域地下水向导通区补给越畅，且随采动渗流作用持续进行，辐射区边界逐步外扩至稳定区域场。

采动渗流场分区反映了 MGS 以采动激励影响局域为中心的覆岩应变和渗流场响应的差异性，前者以开采形成的导水裂隙带为采动渗流通道，导通含水层与工作面导致含水层水"释水"，后者反映以原态含水层及覆岩为采动渗流载体，局域地下水流场的采动渗流效应。基于采动渗流状态分区有助于根据各区场景构建差异性简化采动渗流场分析模型，形成可适应复杂情景的实用型采动渗流场分析方法。

2. 导通区采动渗流场

设导通区是以垂直渗流为主，基于 Darcy 定律分析模型，可将其简化为柱状渗流体，导通面为渗流体上界面，煤层顶板至含水层的距离 H_s 为柱体高度，导水裂隙带分布范围为柱体水平截面积或导通区流渗流面积 S_c，K_c 为导通区等效渗流系数，通过导通区的渗流量为 Q_c。此时，由含水层进入导通区的实际渗流量满足：

$$Q_c(t) = S_c \times K_c \frac{\Delta h_c(t)}{H_s} \quad (\in V_d) \tag{6-3}$$

式中，Δh_c 为采动渗流引起的导通区水头差；t 为时间。

式（6-3）表明，当 H_s 确定时，导通区渗流量与导通区渗流面积 S_c、水头差和 K_c 呈正比变化关系。导水裂隙带对含水层"侵入深度"和导水裂隙发育程度决定了含水层导通面位置和导通区渗流状态，此时 K_c 是与开采激励强度、覆岩介质性质相关的函数，即

$$K_c = K(H_d, H_s, K_0, K_s) \tag{6-4}$$

式中，K_0 和 K_s 为原岩渗流系数和含水层渗流系数。

通常开采实践中可将导水裂隙带划分为冒落带与裂隙带，根据裂隙发育程度，两带的渗流特性有较大差异，冒落带多为紊乱强渗流状态，裂隙带多为渐增型渗流状态。当设导水裂隙带高度 H_d 为冒落带高度 H_m 与裂隙带高度 H_l 之和，此时 H_m 达到 H_s（即 $H_s \leqslant H_m$），导通区处于完全"畅通"状态，$K_c \geqslant K_s$；当 H_d 未触及主含水层（$H_d < H_s$）时，导水裂隙带与主含水层处于隔离状态，$K_c = K_0$。若设 $H_m < H_s \leqslant H_d$，K_c 与 H_l 具有线性关系，代入式（6-4）解得

$$K_c = K_0 + \Delta K \tag{6-5}$$

其中

$$\Delta K = \frac{H_d - H_s}{H_l}(K_s - K_0)$$

式（6-5）表明，导通区渗流系数是 K_0 与采动激励增量 ΔK 之和。考虑到 $K_0 \ll K_s$，简化得

$$\begin{cases} K_c \approx \varepsilon_t K_s & (H_d \geqslant H_s) \\ \varepsilon_t = (H_d - H_s)/H_l \end{cases} \tag{6-6}$$

或

$$\varepsilon_t = \frac{K_c - K_0}{K_s}$$

式中，ε_t 为"采-渗耦合"系数，近似反映采动激励与含水层渗流的耦合程度和导通区渗流状态及导水裂隙带的"通畅"性。

式（6-6）表明，当 $\varepsilon_t > 0$（$H_d > H_s$）时，含水层受到采动破坏，导通区显现采动渗流，开采工作面具有采动涌水风险；ε_t 趋近于 0（或当 H_d 接近于 H_s）时，导通区显现微渗流状态，虽然含水层未受到破坏，但开采工作面处于采动涌水风险临界状态，此时对应采高 H_c 为临界采高；而当 $\varepsilon_t < 0$（$H_d < H_s$）时，导水裂隙带未导通含水层和改变含水层原始渗流状态。

3. 扰动-辐射区采动渗流场

采动渗流场扰动区-辐射区是矿区地下水流场"漏斗"区渗流状态变化区段，是由导通区垂直渗流向含水层顺层渗流转化显著区和顺层渗流近稳定变化区域。基于传统地下水渗流连续性研究成果，在导通区"采-渗耦合"渗流规律研究基础上，当设主含水层为水平各向同性介质时，可将导通区简化为等效非稳定渗流井结构，即理论上可将扰动区-辐射区渗流场近似等效为承压-无压井流模式下特殊地下水井非稳定渗流场状态。以承压区情景为例，扰动区任意点水头近似满足：

$$H_0 - H(r,t) = Q_c(t)\frac{W(u)}{4\pi a_s} \tag{6-7}$$

式中，H_0 为区域地下水流场水头（m）；$W(u)$ 为采动渗流时-空状态井函数；$H(r,t)$ 为任意点水头（m）；r 为渗流井中心到水头观测点径向距离（m）；t 为渗流时间（d）；Q_c 为与时间有关的渗流量（m³/d）；a_s 为均匀介质条件下含水层导水系数（m²/d），是含水层

渗流系数 K_s 与 M 含水层厚度（m）之积。

如令

$$F_H = \frac{W(u)}{4\pi a_s}, u = \frac{r^2}{4a_s t}$$

代入式（6-7）可得

$$H_0 - H(r,t) = Q_c(t) F_H \quad (6\text{-}8)$$

式（6-8）表明，F_H 是由含水层导水系数和时间、水头位置确定的耦合状态函数，而水头 H 是 F_H 状态下外部响应。针对式中 H_0 的不确定性和采动渗流场效应的时变性，利用 $Q_c(t)$ 和 $H(r,t)$ 时移变化进一步得

$$-\frac{\partial H(r,t)}{\partial t} = Q_c(t)\frac{\partial F(r,t)}{\partial t} + F(r,t)\frac{\partial Q_c(t)}{\partial t}$$

简化得

$$-\frac{\partial H(r,t)}{\partial t} = \Delta H_a + \Delta H_k$$

$$\begin{cases} \Delta H_a = Q_c(t)\dfrac{\partial F(r,t)}{\partial t} \\ \Delta H_k = F(r,t)\dfrac{\partial Q_c(t)}{\partial t} \end{cases} \quad (6\text{-}9)$$

式（6-9）表明，任意点水头变化由系统时空状态变化量 ΔH_a 和系统渗流变化量 ΔH_k 两部分决定，或包含了渗流状态响应与渗流量变化响应。$F(r,t)$ 代表时刻 t 任意水头测点（或"位"点）与渗流井（或采动渗流"源"点）的"位-源"耦合结构关系，且与含水层导水性密切相关。当耦合状态或渗流量无变化时

$$\begin{cases} -\dfrac{\partial H(r,t)}{\partial t} = F(r,t)\dfrac{\partial Q_c(t)}{\partial t} & \left(\dfrac{\partial F(r,t)}{\partial t}=0\right) \\ -\dfrac{\partial H(r,t)}{\partial t} = Q_c(t)\dfrac{\partial F(r,t)}{\partial t} & \left(\dfrac{\partial Q_c(t)}{\partial t}=0\right) \end{cases} \quad (6\text{-}10)$$

式（6-10）表明任意点水头变化方向与 $F(r,t)$ 变化和 Q_c 变化方向相反。当 Q_c 稳定时，"位-源"耦合状态变化引起水头变化，此时持续稳定渗流使等水头线逐步外扩；而当 $F(r,t)$ 稳定时，Q_c 或导通区渗流性变化引起 $H(r,t)$ 变化，此时 Q_c 越大则周边水头下降越快。当 $F(r,t)$ 和 Q_c 均变化时，如用 $F(t_2)$ 和 $F(t_1)$ 代表任意点时刻 t_1 和 t_2 的状态函数，由式（6-9）可得任意点水头 $H(r,t)$ 与 Q_c 满足：

$$-\Delta H_{t_2-t_1} = \Delta F_{t_2-t_1} Q_{c_{t_1}} + \Delta Q_{c_{t_2-t_1}} F(r,t_2) \quad (6\text{-}11)$$

或

$$-\Delta F_{t_2-t_1} = \frac{\Delta H_{t_2-t_1}}{Q_{c_{t_1}}} + \frac{\Delta Q_{c_{t_2-t_1}}}{Q_{c_{t_1}}} F(r,t_2)$$

其中

$$\Delta F_{t_2-t_1} = F(r,t_2) - F(r,t_1), \Delta Q_{c_{t_2-t_1}} = Q_{c_{t_2}} - Q_{c_{t_1}}, \Delta H_{t_2-t_1} = H(r,t_2) - H(r,t_1)$$

式（6-11）表明任意点水头变化包含了采动渗流量与采动时空状态变化量的耦合响应和采动渗流异常量与采动时空状态耦合响应之和。

如令

$$\omega_{H_{t_2-t_1}} = \frac{\Delta H_{t_2-t_1}}{Q_{c_{t_1}}}, \omega_{Q_{t_2-t_1}} = \frac{\Delta Q_{c_{t_2-t_1}}}{Q_{c_{t_1}}}$$

代入式（6-11）得

$$-\Delta F_{t_2-t_1} = \omega_{H_{t_2-t_1}} + \omega_{Q_{t_2-t_1}} F(r,t_2) \tag{6-12}$$

进一步取 $W(u)$ 近似值后，$F(r,t) \approx \dfrac{\ln 2.25 a_s t - 2\ln r}{4\pi a_s}$，代入式（6-12）得采动渗流持续时任意测点满足：

$$\ln r_R^2 = \ln 2.25 a_{t_2-t_1} t_2 + \frac{1}{\omega_{Q_{t_2-t_1}}} \ln \frac{t_2}{t_1} + 4\pi a_{t_2-t_1} \frac{\omega_{H_{t_2-t_1}}}{\omega_{Q_{t_2-t_1}}} \tag{6-13}$$

当式（6-13）与均匀介质情景比较得

$$\begin{cases} \ln r_R^2 = \ln 2.25 a_{t_2-t_1} t_2 + A_R \\ A_R = \dfrac{1}{\omega_{Q_{t_2-t_1}}} \ln \dfrac{t_2}{t_1} + 4\pi a_{t_2-t_1} \dfrac{\omega_{H_{t_2-t_1}}}{\omega_{Q_{t_2-t_1}}} \end{cases} \tag{6-14}$$

式中，t_1 和 t_2 为采动渗流量和水头观测时间；r_R 为 t_2 时刻"位-源"间"等效"距离（或视距离），$\Delta Q \neq 0$，$a_{t_2-t_1}$ 为 $t_1 \rightarrow t_2$ 时段的等效导水系数（或称为视导水系数 a_t），均匀介质时 $a_{t_2-t_1} = a_s$。A_R 称为"位-源"耦合函数，也是与 ω_H 和 ω_Q 相关函数，反映 $t_1 \rightarrow t_2$ 间"位-源耦合"累积状态。

式（6-14）显示，A_R 和 r_R 均与采动渗流作用时间有关，当 $t_2 \rightarrow t_1$ 时，A_R 为瞬时"位-源耦合"作用，随着 t_2-t_1 增加，A_R 和 r_R 反映累积作用程度与响应距离，作用越强和持续时间越长，则影响范围越大；$a_{t_2-t_1}$ 反映了耦合作用中介质渗流响应，当 $a_{t_2-t_1} > 0$ 时采动渗流异常场与区域流场方向相同，反映系统 MSS 渗流"导通"排泄作用，反之为"补给"作用。由该式可得采动渗流场形成过程时和采动渗流量变化时两种特殊情景境：

（1）当 $t_2 = t_1$ 且 $\Delta Q_t \neq 0$ 时

$$\begin{cases} A_R^t = 4\pi a_{t_2-t_1} \dfrac{\omega_{H_{t_2-t_1}}}{\omega_{Q_{t_2-t_1}}} \\ \ln r_R^t = 0.5 \left[\ln 2.25 a_{t_2-t_1} t_2 + A_R^t \right] \end{cases} \tag{6-15}$$

表明采动渗流场形成过程中随"位-源耦合"作用增强和时间推移，r_R 扩大，a_t 越大采动渗流影响扩散越快。

（2）当 $t_2 > t_1$ 且测点水头稳定（$\Delta H_t = 0$）时

$$\begin{cases} A_{\mathrm{R}}^{0} = \dfrac{1}{\omega_{Q_{t_2-t_1}}} \ln \dfrac{t_2}{t_1} \\ \ln r_{\mathrm{R}}^{0} = 0.5\left[\ln 2.25 a_{t_2-t_1} t_2 + A_{\mathrm{R}}^{0} \right] \end{cases} \quad (6\text{-}16)$$

表明随采动渗流量补、排时"位-源耦合"作用增强，采动渗流量初值越大和延时越长，则 r_{R} 也越大。

如将非均匀介质下距离 r_{R} 与均匀介质情景下 r_0 比较，式（6-13）在耦合作用时间 t_2-t_1 时：

$$r_{\mathrm{R}} = \pm\left(2.25 a_t t_2\right)^{0.5} \mathrm{e}^{2\pi a_t \frac{\omega_{H_t}}{\omega_{Q_t}}} \left(\frac{t_2}{t_1}\right)^{\frac{1}{2\omega_{Q_t}}} \quad (6\text{-}17)$$

令

$$r_0 = \pm\left(2.25 a_s t_2\right)^{0.5}, \quad \tau_{\mathrm{h}} = \mathrm{e}^{2\pi a_t \frac{\omega_{H_t}}{\omega_{Q_t}}}, \quad \tau_{\mathrm{q}} = \left(\frac{t_2}{t_1}\right)^{\frac{1}{2\omega_{Q_t}}}$$

代入式（6-17）得

$$\begin{cases} r_{\mathrm{R}} = r_0\, \tau_{\mathrm{h}} \tau_{\mathrm{q}} \\ r_{\mathrm{Rq}} = r_0\, \tau_{\mathrm{q}} & (Q_{t1}=0, \in V_0) \\ r_{\mathrm{Rh}} = r_0\, \tau_{\mathrm{h}} & (\Delta H=0, \in V_{\mathrm{R}}) \end{cases} \quad (6\text{-}18)$$

式（6-18）表明，非均匀介质条件下采动渗流影响距离可近似简化为均匀介质下稳定渗流影响距离 r_0 与系数 τ_{h} 和 τ_{q} 之积。其中，τ_{h} 是采动渗流量与渗流场协同耦合系数，介质导水性和耦合作用越强，此时 r_{Rh} 反映"位-源"协同响应距离；τ_{q} 是与采动渗流涌动耦合效应及时序变化状态有关系数，r_{Rq} 反映了渗流涌动影响距离，且随渗流量变化速率下降，影响距离趋远。

式（6-14）中，当以测点（位点）为参考点和 MSS 边界面时，基于位点渗流状态感应分析，水头变化反映了系统外源与内源的"位-源耦合"效应，采动渗流影响实际范围可界定为

$$R_{\mathrm{E}} = r_{-} + r_{+} \quad (6\text{-}19)$$

式中，r_{-} 为区域流场对 MSS 的采动响应外边界（或外"补给"源），r_{+} 为 MSS 中采动渗流区中心，分别简称为外源距和内源距。

基于 MSS 结构和采动区域水头测点布局原则，扰动区相对定位于 MSS 内导通区外采动渗流场变化较强区域，r_{+} 为测点水头对采动渗流源的感应距离；而辐射区定位于 MSS 外采动渗流场变化趋弱且趋近于地下水流场的区域，r_{-} 为测点水头对区域流场响应的感应距离。

6.3 采动渗流场特征分析

煤炭开采是一个时-空变化的复杂采动激励行为，其采动渗流场控制因素多、时移特征显著、物理模拟仿真度低、理论模型参数多。因此，研究中采用实例分析法，结合典型矿区开采过程和多渗流源分布特点，通过实际分析采动渗流耦合效应及异常场特征，剖析采

动行为激励与采动渗流异常场响应的关系。

6.3.1 "采-渗耦合"效应分析

为便于直观分析耦合效应，应用导水裂隙带经验评估方法：

$$H_{l,m} = \frac{100\sum H_c}{a_{l,m}\sum H_c + b_{l,m}} + c_{l,m}$$

式中，$a_{l,m}$、$b_{l,m}$ 和 $c_{l,m}$ 为与覆岩性质有关的裂隙带和冒裂带情景系数（表6-1）。

表6-1 导水裂隙带最大高度经验系数表

岩性	冒落带			裂隙带		
	a_m	b_m	c_m	a_l	b_l	c_l
坚硬岩层	2.1	16	2.5	1.2	2.0	8.9
中硬岩层	4.7	19	2.2	1.6	3.6	±5.6
软弱岩层	6.2	32	1.5	3.1	5.0	4.0
风化软弱岩层	7.0	63	±1.5	5.0	8.0	3.0

注：公式和表6-1参考于《矿井水文地质规程》。

将上述关系代入式（6-6）中，可得具体采动覆岩情景下的导水裂隙带与采高 H_c 的关系，进而求得不同采动覆岩硬度和厚度条件下采高时的采渗耦合系数。

分析表明，ε_t 变化趋势是随 H_s 增加由正变负，随覆岩硬度增加过零点厚度（$H_l = H_s$）增加。当 $\varepsilon_t > 0$ 时（$H_l \geq H_s$），ε_t 越大，对含水层损伤影响越大，导通区渗流通道越畅；当 $\varepsilon_t < 0$ 时（$H_l < H_s$），ε_t 越小，则导水裂隙带距含水层越远，采动对含水层影响越小[图6-12(a)]；而当 H_s 不变时，ε_t 随 H_c 增加而缓慢增大，随岩层硬度降低而下降，表明硬岩类覆岩的"采-渗耦合"强度大，采动应力"传导"作用强和影响范围大，而软岩类覆岩则对采动应力"吸收"作用增加使影响范围减小[图6-12(b)]。

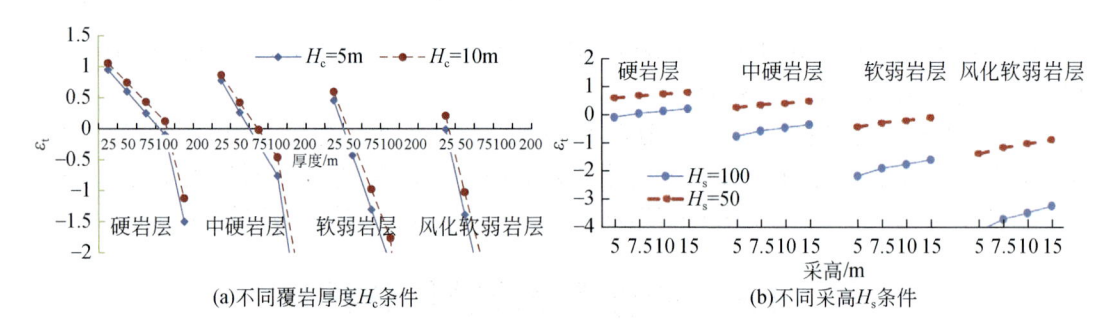

(a)不同覆岩厚度 H_c 条件

(b)不同采高 H_s 条件

图6-12 不同覆岩硬度时 H_c 和 H_s 与"采-渗耦合"系数变化

研究区"采-渗耦合"程度分析表明，当采用软岩区综放开采工艺时，取采高 $H_c = 8$m、工作面宽度 $L = 200$m 和推进速度 $V_d = 5$m/d，若以Ⅲ含水层底板厚度为 H_s 时，东区采渗耦合强度总体低于西区,西区除局部较弱外,普遍 $\varepsilon_t > 0$,且主要集中在研究区中心区到北西区和南东区,西区开采工作面及东区开采工作面西段均处于采动涌水风险较强区[图6-13(a)];若以Ⅱ含水层隔水层为 H_s 时,全区采渗耦合强度总体水平较低,但W01和W03工作面仍处于采动涌水风险区,且Ⅱ含与Ⅲ含极易导通[图6-13(b)]。

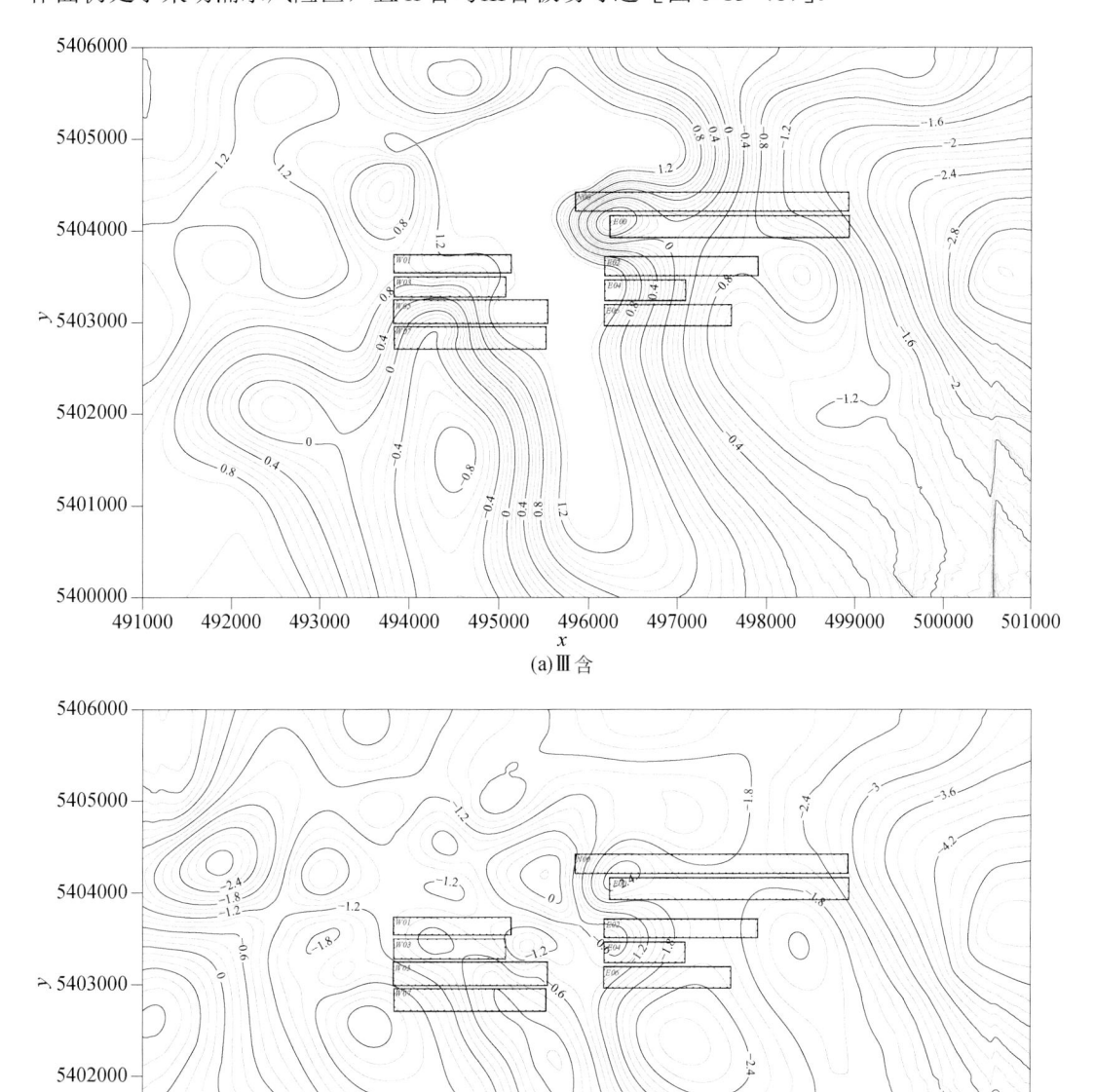

图6-13 不同含水层"采–渗耦合"分析实例(H_c=8m)(研究区)

实例分析表明,"采-渗耦合"强度反映了导通区采动渗流"排泄"强度,其单位时间渗流量越大则采动对含水层影响越大。此时若将导通区单位面积渗流量定义为导通区渗流系数 ψ_t,即

$$\psi_t = \frac{Q_c(t)}{S_c(t)} = K_c \frac{\Delta h_c(t)}{H_s}$$

联立式(6-3)和式(6-6)得

$$\psi_t \approx \varepsilon_t K_s \frac{\Delta h_t}{H_s} \tag{6-20}$$

针对导通区渗流性相对变化,定义 ψ_t 与 K_s 比为含水层损伤系数 λ_c,则

$$\lambda_c = \frac{\psi_t}{K_s} \approx \varepsilon_t \frac{\Delta h_t}{H_s} \tag{6-21}$$

式(6-21)表明含水层损伤程度取决于采-渗耦合效应及采动覆岩和水文环境参数。当开采环境参数(K_s、Δh_c 和 H_s 等)确定后,ε_t 是反映受损的主控参数,采高 H_c 是关键因子。$\varepsilon_t < 0$ 时含水层呈无损状态,反之则处于受损状态;λ_c 与 Δh_t 成正比,意味着采动导致的水头高度下降越大,含水层受损越大。

若将 $\lambda_c \to 0$ 时处于受损临界状态对应的 H_s 定义为受损临界厚度 $H_{\lambda s}$,联立式(6-6)和式(6-21)解得

$$H_{\lambda s} = \frac{H_d}{(1+\alpha_c \lambda_c)} \tag{6-22}$$

式中,$H_{\lambda s}$ 为采高 H_c 时损伤阈值 λ_c 约束下的距离含水层的安全厚度;$\alpha_c = H_1 / \Delta h_t$,为裂压比。当 $\lambda_c = 0$ 时 $H_{\lambda s} = H_d$。如将 $H_{\lambda s}$ 与实际 $H_s(x, y)$ 比较则得

$$\varphi_c(x,y) = \frac{H_s(x,y) - H_{\lambda s}}{H_s(x,y)} \tag{6-23}$$

式中,$\varphi_c(x, y)$ 为 λ_c 约束时"采-渗耦合"效应对含水层相对影响状态(或称为保水安全开采系数),当 $\varphi_c(x, y) > 0$ 时为相对安全,此时进一步解得 λ_c 约束时 (x, y) 处的保水安全采高 $H_{\lambda c}(x, y)$ 为

$$H_{\lambda c}(x,y) = \frac{H_{\lambda s}(x,y)}{b_s - a_c \lambda_c} \tag{6-24}$$

其中,$b_s = H_d / H_c$ 为裂采比。当实际采高 H_c 大于 λ_c 约束的采高 $H_{\lambda c}$ 时,含水层处于不安全状态。

6.3.2 采动渗流扰动特征

采动渗流场是地下水流场中因开采引发的渗流场异常变化,区域小尺度时显现为"漏斗"态,而局域大尺度时呈现"紊乱"态。导通面是含水层采动渗流"紊乱"中心,以此为中心的采动渗流异常区的采动渗流异常量和采动介质导水性变化是描述采动渗流扰动异常的主要参数。

1. 采动渗流量变化特征

采动渗流量包括受采动影响的外部含水层补给和层间耦合渗流补给，也是采动渗流场的流量异常表示，而测点水头变化 ΔH 则是采动渗流场综合响应。当采动渗流量 ΔQ_c 未知时，根据开采工作面分步推进实际，如考虑采动激励时段 t_1-t_3 的瞬时渗流场效应，设其初始流量 $Q_{c_{t_1}}$ 和引发测点水头响应为同源，代入式（6-24）得

$$\begin{cases} -\Delta H_{t_2-t_1} = \Delta F_{t_2-t_1} Q_{c_{t_1}} + \Delta Q_{c_{t_2-t_1}} F(r,t_2) \\ -\Delta H_{t_3-t_2} = \Delta F_{t_3-t_2} Q_{c_{t_2}} + \Delta Q_{c_{t_3-t_2}} F(r,t_3) \end{cases}$$

两式相减得

$$\Delta H_{t_2-t_1} - \Delta H_{t_3-t_2} = \Delta F_{t_3-t_2} Q_{c_{t_2}} - \Delta F_{t_2-t_1} Q_{c_{t_1}} + \Delta Q_{c_{t_2-t_1}} F(r,t_3) - \Delta Q_{c_{t_3-t_2}} F(r,t_2)$$

当设 ΔQ_c 均匀变化时，即 $\Delta Q_{c_{t_2-t_1}} \approx \Delta Q_{c_{t_3-t_2}}$ 代入合并得

$$\Delta H_{t_2-t_1} - \Delta H_{t_3-t_2} = Q_{c_{t_1}}\left[\Delta F_{t_3-t_2} - \Delta F_{t_2-t_1}\right] + 2\Delta Q_{c_{t_2-t_1}} \Delta F_{t_3-t_2}$$

代入 ΔF 近似值解得

$$\Delta Q_{c_{t_2-t_1}} \approx \frac{2\pi a_s}{\ln t_3 - \ln t_2}\left(\Delta H_{t_2-t_1} - \Delta H_{t_3-t_2}\right) - \frac{\ln t_3 t_1 - 2\ln t_2}{2(\ln t_3 - \ln t_2)} Q_{c_{t_1}} Q_{c_{t_1}} \quad (6\text{-}25)$$

式（6-25）表明，ΔQ_c 与介质导水性 a_s 和初始渗流量 $Q_{c_{t_1}}$ 水平相关，ΔH 为其协同响应，相同时段和响应时含水层导水性越强则增量 ΔQ_c 越大，$Q_{c_{t_1}}$ 及持续作用时长抑制着其幅度。由于 MSS 多渗流源作用下难以确定初值 $Q_{c_{t_1}}$，故研究中设定 $Q_{c_{t_1}}=0$，此时采用增量累积法即可确定任意时刻 t 引起采动渗流异常的采动渗流量 Q_{c_t} 和变化增量 ΔQ_c。

实例分析选择主含水层（Ⅲ含）和次含水层（Ⅱ含）的水头观测点Ⅲ-B4 和Ⅱ-B14 的近全采期观测数据（$\Delta t = 10\pm1\sim2d$），具体分析不同含水层局域采动渗流异常量变化趋势。续采期间（$t > 250d$）分析结果（表 6-2）显示：

表 6-2 不同含水层采动驱动渗流量响应统计　　　　　（单位：m³/h）

统计参数	Q Ⅲ-B4	Q Ⅱ-B14	ΔQ Ⅲ-B4	ΔQ Ⅱ-B14
平均值	3820	4069	0.52	-0.35
中位值	4447	4592	0	0
最小值	-1501	-4903	-1338	-1555
最大值	10464	24134	940	1776
标准离差	2124	3578	209	405

（1）Ⅲ含测点感应的瞬时初始渗流量 Q_c 异常响应总体上显示为幅值较强的异常，且呈分段差异性时序分布，如锯齿形型（267～514d），平稳型（605～800d）、波浪态（955～1705d）和脉冲态（1915～2105d）等，且在 422d、805d、1375d 和 1795d 等附近出现脉冲强异常，Ⅱ含测点的 Q_c 异常响应显示幅值较大且以脉动型异常为主；通过统计比较显示Ⅲ含测点的

Q_c 均值和变化范围均小于Ⅱ含测点，但中位值相近。

(2) 同期Ⅲ含和Ⅱ含的瞬时渗流增量 ΔQ_t 异常总体呈现齿形时序的正负异常相间分布，统计比较显示Ⅲ含 ΔQ_t 异常幅值平均水平高于Ⅱ含，其变化范围、标准离差均小于Ⅱ含，中位值均相同，Ⅲ含补给量水平均值为 120m³/h，而Ⅱ含均值为 290m³/h。

不同含水层的采动影响渗流量平均水平和异常特点说明如下。

(1) 受采动干扰程度：Ⅲ含作为采动直接干扰层，渗流增量异常变化规律与"采-渗耦合"作用直接相关，且因耦合环境条件差异影响形成了"高位"低幅度多类型异常特征，而Ⅱ含作为采动影响辐射层，受采动覆岩沉陷影响形成了"高位"周期性强"脉动"异常特征；

(2) 采动渗流影响范围：导水性较好的Ⅱ含驱动渗流量大、变化幅度大，说明对采动渗流异常扩散能力强和影响范围大，而Ⅲ含的驱动渗流量和变化幅度相对小，说明扩散能力相对弱和"渗漏"作用强；

(3) 采动渗流驱动状态：Ⅱ含采动渗流驱动响应 ΔQ_t 以负异常为主，总体处于区域流场的"补给"状态，而Ⅲ含采动渗流驱动响应 ΔQ_t 以正异常为主，总体处于"采-渗耦合"作用区释水状态，而且部分释水量补给来源于Ⅲ含区域流场；Ⅲ含和Ⅱ含的渗流增量 ΔQ_c 变化呈现正负异常相间分布状态，表明采动渗流持续呈现Ⅲ含"导通"排泄和Ⅲ含区域流场与Ⅱ含越层渗流次"补给"状态，从而使得MSS外部补给与内部排泄基本保持平衡（图6-14）。

(a) 全采期典型测点（Ⅲ、Ⅱ含）采动渗流量响应趋势示例

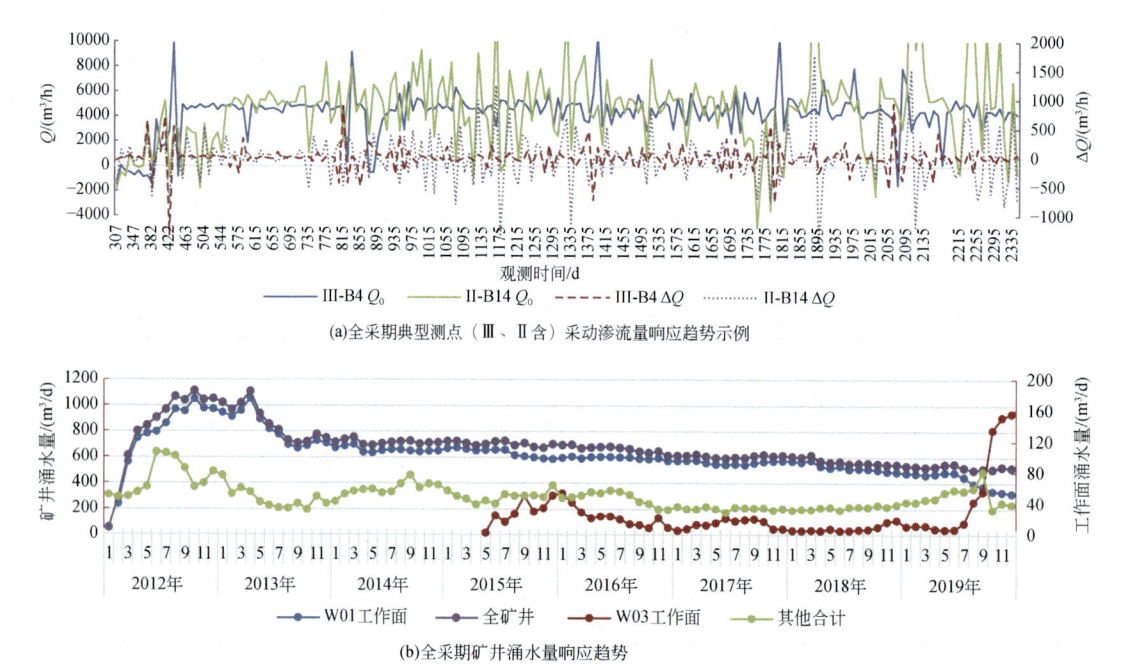

(b) 全采期矿井涌水量响应趋势

图6-14 全采期典型测点（Ⅲ、Ⅱ含）采动渗流量与矿井涌水量变化趋势比较
(b) 横轴数字为月份

同期地下水观测证实：矿井涌水总量中，以W01工作面涌水量为主，占比达到90%~

95%,且呈持续下降趋势,2019 年仍占 70%左右。W03 工作面采动初期涌水量平均约为 200m³/h,采动后期涌水量持续下降趋势显著。同期其他续采工作面的涌水量持续维持在 40~10m³/h 范围变化,平均约为 50m³/h。采动渗流驱动量与矿井涌水量变化比较表明二者具有相同的量级和变化规律,前者对"采-渗耦合"作用的响应更加敏感,而后者则反映了采动局域"导通"排泄结果,显示了局域渗流异常量转化为矿井涌水量的宏观效应。

2. "采-渗耦合"时空响应特征

导水状态是采动激励行为作用于覆岩介质(导水裂隙带和局域受损含水层)的综合响应,也是采动渗流场的介质异常表示。针对实际开采环境中含水层结构复杂性和采动覆岩非均匀性,如考虑采动激励时段 t_1-t_3 的瞬时采动渗流介质效应,设 a_t 为采动渗流区视导水系数,考虑到相同"采-渗瞬时耦合"作用与导通面导水性变化相关性和相邻时段 a_t 连续性,即时段 t_1~t_2 和 t_1~t_3 的 $a_{3-1}≈a_{2-1}$ 及位-源距 r_+ 相等,应用式(6-11)时在 $t_1 \leqslant t \leqslant t_3$ 时段,进一步可表达为

$$\begin{cases} -\Delta F_{t_2-t_1} = \omega_{H_{t_2-t_1}} + \omega_{Q_{t_2-t_1}} F(r,t_2) \\ -\Delta F_{t_3-t_1} = \omega_{H_{t_3-t_1}} + \omega_{Q_{t_3-t_1}} F(r,t_3) \end{cases}$$

两式相减归并得

$$-\frac{\Delta F_{t_2-t_1}}{\omega_{Q_{t_2-t_1}}} + \frac{\Delta F_{t_3-t_1}}{\omega_{Q_{t_3-t_1}}} = \frac{\omega_{H_{t_2-t_1}}}{\omega_{Q_{t_2-t_1}}} - \frac{\omega_{H_{t_3-t_1}}}{\omega_{Q_{t_3-t_1}}} + F(r,t_2) - F(r,t_3)$$

设 t_1—t_2—t_3 阶段渗流源导水性稳定变化,即 $a_{t_2-t_1} \approx a_{t_3-t_2}$,同时一并代入 ΔF 近似值,进一步解得

$$4\pi a_{t_2-t_1} \left(\frac{\omega_{H_{t_2-t_1}}}{\omega_{Q_{t_2-t_1}}} - \frac{\omega_{H_{t_3-t_1}}}{\omega_{Q_{t_3-t_1}}} \right) = \ln\frac{t_3}{t_2} - \frac{1}{\omega_{Q_{t_2-t_1}}}\ln\frac{t_2}{t_1} + \frac{1}{\omega_{Q_{t_3-t_1}}}\ln\frac{t_3}{t_1}$$

整理得

$$a_{t_2-t_1} = \frac{\omega_{Q_{t_2-t_1}} \omega_{Q_{t_3-t_1}}}{4\pi \left(\omega_{Q_{t_3-t_1}} \omega_{H_{t_2-t_1}} - \omega_{Q_{t_2-t_1}} \omega_{H_{t_3-t_1}} \right)} \left[\ln\frac{t_3}{t_2} - \frac{1}{\omega_{Q_{t_2-t_1}}}\ln\frac{t_2}{t_1} + \frac{1}{\omega_{Q_{t_3-t_1}}}\ln\frac{t_3}{t_1} \right]$$

表明视导水系数 a_t 是与采动激励源、渗流作用时间和流场响应相关的状态函数。进一步简化则得

$$a_t = \rho_t f_t \tag{6-26}$$

$$\begin{cases} \rho_t = \dfrac{\omega_{Q_{2-1}} \omega_{Q_{3-1}}}{4\pi \left(\omega_{H_{2-1}} \omega_{Q_{3-1}} - \omega_{H_{3-1}} \omega_{Q_{2-1}} \right)} \\ f_t = \ln\dfrac{f_{t_3}}{t_2} - \dfrac{1}{\omega_{Q_{2-1}}}\ln\dfrac{t_2}{t_1} + \dfrac{1}{\omega_{Q_{3-1}}}\ln\dfrac{t_3}{t_1} \end{cases}$$

式中,ρ_t 为"位-源耦合"因子;f_t 为采动渗流源时间响应因子,二者均反映"采-渗耦合"作用瞬时性和动态性。

式(6-26)表明,a_t 呈现几种状态:$a_t > 0$ 时,采动渗流与水头响应"异向"变化状态,

意味着地下水通过含水层导通面→导通区渗流→采动工作面；a_t→0 时，意味着无采动渗流异常响应，含水层趋近于原始渗流状态，a_t<0 时意味着采动渗流和水头响应向递减方向变化，当水头响应为均匀稳定变化时意味着无采动激励行为或采动渗流场稳定变化，此时 a_t 出现"奇异"状态。

研究采用Ⅲ-B4 和Ⅱ-B14 点全采期观测数据（Δt=10±1～2d），具体分析不同含水层 ρ_t 和 f_t 因子影响规律。分析表明Ⅲ和Ⅱ含的 ρ_t 和 f_t 因子在不同工作面采动周期均有周期性较强异常响应，显示"位-源耦合"响应密切。

（1）ρ_t 响应：Ⅲ含和Ⅱ含 ρ_t 响应在 W01 工作面开采的续采阶段（t≈230～580d 期间）总体呈现异常点多且幅值小的特点，进入 E02→W03→E04→W05→E00→W07 等工作面开采时形成多渗流源"时-空耦合"状态，ρ_t 响应显示出异常幅值相对较大，且周期性显现高值特征点，但Ⅱ含特征点显现时间滞后于Ⅲ含特征点，而在 W01 工作面初采阶段无显著异常，推断与观测期间已形成局域稳定渗流状态。

（2）f_t 响应：f_t 异常响应在 W01 工作面开采的初采（t≈20～100d）及续采阶段均出现较强的时间响应异常，特别是初采阶段也是该区矿井涌水发生期，续采后期（t≈433～514d）推进至工作面终止线时出现显著异常，而在其后多渗流源耦合阶段 f_t 异常响应总体较弱，Ⅲ含异常强度总体高于Ⅱ含（图 6-15）。

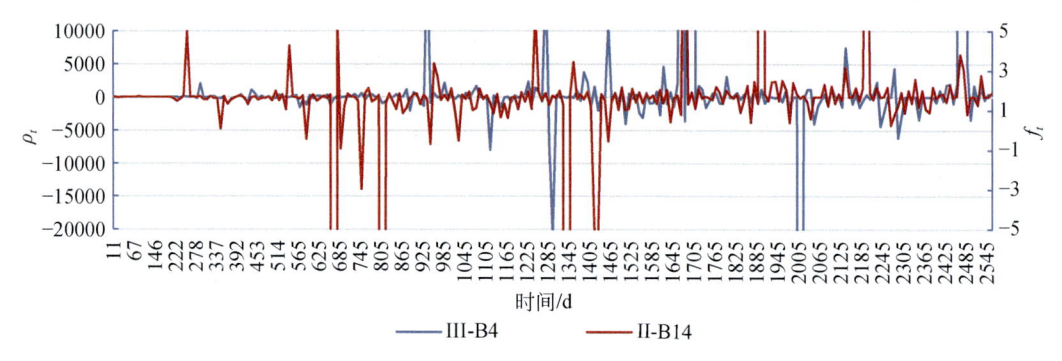

图 6-15　不同含水层采动渗流区视导水率 a_t 影响因子分析示例（2012～2019 年）

（3）采动驱动渗流量 Q_c 响应：统计显示，Ⅲ-B4 点感应的 Q_c 平均为 4253m³/h，补给渗流量为-878m³/h，瞬时渗流增量 ΔQ 为 120m³/h，补给量为-126m³/h。Ⅱ-B14 点感应 Q_c 平均为 4796m³/h，补给渗流量为-1048m³/h，瞬时渗流增量 ΔQ 为 289m³/h，补给量为-283m³/h。驱动量 Q_c 比较说明Ⅲ和Ⅱ含排泄量均大于补给量，但Ⅱ含幅度和变化范围大于Ⅲ含；驱动增量 ΔQ 比较发现两点的增/降比分别为 0.952 和 1.021（Ⅱ含作为Ⅲ含间接补给层），表明Ⅲ含补给大于排泄，Ⅱ含排泄大于补给。

将结果与同期矿井水观测结果比较表明，采动涌水期间矿井涌水量大，时间响应异常明显，后期多渗流源状态下尽管"位-源耦合"效应凸显，但 f_t 异常响应较弱，说明该区续采后期导水裂隙带与含水层的"采-渗耦合"效应弱且没有明显时移效应，其间Ⅲ含导通区渗流量包括了区域流场补给和Ⅱ含间接补给两个来源。

3. 采动渗流性响应特征

含水层导水性是含水层的原始导流状态，采动导水性是采动损伤含水层的实际导水性。研究将原始导水系数作为采动渗流场背景参数，采用了相对导水系数 a_t 描述采动渗流性响应特征。

同期典型时段 a_t/a_s 分析结果表明：多工作面的采动周期Ⅲ含 a_t/a_s 相对变化显著弱于Ⅱ含，均有不等时周期性强异常显现，表现为：

（1）多时间点小幅变化，Ⅱ含幅度小于Ⅲ含。W01 工作面续采阶段（$t≈230～524d$ 期间）Ⅲ含异常较强，但后期进入 E02→W03→E04 等工作面顺序开采阶段，Ⅲ含的 a_t/a_s 异常响应呈现多点且幅值小的特点，同期Ⅱ含异常显现幅值大和周期性明显，测点异常统计显示，Ⅲ含 B5 和 B10 测点获得的 a_t/a_s 相对异常响应均值为 0.169 和 0.36，Ⅱ含的 B6 和 B8 测点对应值为 0.15 和-0.075。

（2）不等时周期性强，补-排响应显著。a_t/a_s 异常分析表明不同含水层导水性变化均呈现不等时周期性和正、负相间性，显示采动渗流源补、排状态。其中，主含水层Ⅲ含正异常表明了采动渗流通过导通区进入工作面形成矿井水，开采沉陷对上覆次含水层的影响导致衍生采动渗流源共存与耦合影响状态；相对滞后的次级含水层Ⅱ含负异常表明受采动影响与Ⅲ含导通导致衍生的越层渗流补给，负异常表明Ⅱ含区域流场向采动渗流衍生区补给状态（图 6-16）。

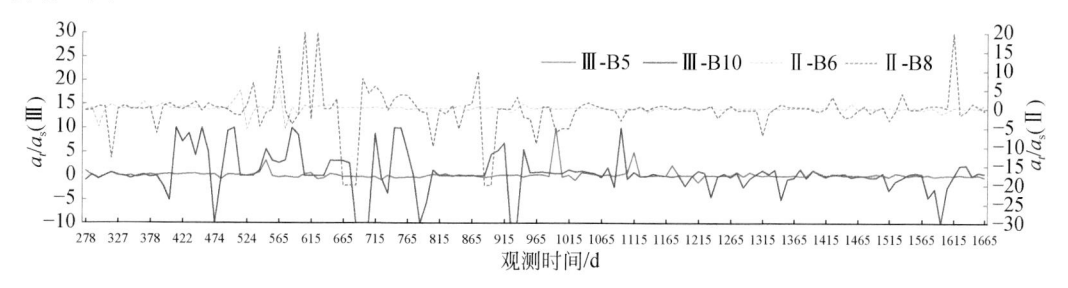

图 6-16 不同含水层采动渗流区视导水率 a_t 分析示例（2012～2019 年）

为验证"采-渗耦合"异常细节变化，研究利用日观测（$\Delta t=1d$）水头数据，分析了 2020 年 9 月～2022 年 9 月时段采动渗流异常变化。其间，Ⅲ含水位总体处于下降趋势，Ⅱ含水位总体处于渐升趋势，均在不同时段出现明显的水头变化（如 123d、253d、372d、423d 等附近）[图 6-17（a）]。选取时段 116～446d 分析结果如下。

（1）采动渗流量异常响应：Ⅲ含测点 B4 处增量 ΔQ 和补给量为 431m³/h 和-399m³/h，B5 处为 91m³/h 和-86m³/h。Ⅱ含测点 B2 处为 1482m³/h 和-1302m³/h，B14 处为 1440m³/h 和-1480m³/h。比较发现Ⅲ含两处增/降比为 1.08 和 1.06，Ⅱ含两处为 1.14 和 0.97，Ⅱ含比Ⅲ含的 ΔQ 平均水平高一个数量级。观测期间，Ⅲ与Ⅱ含均处于"释水"状态，Ⅲ含导通区释水量大于补水量，致使测点水头趋降，Ⅱ含局域补给量大于"释水"量或小于释水量，致使水头增减不同；同层测点比较说明导水性越强则增量幅度和增减比越大[图 6-17（b）]。

（2）渗流性异常响应：同期 a_t/a_s 变化表明：Ⅲ含相对变化强于Ⅱ含，二者均有不等幅周期性脉冲异常显现，Ⅱ含不等幅脉冲显现规律更加显著，反映采动覆岩周期性沉陷裂隙导致越层渗流补给异常，采动区平行于推进面地表沉陷裂缝间接证实Ⅱ含周期性断陷导通隔水层形成"脉冲"型异常［图6-17（c）（d）］。

6.3.3 采动渗流辐射特征

采动渗流辐射是指以含水层导通面为中心形成的异常场向区域渗流场的影响传播，如将导通面及影响范围视为"辐射源"及辐射范围，其位置和辐射范围是反映辐射影响的主要参数。此时，在 ΔQ_c 和 a_t 求解基础上，采用式（6-14）和式（6-18）确定 r_+ 和 r_- 后进一

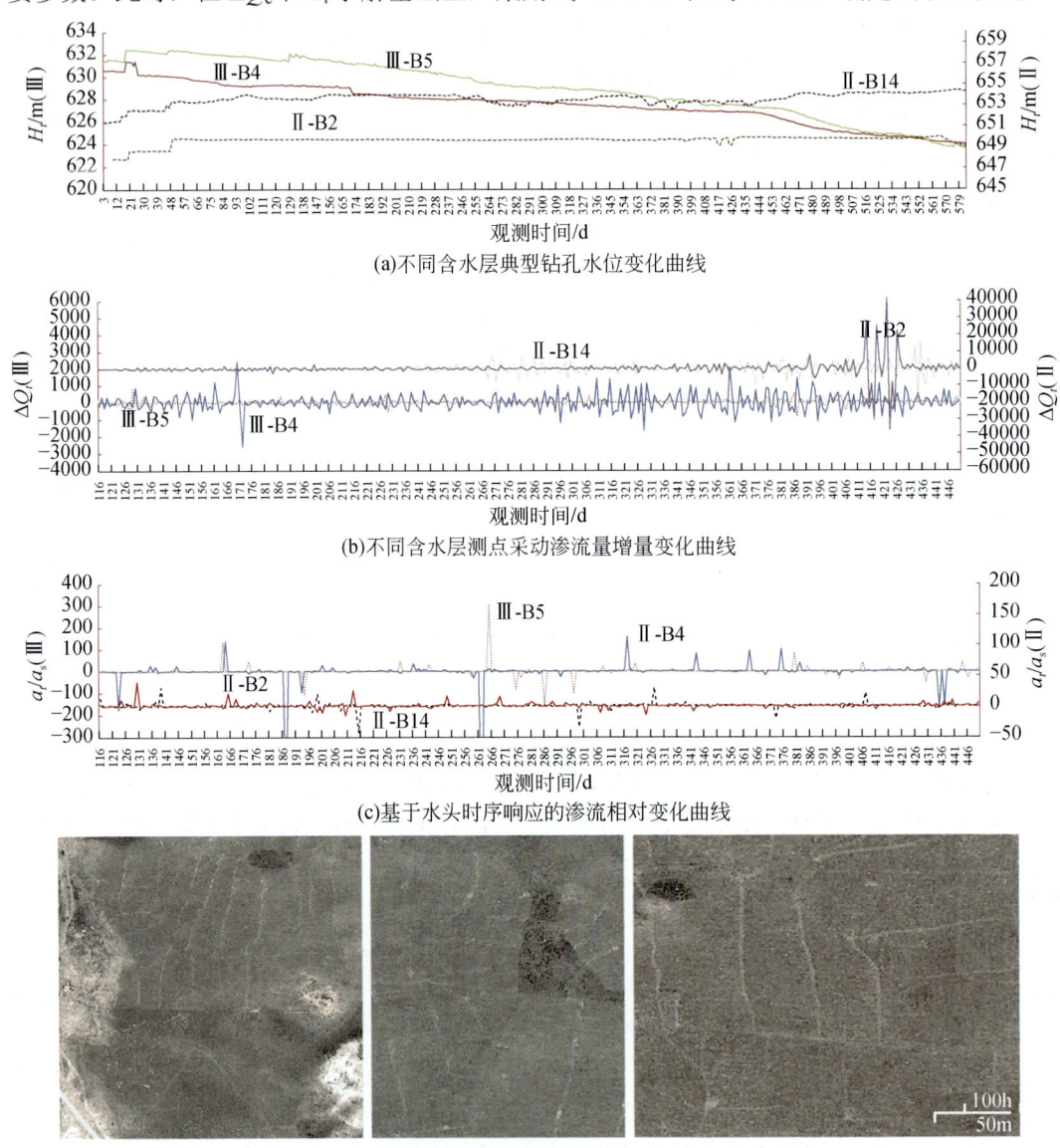

(a)不同含水层典型钻孔水位变化曲线

(b)不同含水层测点采动渗流量增量变化曲线

(c)基于水头时序响应的渗流相对变化曲线

(d)采动影响区域地表裂缝变化影像（分辨率1m）

图6-17 基于高频度测点水头响应的采动渗流综合分析示例（2020年9月～2022年9月）

步反演采动渗流辐射源位置和影响区域。

1. 采动渗流耦合响应

前述分析表明,因子 τ_h 和 τ_q 反映了采动渗流协同耦合响应。应用式(6-14)的实例分析表明,以变化平均水平表示,Ⅲ-B4 的 τ_h 因子主要介于 1.1~0.89,τ_q 介于 1.001~0.998,Ⅱ-B14 的 τ_h 因子介于 1.43~0.925,τ_q 因子介于 1.02~0.98;两点的 τ_h 和 τ_q 因子均有不等时周期性强异常显现,且在 W01 工作面矿井涌水治理后续采初期($t<514$d),Ⅱ 含较Ⅲ含的 τ_q 因子有显著异常,而 τ_h 因子仅在后期(450~556d)出现显著变化。当后期进入 E02→W03→E04 等工作面的顺序开采阶段时,τ_q 因子出现不规律的脉动,而 τ_h 因子变化显现周期性微幅变化,且Ⅲ含 τ_h 异常响应显著强于Ⅱ含,后期(约 1905~2405d)情景 $\tau_h=0$ 均为水头响应均匀变化时呈现(图 6-18)。结果表明,Ⅲ含作为直接含水层因"采动激励-覆岩应变"的直接耦合作用形成采动渗流弱"涌动"现象,同时Ⅲ和Ⅱ含均形成水头的"脉动"振荡变化现象,且Ⅱ含响应滞后于Ⅲ,因子极大值比较表明Ⅱ含采动渗流异常辐射能力和涌动影响幅度强于Ⅲ含。

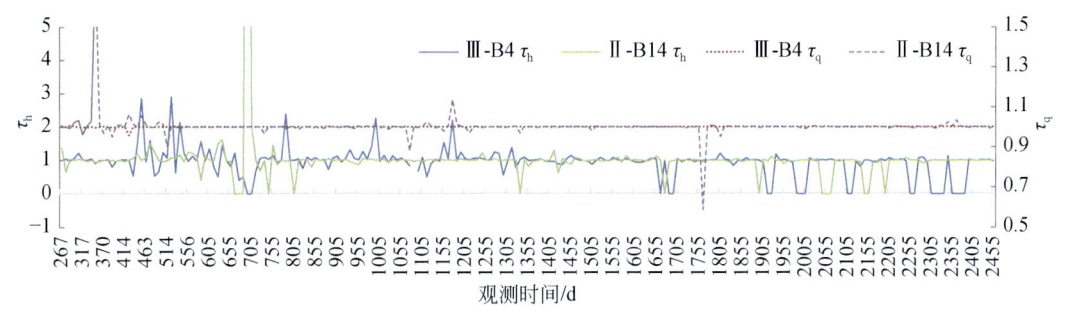

图 6-18 全采期典型测点(Ⅲ、Ⅱ含)r 影响因子分析示例

2. 采动渗流辐射范围

式(6-19)分析表明,r_+ 和 r_- 分别反映了测点内外方向的采动渗流响应距离,或辐射影响区域。实例分析表明,Ⅲ含 B4 测点的采动渗流累积影响 r_+ 均值约为 2300m,最大值约为 6900m,r_- 均值约 1945m,最大值 4300m;Ⅱ含 B14 测点采动渗流影响 r_+ 均值为 1330m,最大值为 3200m,r_- 均值为 2600m,最大值为 3700m;Ⅲ含采动渗流累积影响范围约为 4300m,同期Ⅱ含测点影响范围达到 4000m,说明采动渗流影响范围的测点感应值与不同含水层和"源-位"距离及导水性有关。当采用 R_t 表征随时间变化的采动渗流影响距离,对应采动渗流区不同含水层也均出现 a_t 异常响应,Ⅲ含异常短时小幅振荡显著,而Ⅱ含显现周期性强脉冲现象,显示主含水层(Ⅲ含)采动响应区域窄、频度高但影响距离相对近,次含水层(Ⅱ含)的采动响应区域宽、频度小但累积影响距离远(图 6-19)。

全区统计表明,Ⅲ含采动渗流影响半径 r_+ 均值约为 1320m,最大值约为 4100m,r_- 均值约 1200m,最大值为 3200m;Ⅱ含的采动渗流影响半径 r_+ 均值为 2500m,最大值为 6600m,r_- 均值为 2200m,最大值为 5000m(图 6-20)。Ⅲ含采动渗流累积影响半径距离 R_E 平均大于 2500m,瞬时采动渗流影响范围最远超过 7000m,同期Ⅱ含平均为 4600m,采动渗流影响范围最远超过 10000m。结果说明在不均匀介质条件下，同一含水层时向高导水性方向的影响距离显著高于低导水性方向。

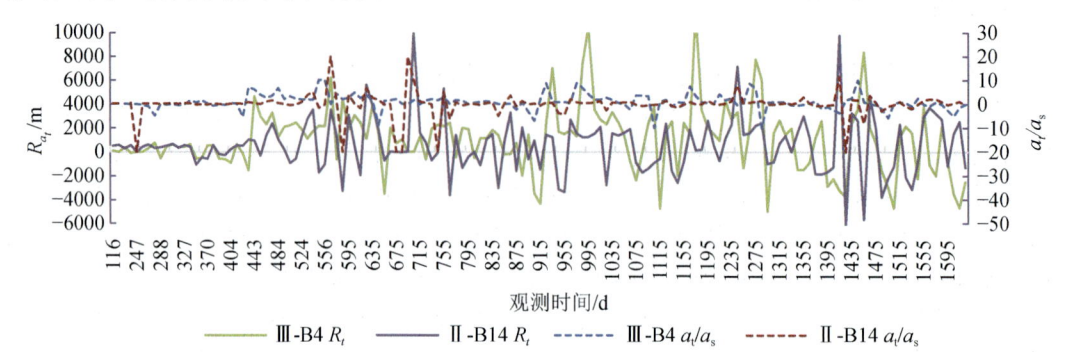

图 6-19 全采期典型测点（Ⅲ、Ⅱ含）采动渗流影响距离分析示例

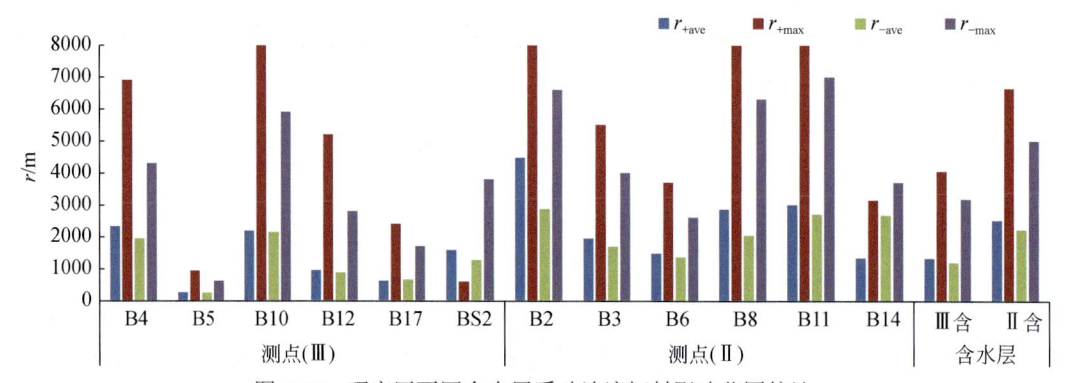

图 6-20 研究区不同含水层采动渗流辐射影响范围统计

$r_{+\text{ave}}$. 内源距均值；$r_{+\text{max}}$. 内源距最大值；$r_{-\text{ave}}$. 外源距均值；$r_{-\text{max}}$. 外源距最大值

3. 导通区等效中心

应用式（6-14）理论上确定的均匀介质条件下的"辐射源"位置为采动渗流导通区等效中心，非均匀介质条件下则为等效的"辐射源"位置。如设该位置为 (x_t, y_t)，各测点 (x_i, y_i)（$i=1, \cdots, n$）t 时刻的水头变化与采动渗流量变化响应具有同源性，由式（6-19）获得的任意测点"位-源"距 r_i 满足：

$$\begin{cases} x_t = x_i \pm \sqrt{r_i^2 - (y_t - y_i)^2} \\ y_t = y_i \pm \sqrt{r_i^2 - (x_t - x_i)^2} \end{cases}$$

当以开采工作面推进行为作为"采-渗耦合"激励源时，设采动应力作用始点 (x_0, y_0) 为参考点，即 $x_t=x_0+\Delta x_t$ 和 $y_t=y_0+\Delta y_t$ 代入上式得 $x_t=x_0+\Delta x_t$ 和 $y_t=y_i+\Delta y_t$，进一步解得 t 时刻辐射源等效位置为

$$\begin{cases} x_t = x_i \pm \sqrt{r_i^2 - (y_i - y_0 - \Delta y_t)^2} \\ y_t = y_i \pm \sqrt{r_i^2 - (x_i - x_0 - \Delta x_t)^2} \end{cases} \quad (i=1,2,\cdots,n) \quad （6-27）$$

其中,"±"代表"位→源"半径指向方向,取决于开采推进方向。针对井-源物理模型径向影响距离的局限,实际应用中根据具体实际场景采用不同的限制条件。参考点(x_0, y_0)选取根据研究对象而定,单工作面时通常取工作面切眼中心点,多工作面时通常取首采工作面切眼中心点或分工作面处。

当分析 MSS 不同含水层的综合影响时,在非均匀介质下采用多点均衡法进一步求解近似位置:

$$\begin{cases} x_t = \dfrac{1}{n}\sum_n A_i\left(x_i \pm \sqrt{r_i^2 - (y_i - y_c - \Delta y_t)^2}\right) \\ y_t = \dfrac{1}{n}\sum_n A_i\left(y_i \pm \sqrt{r_i^2 - (x_i - x_c - \Delta x_t)^2}\right) \end{cases}$$

式中,A_i 为测点贡献权重;(x_c, y_c) 为基于 n 个观测点实际导水性求取的综合平衡点。

为统一相同导通渗流源对各测点水头响应时间同步性,按照导水系数越大测点感应时间越短的原则归一化处理,利用 r_i 和 a_i 确定均衡"影响"距离和异常贡献权系数,此时:

$$A_i = \dfrac{D_i}{a_i} \bigg/ N\sum_N \dfrac{D_i}{a_i}$$

式中,σ_i 为测点异常影响权系数;D_i 为测点至参考点距离;N 为测点数;a_i 为测点处导水系数。

式(6-26)和式(6-27)确定了采动渗流场导水性异常及等效采动渗流源时序变化理论轨迹,即

$$X(x, y, k_t/k_s, t) \quad (t_1 \leqslant t \leqslant t_2)$$

式中,k_t 和 k_s 分别为含水层的瞬时渗流系数和原岩渗流系数,t 为时间;此时,采动期 $X(x_i, y_i, k_{ti})$($i=1, \cdots, n$)响应集代表"采-渗耦合"响应时序变化强度,异常反映采动渗流发生时间;$X(x_t, y_t, k_t)$($t=1, \cdots, m, m \gg n$)空间响应集代表"采-渗耦合"空间的累积响应,相对渗流性异常反映了导通区累积空间分布。

针对非均匀介质下"位-源"时空关系及采动渗流场响应不均衡,研究采用多点集成方法,且采用含水层厚度归一化取得导水系数,进一步显示采动期等效采动渗流源时序变化理论轨迹 $X(x, y, a_t)$(图 6-21)。

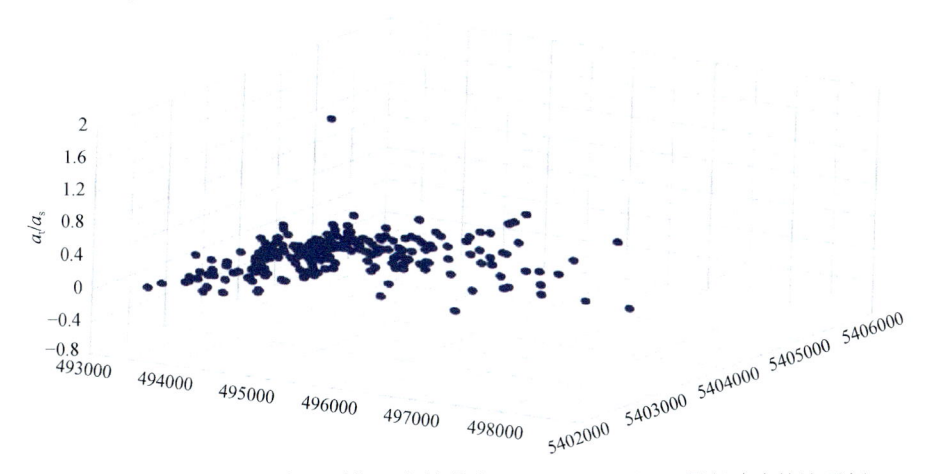

图 6-21 2012~2019 年开采期Ⅲ含等效中心 $X(x, y, t)$-a_t 累积响应轨迹示例

6.3.4 多源采动渗流耦合关系

根据煤炭开采中单工作面顺序开采和多工作面并行开采的不同行为，采动激励作用形成空间上分离的多导通区分布（多"渗流源"状态），且持续影响局域采动渗流场时-空状态，导致采动渗流场任意点的水头持续响应包含多导通区采动渗流，且因各导通区的时-空演化差异而对水头响应贡献不同，由此构成渗流源空间分离、演化时序不同且渗流场交集的多渗流源时-空耦合状态，任意时间的测点水头响应反映了多渗流源时-空耦合作用的累积效应，且累积效应随时间变化而变化。式（6-11）表明任意点的水头响应是由位场空间协同响应和渗流源时变场效应共同或激励-应变耦合作用引起的"位-源"耦合状态变化，$\Delta F_{t_2-t_1}$ 是与任意点水头和采动渗流量 Q_c 变化响应协同，与式（6-2）比较表明单渗流源条件下且耦合算子为 $\cap_F - \cup$，协同算子 $\cap_E = \oplus$ 时，在多源条件下（以 $M=3$ 为例）各响应分量分别为

$$\begin{cases} \Delta H_{t_2-t_1} = \sum_1^3 \Delta H_{t_2-t_1}^j(x,y,z,t) \\ \Delta F(t) = \sum_1^3 \Delta F_{t_2-t_1}^j Q_{jc_{t_1}} \\ \Delta Q_{c_{t_2-t_1}} = \sum_1^3 \Delta Q_{c_{t_2-t_1}}^j F(r_j,t_2) \end{cases}$$

将其代入式（6-11）且考虑到多渗流源时-空耦合状态时响应关系得

$$-\sum_1^3 \Delta H_{t_2-t_1}^j(x,y,z,t) = \sum_1^3 \Delta F_{t_2-t_1}^j Q_{jc_{t_1}} + \sum_1^3 \Delta Q_{c_{t_2-t_1}}^j F(r_j,t_2) \tag{6-28}$$

式（6-28）表明，任意时刻测点水头增量集是 ΔF 和初始渗流量耦合与 ΔQ 增量及覆岩应变状态耦合之和，由于 ΔF 和 ΔQ 包含了已有采动渗流源的变化量和新增采动渗流源的影响，故多渗流源时测点水头响应增量实质上反映了采动渗流在 t_1-t_2 时刻的累积效应和 t_2 时刻 MSS 变化的瞬时响应。因此，基于测点水头变化研究多渗流源时描述了采动渗流异常场的等效状态，导通面及视导水系数、采动渗流量、视距离等参数综合反映了 MSS 采动渗流异常场累积耦合效应和异常场瞬时特征。

6.4 采动渗流理论应用

6.4.1 导通区辨识应用

导水裂隙带渗流性辨识和保水安全开采工艺是煤炭高强度开采中含水层保护实践的重要内容，针对开采场景复杂、水文测点少和实证工程量大，如何利用有限的水文数据挖掘局域地下水系统细节是矿区水文地质分析研究面临的问题。应用研究以软岩区高强度井工煤炭开采为例，聚焦采动期导通区辨识和采前保水安全开采风险预测问题，探索采动渗流

场分析方法的实际应用有效性。

1. 采动局域场景分析

该区在采动突水事件（2012 年 4 月）后，先后采用水文地质、地球物理（瞬变电磁法和高精度直流电法）、工程地质（探、放水）等方法研究矿井地下水流场和安全开采参数，逐步完成 26 个长观水文孔，以Ⅲ含和Ⅱ含观测为主（合计 21 孔）形成水文观测系统。近期又采用 ModFlow 研究了井田区域地下水流场分布演变趋势。但由于研究面积大、观测点少、边界条件不清，加之研究方法局限，故难以刻画局部采动渗流场变化趋势和开采含水层损伤范围及累积程度。

研究表明，该区开采水文地质条件整体上复杂，采区主含水层Ⅲ含和次含水层Ⅱ含普通厚度大、隔水层薄，含隔水层空间厚度分布差异明显。其中，Ⅲ含富水性较弱，为直接充水含水层，充水通道为导水裂缝带，其隔水层以泥岩、细砂岩为主，互层结构，岩性为软岩，遇水易软化，隔水层西区厚度局域仅为 10m。Ⅱ含为间接充水含水层，以砂砾层为主，富水性强至极强，但厚度差异较大，含水层在中心区厚度大，西区达到 45～70m，而东区则<30m。

该区鉴于软覆岩和厚煤层特点，选用了综放式开采工艺，主采煤层为 15、16 号，W、E 和 N 分别代表采区西区、东区和北区，开采工作面南北向布局（图 6-22）。2012 年初始采高为 10m，工作面宽度为 210m 左右，设计推进长度 1000～2000m，具体视煤层和含水层赋存情况调整。2012 年 4 月首采工作面（W01）推进至 200m 就发生突水事件，最大涌水量超过 1000m³/h，经过停采治理后恢复开采，截至 2021 年已相继开采 7 个工作面。

图 6-22 研究区 MSS 水位观测点分布

1）采动局域地下水流场变化趋势

针对地下水保护开采和采动涌水风险难题，先后部署以Ⅲ含（含10孔）和Ⅱ含观测为主（含6孔）的局域观测系统，采用水文地质、地球物理（瞬变电磁和高精度直流电法）、工程地质（探、放水）等方法开展了研究与探测，发现首采区有3个高导异常区及5个异常中心，模拟与实测研究表明导水裂隙带裂/采比达1：11～1：12，采高为8～16m时导水裂隙带高度达88～188m，说明综放开采时必然导通Ⅲ含。

2012年与2019年（开采期间）的Ⅱ含和Ⅲ含水位累积变化总体显现：区域渗流场方向呈由东向西流动方向，其中Ⅱ含渗流场总体形态不变且呈现倒斜U形态，中心下降区带向NEE方向移动；Ⅲ含则由双中心向单中心过渡，2012年W01工作面开采泄流形成"漏斗"，随着采动区域增加和影响范围增大，总体呈现与Ⅱ含渗流场相同的分布态势，说明该区开采总体对Ⅲ含影响较大（图6-23）。

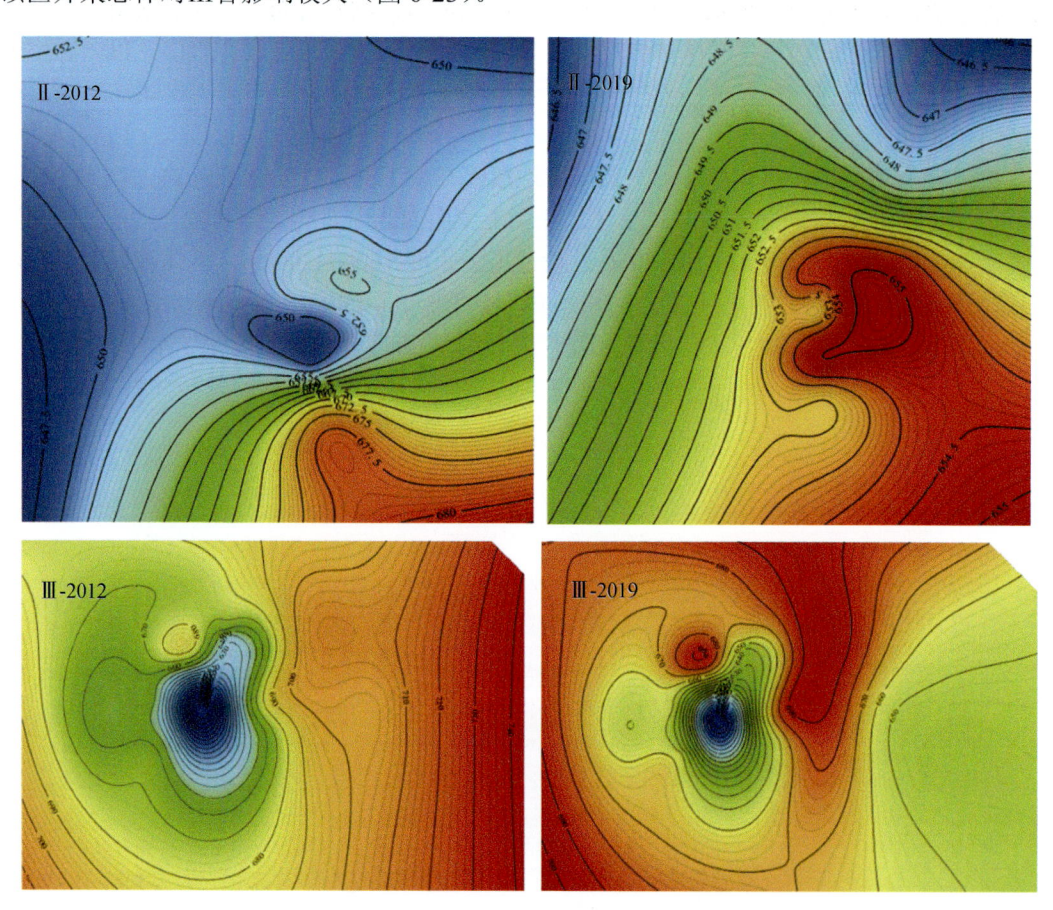

图6-23　Ⅱ、Ⅲ含水层水位累积变化比较

2）采动期水文观测数据分析

为充分利用稀疏分布的水文观测点获得的长周期连续日观测（2012～2020年）数据挖掘采动渗流场变化信息，MSS构建中以采动工作面为中心，分别针对Ⅲ含和Ⅱ含，选择采

动渗流作用时间-空间响应敏感的近"源"水文观测点分析（表6-3）。

表6-3 MSS水头观测点

项目	Ⅲ含						Ⅱ含				
观测孔	B4	B5	B12	B10观	B17	SH2	B2	B3	B6	B8	B11
含水层厚度/m	72	47	68.6	67.46	37.33	36.9	86.8	71.7	67.41	53	68.49
底板标高/m	412	370	412	324.42	409.26	334	483	488.5	472	506	452.6
渗流系数	1.58	1.28	1.71	1.28	1.19	1.7	3.44	3.44	4.8	3.22	2.26

长周期水文观测数据（>2500d）相关分析表明，各含水层测点间均出现正、负相关现象，采动渗流的测点水头响应显现同向或异向变化；其中，Ⅲ含测点中相关度变化介于0.69~0.55，绝对均值为0.41，多呈负相关。B4与B5、B17和SH2相关度较高，且呈正相关，而B5、B7和SH2多与其他测点呈负相关。Ⅱ含测点中相关度变化介于-0.33~0.77，绝对均值为0.31，以正相关为主。B2与B3、B8与B14和B11与B6正相关度较高，测点间负相关度普遍较低（表6-4）。

表6-4 不同含水层水文观测孔间水头变化相关系数

含水层	Ⅲ含						Ⅱ含					
观测孔	B4	B5	B12	B10观	B17	SH2	观测孔	B2	B3	B6	B8	B11	B14
B4	1.00	-0.55	0.17	-0.40	0.52	0.52	B2	1.00	0.50	0.25	-0.33	0.07	-0.12
B5		1.00	-0.21	0.60	-0.36	-0.25	B3		1.00	-0.07	-0.43	-0.15	-0.19
B10观			1.00	0.18	-0.25	-0.69	B6			1.00	0.22	0.58	0.24
B12				1.00	-0.47	-0.50	B8				1.00	0.36	0.77
B17					1.00	0.49	B11					1.00	0.36
SH2						1.00	B14						1.00

不同含水层测点间多呈正相关，相关度变化介于0.62~0.43，绝对均值为0.313。B12（Ⅲ）与B6（Ⅱ）间最大（0.62），与B2（Ⅱ）间最小（0.01），B4（Ⅲ）与Ⅱ含测点多呈负相关，均值约为-0.36（表6-5）。

表6-5 Ⅱ与Ⅲ含水层监测孔水头变化相关性系数

观测孔	B2（Ⅱ）	B3（Ⅱ）	B6（Ⅱ）	B8（Ⅱ）	B11（Ⅱ）	B14（Ⅱ）
B4（Ⅲ）	0.11	0.53	-0.32	-0.43	-0.34	-0.36
B5（Ⅲ）	0.03	-0.39	0.23	0.36	0.35	0.29
B10观（Ⅲ）	-0.12	0.14	0.14	0.49	0.11	0.50
B12（Ⅲ）	-0.01	-0.21	0.62	0.45	0.58	0.40

数据相关分析结果说明，该区开采总体对Ⅲ含地下水渗流影响较大，各含水层测点的采动渗流耦合响应基本一致，Ⅱ含测点对Ⅲ含地下水渗流变化有响应，且总体呈现出响应同步特点，其正、负相关性因"位-源"相对距离和渗流方向而存在差异。

3）采动—采后期渗流场变化趋势

研究区Ⅲ含和Ⅱ含是受采动影响的主含水层和次含水层三层含水层。工作面推进—采动涌水—水位变化关系实例显示工作面（W01、W03和W05）推进中与采动涌水量（W01）变化及附近观测孔水位耦合响应关系，表明W01工作面涌水量总体上呈现逐步下降趋势，且在下降过程中出现局部时间抬升或波状现象，W01工作面推进期间尤为显著，W03和W05工作面推进中总体影响幅度很小；同期的水位观测显示出三个工作面推进过程中，Ⅲ含地下水流场均有较强的耦合响应（如B4孔），且在采后逐步趋于稳定状态，而Ⅱ含对W01工作面的耦合响应较强（如B2孔），仅局部显现W03和W05的耦合响应且幅度<0.5m，水位总体平稳且趋于采前状态。通过比较说明研究区采动局域渗流具有区域集中性和矿井涌水量总体下降趋势，开采总体对Ⅲ含地下水渗流影响较大，各含水层测点的"采动-渗流耦合"响应基本一致，Ⅱ含测点对Ⅲ含地下水渗流变化有响应，且总体呈现出响应同步特点（图6-24）。

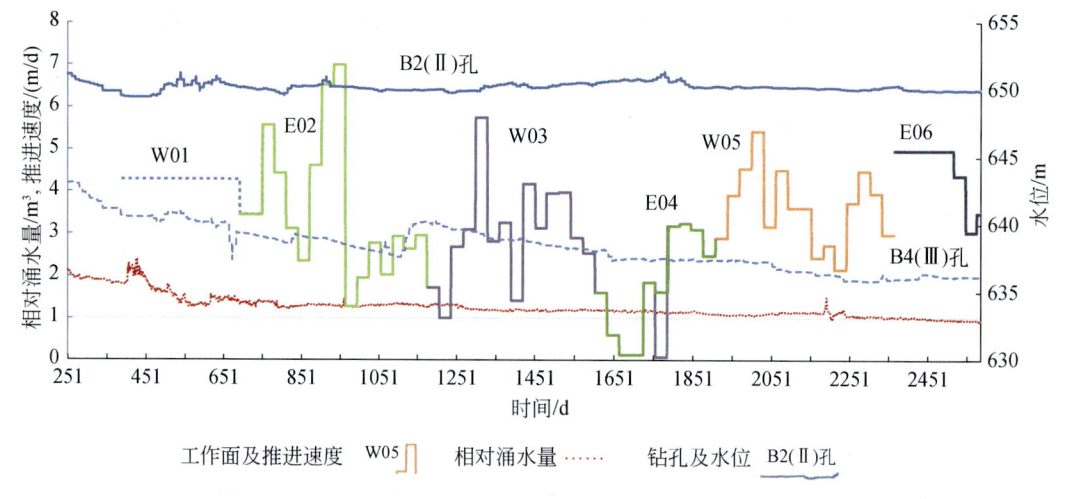

图6-24 工作面推进速度-相对涌水量-水位变化关系示例

矿井水量是导通区渗流状态和导通区分布的重要指示参数。为区别不同"源"的时序特征，研究采用基于小波的时序分析方法分解采动—采后期W01工作面推进期间不同尺度的涌水量信息（图6-25）。分析结果表明，工作面涌水量总体呈先剧增后缓慢下降的趋势，各次级分量出现的局部周期振荡（d_1，d_2，d_3）和微振幅变化（d_4）现象，说明该工作面主要导水通道涌水量总体稳定且呈逐步下降趋势，采动期间的顶板来压形成的局部开采裂隙带引发周期性振荡渗流异常，而软岩类采动覆岩裂隙自修复趋势又促使裂隙带渗流性下降并形成微渗流异常。可见，矿井水主要来自初采期形成的导水裂隙带和推进过程中产生的局部地段导水裂隙带，工作面导通区呈现"一面多段"的多"源"空间分布特点。

2. 导通区分析方法及流程

导通区分析是通过反演采动渗流区导水性和空间位置，追踪导通区位置及变化轨迹，研究采动渗流场主、次含水层的补-径-排异常关系，确定开采对地下水流场的实际影响。

如为确定采动渗流变化与工作面推进过程及采后采动裂隙自修复作用的耦合关系特点,利用矿井涌水量观测数据,分析采动渗流的长周期变化趋势和瞬时异常响应特征。W01 工作面涌水量观测数据的多尺度处理发现,采用不同尺度涌水信息量的总涌水量重构结果 Q_d 基本与矿井涌水量原始数据 Q_s 变化规律相近。其中,大尺度分量显现出采动渗流的总体变化趋势,小尺度分量则反映采动渗流的瞬时效应或局域特点。通过渗流场信息挖掘与样点实证数据互证,有助于精细刻画局域采动渗流场,提取导通区的空间信息和渗流变化,弥补现场局域系统实证困难的不足。其具体步骤如下。

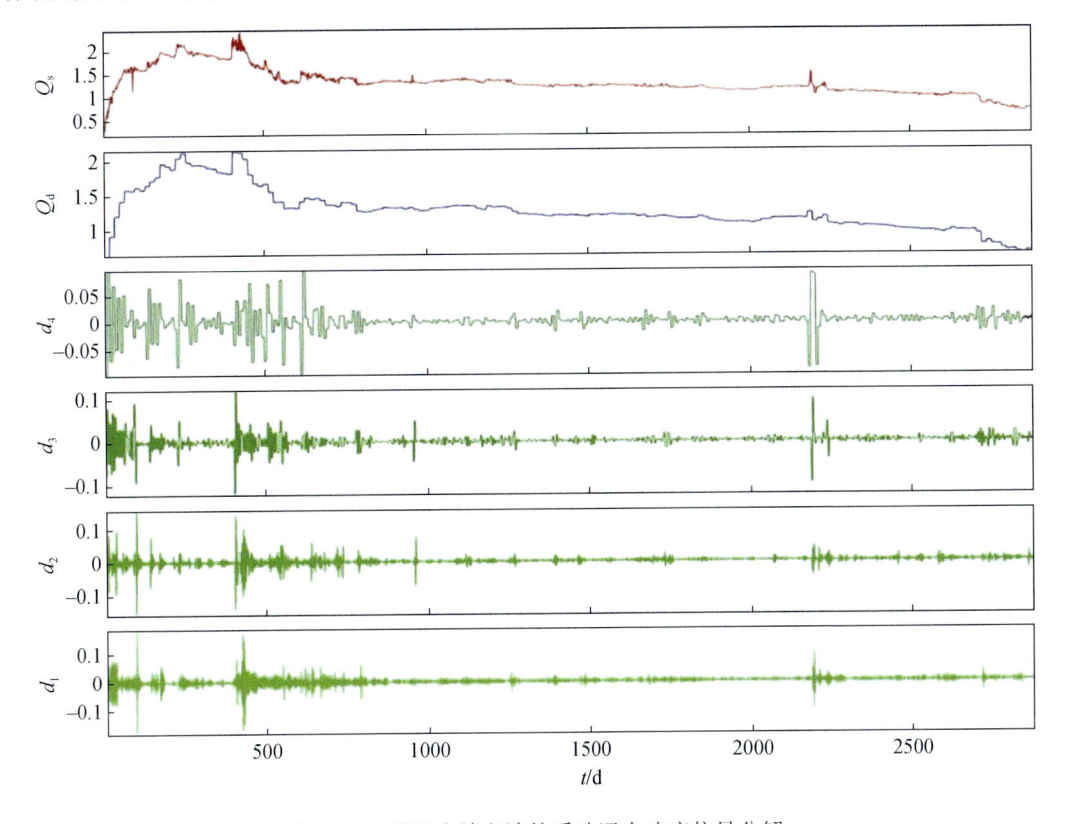

图 6-25　基于小波方法的采动涌水响应信号分解

d_1、d_2、d_3 和 d_4 为不同时间尺度（单位:d）；Q_d 和 Q_s 为矿井涌水量小波重构曲线和原始曲线（单位:m³/d）

(1) 情景确定：通过研究矿区开采地质和水文地质环境条件,提取采动覆岩结构类型、开采导水裂隙带发育基本规律、采动影响的主次含水层及相互关系分析、矿区水文观测布局和工作面涌水观测基础,旨在确定采动渗流研究重点区域与矿区水文地质环境的基本关系和地下水流场响应数据基础。

(2) MSS 构建：以采动区域为中心、选择周围水文测点为边界形成采动局域空间,以采动覆岩（包含主、次含水层及隔离层的岩系）为地下水流场介质,根据开采行为确定 MSS 中引发采动渗流的采动激励方式和主要参数。根据研究区实际水文测点与工作面空间关系,选择 16 个观测点（包含Ⅱ含 6 个和Ⅲ含 10 个点）作为 MSS 的水位点。

(3) 数据预处理：根据采动渗流场分析方法,预处理主要包括渗流场响应数据归一化和渗流介质的界定。数据归一化包括水文测点观测数据的时序归一化、工作面涌水量的时序量纲归一化、工作面推进位置时序归一化，旨在确立统一的时间协同关系；渗流介质的界定包括各含水层测点渗流速度和厚度、基于覆岩变化的导水裂隙带"两带"参数归一化、含/隔水层厚度及空间关系等，确定采动局域渗流场介质的基本性质和关键参数。

（4）采动渗流异常反演：异常反演是依据采动渗流场分析模型与方法，依次计算 MSS 各水文测点的水头响应变化量 ΔH_t、采动渗流初始量 Q_t 及异常增量 ΔQ_t、含水层导水性异常 a_t/a_s、源-位距离 r_+ 或 r_-，根据位点与采动激励初始参考点距离近似测算采动激励的渗流场延迟时间 Δt 校正，形成基于水文测点水头变化采动渗流场数据集（ΔH_t, Q_t, ΔQ_t, a_t/a_s, r, $t-\Delta t$）。

（5）时序校正及专题制图：根据采动渗流场数据集（ΔH_t, Q_t, ΔQ_t, a_t/a_s, r, $t-\Delta t$）的 Δt 不一致情景，按照相同 t 进行时序归一化处理后建立反演数据集：Σf_i（ΔH_t, Q_t, ΔQ_t, a_t/a_s, r, t）；基于 $\Delta Q/Q_t(t)$, $a_t/a_s(t)$ 等专题剖面图，显示采动渗流场的渗流量和介质导水性的变化；基于 $r(t)$ 和采动激励参考点（如以工作面切眼为参考的静态点或以采动过程时-空变化为参考的动态点）确定导通区等效空间位置，形成采动渗流累积效应专题平面图（x, y, k_t/k_s）。

（6）导通区时-空辨识：辨识分为导通区形成时间辨识和空间辨识，前者依据专题剖面的采动渗流量和介质导水性异常，确定导通区形成的时间 t 和相对渗流强度 k_t/k_s，分析与采动激励和外部补给的基本关系；后者则依据专题平面图的介质导水性异常（x, y, a_t/a_s），确定采动累积效应形成的导通区分布范围、排泄或补给性质、次含水层与主含水层的泄-补关系，主、次含水层与 MSS 外部的补给关系图，并通过实证数据进行局部验证，确定辨识结果的有效性（图 6-26）。

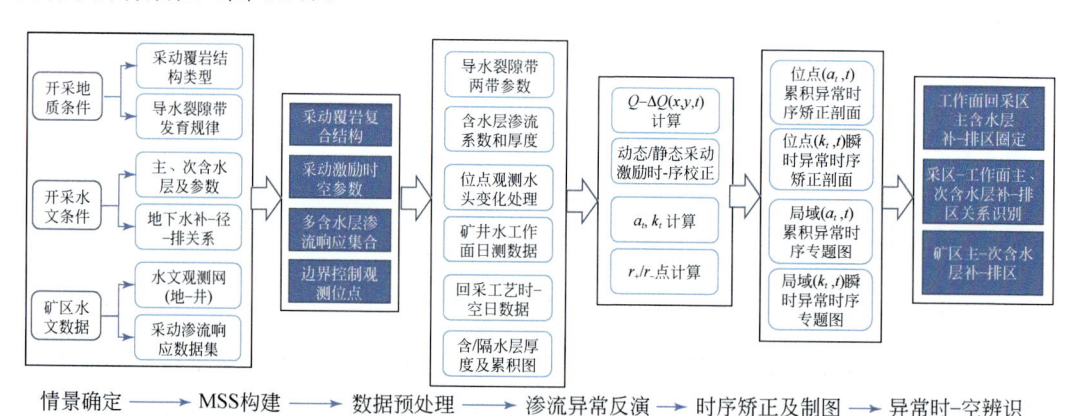

图 6-26 基于采动渗流累积效应的导通区辨识流程

3. 导通区分析与辨识实例

研究区分为采区及周边区，采区又分为东区和西区，2012~2019 年相继完成 6 个工作面（W01→E02→W03→E04→W05→E00），煤层开采属同层分工作面连续开采情景。已采区开采形成的"导通区"包括主含水层Ⅲ含直接导通区和次含水层Ⅱ含的间接导通区。

1）采动区域含水层趋势分析

导水裂隙发育带导通区相关异常包括Ⅲ含相对导水系数 a_t/a_s 异常（导通区"+"异常和补给区"-"异常），Ⅱ含的相对导水系数 a_t/a_s 异常（渗流导通区"-"异常和补给区"+"异常）。鉴于含水层导水介质和厚度的非均一性，实际处理采用观测点相对导水系数归一化处理后获得相对渗流系数 k_t/k_s，依据测点与距离和导水性确定采动渗流异常贡献系数，取得 MSS 均衡参考点、基于各点权值获得"源"位置和 k_t/k_s 异常。进一步采用局域回归分析和 Kriging 方法插值分析，研究采区周围区域及区内导通区分布和地下水补-径-排关系。

（1）Ⅲ含异常分析结果

研究区渗流主导方向为近 SEE 向 NWW 方向流动（异常相对增加方向），与图 6-23 反映的Ⅲ含地下水梯度累积变化方向基本一致，但在西采区及北部的异常变化趋势出现局域紊乱现象，表明该区采动渗流作用影响着采区及周围区域渗流场局域分布状态；局域异常大致分为西采区、中心带和东采区端部带。其中，中心带以负异常为主，西区北部以正异常为主，南部以负异常为主，采区工作面区域正负异常相间分布，与采动渗流作用相关；东区工作面端部带则以负异常为主，仅在 E00 和 E02 工作面西端出现局域正异常；采区外异常基本反映了Ⅲ含区域渗流场主要来自 SEE 方向补给，经过采动区域后向 NWW 方向渗流，局域相间分布的正负异常可能与含水层非均匀分布相关；在采区内形成以导通面有关的"导通"正异常和局域"补给"负异常的采动渗流异常群（图 6-27）；东区采动工作面缺失原因包括 MSS 已有观测点的有限性，或该区开采尚未造成显著的采动渗流作用等。

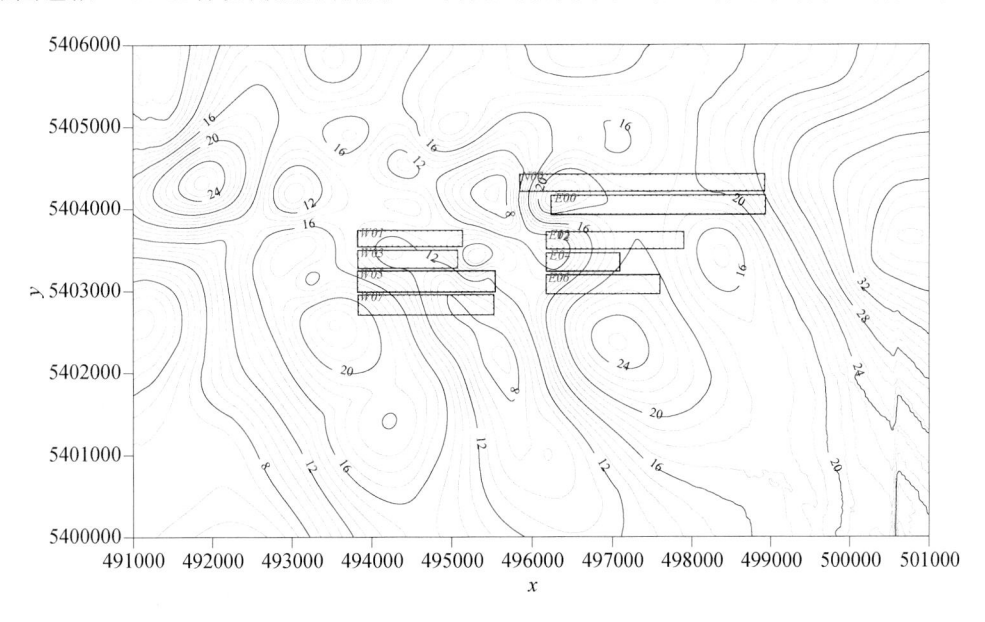

图 6-27 开采期（2012～2019 年）Ⅲ含水层渗流场变化累积趋势

蓝色线是基于局域多项式回归方法的异常分析；黑色线是基于 Kriging 方法的异常分析

（2）Ⅱ含异常分析结果

区域渗流主导方向为近 SSE 向 N 方向流动（异常相对递减方向），与图 6-23 反映的Ⅱ

含地下水梯度方向基本一致，但在西采区、东采区局部均出现局域异常紊乱现象，表明该区采动渗流作用影响着区域渗流场的采区局域分布状态；局域异常显示可大致分为南区、采区和北区。其中，南区带以较大面积的负异常为主，北区则以小面积正异常为主，采区则以低背景下局域正异常为主，主要集中在W01工作面及北侧及W05和W07工作面的局部。结果表明采区外基本反映了Ⅱ含区域渗流量主要来自SSE方向补给，经过采动区域后向N方向渗流，采区内局域负异常反映了与Ⅱ含局域渗流"释水"，推断采动覆岩沉陷致使Ⅱ含局域导通后的越层渗流形成Ⅱ含次级导通区（图6-28）。

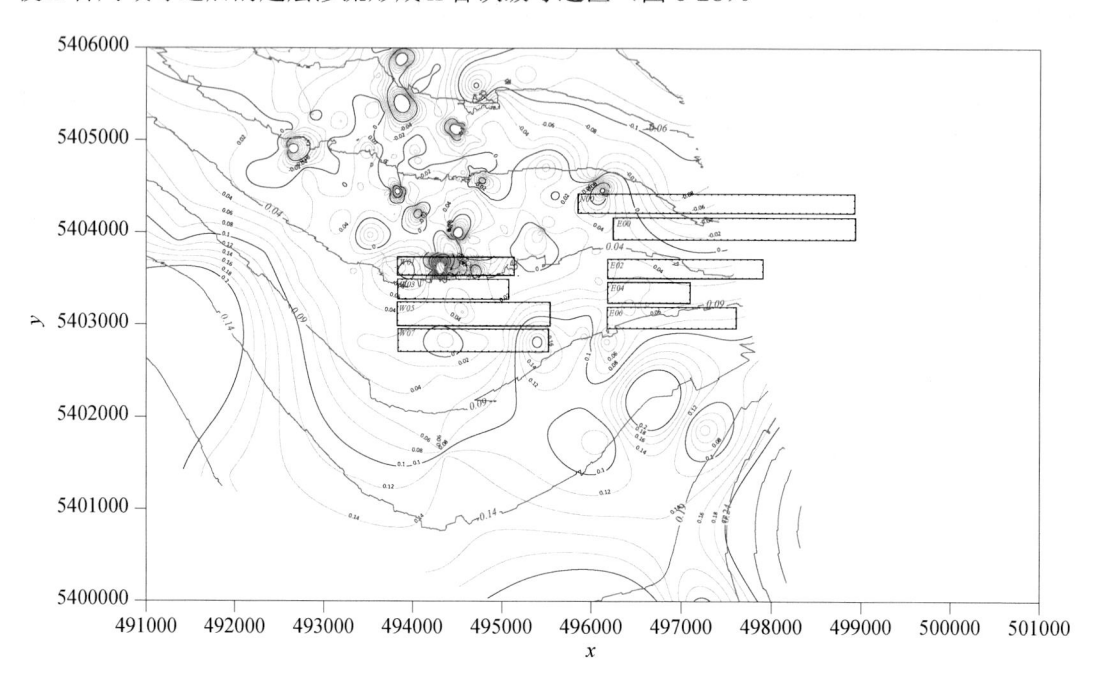

图6-28 开采期（2012～2019年）Ⅱ含水层渗流场变化累积趋势
蓝色线是基于局域多项式回归方法的异常分析；黑色线是基于Kriging方法的异常分析

对比Ⅲ含和Ⅱ含隔水层厚度分布表明：采区Ⅱ含"导通"异常出现在较薄区域，厚度仅为20m左右。Ⅲ含"导通"异常也出现在采渗耦合较强区，特别是W01工作面附近的导通区尤为显著，推测此区在采动渗流影响下Ⅱ含局部形成越层渗流补给（图6-29）。

2）采动局域（开采工作面）导通区辨识

为探索开采工作面导通区发育情况，实例分析基于单工作面推进时采动激励源唯一性及与导通区相关性，确定导通区定位约束区域局限在工作面及边缘区，参考工作面开采参数确定参考点 (x_c, y_c) 为切眼中点，边缘区为外延70m，引入处理过程后获得采动期 $(x_t, y_t, k_t/k_s)$。

（1）W01工作面：该工作面位于采区西区，设计长度为1250m，宽度为195m，初始设计采高10m，续采阶段实际采高控制在3～7m，推进方向为W-E向，研究参考推进时段11～504d，其中216～515d为采动涌水控制后的续采阶段。Ⅲ含的相对导水异常包括 A_1、A_2、A_3、A_4 和 A_5 正异常，位于工作面切眼端南段的 A_1 弱异常值为0.001左右，推进方向

(a) Ⅲ含

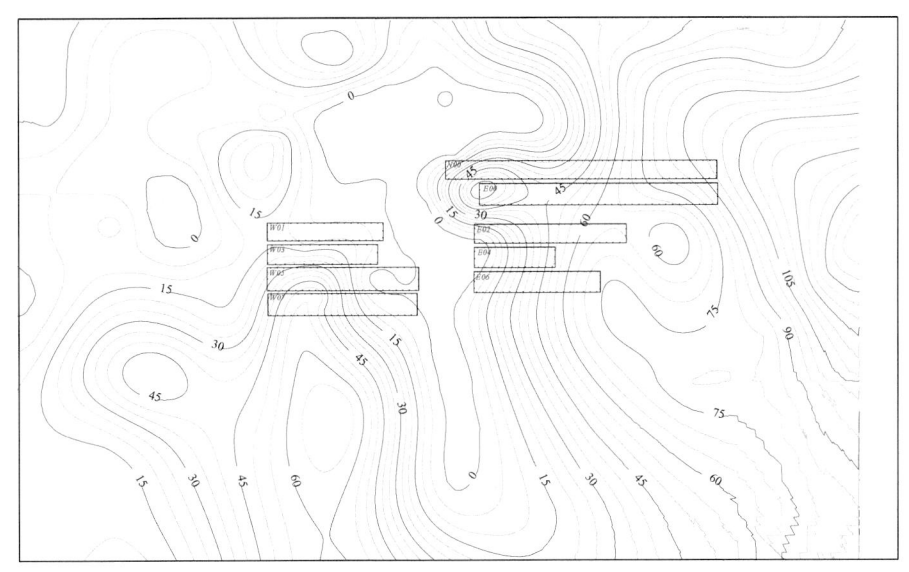

(b) Ⅱ含

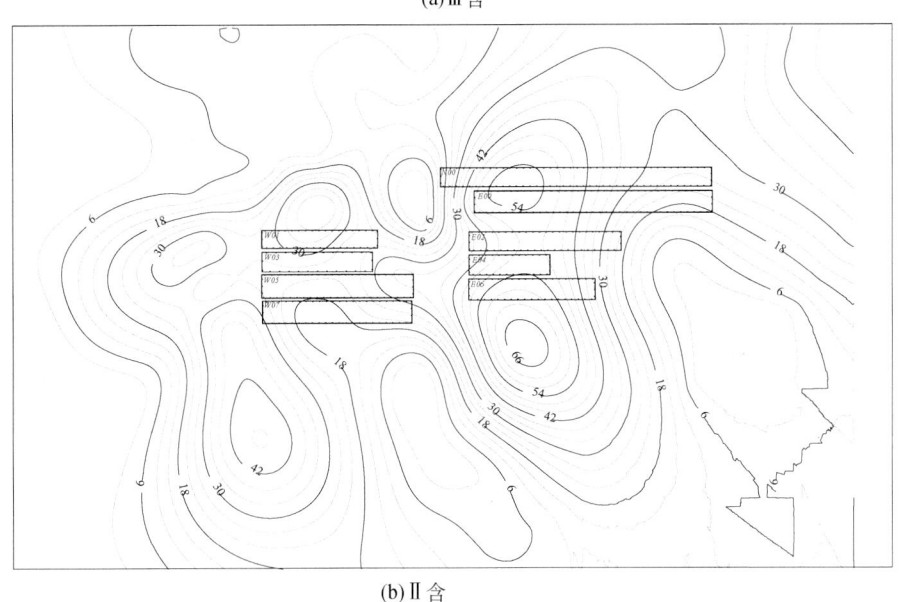

图 6-29 研究区主要隔水层厚度变化趋势

450~600m 附近的 A_2 异常值大于 0.2，中心区的 A_3 异常为 0.022，沿工作面推进方向 1200m 附近的 A_4 异常为 0.051，而在工作面停采区附近的 A_5 为 0.025，表明 W01 推进区均为采渗耦合作用强烈区 [图 6-30（a）]。结合采动涌水和矿井涌水观测分析表明，该工作面采动涌水区主要出现在切眼端附近区域，且因直接导通Ⅱ含导致初采时就发生矿井涌水，续采后局域导通区主要出现在 600m 附近，出现矿井次级偶发性涌水；后期随着工作面推进显现的其他弱异常区，尽管指示采动渗流影响面积较大，但是总体处于微渗流状态。后期推进过程中通过采高适应性调整，在停采线附近显示采渗耦合作用程度呈下降趋势 [图 6-30（a）]。此外，软岩顶板自修复作用和Ⅱ含持续补给的综合作用，续采后（2013~2021 年）

采动渗流量总体呈逐步呈下降趋势，2021年10月降至初始涌水量的1/4。

（2）E00工作面：该工作面位于采区东区，设计长度为2100m，宽度216m，实际采高控制在6～13.9m，推进方向为E-W向，研究参考时段2115～2555d。Ⅲ含相对异常包括B_1～B_5，其中B_1和B_2均为负异常，幅值分别为-0.015和-0.005，B_3～B_5为综合异常，其正负异常的幅值分别为0.0005和-0.024、0.004和-0.009、0.028和-0.006。这表明E02工作面推进过程中以负异常为主，局部出现的正异常表明该段为采渗耦合作用强烈区，但采动渗流量以Ⅲ补给为主［图6-30（b）］。

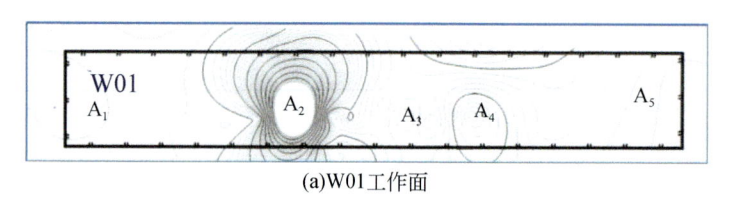

(a)W01工作面

(b)E00工作面

图6-30　开采期（2012～2019年）典型工作面Ⅲ含渗流场累积效应分析示例

6.4.2　保水安全开采应用

针对研究区巨厚含水层下如何安全科学开采问题，通过分析采-渗耦合效应和保水安全开采风险，合理确定基于开采环境的开采参数。同时根据已有导通区的采动渗流异常变化趋势和生态修复需求，通过科学评估导通区工程治理的未采区采动渗流场响应趋势，确保工程治理与安全开采协同。

1. 安全开采风险分析

煤炭开采对上覆含水层安全保持其原生状态具有一定的风险，开采破坏影响越大，则含水层原态保持风险越大。反之，开采对含水层影响越小，则风险越低。安全开采风险是针对煤炭开采中对于原态含水层的风险水平设计的分析指标，风险越大则含水层受到开采影响越大。具体分析是基于不同工艺参数（如采高、推进方式等）下"采-渗耦合"效应分析，评估含水层损伤水平，确定安全开采系数和基于采动覆岩情景的动态调控开采参数。针对研究区软岩类覆岩下综放开采工艺情景，采用式（6-20）～或（6-24），取Ⅲ含、Ⅱ含、隔水层实际数据，通过安全覆岩厚度和安全系数分析，利用开采实践进行实证效果分析。

"采-渗耦合"程度分析显示（图6-13），当以Ⅲ含水层为保护重点时，西区为中-高强度耦合区（ε_t>0），而东区为低强度耦合区（ε_t<0），中心区为耦合强度最大区域（ε_t>1.2），W01、W03等工作面均处于中-高强度耦合区内，E00、E04等东区工作面推进方向后段也处于中强度耦合区；当以Ⅱ含隔水层为保护层时，除中心区E00工作面西局部为中强度耦合区外（$\varepsilon_t > -0.1$），其他均为低强度耦合区。

安全厚度 $H_{\lambda s}$ 分析则基于 II 含保护方案，取含水层损伤系数 $\lambda_c = -0.05$ 时，$H_{\lambda s}$ 在西区为 40～100m，东区为 80～120m，中心区约为 40～60m（图 6-31）。

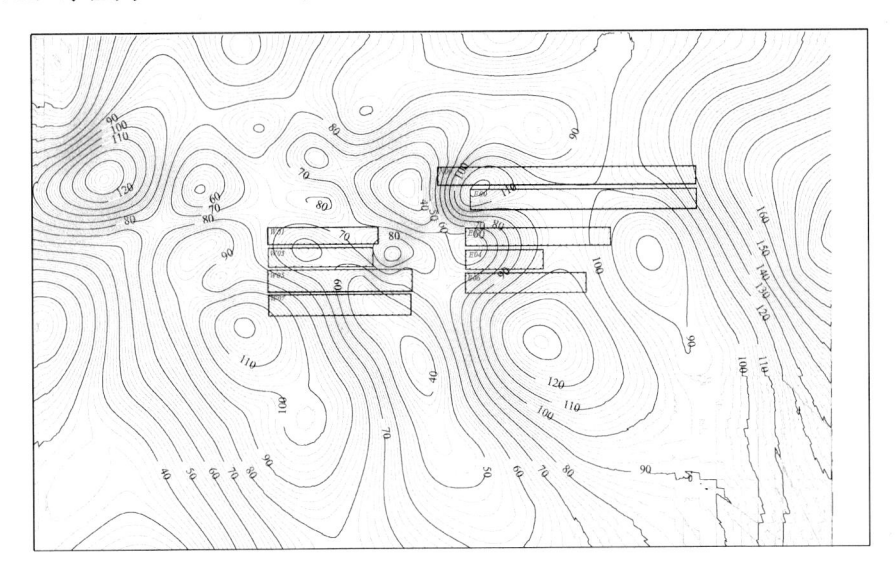

图 6-31 研究区保 II 含开采覆岩 $H_{\lambda s}$ 厚度分布

当取 II 含的含水层损伤系数 $\lambda_c = -0.05$ 时，安全开采系数分析显示研究区中间带普遍处于风险区（$\varphi_c < 0$）且中心区局部为风险最大区域（$\varphi_c < -1.2$），W01、W03 等工作面均处于临界风险区低值安全区（$0 < \varphi_c < 0.2$），E00、E02 和 E04 等东区工作面大部分处于高值安全区（$\varphi_c > 0.4$），仅在工作面推进方向后段处于低值安全区（图 6-32）。结果表明研究区 II 含是保水安全开采的最佳含水层保护层位。

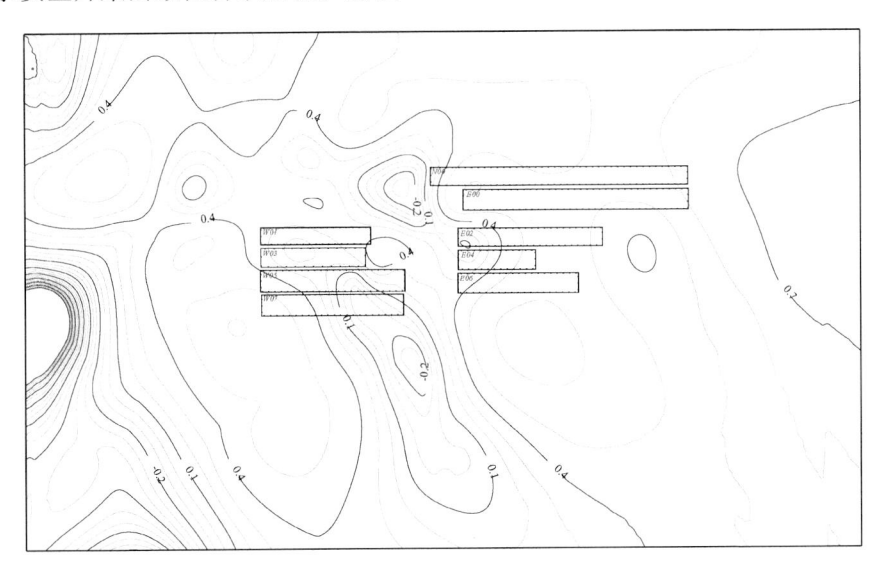

图 6-32 研究区优化开采安全风险区分布（φ_c）

2. 保水开采工艺优化

保水安全采高是基于采动覆岩和水文环境设定的安全采高，能有效保护含水层和地下水。由于采动覆岩及含水层的空间变化，在设定的高强度开采方式（如综采或综放）下采用单一开采参数难以满足含水层保护的要求，特别是在开采工作面切眼和回采工作面边缘带，易形成导水裂隙带的导通区，且含水层自修复周期长难度大。因此，如何利用现代开采工艺的先进性和灵活性，根据采动覆岩结构空间变化，在传统工艺基础上和含水层损伤控制前提下，通过动态调整工艺参数确定适应采矿覆岩情景的开采模式和实现含水层保护成为绿色开采的关键。

针对研究区Ⅲ含隔水层薄、渗流性差和距离采动煤层近的实际，确定合理的含水层保护对象和开采工艺参数成为地下水保护的难点问题。前述分析表明，矿区Ⅲ含和Ⅱ含的含、隔水层厚度分布不均匀，采区范围东-中-西变化范围较大，有必要确定依据采动覆岩变化的合理采高。当以Ⅲ含为保护对象时，采区西部的安全采高分布不均匀，介于0～10m，采区东部的安全采高分布由西向东逐步增加，介于4～13m；当以Ⅱ含为保护对象时，采区西部的安全采高提升到8～12m，采区东部的安全采高提升到16m左右，且局部达到24m（图6-33）。

根据研究区"采-渗耦合"状态和 $H_{\lambda c}(x, y)$ 分析，结合W01工作面采动涌水事故及相关地下水探测与分析结果，后续开采（2013～2022年）针对采动覆岩空间变化实际提出"保Ⅱ控Ⅲ"策略，结合软岩区采动覆岩及含水层渗流性差情景，采用"柔性控制采高"的优化开采方法控制切眼端及边缘带的采动裂隙发育程度和高度，形成适应于软岩区高强度井工开采的"低进、高推、慢停"回采模式（图6-34）。各工作面回采中，平均采高和实际调控范围如表6-6所示，采高变化总体上体现出东区平均开采高度显著高于西区。

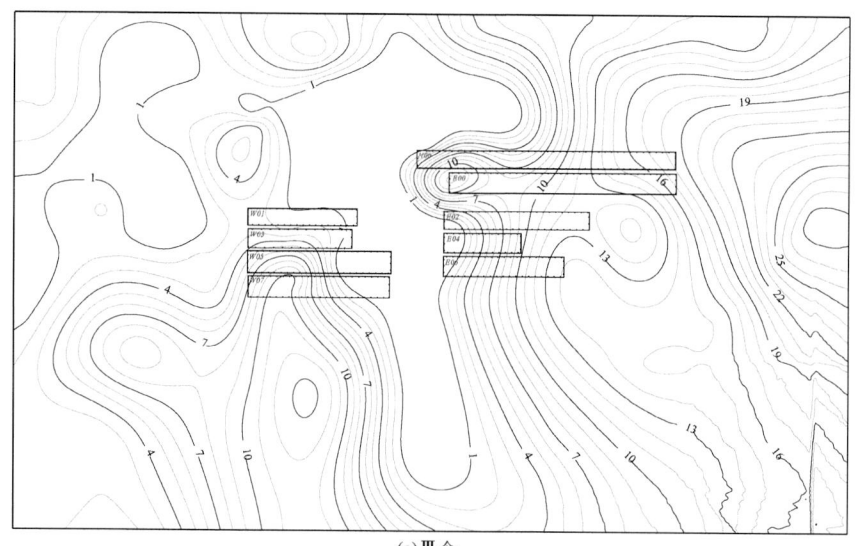

(a) Ⅲ含

(b) Ⅱ含

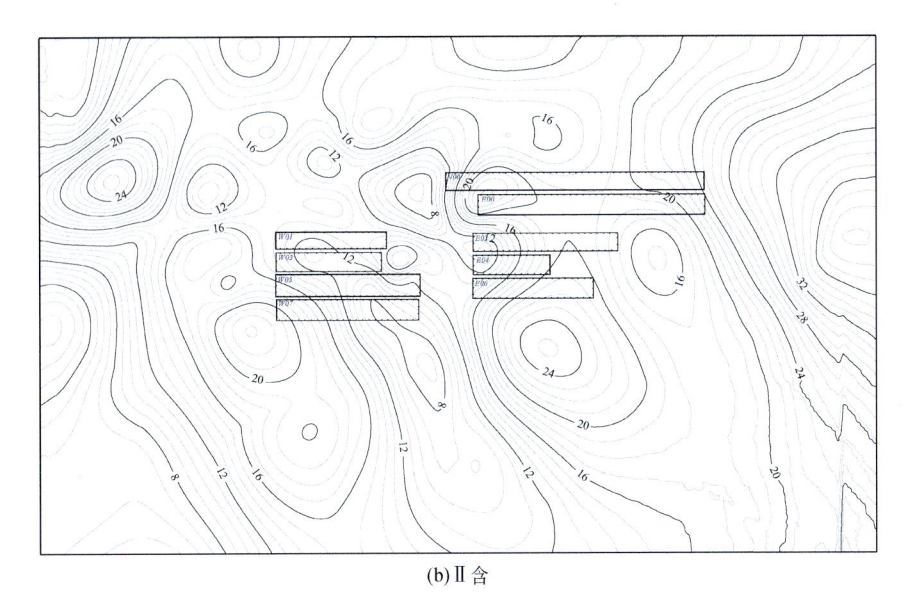

图 6-33 研究区不同含水层保护安全采高 $H_{\lambda c}(x,y)$ 分析

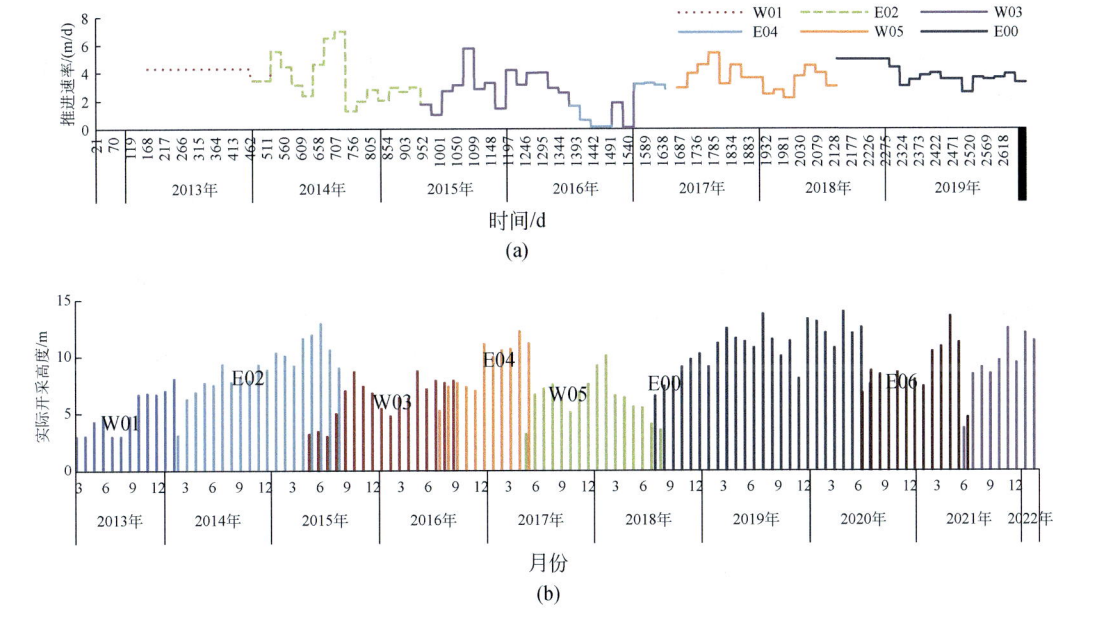

(a)

(b)

图 6-34 开采期工作面推进参数实例

研究区 k_t/k_s 异常总体分析结果证实，续采区局域异常水平显著下降（图 6-28）。同期（2012~2019 年）矿井水观测表明，W01 工作面平均渗流量为 606m³/h，且从 1050m³/h 逐步下降到 320m³/h；W03 工作面采动期平均为 29m³/h，最大值和最小值分别为 160m³/h 和 5m³/h；其他工作面合计平均约为 50m³/h，最大值和最小值分别为 100m³/h 和 29m³/h。这证实除 W01 工作面采动渗流排泄量逐步衰减外，各工作面矿井水总量仅维持在 50m³/h 左右，说明"保Ⅱ控Ⅲ"策略和"柔性控制采高"方法保水效果显著。

表 6-6 采动期（2013～2019 年）开采参数动态优化

工作面编号	采高/m 平均	采高/m 实际调控范围	推进速度/(m/d) 平均	推进速度/(m/d) 调整范围
W03	6.63	3～8.74	4.16	1～5.75
W05	6.35	3.2～10	4.16	2.16～5.43
W07	9.41	3.7～12.5		
E02	8.87	3.1～12.95	4.16	0.5～4.0
E04	9.12	5.25～12.25	4.16	1～7
E06	8.84	4.68～13.58	4.16	1～7
E00	10.7	7.4～14		

3. 采动渗流调控影响

采动渗流调控是采用自然（自修复过程）、工程（注浆封堵）或工艺（采高控制）等途径实现控制导通区采动渗流量的特定行为。调控影响指调控行为引发的采动渗流场耦合变化，通常应用在导水裂隙带自修复研究、导通区工程修复效果预测和评价等方面。

研究区是处于持续开发阶段的矿区，煤炭高强度开采引发的矿井涌水的有效治理是绿色开采的重要任务，而矿井涌水治理后地下水流场逐步恢复过程中对未采区构成的影响是后续开采中面临的实际问题，工程治理后未采区水位恢复高度成为安全开采设计的关键参数。应用采动渗流分析方法，有助于求解以导水裂隙带主通道为导通区渗流"补给"源时未采区域地下水流场水头高度变化趋势，确定预采区水头变化是否影响安全开采问题。

此时，如设 r_c 为治理的主导通区与未采区距离，t_1 和 t_2 分别为治理初始时间和结束时间，Q_{t_1} 和 Q_{t_2} 分别为调控前实际渗流量和调控后控制渗流量（理论上 $Q_{t_2}-Q_{t_1}$ 为未采区渗流补给量），a_t 为含水层导水系数，由式（6-11）可得经 t_1-t_2 时段调控后任意点水头抬升量 $\Delta H_{t_2-t_1}$ 为

$$\Delta H_{t_2-t_1} = \frac{Q_{t_1}}{4\pi a_{t_2-t_1}}\left[\lambda_{t_1-t_2}\ln\frac{2.25a_{t_2-t_1}t_2}{r_c^2} - \ln\frac{t_2}{t_1}\right] \quad (6-29)$$

式中，$\lambda_{t_1-t_2}=1-\dfrac{Q_{t_2}}{Q_{t_1}}$，为采动渗流量调控系数，代表调控目标指标（0<λ<1）。

式（6-29）表明，当调控时间 t_1 和 t_2 确定后，任意点水头增值取决于调控目标和初始渗流量，初始渗流量和 λ 越大，则增值越大。基于研究区预期工程设计三种验证情景，治理时段 t_1-t_2 与初期涌水量 Q_{t_1} 组合分别为：300～350d 与 976m³/h；500～550d 与 792m³/h；1700～1750d 与 584m³/h，释、吸水系数为 5%，调控系数均为 0.01，利用不同含水层的 9 个孔的实际观测数据验证，三期绝对平均误差约为±0.5m，其中第三期为±0.15m，表明采动涌水持续时间越长和治理涌水量越小，预测误差越小。

根据工程治理方案和未采区设计，考虑到研究区Ⅲ含与Ⅱ含局域连通，模拟设计两个含水层三个情景，不同治理渗流量初值（Q_{1-1}：486m³/h 和 Q_{1-2}：976m³/h）和调控目标值

(200m³/h、100m³/h 和 20m³/h)，调控系数分别 58%、79%和 96%与 79%、90%和 98%，治理响应时间均为 90d（表 6-7）。治理区选定在 W01 工作面等效渗流中心，待采工作面 W07、W09 和 W11 为渗流场预测区（表 6-8）。

表 6-7 调控场影响分析情景参数

情景	1			2			3		
参数	渗流系数/(m/d)	厚度/m	吸收率(Q_{1-1}/Q_{1-2})/%	渗流系数/(m/d)	厚度/m	吸收率(Q_{1-1}/Q_{1-2})/%	渗流系数/(m/d)	厚度/m	吸收率(Q_{1-1}/Q_{1-2})/%
Ⅲ含	1.3	45.0	2.5/5.0	1.3	45.0	2.5/5.0	1.5	55.0	5.0/10
Ⅱ含	3.4	58.0	8.0/15	3.4	58.0	8.0/15	4.5	80.0	10.0/20.0

表 6-8 未采工作面控制点及调控耦合距离

工作面	W07				W09				W11			
角点位置	W07-1	W07-2	W07-3	W07-4	W09-1	W09-2	W09-3	W09-4	W11-1	W11-2	W11-3	W11-4
r/m	1572	1715	1977	2319	2069	2179	2391	2681	2467	2560	2743	2999

注：r 为导水裂隙主通道中心与水头预测点距离。

样点水头响应显示：水头变化与测点和治理导通渗流区相对位置、测点处含水层厚度和渗流系数相关，测点距离导通渗流区位置越远，则水头增量相对越大，含水层导水系数越大，则水头增量越小。水头变化比较表明：相同调控目标时，Q_1 和 λ 越大则水头恢复幅度越大，如情景 1 和情景 2 中，Q_{1-2} 与 Q_{1-1} 的调控系数分别为 59%和 80%与 80%和 90%时，Ⅲ含和Ⅱ含平均高分别为约 0.53m 和 0.58m 与 0.37m 和 0.34m；含水层导水系数和释/吸收率越高与水头恢复值成反比。如三种情景时Ⅲ含的恢复值普遍高于Ⅱ含的水头恢复值，如情景 2 与情景 3 同样在调控系数增加时，Ⅲ含与Ⅱ含导水系数比为 0.68 和 0.55，Q_{1-1} 时平均恢复值Ⅲ含高 1.51m 和Ⅱ含低 0.64m，Q_{1-2} 时平均恢复值Ⅲ含高 2.61m 和Ⅱ含低 1.31m（图 6-35）。

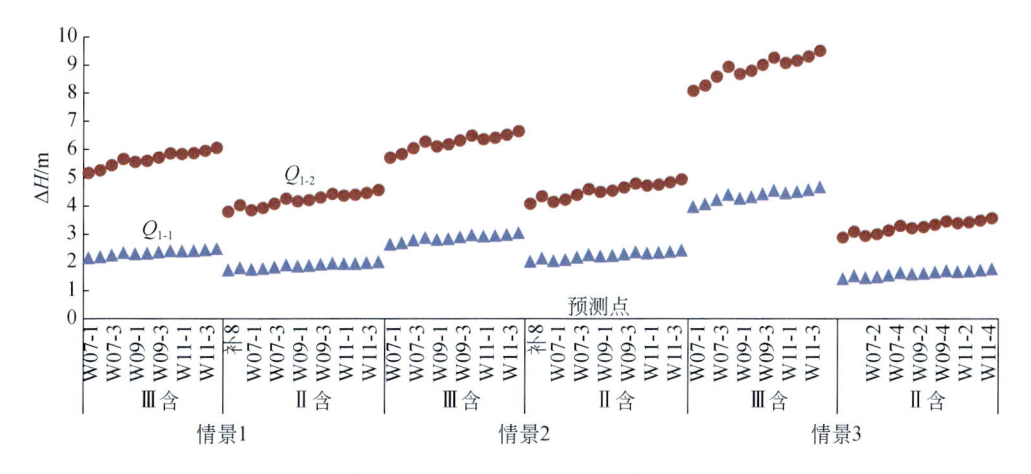

图 6-35 典型情景下采动涌水调控水头响应预测示例
Q_{1-1}=486m³/h，Q_{1-2}=976m³/h

本章针对我国井工煤矿高强度煤炭开采地下水保护问题，研究以东部草原区软岩覆岩区开采地质环境为背景，提出以导水裂隙通道治理、地下水库技术、矿井水转移存储转移技术、矿井水洁净利用技术等为核心的软岩区煤炭开采地下水原位保护机制与技术途径；创建了以采动区域为核心及有限观测系统控制下的采动渗流系统（MSS），基于采动能量-流场势能守恒提出"采动激励-覆岩应变-渗流响应"耦合关系及数学描述模型，构建了导通区、扰动区和辐射区的采动渗流场分区，分区提出采动渗流场分析模型，分析了"采-渗耦合"特征；依托软岩区井工煤矿——敏东一矿进行的应用研究表明，采动渗流场分析方法对大型井工矿高强度安全开采和地下水保护具有直接指导意义。

第7章 东部草原区大型煤矿矿坑/井水的洁净储存与利用技术

大型露天/井工矿煤炭开采对地下水系统造成一定破坏和水资源污染等生态损伤和环境影响问题，同时产生的大量矿井水/矿坑水又是生态脆弱区大型煤电基地可持续发展的重要资源，有效降低开采对含水层损伤和矿井/矿坑水量产生，科学提升矿井水/矿坑水的洁净保护与利用水平是煤炭规模化开采与区域生态保护协同的重要内容。近年来伴随着煤炭资源开发研究，大型煤电基地可持续开发中面临的水资源保护与利用问题，特别在我国北方地区重要的生态屏障——东部草原区显得尤为重要，该区是我国温带草原分布最集中、发育多类型草原生态系统的典型区域，通过工程技术手段保护矿井水资源和抑制高强度开采引发的资源损失与生态问题的意义深远。目前，以煤矿地下水库为代表的水资源保护方法已在神东矿区得到大规模应用，但受采掘地质环境多样化影响，采动过程中矿坑/井水的理化性质响应多样化，储用水来源的水质具有差异性，洁净储存成为地下水资源储-用过程中的关键控制因素之一。本章以东部草原区大型煤电基地典型矿区为研究对象，通过确定矿井水主要来源、识别矿井水储存过程中的风险污染物，揭示其迁移转化规律及水质演化趋势，基于此研发一套不同储水模式条件下矿井水洁净处理工艺，为此开展了矿坑/井水的洁净储存与处理利用技术系统性研究工作，旨在系统提升矿坑/井水的有效保护程度和洁净处理水平，为矿坑/井水生态化安全利用提供保障。

7.1 东部草原区煤炭开采矿坑/井水来源及特征

7.1.1 矿坑/井水来源及主要特征

宝日希勒露天煤矿矿坑水中污染物浓度高于饮用水标准限值的有化学需氧量（COD）、总大肠菌群、浊度、大肠埃希氏菌，因此将这些污染组分确定为矿坑水污染因子，其中露天采坑底部的矿坑积水中浊度超标70多倍，是限制矿坑水地下储存和回用的最主要污染组分；另外，后续采样检测过程中发现，矿坑水中COD可达35~45mg/L，也是限制矿坑/井水地下储存和回用的重要污染组分。宝日希勒矿坑/井水中污染组分含量见表7-1。

对敏东一矿大气降水、地表河流、第四系、Ⅰ含水层、Ⅱ含水层、Ⅲ含水层及矿井水中的七大常规离子（K^+、Na^+、Ca^{2+}、Mg^{2+}、SO_4^{2-}、HCO_3^-、Cl^-）及pH、Eh和溶解性总固体（TDS）进行检测，结果见表7-2。

表 7-1 宝日希勒矿坑/井水水质指标

污染因子	单位	浓度	标准
浊度	NTU	390	3
TDS	mg/L	924	1000
氟离子	mg/L	0.09	0.5～1
NO_3^-	mg/L	2.5	20
NO_2^-	mg/L	3.76	1

表 7-2 敏东一矿水样分析结果

取样层位	统计项	K^+	Na^+	Ca^{2+}	Mg^{2+}	SO_4^{2-}	HCO_3^-	Cl^-	pH	Eh	TDS
大气降水	最小值	2.52	2.9	5.82	0.31	3.26	21.33	1.05	7.43	222	36.9
	最大值	3.06	3.12	6.01	0.41	4.02	26.59	2.01	7.54	249	45.46
	平均值	2.79	3.01	5.92	0.36	3.64	23.96	1.53	7.43	234	36.9
	均方差	0.38	0.16	0.13	0.07	0.54	3.72	0.68	0.08	0.11	6.05
地表河流	最小值	0.9	8.01	20.71	3.3	6.73	104.59	1.2	8.03	196	183
	最大值	2.2	11.28	31.69	5.12	12.01	148.85	2.36	8.33	241	188
	平均值	1.37	9.55	24.42	4.12	8.77	124.59	1.85	8.18	222	185.5
	均方差	0.42	1.21	3.81	0.69	1.8	16.72	0.39	0.21	0.14	2.36
第四系	最小值	1.26	17.6	30.15	10.4	22.3	104.1	9.8	7.55	—	368
	最大值	2.4	46.4	73.18	26.54	126.5	292.3	36.17	8.31	—	606
	平均值	1.9	33.46	51.97	13.66	41.88	176.4	17.12	7.87	—	450.33
	均方差	0.36	8.35	11.48	4.28	28.25	55.52	7.56	0.39	—	34.88
Ⅰ含水层	最小值	2.81	13.26	23.88	7.56	7.57	115.45	1	8.06	—	132
	最大值	4.78	21.22	30.02	10.05	31.03	170.01	1.91	8.31	—	368
	平均值	3.51	17.61	26.15	8.9	17.98	146.67	1.58	8.19	—	250
	均方差	0.88	4.18	2.85	1.05	9.75	22.9	0.4	0.18	—	166.88
Ⅱ含水层	最小值	1.38	20.49	26.52	6.16	3.08	150.08	1.18	7.80	—	295
	最大值	2.49	70	39.01	10.07	22.51	301.7	5.18	8.22	—	440
	平均值	2	30.19	31.5	8.31	12.35	214.76	1.93	7.94	—	343.67
	均方差	0.46	13.75	3.64	1.32	8.12	51.2	1.12	0.24	—	83.43
Ⅲ含水层	最小值	1.32	132.75	8.46	3.2	0.65	320.67	76.27	7.80	-118.40	800
	最大值	3.29	218	15.84	5.96	47.39	534.3	109.92	7.97	-33.90	855
	平均值	2.12	163.75	12.46	4.54	15.98	391.66	93.08	7.80	-61.80	827.5
	均方差	0.71	34.1	2.79	1.2	14.38	68.51	13.7	0.12	0.16	38.89
矿井水	最小值	0.6	22.91	3.58	0.66	0.89	114.7	3.54	7.74	122	252
	最大值	8.21	271.42	10.52	5.16	18.39	663.14	230	8.27	243	1003
	平均值	3.14	127.07	8.03	1.78	12.45	343.08	58.68	7.95	187	570.71
	均方差	3.16	73.22	2.71	1.54	6.32	163.8	79.67	0.22	0.15	271.62

注：水样离子浓度单位为 mg/L，pH 为无量纲，Eh 单位为 mV，—表示未检测。

通过对常规水化学参数的分析（表 7-2），可知大气降水、地表河流、第四系、Ⅰ含水层、Ⅱ含水层中阳离子主要为 Ca^{2+}，平均值为 5.92～51.97mg/L，Ⅲ含水层、矿井水中主要为 Na^+，平均值为 127.07～163.75mg/L，七种水样中阴离子主要为 HCO_3^-，平均值为 23.96～391.66mg/L。七种水样类型中 pH 平均为 7.43～8.19，属于弱碱性水，TDS 平均值为 36.90～827.5mg/L，说明研究区不同层位的地下水均属于淡水（TDS＜1000mg/L）。

天然水的氢、氧同位素组成与含量受地质沉积、地下水循环等作用的影响，同位素水分子质量不同，饱和蒸气压也不同。在蒸发、冷凝过程中，重同位素水分子（D_2O、$H_2^{18}O$）优先在液相中富集，而在气相中贫化，造成液相和气相之间氢氧同位素组成存在差异，即产生了同位素的分馏。由于同位素分馏作用，各种天然水具有各自不同的同位素特征，因此，研究地下水中 δD 和 $\delta^{18}O$ 是确定地下水的来源与成因的有效手段。同时通过测定比较天然水、大气降水、地下水以及地表水 δD 和 $\delta^{18}O$ 值，可以确定不同含水层之间的水力联系。检测得到不同水样类型的 δD 和 $\delta^{18}O$ 同位素值，并计算各类型水样 δD 和 $\delta^{18}O$ 的平均值见表 7-3。

表 7-3　敏东一矿各类型水样 δD、$\delta^{18}O$ 平均值　　　　（单位：‰）

序号	水样类型	δD 平均值	$\delta^{18}O$ 平均值
1	大气降水	-87.15	-11.01
2	地表河流	-114.00	-14.10
3	第四系含水层	-108.00	-13.85
4	Ⅰ含水层	-113.65	-14.75
5	Ⅱ含水层	-118.50	-15.50
6	Ⅲ含水层	-103.00	-13.60
7	矿井水	-102.95	-13.81

由表 7-3 可以看出，各含水层地下水稳定同位素 δD（VSMOW）在-118.50‰～-87.15‰ 范围内，$\delta^{18}O$（VSMOW）在-15.50‰～-11.01‰ 之间，根据统计资料 δD＜-400‰～10‰，$\delta^{18}O$ 在-60‰～0‰ 之间为大气降水来源。将各含水层地下水中 δD-$\delta^{18}O$ 平均值与全球大气降水线和当地大气降水线绘制成图 7-1。因当地大气降水线缺乏，本研究选择距离研究区较近、气候状况相似地区的方程为 $\delta D=7.1781\delta^{18}O-8.1151$，采集大气降水水样并检测分析，发现所取样品基本位于方程线上，说明引用此方程是适用的。

从图 7-1 中可以看出，第四系含水层、Ⅰ含水层和Ⅱ含水层的水样 δD 和 $\delta^{18}O$ 基本落在当地大气降水线上或其附近，说明这几类地下水主要来自大气降水补给，大气降水沿第四系砂层裸露区或煤系地层露头入渗补给含水层，通过前文水文地质条件介绍可知，第四系含水层与煤系含水层之间的部分隔水层存在"天窗"，二者之间水力联系密切，同时也存在含水层越流补给或通过断层补给。地表河流偏离当地大气降水线较远且位于当地大气降水线的右下侧，其原因是当地地处干旱半干旱内陆地区，降水量稀少，大气降水在补给地表河流时受到强烈蒸发作用。Ⅲ含水层偏离当地大气降水线较多，介于全球和当地大气降水线之间，其原因为Ⅲ含水层埋深最深，其地下水成分含量较稳定，与外界水力联系并不密切。矿井水样的 δD 和 $\delta^{18}O$ 接近Ⅲ含水层地下水，δD 和 $\delta^{18}O$ 的值与Ⅲ含水层 δD 和 $\delta^{18}O$ 值差距较小，证明矿井水水源主要来自Ⅲ含水层。

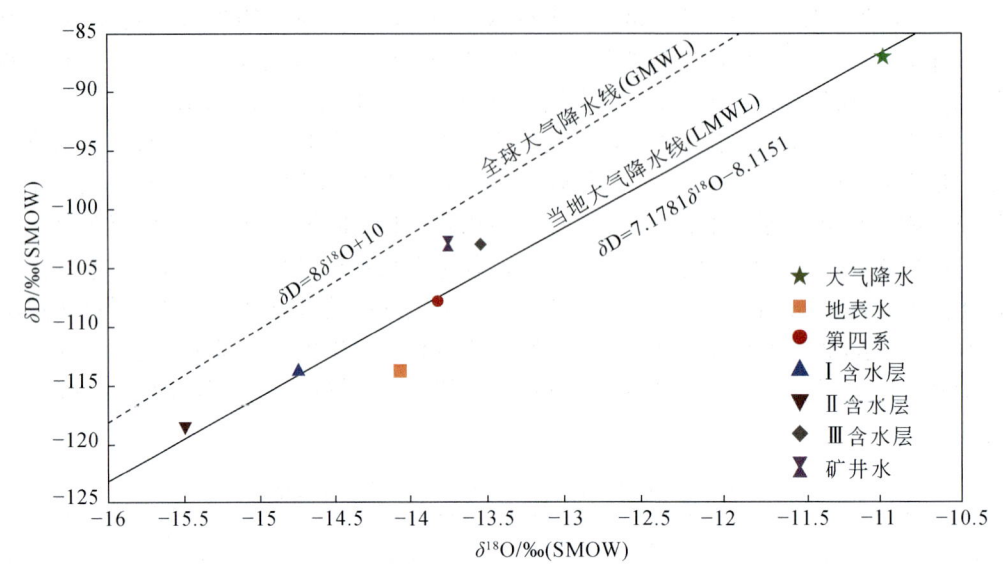

图 7-1 研究区水样 δD-$\delta^{18}O$ 关系图

7.1.2 水文地球化学特征

1. 区域水文地球化学

研究区属于呼伦贝尔煤电基地，中间的 201 省道将研究区分为高平原、平原及河谷区。区内分布有煤矿 8 座，包括宝日希勒露天矿、东明露天矿以及呼盛井工矿等；化工厂 3 家，包括金新化工厂、东能化工厂和大唐化肥；国华电厂。

区内主要的含水层为第四系松散岩类孔隙水以及白垩系碎屑岩类裂隙孔隙水，含水层富水性不均一。原始状态地下水由东北部丘陵地区向高平原流过，最终汇入各河流进行排泄，后期由于大型煤矿疏水、电厂取水等人工开发，地下水位逐渐下降，导致原始流场发生局部改变，人工开发处出现局部的地下水降落漏斗，形成局部的排泄地。

2. 样品的采集和测试

本次地下水化学样品的采集主要采取资料收集和现场取样（2017 年 7 月）的方式进行。收集和现场采取第四系潜水共 42 件，白垩系承压水共 39 件，共计水样 81 件。每个水样采集 1.0L，采集水样前，用样品水洗刷容器 3 次，取样后，立即将水样容器瓶盖紧、密封，贴好标签（包括采样时间、取样编号、采样层位、监测项目、采样人等）。

水样的检测指标包括 pH、阳离子（K^++Na^+、Ca^{2+}、Mg^{2+}、NH_4^+、Fe^{3+} 等）、阴离子（Cl^-、SO_4^{2-}、HCO_3^-、CO_3^{2-}、NO_2^-、NO_3^- 等）、总硬度、TDS，以及砷、镉、锰等重金属元素。其

中 Ca^{2+} 和 Mg^{2+} 采用乙二胺四乙酸（EDTA）络合滴定法测定；Cl^- 采用硝酸银滴定法测定；SO_4^{2-} 采用硫酸钡重量法测定；TDS 根据各离子质量浓度进行计算获得。

3. 研究方法和标准

为保证样品检测结果的准确度，需要对水质分析结果主要阴、阳离子平衡进行核算，当其当量浓度差值比在5%以内时，则认为离子平衡，检测结果有效，否则检测结果无效，不参与评价。

本章利用 SPSS 软件进行水样点统计分析；采用 Aquachem 水化学软件绘制 Piper 三线图进行水化学类型分析；利用离子相关性分析影响水化学特征的因素；根据单因素分析法，选取超标较严重的元素作为水质评价指标，利用熵权密切值法对地下水水质进行评价。评价标准依据《地下水质量标准》（GB/T 14848—2017）将地下水质量划分为5类。

4. 结果及分析

1）潜水

由研究区潜水含水层水质分析结果（表 7-4）可以发现，pH 在 6.52~7.92 之间，平均 7.26，属于碱性水，硬度在 37.53~831.05mg/L 之间，平均为 254.81mg/L，部分水样属于硬水。阳离子含量由大到小依次为 Na^+、Ca^{2+}、Mg^{2+}、K^+，平均值分别为 135.26mg/L、54.12mg/L、28.70mg/L 和 3.54mg/L；阴离子含量由大到小依次为 HCO_3^-、Cl^-、SO_4^{2-}，平均值分别为 486.07mg/L、94.50mg/L 和 85.42mg/L。研究区阳离子以 Na^+、Ca^{2+} 为主，阴离子以 HCO_3^-、Cl^-、SO_4^{2-} 为主。TDS 含量最小值为 115.58mg/L，最大值为 2240.34mg/L，平均值为 618.84mg/L。TDS 最大值出现在 KT-50 水点处，位于研究区高平原地貌处，其附近的几个水样点 TDS 均较高。与《地下水质量标准》（GB/T 14848—2017）的三类标准进行比对发现，超标的离子数较多的有 NH_4^+、NO_2^-、Cl^-、TDS、硬度和 SO_4^{2-}。其中 NH_4^+ 超过其标准值 0.2mg/L 水样点数为 9 个，超标率为 21.4%；NO_2^- 超过其标准值 0.02mg/L 水样点数为 8 个，超标率为 19%；Cl^-、TDS、硬度超标数为 5 个，SO_4^{2-} 超标数为 4 个。

表 7-4　呼伦贝尔煤电基地地下水主要离子组成　　　　（单位：mg/L）

类型		平均	标准误差	中位数	标准差	方差	最小值	最大值
潜水	K^+	3.54	0.22	3.47	1.42	2.01	1.62	8.50
	Na^+	135.26	19.29	106.65	125.03	15632.21	9.50	501.20
	Ca^{2+}	54.12	5.32	52.50	34.51	1190.77	12.02	194.39
	Mg^{2+}	28.70	4.42	21.46	28.63	819.68	1.70	133.46
	Cl^-	94.50	24.86	27.83	161.13	25963.49	3.55	779.77
	SO_4^{2-}	85.42	18.64	44.36	120.77	14585.18	0.00	506.89
	HCO_3^-	486.07	95.25	423.16	617.26	381014.87	103.73	4210.20
	TDS	618.84	72.44	529.28	469.45	220385.31	115.58	2240.34
	硬度	254.81	29.53	228.21	191.39	36630.32	37.53	831.05
	pH	7.26	0.06	7.32	0.42	0.18	6.52	7.92

续表

类型		平均	标准误差	中位数	标准差	方差	最小值	最大值
承压水	K^+	4.33	0.50	3.46	3.26	10.62	1.52	20.60
	Na^+	235.29	20.07	215.48	130.10	16926.09	31.80	614.00
	Ca^{2+}	45.55	5.87	35.57	38.06	1448.94	7.14	192.05
	Mg^{2+}	20.20	3.80	9.62	24.66	607.87	2.67	107.45
	Cl^-	142.48	21.74	100.69	140.86	19842.03	3.00	658.40
	SO_4^{2-}	99.94	21.92	45.59	142.03	20171.42	0.00	506.89
	HCO_3^-	496.39	20.87	451.53	135.26	18294.28	286.10	900.50
	TDS	815.41	69.17	724.29	448.28	200958.57	248.10	2152.89
	硬度	208.22	30.79	176.20	192.28	36971.82	29.75	831.05
	pH	7.36	0.06	7.38	0.36	0.13	6.64	8.21

2）承压水

与《地下水质量标准》（GB/T 14848—2017）的三类标准进行比对发现，超标的指标有 NH_4^+、NO_2^-、TDS、Cl^-、SO_4^{2-} 和硬度。其中 NH_4^+ 超过其标准限值 0.2mg/L 水样点数为 16 个，超标率为 41%；NO_2^- 超过其标准限值 0.02mg/L 水样点数为 12 个，超标率为 30.8%；TDS 超过其标准限值 1000mg/L 水样点数为 11 个，超标率为 28.2%；Cl^- 超标数为 6 个，SO_4^{2-} 超标数为 5 个，硬度超标数为 3 个。

呼伦贝尔煤电基地潜水和承压水中 NH_4^+、NO_2^-、Cl^-、TDS、硬度和 SO_4^{2-} 均超标，潜水含水层离子含水量相对于承压含水层均较低，具有明显垂向上的差异性，且承压水中 TDS 含量较潜水均较高。其中超标最为严重的组分为 NH_4^+ 和 NO_2^-，这说明当地地下水受到一定程度的污染，一方面可能与当地大量的畜牧业、工业和居民生活污染有关，另一方面研究区分布有大量的耕地，为维持农作物的生长，需要长期使用大量的化肥，农作物对氮肥的吸收能力较弱，增加了地下水中的硝酸盐含量，地下水中硝酸盐在厌氧微生物的作用下，还原成亚硝酸盐和氨，导致 NH_4^+ 和 NO_2^- 浓度增加。

7.1.3 地下储水的水质安全特征

地下储水是大型露天煤矿矿坑水或井工煤矿矿井水的一种重要形式，储水的水质是地下水系统安全的基本保障。针对东部草原区典型露天及井工煤矿矿坑/井水的洁净储存保护需求，研究过程中系统采集了宝日希勒露天矿及敏东一矿矿井水样，针对研究提出的煤矿地下水库及第四系松散含水层储水两种储水模式，通过逐级化学提取试验、水-岩（煤）作用模拟试验、批次振荡试验，采用扫描电子显微镜、三维荧光、红外光谱、拉曼光谱等测试分析手段，发现该区的地下水储用过程中主要污染因子为浊度和铁、锰、锌等重金属，构成了储水全过程的安全风险。

如以露天矿地下水库为例说明地下储存的水质安全保障，主要包括储前水质洁净处理、储中水质安全控制和储后水质分质利用（图 7-2），重在以下几个环节的安全。

```
┌─────────────────────┐     ┌─────────────────────┐     ┌─────────────────────┐
│  储前水质洁净处理    │ --> │  储中水质安全控制    │ --> │  储后水质分质利用    │
└─────────────────────┘     └─────────────────────┘     └─────────────────────┘
┌─────────────────────┐     ┌─────────────────────┐     ┌─────────────────────┐
│ ➤ 矿井水风险辨识     │     │ ➤ 储水介质优选       │     │ ➤ 抽出水质标准评价    │
│ ➤ 矿井水净化处理(浊度)│    │ ➤ 介质化学风险控制    │     │ ➤ 生活用分质处理     │
│ ➤ 悬浮颗粒物去除处理 │     │ ➤ 时间优化和水质监测 │     │ ➤ 生态用分质处理     │
└─────────────────────┘     └─────────────────────┘     └─────────────────────┘
```

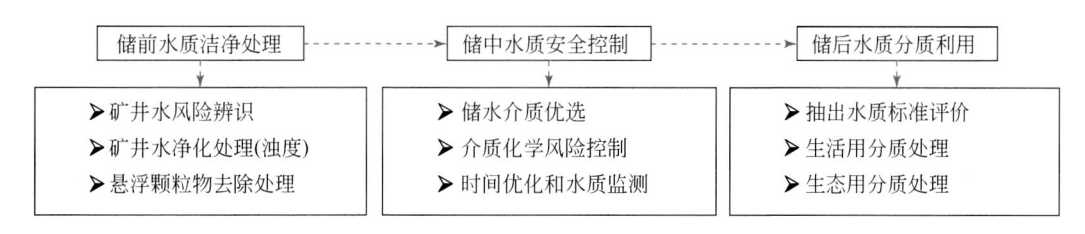

图 7-2 地下水库储水的水质安全保障

1) 露天开采矿坑水安全

露天开采过程中，主要污染风险因子为浊度及 COD，采用高效旋流反应等新工艺可以有效去除矿坑水中 95%的悬浮颗粒；在地下水库回灌时，针对人工回灌介质渗透性与水质净化的矛盾关系，为有效预防回灌堵塞问题，可采用 30h 周期性回扬与顶层 5cm 刮削的技术工艺，或基于排弃物料的"强化混凝-原位过滤"处理工艺。

2) 储水介质及环境安全

储水介质重构过程中，介质物料除优选空隙度大、导水性好的岩石外，还要考虑岩石的重金属含量、水化合物类型等因素，避免在水-岩作用过程中重金属的释放，导致储水水质和环境劣化。

3) 储水过程安全

在地下水库储水过程中，依据底板高程布设抽注水井，可利用填充物中黏土矿物的吸附作用完成部分污染物的去除，但随着储水过程时间延长，伴随地下水库溶解氧的消耗可以改变其氧化还原环境，溶滤作用会导致水中 TDS 增加。

4) 抽取供给过程安全

在将储存的矿井水从地下水库抽出后，按照生活、煤炭生产、生态用水等不同利用途径，依据国家相关水质标准评价抽出水的水质安全水平，且根据不同的水质要求，确定地下水库水净化技术。

7.2 宝日希勒露天矿矿坑水储存与利用风险识别

7.2.1 矿井水地下储存污染组分特征

1. 样品采集和检测

研究采集了宝日希勒露天煤矿的露天采坑积水、矿坑水处理厂出水和生活污水处理厂进水，依据生活饮用水标准进行了水质检测（检测单位：陕西工程勘察研究院有限公司水土检测中心），检验方法按照 GB/T 5750.1～5750.13—2023 等标准执行，根据《地下水质量标准》（GB/T 14848—2017）和《生活饮用水卫生标准》（GB 5749—2022），共检测了感官性状及一般化学指标、微生物指标、毒理学指标和放射性指标共 35 项，检测方法依据《生活饮用水卫生标准检验方法》。常规阴阳离子利用 ICS1500 高效型离子色谱仪（美国戴安公司）检测；重金属采用 AFFS-2202 原子荧光光度计检测；pH 利用 FG2-FK 型 pH 计（瑞士梅特勒-托利多公司）检测；氨氮采用纳氏试剂光度法（A）检测，检测设备为 vis-723 型可见分光光度计（北京瑞利分析仪器公司）；总大肠菌群采用多管发酵法检测。采用 Corel Draw 12 和 Excel 绘制相关图件。根据矿坑水样检测结果，开展宝日希勒露天煤矿矿坑水水质特征和污染风险因子识别的研究。

2. 水质风险因子识别

随着全球对于环境领域的研究与认识的发展，针对污染物，许多国家都采取了强有力的防治污染措施。受到发展水平的影响，不同国家对各类化学物质的使用量不同，处理技术的发展水平不同，因此污染物对环境的影响不同。但由于有毒污染物种类多，不可能对每一种污染物都制订相应的标准，各国都只能从众多污染物中筛选出一些必须进行控制的污染物列入相应的标准中。

目前，我国《生活饮用水卫生标准》（GB 5749—2022）中含有 106 项控制指标，饮用水消毒剂指标 4 项，毒理指标中无机化合物 21 项，毒理指标中有机化合物 53 项，感官性状和一般理化指标 20 项，放射性指标 2 项，其中有机物指标以卤带化合物和农药为主；《地下水质量标准》（GB/T 14848—2017）控制指标与《生活饮用水卫生标准》（GB 5749—2022）基本一致。《城市污水再生利用　地下水回灌水质》（GB/T 19772—2005）中只是对再生水水质给出了 21 种基本控制项和 52 种选择控制项，并没有对地下水给出控制标准。因此，非常有必要依据《地下水质量标准》（GB/T 14848—2017）和《生活饮用水卫生标准》（GB 5749—2022），在充分考虑各项污染指标环境健康危害的基础上，进行井下矿坑水水质安全风险评价。

1）主要污染指标的危害

（1）氟化物

氟化物大量存在于矿土、土壤、矿泉水中。一般天然水中氟含量很低，通常含量为 0.2mg/L、0.5mg/L，地下水氟含量要高一些。地面水中氟含量偏高，往往是工业废水污染的结果。

氟是人体所需的微量元素，可以通过水、食物等多种途径进入人体，成年人每天约摄入 0.3～0.5mg，婴儿每天需氟化物 0.5mg，儿童则需 1.0mg，以保证牙齿钙化期所必需的氟化物离子。人体中的氟有 35%来自食物，65%来自饮水，适宜的饮水含氟量 0.6～1.0mg/L。氟能保护牙齿，降低龋齿患病率，抑制细菌引起的糖分解所需要的酶。饮水含氟量低于 0.5mg/L 时易产生龋齿，高于 1.0mg/L 时却又容易发生氟斑牙。

氟是一种原浆毒物。在一定条件下，氟不仅对牙齿、骨质的发育有影响，引起骨骼变形、发脆，而且会损害肾脏功能，引起关节疼痛，出现氟骨症，对整个机体都有影响，严重的还可能会早期丧失劳动力，运动机能障碍、瘫痪，甚至死亡。氟摄入量达 10mg/kg 左右可发生急性中毒；每日摄入量 15～25mg，持续 11～12 年后可导致氟骨症；每日摄入 20mg，持续 20 年以上时可致残废。饮水中含氟量达 3～6mg/L 时，长期饮用出现氟骨症；超过 10mg/L 时，会引起骨骼损伤，产生瘫痪。

(2) 砷

砷及其化合物具有毒性，所以当人体砷摄入量过多时，就会造成砷中毒。一般来说，无机砷比有机砷的毒性大，三价砷比五价砷的毒性大。砷的氧化物（如三氧化二砷）和盐类绝大部分属高毒，而砷化氢则属剧毒物质，是目前已知的砷化合物中毒性最大的。过量的砷会干扰细胞的正常代谢，影响呼吸和氧化过程，使细胞发生病变。砷还可直接损伤小动脉和毛细血管壁，并作用于血管舒缩中枢，导致血管渗透性增加，引起血容量降低，加重脏器损害。三氧化二砷和三氧化砷对眼、上呼吸道和皮肤均有刺激作用。

(3) 总大肠菌群

大肠菌群并非细菌学分类命名，而是卫生细菌领域的用语，它不代表某一个或某一属细菌，而是指具有某些特性的一组与粪便污染有关的细菌，这些细菌在生化及血清学方面并非完全一致。一般认为该菌群细菌可包括大肠埃希氏菌、柠檬酸杆菌、产气克雷白氏菌和阴沟肠杆菌等。

大肠菌群是作为粪便污染指标菌提出来的，主要是以该菌群的检出情况来表示食品中有否粪便污染。大肠菌群数的高低，表明了粪便污染的程度，也反映了对人体健康危害性的大小。粪便是人类肠道排泄物，其中有健康人粪便，也有肠道疾病患者或带菌者的粪便，所以粪便内除一般正常细菌外，同时也会有一些肠道致病菌存在（如沙门氏菌、志贺氏菌等），因而食品中有粪便污染，则可以推测该食品中存在着肠道致病菌污染的可能性，潜伏着食物中毒和流行病的威胁，必须看作对人体健康具有潜在的危险性。

(4) 铁和锰

因铁锰污染而对饮用水源造成危害是在我国很多地区都存在的问题，过量的铁锰进入人体会严重危害人的健康。据有关报道及《中国环境保护标准全书》，过量的铁危害人体肝脏，铁污染地区往往是肝病高发区，过量的锰长期低剂量吸入，会引起慢性中毒，可出现震颤性麻痹，有类似于精神分裂症的精神障碍和帕金森病样锥体外系统症候群，最后成为永久性残废。

据有关专家研究，人体含铁量大约为 60～70ppm[①]，人体中锰含量大约为 12～20mg。人们每天食用粮食、蔬菜即可满足铁锰的需求，铁锰过量摄入对人体有慢性毒害作用，因此饮用水中的铁锰越少越好。人体铁的浓度超过血红蛋白的结合能力时，就会形成沉淀，致使肌体发生代谢性酸中毒，引起肝脏肿大，肝功能损害和诱发糖尿病。锰的生理毒性比铁严重。每日给兔按每千克体重 0.5～0.6g 的锰就能阻止其骨骼发育。有的学者认为某些地方病与常年饮用含锰水有关。近期研究发现，过量的铁、锰还会损伤动脉内壁和心肌，形成动脉粥样斑块，造成冠状动脉狭窄而患冠心病。

(5) 化学需氧量（COD）

所谓化学需氧量（COD），是在一定的条件下，采用一定的强氧化剂处理水样时，所消耗的氧化剂量。它是表示水中还原性物质多少的一个指标。水中的还原性物质有各种有机

---

① 1ppm=10^{-6}。

物、亚硝酸盐、硫化物、亚铁盐等,但主要的是有机物。因此,化学需氧量(COD)又往往作为衡量水中有机物质含量的指标。化学需氧量越大,说明水体受有机物的污染越严重。

有机物对工业水系统的危害很大。严格来说,化学需氧量也包括了水中存在的无机性还原物质。通常,因废水中有机物的数量大大多于无机物质的量,一般用化学需氧量来代表废水中有机物质的总量。在测定条件下水中不含氮的有机物质易被高锰酸钾氧化,而含氮的有机物质就比较难分解。

含有大量有机物的水在通过除盐系统时会污染离子交换树脂,特别容易污染阴离子交换树脂,使树脂交换能力降低。有机物在经过预处理时(混凝、澄清和过滤),约可减少50%,但在除盐系统中无法除去,故常通过补给水带入锅炉,使炉水pH降低。有时有机物还可能带入蒸汽系统和凝结水中,使pH降低,造成系统腐蚀。在循环水系统中有机物含量高会促进微生物繁殖。因此,不管对除盐、炉水或循环水系统,COD浓度都是越低越好,但并没有统一的限制指标。在循环冷却水系统中COD($KMnO_4$法)>5mg/L时,水质已开始变差。

2)污染风险因子识别

将矿坑水水质与《地下水质量标准》中的水质限值对比。本研究是假定地下水对人类的健康风险,只考虑地下水作为生活用水,地下水的使用功能设定为饮用水源,因此判断矿坑水中污染物浓度是否超过《地下水质量标准》中Ⅲ类水标准,若超标,则将其定义为宝日希勒矿坑水污染因子。其中,《地下水质量标准》中不涵盖的物质,参照《生活饮用水卫生标准》(GB 5749—2022),若矿坑水中污染物浓度高于饮用水标准限值,则将其定义为矿坑水污染因子。

矿井水悬浮物含量过高会对其回用造成较大影响,对检修设备损耗较大,排泥困难,增加运营成本;矿井水中的亚硝酸盐超标,会干扰肌肉组织对维生素A的吸收并引发维生素A缺失;此外亚硝酸盐可以与酰胺和胺反应生成致癌的亚硝酸胺和亚硝酸酰胺;饮用水中,缺氟会引起龋齿,氟过量则会引发氟斑齿。宝日希勒矿坑/井水中污染组分含量见表7-5。

表7-5 宝日希勒矿坑水水质指标

污染因子	单位	浓度	标准
浊度	NTU	390	3
TDS	mg/L	924	1000
氟离子	mg/L	0.09	0.5~1
NO_3^-	mg/L	2.5	20
NO_2^-	mg/L	3.76	1

7.2.2 露天矿矿坑水地下储存安全风险评价

针对地下水库存储过程中水质演化规律,采用MODFLOW数值模拟软件模拟注水-抽水过程中浊度的变化规律。MODFLOW数值模型范围为宝日希勒露天矿地下水库范围(图

7-3),在底板标高相对较大的地方(北部)布置一口注水井,注水量为100m³/d,同时注入的矿井水中浊度为20mg/L;在底板标高较低处(西部)布置一口抽水井,抽水量为100m³/d,模拟时间为300d。

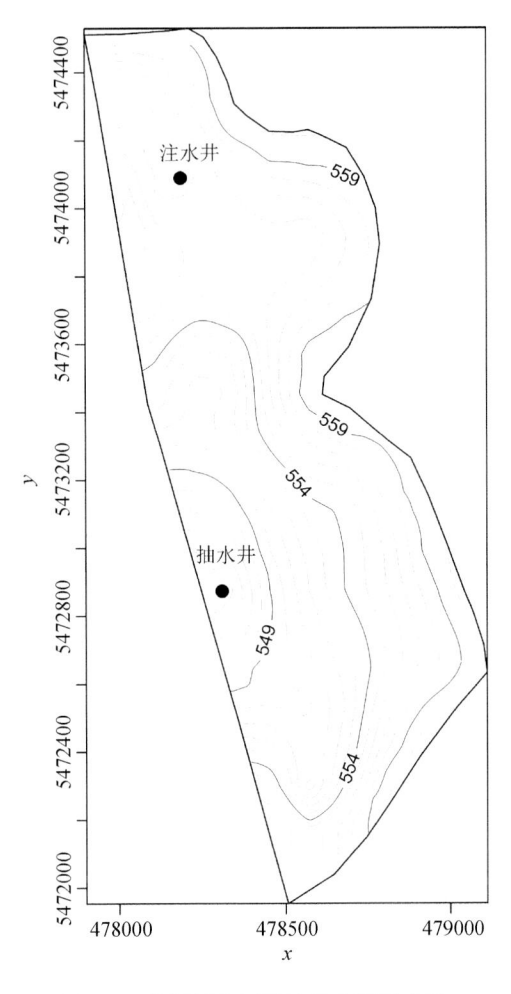

图 7-3 模拟区范围及钻孔布置示意图

根据数值模拟结果绘制出不同时间污染物浓度等值线图(图 7-4)。50d 时污染物最大浓度为14mg/L,影响范围为向下游 77m;100d 时污染物最大浓度为17mg/L,影响范围为向下游 100m;200d 时污染物最大浓度为19mg/L,影响范围为向下游 125m;300d 时污染物最大浓度为19mg/L,影响范围为向下游 143m。由此可见,随着注入时间的持续,污染物最大浓度逐渐增大至 20mg/L,影响的范围亦逐步增加,但影响的范围有限,300d 影响范围为 143m,小于 150m,即影响的范围只在注水孔周边,而在抽水孔附近 300d 内未发现有污染物出现,因此,在矿坑水入库前进行预处理后,水中悬浮物在地下水库中运移范围受限,影响范围有限。

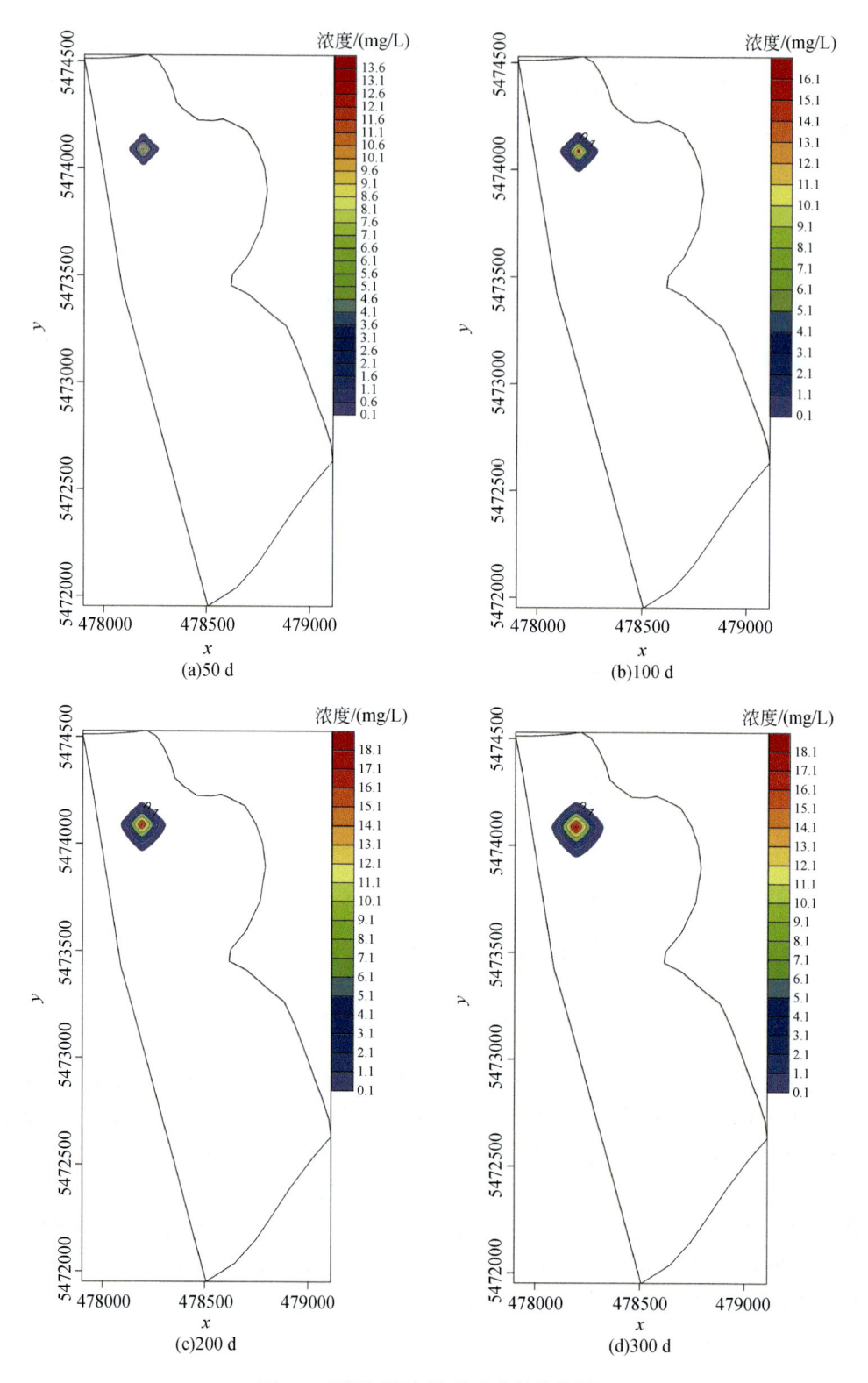

图 7-4　不同时间污染物浓度等值线图

7.2.3 地下水库洁净调控功能设计

依据露天矿地下水库运行调控系统设计（见3.2节），结合储水介质理化性质和矿坑水中污染物的浓度特性，按照国家相关水质标准和用途（绿化用水和降尘用水），洁净处理采用四级洁净处理联合工艺，达到地下水库水质洁净及综合利用的目标。

1. 储-用水的水质要求

地下水库储水是依据来源水的水质和国家对矿井水的水质要求，而地下水库的用水则是依据矿区对水资源的实际需求设定。结合绿色矿区建设目标和国家相关水质要求，地下水库的储用水质要求主要参考业界相关技术规范和现场条件设计，个别指标高于国家相关标准。

1）地下水库进水水质要求

矿坑水经过"高效旋流混合澄清+机械过滤器+回灌砂滤池"联合工艺处理后，水质需满足《城市污水再生利用 地下水回灌水质》（GB/T 19772—2005）和《地下水质量标准》（GB/T 14848—2017）后即可注入地下水库（表7-6）。

表7-6 地下水库进水水质要求

检测指标	单位	宝矿矿坑水处理前	GB/T 19772—2005	GB/T 14848—2017
pH	—	8.39	6.5~8.5	6.5~8.5
溶解性总固体	mg/L	880.0	1000	1000
COD	mg/L	137	15	3.0
总硬度	mg/L	60.0	450	450
硫酸盐	mg/L	67.20	250	250
氯化物	mg/L	117.000	250	250
氨氮	mg/L	0.06	0.2	0.5
硝酸盐（N）	mg/L	0.85	15	20
铁	mg/L	0.184	0.3	0.3
总大肠菌群	CFU/100ml	17	不得检出	3.0
耐热大肠菌群	CFU/100ml	11	不得检出	
大肠埃希氏菌	CFU/100ml	2	不得检出	
色度	铂钴色度单位	<5.0	15	15
浊度	NTU	220	5	3
肉眼可见物	无	微量沉淀	微量沉淀	无

2）出水回用水质要求

矿坑水在地下水库储存过程中通过填充材料的自净化作用，使水质进一步得到净化，须满足矿区绿化和降尘用水的标准《城市污水再生利用 城市杂用水水质》（GB/T 18920—

2020），为实现矿坑水资源化利用，地下水库出水回用指标见表 7-7。

表 7-7 地下水库出水回用指标

检测指标	单位	洒水	绿化
pH		6.0~9.0	6.0~9.0
色度	铂钴色度	30	30
嗅		无不快感	无不快感
浊度	NTU	10	10
溶解性总固体	mg/L	1500	1000
五日生化需氧量	mg/L	20	10
氨氮	mg/L	20	10
阴离子表面活性剂	mg/L	1.0	1.0
铁	mg/L	—	—
锰	mg/L	—	—
溶解氧	mg/L	1.0	1.0
总余氯	mg/L	接触 30min≥1.0，管网末端≥0.2	接触 30min≥1.0，管网末端≥0.2
总大肠菌群	CFU/100ml	3	3

2. 洁净处理工艺设计

结合露天矿地下水库结构特征、充填物的理化性质、水动力条件等资料，基于宝日希勒露天矿坑水中污染物浓度特性，采用原状砂砾岩预处理、高效旋流联合工艺（高效旋流混合澄清+机械过滤器+回灌砂滤池）等对矿坑水进行回灌前处理，满足相关标准后注入地下水库。再利用地下水库填充材料的自净化作用，使水质得到进一步净化，以满足矿区绿化用水和降尘用水；根据地下水库水质监测分析结果，若抽出水质仍不能满足相关用水标准，需对其水质进一步净化，可选用超滤膜、纳滤膜等处理技术，以满足矿区整体用水需求，最终达到地下水库水质洁净及综合利用的目标，实现环境效益最大化（图 7-5）。

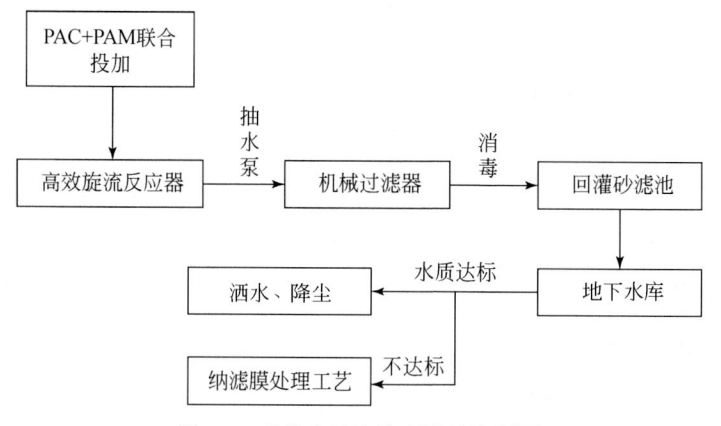

图 7-5 矿坑水洁净处理设计流程图

PAC. 聚合氧化铝；PAM. 聚丙烯酰胺

矿坑水回灌前处理是露天煤矿地下水库储水洁净系统的重要组成部分。矿坑水含有大量的悬浮物，主要由煤粉、岩粉和黏土组成。悬浮物的去除是矿坑水处理最关键的一步，悬浮物的去除效率对后续工艺的处理效果将产生直接影响，从而影响最终的出水水质与复用途径，回灌前处理工艺目的主要是对悬浮物的去除。根据宝日希勒露天煤矿采排工艺，考虑回灌前处理工艺占地、设备化程度、运行成本等因素，对回灌前处理工艺方案进行分析对比。

3. 基于砂砾岩的洁净处理

充分利用采矿剥离物或破碎岩石对地下高浊度水的自然净化作用，是矿坑水洁净处理的重要途径之一。根据宝日希勒露天煤矿资源赋存条件，构建了基于砂砾岩剥离物的洁净与处理试验系统。该系统建设在采场中部，煤层底板最低处附近，以便于矿坑水自然汇集。根据矿坑水净化需要，整个系统主要由四部分构成：过滤池、南蓄水池、原状砂岩过滤墙和北蓄水池（图 7-6），具体建设内容如下。

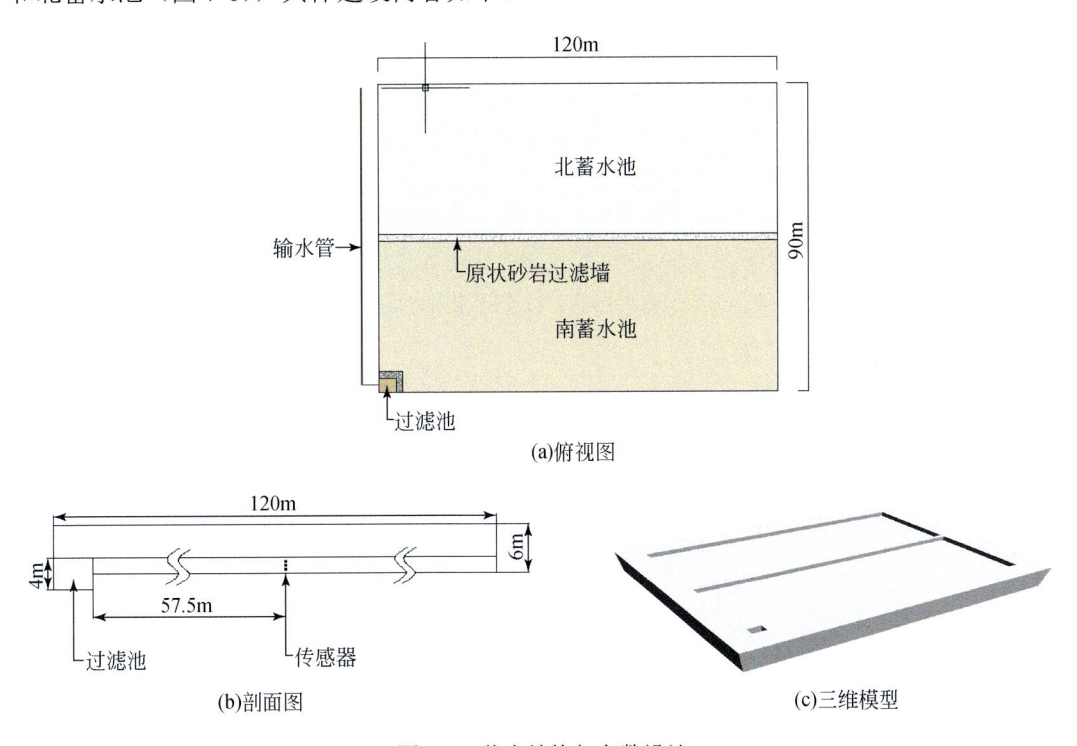

图 7-6 蓄水结构与参数设计

（1）蓄水池构建：开挖南、北蓄水池，在靠近采场中间桥位置，在砂岩下部挖出南北宽 90m，东西长 120m 的长方体储水池，其中在东西方向上中间位置保留厚度为 2m，高为 2m、长度为 120m 的原状砂土作为砂土过滤墙，过滤墙以南为南蓄水池，以北为北蓄水池。

（2）洁净过滤池：在南蓄水池左下角，利用开挖出的粉砂质性泥岩，人工堆砌出一个长为 5m，宽为 4m 的堆砌过滤池，过滤池最上部高度与过滤墙高度持平，最下部深度要低于蓄水池深度 2m，总计高度为 4m，墙体厚度为 2m。

（3）动态参数：①渗透速率观测。在过滤池、南蓄水池、北蓄水池分别布置 1 个水位液位记录仪，以便于观察水的渗透速率。②蓄水池水位高度观测。在煤层开采前，水泵开始工作，将煤层底板的水抽取到过滤池中，此时过滤池中的水开始逐步渗透到南蓄水池，进而渗透到北蓄水池，实时记录一次南蓄水池、北蓄水池的水位高度。

图 7-7 显示在宝日希勒露天矿现场建设的基于剥离物的矿坑水回灌前处理系统，矿坑水回灌前处理过程监测显示基本达到预期目标。

图 7-7 基于剥离物的矿坑水洁净预处理系统应用

1）水质处理效果

水质观测是在该系统运行 24 小时后，分别选取各池中水样 500mL，利用连华 5B-6C 型多参数水质检测仪测定浊度、透光率、吸光率（图 7-8）。结果表明：过滤池水样（未处

图 7-8 矿坑水预处理系统各阶段水样
从左到右依次为北蓄水池水样、南蓄水池水样、过滤池水样

理 3#煤水样）浊度较高，悬浮颗粒较多，无法达到排放标准，经过散体过滤墙之后，浊度降低了 9%，经过 2 次原状过滤墙过滤，浊度降低了 32%，从各指标检测结果看，过滤效果显著（表 7-8）。下一步的建设过程中，可以根据水质要求和处理能力要求再综合确定过滤墙和水池的参数。

表 7-8 矿坑水预处理系统应用效果

水样位置	浊度（NTU）	透光率（T）	吸光率（A）
3#煤水样	196.2	37.8	0.422
1 号蓄水池水样（南）	178.5	41.3	0.384
2 号蓄水池水样（北）	120.4	55.0	0.259

2）渗流速度

预处理系统中过滤墙和水池的参数应满足矿坑水处理能力的要求，渗流速度是显示其效果的关键指标。根据达西定律（达西定律描述饱和土中水的渗流速度与水力坡降之间线性关系的规律，又称线性渗流定律）：

$$Q = K \times F \times (h_2 - h_1)/L \tag{7-1}$$

式中，Q 为单位时间渗流量（m³）；F 为过水断面（m²）；h 为总水头损失（m）；L 为渗流路径长度（m）；$I=h/L$ 为水力坡度；K 为渗透系数。

式（7-1）表明，水在单位时间内通过多孔介质的渗流量与渗流路径长度成反比，与过水断面和总水头损失成正比。从水力学已知，通过某一断面的流量 Q 等于流速 v 与过水断面 F 的乘积，即

$$Q = F \times v \tag{7-2}$$

据此，达西定律也可以用另一种形式表达：

$$v = K \times J \tag{7-3}$$

式（7-2）则表明渗流速度与水力坡度一次方成正比，即水力坡度与渗流速度呈线性关系（又称线性渗流定律），说明水通过多孔介质的速度同水力梯度的大小及介质的渗透性能呈正比关系，可用下式表示：

$$v = K \times [(h_2 - h_1)/L] \tag{7-4}$$

式中，h_1 为北蓄水池液面高度（m）；h_2 为南蓄水池液面高度（m）。

现场设计的矿坑水预处理系统为由南蓄水池渗入北蓄水池，过滤墙岩性为含砾石的砂岩。设其渗透系数 100m/d，渗流路径长度 L 根据原状砂砾岩墙宽度取 2m，现场每 2h 记录一次水池蓄水高度，可计算该时间内的渗流速度（表 7-9）。

表 7-9 基于剥离物的矿坑水洁净预处理应用效果

记录时间/h	北蓄水池液面高度/m	南蓄水池液面高度/m	高度差/m	渗流速度/（m/d）
2	0.09	0.137	0.047	2.35
4	0.181	0.273	0.092	4.6
6	0.273	0.408	0.135	6.75

续表

记录时间/h	北蓄水池液面高度/m	南蓄水池液面高度/m	高度差/m	渗流速度/（m/d）
8	0.367	0.541	0.174	8.7
10	0.464	0.671	0.207	10.35
12	0.564	0.798	0.234	11.7
14	0.667	0.922	0.255	12.75
16	0.774	1.042	0.268	13.4
18	0.886	1.157	0.271	13.55
20	1.001	1.269	0.268	13.4
22	1.117	1.38	0.263	13.15
24	1.235	1.489	0.254	12.7

基于现场观测所计算的渗流速度，随着水量的不断增加而增大，在 24h 后稳定在 12～13m/d 的区间范围之内，采用线性函数拟合矿坑水渗流速度与时间的关系显示，渗流速度初始呈近线性增加趋势，14～16h 后，渗流速度达到最大值，随之逐步微降且区域稳定（图 7-9）。

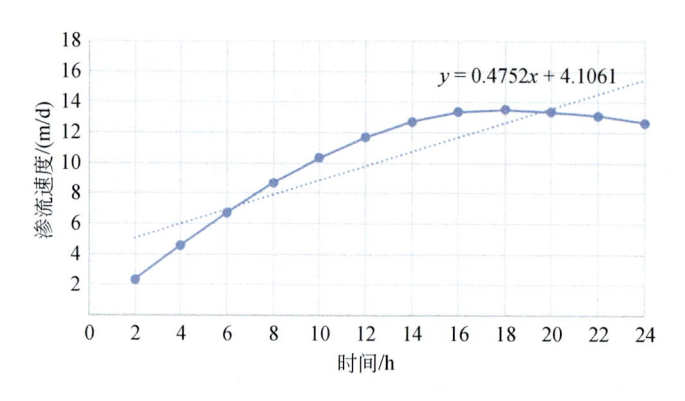

图 7-9 矿坑水预处理系统的渗透特性变化

4. 基于高效旋流联合工艺的洁净前处理

传统的地面污水处理厂应设置 2 个或 2 个以上沉淀池，当一个沉淀池维修时，另外的沉淀池能保持继续运行。而多用于市政污水预处理的大型污水厂沉淀池的数量则由单池的尺寸限制来决定，其建设成本主要是土建成本，运行较为稳定，但因传统地面沉淀池占地较大，若在用地紧张或现场不具备条件下则表现优势不明显。

1）污水处理工艺发展

（1）传统污水处理工艺

沉淀+过滤技术，存在投资高、占地大、运营成本高、施工周期长、不耐水质变化冲击、工艺流程长、操作复杂和日常维护量大等不足，受处理工艺的局限，处理水质不易达标。

且在矿井水或矿坑水处理过程中，因井下不具备土建施工条件，施工成本非常高，而地面建设则受场地限制和绿色生产要求，沉淀池工艺已不适用于井下处理或地表规模化处理的发展要求。

（2）污水处理新工艺

近年来出现很多矿坑水预处理新工艺，其中高效旋流工艺较具代表性，其基本原理为水力旋流+竖流沉淀。矿坑水在旋流器中通过加药絮凝、旋流离心以及重力沉降的过程实现固液分离，即悬浮固体（SS）的去除。目前应用较为广泛的预处理工艺有传统沉淀、磁分离、旋流等，其工艺比选见表7-10。

表7-10 几种矿井水预处理工艺比选

指标	斜板沉淀池+精密过滤器	磁分离	旋流
成熟度	成熟	成熟	成熟
造价构成	土建为主	设备为主	设备为主
运行稳定性	较稳定	稳定	稳定
每吨水运行成本/元	0.3	0.8	0.5
自动化程度	差	高	高
保温措施	需要（建室内池）	需要（小型建筑）	需要（高度≥12m建筑）
工程总造价	高	中	中
水量增加措施	新建工程	新增设备	新增设备
排泥效果	一般	较差（排泥稀）	较好
设备维护成本	低	中	中

2）矿坑污水分级处理方案

本研究结合宝日希勒露天煤矿现有采排工艺，在满足注入地下水库水质相关标准情况下，根据宝日希勒露天煤矿地下水库储水洁净实际需求，考虑到预处理工艺占地、设备化程度、运行成本等方面的因素，提出矿坑水预处理是采用"高效旋流混合澄清+机械过滤器+回灌砂滤池"联合工艺的矿坑水分级处理（图7-10）方案。具体处理流程和要求如下。

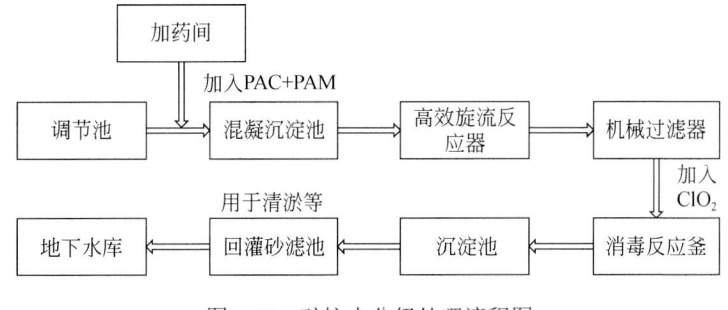

图7-10 矿坑水分级处理流程图

（1）矿坑水先进入调节池，以稳定水质、水量，之后在加药间加入PAC和PAM，由于各地矿坑水水质不同，悬浮物浓度有所差异，处理不同矿坑水所用药剂种类及用量也有着较大差异。针对宝矿矿坑水悬浮物过高的问题，目前已采用搅拌实验验证了药剂的选取及浓度，结果显示：选用 30mg/L PAC+ 0.5mg/L 阳离子型 PAM 联合投加的方式，浊度去除率最高，可达到 95.5%。混凝沉淀池配有搅拌机、加药泵、溶液箱、流量计以及连续加药自动控制转换装置，可实现自动化运行。

（2）污水通过旋流器进水泵加压后，通过管道进入高效旋流反应器，高效旋流反应器由高效混凝器和高效旋流净化器构成，高效混凝器装在高效旋流净化器的净水管前，借一级提升泵的水压，利用旋流闪混使药剂和污水在混合器中混合均匀，混合器为三个固定的单体交叉组合装置固定在管道内，水流通过反应器产生成对分流、交叉混合和反应旋流三个作用，使药剂充分均匀扩散于水体中，达到充分混合的作用，经常压旋流、二级旋流离心分离，絮态造粒污泥层、流态过滤等过程，在同一罐体内完成多级净化（图 7-11）。根据 SS 浓度不同废水净化时间一般只有 15~20min，净化后水可以作为深度处理水源进而深度处理回用或直接回用或达标排放，单台处理 5000m³/d 的旋流净化器直径只需 4m，占地约 14m²。

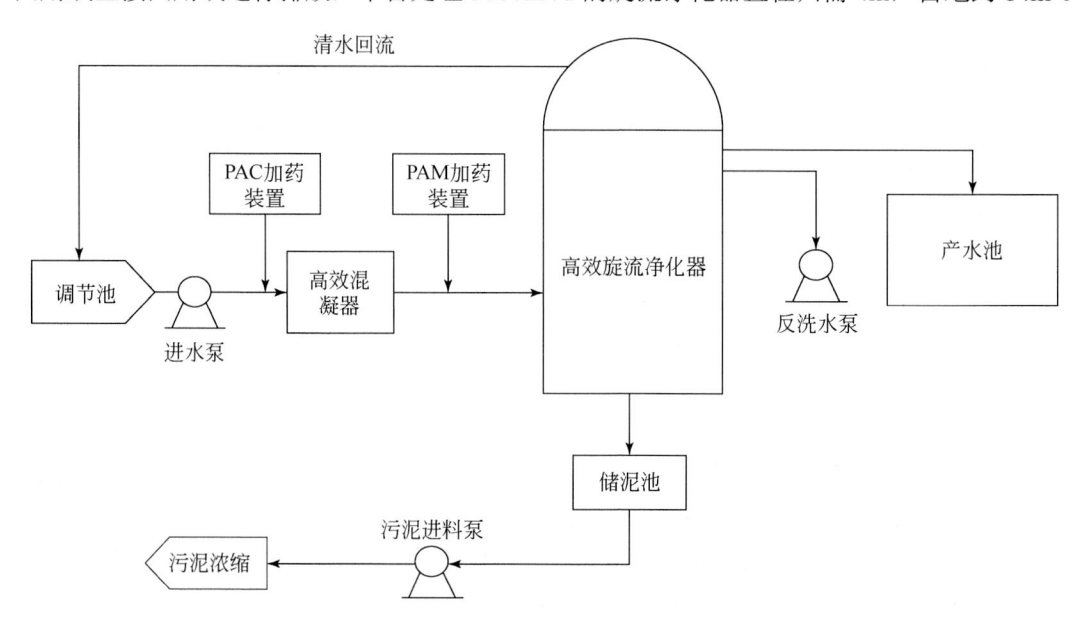

图 7-11 高效旋流反应器洁净处理流程

（3）净化后的水从净化器上部流出，经反应釜消毒后进入沉淀池，消毒剂选用高效、无毒的二氧化氯，通常需要现制现用，所以还需配备反应釜、储药罐等装置，而后进入回灌砂滤池，在池中铺设砂砾石，利用其本身疏松多孔的结构对水质实现再净化。在回灌地下水库过程中，随着时间的推移，水体中的悬浮物质会聚集在回灌井表层，形成堵塞，严重影响回灌效率，当堵塞形成后，目前常用的方法是清除堵塞层，而该砂滤池主要起到清淤目的。

（4）根据地下水回灌水质标准（GB/T 19772—2005）要求，矿坑水回灌至地下水库后需至少保存一年方可再利用，这是因为矿坑水中的微生物会在这一阶段内缺乏营养物质而失活。同时，由于自然界中的地球化学效应，矿坑水本身的沉降效应等原因，地下水库中的矿坑水在含水层储存过程中还可达到自净的目的。根据以往工程经验，高效旋流反应器的平均出水 COD 为 15~25mg/L，悬浮物 5~10mg/L，可以满足矿山地面洒水与绿化的回用目的。

当污水处理系统负荷过大等导致水质恶化，或对出水有其他更高标准的用途，洁净处理后的矿坑水无法达到回用标准时需要抽出后再进行洁净处理。选用再处理工艺需针对回用水源的标准而定，当水源被用作矿区绿化或洒水时，相对标准较低，可采用传统的活性炭吸附、石英砂过滤等手段；当水源需满足矿区人员生产生活用水时，传统的水处理工艺无法满足水质标准，建议采用膜处理的方法，对水中的 TDS、悬浮物等达到更优去除效果，目前市场常见的有超滤、纳滤、反渗透膜等，已在宁东矿区得到广泛应用，相对其他处理方法，膜处理的缺点则是成本较高，后期维护费用大。

7.3 敏东一矿矿井水储存与利用过程风险识别

7.3.1 矿井水污染组分特征与风险因子识别

为全面分析矿井水水质特征，除检测矿井水中七大常规离子外，根据《生活饮用水卫生标准》（GB 5749—2022）进行检测。水样的检测指标分为 4 个部分，分别是感官和一般化学指标（色度、浑浊度、臭和味、pH、TDS、总硬度、硫酸盐、氯化物、锰、铜、锌、铝、铁等）、毒理指标（硝酸盐、三氯甲烷、一氯二溴甲烷、二氯一溴甲烷、三溴甲烷、三卤甲烷、二氯乙酸、三氯乙酸、氰化物、氟化物、砷、铬、铅、镉、汞等）、微生物指标（总大肠菌群、大肠埃希氏菌、菌落总数）和放射性指标（总 α 放射性、总 β 放射性）。根据检测结果对研究 7 个矿井水水质进行详细分析。与《生活饮用水卫生标准》（GB 5749—2022）及《地下水质量标准》III 类限值进行对比发现，矿井水中有 12 个指标超标，包括浊度、色度、TDS、氟化物、As、Zn、Pb、Fe、Mn、COD、总大肠杆菌、菌落总数。

根据检测结果，7 个水样中浊度超过限值 10NTU 的水样有 4 个，分别为 05 工作面 1、05 工作面 2、中央水仓、地面水沟，超标率为 57.14%（图 7-12）。

(1) 浊度指标。该指标超标的矿井水色度值也未达标，其中浊度超过限值 30 的水样 4 个，分别为 05 工作面 1、05 工作面 2、中央水仓，地面水沟，超标率为 57.14%。其中 TDS 超过限值 100mg/L 的水样仅有 1 个即运输大巷矿井水。其中氟化物超过限值 1.0mg/L 的水样有 7 个超标率为 100%，这就意味着矿井水中所有的氟化物均超出标准值，但是超标倍数均不高，地面水沟的 F⁻ 浓度最大为 1.7mg/L，运输大巷矿井水 F⁻ 浓度最小为 1.02mg/L。

(2) 重金属指标。重金属指标中，As 超过限值 0.05mg/L 的水样仅有 1 个，为 05 工作面矿井水，As 的整体超标率为 14.28%；Zn 超过限值 1mg/L 的水样有 7 个，其中中央水仓的 Zn 浓度最大为 6.07mg/L，最小的运输大巷矿井水 Zn 浓度为 1.36mg/L；Pb 超过限值 0.002mg/L 的水样仅有 1 个，为 01 工作面 1 矿井水，Pb 的整体超标率为 14.28%；Fe 超过限值 0.3 mg/L 的水样有 4 个，分别为 05 工作面 1、05 工作面 2、中央水仓、地面水沟，Fe

的整体超标率为14.28%，其中05工作面2矿井水中Fe的浓度最大为36.02mg/L，约为标准限值的120倍；Mn超过限值0.1mg/L的水样有5个，分别为01工作面1矿井水、01工作面2矿井水、05工作面1矿井水、05工作面2矿井水、地面水沟，Mn的整体超标率为71.43%。

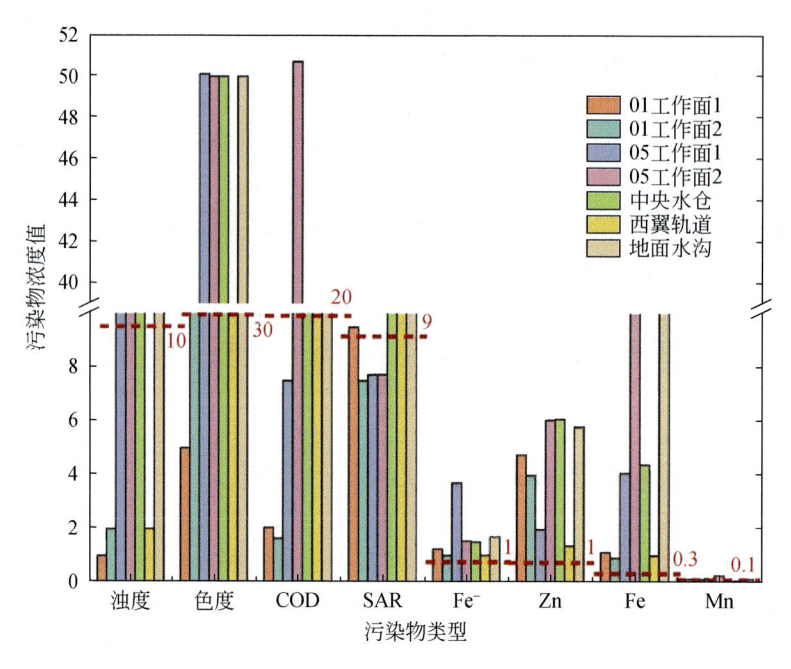

图7-12 矿井水中污染物类型

（3）COD指标。该指标超过限值20mg/L的水样有4个，为05工作面2矿井水、中央水仓、运输大巷、地面水沟，COD的整体超标率为57.14%，其中地面水沟中COD浓度最大为29.7mg/L。

（4）大肠杆菌。该指标检出的水样有4个，为05工作面2矿井水、中央水仓、运输大巷及地面水沟，大肠杆菌的整体超标率为57.14%。总菌落超过限值0.05mg/L的水样仅有1个，为05工作面2矿井水，总菌落数的整体超标率为14.29%。

7.3.2 矿井水储存净化过程水质演化规律

为了研究连续储存条件矿井水在地下水库中水质风险分析，开展了矿井水储存实验，在连续一个月条件下，每隔5d取样，观察其水质变化情况（图7-13）。

（1）在地下水库储水过程中，浊度会呈现一定程度的下降，当下降至一定阈值，基本维持不变，随着时间增加，悬浮颗粒不断地累积，而后浊度会呈现略微增加。

（2）在地下水库连续储水过程中，水中TDS呈现缓慢下降的趋势，这与传统概念下TDS变化趋势有一定出入，经分析发现露天煤矿地下水库相较于井工矿由于其埋深浅，环境温度较低，而随着温度降低，水中部分离子溶解度降低而析出，并附着在悬浮物上被去除。

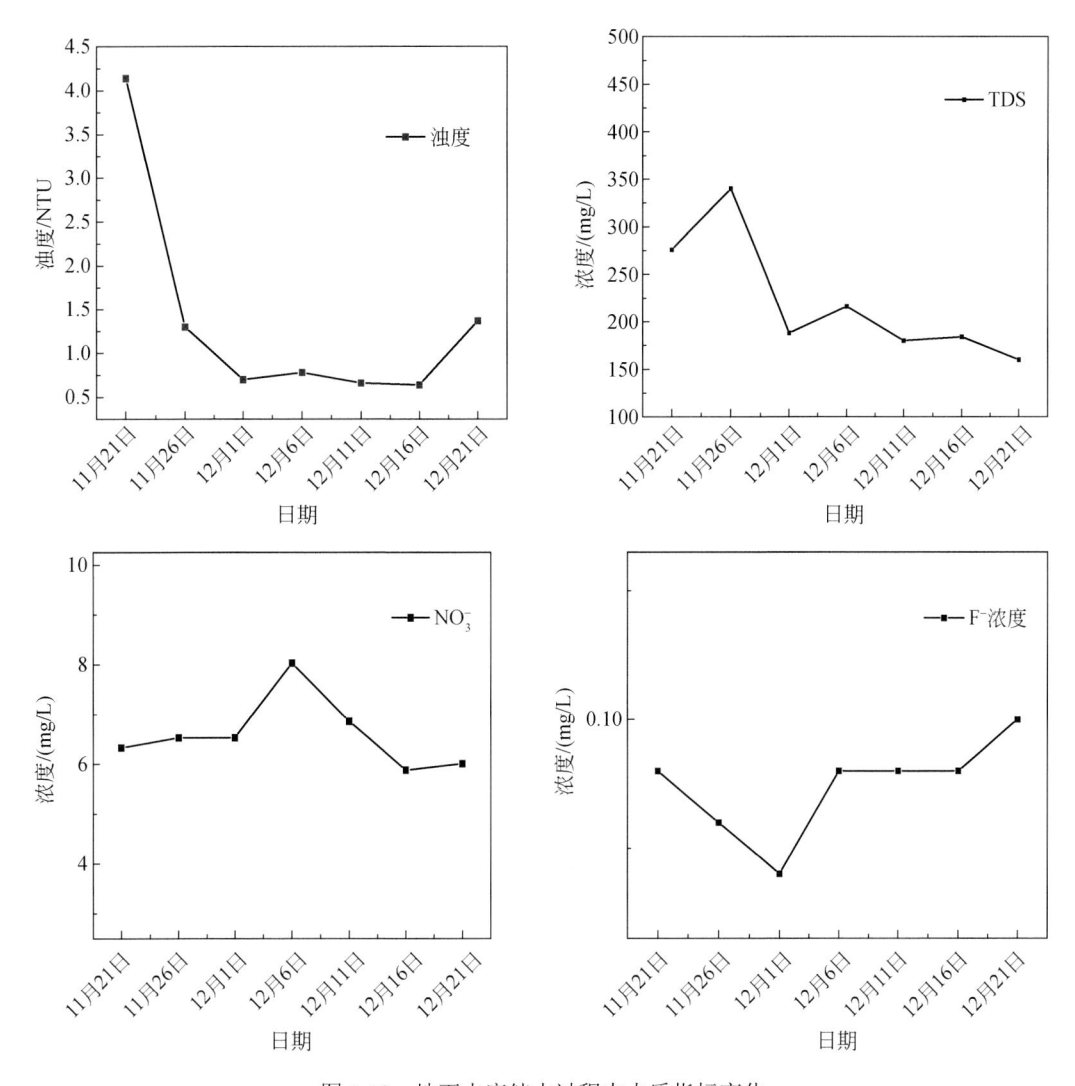

图 7-13 地下水库储水过程中水质指标变化

（3）NO_3^- 呈现出先升高后降低的趋势，分析由于地下水库内部的缺氧环境，此时 NO_2^- 在硝化细菌的作用下氧化生成 NO_3^-，造成系统内部 NO_3^- 的短暂升高，而随着实验的进行，系统内氧气被消耗，并且反应器的上下两端皆由法兰、密封圈密封，无外界的氧气补给，形成了一定缺氧环境，此时 NO_3^- 又可以消耗系统中的碳源，从而生成 NO_2^-，所以控制进水氮的浓度至关重要。

7.3.3 典型污染物迁移转化过程风险分析

矿井水是地下水在含水层赋水介质长期相互作用下经过采空区流经采煤工作面和巷道形成的水源，受到采煤环境和"输水"通道共同影响作用，相对可用水标准而言，形成原生污染物（高盐）和次生污染物（悬浮颗粒物、有机物等），各种污染物具有不同的迁移过程。

1. 原生污染物迁移

1）盐分

依据高矿化度矿井水中超标离子类型不同，高矿化度矿井水分为高硬度型、高氯化物型、高硫酸盐型或这几种类型的混合型。高矿化度矿井水中一般含有大量的 Ca^{2+}、Mg^{2+}、K^+、Na^+、SO_4^{2-}、Cl^-、HCO_3^- 等离子，这些离子总含量大于 1000mg/L。

2）重金属

为探究矿井水中重金属的来源，研究在现场分别取矿井水直接补给来源及间接补给来源处的水样，检测大气降水、地表水、第四系潜水及承压水中重金属的含量，以此推断矿井水中 5 种重金属的主要来源。

检测表明各类水样中 Pb、As 的含量均远低于标准限值，而矿井水中 Pb 与 As 存在超标情况，因此推测矿井水中的 Pb 与 As 超标主要是采煤机械油类物质的泄漏导致。而对各类水样中 Fe、Mn、Zn 的浓度检测发现，矿井水中 Fe、Mn、Zn 的平均浓度最大，分别为 9.19mg/L、0.16mg/L、3.71mg/L，其他类型水样也存在 Fe、Mn、Zn 超标的情况（表 7-11），确定 Fe、Mn、Zn 等元素来源于地下水。

表 7-11 不同类型水样中典型重金属含量统计表

取样层位	统计项	Fe	Mn	Zn
地表河流	最小值	0.08	0.05	0.01
	最大值	0.08	0.05	0.01
	平均值	0.08	0.05	0.01
	均方差	0	0	0
第四系含水层	最小值	0.05	0.08	0.01
	最大值	0.14	0.49	0.04
	平均值	0.09	0.15	0.02
	均方差	0.03	0.12	0.01
Ⅰ含	最小值	0.11	0.02	0.01
	最大值	0.17	0.08	0.01
	平均值	0.13	0.05	0.01
	均方差	0.03	0.03	0
Ⅱ含	最小值	0.01	0.01	0.01
	最大值	0.28	0.1	0.01
	平均值	0.16	0.06	0.01
	均方差	0.07	0.03	0

续表

取样层位	统计项	Fe	Mn	Zn
Ⅲ含	最小值	0.02	0.01	0.53
	最大值	2.82	0.29	1.52
	平均值	0.93	0.17	1.08
	均方差	0.93	0.11	0.32
矿井水	最小值	0.92	0.05	0.01
	最大值	36.02	0.27	6.07
	平均值	9.19	0.16	3.71
	均方差	12.95	0.08	2.54

为直观地对比各项离子在不同含水层中浓度分布特征（最大值，最小值及平均值），根据各类型水样中 Fe、Zn、Mn 的浓度，绘制出不同类型水样 3 种典型重金属箱形图（图 7-14）。

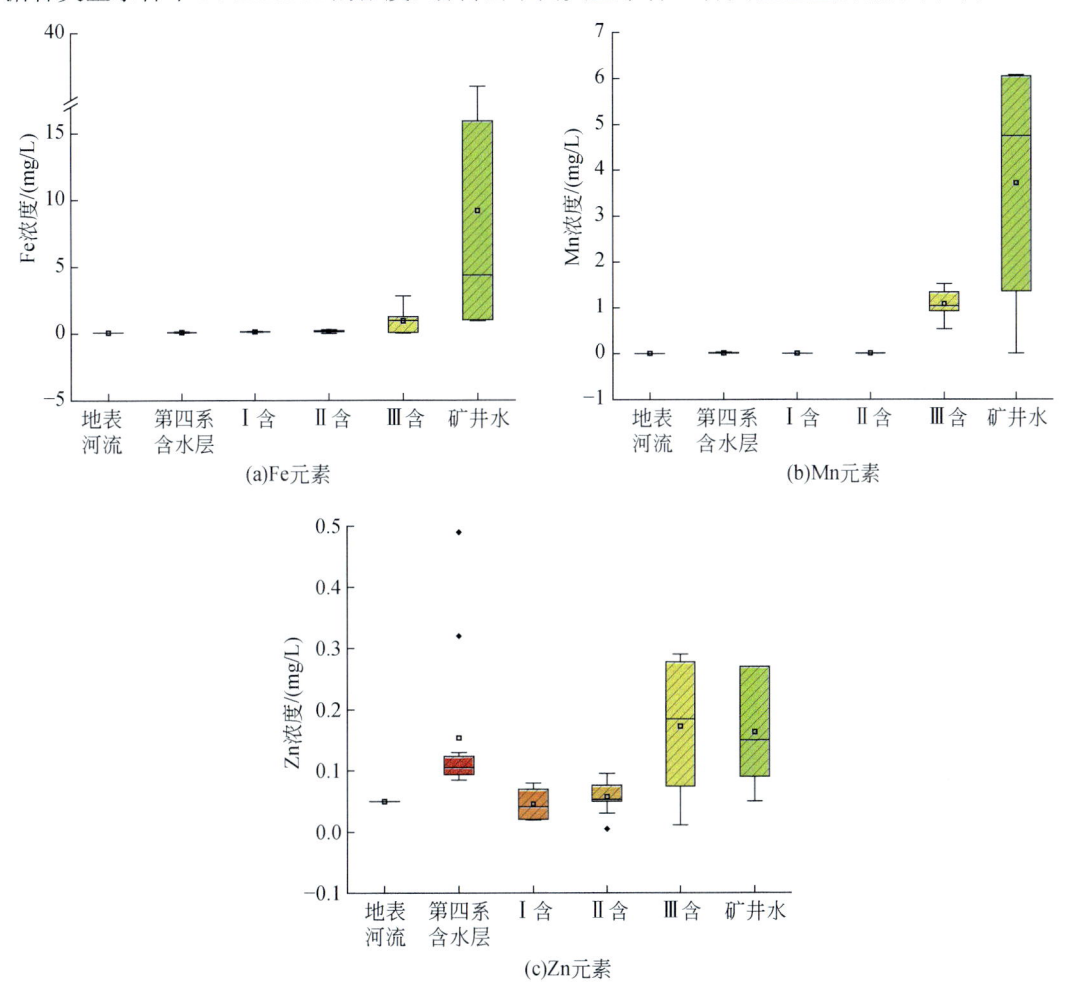

图 7-14　不同类型水样 3 种典型重金属箱形图

(1)地表水中几乎不存在 Fe，第四系含水层以及Ⅰ含、Ⅱ含中 Fe 浓度很低，均低于标准限值 0.3mg/L，而Ⅲ含中 Fe 的平均浓度为 0.93mg/L，为标准限值的 3.1 倍。而矿井水中 Fe 平均浓度为 9.19mg/L，是标准限值的 30.63 倍，由此推测矿井水中的 Fe 来自Ⅲ含。而矿井水中 Fe 平均数浓度是Ⅲ含的 9.88 倍，则说明矿井水中的 Fe 不仅仅来源于Ⅲ含地下水，还有其他来源。

(2)地表水中 Mn 平均含量极低，Ⅰ含和Ⅱ含地下水中的 Mn 浓度较低，而第四系含水层、Ⅲ含地下水以及矿井水中 Mn 的浓度相对较高。第四系含水层水样中 Mn 的平均浓度为 0.15mg/L，为标准限值的 1.5 倍，Ⅲ含中 Mn 的平均浓度为 0.17mg/L，为标准限值的 1.7 倍，矿井水中 Mn 的平均浓度为 0.16mg/L，为标准的 1.6 倍，由此推测矿井水中的 Mn 主要来源于Ⅲ含或第四系含水层，但综合矿井水水源识别结果，矿井水与第四系含水层联系较弱，主要接受Ⅲ含水补给，综合确定矿井水中的 Mn 主要来源于Ⅲ含。而矿井水中的 Mn 含量略低于Ⅲ含水中的 Mn 含量，这可能在采矿过程中，少部分 Mn^{2+} 被氧化形成 MnO_x 而导致矿井水中 Mn 的浓度降低。

(3)地表水、Ⅰ含、Ⅱ含中几乎不含 Zn，第四系含水层水样中 Zn 浓度较小，这三种水样中 Zn 浓度均低于标准限值 1mg/L。而Ⅲ含地下水中 Zn 的平均浓度为的 1.08mg/L，为标准的 1.08 倍，矿井水中 Zn 平均值为 3.71mg/L，为标准的 3.71 倍，由此推测矿井水中的 Zn 主要来自Ⅲ含。矿井水中 Zn 的平均数浓度为Ⅲ含的 3.44 倍，说明矿井水中的 Zn 除来源于地下水外还有其他来源。

综合矿井水及各类型水样中 Fe、Mn、Zn 的浓度关系，初步认为矿井水中的 Mn 来源于Ⅲ含，Fe、Zn 主要来源于Ⅲ含，另外还有其他来源，推测为煤层，因为在采煤活动中矿井水流经煤层，与其发生反应导致矿井水中 Fe、Zn 浓度进一步增加。

2. 次生污染物迁移

1）悬浮物

矿井水在流经采煤工作面和巷道时，会有很多煤粉和岩粉等悬浮颗粒混入其中，因而具有了悬浮物浓度高的特性。含悬浮物矿井水中有大量煤粉使得矿井水黑色非常明显，感官性状极差，因此悬浮物超标的矿井水色度也大大超出标准限值。总体而言，矿井水中的悬浮物与采矿及掘进过程中煤粉及岩粉的混入有很大的关系，成为悬浮物的主要来源。

2）有机物

7 个水样中 COD 超过限值的水样有 4 个，为 05 工作面 2 矿井水、中央水仓、运输大巷、地面水沟，其中 COD 超标的源头在采煤工作面及运输大巷，这两个地方有采煤及运煤机械，机械所用机油的泄漏会直接导致矿井水中有机污染物超出标准限值。杨建曾对神府矿区井下综采设备检修过程中矿井水水质变化特征进行研究，发现设备检修会导致矿井水中 COD，TOC 含量，UV_{254} 等有机物指标的显著增加，三维荧光光谱的检测结果则进一步证明，采空区和设备检修前的矿井水中主要存在人类活动废水和煤溶出有机质，设备检修期间矿井水中主要存在多环芳烃和石油类污染物，且荧光强度非常高，正常回采期间矿井水中则存在人类活动排出有机物、设备用油、煤溶出有机物等。矿井水中有机污染物主要来自井下煤炭生产、运输等环节，如采煤机、刮板输送机等。

3）大肠杆菌等微生物主要来源

由矿井水水质特征可知，在05工作面2矿井水、中央水仓、运输大巷及地面水沟检出大肠杆菌，且05工作面的2个矿井水样中总菌落均超出了标准限值，因此推测矿井水中的大肠杆菌等微生物指标主要是采煤过程中人类的活动引起的。

7.4 矿坑/井水洁净储存风险控制方法

矿坑/井水的洁净储存是地下水保护的基本要求，经济适用的矿坑/井水处理工艺是关键，通过调控污染物处理工艺和关键参数，适宜现场工况条件的工艺组合与优化是风险控制的主要环节。

7.4.1 矿区水质分析及风险控制

1. 水质空间分布分析

根据宝日希勒矿区潜水和承压水样点TDS数据绘制TDS含量空间分布（图7-15），分析水质发现：

（1）潜水和承压水的TDS变化趋势基本一致，均为高平原向平原及河谷区TDS逐渐变低，且超过1000mg/L的区域基本位于高平原，主要是地下水接受大气降水补给，就近向地下水位较低处排泄。

（2）高平原区含水介质为粉细砂，渗透性能较差，地下水接受大气降水补给后，无法快速向低处排泄，形成局部地下水滞流区，同时不断受到蒸发和农田灌溉的影响，综合显现出高TDS的地下水现象。

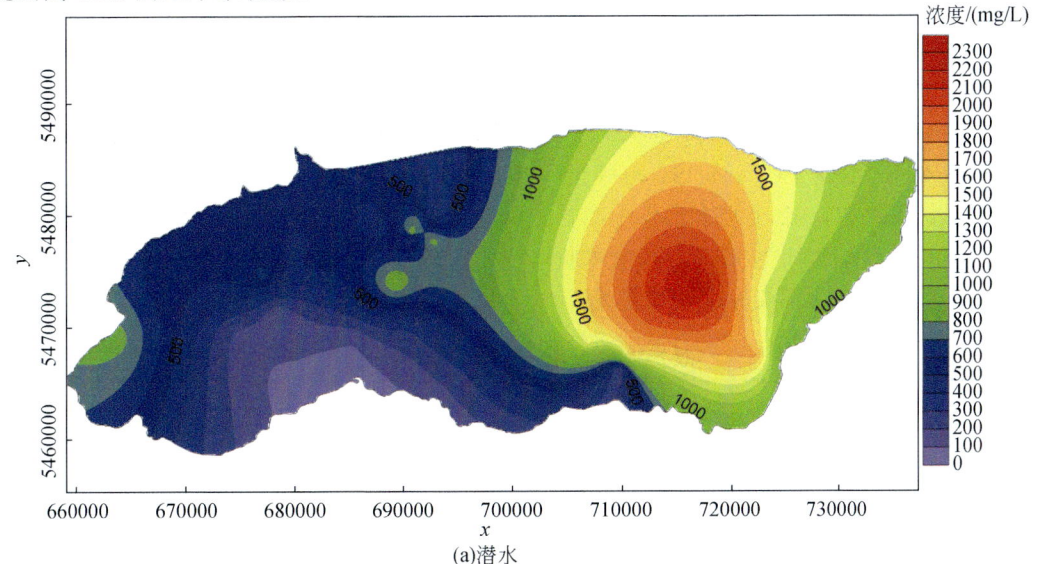

(a)潜水

(b)承压水

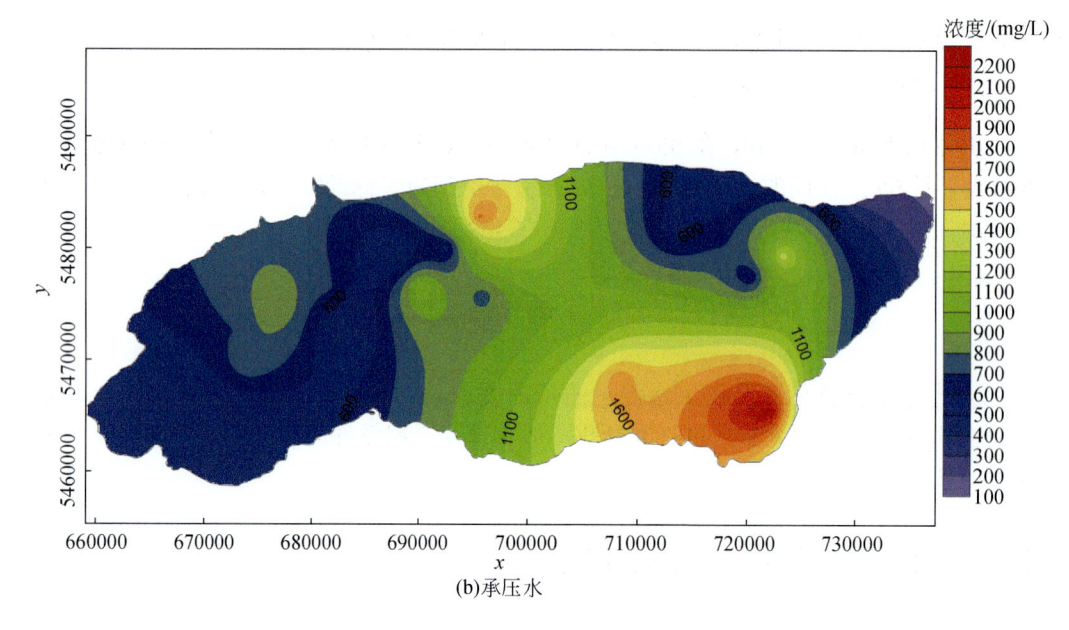

图 7-15 TDS 等值线图

（3）河谷区靠近河流，含水介质多为中粗砂，渗透性能相对较好。地下水在接受大气降水补给后，就近快速向河流排泄，地下水更新速率较快，因此其地下水水质相对较好。由此也可得出，研究区天然水文地质条件对地下水水质的影响起主要作用。

2. 水质评价

水质评价采用熵权-密切值法，该方法作为多目标决策方案的一种优选方法，在国内外水质评价工作中得到应用并取得较为理想的结果。其基本思想是先找出关于方案（决策点集）的"最优点"和"最劣点"，然后找出尽可能接近"最优点"而远离"最劣点"的决策点。本书采取熵权-密切值法对呼伦贝尔煤电基地的地下水水质现状进行评价，为煤电基地的水资源多目标优化管理和政府决策提供依据。

根据研究区的潜水和承压水水质全分析结果，将各评价指标的实测浓度值与 GB/T 14848—2017 中Ⅲ类标准值进行逐项对比，从中选取样品中超标较多的项目作为评价指标，最终选取 NH_4^+、NO_2^-、Cl^-、TDS、总硬度和 SO_4^{2-} 共 6 项超标较严重的指标作为评价指标。

根据计算结果，42 个潜水水样中，各类水样分布为如表 7-12 所示，优于地下水质量标准的Ⅲ类标准比例约为 20%，其余水质均较差；39 个承压水水样中水质整体较差，优于地下水质量标准的Ⅲ类标准的数量为 4 个，占总数量的 10%，其余水质均较差。

表 7-12 不同类型水样采集及占比

水质类型	Ⅰ	Ⅱ	Ⅲ	Ⅳ	Ⅴ
样本数	2	5	2	21	13
占比/%	5	10	5	50	31

3. 风险控制方法

水质分析显示,该区域的潜水和承压水水质较好区域均位于河谷区和平原区,可作为生活饮用水,高平原水质普遍较差,经过适当的处理后都可使用。而高强度煤炭开采产生的矿井和矿坑水中含有大量的悬浮物,主要由煤粉、岩粉和黏土组成,此类水中悬浮物的去除是洁净处理和利用的首要且最关键的一步,其去除效率对后续工艺的处理效果将产生直接影响,进而影响最终的出水水质与复用途径。

水质风险控制的关键是矿井水预处理的效果,前处理工艺的目的主要是去除各种悬浮物。根据宝日希勒矿区水质调查和观测结果,研究提出了矿坑水地下回灌前处理工艺,如图 7-16 所示。

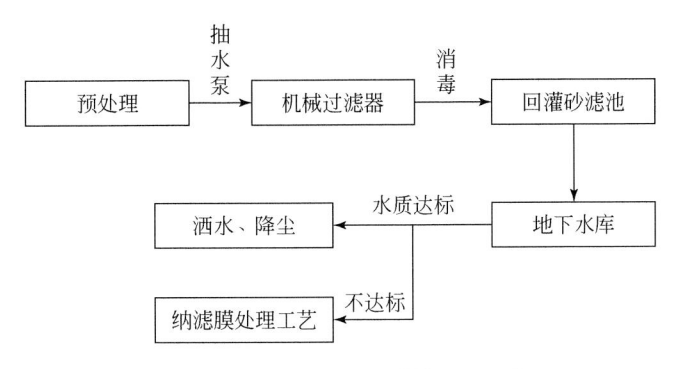

图 7-16 矿坑水地下回灌前处理工艺

鉴于宝日希勒露天矿坑水中悬浮物浓度大、难沉降的特性,采用"高效旋流混合澄清+机械过滤器+回灌砂滤池"多级联合处理工艺,将矿坑水中悬浮物降至满足地下回灌要求的浓度,在地下水库的储存运移过程中实现对微量悬浮物等污染组分的进一步去除,大大提高煤矿地下水库出水水质;在此基础上,根据矿坑水不同回用途径的水质要求,分别直接回用(洒水、降尘等)或深度处理(纳滤)后回用(生活回用)。

7.4.2 矿坑水处理工艺组合优化与效果评价

1. 主要风险

矿坑水中各类悬浮物是洁净前处理的主要对象,也是矿井水利用风险控制的关键步骤。由于矿坑水中悬浮物粒径的大小不同,其沉降性能也有较大差异,悬浮粒子在溶液中发生无规则的布朗运动。

1)悬浮物性态

根据 Stokes-Einstein(斯托克斯-爱因斯坦)方程可知,粒径大小与粒子在分散介质中的运动存在函数关系,取某时间点 t,在相隔极短时间内(<100μs),不同粒径的粒子运动趋势会有所差异,其中粒径较大的粒子运动速度较慢,粒径较小的粒子运动速度较快。

通过矿井水中悬浮颗粒粒径大小判断其是否能够自然沉降,若粒径较小,布朗运动进行的程度高,采用自然沉降的方式难以将其去除。

2)悬浮物混凝处理控制

混凝处理是洁净处理预处理的基本步骤,即通过向矿坑水中投加混凝剂使水中胶体物质发生沉降的过程,影响混凝效果的因素有混凝剂种类、投加量、混凝时间等,其中混凝剂类型及性能选择是关键。

目前,常见的混凝剂主要是各类聚合物,包括无机类和有机类,其性能和适应的条件如表 7-13 所示。以往研究中多通过单一变量来确定混凝处理最佳参数,本研究则在矿坑水电化学特性分析基础上,通过分析结果针对性地确定了混凝剂的选型标准。

表 7-13 常见混凝剂的性能对比

材料名称	性能	类别
聚合氯化铝(PAC)	对水温、pH 和碱度的适用性强	无机铝系类
聚合硫酸铝(PAS)	水解较为缓慢,但用量小,性能较佳	无机铝系类
聚合硫酸铁(PFS)	用量小,絮体生成速度快	无机铁系类
聚合氯化铝铁(PAFC)	沉降速度较快,用量小,絮体生成速度快	无机铁铝混合系类
聚丙烯酰胺(PAM)	常作为助凝剂与无机高分子混凝剂共同使用	有机合成类

研究采用 Zetasizer 粒径分析仪,通过激光多普勒电泳法测量 Zeta 电位,准确判别悬浮溶液中粒子的带电情况,进而选择合适的化学混凝剂以达到去除水中杂质的效果。该仪器利用动态光散射方法测量溶液中粒子的布朗运动,采用已经建立的理论拟合实验数据得到粒径的分布及大小,并以与被测量粒子相同扩散速率的球体直径表示粒径。

矿井水利用风险控制则要针对矿坑水化学特性,选择适宜水化学特性的混凝处理工艺,最大限度地去除悬浮物。研究根据表 7-13 中不同混凝剂性能的对比分析,确定了 PAC、PAFC、PFS 3 种混凝剂开展混凝处理实验,并与 PAM 联合使用深入探究混凝性能,最终以浊度、COD_{Cr}(化学需氧量)、总硬度等水质指标判断混凝性能,从而确定处理过程中最佳混凝剂投加量,并分析影响混凝效果的因素及其规律,旨在有效控制风险。

2. 悬浮物分析

实验中水样取自宝日希勒露天矿矿坑水,测得水质指标如下:浊度为 220~240NTU,COD_{Cr} 为 35~45mg/L,总硬度(以 $CaCO_3$ 计)为 45~50mg/L。具体处理方法:

(1)以 10mg/L 为间隔,采用去离子水配置 10~60mg/L 的 6 组不同浓度的混凝溶液。

(2)在 6 个烧杯中分别加入 500mL 的矿井水。

(3)用移液管量取 50mL 配置好的混凝溶液分别加入盛有矿井水的烧杯中。

(4)调整混凝沉淀搅拌仪转速,以 300r/min 快速搅拌 3min;再以 80r/min 慢速搅拌 10min。

(5)沉淀 15min 后取上清液并测量水质。

矿井水中悬浮颗粒粒径进行分析表明悬浮物粒径主要分布在 0~0.2μm 之间,采用自然沉降的方法难以将其去除，由于受布朗运动的影响，矿井水中颗粒不仅具有悬浮物的特性，还具有胶体的某些特性。因此，需要通过改变其颗粒聚集方式，使悬浮物凝聚成较大絮体，从而达到悬浮物沉降去除的目的（图7-17）。

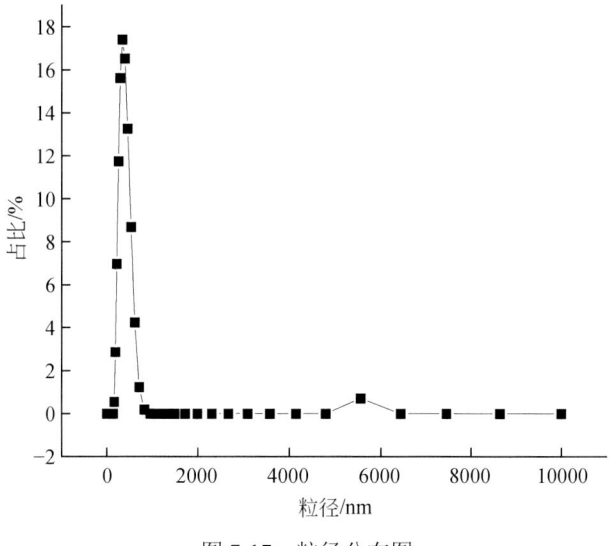

图7-17 粒径分布图

Zeta电位是考量水中悬浮物电化学特性的重要指标，测试结果表明矿井水中悬浮颗粒均呈现负电性。这是由于矿井水中悬浮颗粒以煤粉为主，而煤粉表面富含大量的羧基（—COOH）等含氧官能团，由于—COOH容易失去电子，导致矿井水中悬浮颗粒带负电。宝日希勒露天矿矿井水中悬浮颗粒的Zeta电位介于$-23 \sim -25$mV之间，由于同性胶体间存在斥力，悬浮颗粒不能凝聚成较大微粒，需要借助相反电荷的微粒与之凝聚，才能形成较大絮体而发生沉降。

3. 混凝处理工艺试验及效果评价

1）无机类混凝剂处理试验及效果

该试验选用聚合硫酸铁（PFS）、聚合氯化铝铁（PAFC）和聚合氯化铝（PAC）混凝剂，以10mg/L为间隔，在矿井水中依次投加溶解态PFS、PAFC、PAC，不同混凝剂对水体浊度的影响如图7-18所示。结果表明：

（1）随着混凝剂投加量浓度的增加，水体浊度首先呈现快速下降趋势，当投加浓度达到20mg/L时，浊度下降趋势逐渐变慢；继续增加投加浓度达到40mg/L时，浊度去除率变化趋于平稳。

（2）当投加浓度小于50mg/L时，在相同投加浓度下，使用PAC和PAFC作为混凝剂的处理效果皆优于PFS。PAFC是复合型混凝剂，由于Fe^{3+}的存在，水中悬浮物沉降速率增大。

（3）继续投加PAFC混凝剂至浓度为50mg/L时，浊度略微增加，此时投加PAFC对于浊度的去除率不及投加PAC，这是因为Fe^{3+}呈现棕黄色，随着Fe^{3+}浓度的增大也会导致色度增大。且当混凝溶液浓度过大，带正电荷的混凝剂会重新排列成互斥的稳定结构，出现"脱稳"的现象，使得凝聚而成的絮体重新被破坏，从而导致水体浊度增加。

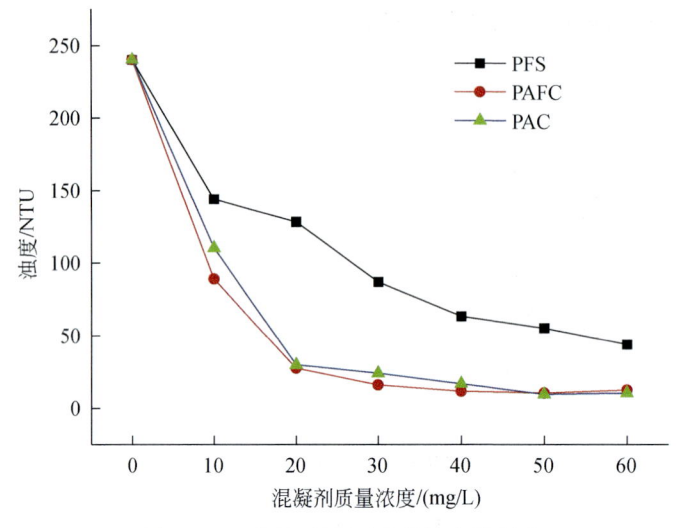

图 7-18　不同混凝剂对水体浊度的影响

整体而言，使用无机类的 PAC 和 PAFC 作为混凝剂对浊度去除效果接近，皆优于使用 PFS 作为混凝剂；当投加浓度达到 30mg/L 时，浊度去除率皆可达到 90%。

2）无机+有机类混凝剂处理试验及效果

聚丙烯酰胺 PAM 是一种线型高分子聚合物，常作为助凝剂与无机高分子混凝剂共同使用，产品主要分为干粉和胶体两种形式。按其结构可分为非离子型、阴离子型和阳离子型，实际应用过程则根据水中悬浮物所带电性选择不同结构类型的 PAM，常作为助凝剂加速水中絮体的形成。

本次实验选取阳离子型 PAM 作为助凝剂，鉴于 PAFC 的市场售价高于 PAC，考虑规模化处理的综合成本因素，选用 PAC 作为混凝剂，PAC 与阳离子型 PAM 联合投加方式。

PAC 与阳离子型 PAM 联合投加对水体浊度的影响如图 7-19 所示。首先向 6 个盛有 500mL 矿井水的烧杯中各投加 20mL 30mg/LPAC 混凝溶液后，以 0.1mg/L 为间隔，向 6 个烧杯分别投加 10mL 0.1~0.6mg/L 阳离子型 PAM，以 300r/min 搅拌 3min，以 80r/min 搅拌 10min，沉淀 15min 后取上清液测量水体浊度。随着助凝剂浓度的加大，矿坑水的浊度呈近线性的下降，将助凝剂浓度从 0.0mg/L 增加至 0.5mg/L，浊度从 24.0NTU 下降至 10.3NTU；之后继续将助凝剂浓度增加，浊度则基本不变。

7.4.3　矿井水处理工艺组合优化与效果评价

将高矿化度矿井水进行适度脱盐，使其满足绿化、灌溉及矿山生产的水质要求是敏东一矿矿井水脱盐的主要目的与需求。如果采用反渗透脱盐，适度净化工艺理念的核心旨在将矿井水中过量的 TDS 及其他有害物质去除，在确保水质满足回用指标要求（即 TDS≤1000mg/L）

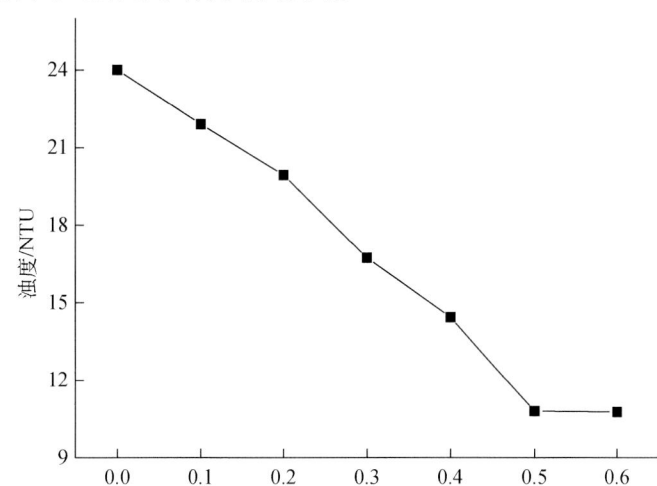

前提下实现净化成本和运行维护成本的最小化。

图 7-19　PAC 与阳离子型 PAM 联合投加对水体浊度的影响

1. 主要处理方法选择

现有的高矿化度矿井水资源化脱盐技术主要通过提高膜法浓缩倍数减少吨水能耗，但是碟管式反渗透膜、管网式反渗透膜设计初衷是为了解决高浓度 COD 污染问题，高压高盐并非其优势；电渗析（ED）浓缩在日本已经是成熟工艺，但是由于高矿化度矿井水中难溶解盐成分较高，难以判断 ED 浓缩的适用范围。

反渗透（RO）和电渗析（ED）是我国目前苦咸水脱盐的 2 种主要方法。其中反渗透已经逐渐取代电渗析法，成为高矿化度矿井水淡化的主要方法，但依然面临高能耗等问题。我国煤矿高矿化度矿井水 TDS 一般在 1000~3000mg/L，少数达到 4000mg/L 以上，最高可达 15000mg/L。高矿化度矿井水脱盐技术按脱盐原理可以分为化学法、热力法和膜分离法。

热力法脱盐是以热力源为推动力使水与盐分离的脱盐方法，适用于 TDS≥3000mg/L 的矿井水。但此法需要消耗大量热能，仅在具有蒸汽热源条件的项目中才会考虑应用，由于热源限制，目前应用较少。

电渗析（ED）和反渗透（RO）均属于膜分离法脱盐，是目前脱盐和淡化的主要方法。ED 属于电驱动型脱盐技术，最佳适用 TDS 范围：500~4000mg/L，其优点是脱盐效率高、能耗较低，缺点是不能去除水中的有机物。RO 属于压力驱动型脱盐技术，优点是适用范围广，淡水回收率高达 70%~80%，但是也存在预处理要求高和膜结垢堵塞等问题。

为促进敏东一矿水资源高效利用，本研究提出使用纳滤膜选择性脱除微咸水中的二价离子和部分一价离子，在确保产水 TDS 满足对应回用水质要求（TDS≤1000mg/L）的前提下实现"适度净化"，解决敏东一矿矿井水的精细化分质回用问题，进而提高水资源和能源的利用效率。

2. 处理工艺优化

为提高微咸（TDS≤3000mg/L）矿井水处理的精细化程度，纳滤适度净化工艺主要通过预处理和脱盐两个环节进行技术优化。其中预处理环节重点考虑在现有技术的基础上突出节能增效，通过研发一体化动态膜装置实现；适度脱盐环节重点利用纳滤膜对离子的选择透过性，有选择有目的地脱除矿井水中过量或有害的离子，并适当保留部分无害离子。

鉴于此，最终确定的微咸矿井水纳滤适度净化工艺流程见图7-20，主要包括以下两方面内容。

（1）预处理部分：调节池投加絮凝剂后矿井水进入搅拌池搅拌均匀，从动态膜一体化装置底部进入，水流自下而上运动，SS等大颗粒物质受重力作用逐渐下移，形成超滤区、絮凝区和沉淀区，沉淀区底泥从底部泥斗排出，上清液在超滤区通过中空纤维膜负压抽吸后带出系统（污泥密度指数SDI<5）。

（2）纳滤部分：经预处理达标后的矿井水通过水泵升压后送入纳滤系统脱盐，浓、淡水分别进入浓、淡水池，进而实现微咸矿井水的分质回用。

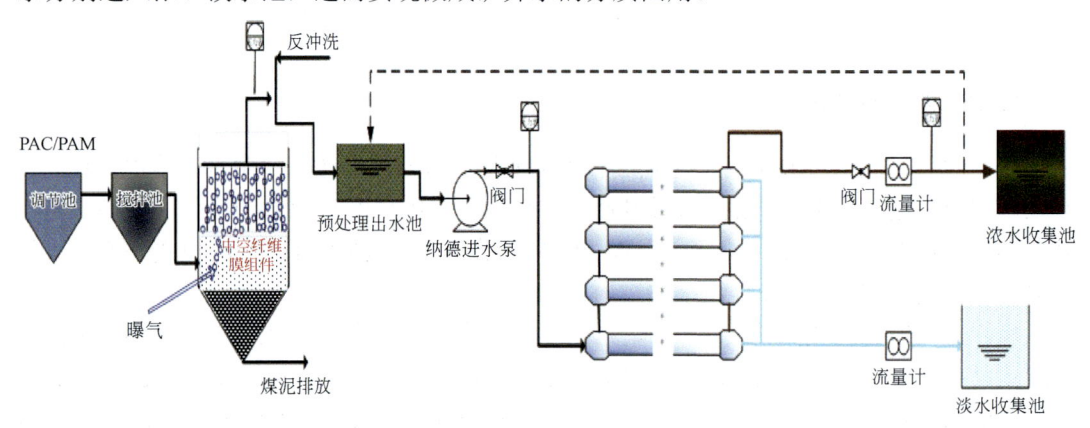

图7-20 微咸矿井水纳滤适度净化工艺流程

本章依托呼伦贝尔煤电基地高强度煤炭开采（井工、露天），通过现场调查和水质检测、理论分析及模型构建等方法，分析了矿坑水/矿井水来源及分布规律、水质分布及风险因子，针对性地提出矿井水洁净处理工艺方案。一是确定宝日希勒矿区矿坑水及敏东矿区矿井水的主要来源分别为第四系潜水及Ⅲ含承压水，潜水和承压水 NH_4^+、NO_2^-、Cl^-、TDS、总硬度和 SO_4^{2-} 均超标，潜水含水层离子含水量相对于承压含水层均较低，具有明显垂向上的差异性，且承压水TDS含量比潜水均较高；二是基于矿井水储存风险，识别主要风险因子包括浊度、色度、氟化物、Zn、Fe、Mn、COD，揭示了7种风险污染物在矿井水储存过程中迁移转化规律及演化趋势；三是基于现行水处理工艺及实验，结合现场水质及多样化需求，提出以动态膜一体化预处理部分及微咸矿井水的分质回用纳滤部分为核心的纳滤适度净化工艺，为提高矿井水利用效率和控制矿井水储存利用过程中的风险提出有效适用的方法。

第8章 面向生态的水资源多目标优化配置与调控方法

大型露天/井工矿煤炭开采均会产生大量矿井水,但由于矿井水水质相对复杂,其利用率整体偏低。通过建立矿井水资源的管理模型及制定合理的调控方法,综合考虑区域生态安全,从宏观层面对水资源进行统一的配置,提高矿井水综合利用率,是煤炭开采及生态保护协同的另一项重要内容。本章以东部草原区大型煤电基地典型矿区为研究对象,在研究确定东部草原区水资源分布特征的基础上,对煤电基地能源开发、城市发展用水等需水量开展了科学预测,构建了地表水、地下水、矿井水等多水源的优化调配机制与模型,并提出了管理层面、有限水资源量及多类型水质等方面的水资源调控对策与方法,为煤电基地水资源可持续利用、重塑煤电基地自然生态环境和经济健康快速发展提供支撑。

8.1 煤电基地水资源来源与利用途径

水资源的来源及其分布特征研究是煤电基地可供水资源的基础,同时水资源的利用途径是煤电基地主要需水用户确定的重要依据。基于煤电基地地质、水文地质条件,采用文献调研、资料收集等手段,分析水资源的主要来源、利用途径等背景条件,为确定煤电基地可供水资源及需水用户提供支撑。

8.1.1 煤电基地水资源主要来源及分布特点

东部草原区煤电基地水资源主要来源有地下含水层(地下水)、河流水系(地表水)、大气降水以及矿坑/井水。其中地下水包括第四系松散岩类孔隙水以及早白垩系碎屑岩类裂隙孔隙水。

1. 地表水

研究区主要有海拉尔河和莫勒格尔河两条常年流水河流,莫勒格尔河也是海拉尔河的支流。两条主要河流的水文特征如下。

1)海拉尔河

该河流多年平均流量 107m^3/s,最大洪峰流量 1840m^3/s(1958 年 4 月 23 日),最小流量为 0(1969 年 1 月 8 日)。据海拉尔坝后水文站 1990~2007 年资料,该河流最大径流量

70.2 亿 m³，最小径流量 12.23 亿 m³，多年平均径流量 34.76 亿 m³，多年平均径流深 2.10～3.83m；保证率 95%的枯水期流量 13.07 亿 m³。

2）莫勒格尔河

该河流河长 319km，河面宽 0.8～130m，平均比降 0.41‰，流域面积 4987km²。多年平均流量 3.15m³/s，最大洪峰流量 108m³/s（1977 年 7 月 6 日），最小流量为零（1971 年 1 月 1 日）。据头站水文站资料（1960～2007 年），多年平均径流量 0.994 亿 m³，最大年径流量 2.63 亿 m³（1977 年），最小年径流量 0.236 亿 m³（1967 年），保证率 95%的枯水期流量 0.329 亿 m³。

由图 8-1 可知，煤电基地地表河流径流量年内变化较大。由于研究区地处中纬度地区，属中温带大陆性半干旱气候，其气候特征是冬季漫长寒冷，夏季短暂而炎热。因此地表河流呈现出类似的变化特征，12 月至次年 3 月基本为冰冻期，基本无径流，4～11 月属于河流径流期，受流域季节性调控明显。

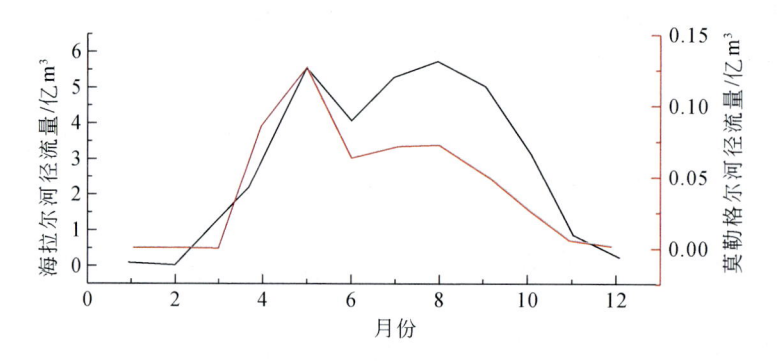

图 8-1 地表河流月平均径流量曲线图

2. 地下水

1）第四系松散岩类孔隙水

第四系松散岩类孔隙水分布广泛，根据所处地貌部位及含水层岩性、结构、厚度和补-径-排条件不同，其富水性有明显差异。河谷及冲积平原含水层颗粒粗、厚度大、渗透性强、补给条件好、富水性强；高平原区含水层厚度相对较薄、泥质含量高、渗透性弱、补给条件差、富水性弱。

（1）水量极丰富区

主要分布于海拉尔河谷。第四系孔隙水含水层由全新统、上更新统、中更新统冲积、冰水堆积、冲湖积砂、砂砾石、含黏土砂砾石组成。含水层厚度 10～30m，局部 30～70m，水位埋深 1～3m，透水性、富水性好。单井涌水量大于 3000m³/d。水化学类型一般为 HCO_3-Ca·Na 型，矿化度 0.15～0.31g/L。

（2）水量丰富区

分布于冲积平原北莫勒格尔河古冲洪积扇。含水层厚度一般 10～40m，水位埋深 5～25m，含水层颗粒较粗，属地下水径流—排泄区，地下水渗透及补给条件好。单井涌水量一般 1000~3000m³/d，水量丰富。水化学类型为 HCO₃-Ca·Na 型，矿化度 0.13~0.91g/L。

（3）水量中等区

分布于冲积平原中部和北部边缘及莫勒格尔河上游河谷。含水层主要由全新统、上更新统冲积、冰水堆积砂、砂砾石、含黏土砂砾石组成。厚度 10~15m，水位埋深 3~5m，单井涌水量在 500~1000m³/d。水化学类型为 HCO₃·SO₄-Ca·Mg 型，矿化度小于 0.5g/L。

（4）水量贫乏区

分布于东部高平原谢尔塔拉牧场六队以东。含水层主要由全新统冲积及中上更新统冰水堆积砂、砂砾石、含黏土砂砾石组成。含水层厚度 3~8m，水位埋深 1~10m，略具承压性，单井涌水量小于 100m³/d。水化学类型为 HCO₃-Ca·Mg 型，矿化度小于 1.0g/L。

（5）透水不含水区

分布于东明、宝日希勒露天煤矿疏干区（包括宝日希勒一、二、三、四露天扩大采区）。露天煤矿开采长时间的疏干排水，地下水降落漏斗持续扩大，使得露天矿区周边大面积范围内第四系松散岩类孔隙潜水枯竭，形成了透水而不含水（层）区。

2）白垩系碎屑岩类裂隙孔隙水

含水层主要发育于下白垩统大磨拐河组含煤岩段的上部，岩性为弱胶结砂岩、砂砾岩及褐煤。砂岩、砂砾岩结构松散、孔隙发育，煤层受构造作用，裂隙较发育。根据较稳定可采煤层的沉积旋回，自上而下可细分为 B、Ⅰ、Ⅱ、Ⅲ四个含水层组，垂向上一般由其中 2~3 个含水层组合成含水岩组，不同地段中的含水层组合存在差异。

（1）水量丰富区

局部分布，单位涌水量 1.19~10.34L/(s·m)，矿化度 0.81~1.65g/L，为淡-微咸水，水化学类型为 HCO₃-Na 型。

（2）水量中等区

主要分布于东部高平原的盆地中心，单位涌水量 0.117~0.57L/(s·m)，矿化度 0.43~1.09g/L，水化学类型为 HCO₃·Cl-Na·Ca 型。

（3）水量贫乏区

分布于东明矿一带和东部高平原边缘，单位涌水量 0.009~0.100L/(s·m)，矿化度 0.44~3.04g/L，一般盆地中段靠北部水质较好，矿化度<1.0g/L，水化学类型为 HCO₃·Cl-Na·Ca 型。

该区地下水资源为基于含水层的面状分布，长期接受大气降水的补给，其富水性受到地貌、地层岩性、粒径等因素的控制，水质主要受地下水的补径排条件控制。研究区多年平均地下水天然补给量 0.63 亿 m³/a，排泄量 0.648 亿 m³/a，补排差-0.0051 亿 m³/a，补给量略少于排泄量，补排基本平衡。近年来，由于区内煤矿开采排水、电力开发取水等因素，地下水资源有逐步减少的趋势。综上，地下水资源总量有限，空间分布不均，接受面状补给为主。

3. 大气降水

根据陈巴尔虎旗中心气象站观测资料统计，多年平均气温-1.5℃，极端最高气温 37.7℃（出现在 6 月下旬），极端最低气温-48℃（出现在 1 月下旬）；无霜期 77~120d，冻结期一般在10月中下旬至次年4月中旬，最大冻土深度2.41m；年平均风速3.5m/s，最大风速26m/s，春秋两季多西风和西南风；多年平均降水量346.8mm，多年平均蒸发量1284.5mm，历史24h最大降雨85.5mm（2004年8月3日）。近十年平均降水量为272.8mm，其中60%集中在7、8月；年平均蒸发量1329.0mm。

研究区主要气象要素历时曲线如图8-2所示，该区大气降雨呈现很明显的季节性，年内主要降雨均集中在4~9月，约占全年降雨总量的80%~90%。同样地，年平均蒸发量主要集中在5~9月，但蒸发量较小，约为降雨量的10%~40%。为此，研究区呈现出地表水资源相对丰富的特点。

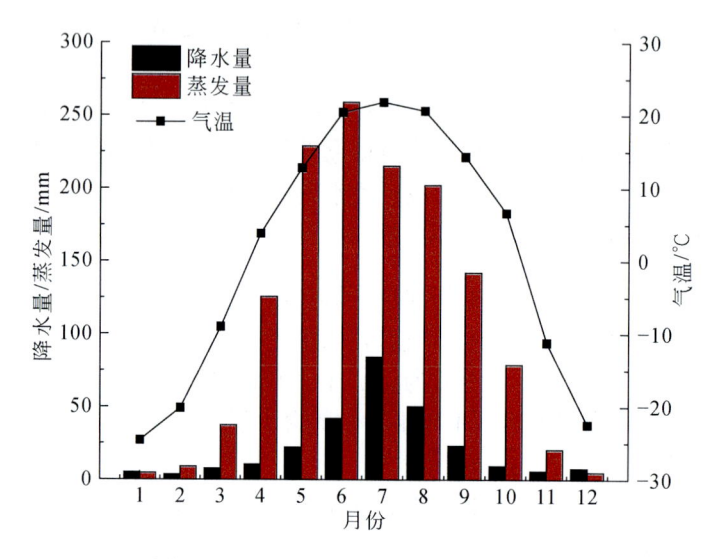

图8-2 研究区主要气象要素曲线/柱状图

4. 矿坑/井水

根据呼伦贝尔煤电基地现场调研及资料收集，宝日希勒矿区集中有陈巴尔虎旗天顺矿业有限责任公司（简称天顺矿业公司）、蒙西煤矿、大唐呼伦贝尔能源开发有限公司顺兴煤矿（简称顺兴煤矿）、呼伦贝尔宝日希勒金源煤矿有限责任公司（简称金源煤矿）、呼伦贝尔东明矿业有限责任公司（简称东明露天矿）以及国能宝日希勒能源有限公司（简称宝日希勒露天矿）。

其中，天顺矿业公司、蒙西煤矿、顺兴煤矿、金源煤矿为井工矿，其作业方式为先建立通道到达煤层然后使用掘进机进行开采，再通过皮带直接输送到地面。而东明露天矿以及宝日希勒露天矿为露天矿开采，其作业方式为通过炸药把表面的岩石爆破之后，然后使用挖掘机剥离再进行开采，具有效率高、成本低、作业环境安全等特点。同时，由于东明露天矿位于莫勒格尔河附近，接受该地表水的补给，宝日希勒露天矿位于东明露天矿的下游，其补给水量小于东明露天矿，东明露天矿的矿井排水截取了一部分宝日希勒露天矿的补给量，因此这些矿井的矿坑/井水量呈现不一致的现象，其中天顺矿业公司排水量为113.9万 m^3/a，蒙西煤矿排水量为27.01万 m^3/a，顺兴煤矿排水量为23.36万 m^3/a，金源煤矿排水量为 8.76 万 m^3/a，东明露天矿排水量为 3650 万 m^3/a，宝日希勒露天矿排水量为 219 万 m^3/a，合计排水量为 4042.03 万 m^3/a。

8.1.2 煤电基地水资源主要利用途径

草原区煤电基地经济发展贡献最重要的指标分别为矿产开发（煤炭开采、金属矿业），农畜产品及农副食品加工，电力、热力生产三大部分。同时由于东部草原区的生态屏障地位，保护和建设好研究区的生态环境，既是自身发展的需要，也是维护国家生态安全的需要，因此，政府近年来一直在大力开展生态建设，着力推进绿色循环低碳发展。

1. 煤电基地区域水资源利用

煤电基地区域水资源主要指来自地下潜水、地表河流、地表水库、大气降雨等，与煤炭开采过程无关，经过净化处理后直接用于工业、农牧业和城镇居民生活等方面的优质水资源。其资源量与煤电基地区域自然地理条件、水文地质本底、地表水系河流分布等因素密切相关。区域主要利用途径包括以下几个方面。

1）煤电基地能源开发

煤电基地能源开发用水主要是矿产开发过程中生产用水、井上下除尘用水、洗选用水等，电力、热力生产过程中的汽轮发电机组的蒸汽冷却水、锅炉补水、脱硫用水等，这些占据主要工业用水的 70%～80%，为工业生产中的用水大户。研究区宝日希勒露天矿、东明露天矿生产规模大，生产用水、井上下除尘用水、洗选用水等消耗水量达 6000m^3/d，鄂温克电厂发电过程中消耗水量近 1000m^3/d。

2）区域农牧业生产生活

东部草原区另一特点为分布有大量的农业，主要农产品为玉米、大豆、小麦、油麦、马铃薯等，研究区把加快农区现代畜牧业和牧区草原生态畜牧业作为畜牧业的发展重点，主要为猪、牛、羊等牲畜，这些农牧业均需要消耗一定的水资源。研究区内谢尔塔拉农牧场各农业队共建大中型蓄水池 10 座，总蓄水量 300 多万立方米。通过扬水站、引水渠，每小时可引 8000 多吨海拉尔河水上山灌溉。

3）煤电基地城市发展

城市发展主要依靠建筑业、服务业等，这些行业消耗了一定量的水资源，同时城镇人口的发展同样需要消耗一定的水资源。2021 年，呼伦贝尔市城市供水总量 3524.53 万 m^3，同比增长 5.94%，城市人均日生活用水量 190.99L。

4）区域生态恢复及矿山生态建设

由于东部草原区的生态地位，生态环境保护和恢复工作成为政府工作的重心。研究区分布有大面积的草地、林地，维持这些植被的生产需要消耗大量的水资源，同时矿山开发引出了一系列的生态问题，恢复和建设矿山生态环境同样需要消耗一定的水资源。

2. 煤矿局域水资源来源及主要利用途径

煤电基地分布有大型露天矿及井工矿,局域水资源主要指来自煤炭开采过程中产生的矿井水或矿坑水,经过处理净化后的矿井水及部分地表水和地下水,其资源量与开采区域地质条件、水文地质条件和开采工艺等因素相关。下面以区内宝日希勒大型露天矿为例说明其主要利用途径和利用量。

1) 矿山生产

其主要的利用途径包括汽车冲洗、道路洒水等生产用水。露天矿夏季时汽车冲洗耗水量 204m^3/d,道路洒水耗水量 3012m^3/d。

2) 生活用途

其主要的利用途径包括浴室、洗衣房、锅炉用水等生活用水。露天矿夏季时浴室用水耗水量 109m^3/d,道路洒水耗水量 118m^3/d。

3) 生态用途

其主要的利用途径包括绿化用水、生态修复等生态用水。露天矿夏季时绿化用水量 2022m^3/d,占总耗水量的30%以上。

8.2 典型煤电基地水资源优化配置方法

针对煤电基地水资源匮乏和利用需求量大的矛盾,优化配置水资源是提高利用效率增加供给的重要技术途径。特别是根据煤电基地可持续发展的要求和现实情景,合理预测未来发展需要的水资源量,有助于建立基于水资源量的可持续发展模式,合理分配水资源量,确保煤电基地的能源开发与生态安全协同。

8.2.1 典型煤电基地需水量预测及平衡分析

根据煤电基地水资源的主要途径分析,将一些类似项进行合并,研究将煤电基地能源开发需水预测主要集中在工业用水预测、农牧业生产生活需水中农业用水预测、城市发展需水的生活用水预测、生态恢复和矿山生态建设需水中生态植被用水预测等重点。各部门水量计算采用定额法进行预测,即数量与用水定额的乘积,同时,结合水资源利用不可能持续增长的实际情况,采用阻滞增长型模型对各用户需水量进行预测,预测结果为煤电基地水资源优化配置提供基础。

1. 煤电基地需水量预测模型

1) 阻滞增长模型(Logistic 模型)简介

研究区地下水资源相对短缺,且水资源分布不均,供水能力有限,加之煤电基地能源开发、农牧业、生态用水的持续增加,水资源矛盾越发明显。那么,在复杂的社会发展-

水资源-生态环境-经济发展体系下,如何实现水资源的可持续利用,且尽可能减少对生态和社会经济的发展,是目前迫切需要解决的难题。

如果研究区的水资源开发利用不受任何外部因素的限制,可以无限满足农业、能源开发、人口发展的需求,那么区域水资源的消耗将呈现指数增长模式,这种形式称为马尔萨斯增长曲线,该曲线理论上只能在一定很短的时间内存在,不可能无限期存在。而随着社会经济发展,人口增长、生态需水等因素对水资源的需求越来越大,但是区域内的水资源量是有限的,所以从长期发展来看,这种无限制的增长形式是不可能存在的,需要充分考虑区域的水资源承载能力。

大量研究表明,水资源开发利用都遵循着量变与质变相统一阻滞增长模型,也称作 S 曲线的发展模式。也就是说,在一定的发展阶段,水资源量质状况和开发利用水平是客观存在的,有限水资源的开发利用总体存在一个极值,区域水资源开发利用水平呈现出阻滞作用下的增长模式。越接近这个极值,水资源开发利用速度就越小,而相对发展速度为系统发展状态的线性递减函数。水资源的开发利用程度是随着社会需求的增长和经济技术水平的提高而不断增加的,但这种增加是有极值的。

Logistic 模型是在指数增长模型的基础上对其进行修改而形成的。实际上水资源系统问题的研究是很复杂的,Logistic 模型考虑到水资源开发利用程度的有限性,这种规律表现为随着水资源开发利用量的增长,其增长率将逐渐下降,这是符合自然发展规律的。

2)基于 Logistic 模型的需水量预测模型

该模型将研究对象的需水量指标作为变量,当变量随时间逐渐增长,它对时间的变化率开始单调增加,逐渐达到最大值,然后单调递减,变量的变化逐渐趋于饱和。这一类过程为饱和增长过程。它有三个显著的特征,其一为单调递增性,其二为增长有限性,其三为形状呈 S 形。

(1)模型假设

①假设水资源开发利用增长率 $r(x)$ 是 t 时水资源量 $x(t)$ 的函数,根据实际考虑,$r(x)$ 应该是 x 的减函数。②假设 $r(x)$ 为 x 的线性函数:$r(x)=r-sx$,$s>0$。③考虑自然资源和环境条件所能允许的最大水资源量 x_m,当 $x=x_m$ 时,水资源开发利用水平增长率为 0(环境饱和),即 $r(x_m)=0$。

(2)模型分析

在此线性化假设前提下,可得到:

$$r(x) = r\left(1 - \frac{x}{x_m}\right) \quad (8\text{-}1)$$

其中,r、x_m 通常根据区域水资源总量确定。由以上假设,可将模型修正为

$$\begin{cases} \dfrac{dx}{dt} = rx\left(1 - \dfrac{x}{x_m}\right) \\ x(0) = x_0 \end{cases} \quad (8\text{-}2)$$

求解上述阻滞增长模型方程组可得

$$x(t) = \frac{x_{\mathrm{m}}}{1 + \left(\dfrac{x_{\mathrm{m}}}{x_0} - 1\right) \mathrm{e}^{-rt}} \qquad (8\text{-}3)$$

区域水资源开发利用程度的 Logistic 增长过程实际上是一个先增加后降低的过程,当水资源量较大时,水资源开发利用水平发展迅速,随着时间推移,水资源利用规模逐渐增大,发展空间逐渐缩小,水资源供给能力下降,水资源复杂系统的发展越来越受到阻碍,最后逐渐趋于停滞。

2. 煤电基地各种需水量预测

1)煤电基地能源开发需水量

煤电基地能源开发需要大量的水资源量。水资源量直接决定煤电基地工业的发展,一般认为工业产值与其需水量的呈线性关系。此处煤电基地开发需水量预测主要为区域工业需水量预测。

根据呼伦贝尔市统计年鉴资料(2012~2016 年)以及陈巴尔虎旗国民经济和社会发展统计公报进行统计,研究区 2012 年工业产值、建筑业产值和第三产业产值分别为 952726 万元、9029 万元和 156571 万元;2013 年工业产值、建筑业产值和第三产业产值分别为 987124 万元、956 万元和 170518 万元;2014 年工业产值、建筑业产值和第三产业产值分别为 909954 万元、1234 万元和 182823 万元;2015 年工业产值、建筑业产值和第三产业产值分别为 873825 万元、37597 万元和 200125 万元;2016 年工业产值、建筑业产值和第三产业产值分别为 874000 万元、37606 万元和 224456 万元。其中万元工业增加值用水量 2012~2016 年分别为 30m^3、30m^3、25m^3、23.6m^3 和 22.4m^3;根据相关文献,建筑业和第三产业增加值用水量 2012~2016 年分别为 13m^3 和 22m^3。

经过定额法计算,研究区 2012~2016 年工业用水量(表 8-1),表明了工业用水量呈现逐年下降的趋势。

表 8-1　研究区 2012~2016 年工业用水量计算表　　　(单位:万 m^3)

项目	2012 年	2013 年	2014 年	2015 年	2016 年
工业用水量	3214	3338	2679	2551	2500
还原值	3214	3338	3480	3620	3770
预测值	3214	3344	3480	3621	3768
差值	0	-6	0	-1	2

根据表 8-1 中 2012~2016 年工业用水量统计数据可以看出,工业用水量开始下降,说明经济增长已经受到当地水资源的制约,为预测经济增长情况下工业需水量的变化趋势,需要根据其用水量增长速率还原工业用水量后计算工业需水量。以 2014~2015 年的增长速率为基准,根据其历史用水量的变化特点,采用阻滞增长模型(Logistic 模型)预测规划年 2025 年和 2030 年的工业需水量。

根据表 8-1 中工业用水量统计数据，以 2012~2013 年的增长速率（0.04）为基准，根据阻滞增长模型（Logistic 模型）分别预测规划年 2025 年和 2030 年的工业需水量。拟合出的阻滞增长模型为

$$x(t) = \frac{545400}{1+168.7 \times e^{-0.04t}} \tag{8-4}$$

根据预测曲线［图 8-3（a）］结果，研究区 2025 年工业需水量为 5384 万 m³，2030 年工业需水量为 6562 万 m³。

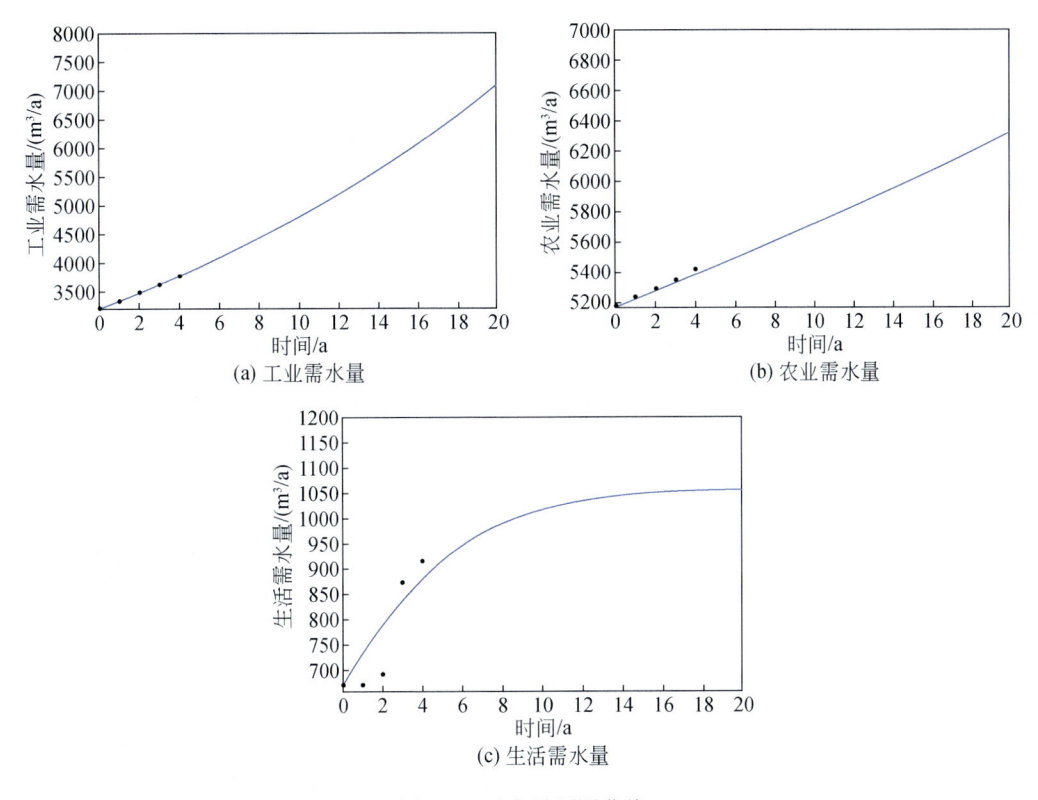

图 8-3 需水量预测曲线

2）农牧业生产生活需水量

农牧业的发展需要大量的水资源量维持。水资源量直接决定农牧业发展的规模和深度，一般认为农牧业生产与其需水量呈线性关系。此处农牧业生产生活需水量预测主要为研究区农业需水量预测。

根据呼伦贝尔市统计年鉴资料（2012~2016 年）以及陈巴尔虎旗国民经济和社会发展统计公报进行统计，研究区 2012~2016 年灌溉面积［粮食作物面积（小麦、玉米等）和其他作物面积（油料等）］分别为 28123hm²、27687hm²、28577hm²、27311hm² 和 27869hm²，灌溉面积基本未发生大的变化。其中农田灌溉亩毛用水量 2012~2016 年分别为 336m³、330m³、322m³、327m³ 和 305m³，可见研究区由于区域的地下水位逐年下降，灌溉取水较困难，近年来逐步由取用当地地下水转为取用地表水，灌溉定额逐年减少。经过定额法计

算研究区 2012～2016 年农业用水量见表 8-2。由表 8-2 数据可知，农业用水量同样呈现逐年下降的趋势。

表 8-2　研究区 2012～2016 年农业用水量计算表　　　（单位：万 m³）

项目	2012 年	2013 年	2014 年	2015 年	2016 年
农业用水量	5173	5002	5038	4889	4654
还原值	5173	5230	5290	5350	5420
预测值	5173	5225	5277	5330	5384
差值	0	5	13	20	36

根据表 8-2 中 2012～2016 年的农业用水量统计数据可以看出，农业用水量开始下降，说明经济增长已经受到当地水资源的制约，为预测经济增长情况下农业需水量的变化趋势，需要根据其用水量增长速率还原农业用水量后计算农业需水量。以 2014～2015 年的增长速率为基准，根据其历史用水量的变化特点，采用阻滞增长模型（Logistic 模型）预测规划年 2025 年和 2030 年的农业需水量。

根据表 8-2 中农业用水量统计数据，以 2013～2014 年的增长速率（0.01）为基准，根据阻滞增长模型（Logistic 模型）分别预测规划年 2025 年和 2030 年的农业需水量。拟合出的阻滞增长模型为

$$x(t)=\frac{10490000}{1+2026.8\times e^{-0.01t}} \tag{8-5}$$

根据预测曲线［图 8-3（b）］结果，研究区 2025 年农业需水量为 5891 万 m³，2030 年农业需水量为 6193 万 m³。

3）依托城市持续发展需水量

城市持续发展离不开水资源，水资源的充足决定城市持续发展，一般认为城市持续发展与其需水量呈线性关系。此处依托城市持续发展需水量预测主要为研究区生活需水量预测。

本次计算的生活需水量包含居民生活饮用水（包括城镇和乡村）和牲畜（大、小牲畜）用水量计算。

根据呼伦贝尔市统计年鉴资料（2012～2016 年）以及陈巴尔虎旗国民经济和社会发展统计公报进行统计，研究区 2012 年总人口为 58597 人，其中乡村人口 14076 人，城镇人口 44521 人，大、小牲畜分别为 135200 头和 518800 头；2013 年总人口为 58732 人，其中乡村人口 14152 人，城镇人口 44580 人，大、小牲畜分别为 133200 头和 531900 头；2014 年总人口为 58711 人，其中乡村人口 14136 人，城镇人口 44575 人，大、小牲畜分别为 142500 头和 532900 头；2015 年总人口为 56741 人，其中乡村人口 17023 人，城镇人口 39719 人，大、小牲畜分别为 187274 头和 784881 头；2016 年总人口为 56400 人，其中乡村人口 18387 人，城镇人口 38013 人，大、小牲畜分别为 186835 头和 898903 头。其中农村居民用水定额 2012～2016 年分别为 64L/（人·d）、69.1L/（人·d）、70L/（人·d）、73L/（人·d）和 78L/（人·d），城镇人均用水定额分别为 94L/（人·d）、92.1L/（人·d）、92L/（人·d）、91L/（人·d）和 91L/（人·d）；大、小牲畜用水定额分别 60L/（头·d）和 10L/（头·d）。经过定额法进

行计算研究区 2012～2016 年生活用水量见表 8-3。

表 8-3 研究区 2012～2016 年生活用水量计算表

项目	2012 年	2013 年	2014 年	2015 年	2016 年
日生活用水量/m³	18386	18395	18969	23942	25092
年生活用水量/万 m³	671	671	692	874	916
统计值/万 m³	671	671	692	874	916
预测值/万 m³	671	733	788	837	880
差值	0	-62	-96	37	36

根据表 8-3 中 2012～2016 年生活用水量统计数据可以看出，生活用水量增长速度不均匀，说明经济增长已经受到当地水资源的制约，为预测经济增长情况下生活需水量的变化趋势，需要根据其用水量增长速率计算生活需水量。以 2014～2015 年的增长速率为基准，根据其历史用水量的变化特点，采用阻滞增长模型（Logistic 模型）预测规划年 2025 年和 2030 年的生活需水量。

根据表 8-3 中生活用水量统计数据，以 2014～2015 年的增长速率（0.26）为基准，根据阻滞增长模型（Logistic 模型）分别预测规划年 2025 年和 2030 年的生活需水量。拟合出的阻滞增长模型为

$$x(t) = \frac{1060}{1 + 0.58 \times e^{-0.26t}} \tag{8-6}$$

根据预测曲线［图 8-3（c）］结果，研究区 2025 年生活需水量为 1039 万 m³，2030 年生活需水量为 1054 万 m³。

4）煤电基地区域生态恢复及矿山生态建设

生态需水包含河道内生态需水和河道外生态需水。河道内生态需水即为保持河流系统的输水、输沙、防污、景观、生态等功能的最小需水量。河流的健康需水来维持，有水就有活力，无水则失去活力。为了维持河流系统功能的健康，使河流水资源得到可持续利用，在河流系统水资源开发利用过程中，必须考虑生态环境用水的需求。

生态环境用水包括河道内和河道外，前者是维持河流的正常流动状态，确保水系生态安全的基本用水。后者泛指河道外草地、森林等植被群落构成的生态环境用水。河道外生态需水也是流域区域生态植被正常生产所需的最小水量。河道内生态需水量可根据资料的完整程度采用不同的方法进行计算。

本次生态环境用水计算是根据前人研究成果总结的经验公式，取河流的生态需水不能少于河流径流量的 60%，即取水不能超过河流径流量的 40%。根据 8.1.1 节中海拉尔河和莫勒格尔河两条河流的水文资料分析，海拉尔河流生态需水量为 20.856 亿 m³，可取用水量为 13.904 亿 m³；莫勒格尔河流生态需水量为 0.5964 亿 m³，可取用水量仅为 0.3976 亿 m³。

河道外生态需水主要是植被生态的需水，本次计算采用定额法计算其需水量。研究区主要分布的植被为草，草地面积占研究区的 60% 左右，即 920km² 左右，草地的需水定额如按照 500mm/m² 计算，则研究区草地生态需水量为 4.6 亿 m³。

3. 煤电基地供需平衡分析

根据以上需水量计算分析以及研究区水资源特征可统计出，地表水资源量现状为 35.754 亿 m³，地下水资源量现状为 0.63 亿 m³，矿井水资源量现状为 0.41 亿 m³，合计可供水量为 36.794 亿 m³；生活需水量现状为 0.0916 亿 m³，农业需水量现状为 0.4654 亿 m³，工业需水量现状为 0.25 亿 m³，生态需水量现状为 26.072 亿 m³，合计需水量为 26.879 亿 m³，供水量大于需水量（表 8-4）。

从煤电区域总体分析可知，研究区的总供水量大于现状需水量，其主要原因是区内地表水资源极其丰富，占据总供水量的 90% 以上。但该区地广人稀，大多为草原区域，地表流域水资源的区域生态利用十分困难。当该水资源不作为研究区供水水源的话，研究区将出现大范围的水资源匮乏。

表 8-4　研究区供需平衡现状　　　　　　　　　　（单位：亿 m³）

供水量			需水量				
地表水	地下水	矿井水	生活	农业	工业	河道生态	植被生态
35.754	0.63	0.41	0.0916	0.4654	0.25	21.452	4.62
合计：36.794			合计：26.879				

8.2.2　煤电基地水资源多目标优化配置方法与分析

煤电基地水资源优化配置是根据研究区不同供水水源（地下水、地表水、矿井水）的量质特征，以各用户（能源开发、生态用水、农牧业等）对需水量质的不同为基础，利用多目标规划方法，开展基于量质耦合的水资源多目标优化配置，分析配置结果，为水资源调控对策的制定提供参考。

1. 煤电基地水资源优化配置概述

水资源优化配置是指在流域或特定的区域范围内，遵循公平、高效和可持续利用的原则，以水资源的可持续利用和经济社会可持续发展为目标，通过各种工程与非工程措施，考虑市场经济规律和资源调控准则，通过合理抑制需求、有效增加供水、积极保护生态环境等手段和措施，对多种可利用水资源在区域间和各用水部门间进行合理调配，实现有限水资源的经济、社会和生态环境综合效益最大化，以及水质和水量的统一和协调。

为了实现水资源的社会、经济和生态综合效益最大化，水资源合理配置应遵循以下几个基本原则。

1）能源开发与生态安全协同

水的生态属性决定了水资源利用在创造价值的同时，还必须为自然界提供可持续发展的基本保障，即满足人类所依赖的生态环境对水资源的需求。

研究区为煤电基地，主要的经济发展依靠其内部的能源开发。因此在优化配置时，需要充分考虑能源开发与当地生态的协同发展。也就是说在充分满足煤电基地能源开发用水的基础上,必须保证煤电基地生态自然生长和恢复所需的水资源,当水资源可利用量无法同时满足能源开发、生态环境保护用水需求时,首先应合理界定能源开发用水和生态环境用水的比例,保证必要的能源开发需水和生态环境临界需水。

2)用水效率和效益兼顾

水资源配置兼顾提高用水效率和增加效益两方面。水资源配置应有利于提高参与生活、生产和生态过程水量的有效利用程度,减少水资源在取水、输水、用水和排水过程中的无效浪费。

研究区矿产开发产生的矿井水,应首先配置为其开发过程中生产用水、除尘等以及其周边城镇工业用水;研究区地下水优先利用于当地农牧业的生活生产;另外,在生态用水方面,也要加强矿井水在生态浇灌方面的功能,水资源不足时,应考虑采用较远的地表水资源。

3)资源量、质可持续

水资源配置需充分考虑水资源的量和质的差异性,保持可持续的资源量和根据水质需求分质供给,有助于实现水资源的可持续利用。

水资源可持续利用包括三方面内容:一是水资源可再生性的维持,包括维持量和质两方面的可再生性;二是水资源利用的可持续性维持,主要指开发利用模式的持续性,如地下水开采要实现一定生态地下水位约束下的采补平衡;三是区域社会发展的可持续性保障,其一是建立社会经济和生态环境合理用水需求的供水保障体系,其二是建立适应当地水资源条件的区域经济发展模式,建立内涵式的水资源供需平衡保障体系,在供水"零增长"条件下实现社会经济持续发展。

2. 煤电基地水资源配置算法

水资源配置算法是指对水资源进行配置的最优化算法,该算法是在某些约束条件(水量和水质等)下,通过确定某些可选择的变量应该取何值,使所选定的目标函数(供水保证率、经济目标等)达到最优的问题,也是运用最新科技手段和处理方法,使系统达到总体最优,从而为系统提出设计、施工、管理、运行的最优方案。其中 NSGA-II 是目前最流行的多目标遗传算法之一,它降低了非劣排序遗传算法的复杂性,具有运行速度快,解集的收敛性好的优点,成为其他多目标优化算法性能的基准。

1)NSGA-II 算法

NSGA-II 是在第一代非支配排序遗传算法的基础上改进而来的,其改进主要是针对以下三个方面:

(1)提出了快速非支配排序算法,一方面降低了计算的复杂度,另一方面它将父代种群跟子代种群进行合并,使得下一代的种群从双倍的空间中进行选取,从而保留了最为优秀的所有个体;

(2)引进精英策略,保证某些优良的种群个体在进化过程中不会被丢弃,从而提高了

优化结果的精度;

(3) 采用拥挤度和拥挤度比较算子,不但克服了 NSGA 中需要人为指定共享参数的缺陷,而且将其作为种群中个体间的比较标准,使得准帕累托（Pareto）域中的个体能均匀地扩展到整个 Pareto 域,保证了种群的多样性。

2) NSGA-Ⅱ关键算法

针对当前 M 个个体,选取 N 个个体（$M>N$）,NSGA-Ⅱ关键算法（步骤）:

(1) 先对 M 个个体求 Pareto 解。然后得到 F_1,F_2,…这些 Pareto 的集合。

(2) 把 F_1 的所有个体全部放入 N,若 N 没满,继续放 F_2,直到有 F_k 不能全部放入已经放入 F_1、F_2、…、$F_{(k-1)}$ 的 N（空间）。此时对 F_k 进行求解。

(3) 对于 F_k 中的个体,求出 F_k 中的每个个体的拥挤距离 $Lk_{[i]}$（crowding distance）,在 F_k 中按照 $Lk_{[i]}$ 递减排序,放入 N 中,直到 N 满。

3) NSGA-Ⅱ关键子程序算法

(1) 快速非支配排序算法

多目标优化问题的关键在于求取 Pareto 最优解集。NSGA-Ⅱ快速非支配排序是依据个体的非劣解水平对种群 M 进行分层得到 F_i,作用是使得解靠近 Pareto 最优解。这是一个循环的适应值分级过程,首先找出群体中的非支配解集,记为 F_1,将其所有个体赋予非支配序 $i_{rank}=1$（其中 i_{rank} 是个体 i 的非支配序值）,并从整个群体 M 中除去,然后继续找出余下群体中的非支配解集,记为 F_2,F_2 中的个体被赋予 $i_{rank}=2$,如此进行下去,直到整个种群被分层,F_i 层中的非支配序值相同。

(2) 个体拥挤距离

在同一层 F_k 中需要进行选择性排序,按照个体拥挤距离大小排序。个体拥挤距离是 F_k 上与 i 相邻的个体 $i+1$ 和 $i-1$ 之间的距离,其计算步骤为:

a. 对同层的个体距离初始化,令 $L_{[i]}d=0$（表示任意个体 i 的拥挤距离）。

b. 对同层的个体按照第 m 个目标函数值升序排列。

c. 对于处在排序边缘上的个体要给予其选择优势。

d. 对于排序中间的个体,求拥挤距离。

其中,$L_{[i+1]}m$ 为第 $i+1$ 个体的第 m 目标函数值,f_{max}、f_{min} 分别为集合中第 m 目标函数的最大值和最小值。

e. 对于不同的目标函数,重复 b~d 的步骤,得到个体 i 的拥挤距离 $L_{[i]}d$,有限选择拥挤距离较大的个体,可以使计算结果在目标空间均匀地分布,维持群体的多样性。

(3) 精英策略选择算法

a. 保持父代中优良个体直接进入子代,防止 Pareto 最优解丢失。

b. 选择指标对父代 C_i 和子代 D_i 合成的种群 R_i 进行优选,组成新父代 C_{i+1}。

c. 先淘汰父代中方案检验标志不可行的方案,接着按照非支配序值 i_{rank} 从低到高将整层种群依次放入 C_{i+1},直到放入某一层 F_k 超过 N 的限制,最后依据拥挤距离大小填充 C_{i+1} 直到种群数量为 N。

该算法可采用 MATLAB 编程实现。运用 MATLAB 实现水资源多目标优化配置,不仅大大减少编程的难度,而且还大大提高了模型实现的准确性和模型的运行速度。

3. 煤电基地水资源多目标优化配置模型

水资源通常具有多种用途和目标,而这些目标之间往往存在着相互依存或相互竞争的关系。因此,水资源优化配置是一个多目标的决策问题。

水资源多目标优化配置模型由模型、决策变量、目标函数和约束条件四部分构成。

1) 煤电基地水资源配置控制因子

决策变量是为达到系统目标而对系统进行的控制和操作,属于可控变量。根据煤电基地水资源优化配置的特点,水资源优化配置模型主要决策变量可以概括为如下两种类型。

(1) 运行决策变量

用来确定煤电水资源具体开发利用方案,如地下水、地表水、矿井水最优开采量等。根据农业、工业、生活、生态对供水水量和水质的差异性要求,分别将地表水、地下水、矿井水拆分为9个变量,其具体分布见表8-5。

表8-5 研究区水资源优化配置变量表

供水	需水	变量
地表水	生活	x_1
	农业	x_2
	工业	x_3
	河道内	x_4
	河道外	x_5
地下水	农业	x_6
	河道外	x_7
矿井水	工业	x_8
	河道外	x_9

(2) 生态环境决策变量

生态环境决策变量通常包括污水排放量,污水处理量、生态用水量、绿洲面积等。煤电基地范围内可通过统计相应的植被面积,查询当地灌溉定额,即可得到植被生态需水量。通过文献查询得到,研究区河道内生态需水量不得少于河流径流量的40%,可计算河道内生态需水量。

2) 煤电基地水资源配置约束条件

在水资源优化配置中,每一个问题在解决时都要受到一定条件的约束。它们是描述系统对参数和变量进行操作时所依据的定律、法则和规定。根据煤电基地特点,这些约束主要包括水资源量约束、需水变化约束、水资源质量约束等方面。

(1) 水资源量约束

特定时间段内所需的水资源总量不能大于该时期最大可提供的水资源量,即生活、生态、工业、农业总需水量不能超过地表水、地下水和矿井水的总量。同时，每个用户的需水量亦不能超过供水总量。

（2）需水变化约束

每个需水用户在不同时间段可能会根据经济发展、人口变化、生态面积改变等对水资源量的需求是变化的，需水的变化亦需要满足水资源总量的需求。

（3）水资源质量约束

不同的需水用户对水资源的质量的要求是有一定的差异性的，生态用水的水质要求相对较低，生活用水的水质相对较高，因此，需要根据供水水源的水质分别对用户进行配置，因此供水水源水质需优于需水水质。

（4）其他约束

根据具体条件，还可以设置其他必要的约束条件。

3）煤电基地水资源多目标优化配置数学模型

优化配置数学模型包括目标函数和约束条件，其中目标函数一般从经济效益目标、社会效益目标和生态环境效益目标去考虑。其表达式为

$$\left.\begin{array}{l} V-\min F(\bar{x}) \\ \text{s.t. } G_i(\bar{x}) \leqslant 0, i=1,2,\cdots,m \end{array}\right\} \quad (8-7)$$

式中，$\bar{x}=(x_1,x_2,\cdots,x_n)^T$，为 n 个决策变量向量；$F(\bar{x})=(f_1(\bar{x}),f_2(\bar{x}),\cdots,f_p(\bar{x}))^T$，为目标函数向量集，对于多目标问题 $p>2$，当 $p=1$ 时为单目标规划问题；V-min 为极小化向量目标函数，对于极大化向量目标函数的情况，用 V-max 表示；$G_i(\bar{x})(i=1,2,\cdots,m)$ 为约束函数。

在研究区水资源优化配置过程中，本着尊重现状，面向未来的原则，既充分考虑到当地不同用水部门的历史用水状况，又要确保整个区域水资源统一管理和整体优化协调，以实现区域内经济社会与生态环境的可持续发展。

（1）目标函数

根据水资源优化配置原则，模型设置经济、社会和环境三方面的目标。目标函数可以表示为

$$Z = \text{opt}[f_1(x), \quad f_2(x), \quad f_3(x)] \quad (8-8)$$

经济目标：采用区域供水带来的直接经济效益作为经济目标，即煤电基地供水产生的直接经济效益最大化为目标。

$$\max f_1(x) = \max\left(\sum_{k=1}^{k}\sum_{j=1}^{J(k)}\sum_{i=1}^{I(k)}(b_{ij}^k - c_{ij}^k)x_{ij}^k \alpha_i^k \beta_j^k w_k\right) \quad (8-9)$$

式中，x_{ij}^k 为水源 i 向 k 用水系统 j 用户的供水量；b_{ij}^k 为水源 i 向 k 用水系统 j 用户供水的效益系数；c_{ij}^k 为水源 i 向 k 用水系统 j 用户供水的费用系数；α_i^k 为 k 用水系统水源 i 的供水次序系数；β_j^k 为 k 用水系统 j 用户的用水公平系数；w_k 为 k 用水系统权重系数；k 为区域内用水系统个数；$I(k)$ 为 k 用水系统水源个数；$J(k)$ 为 k 用水系统用户个数。

社会目标：由于社会效益难以度量，而区域缺水量的大小或缺水程度对社会的发展有所影响，因而采用煤电基地各需水用户总缺水量最小值作为社会目标。

$$\min f_2(x) = \min \sum_{k=1}^{k} \sum_{j=1}^{J(k)} \left(D_j^k - \sum_{i=1}^{I(k)} x_{ij}^k \right) \tag{8-10}$$

式中，D_j^k 为 k 用水系统 j 用户的需水量；x_{ij}^k 为水源 i 向 k 用水系统 j 用户的供水量。

环境目标：发展区域经济的同时，必须重视环境的保护与改善。在环境指标中，化学需氧量（COD）与生产和生活皆有关，普遍适用于描述城市污水排放量，因而采用 COD 排放量（吨）作为环境目标，即煤电基地外排 COD 总量最小值为目标。

$$\min f_3(x) = \min \sum_{k=1}^{k} \sum_{j=1}^{J(k)} 0.01 d_j^k p_j^k \sum_{i=1}^{I(k)} x_{ij}^k \tag{8-11}$$

式中，d_j^k 为 k 用水系统 j 用户单位废水排放量中化学需氧量（COD）的含量（mg/L）；p_j^k 为 k 用水系统 j 用户的污水排放系数；x_{ij}^k 为水源 i 向 k 用水系统 j 用户的供水量（万 m³）。

（2）约束条件

水源可供水量约束：

$$\sum_{i=1}^{I(k)} x_{ij}^k \leqslant W_i^k \tag{8-12}$$

式中，x_{ij}^k 为水源 i 向 k 用水系统 j 用户的供水量；W_i^k 为 k 用水系统 i 水源可供水量。

供需变化约束：

$$N_{j\min}^k \leqslant \sum_{i=1}^{I(k)} x_{ij}^k \leqslant N_{j\max}^k \tag{8-13}$$

式中，x_{ij}^k 为水源 i 向 k 用水系统 j 用户的供水量；$N_{j\min}^k$、$N_{j\max}^k$ 分别为 k 用水系统 j 用户的最小和最大需水量。

水质约束：

$$x_{ij}^k \geqslant X_{ij}^k \tag{8-14}$$

4）煤电基地水资源动态配置方法

煤电基地供水水源主要有地表水、地下水和矿井水，用水途径主要为煤电基地能源开发用水、区域农牧业生产生活用水、煤电基地城市发展以及区域生态恢复及矿山生态建设用水。根据各水源水质特征，以及分质供水的配置目标，建立了以下普适性的水资源配置技术框架（图 8-4）。

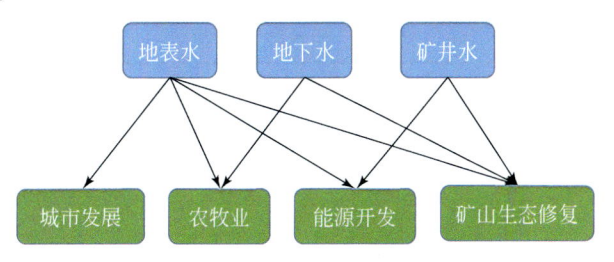

图 8-4　煤电基地水资源配置技术框架

由于煤电基地水资源相对短缺，地方政府及用水企业各方在实际工作中大都会采用先进技术和手段进行开源节流。此时，水资源优化配置结果需要根据实际调控的结果进行动态评价，支撑水资源配置的动态管理，提高用水效率，主要方法如下。

（1）初始配置：根据可供水资源当前的量质特征及用户需水量情况，对水资源进行多目标优化初始配置，分析当前水资源供需平衡，为确定开源节流的调控对策及方法提供依据。

（2）水资源调控：根据初始配置结果及当前水资源供需平衡关系，确定水资源调控工程及技术措施，并重新分析确定调控后水资源量质分布情况，为再次进行优化配置提供支撑。

（3）再次配置：根据采取调控技术措施后水资源分布情况，对此时水资源进行再次优化配置，分析此时水资源供需平衡关系，确定下一步是否需要采取进一步的调控手段。

以此类推，煤电基地水资源配置及调控由静态变为动态，由单一场景向多种场景转变，初始配置为调控对策提供依据，调控结果进一步反馈进行再次优化配置，如此反复，直至进行水资源调控后水资源优化配置结果最优，形成初始配置—调控—配置—调控……的动态互馈调控，为煤电基水资源可持续利用提供技术支撑。

4. 典型矿区水资源多目标优化配置

研究区内供水水源为地表水、地下水和矿坑水，需水量用户有生活用水、农业用水、工业用水，生态用水（河道内生态用水以及河道外生态用水）。根据各水源水质特征，以及分质供水的配置目标，建立了以下分质保供配置模式（图8-5）。

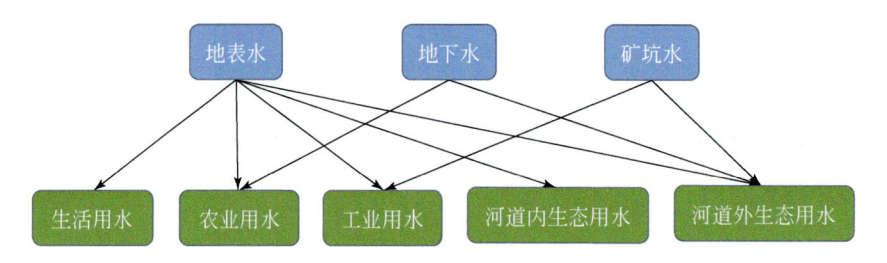

图8-5 研究区水资源配置模式

1）参数确定

（1）用水权重系数

根据用水原则，供水优先保障生活用水，其次为生态用水，因此用水的权重系数略有差别。各用户用水权重系数按照层次分析法确定，其分配见表8-6。

表8-6 用水权重系数

用水系统	生活用水	生态用水	工业用水	农业用水
权重系数 W_k	0.4	0.3	0.2	0.1

（2）供水次序系数

研究区属于多水源综合利用，联合供水，各水源的供水次序为地表水、地下水和矿坑水。供水次序系数见表8-7。

（3）效益系数

效益系数原则分别为：

a. 工业用水的效益系数，取用水定额（工业万元产值取水量，单位：m³/万元）的倒数；

b. 农业用水效益系数按农业产值除以农业总用水量确定；

c. 生活用水和生态用水效益系数一般难以定量化，为保证其得到满足，效益系数赋予较大值。

表 8-7 供水次序系数

项目	生活用水	生态用水	工业用水	农业用水
地表水	1	0.5	0.6	0.6
地下水		0.3		0.4
矿井水		0.2	0.4	

（4）费用系数

不同水源供水于不同用户的费用系数，可参考其水费征收标准确定。对于有资料的水源工程，根据资料计算确定；缺乏资料时，可参考邻近地区类同水源工程选取。

（5）COD 排放系数

2008 年，全国废水排放总量 571.7 亿 t，其中，工业废水排放量 241.7 亿 t，城镇生活污水排放量 330.0 亿 t。废水中化学需氧量排放量 1320.7 万 t，其中，工业废水中化学需氧量排放量 457.6 万 t，城镇生活污水中化学需氧量排放量 863.1 万 t。

因此，将研究区生活污水排放系数设定为 0.8；工业废水排放系数为 0.5。

2）配置结果与分析

（1）呼伦贝尔煤电基地水资源配置结果

根据模型及其相关参数，采用 MATLAB 软件进行呼伦贝尔煤电基地范围内优化配置计算，2020 年、2025 年和 2030 年的水资源分项配置预测结果如表 8-8～表 8-10 所述。模拟数据结果表明：在河道内外用水量稳定不变条件下，预测基地生活用水 10 年（2020～2030 年）增加约 9 倍，主要源于地表水；农业用水增加约 50%，主要源于地下水；工业用水量主要源于矿井水部分，预计增加 64%用量，新增地表水部分约 60%，弥补工业发展所需用水。

表 8-8 煤电基地 2020 年配置结果表　　　　（单位：亿 m³）

项目	地表水	地下水	矿井水
生活用水	0.092		
农业用水	0	0.4654	
工业用水	0		0.25
河道内生态用水	21.452		
河道外生态用水	4.46		0.16

模拟结果表明，煤电基地用水在兼顾经济、社会和环境三方面效益前提下，因地表水质相对良好，主要作为生活用水；因地下水取水方便，主要作为农业用水，来自地下水的矿井水主要作为工业用水，地表水补充；河道外的植被用水可来自地表水、地下水和矿井

水，矿井水可以作为植被用水的补充水源。

表 8-9　煤电基地 2025 年配置结果表　　　　（单位：亿 m³）

项目	地表水	地下水	矿井水
生活用水	0.4751		
农业用水	0	0.5891	
工业用水	0.1284		0.41
河道内生态用水	21.452		
河道外生态用水	4.62		

表 8-10　煤电基地 2030 年配置结果表　　　　（单位：亿 m³）

项目	地表水	地下水	矿井水
生活用水	0.8508		
农业用水	0	0.6193	
工业用水	0.2462		0.41
河道内生态用水	21.452		
河道外生态用水	4.62		

（2）典型矿区水资源配置结果

a. 胜利露天矿

根据模型及其相关参数，针对煤矿冬天不生产剩余矿井水，夏天生产缺水的状况，采用 MATLAB 软件进行北电胜利露天矿范围内优化配置计算，其计算结果如表 8-11 所示。

表 8-11　胜利露天矿冬储夏用配置结果表

用途	用水项目	需水 夏季	需水 冬季	配置结果 夏季	配置结果 冬季
生活用水/(m³/d)	浴室用水	6	6	6	6
	洗衣房用水	3.5	3.5	3.5	3.5
	锅炉房用水	0	162	0	162
	破碎站、装车站干雾抑尘喷洒用水	15	15	15	15
	维修厂用水	0.15	0.15	0.15	0.15
生产用水/(m³/d)	采场道路防尘洒水	2011.3	0	1710	0
	生产工业场地道路防尘洒水	17	0	17	0
	绿化用水	2155.87	0	1810	0
	总计/(m³/d)	4208.82	186.65	3561.65	186.65
	缺水/(m³/d)			647.17	
	矿井水/(m³/d)			3561.64	3561.64
	矿井水剩余/(m³/d)				3374.99
	地表水库体积最大/m³				1231873
	地表水库体积最小/m³			236217.1	

由上面的计算可知，国能北电胜利能源有限公司露天矿夏季缺水，冬季水量充沛，需要采取一些工程手段调节冬夏水资源分布不均状况。可通过建立地表水库进行年内调蓄，水库体积在 24 万～124 万 m³ 之间，这样可起到冬储夏用的目的，使矿井水资源得到充分的利用。

b. 宝日希勒露天矿

根据模型及其相关参数，针对煤矿冬天不生产剩余矿井水，夏天生产缺水的状况，采用 MATLAB 软件进行宝日希勒露天矿范围内优化配置计算，其结果如表 8-12 所示。

表 8-12 宝日希勒露天矿冬储夏用配置结果表

用途	用水项目	需水		配置结果	
		夏季	冬季	夏季	冬季
生活用水/(m³/d)	浴室用水	109	109	109	109
	洗衣房用水	118	118	118	118
	锅炉房用水	0	416	0	416
生产用水/(m³/d)	汽车冲洗	204	0	204	0
	冲洗走廊用水量	610	0	320	0
	道路洒水	3012	0	1018	0
	绿化用水	2022	0	1022	0
总计/(m³/d)		6075	643	2791	643
缺水/(m³/d)				3300	
矿井水/(m³/d)				2739.73	2739.73
矿井水剩余/(m³/d)					2096.73
地下水库体积最小/m³					765305
地下水库体积最大/m³				1204500	

上述分析可知，国能宝日希勒能源有限公司露天矿夏季缺水，冬季水量充沛，有必要采取一些转移存储工程手段调节冬夏水资源分布不均状况。如果通过建立地下水库进行年内调蓄，水库体积在 77 万～121 万 m³ 之间，这样可起到冬储夏用的目的，使矿井水资源得到充分的利用。

8.3 煤电基地水资源调控机制与方法

煤电基地水资源总体匮乏，且时空分布不均。为调控煤电基地水资源，基于水资源动态调控机制，分别提出基于煤电基地可持续开发的管理调控对策与方法、基于有限水资源量的调控对策与方法以及基于多类型水质的调控对策与方法。

8.3.1 煤电基地水资源动态调控机制

煤电基地供水水源主要有地表水、地下水和矿井水，用水途径主要为煤电基地能源开发用水、区域农牧业生产生活用水、煤电基地城市发展以及区域生态恢复及矿山生态建设用水。根据用户对水量和水质的需求分析，构建基于量质耦合和保障区域生态安全的优化配置模型并进行配置，根据配置结果反馈于用户，矿区生态建设和修复需水能够得到保障、能够在保障区域生态安全的前提下为能源开发提供水源，根据这些结果进而提出对区域水资源进行协同的调控对策，主要包括区域用水水量保障和水质提升对策，提出更具体的调控方法，如井工矿导水裂缝带自修复、矿井水转移存储及资源化利用等。根据调控结果，反馈于优化配置模型进行二次优化配置，最终以最大限度提高水资源利用率和保障生态安全为目标，对区域水资源进行动态调控（图 8-6）。

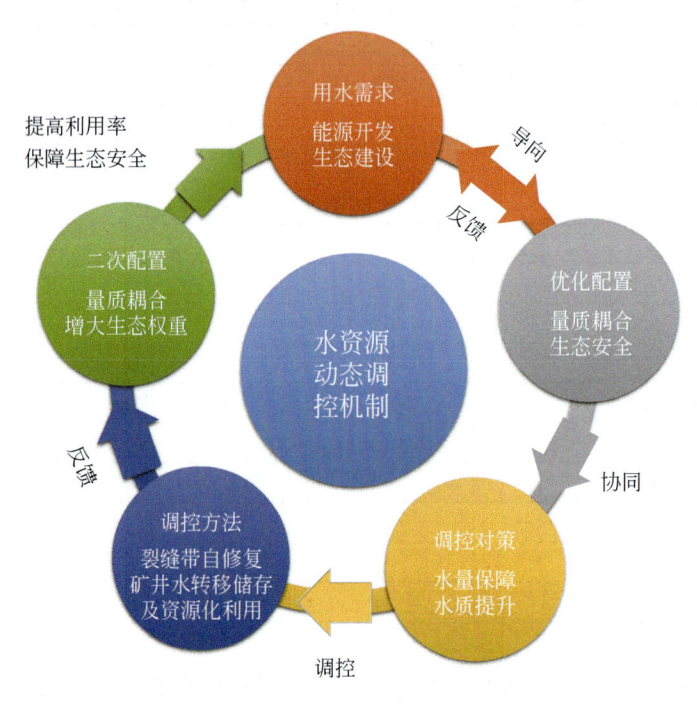

图 8-6 生态引导型煤电基地水资源反馈协同调控机制

8.3.2 基于煤电基地可持续开发的管控方法

1. 水资源调控基本原则

1）资源共享、统筹兼顾的原则

地下水资源具有流动性，开发利用需考虑其共享性。在水资源调控中应考虑上下游之间、本地和外地、工业和农业、人类和自然之间的共享。同时统筹协调区域之间、用水部门之间、行业之间、经济社会发展与水资源条件之间、经济社会与生态环境之间、近期与远期需求之间的用水关系。

2）资源可持续利用原则

呼伦贝尔煤电基地以农牧业及矿产资源为基础，其发展用水必须充分考虑水资源承载能力和环境容量。在水资源调控中应合理布局产业结构，以水资源为刚性约束条件，实现能源开发高质量发展与水资源承载力和环境容量的协调发展，最终实现水资源的可持续利用，促使经济效益和环境效益最优。

3）区域生态安全保障原则

呼伦贝尔煤电基地近年来坚持"保持生态优先、绿色发展，建设美丽富饶和谐安宁的呼伦贝尔"的战略。因此，在水资源调控中应把握生态优先、绿色发展的内涵，正确处理生态保护和经济发展的关系，要始终坚持在生态安全的前提下，谋求绿色的高质量发展。

2. 主要方法

1）井工煤矿导水裂缝带自修复技术

采动导水裂隙的自修复与水-气-岩相互作用过程中发生的化学沉淀反应及其沉积封堵作用密切相关，这些沉淀物如$Fe(OH)_3$、$CaCO_3$、$CaSO_4$等通常具有较强的吸附-固结特性，极易沉积在裂隙通道表面，表现出"包藏-共沉-固结"的结垢过程。因此可采用人工注浆与地下水发生沉淀反应的修复试剂，以加快沉淀物生成并封堵岩体孔隙/裂隙导水通道的含水层生态恢复方法。

除此以外，还可以基于裂隙通道尺寸降低加快其自修复进程的客观规律，进行人工促进裂隙修复。针对处于开采边界附近的覆岩大开度张拉裂隙，对边界煤柱/体实施爆破，以诱导上覆岩层发生超前断裂与回转，从而使原有的边界张拉裂隙趋近闭合，降低裂隙开度，提高其自修复能力。另外也可向采动地层的富含碳酸盐岩目标岩层中注入酸性软化剂，以加快岩体结构的塑性流变、促进裂隙被压密而闭合的人工修复。

2）隔水层再造技术

煤层开采必然破坏上部含水层/隔水层，导致上覆具有供水意义的地下水泄入采空区形成矿井水。如果该含水层与导水裂缝带顶部直接存在一层稳定的隔水层，则地下水不易下渗至采空区，可起到保护含水层的作用。

基于煤-水仿生共采理念，采用水平压裂-工作面回采-隔离层注浆的联合工艺，在地下含水层与导水裂隙带间重构阻隔地下水下渗的隔离层，控制"原态"地下水流场形态和补-径-排关系，同时释放基岩裂隙水并加以利用；通过分区分层设计重构回采工作面-汇水区-保护区之间的空间关系，以"隔离-导流-调控"技术思路为核心，使用"压裂→回采→注浆"导水裂隙带隔离控制和地下水资源汇集与调控关键技术，可有效利用大气降水和开采基岩裂隙水资源，实现水资源高效利用。

3）矿井水资源转移储存

（1）第四系浅层回灌技术

煤电基地敏东一矿附近第四系松散含水层水文地质条件简单，结构清楚，地下水赋存形式为孔隙潜水。含水层厚度大，渗透性能好。在长期的煤矿开采下，第四系含水层水位出现大幅度下降，局部地段已干涸。但其蓄水构造的结构未遭破坏，尤其重要的是底板隔水性能良好，这些被疏干的含水层存在存储洁净矿井水的可能。

矿坑水净化处理达标后，采用钻孔/地表渗池等方式，对疏干第四系松散含水层进行自然回灌，储洁净矿井水。研究区局部地段地表广泛分布着全新统风积沙及上更新统冲积中细砂层，渗透性能良好，为人工回补提供了优越的自然条件。另外，沙化土层具有净化水质的功能，经过沙化土地的自净后，矿井水水质将会有所提升。

（2）露天地下水库转移存储技术

露天煤矿煤层开采需先将煤层上覆原有地层进行剥离，回采后在采坑进行人工回填，恢复后方地层。在此过程中可充分利用采-排-筑-复工艺过程人工构建地下水库，转移储存洁净矿井水。

根据煤电基地宝日希勒露天矿和胜利一号露天矿地质水文地质情况，可构建地表水库、近地表水库、地下水库三种模式储存矿井水。地表水库可改变局部气候，近地表水库可为地表植被提供水分，起到保护局部生态环境的作用。在构建地下水库时需重点考虑水质安全、坝体稳定性、隔水基底渗透性等关键工艺。将处理后的矿井水，经过注水系统回注/回灌至地表/地下水库，经过地下水库的自净化后，必要时经过抽水系统将矿井水抽出进行再利用，从而实现采煤与保水、保护生态环境并举。

8.3.3 基于有限水资源量的调控方法

1. 水资源调控基本原则

1）生活生态用水优先的原则

地下水资源供给分配的顺序是首先满足区内生活和生态用水，其次分配农业和工业用水。对于水资源的开发利用有一个共同的原则，那就是生活用水优先原则，如果人类生活用水都无法保障，其他用水就无从谈起。生态环境是人类赖以生存和发展的基础，生态环境的破坏威胁到人类的生存和安全，所以把生态用水的优先顺序列为仅次于生活用水。

2）节约利用原则

煤电基地整体是地下水资源总量不足、时空分布不均的缺水地区，水资源供需矛盾日渐尖锐。为了缓解水资源供需矛盾，节约用水是煤电基地走可持续发展道路的一项基本政策，通过节约用水可以弥补水资源不足，降低用水增长速度，提高水资源利用效率，缓解水资源供需矛盾。因此，煤电基地必须走节水型社会建设之路。

3）动态调整原则

地下水资源以及用户需水均不是一成不变的，当地下水的补给条件和水环境条件发生变化时，地下水资源会相应发生变化，同时，不同用户对于水资源的需求亦是根据季节、时间不同而有所不同，因此在有限水资源的条件下有必要对其进行动态调整，这样才能保证地下水资源的合理开发,实现可持续利用以及供水保证率最大化。

2. 主要方法

1) 面向区域生态安全整体的生态节水

煤电基地生态植被广泛分布,山-水-林-田-湖-草多体空间的水交织关系复杂,水资源是区域生态安全的重要标志。为维持区域生态的多体和谐共生,重点保障煤电生产和恢复人工生态损伤区域,需要消耗大量的水资源,即生态需水量。目前煤电基地多采用人为干预的方式,主动进行浇灌,需要的生态需水量较大,那么在水资源总量有限的条件下,生态需水如何尽可能地少是水资源调控的关键。

在煤电基地可以采取以下方式:一是以生态问题为导向,基本围绕草原水土流失治理、风沙治理、过度放牧导致草原退化、河流水污染防治等问题,通过专项治理措施维系生态系统良性循环的最低标准(即最小生态需水量),也是传统水资源调控治理目标;二是以生态服务功能提升为落脚点,强调在生态治理的基础上,提升山-水-林-田-湖-草整体生态功能,通过系统治理实现生态系统良性循环的最优标准(即适宜生态需水量)。

2) 多种水源联合调控

煤电基地除地表水外,整体水资源较为短缺,单纯依靠某一种水源进行供给很难达到要求,因此需要联合多种水资源进行调控。

在煤电基地范围内,需充分利用矿井水、再生水等非常规水源,联合当地地下水源,满足煤电基地煤矿、电力等行业的刚性需求,减少区域对地表水和地下水的依赖程度,通过地表水、地下水和非常规水源联合调控,避免因地表水和地下水过量消耗导致出现草原退化、径流枯竭等生态问题。

同时,需要充分利用矿井水、再生水等非常规水源,在优先保障生活用水刚性需求和维持生态系统良性循环的基础上科学分配工业用水量,实现煤电基地由"草原畜牧业"单一简单结构向"畜牧业与能源产业"协同发展的二元混合模式转变,走生态环境保护与高质量发展之路。

3) 优化产业结构,发展节水技术

煤电基地是一个地下水资源总量不足、时空分布不均的贫水地区,属于地下水严重缺乏地区。随着煤电基地建设步伐的加快,水资源供需矛盾将更加尖锐。为了缓解水资源供需矛盾,节约用水是满足更大需求的重要途径。

(1) 制定节约用水政策,编制节约用水发展规划,以及相应的地方标准。切实加强水资源管理体制和运行机制,保障节水措施的实施,最终建立以用水权为核心的水资源管理制度体系。

(2) 制定详尽可行的用水定额和用水总量控制指标,采用总量控制和定额管理相结合的管理办法,明确地下水资源开发利用红线。大力推广喷灌、管灌、滴灌等灌溉措施,进行渠道改造防渗处理,逐步提高农业灌溉水利用系数。对已有火力发电、煤炭等四个高耗水行业,进行节水技术改造,不断提高工业用水重复利用率。

（3）优化产业结构。作为国家 14 个大型煤电基地之一，一方面在传统千万吨级矿区（如宝日希勒、胜利露天矿等）推动和完善矿井水综合利用工程及尾矿治理，同时加强粉煤灰等下游产业发展，形成现代化高度节水的"煤-电-冶金-建材"产业链；另一方面，重点发展低耗水的风电和光伏产业，将风电和光伏发电就近接入火电外送通道和电网，建成适于区情和国情的大型新能源基地。

8.3.4 基于多类型水质的调控方法

1. 水资源调控基本原则

1）效益优先原则

煤电基地可供水资源主要为地表水、地下水和矿井水，且不同的用户需水均有所不同。因此，在对于不同水源供给时，首先需要考虑的就是效益最大化问题。对于不同的用户首先应该取用就近水资源，减少取水工程至用户的管路铺设以及损耗等无效的浪费，最大限度提升供水的效益。

2）分质处理、分类供给原则

煤电基地地表水、地下水和矿井水的量质均存在较大的差异，且不同的用户对水质的需求亦不同。因此在水资源调控时，应结合用户的需水量质情况，针对不同水源的水质进行差异化处理，分类供给，减少过度处理成本，提高水资源利用效率。

2. 主要方法

1）高悬浮物矿井水处理技术

煤电基地露天矿矿井水普遍存在悬浮物高的问题。比如宝日希勒露天矿矿井水浊度在 390～2500NTU 之间变化，敏东一矿矿井水浊度在 5～30NTU 之间变化。

矿井水中悬浮物煤粉微粒占比较高，其密度仅为地表水中悬浮物（黄泥沙）密度的一半。由于微粒粒度小，灰分高，微粒表面多带负电荷。具有同号电荷的微粒相互排斥，阻止微粒间彼此接近而聚合成大颗粒下沉。同时，微粒亦会与水分子发生水化作用，形成水化膜，阻止微粒聚合，使微粒分散于水中。此外，受煤粉微粒自身布朗运动影响，微粒界面间力的作用使得煤泥水性质更加复杂化，既有悬浮物的特征，也有胶体的特征。

目前，含悬浮物矿井水处理工艺比较成熟，采用常规的混凝、沉淀、过滤、消毒等工艺，即可满足达标排放要求。常规混凝剂和助凝剂多为聚合硫酸铁和聚氯化铝铁类产品，易于购买和获取。根据实验结果，对煤电基地高悬浮物矿井水采用的处理方法为：PAC+阳离子型 PAM 联合投加，其对浊度的去除效果优于单独投加 PAC，且随着阳离子型 PAM 投加浓度的增大，对水体浊度的去除效果逐渐增强，当阳离子型 PAM 浓度达到 0.5mg/L 时浊度趋于定值，出水浊度为 10.8NTU，浊度去除率达到 95.5%。

在新型的水处理工艺中，业界主流采用的是矿井水超磁分离技术。矿井水超磁分离处理工艺针对含悬浮物矿井水,其工作原理为向矿井水中添加磁种介质与微磁絮凝药剂,使得矿井水中悬浮物同磁种介质相互凝结在一起,产生具备磁性的絮团,然后通过超磁分离设备的高强度磁场,在强磁场力的作用下对絮团进行快速分离。超磁分离机具备占地少、井上井下均能运营、成本低、处理速率快等优势。

2)高矿化度矿井水处理技术

煤电基地深部开采矿井水存在 TDS 高的问题。高矿化度矿井水因含盐量大于 1%,又可称为高盐矿井水、含盐矿井水。该类矿井水多呈中性或偏碱性,水中 Na^+,Ca^{2+},Cl^-,SO_4^{2-} 等离子质量浓度较高,硬度大,矿化度可达 1000~4000mg/L,最高甚至达 40000mg/L。

高矿化度矿井水处理工艺的关键是除盐,目前工艺有蒸馏法、离子交换法、膜分离法和生物处理法等。

(1)蒸馏法。热力法中的蒸馏法是以消耗热能进行脱盐淡化的有效方法,一般适合于含盐量>4000mg/L 的高盐矿井水。此法需要消耗大量热能,在煤矿区可利用煤矸石和低热值煤做燃料,从而降低了成本。目前多采用多效多级闪蒸法,既使热量能被经济利用,又避免了严重的结垢现象。其优点是运营寿命长、预处理要求低、可操作性强、回收率高,缺点是热表面易结垢、能耗高、设备重、需具备防腐防蚀能力等。

(2)离子交换法。离子交换法是化学脱盐的主要方法,是利用固体离子交换剂与溶液中的离子之间所发生的交换反应来进行分离。适合含盐量 100~300mg/L 的矿井水,从经济角度来看,以含盐量不超过 500mg/L 为宜。

(3)膜分离法。膜分离技术是一种以天然或人工合成的高分子薄膜为介质,以外界能量或化学位差为推动力,利用膜对矿井水各组分选择透过性能的差异进行分离、提纯和浓缩。具有效率高、能耗低、易操作、环境友好等优点。膜分离机理包括膜表面的物理截留、膜表面微孔内吸附、位阻截留和静电排斥截留。按膜孔径大小及截留机理的不同分为微滤、超滤、纳滤、电渗析、反渗透、电驱离子膜和脱气膜等。

目前国内常见的工艺多由脱盐、2 次浓缩及蒸发结晶 3 个工艺环节组成。超滤、反渗透、纳滤以及电驱离子膜等膜分离技术在脱盐、减量化、物料提浓及分盐等方面多有应用。

超滤、微滤膜分离技术针对高盐矿井水处理效果仍有局限性,一般对澄清、过滤、除菌、病毒、大分子有机物进行分离和纯化。电渗析常存在电耗大、处理成本高、回水率稍低等问题,目前逐渐被主流的反渗透膜分离技术替代。反渗透膜分离技术中膜易遭受污染、堵塞、腐蚀,当矿井水中含盐量>6000mg/L 时,对脱盐率影响较大。

3)重金属矿井水被动处理技术

矿井水主动处理技术是通过持续加药与人工投入来去除矿井水中的重金属;被动处理技术是在人为控制的环境中,依靠基质,利用自然界发生的物理、化学及生物反应去除矿井水中的重金属。

被动处理的基质包括氧化-还原型基质、微生物降解型基质、化学沉淀型基质与吸附型基质,其中吸附型基质应用更为广泛。吸附型基质的选择一般需要满足 4 个基本条件:无二次污染、反应性高、渗透性好、材料廉价易得。因此,利用不同介质对重金属的吸附作用进行处理。

根据实验结果，考虑粉煤灰陶粒、腐殖土以及椰壳生物炭对典型重金属的最高去除率、材料获取较易、价格较低等优点，确定粉煤灰陶粒：腐殖土：椰壳生物炭=8：1：1时，混合介质对3种典型重金属（Fe、Me、Zn）的去除率均最高。并根据这一配比，利用中央水仓矿井水在室内开展模拟验证试验，试验持续28d，混合介质Fe、Mn、Zn的最大去除率分别为94.13%、67.7%、91.76%。

本章面向大型煤电基地生态可持续目标的水资源多目标优化配置与调控，立足东部草原区煤电基地水资源的特点和可持续发展需求，采用现场调研，理论分析，模型构建等方法，以典型示范区为例，查明了煤电基地水资源（地下水、地表水、矿井水等）分布特征以及地下水富水性分区，开展了研究区地下水资源量、质评价及影响因素分析，发现采煤对地下水水质影响很小；引入多目标遗传算法——NSGA-Ⅱ，按照量变与质变相统一的需求和利用发展规律，提出了基于阻滞增长型模型的需水量预测新方法，预测了煤电基地能源开发、农牧业、城市发展和矿山生态修复所需水量；基于分质保供理念，突出生态需水权重，将矿井水作为可供水资源，以经济、社会和环境效益最大化为目标，运用水质和水量耦合技术，建立面向生态的水资源多目标优化配置模型，同时提出了基于煤电基地可持续开发的管理调控对策与方法、基于有限水资源量的调控对策与方法和基于多类型水质的调控对策与方法3大类9小类调控方法，为煤电基地水资源最优调配和区域生态安全可持续保障管理提供了重要支撑。

第9章 示范区地下水资源保护工程应用实例

东部草原区煤电基地水资源保护与利用是煤电基地可持续开发面临的基本问题之一，而酷寒、干旱等生态脆弱本底凸显煤炭开采地下水资源保护实践的难点。本章针对东部草原区煤电基地高强度煤炭开采对地下水资源的实际影响，按照系统研究和重点实践布局，基于典型矿区（胜利矿区、宝日希勒矿区、敏东一矿）软岩开采地质环境与矿井/坑水利用需求情景，按照地下水三层保护模式，通过地下水储存（地下水库、近地表生态型储水层、地表蓄水区）与转移利用（转移储存、生态利用）新技术示范，构建软岩区地下水库和导水裂隙带自修复工程可行性验证，探索高强度煤炭开采的地下水保护、储存、转移和利用新方法应用有效性，为规模化技术应用提供先导性范例。

9.1 胜利矿区地表储存与转移利用工程应用

地表水库是我国大型露天煤矿建设中十分重要的辅助设施，也是矿坑水地表储存与转移利用工程的重要单元。胜利矿区针对矿坑水冬储夏用需求大、工业废弃地占地利用和绿色矿山建设急迫的现实要求，按照矿区生态建设总体规划，充分利用废弃地土地资源，采用研究提出的地下水三层保护模式，构建地表储存与转移利用工程，实现了地表-地下水库联合保水效果，且成功实现了矿坑水的洁净再利用。

9.1.1 矿区水资源分布及利用情况

胜利矿区位于锡林浩特市区北部区域，地貌形态总体受由朝克乌拉、大梁、斯楞温都尔三个北东向中低山丘陵，夹巴彦宝拉格、胜利-毛登两个中、新生代盆地组成，西南为新生代玄武岩覆盖区控制。地形上西南高，向东北方向缓倾斜。中低山丘陵构成巴彦宝拉格盆地与胜利-毛登盆地分水岭，同时也构成本区域与区外的分水岭。

1. 地下水

区内含水岩组主要为白垩系碎屑岩、第四系松散沉积物及新生代玄武岩。白垩系碎屑岩主要填充于中、新生代盆地中，除局部隆起区出露地表外，多被巨厚的第四系或新生代玄武岩所覆盖，水力性质以承压水为主。据前人钻孔资料揭示，白垩系碎屑岩裂隙、孔隙水水量不丰富。第四系松散沉积物广泛分布于锡林河谷冲积平原区和丘间沟谷洼地中，新生代玄武岩分布于锡林浩特市南部区。

1）第四系松散岩层含水岩层

（1）第四系松散岩类孔隙潜水含水岩组。该类含水岩组主要由冲洪积、冲湖积和坡积松散层组成。主要分布于锡林河谷及一级阶地、山前倾斜平原及丘间沟谷洼地等处。

（2）全新统冲湖积砂层、冲洪积砂层含水岩组。冲湖积砂层主要分布于锡林河现代河床两侧河漫滩、山间洼地及沼泽地带。岩性为淤泥质粉细砂、中细砂及中粗砂，上部多为薄层砂质黏土，透水性较差，水位埋深 0～2.8m，民井涌水量一般为 $10m^3/d$ 左右，最大为 $21.6m^3/d$。由于河漫滩、沼泽地带所处地势较低，径流条件差，蒸发强烈，水质较差；冲洪积砂砾石含水层，主要分布于锡林河谷两侧不连续的一级阶地沼泽地带边缘以及玄武岩台内洼地。岩性为中粗砂、含粒粗砂、砂砾石和碎石层，与下伏上更新统冲洪积层构成统一的含水岩组。水位埋深 0～10.32m，民井涌水量为 8～$33.69m^3/d$。

（3）第四系上更新统冲积砂、砂砾石含水岩组。该含水岩组主要分布于锡林河谷二级阶地和丘间沟谷洼地中。含水层以细砂、中砂为主，在锡林河谷下游底部有 5～9m 厚的砂砾石层。含水层厚度 2.48～59.55m，水位埋深 1.88～8.07m，民井涌水量为 4～$26.06m^3/d$，钻孔深井用水量为 481.14～$623.86m^3/d$。

此外，在锡林河谷平原中、下游区含水层岩性以粉细砂、细砂、中细砂为主，砂砾石次之，并夹有 2～3 层黏土和粉质黏土，与第四系上更新统冲-洪积砂砾石构成统一的含水体，厚度一般为 2～5m，最厚达 70 余米，富水性具有从中部向两侧递减的明显分带性，自中心的 500～$1000m^3/d$，向北侧递减到 100～$500m^3/d$，南侧小于 $100m^3/d$。另外，河谷中游沉积物颗粒较粗，到下游较细，且从中游向下游，含泥量有所增加，富水性受其影响较大。据钻孔揭露，中游钻孔涌水量为 $1118.72m^3/d$，下游为 $286.19m^3/d$。含水层厚度一般为 25～50m，最大达 83.41m，水位埋深 1.33～19.34m。

（4）第四系中、下更新统湖积、冲湖积砂、砂砾石含水岩组。该含水岩组主要分布于锡林河谷平原中、下游段和毛登牧场丘间河谷洼地、山前倾斜平原及西南玄武岩台地边缘拗陷带，面积较大。岩性以下更新统冲湖积砂砾石、含卵中细-中粗砂为主，中更新统湖积粉细-中细砂次之，并夹有数层砂质黏土。水位埋深 0～7m，民井涌水量为 2～$31m^3/d$。

2）其他重要含水岩组

（1）新生代玄武岩裂隙-气孔含水岩组

该类含水岩组主要分布于巴彦宝拉格盆地西南部和浩特乌拉-巴彦淖尔盆地，大部分为裸露型，在巴彦宝拉格盆地东北部玄武岩为埋藏型。巴彦宝拉格盆地玄武岩喷发时代为早-中更新世，而浩特乌拉-巴彦诺尔盆地为上新世。新生代玄武岩具有多期次中心式喷发的特点，在喷发间歇期接受了内陆河湖相的沉积。

（2）玄武岩裂隙-气孔含水岩组

该岩组主要分布于西北部玄武岩台地、马辛呼都格及其周围玄武岩高台地，由三、四级玄武岩台地组成，火山口较多，气孔构造、节理裂隙较发育，易于接受大气降水补给，由于所处地势较高，其下伏下更新统砂质黏土在侵蚀基准面以上，因而玄武岩没有构成统一的含水岩组。据钻孔资料，该区为贫水区，用水量小于 50m³/d，水位埋深 50～70m，在西南端及边缘地带也赋存裂隙-气孔水。民井调查显示，用水量为 5～20m³/d，水位埋深 1～3m。

（3）玄武岩裂隙-气孔水与松散岩类孔隙水混合含水岩组。该类含水岩组主要分布于舒特诺尔-巴彦布拉格-查干诺尔拗陷带和浩特乌拉-巴彦诺尔盆地，该混合含水岩组由第四系中、下更新统松散层和一至四层新生界玄武岩交互组成，每层玄武岩都存在由气孔构造到块状构造再到气孔构造变化的旋回。单层厚度最小为 1.6m，最大为 60.05m，总厚度可达 121.09m。

2. 地表水

地表水主要是锡林河水库储存的锡林河流域上游汇聚的地下水和大气降水。该水库位于锡林浩特市南 9km 的锡林河干流上，控制流域面积 3942km²，占锡林河流域面积的 37.4%。该水库于 2005 年 1 月完工并投入运行，其任务是以防洪、城市供水为主，兼顾灌溉、养殖和旅游等，为一综合利用的中型水库，总库容为 2003 万 m³。坝址多年平均径流量为 1945 万 m³，多年平均流量为 0.62m³/s，设计洪水校核值 $P=2\%$（即 50 年一遇）时的洪峰流量为 54m³/s。因水库对下游有防洪任务，需将锡林浩特市城市防洪标准由 20 年一遇提高到 50 年一遇洪水，河道安全泄量为 30m³/s，50 年一遇洪水按此流量控泄；洪水 $P=0.1\%$ 的洪峰流量为 174m³/s，经水库调节后下泄流量为 102m³/s。除险加固后锡林河水库工程规模：水库正常高水位为 1013.4m，相应库容 1539 万 m³，汛期防洪限制水位为 1013.40m，防洪高水位为 1013.84m，防洪库容为 234 万 m³，设计洪水位 1013.95m，校核洪水位为 1014.44m，相应库容为 2003 万 m³，死水位为 1009.00m，相应库容为 379 万 m³；大坝设计洪水标准为 50 年一遇洪水标准，校核洪水标准为 1000 年一遇洪水标准。

3. 大气降雨

锡林浩特降水主要受海洋和东南季风影响，由于东南季风受山脉阻挡，降水量由东南向西北逐渐递减，并随地形、坡向而发生变化。因此，降水分布不均，多年平均降水量 250～355mm，从地区空间分布来看，从东南向西北呈递减趋势，东南部靠近克什克腾旗在 355mm 左右，向西北靠近阿巴嘎旗递减为 250mm 左右。

目前，胜利矿区水资源主要利用方向为农村和城镇居民用水、农牧业用水、煤电基地能源开发过程中需要的矿山生产、电厂生产用水等，同时还存在建筑业、第三产业等方面的用水。该区煤电可持续开发中面临的水资源总体总量有限、主要为地下水资源且资源有限和时空分布不均，同时干旱区半干旱草原区矿山生态环境问题突出且生态治理用水量大，有限的水资源有效储存与合理利用就显得尤为重要，而软岩区地面有效储存则是水资源保护基础工程，也是绿色矿山建设的重要内容。

9.1.2 基于地表"水湖"的储存和转移利用模式与设计

1. 设计思路与预期目标

该工程依托国家重点项目和矿区生态恢复规划，协同矿区生态减损型采排复一体化、扰动区土壤重构与土地整治、贫瘠土壤有机改良、生物联合植被恢复、景观生态恢复等关键技术实施，按照"绿色矿山，美丽矿山"理念，依据项目研究成果有序布局绿化工程，为关键技术开发研究提供系统性比较研究支撑，为关键技术的推广提供有效的实施方案。主要目标包括：

（1）解决矿区冬储夏用问题。露天矿水资源利用大多为夏多冬少的季节性特点，冬储夏用一直是矿区水资源必须解决的现实问题。针对干旱半干旱草原区露天矿区的水资源严重不足，通过有效保护现有水资源，实现科学利用显得尤为重要，而冬储夏用成为水资源保护的基本目标。

（2）充分利用废弃地。大型露天矿随着持续开发和建设，大量废弃地面临开发带来的诸多问题而难以利用，如何开发利用宝贵的土地资源也是矿区生态建设和可持续开发亟待解决的现实问题。根据绿色矿区建设布局总体安排，兼顾生产和生态建设需要和土地利用要求，充分利用废弃地构建水资源储用设施，成为矿区实现生态、生产和生活多目标水资源保护的重要形式。

（3）改善矿区生态景观。大型露天矿区生态建设一直是我国绿色矿山建设的重点内容，矿区生态景观也是业界质疑矿山绿色开发的关键，目前随着煤炭开采的规模化，矿区生态景观建设显得尤为重要，而水域则是景观建设中的明珠工程。根据绿色矿区建设布局总体安排，充分利用废弃地构建水资源储用设施，成为矿区改善生态景观和提高生态功能的重要途径。

2. 试验技术方案

方案设计根据胜利矿区生态建设布局总体安排，基于河流地貌学、水文学及生态学的相关原理，综合采用3S［地理信息系统（GIS）、遥感（RS）、全球定位系统（GPS）］及仿生技术，通过区域自然场景（风场、流场、排弃场等）综合研究，结合矿区现代露天矿采排复一体化工艺和生态恢复方法，重在建立景观生态健康的矿区与区域相协调的生态景观格局，提出胜利矿区地下水地面保护的总体部署和重点工程，主要工程包括以下项目。

1）东湖景观建设项目

该项目设计在南排土场西侧建设疏干水蓄水池及其附属系统（图9-1），同时作为矿区内生态建设的重要内容之一。该蓄水池蓄水量约为13万 m^3。周长1448 m，占地面积为6.72万 m^2。池顶宽度为8.5 m，高度为6.4 m，坡比随现状地形为1:3.75。池顶高程为981.40 m，最高蓄水位为979.40 m，水池底高程为975.00m。路面设计宽度为4m，采用沥青混凝土路面，坡面采用抛石护坡加绿滨垫做法，2023年底已经全部完成湖土方部分和泥岩防渗层构筑，剩余坡面和环湖道路等附属工程完成施工，初步形成具有调水功能和生态景观的东湖休闲区。

2）西湖景观建设项目

该项目设计建设疏干水蓄水池及其附属系统（图9-1），同时作为连接矿区与市区的生态景观重要景点之一。该蓄水池蓄水量约为27.02万m^3，周长2035m，占地面积15.81万m^2。截至2023年底，该工程已经完成全部土方部分、泥岩防渗层，以及对湖底、坡面的防渗处理，还建设了环湖道路、凉亭等配套工程，形成了具有调水功能和矿区生态-草原过渡的景观休闲区。

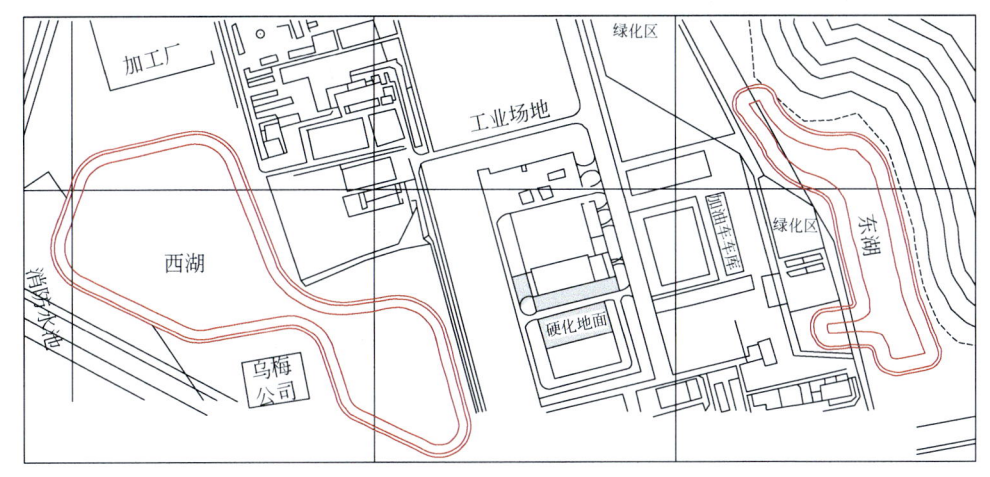

图 9-1 东湖、西湖蓄水区平面布置图

根据拟自然地貌方法研究和试验，基于矿区自然场景（风场、流场、排弃场等）综合研究和排弃方法优化，选定自然场景中屏障点进行节点工程治理（消坡、种植、风险点控制等），形成似自然地貌的场景条件，有助于矿区自然场景的拟自然趋近。

9.1.3 工程实施及效果

1. 主要工程

该项目主要工程包括土方工程、混凝土工程两部分。前者主要是利用工业废弃地构建地表蓄水区，后者则对防渗水部分重点加工，确保储水工程安全有效。

1）土方工程

（1）防渗土料回填：本次设计填筑控制指标压实度不低于0.96，从料场运至施工处，拟采用羊足碾压实，局部采用蛙式夯实机夯实。单次防渗料铺料厚度控制在20cm以内，宽度一次性铺足，避免纵向接缝，防渗土料的最优含水率和碾压变数最终应由现场试验确定。

（2）其他砂砾料及开挖土料回填：砂砾料回填前应根据料场的土料做好碾压试验，确定合理的碾压参数，填筑控制指标相对密度不应低于0.70。碾压工作面不宜小于30cm 分层碾压，填筑接缝必须呈斜坡形。对于基础隐蔽的砌体附近，狭窄部位边隅地段的砂砾料回填，必须选取级配良好的砂砾料回填，用蛙式夯实机结合人工夯实压实。砂砾料填筑完必须整坡。上下游坡面在护坡施工前必须进行人工夯实、整形处理。清除表面松散、不密实的填料，并按设计坡面对边坡进行修整，使衬砌施工坡面平顺、密实、美观。

（3）景观湖上游护坡：护坡砌石前进行人工平整边坡，人工铺设中粗砂垫层、碎石垫层，人工平整垫层；人工进行干砌石施工，块石砌筑自下而上进行。砌体块石之间咬扣紧密，错缝无通缝，不得叠砌和浮塞，块石表面应保持平整、美观。中粗砂、碎石、块石采用外购。

（4）景观湖背水坡护坡：大坝背水坡采用草皮护坡。

（5）池顶路面：对路基用 103kW 推土机辅以人工进行整平，振动碾压机碾压，后布设路面边桩、轴线桩。然后进行水泥砂浆稳定层填筑，安装路缘石，最后进行沥青砼路面施工。

2）混凝土工程

将混凝土运至现场后实施浇筑，混凝土挡墙强度等级为 C25，抗冻等级 F200，抗渗等级 W4。潜水泵井室混凝土采用强度等级为 C30，抗冻等级 F250，抗渗等级 W6。素混凝垫层强度等级为 C15，抗冻等级 F200，抗渗等级 W4。

施工前对土工膜防渗工程基础（支持层）根据设计要求进行下列检查：

（1）建设监理工程师签署的地基、垫层、排水层或排水排气系统等前期工程验收文件应齐全。

（2）支持层表面应平整光滑。

（3）基底应密实均匀，均匀误差不可超过 10%。

（4）基底阴、阳角修圆半径应不小于 50cm。

施工工序安排按以下规定实施：

土工膜的施工应在地基及基底支持层工程验收合格后进行。施工中的各道工序，应严格检查验收。前道工序未验收合格，不得进行下道工序。进行下道工序或相邻工程施工时，应对已完成工序的土工膜妥善保护，不得有任何人为损坏。在铺设开始后，严禁在可能危害聚乙烯（PE）土工膜安全的范围内进行放炮、炸石、开挖、凿洞、电焊、燃烧、排水等交叉作业。

2. 试验效果分析

根据大型露天矿区景观规划与绿化工程，现已建成胜利矿区东湖和西湖两座人工湖。

1）东湖蓄水区

该蓄水区工程按规划要求全部完成（图 9-1）目前已完成湖体工程建设并实现蓄水目标。蓄水区实际周长 1448m，占地面积为 6.72 万 m^2。池顶宽度为 8.5m，高度为 6.4m，坡比随现状地形为 1∶3.75。池顶高程为 981.40m，最高蓄水位为 979.40m，水池底高程为 975.00m，最深处为超过 6m，可储水高度超过 5m。辅助工程的周边路面宽度为 4m，采用沥青混凝土路面，坡面采用抛石护坡加绿滨垫做法。现该湖、环湖道路等附属工程按规划要求完成施工（图 9-1）。

该区目前蓄水量约为 13 万 m^3，实现了废弃地利用和冬储夏用的矿坑水保护目标。

2）西湖蓄水区

该蓄水区工程按规划要求全部完成，目前也已完成湖体工程建设并实现蓄水目标。蓄水区实际控制周长 2035m，占地面积 15.81 万 m^2，主要技术指标达到设计要求，现该湖已完成湖体建设并蓄水，环湖道路等附属工程均按规划要求完成施工（图 9-2）。

该区蓄水池蓄水量约为 27.02 万 m^3，不仅实现了废弃地利用和冬储夏用的矿坑水协同保护目标，同时作为矿区连接市区的重要景观，具有提高矿区及周边区域生态功能的重要作用。

(a) 东湖蓄水区　　　　　　　　　　(b) 西湖蓄水区

图 9-2　东、西湖蓄水区建成景观图

9.2　宝日希勒露天煤矿地下水库建设与工程应用

露天矿地下水库是针对我国大型露天矿区地下水资源保护问题提出的一项技术途径，也是矿坑水地表储存与转移利用工程的重要单元。宝日希勒矿区基于酷寒区自然条件，针对矿坑水冬储夏用需求、排土场生态利用要求和绿色矿山建设急迫的现实要求，按照矿区生态建设总体规划，充分开发排土场资源，示范工程采用研究提出的地下水三层保护模式，构建地下储存与转移利用工程，旨在探索我国大型露天矿建设地下水库模式和软岩区地表-地下水库联合保水的可行性。

9.2.1　宝日希勒矿区水资源分布及保护模式

1. 水资源分布情况

呼伦贝尔研究区位于新华夏系第三沉降带海拉尔沉降区的中偏北部，位于陈巴尔虎旗煤田中南部。区内发育有古生界、中生界、新生界，构造有纬向构造、华夏构造及新华夏构造等。从区域上分析，研究区位于完整的水文地质单元内（图 9-3）。

1）地表水

海拉尔河及其支流莫勒格尔河，是该区的两条主要河流，常年流水，河床蜿蜒曲折，牛轭湖遍布。

（1）海拉尔河发源于大兴安岭，自东向西流经本区，G332高速公路以东河段，由于泥盆系出露，它与单元内基岩含水层无明显的水力联系，仅在一些沟谷及河流交汇处排泄第四系孔隙水。G332高速公路以西，随着河床标高的降低，河水水位逐渐低于第四系孔隙水水位，成为单元的排泄边界。

（2）莫勒格尔河由矿区西北部蜿蜒流过，于查干诺尔汇入海拉尔河，据头站水文站资料（1970~1978年），其河面宽0.8~130m，多年平均流量为3.39m³/s，多年平均径流量1.0678亿m³，多年平均最大流量49.68m³/s。该河每年出现两次洪峰，第一次洪峰出现于冰雪消融的四月下旬，第二次出现于降雨集中的八、九月。莫勒格尔河与地下水的补、排有密切关系。据内蒙古第一水文地质工程地质勘查有限责任公司在上游谢尔塔拉牧场十队、头站及河下游的库库湖石头坝进行的流量观测资料，枯水期，位于头站东部的谢尔塔拉断面流量与头站断面流量相近，仅相差0.058m³/s，说明该基岩裸露区段地下水对河流的补给极其微弱，或者说二者为互补关系，补、排基本平衡；位于下游的石头坝断面流量与头站相比，流量明显增加，表明在该区段地下水向河流的排泄量增加，或者说排泄量大于渗漏量。洪水期部分河段则恰恰相反，如头站以南部分河段及头站以北河段，渗漏量大于排泄量，即河水补给地下水。

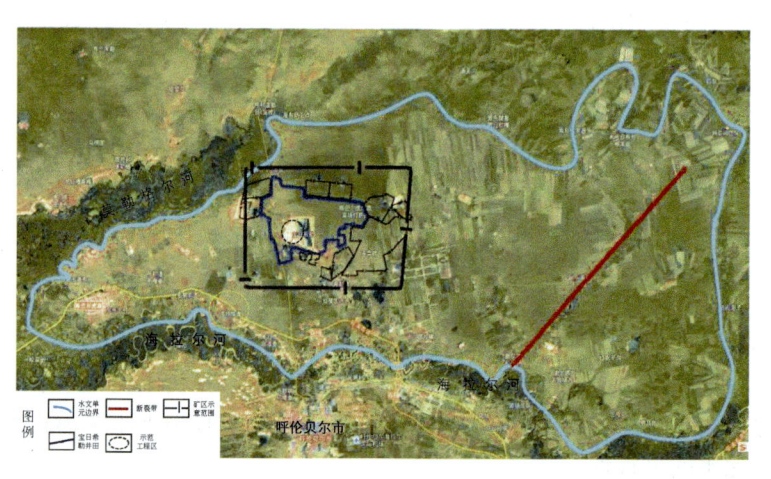

图 9-3　陈巴尔虎旗煤田水文地质单元区域示意图

2）区域含水层

根据含水层组空隙类型，可将该区含水层组划分为裂隙含水层组、裂隙-孔隙含水层组和孔隙含水层组。

（1）裂隙含水层组，主要分布于单元的北部和东部，地貌上属剥蚀低山，发育于缓坡及沟谷地带，主要岩性为上侏罗统兴安岭群龙江组的中酸性熔岩和火山碎屑岩，构造裂隙及风化裂隙发育。构造裂隙发育于断层和褶皱带附近，其发育深度受断层和褶皱的规模控制，一般为10~30m。由于该含水层组大面积裸露，可直接接受大气降水补给，自北、东向单元内径流。该裂隙含水层组富水性较差，单井涌水量小于5m³/h，水质较好，矿化度一一般小于 1g/L，水质类型多为 HCO$_3$-Na-Ca 和 HCO$_3$-SO$_4$-Na 型水。

（2）裂隙-孔隙含水层组，广泛分布于单元中部的波状高平原，范围与煤盆地基本一致，含水层组主要发育于上侏罗统大磨拐河组含煤段的上部，岩性以褐煤、砂砾岩为主。其中砂砾岩、砾岩结构松散，孔隙发育，而煤层由于构造及风化作用影响，裂隙发育。煤层及其顶、底板砂砾岩、砂岩构成复杂的裂隙-孔隙含水层组，一般可细分为 3～5 个较稳定的含水层，单一含水层厚度一般小于 60m。该含水层组下伏的砂、泥岩段构成相对稳定的隔水底板。由于该含水层组主要分布于矿区范围内，所以将在矿区水文地质条件中详述。

（3）孔隙含水层组，主要分布于莫勒格尔河、海拉尔河的河漫滩、阶地及波状高平原，与裂隙-孔隙含水层的分布范围基本一致。该含水层组主要由全新统、上更新统、中更新统的冲积、冰水沉积和湖积砂、砂砾石组成。一般可细分为 1～5 个含水层，厚度一般 10～20m。

2. 区域水文地质单元

1）区域地下水边界

研究区处于完整的水文地质单元内，其南部边界为海拉尔河，北部以地表分水岭为界，东部边界为东大沟，西部以莫勒格尔河为界。其中流经北区的海拉尔河是水文单元的排泄边界，西北部蜿蜒流过的莫勒格尔河是单元的西部和北西段的排泄边界，而北东段则以地表分水岭为界，低山丘陵区大面积出露的中酸性火山熔岩及碎屑岩形成发育的风化裂隙构成裂隙含水层补给边界，而零星分布的第四系构成单元内第四系孔隙水隔水边界。

2）区域地下水补径排特征

该区地下水的主要补给来源为大气降水，直接补给第四系含水层及煤系地层的露头部位，地下水在煤系或第四系中渗流或地表径流，排泄于下游地区。

该区属大陆性亚寒带气候，酷寒区的气候条件对单元内水文地质特征有着特殊的影响。降水量的贫乏限制了接受大气降水补给含水层的补给量，降雨量集中和积雪时间的漫长，决定了大气降水的补给期多集中于 6～9 月（雨季）和雪融期（4 月下旬至 5 月），多年月平均降水量 26.8mm，多年月平均蒸发量 77.9mm，年平均降水量 322.2mm，年平均蒸发量 934.7mm。

3. 地下水资源保护方式

大型露天矿矿坑水转移利用是煤矿生产与生态协调发展的基本要求，生态修复则是区域生态安全保障的关键环节。研究针对酷寒区大型露天矿区可持续开发及生态安全要求，地下水资源保护重点解决以下几个问题。

1）矿坑水冬储夏用，确保生产用水

露天矿矿坑水产出大多为夏多冬少的季节性特点，冬储夏用也是矿区煤炭生产中必须解决的现实问题。针对酷寒草原区露天矿区地下水资源严重不足，通过有效保护现有水资源，保障持续的安全生产显得尤为重要，而矿坑水的冬储夏用成为水资源保护的基本要求。

2）酷寒区生态修复用水需求保障

酷寒区大型露天矿的煤炭生产规模大、排弃周期长，生态修复期短，在生态修复过程中水资源量的保障显得尤为关键。根据大型绿色矿区建设布局总体安排，兼顾生产和生态建设需要与水资源保护要求，充分利用排弃区构建储存和汇聚地下和地表水是增加水资源量、提高生态水需求保障的重要途径。

3）开采区地下含水层的重构修复

露天开采完全破坏了采动区的含水结构层，恢复后的采场阻断了原生含水层的渗流场分布状态，含水层的采动破坏造成含水层渗流紊乱，导致地下含水层正常补-径-排"生态"关系损伤。根据绿色矿区建设布局总体安排，充分优化排弃物及排弃过程，恢复与含水层连接的含隔水结构，将有助于恢复含水层渗流原态，也是矿区深度改善生态立体修复效果和提高区域生态功能的重要途径。

针对上述问题，经过大量的现场调研与理论研究，提出适用于大型露天矿水资源保护的三层（地表、采动破坏岩层、煤层基底）储存结构，以及地表储水池、近地表生态储水区、仿原态含水层和地下水库四种保护模式（图9-4）。有关内容在第3章有所叙述。其中，大型露天矿区地下水库、近地表生态储水区是针对酷寒区水资源保护的实际需求首次提出和实践的模式，仿原态含水层构建通过调整排弃物料组合和排弃工艺实现，而地表储水池也是露天矿区常见的储用水设施。现场示范工程主要是针对大型露天矿区地下水库和近地表生态储水区含水层提出并实施的，旨在探索酷寒区地下水资源保护和生态修复保障的有效技术途径。

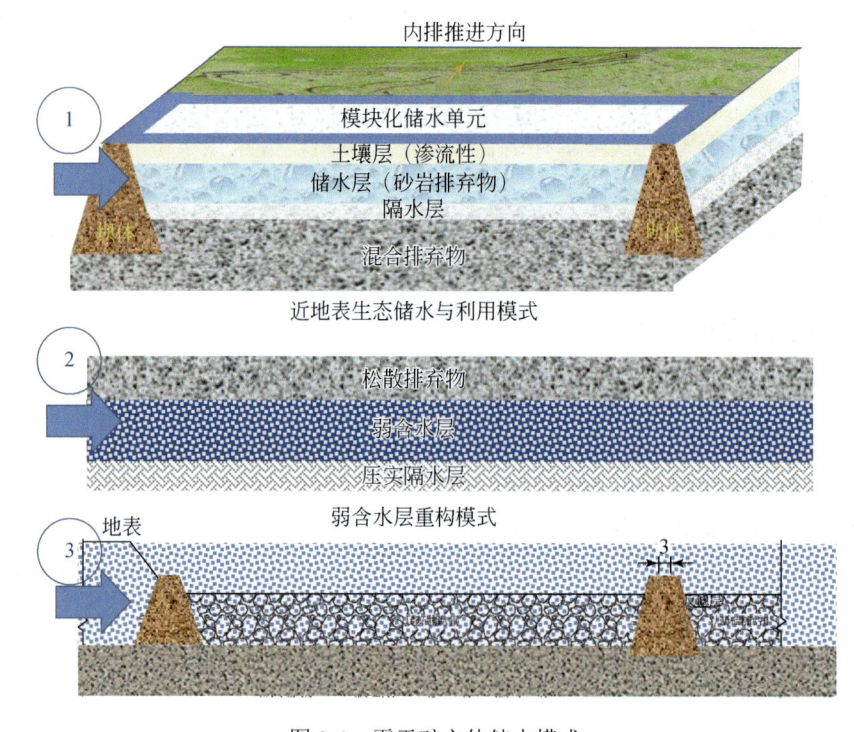

图 9-4 露天矿立体储水模式

9.2.2 近地表储水层系统构建及效果分析

1. 近地表储水层设计

1）系统设计

为验证近地表储水层构建的可行性及效果，工程以采-排-筑-复一体化为指导思想，初步设计是在现已完成的排土场建设一个体积不小于 10000 m³ 的近地表储水层区（图 9-5），区内布置蓄水孔、抽水孔、监测孔、预埋监测点，通过抽蓄水作业研究近地表储水区的储水能力、水资源调配能力、库内水的渗透特性、水质影响、库体稳定性和近地表地下水库对土壤含水特性的影响。

图 9-5 近地表储水层建库范围

2）净化过滤区设计

在坝体围成的空间范围内（图 9-5 蓝框区域），沿北侧坝体构筑 3 个净化过滤区。净化过滤区为 10m×10m 的区域，其对应区域铺设储水体时布设过渡区，铺设厚度约 0.3m 的净化过滤物料。根据实验结果，拟采用石英砂、活性炭、空心砖等 3 种物料作为初级净化过滤物料（图 9-6）。该类可替换物料的主要作用是过滤掉水中的悬浮物和降低水浊度，当累积杂质过多导致渗透效率显著下降时，刮除该部分填料并更换新料。

3）抽注水系统设计

（1）注抽水系统布置

注水系统由输水主管道和多个净化注水池构成，库体建设和上覆土岩铺设完成后，在注入区布置注水系统，在储水区布置抽水系统。抽水系统由输水主管道和多个抽水井构成，输水主管道采用现有绿化用输水管道，并可在井口布置水鹤为矿用洒水车加水。

(a) 石英砂　　　　(b) 活性炭　　　　(c) 空心砖

图 9-6　净化过滤区充填物料

抽水井采用钢制滤水管，管径 500～600mm；井口布置卧式自吸泵，水泵的设计抽水能力为 50～100m^3/h。抽水井根据需要施工，前期先施工 6 个，配套 2 套抽水泵，根据复垦绿化、洒水降尘等需要决定抽水井的启用顺序。当期不使用的抽水井可作为注水井或监测井使用。根据近地表小型储水区试验建设方案，抽水井预计总钻进深度 30m。

（2）储水区安全监测系统布置

为保证近地表储水区运行安全，在建设区域布置坝体和库体监测系统。区内储水监测系统除未利用的注水孔和抽水孔外，在净水区附近布置 3 个水位和水质监测井，预计各井孔深 5m、孔径 200mm。

为防止区内储水渗流影响排土场边坡安全，在坝体外约 10m 处钻进水位监测孔。计划布置 14 个坝外水位监测井，深度到库底水平以下 2m，通过井内水位变化监控坝体防渗有效性。根据监测结果，并结合矿区气象监测和库内水位监测，综合判断坝外水位监测孔地下水位变化的原因。当出现水位显著上升则说明坝体可能发生了破损，应启动抽水井排出库内储水并维修坝体或停止储水区使用。

针对储水区挡水坝体和储水运行安全，在坝体上布置 14 个位移监测点，监测采用长度不小于 3m 的钢钎，由地面下向贯入坝体内 1m 以上，每周定期监测钢钎定点坐标，若发现显著超过误差的坐标变化，则说明坝体发生了位移，应结合水位监测结果评估坝体的可用性。

2. 近地表储水层系统现场构建试验

现场针对现场矿坑水跨季节调配的需要，在前述设计基础上，结合现场排弃和复垦计划安排，放大示范工程比例，在露天煤矿排土场排弃至距离最终高度 8～10m 时，在内排土场并列布置两块矩形储水区（图 9-7）。

1）储水层主要要求

储水层是随着内排土场在露天矿推进方向不断延伸，分区分段建设。其基本结构如图 9-4 中第一种结构所示。现场实际施工时储水层按照施工顺序的各部分主要要求如下。

（1）人工隔水层：储水设计区底部铺设厚度为 3～5m 的压实黏土层，进行压实处理。设置水力坡度储水区中心的隔水层水平高度最低，边缘处水平高度相对较高，形成汇聚中心便于抽取水，并在隔水层下表面与上表面分别布置水分传感器，便于获取实时水位变化信息。

(a) 近地表储水层构建试验区选择

(b) 隔水层-储水层结构构建　　(c) 隔水层效果监测

图 9-7　宝日希勒露天煤矿近地表储水区构建

1 亩 ≈ 666.7m²

（2）挡水坝体：在储水区地表边缘使用露天矿泥状剥离物堆砌高度与储水介质高度一致，并设计符合现场实际需要的阻水挡墙。

（3）储水介质：采用露天矿剥离物中孔隙大，遇水变形小，亲水性差的沙质土或者沙土作为含水层，依照露天矿现场工程地质因素和工程需要将含水层排弃至距离露天矿内排土场最终高度位置并停止排弃。

（4）复垦层：将矿区地表腐殖土或腐殖土的替代材料排弃至含水层上部作为复垦层，该层铺设完成后，在复垦层上部按照生态规划要求种植草木，进行露天煤矿排土场的复垦工作。此时，内排土场完成全部排土计划，此层实际排土高度也是排土场的最终高度。

（5）取水井：在每个储水区中心位置布置垂直取水井，所述取水井井筒底部安装过滤网，所述过滤网底部与人工隔水层上表面相平，井筒采用直径为 1m 的预制混凝土管，取水井最上部混凝土管上表面高出所述含水层表面 0.5～1m。

（6）储水区块连接：随着内排土场在露天矿推进方向不断延伸，可连续并列布置多个储水区,且露天矿推进方向由所述内排土场指向采场,各个储水区周围均留出宽度为 20m 的施工道路。

(7)注、取水调配:按照冬储夏用需求,当年秋季末期,露天矿剥离工作停止,待空气最低温度下降至-10~-5℃后,将地表径流或者坑底涌水通过管路输送至储水区,直至储水区表层出现 5~10cm 积水且取水井中的水面与含水层上表面相平时停止注水;次年春季储水区内冰层融化,使用水泵从取水井中将储水抽取输送到矿区需水地点,取水先从靠近采场的储水区开始。

2)现场实施

根据宝日希勒露天煤矿的 2021 年排土场排弃计划和现场实施实际,在内排土场的最上部台阶选定了一块区域作为试验场地,以露天矿剥离物为主体构建近地表储水层的现场试验,具体指标按照现场情况做了部分调整,具体要求及流程如下(图9-7)。

(1)以露天矿剥离物为基础,通过筛选、级配、压实等方法构建库底隔水层,面积≥2000m^2,厚度≥1m,物料渗透系数<0.001m/d。

(2)以露天矿剥离物为基础,通过筛选、级配、压实等方法构建水库周边坝体,坝体高度根据排弃台阶参数和水库参数确定,坝顶宽度≥3m,坝体坡面坡度≤1:3,坝体物料渗透系数<0.001m/d。

(3)根据优选的储水物料,采用卡车自然排弃与推土机整平相结合的方法构建储水库体,库体底面积≥1000m^2,体积≥10000m^3,单边尺寸≥40m。

(4)根据排土场建设和生态修复需要,在库体上方布置排弃层、毛细阻滞层、耕作层等各层物料(具体层序设置根据实际需要确定)。

(5)在库底隔水层、坝体、库体和上覆岩土层构建过程中,预埋水分和应变监测系统(监测点不少于 20 个),监测水的渗流过程和库体变形情况。

(6)根据库体参数和试验需要,在库体布置抽水孔(≥1 个)、蓄水孔(≥3 个)和监测孔(≥5 个)。

坝体构建采用露天开采过程中剥离的黏土,通过卡车分层场地排土和设备碾压而成。坝体构筑完成后,在外侧排弃与坝体等高、宽度不小于 30m 的剥离物用于支撑坝体,确保试验的坝体安全。在建成的坝体范围内(包括储水区和注入区)填充储水物料,回填后储水体高度低于坝体高度约 0.3m;其中靠近坝体的 10m 范围为过渡区,平均坡度 3%。在库内储水材料上部,铺设约 1m 厚的细砂类排弃物作为土壤细颗粒隔离层,起到防止腐殖土中细颗粒随大气降水渗入储水层和阻滞水分上移土壤层的作用。最上部铺设厚度约 0.3m 的腐殖土,用于地表生态修复。

3. 实施效果预测分析

该工程是随着现场排弃逐步完成的,目前已经初步形成储水单元格局,完成底部隔水层、储水层和复垦层的施工,坝体等其他工作有待随着排弃前移而逐步完成。研究根据现场具体实施情况,进行了排弃物在不同粒径颗粒组合的级配时储水性试验,并对其生态效果进行了效果预测分析。

1）储水效果

储水系数是衡量储存层优劣的一个重要参数，将 10%作为评价储水效果优劣的分界线，储水系数高的储水层渗透性好、可储水量大。试验分析过程中将储水量换算为储水系数，利用多项式拟合函数，计算出各位置的储水系数用于估算整体水库的储水量，实例如图 9-8 所示，曲线反映排弃物不同级配下随着上覆排弃物的不同厚度压力下的储水系数变化。同时针对储层分阶段重复注抽水要求，进一步分析储水次数对可储水量的影响。

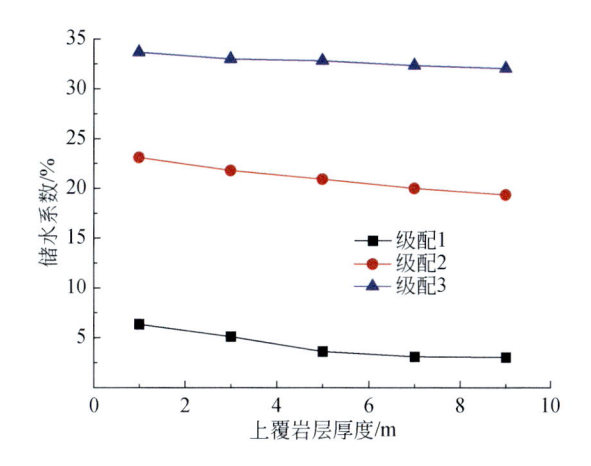

图 9-8　上覆岩层厚度对储水系数的影响

（1）级配 1：不同压力下物料的储水系数差异性显著，且上覆岩层厚度与储水系数呈负相关，即上覆岩层厚度越大，储水系数越低；级配 1 的储水系数总体较低，均不足 10%，其储水系数满足如下关系式：$y = 7.01 - 0.60x - 0.05x^2 + 0.01x^3$，通过关系式可知其在上覆无压力的状态下，储水系数达到最大值仅为 7.01%，该级配砂岩的储水效果较差，可储水量较少，不适宜直接作为地下水库的储水物料。

该级配时，储水系数数值稳定，储水次数对储水系数的变化影响较小，在 1～5m 厚度压力时的方差为 0.01、0.01、0、0、0，以上表明该级配下的储水系数基本不会影响该粒径砂岩的储水效果。

（2）级配 2：该级配的储水系数在 19.34%～23.27%之间，储水效果良好，其储水系数满足如下关系式：$y = 23.27x^{-0.085}$，表明继续加压使物料处于更深层位置时，在颗粒不发生破坏的情况下，该级配仍能保持良好的储水效果。

该级配下，储水系数先增长后降低，除 2m 厚度压力时以外，第 5 次试验后的储水系数均小于第 1 次，且减小的数值逐渐减小，说明越深层的位置，储水次数对储水效果的影响越小。

（3）级配 3：在 1～9m 排弃物料厚度的压力等级下，级配 3 的储水系数在 33.84%～32.45%之间，储水效果是三种级配中最优的，且在 20m、50m、100m 的位置储水系数分别达到 30.90%、30.06%、27.10%，仍保持良好的储水性能，其储水系数满足如下关系式：$y = 34.03 - 0.19x + 0.0012x^2$，利用该式可估算 0～100m 范围内任一位置的储水量。

该级配时，1m 厚度压力时和 5m 厚度压力时，级配 3 的储水系数变化显著，1～5m 厚度压力时的方差为 0.08、0.03、0.02、0.03、0.62，其中发生明显变化的是 5m 厚度压力时的第 4 次试验后，储水系数减小了 1.70%，但在第 5 次试验储水系数提高了 0.13%，储水系数逐渐趋于稳定。

分析表明，三种级配中，储水效果最优为级配 3，级配 2 较好，级配 1 尚可。而储水次数对含砾砂岩的各级配储水特性影响程度均较小，三种级配的砂岩都可作为长期稳定的储水材料，不会产生由于抽蓄水频率过高造成储水量急剧减小的情况。

2）实施效果预测

（1）实际储水效果

根据宝日希勒露天煤矿矿坑水产生量和矿区生产、生态用水需求，如利用储水层储存矿坑水，按储水层厚度 2.5m 估算，单位面积有效储水量可达 0.3m³ 以上。该矿年到界排土场 1000～1500 亩，按 50%构建成近地表储水层估算，年有效调剂水量可达 100 万 m³ 以上，大于露天矿冬季矿坑水产生量，能够满足 100 万 m³ 的储水需求。

（2）生态修复效果

近地表储水可以实现储水层与大气降水、土壤水的有效沟通，储存短期多余大气降水的同时通过毛细作用支撑地表植物生长，提高生态修复效果。根据实验室测试结果，随着储水层的有效储水量减少和渗透效率衰减，可根据露天矿采剥工程推进采用新的储水单元代替，而废弃的储水单元仍可起到储存富余大气降水和支撑地表植物生长的作用，对于提高排土场生态修复可持续效果具有积极意义。

（3）矿坑水储用调控效果

近地表储水层不仅可存储富余的矿坑水，且具有多重作用。一是可以减少不必要的矿坑水蒸发，节约保护有限的水资源；二是可以通过物料过滤净化矿坑水（主要是悬浮物），便于后续利用；三是可以减少冬季冻结的影响，便于春季利用（地面裸露水池会将储水变成储冰，春季难以取用）。

9.2.3 地下水库系统构建及效果分析

地下水库是利用采动煤层底板隔水性能，依据排弃物性和排弃区环境构建的储水空间。地下水库构建是基于矿区地下水区域分布规律和矿坑水管理需求，综合考虑露天煤矿生产过程中采-排-复一体化过程，按照目标明确、布局合理、经济可行原则，确保宝日希勒示范区——露天煤矿地下水库建设初步具备地下水库的基本功能，储水容量超过 $1.00×10^6 m^3$，形成与现有采-排-复一体化过程相适应的地下水库工程方案。

1. 地下水库系统设计

大型露天矿区地下水库主要由储水地质体、坝体和注排水井组成。系统设计将重点解决水库选址、水库结构和地下坝体等核心单元的关键指标。

1）地下水库选址

地下水库选址是根据现场实际情况，如排土场推进区域的排弃物结构和环境条件等因素确定。本次示范工程依据第 2 章的储水区地质条件分析和工程实施可行性进行，选址分为基于环境条件和基于采排复工艺两种类型（图 9-9）。

(1) 西区地下水库

西区位于井田西侧，是露天矿初采阶段排弃区域。在宝日希勒露天煤矿 2011 年 6 月初采阶段，1 号煤层顶板含水砂岩层涌水量可达 10 万 m^3/d，初采区域内的煤层底板高程从 545～510m 起伏变化，底板起伏表现为中间高、两侧低的变化趋势，形成局域微凹陷。煤层底板以上的内排弃物以砂岩为主，且沿着煤层底板推进形成类似岩性圈闭的重构砂岩可储水介质区，同时为解决边坡和排土场稳定问题，在低洼处投放大量毛石，构建了稳定排土场基础的毛石网格，毛石沟槽标高 553～567m，沟槽宽度 4m、厚度 3m、长度 350m，目前在积水坑位置标高 555m 处观测到水位上升趋势，显示该区域形成理想的地下水聚水区。

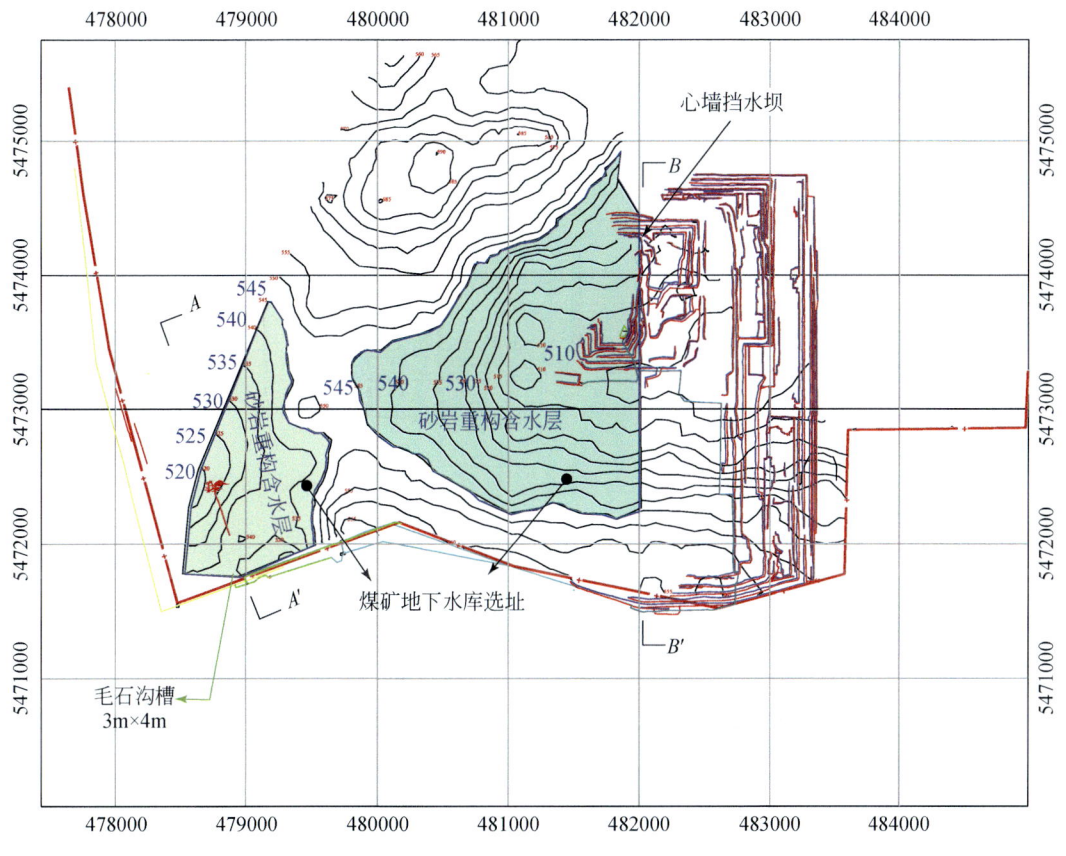

图 9-9　宝日希勒露天煤矿东、西区地下水库选址

西区地下水库选址是基于岩性圈闭模型，考虑借助井田西侧低凹地势区域作为地下水汇聚区，利用内排土场重构砂岩含水层作为储水体，以毛石沟槽位置作为露天煤矿地下水库取水位置，根据 1 号煤层底板等高线初步确定地下水库范围和标高。

(2) 东区地下水库

东区地下水库位于井田东侧，与目前的工作面推进区域相连接，属于采-排-复一体化工作区域。东区地下水库不具备天然的低凹汇水条件，且推进区域尚不封闭。该区域设计采用人工筑坝的方式形成挡水坝体，储水区域由低凹地势及挡水坝体共同组成。储水体仍然选用内排土场重构砂岩含水层，以毛石沟槽位置作为露天煤矿地下水库取水位置，根据1号煤层底板等高线初步确定地下水库范围，依据坝体高度确定储水高度。

西区地下水库选址是结合采-排-复一体化工艺，充分利用井田东侧煤层隔水底板，通过构建地下坝体形成低凹地势区域+坝体的储水圈闭，也利用内排土场重构砂岩含水层作为储水体。东区地下水库建设由于需要人工构筑挡水坝体，其建设过程受开采工艺影响较大，对露天矿正常生产影响也很大，因此与井工矿地下水库实现工序相比，大型露天矿地下水库存在建设周期长、推广难度大等难点和问题。

2）地下水库剖面设计

（1）横剖面设计

地下水库结构形式以储水地质体、坝体和注排水井组成，储水地质体以砂岩重构含水层为主，考虑到地下水库坝体构筑问题，以内排土场为边界，分段碾压形成心墙式挡水坝体，取水井设计在毛石沟槽位置附近，由垂直钻井施工至毛石沟槽底部，注水井设计在煤层底板等高线较高位置，宝日希勒露天煤矿东、西区地下水库横剖面结构形式如图9-10所示。

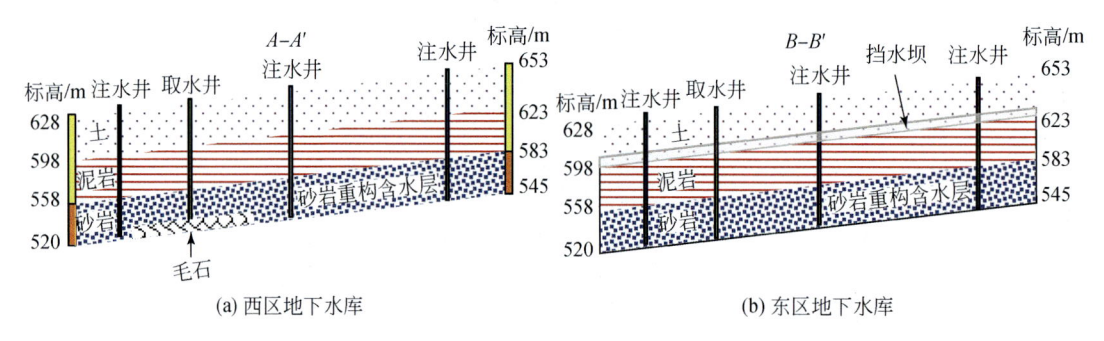

图9-10 地下水库剖面结构

（2）纵剖面设计

在井田中东部区域设计建设地下水库，目前为内排土场作业范围，依据重构砂岩含水层标高位置，考虑在1号煤层底板位置处建立心墙挡水坝，坝体采用黑黏土和砂岩进行构筑、分段式碾压；而在水库设计区西侧区域，目前1号煤层西侧覆土已完成，考虑对应区域地面标高690~710m，地表距离煤层底板厚度约150m，建议采用注浆孔进行注浆坝体构筑或形成注浆帷幕，保证西南侧地势低凹地带能够保持较高水头，形成地下水库蓄水有利条件，也保证了井田内部重构含水层与井田外部原始含水层的屏蔽，保证了露天煤矿地下水库系统的独立运行（图9-11）。

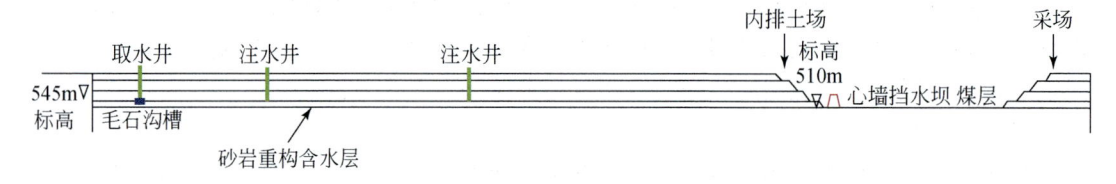

图9-11 地下水库纵剖面结构

内排土作业是保障露天煤矿正常运营的重要环节，合理调节挡水坝构筑工程进度和内排土作业的关系，需确定好挡水坝结构形式。随着排土作业的进行，排土阶段高度由露天煤矿坑底部逐渐抬高，因此挡水坝构筑也应为多阶段施工，以此保证坝体高度的工程需求。合理储水体材料的选择应优先考虑成本低廉、具有吸附或过滤功能的孔隙、裂隙介质，若能将矿山废弃矸石、建筑废物等具有固体力学性质的材料作为储水体或者库底防渗铺设材料，一方面有助于地下水体的有效净化、储存与利用，另一方面对矿山生态修复与水资源保护具有重要意义。

3）东区地下水库坝体设计

结合开采工艺设计的露天煤矿地下水库是指在采区推进过程中构筑坝体和储水体，形成具有储水功能的空间结构，其中建造的挡水坝体可以阻隔和分区地下储水空间，满足库间调水需求。

研究根据露天煤矿不同采区的内排土作业工期，提出采用不同心墙堆石挡水坝的地下水库结构形式，协调内排土作业与挡水坝构筑的工期关系，合理设计露天煤矿地下水库布局。

坝体结构采用心墙堆石挡水坝形式（图9-12），将露天煤矿内排土作业与地下水库建造有效结合在一起，保证在不影响内排土作业的前提下，多阶段、多工期建造心墙堆石挡水坝，实现了露天煤矿地下水库的安全高效建造。

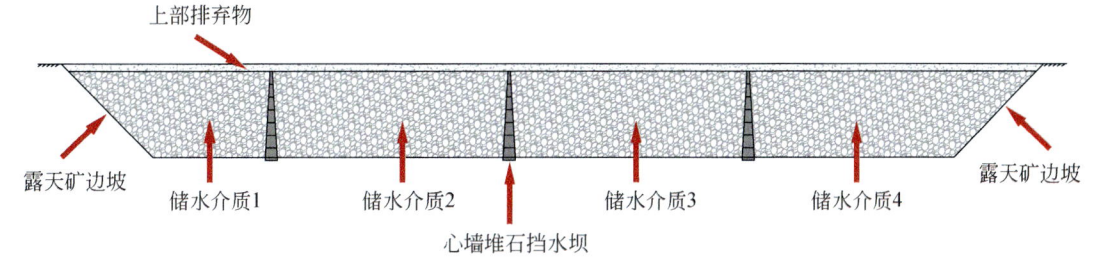

图 9-12　东区地下水库心墙堆石挡水坝体设计图

坝体结构由心墙和堆石组合而成，为典型的强弱组合体结构，散体堆石具有吸能削波作用，因此具有十分稳定的结构抗震性能。同时，利用矿山矸石、建筑或塑料等废弃物碾制铺设地下水库库底，不仅满足了库底防渗的工程要求，而且也实现了变废为宝的绿色建造理念。

2. 西区地下水库储水性能试验

1）注抽钻孔构建方案

（1）抽水孔位布局。地下水库建设区域煤层底板高程从545～560m起伏变化，从充分利用库内储水的角度考虑，抽水井应布置在建库范围内煤层底板最低处的地表位置。

（2）孔深调整。露天煤矿地下水库建设区域地表为内排土场台阶，海拔从近地表的+660m左右到排土场顶部的+730m左右，这意味着终孔深度相同的情况下，钻孔长度可相差数十米（可相差60%以上），根据孔位布局调整实际抽水孔深。

（3）地下污染防控。地下水库主要是利用排弃物料孔隙储水，为了避免储存的矿坑水污染地下水，抽注水井应避开露天矿未开采的区域，即钻井终孔位置应在露天矿采场深部境界以内，处于内排土场的正常排土区域，从而防止矿坑水与地下水洁净度差异造成的地下水污染。

根据前期研究成果和抽注水井布置的影响因素，在宝日希勒露天煤矿排土场西南部建库区布置 6 个抽注水孔，钻孔坐标与工程量见表 9-1。设计钻孔总进尺 832m，孔径 330mm，孔深为 115~155m，孔类型包括抽水井、注抽井、监测/注抽井和备用井。

为降低工程难度和加快施工速度，在满足地下水库建设需求的前提下选择在地表海拔较低的区域开钻。根据地下水库建设范围、抽注水井位置和可能通过的地层条件，初步确定各井完成施工后各钻孔剖面如图 9-13 所示。

表 9-1 各井工程量及主要参数

钻孔	x 坐标	y 坐标	开孔高程/m	终孔高程/m	孔径/mm	预计深度/m	上部套管/m	底部花管/m	备注
1	478300	5473049	684	542	330	142	34	48	抽水井
2	478379	5472554	681	550	330	131	31	40	监测/注抽井
3	478609	5472181	670	555	330	115	20	35	注抽/监测井
4	478226	5473550	698	550	330	148	48	40	监测/注抽井
5	478418	5474144	710	555	330	155	60	35	注抽/监测井
6	478727	5472446	703	552	330	151	53	38	备用井
合计						842	246	236	

注：①各钻孔套管和花管工程量根据钻孔位置和可通过地层条件初步确定，现场施工过程中据实钻探结果修正。
②上部套管直径根据施工需要确定。

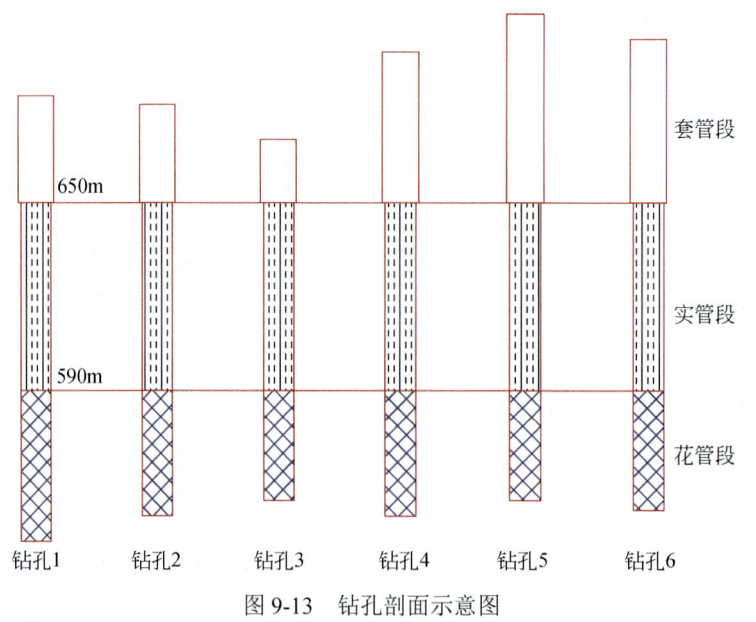

图 9-13 钻孔剖面示意图

2）钻孔施工过程

为验证宝日希勒露天煤矿排土场地下水库储水情况，研究按照上述钻孔施工方案开展排土场钻孔施工。排土场钻孔工作自2021年4月10日开始准备施工，截止到8月5日，施工按照由易到难的顺序进行，依次完成钻孔3、钻孔1、钻孔5、钻孔2和钻孔4的现场施工。施工中除设计深度有稍许差异外，其钻孔工艺、钻进钻头、孔径等都采用相同参数，现主要对首钻钻孔3施工情况进行详细介绍。

钻孔3采用的钻井设备为SPC-1000型钻机和钻具［图9-14（a）（b）］，该钻机可分5档调速，分别对应的转速为146 r/min、259 r/min、426 r/min、696 r/min、1107 r/min，单据拉力为68600N，提杆速度为1.32m/s，最大钻进深度为1000m。钻孔编号为BKCZ3，终孔深度127m，终孔直径205mm，终孔层位为开采煤层底板。该孔钻孔孔深122.4m，井筒总长122.9m，井壁管高于地表0.5m［图9-14（c）］。使用水位测钟进行孔内水位测量发现，该孔为干孔，未见地下水存在。井壁管安装位置为0.00~75.00m，井壁管孔径为Φ127mm；过滤管位置为70.00~106.00m，过滤管孔径为219mm；沉淀管位置为106.00~112.70m，过滤管孔径为219mm。

| (a) 钻井平台 | (b) 钻杆 | (c) 钻孔3 |

图9-14 钻井平台及钻孔实物图

钻孔3岩心编录岩心排列顺序按照埋深由浅到深的顺序，从中左上方至右下方蛇形排列（图9-15）。钻孔过程中浅部层段采用了较大直径的钻杆导致上部岩心直径较大，深部钻进采用的钻杆直径较小导致下部岩心较细。取心过程发现，整体上浅部排弃物由于上部载荷较小，密实程度较差，结构比较松散；深部排弃物由于上部载荷较大，密实程度很好，结构紧密。孔心物料与宝日希勒露天煤矿生产计划图和现场技术人员推断的物料基本一致，具体深度排弃物特征如下。

（1）浅部：排弃物为近地表松散层，整体呈散体结构，主要包括黏土、粉质黏土和砂砾石层。其中，黏土、粉质黏土主要分布于地表，全区广泛分布。砂砾石层局部分布，呈透镜状。

（2）中深部：排弃物为剥离物混排层，整体呈碎裂结构，主要由风化岩组和砂岩、泥岩和砾岩组成，包括碎屑岩类，其中风化岩组煤系地层顶部与第四系的接触带连接，砂岩、泥岩和砾岩全区分布，呈互层状或透镜状。

（3）深部：排弃物主要是砂砾岩，该层大部分为以砂砾岩，且为防止滑坡加入了人工构筑物——具备较高孔隙性的石料区，形成上部渗流空间和下部松散空隙组成的地下水库储水空间。

（4）底部：排土场最底部为煤层底板，具有较好的隔水性。

图 9-15　钻孔 3 岩心

由于露天矿生产过程中，剥离物一般按照就近排弃的原则进行排土，并结合边坡稳定、生态修复等特殊需要进行调整。通过钻孔 3 排土场钻孔施工过程可知，宝日希勒露天煤矿剥离区内岩（土）体主要划分为三大岩类，见表 9-2。

表 9-2　剥离区岩（土）体工程地质分类

工程地质分类	岩层组	空间分布	岩体结构
松散岩类	黏土、粉质黏土	分布于地表，全区广泛分布	散体结构
	砂砾石层	局部分布，呈透镜状	
碎屑岩类	风化岩组	煤系顶部与第四系的接触带	碎裂结构
	砂岩、泥岩和砾岩	全区分布，呈互层状或透镜状	层状结构
煤岩类	煤层	全区分布，个别煤层不稳定	

根据宝日希勒露天煤矿生产记录，排土场钻孔施工前初步预计各钻孔施工过程中通过物料情况如图 9-16 所示。钻孔 3 取心编录情况与钻孔前岩心物料预计情况吻合程度很高，进一步验证了钻孔设计预计的准确性。

3. 实施效果分析

1）现场注水试验

现场试验结合《水利水电工程注水试验规程》及现场可提供的设备条件，供水设备采用矿用洒水车（自带短距离输水管路），量测设备采用水表、超声波流量计、秒表、米尺等，水位测量采用电测水位计，具体要求：

（1）用钻机造孔，至预定深度下套管，严禁使用泥浆钻进。孔底沉淀物厚度不得大于

10cm，同时要防止试验土层被扰动。

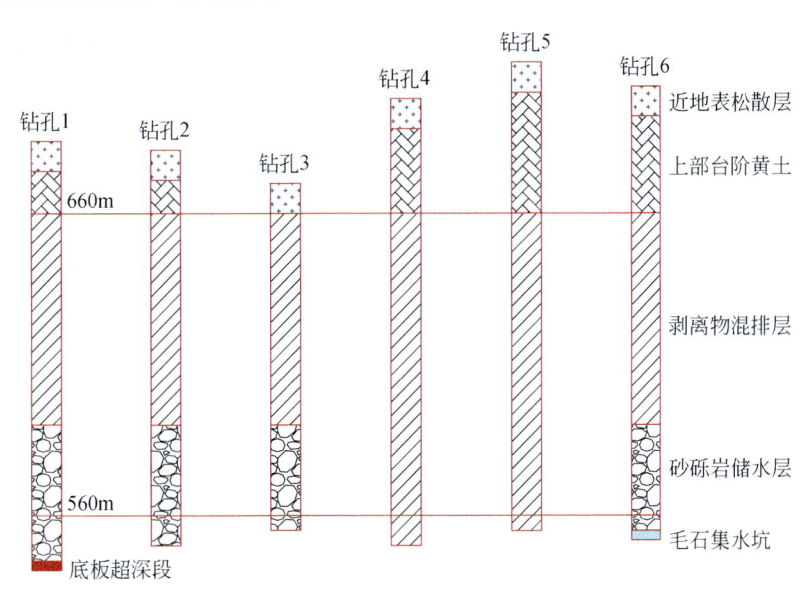

图9-16 钻孔区排弃物料分层概况

（2）注水试验前进行地下水位观测，作为压力计算零线依据。现场试验在钻孔完成洗井时采用测钟进行地下水位粗测，发现孔内无水。

（3）受钻孔工艺限制，采用一次性全段注水法试验，测量数据代表花管所在平均深度的介质渗透性。

（4）用带流量计的注水管或筒向套管内注入清水，管中水位至孔口并保持固定不变，观测采用水表和超声波流量计测量注入流量［图9-17（a）］。

具体试验采用了40t矿用洒水车进行钻孔注水［图9-17（b）］，采用水表和超声波流量计同步测量注水量以减小试验误差，试验过程中采用秒表测量时间。最后一次注水后，使用电测水位计测量孔内水位的下降高度与时间的定量关系［图9-17（c）］。

(a) 超声波电磁流量计　　(b) 钻孔注水　　(c) 水位测量

图9-17 注水试验过程

2）地下水库 100 万 m³ 储水量验证

为确保计算结果的精度，研究将储水介质厚度细分，分层厚度取值应尽量小，结合西区地下水库储水区等高线信息，共分 5 个层位，每层厚度为 5 m。具体计算范围和分层区划如图 9-18 所示，各层平均孔隙度介于 0.0842～0.108，呈现浅层相对较大，储水区浅层体积大的特征。水库各层储水容量 2.41 万～61.31 万 m³，具体各层计算信息见表 9-3。

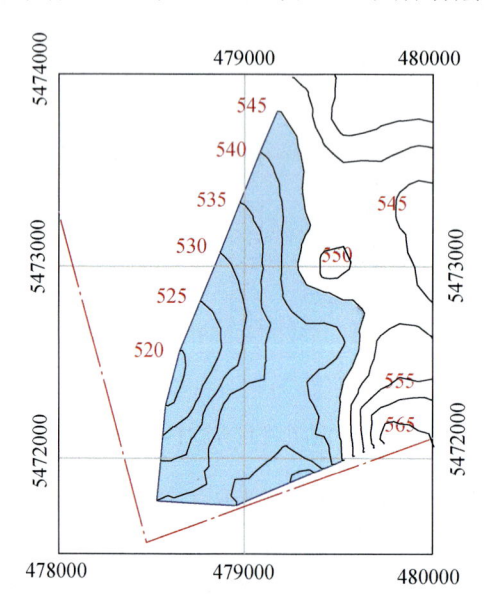

图 9-18 西区地下水库位置及高程信息

表 9-3 西区地下水库库容计算表

分层编号	分层高程/m	每分层中部高程/m	每分层体积/ m³	每层中部平均孔隙度	每层储水容量/万 m³
1	520～525	522.5	286120.32	0.0842	2.41
2	525～530	527.5	849790.18	0.0889	7.55
3	530～535	532.5	1734162.56	0.0913	15.83
4	535～540	537.5	3654950.71	0.0964	35.23
5	540～545	542.5	5676705.69	0.108	61.31
总计					122.33

若将开采煤层底板作为水库底部，通过逐层累加的方法计算地下水库库容，确定了库容-水位曲线（图 9-19），显示储水层由浅至深，储水体和储水量逐步减少，与该区基于微凹型岩性圈闭模型一致。西区地下水库满库时储水深度范围为 520～545m，储水能力约为 122.33 万 m³，基本满足地下水库设计 100 万 m³ 的需求。

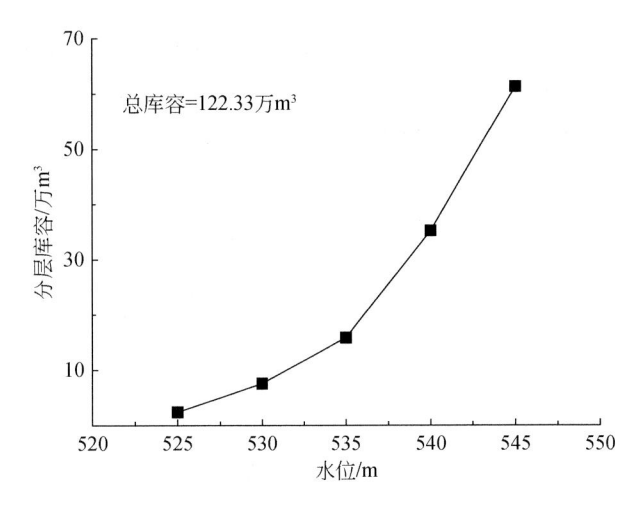

图 9-19 西区地下水库库容-水位关系曲线

9.3 敏东一矿地下水资源保护方法应用研究

敏东一矿具有典型的软岩开采地质条件和井工高强度开采特征，也是东部草原区研究地下水资源保护的典型研究区，相关开采地质和水文地质条件已在第 2 章中详述。本试验针对敏东一矿软岩区地质条件下高强度井工开采中水资源保护问题和水量大与利用需求小的过供矛盾、矿化度高不满足生态用水问题，通过原位保护、转移储存、生态利用等多类型地下储存与转移利用工程试验，旨在探索我国软岩区大型井工矿地下水资源有效保护的技术途径。

9.3.1 软岩条件构建地下水库工程试验

1. 地下水库设计

地下水库保水技术即利用井下采空区进行矿井水储存和净化，目前该技术已在神府东胜矿区得到成功应用，其实施的相关工程经验可供参考借鉴。但由于敏东一矿煤系地层属软岩条件，采空区垮裂岩体易发生遇水软化、泥化、膨胀等作用，从而会对采空区储水空隙大小及其储水安全性产生影响，因此有必要对敏东一矿软岩条件下采空区构建地下水库储水的可行性及其技术方案开展研究，尤其是井下采空区可注水性评价，从而形成适用于东部草原井工开采软岩区的地下水库储存与利用示范工程建设方案。试验工程按照注水试验+库容确定—可行性研究—水库设计的技术路线实施（图 9-20），具体实验主要分两阶段实施。

1）试验阶段

该阶段通过软岩采空区注水试验，初步评价采空区的储水可行性。试验选取敏东一矿

04工作面采空区为试验区,从邻近的06工作面回采巷道中不同位置向04工作面采空区施工注水钻孔,并开展注水试验,现场实测注水过程中的注水压力、流量,以及试验点周边围岩渗水情况等,以评价04面采空区的可注水性及其储水库容,为敏东一矿井下软岩采空区构建地下水库的可行性确定提供依据。

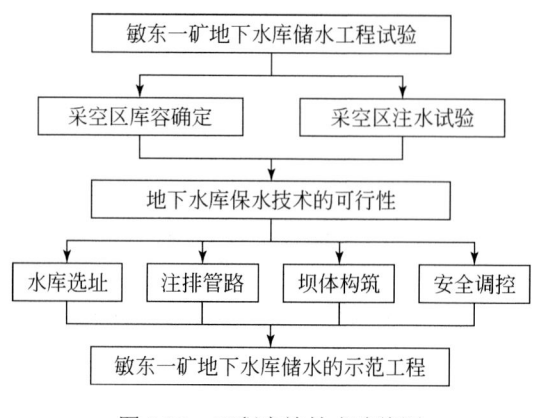

图9-20 工程实施技术路线图

2)水库设计阶段

该阶段是在04面采空区注水试验及其储水可行性评价的基础上,结合敏东一矿井下采空区的采掘布局和地质条件,研究形成与软岩采空区赋存条件向适宜的地下水库保水技术相关系统设计,包括水库坝体构筑、注排管路、安全监测与调控等,最终实现敏东一矿井工开采示范区软岩地层条件下的地下水库保水技术工程示范。

2. 试验技术方案

1)采空区注水试验及储水可行性评价

注水试验工程,由06面回风顺槽向04面切眼施工钻孔,将注水钻孔的施工钻场设置距离06面切眼约536m处。注水钻孔斜向上仰角施工,对应垂深应达到13~15m(考虑顶煤厚度),如图9-21所示。实际施工时,为提高注水速度和注水量,可施工多个钻孔同时注水,具体要求如下。

1号孔:在Ⅰ0116306回采工作面回风顺槽测点B14往东12m位置施工钻孔,北帮离地0.5m,方位角0°,倾角25°斜向上,垂高15m。

2~4号孔:在Ⅰ0116306回采工作面回风顺槽测点B14往东20m位置施工钻孔,北帮离地0.5m,方位角0°,倾角25°斜向上,垂高为15m和10m(两个层位)。

施工顺序按照编号1~4的顺序依次进行施工,采用Φ85mm或者Φ93mm钻头进行裸孔施工直至终孔位置停止钻进,用供水管路中的水做注水试验,管路水经钻机水鞶、钻杆最终注入Ⅰ0116304采空区。

注水过程中,对注水压力、流量等参数,以及注水钻孔周围煤岩体的水渗出等情况进行跟踪监测,以反馈评价采空区的可注性。如若管路水未经注水孔反出说明注水试验成功,否则即注水试验失败。若成功后选用Φ133mm钻头进行扩孔,钻进5m后下Φ108mm止水套管,止水套管长为5m;安装安全阀后利用注水孔向采空区注入污水。

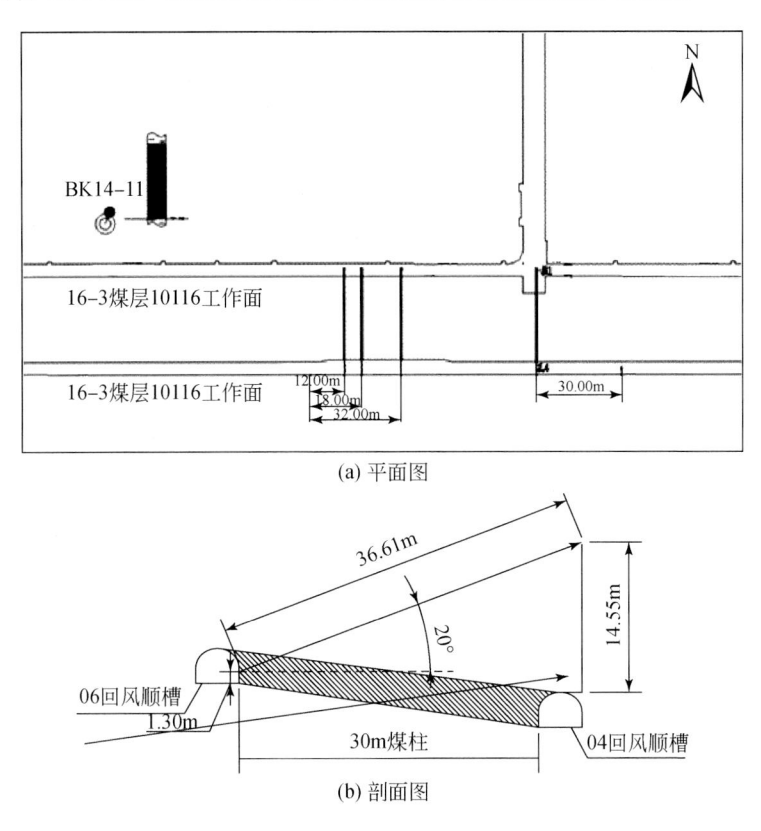

图 9-21 注水钻孔布置图

基于上述注水钻孔施工后的注水试验数据,即可对04面采空区的可注水性及其储水可行性进行评价。评价依据参照已有成功煤矿地下水库典型案例(如神东)的采空区储水状态进行设定,当采空区注水量达到典型煤矿地下水库储水程度,即可认为采空区具备可注水性。

2)地下水库系统设计

(1)挡水密闭坝体结构设计

敏东一矿井下采空区目前构筑的挡水密闭坝体的主体结构采用料石砌筑而成,并在坝体的中下部增设水泥底座增加强度。坝体构筑时,采取对两帮和底板掏槽500~600mm的方式,使其与围岩耦合固结。料石墙砌筑完毕后,对其表面实行水泥粉刷。可见,其单纯采用料石砌筑方式进行承载和防渗,尚未达到煤矿地下水库密闭坝体构筑时一般采用的混凝土结构的条件。虽然其对坝体中下部增设了水泥底座,但因其余区域均为料石砌筑,相比混凝土墙的整体性和承载性大大降低。按照已有研究力学模型判断其尚不足以达到抵抗10m设计水位的强度和防渗要求,有必要在原有构筑基础上进行加强设计。

密闭坝体可参照神东矿区地下水库建设的成熟经验进行坝体加固。加固墙施工前需要首先在巷道顶底和两帮实施掏槽，掏槽深度一般为顶槽深 200mm、帮槽和底槽深度均为 300mm（具体按照巷道围岩稳定性状况而定，围岩软弱时可加深至 500~600mm）。

由于构建地下水库的采空区需要构筑人工坝体的位置对应巷道尺寸不一，为说明方便，在此以尺寸为 5.4m×3.0m 的巷道为例说明，坝墙整体采用丁字形结构，由主体承载混凝土墙和丁字形支撑墙组成。主体承载混凝土墙内采用工字钢骨架结构以加大承载能力，其布置方式为里横四、外竖四；外侧丁字形支撑墙内工字钢布置方式为横三、竖一，工字钢之间采用电气焊焊接；工字钢间排距一般为 0.8~1.0m。巷道顶帮均施工 Φ18×2100mm 全锚螺纹钢锚杆，并在工字钢前后铺设两层 Φ6.5mm 钢筋网，并用 10#铅丝将锚杆、工字钢、网片绑扎在一起。坝墙采用 C30 混凝土浇筑为一个整体，浇筑完成后采用喷砼的方式封顶及堵漏。

对人工坝体稳定性的监控可选择在坝体表面布设应变、应力传感器，以监测坝体在采空区储水水压和岩层采动应力共同影响下的表面变形、张力等信息，当相关监测指标超出预警值时，及时采取坝体加固或泄放水措施。为了方便实时掌握调水管路内流量、水压，以及采空区内水位、水压、净化程度等参数，可在污水管路上布设相应的流量计、水压计等监测仪器，在清水管路上布设相应的流量计、水质检验仪［pH、浊度、氧化还原电位（ORP）、电导率、温度等］、水压计（水位）等监测仪器（图 9-22）。

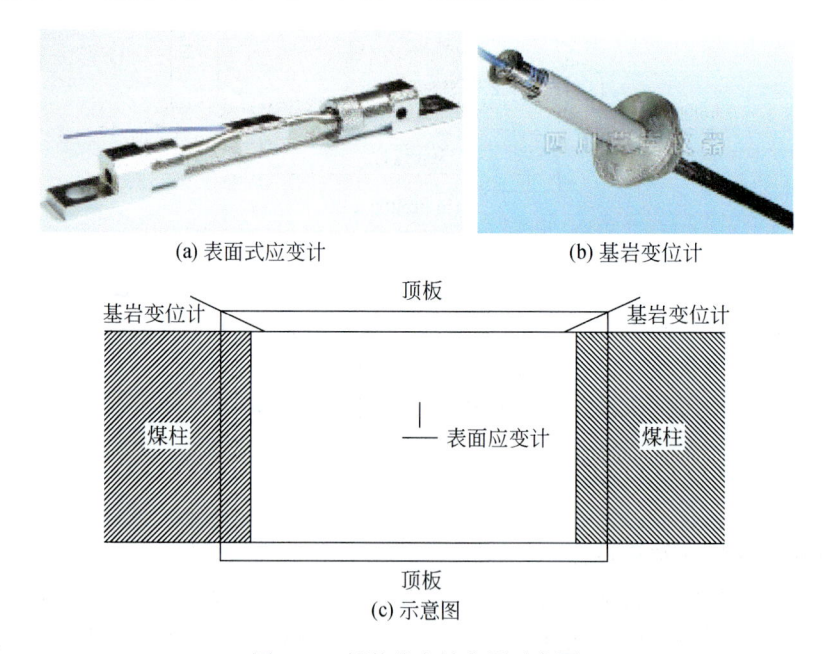

(a) 表面式应变计

(b) 基岩变位计

(c) 示意图

图 9-22 坝体稳定性监测示意图

实际施工时，主要对 01 工作面泄水巷处的 YJB-03 永久密闭和 02 工作面北侧泄水巷处的 YJB-08 永久密闭以及 02 和 04 工作面顺槽口的永久密闭进行加固墙构筑。

（2）清水取用与污水回灌管网布局

井下采掘面产生的生产污水以及顶板涌水等可通过 06 面顺槽中的注水钻孔回灌入 04 面采空区，这样既能净化井下污水，又能在一定程度上蓄存矿井水，起到水资源保护和利用的作用。

当采空区储水达到一定程度时（不超过密闭墙的承载强度），需进行储水泄放，同时可对其中的净化水进行二次利用。考虑到 02 面北侧开采边界处的泄水巷地势最低，可将储水泄放与清水取用的管路设置于此。应至少铺设 2 套排水管路，一路排至需水地点（如采掘工作面、井下洒水降尘等）二次复用，一路排至井下清水水仓以供地面复用（植被灌溉等生态用水、煤炭洗选与发电等生产用水）。

（3）安全监控系统建设

为确保采空区地下水库储水时的安全运行，需要对水库的一些关键环节实施监测监控，如人工坝体稳定性、采空区储水状态、污水回灌与清水取用情况等信息，从而实时掌握地下水库的运行状态，并在可能出现危险状况时做出应急反应（图9-23）。

(a) 水压、流量监测传感器　　(b) 水质监测传感器　　(c) 透明管水位监测

图 9-23　煤矿地下水库调水管路监测监控

3）试验工程实施流程

现场工程试验实施时主要分为以下 3 步：

（1）在敏东一矿井下 06 工作面回采巷道内不同位置向邻近的 04 工作面采空区施工注水钻孔，开展软岩采空区注水试验，确定 04 工作面采空区注水渗透性及其储水能力。

（2）确定敏东一矿井下软岩采空区构建地下水库进行水资源储存与利用的技术可行性。

（3）设计采空区构建地下水库的关键技术环节，包括水库坝体构筑、注排管路、安全监测与调控等。

3. 实施效果分析

基于实施的井下采空区注水试验，对敏东一矿软岩地层条件下的采空区储水性进行了评价。注水试验后发现，4 个钻孔注水过程均表现出困难局面，导致注水升压快、停注降压慢、泄水流量大等现象发生，且短时注水后常伴有煤壁锚杆/锚索处淋水现象。以其中 3#注水钻孔为例介绍注水测试过程的监测现象。

3#注水钻孔于 2019 年 10 月 15 日 3：40 实施，孔口注水管管径 16mm（内径）、孔内水管管径 42mm（内径），注水水源接至巷道供水管路，水压 2.0MPa。注水后，孔内水压数值逐渐上升，在持续注水 20min 左右孔内水压即达到 1.5～1.6MPa，并维持该数值至注水 50min 左右。同时，在钻孔注水过程中，在钻孔东、西各约 5m 的巷道帮的位置出现锚索眼淋水，巷帮煤层裂隙出现滴、淋水的现象，单点出水量约 0.02m^3/h，出水点大约 7 处。

至 14：30 关闭注水阀门停止注水，孔内水压并未出现快速下降，而是缓慢下降；同时，注水口两侧煤壁仍处于淋、滴水状态。在 15：00，水压表数值变小为 0.4MPa，然后打开阀门泄水，水压表数值快速降至 0MPa；直至半小时后，孔口才逐步停止出水，巷道帮出水点的水量也渐渐变小（图 9-24）。

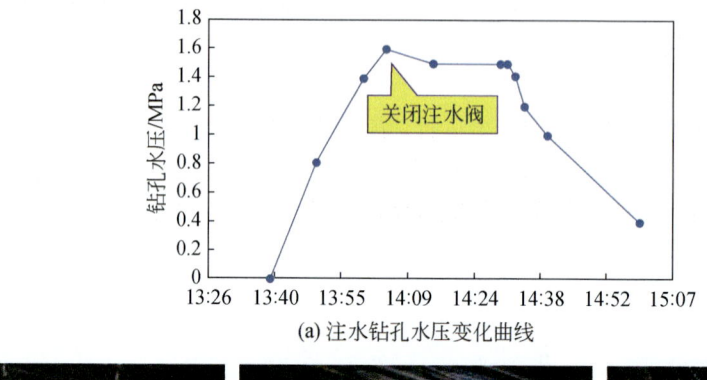

图 9-24 井下 3#注水钻孔注水情况

其余钻孔注水过程中也呈现出类似现象，其中，1#注水钻孔共实施注水 30min，注水过程中管内水压一直保持 2.3MPa，注水结束后开阀放水，放水流速 2m³/h。2#注水钻孔共实施注水 30min，注水开始即出现巷帮煤壁出水、锚杆/锚索位置淋水现象，注水 6min 后管内水压升至 1.5MPa，且注水过程中伴有管路内异响；注水结束后放水流速 4m³/h。4#注水钻孔共实施注水 30min，注水过程中管内水压一直保持 2.5MPa，注水 5min 后即出现巷帮煤壁出水、锚杆/锚索位置淋水现象；注水结束后放水流速 1m³/h。

上述注水试验结果表明，04 工作面采空区注水困难，钻孔注水仅一部分进入采空区，其余较多淤积在注水钻孔附近区域，导致注水压力大、煤壁出水等现象的发生。可见，采空区泥岩等软岩的存在对其储水库容及注水渗流特性产生了显著影响，敏东一矿软岩地层条件下利用井下采空区构建地下水库进行储水的可行性欠缺。从其他角度研究适用于敏东一矿地质赋存条件的矿井水保护与利用方法显得尤为重要。

9.3.2 第四系含水层转移存储可行性试验

敏东一矿矿区广泛分布第四系粉中、粗砂，砂砾石组成的孔隙含水层，平均厚度 57.77m，其富水性好，导水性强，而在底部第四系黏土、亚黏土隔水层发育，均厚 5.72m。

矿井水转移存储就是利用天然的含水层将洁净矿井水输送转移至第四系含水层，既可以减轻外排量和地下水过供矛盾，又可以保护地下水资源。

1. 方案设计及工程实施

1）方案设计

（1）根据矿区第四系的含水层底板起伏、地层厚度分布、含水层渗透性能、地下水水质背景值等因素，综合确定转移存储区域。

（2）根据矿区第四系的含水层底板起伏和地层厚度分布、地表地形地貌、确定观测井和渗流井的空间布局和井位；其中，优先施工观测井，利用施工过程的水文观测及测井等手段，精确掌握附近第四系厚度及地层结构。

（3）观测井施工期间，根据观测井钻探岩心情况，确定渗流井结构以及花管的下设长度；同步观测地下水位，采集水样。

（4）全部施工渗流井及观测井后，进行渗流试验，其间实时观测地下水水位、水质状况。通过渗流（注水）试验获取第四系渗流速率、监测井水位及水质变化等水文地质参数。

试验区确定位于 2 号工业广场南部，具体观测井和渗流井位置如图 9-25 所示，1#渗流井为注水主井，其余 6 口井为监测井。

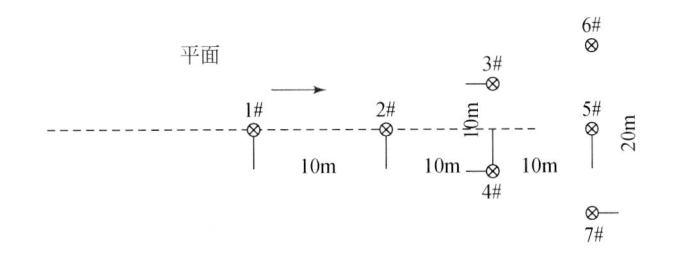

图 9-25　平面布置示意图

2）工程实施

各类钻孔现场施工工艺如下。

（1）渗流井钻孔：一开 Φ499mm 进入第四系 25m，下入 Φ426mm 孔口管；二开 Φ346mm 进入第四系 35m，下入 Φ273mm 花管，洗井，终孔。

（2）监测井钻孔：一开 Φ273mm 进入第四系 25m，下入 Φ200mm 孔口管；二开 Φ129mm 进入 I 含水层基岩 0.5m，下入 Φ93mm 花管，洗井，终孔。

试验区位于敏东一矿旁边电厂，地表被风积沙完全覆盖，实际钻孔回灌井深 70m，滤水管 40m，回灌量为 40m³/h 左右（图 9-26）。回灌时，在回灌井下游的 6 口观测井，按照观测频率和观测水位变化，发现水位基本没变化，同步每天还采集 1 个水样进行水质检测。

2. 实施效果评价

回灌试验过程中，单口注水孔稳定注水量约为40m³/h（持续7d），观测孔水位升高不明显，回灌效果良好，为研究地下回灌矿井水补给含水层过程中污染物运移变化规律，同时对矿井水、砂滤出水和进入含水层回灌水进行取样监测分析,监测频率1次/d,整个实验开展期为7d,监测项目包括溶解性有机碳(DOC)、UV254、NO_3-N、NH_4-N、NO_2-N、Cl^-、SO_4^{2-}、TDS、色度等。

(a) 现场照片

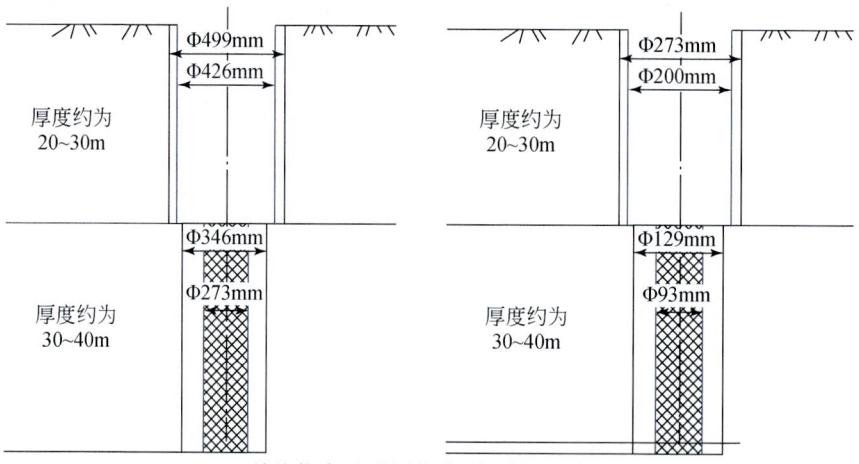

(b) 渗流井(左)和监测井(右)钻孔结构示意图

图9-26 第四系回灌试验

1)有机物

矿井水地下回灌中,溶解性有机物(DOM)一直备受关注,因为其本身就可能对人体健康有害,影响矿井水中金属污染物的迁移转化行为,且会在矿井水消毒处理过程中生成消毒副产物。DOM是一系列化学反应产物的混合物,传统的检测手段只能反映DOM的总量,难以反映矿井水回灌过程中各类DOM组成和含量的变化,选择既简单又有效的表征手段是深入分析DOM组分的关键。为评价回灌水预处理的可行性,试验选用有机污染物溶解性有机碳(DOC)及特征紫外吸光度(SUVA),作为深入分析DOM的主要指标。

矿井水中DOC经回灌池砂滤后,平均浓度从9.55mg/L下降为6.91mg/L,去除率为6.35%和27.63%,显示矿井水地下回灌系统对DOM的去除作用较显著。矿井水进入含水层后,3#、

4#和5#井水质检测发现,DOC的去除率分别达到44.24%、48.71%和41.45%。由此可以明显地看出,矿井水进入含水层后,距离回灌井30m范围内是去除DOC的主要区域[图9-27(a)],这和前人典型案例研究结果具有一致性。该案例是1999~2001年期间在玻利瓦尔(Bolivar)一个增压回灌地下水库工程(ASR)回灌场进行的实地研究,矿井水注入含水层后,地下运移4m可去除14%~18%(0.2~0.3mmol/L)DOC,继续运移过程中,DOC含量则基本不变。在芬兰南部某地的地下水人工回灌过程中,DOC含量变化与迁移距离服从$y=-1.1298\ln(x)+9.9574$($R^2=0.9234$)关系式,回灌液在地下运移10m,DOC从9~12mg/L下降至5~7mg/L($n=57$)。另外,矿井水地下回灌系统对UV_{254}的去除更加显著,砂滤和20m含水层(3#井)出水去除率分别达到55.8%和76.7%[图9-27(b)]。回灌过程中,整个回灌系统的SUVA单调下降,SUVA的平均值由"矿井水"的1.33L/(m·mg),在含水层中运移40m后下降为0.41L/(m·mg)。

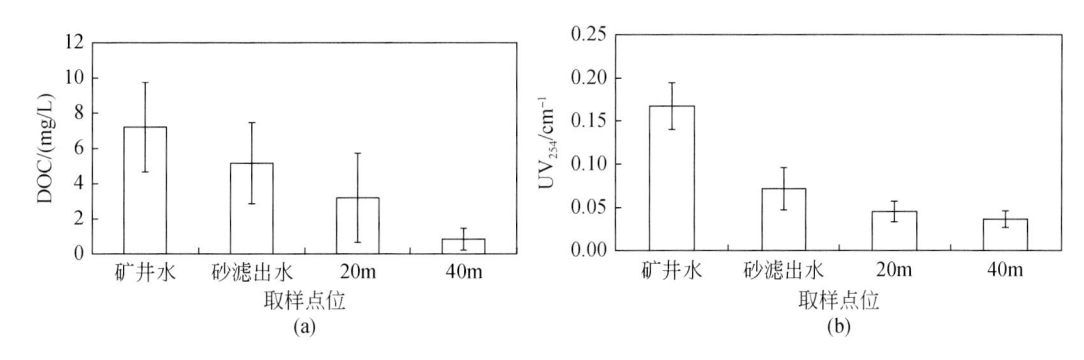

图9-27 矿井水地下回灌示范基地的DOC及UV_{254}变化

测试结果说明,矿井水中不饱和双键或芳香性有机物的疏水性有机酸含量较低[SUVA值小于3 L/(m·mg)],矿井水地下回灌系统优先去除对紫外吸收贡献较大的芳香型DOC。该现象与矿井水地下回灌中试试验不一致,主要原因在于中试试验空间狭小封闭,微生物代谢产物均残留在土壤柱中,造成水中UV_{254}增加。

2)氮素

地下水中氮污染(包括硝酸盐、亚硝酸盐和氨氮),比较典型的是来自化肥、污水灌溉、动物和人类粪便的渗漏。氮污染物中,氨氮和硝酸盐本身对人体没有直接危害,但通过硝化-反硝化反应生成亚硝酸盐,可诱发高铁血红蛋白症、消化系统癌症等疾病而威胁人体健康。美国国家环境保护局(EPA)在安全饮用水法案中规定污染物最大容许量为10mg/L(NO_3^--N)或44mg/L(NO_3^-)。对于氮素污染的成因、迁移转化及治理措施,国内外学者采用室内外实验、模型模拟和同位素分析等方法进行了大量的研究。例如,利用土柱实验模拟化肥残存量对地下水的氮污染,通过室内土柱实验模拟氨氮和NO_3^-在渗透介质迁移对浅层地下水的影响,乔治岛上受污水原位处理处置系统影响的砂岩含水层氮污染物的空间变化,诺福克(Norfolk)北部含水层中的氮同位素(^{15}N)检测分析含水层中硝酸盐的来源和迁移转化规律,基于动力学模型的地下含水层中的硝化-反硝化反应过程等。"三氮"转化的复杂性、影响因素的多样性,使其问题变得复杂,需针对现场具体的水文地质条件和水文地球化学环境进行专门研究。

本次试验在矿井水地下回灌过程中，砂滤和含水层各阶段回灌水中pH、溶解氧（DO）、温度和氧化还原电位（ORP）的变化对污染物发生的反应有一定影响，反映了回灌区的氧化还原环境。DO和ORP的变化最显著，砂滤阶段出水中DO减少为6.89mg/L、ORP上升至−20.0mV；回灌水进入含水层后，则出现了DO和ORP的同时降低，最远的40m井中DO=2.7mg/L、ORP=−43.7mV。整个回灌过程中pH先降（前处理阶段）后升（含水层阶段），温度的变化规律也类似（表9-4）。

表 9-4　矿井水地下回灌期间基本参数

水样	pH	DO/（mg/L）	温度/℃	ORP/mV	地下水埋深/m
矿井水	8.03	7.38	23.5	−38.6	—
砂滤出水	7.73	6.89	22.9	−20.0	1.07
20m 井	8.03	3.21	22.4	−37.2	11.25
40m 井	8.15	2.7	19.5	−43.7	11.47

矿井水中 NO_3-N 浓度为 17.8~29.1mg/L，平均浓度 23.4mg/L；回灌池砂滤作用，NO_3-N 浓度几乎没有变化，平均浓度为 24.7mg/L；矿井水进入含水层后，在前 20m，由于水中 DO 较高，处于氧化环境，NO_3-N 浓度没有变化（平均浓度为 23.3mg/L）；矿井水在含水层中继续运移，NO_3-N 浓度降至 19.06mg/L，该浓度低于《地下水质量标准》（GB/T14848—2017）Ⅲ类水 NO_3-N 限值（≤20mg/L）。结合中试试验可以看出，要较大程度地降低水中 NO_3-N 浓度，必须保证回灌水在还原环境中储存一段时间，以使 NO_3-N 发生反硝化反应而被去除。

矿井水中 NH_4-N 浓度范围为 0.186~1.166mg/L，平均浓度 0.5mg/L；砂滤工艺段，在高 DO 条件下，NH_4-N 发生硝化反应，浓度降至 0.31mg/L；矿井水进入含水层运移 20m，由于该区域含水层处于好氧环境，NH_4-N 浓度降至 0.084mg/L；矿井水继续运移，NH_4-N 将进一步下降，40m 井中 NH_4-N 浓度 0.061mg/L，总计实现了 NH_4-N 87.7%的去除（图9-28），最终 5#井水中 NH_4-N 浓度低于《地下水质量标准》Ⅲ类水 NH_4-N 限值（≤0.5mg/L）。另外，矿井水中 NO_2-N 浓度为 0.042~0.3mg/L，平均浓度 0.117mg/L；回灌池砂滤使矿井水中 NO_2-N 浓度降至 0.015mg/L；矿井水进入含水层运移 20m，水中 NO_2-N 浓度为 0.043mg/L，该阶段为好氧硝化阶段；40m 后，回灌水中 NO_2-N 浓度为 0.0085mg/L，该阶段为厌氧反硝化阶段，远低于《地下水质量标准》Ⅲ类水 NO_2-N 限值（≤1mg/L）。

3）硫酸盐、色度与 TDS

天然含水层中 SO_4^{2-} 的来源主要包括：含石膏（$CaSO_4·2H_2O$）或其他硫酸盐沉积岩的溶解，硫化物的氧化等。造成地下水中 SO_4^{2-} 较高的情况主要有：①煤系地层常含有很多黄铁矿（硫铁矿），流经这类地层的地下水往往以 SO_4^{2-} 为主；②金属硫化物矿床附近的地下水中常含有大量的 SO_4^{2-}；③煤的燃烧产生大量 SO_2，与大气中的水汽结合形成含硫的降雨（酸雨），从而使地下水中SO_4^{2-}增加；④我国能源消耗中，煤占70%以上，我国每年向大气排放SO_2的已达1800万t之多。

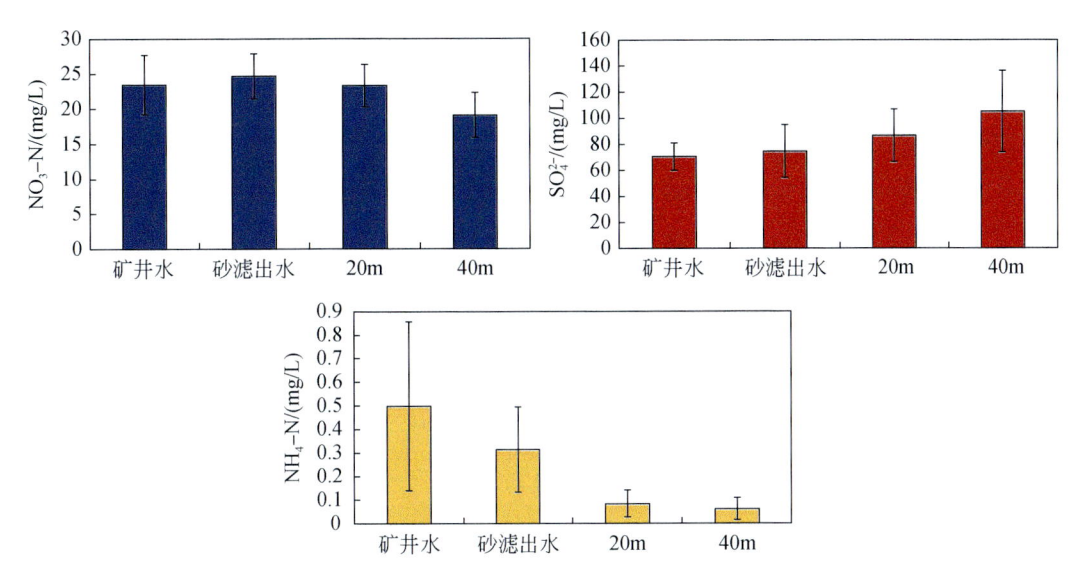

图9-28　矿井水地下回灌试验氮素变化趋势

矿井水地下回灌过程中，矿井水中SO_4^{2-}浓度为70.6mg/L，进入含水层后，SO_4^{2-}浓度从砂滤出水点的71.08mg/L升高至20m距离（3#井）的86.67mg/L和40m距离（5#井）的105.01mg/L（浓度范围在62.22~160.97mg/L），这主要是回灌过程中含水层处于氧化环境，导致含水层中含硫矿物氧化而溶于水中，造成地下水中SO_4^{2-}上升。但即使40m井水中监测的SO_4^{2-}浓度最高值，仍远低于《地下水质量标准》III类水中SO_4^{2-}限值（≤250mg/L）。SO_4^{2-}中硫和氧的结合能量十分大，在低温（<100℃）低压情况下，硫酸盐离子的化学还原是不可能的，只有借助于气态氢和有机物质抢夺SO_4^{2-}中的氧，而且在把它作为养料的脱硫细菌存在时，SO_4^{2-}的还原作用才会发生。

矿井水地下回灌过程中，对色度去除起主要作用的是砂滤阶段，可以去除矿井水中色度的54.5%，使矿井水色度从43.9降至20，该结果要优于回灌中试对矿井水中色度的去除效果。含水层也是去除水中色度的有效载体，矿井水在底下运移40m，色度降低至7.8，实现了砂滤出水中色度60.8%的去除，显著低于《地下水质量标准》III类水中色度限值（≤15度）。

矿井水中TDS浓度为459~536mg/L，平均浓度504mg/L；矿井水进入含水层后，水岩作用会导致水中TDS升高。从图9-29可以看出，矿井水在含水层中运移20m距离，TDS增加45mg/L；再运移至5#井，TDS又增加38mg/L。但是，《地下水质量标准》III类水中TDS限值为≤1000mg/L，结合TDS背景值以及回灌水中TDS浓度特征可以发现，矿井水地下回灌过程中，不会造成地下水水质的明显恶化。

回灌试验过程中，单口注水孔稳定注水量约为40m³/h（持续7d），观测孔水位升高不明显，回灌效果良好。处理后的矿井水回灌后，有机物、TDS、氮素等浓度基本未出现明显的升高现象，回灌对浅层含水层水质影响较小。

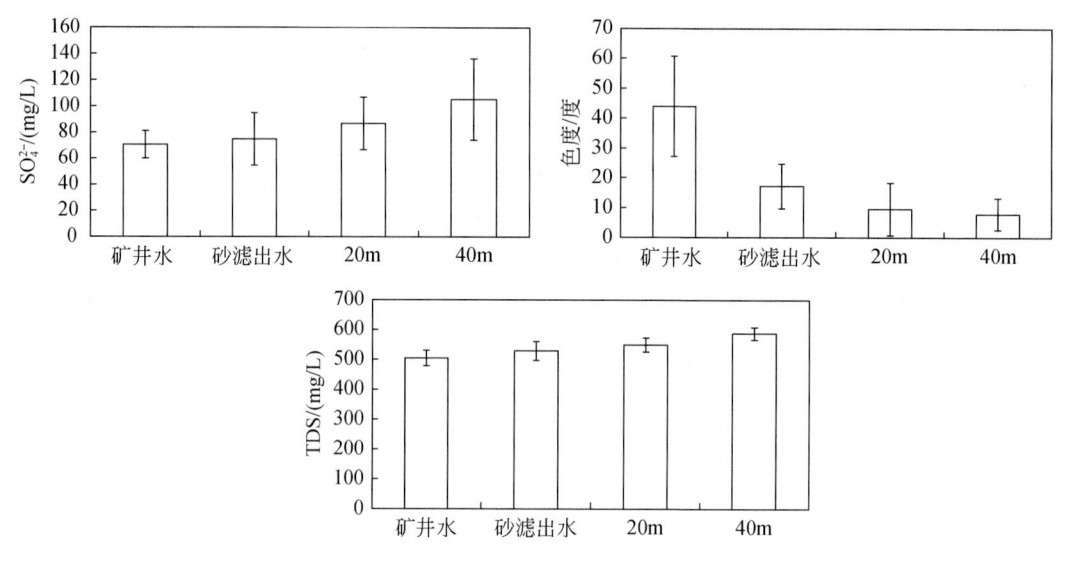

图 9-29　矿井水地下回灌示范区 SO_4^{2-}、色度、TDS 变化

9.3.3　矿井涌水生态利用试验

1. 洁净处理及评价要求

1）矿井水洁净处理及要求

根据第四系含水层广泛分布，近地表沙积层厚度大的特点，洁净处理方式设计采用回灌工艺。具体回灌工艺按照我国《城市污水再生利用　地下水回灌水质》标准（GB/T 19772—2005）要求设计，当利用城市污水再生水进行地下水回灌，应根据回灌区水文地质条件确定回灌方式。回灌时，其回灌区入水口的水质控制项目分为基本控制项目和选择控制项目两类。其中，基本控制项目应满足标准规定，选择控制项目也应满足规定。回灌水在被抽取利用前，应在地下停留足够的时间，至少 6 个月，以进一步杀灭病原微生物，保证抽取水的卫生安全。

地表回灌采用井灌方式，回灌前应对回灌水源的基本控制项目和选择控制项目进行全面检测，确定选择控制项目，满足表 9-5 规定后方可进行回灌。回灌水质发生变化，应重新确定选择控制项目。

本次试验发现该矿的矿井水基本控制项目中的 TDS、COD、氟化物超出回灌标准，控制项目中的砷、锰、锌、铁、砷、铅超出回灌标准。矿井水未经处理，不可直接进行回灌，以免污染地下水。

矿井水经过洁净处理达标后，采用地表回灌的方式，将清洁处理后的矿井水，进一步通过回灌区过滤处理后，直接抽取利用。回灌水在被抽取利用前，为确保抽取水质量，应在地下停留 12 个月以上。

表 9-5　标准项目及限值

序号	基本控制项目	单位	地表回灌	井灌	序号	基本控制项目	单位	地表回灌	井灌
1	色度	稀释倍数	30	15	11	硝酸盐（以N计）	mg/L	15	15
2	浊度	NTU	10	5	12	亚硝酸盐（以N计）	mg/L	0.02	0.02
3	pH	/	6.5~8.5	6.5~8.5	13	氨氮（以N计）	mg/L	1	0.2
4	总硬度（以$CaCO_3$计）	mg/L	450	450	14	总磷（以P计）	mg/L	1	1
5	溶解性总固体	mg/L	1000	1000	15	动植物油	mg/L	0.5	0.05
6	硫酸盐	mg/L	250	250	16	石油类	mg/L	0.5	0.05
7	氯化物	mg/L	250	250	17	氰化物	mg/L	0.05	0.05
8	挥发酚类（以苯酚计）	mg/L	0.5	0.002	18	硫化物	mg/L	0.2	0.2
9	阴离子表面活性剂	mg/L	0.3	0.3	19	氟化物	mg/L	1	1
10	化学需氧量（COD）	mg/L	40	15	20	粪大肠菌群数	个/L	1000	3

注：表层黏性土厚度不宜小于1m，若小于1m按井灌要求执行。

2）效果评价及要求

效果评价是通过与《城市污水再生利用 地下水回灌水质》标准（GB/T 19772—2005）进行对比，达标或超标项目，针对抽取水的水质与生态用水指标比较（土壤、植物等），评估其效用。

2. 地下水安全评价

地下水安全评价基于《地下水质量标准》（GB/T 14848—2017），通过评价水样的综合水质等级，判断水质，确定地下水的安全水平。

1）水质分类

依据我国地下水水质现状、人体健康基准值及地下水质量保护目标，并参照了生活饮用水、工业、农业用水水质最高要求，按照地下水化学组分的含量和用途，将地下水质量划分为五类。

Ⅰ类：地下水化学组分含量低，可适用于各种用途；

Ⅱ类：地下水化学组分含量较低，可适用于各种用途；

Ⅲ类：地下水化学组分含量中等，主要适用于集中式生活饮用水水源及工农业用水；

Ⅳ类：地下水化学组分含量较高，以农业和工业用水质量要求以及一定水平的人体健康风险为依据，适用于农业和部分工业用水，适当处理后可作生活饮用水。

Ⅴ类：不宜饮用，其他用水可根据使用目的选用。

2）评价方法

内梅罗指数法是《地下水质量标准》中评价地下水质的方法，也是最常用的一种方法。内梅罗指数法的计算步骤如下：首先参照地下水质量标准，对每一个指标进行评价，划分所属类别。其次对各类别按下面规定分别确定单项指标评价分值，然后根据式（9-2）计算综合评价分值，最后根据综合分值划分质量级别（表 9-6）。

$$F = \sqrt{\frac{\overline{F}^2 + F_{max}^2}{2}} \quad (9\text{-}1)$$

$$\overline{F} = 1/m \sum_{i=1}^{m} F_i \quad (9\text{-}2)$$

式中，$\overline{F}$ 为各单因子环境质量指数的平均值；F_{max} 为单因子评价分值 F_i 的最大值，F_i 赋值见表 9-7；m 为项数。

表 9-6 F 分级表

类别	I	II	III	IV	V
F	0	1	3	6	10

表 9-7 F_i 赋值表

级别	优良	良好	较好	较差	极差
F_i	<0.8	0.8≤F_i<2.50	2.50≤F_i<4.25	4.25≤F_i<7.20	≥7.20

根据《地下水质量标准》（GB/T 14848—2017），采用内梅罗计算方法对 7 个矿井水样水质综合等级进行评价。综合评价结果表明，7 个矿井水水样，有 4 个水质等级为 V 级，3 个为 IV 级，整体来看矿井水水质较差，未经处理不可直接用于生产及生活（表 9-8）。

表 9-8 矿井水综合等级划分表

矿井水样	F	级别
01 工作面	96194.74	IV
01 工作面密闭	13184.74	IV
05 工作面 1	50129.88	V
05 工作面 2	131363.86	V
中央水仓	53524.24	V
西翼轨道大巷	32242.89	IV
地面水沟	61886.49	V

3. 土壤安全评价

土壤是指地表层具有一定肥力和能支持植物生长的疏松层，土壤安全性是在发生土壤污染事故和灾害状态的估计。土壤污染是指由于企业生产或人类日常生活排出的有害物质污染了土地，造成生产出危害人们健康的农畜产品，甚至造成危害农作物生长的结果。土壤污染主要表现在严重毒害土壤及影响土壤理化性质两方面。其中，重金属对土壤的危害属于严重性毒害，采用重金属污染指数法对其进行评价，对土壤理化性质的分析主要依据钠百分比 Na%。

本研究利用重金属污染指数法评价矿井水重金属的污染程度,以反映其对土壤的毒害。重金属污染指数法(HPI)代表着重金属在水体中的总质量,是以加权算术平均值为基础,对水体中重金属产生的水质污染影响进行综合评价,确定其安全性。其公式为

$$HPI = \frac{\sum_{i=1}^{n} q_i w_i}{\sum_{i=1}^{n} w_i} \qquad (9-3)$$

式中,w_i 为第 i 个重金属指标的权重;q_i 为第 i 个重金属指标的质量等级指数:

$$q_i = \frac{|m_i - I_i|}{S_i - I_i} \times 100 \qquad (9-4)$$

式中,m_i 为水体中重金属的实际检测浓度值(mg/L);I_i 为重金属指标的理想值,可选用《地下水质量标准》(GB/T 14848—2017)规定的Ⅰ类限值(mg/L);S_i 为重金属指标的最大限值,可选用《地下水质量标准》(GB/T 14848—2017)规定的Ⅳ类限值,因为Ⅳ类地下水适用于农业用水(mg/L);通常取 HPI 临界污染指数为 100,当 HPI>100 时,认为该水体中重金属污染程度已超出其承受的最高水平。

试验测试的矿井水中 5 种重金属,包括 Zn、Pb、Fe、Mn、As 浓度超出标准限值,利用 HPI 模型对 7 个矿井水中 5 重金属污染指数进行计算(表 9-9)。结果表明,7 个矿井水 HPI 值为 61.52~612.90,其中有 6 个矿井水中重金属的污染指数超出临界值 100,整体表现为 05 工作面 2>01 工作面>地面水沟>中央水仓>05 工作面 1>西翼轨道大巷>01 工作面密闭,矿井水重金属污染水平较高。

表 9-9 重金属污染指数(HPI)计算结果

矿井水样	$\sum_{i=1}^{n} q_i w_i$	HPI
01 工作面	96194.74	448.81
01 工作面密闭	13184.74	61.52
05 工作面 1	50129.88	233.89
05 工作面 2	131363.86	612.90
中央水仓	53524.24	249.72
西翼轨道大巷	32242.89	150.43
地面水沟	61886.49	288.74

当土壤中 Na 含量较高时,地下水中 Na^+ 会交换黏土颗粒吸附的 Ca^{2+} 和 Mg^{2+},导致土壤渗透性降低,土壤水分运移受阻,Na%计算公式如下:

$$Na\% = \frac{Na+K}{Na+K+Ca+Mg} \times 100\% \qquad (9-5)$$

计算 7 个矿井水样 Na%,结果见表 9-10,并绘制矿井水样 Na%的综合柱状图。

表 9-10 Na%计算结果

样号	水样位置	Na%	样号	水样位置	Na%
1	01 工作面	94.84	5	中央水仓	96.09
2	01 工作面密闭	91.31	6	西翼轨道大巷	63.42
3	05 工作面 1	91.84	7	地面水沟	94.84
4	05 工作面 2	91.98			

试验测试结果表明，矿井水中 5 种重金属浓度超标，85%的样品重金属污染指数超出临界值，Na 含量较高导致土壤渗透性降低，当矿井水直接用于土壤时安全性较低。

4. 生态安全评价

生态利用评价借鉴《城市污水再生利用 绿地灌溉水质》（GB/T 25499—2010）的绿地灌溉标准（表 9-11，表 9-12），基本控制项目和选择性控制项目均应满足规定。

表 9-11 绿地灌溉用水水质基本控制项目标准值

序号	基本控制项目	单位	限值	序号	基本控制项目	单位	限值
1	浊度	NTU	5	7	总余氯	mg/L	0.2~0.5
2	嗅	—	无不快感	8	氯化物	mg/L	250
3	色度	度	≤30	9	阴离子表面活性剂	mg/L	1
4	pH	mg/L	6.5~8.5	10	氨氮（以 N 计）	mg/L	20
5	TDS	mg/L	1000	11	粪大肠菌群数	个/L	200
6	BOD	mg/L	20	12	蛔虫卵数	个/L	1

表 9-12 绿地灌溉用水水质选择性控制项目标准值

序号	选择性控制项目	限值	序号	选择性控制项目	限值
1	钠吸附比（SAR）	9	12	钼	0.5
2	镉	0.01	13	镍	0.5
3	砷	0.05	14	硒	0.02
4	汞	0.001	15	锌	1
5	六价铬	0.05	16	硼	1
6	铅	0.2	17	钒	0.1
7	铍	0.002	18	铁	1.5
8	钴	1	19	氰化物	0.5
9	铜	0.5	20	三氯乙醇	0.5
10	氟化物	2	21	甲醛	1
11	锰	0.3	22	苯	2.5

现场试验依据绿地灌溉用水水质基本控制项目标准值比较，矿井水中浊度、色度、TDS 三个指标超出了标准限值，未经处理不适宜直接灌溉利用，即不能直接作为生态用途。

依据绿地灌溉用水水质选择性控制项目标准值，钠吸附比（sodium adsorption ratio，SAR）是指示灌溉水或土壤溶液中钠离子含量的重要参数，也是衡量灌溉水体引起土壤碱化程度的重要指标，其计算公式为

$$\text{SAR} = \frac{\text{Na}}{\sqrt{(\text{Ca}+\text{mg})/2}} \tag{9-6}$$

计算 7 个矿井水样 SAR，结果见表 9-13。

表 9-13 SAR 计算结果

样号	水样位置	SAR	样号	水样位置	SAR
1	01 工作面	9.48	5	中央水仓	10.75
2	01 工作面密闭	7.50	6	西翼轨道大巷	18.28
3	05 工作面 1	7.72	7	地面水沟	19.20
4	05 工作面 2	7.74			

7 个矿井水样中有 4 个矿井水的 Na%超过了 9，包括 01 工作面 01 样品、中央水仓样品、西翼运输大巷水样、地面水沟，显然会对植物生长安全造成影响。依据绿地灌溉用水水质选择性项目标准值，矿井水中 SAR、Fe、Mn、Zn、As、Pb 六个指标超出了标准限值，未经处理不适宜灌溉。

综合评定，矿井水重金属主要指标超出标准限值，50%以上的样品 Na%超标，所以未经生态型洁净处理的矿井水直接作为生态用途具有较大的安全风险，需经针对性处理后才能作为矿区生态用途。

9.3.4 地下水原位保护可行性研究与分析

敏东一矿地下水原位保护是指针对典型的软岩开采地质条件和井工高强度开采特征，基于导水裂隙带变化规律和自修复趋势研究，采用自修复促进方法，控制地下含水层渗流状态和有效降低井下涌水，实现地下水资源保护目标。研究选择敏东一矿首采工作面涌水区域开展相关试验研究。

1. 实施方案设计

煤层开采引起的覆岩导水裂隙是造成含水层破坏和水资源漏失的主要通道，采取相应措施促使其自我修复闭合或直接人工封堵是解决敏东一矿井下大量涌水的有效途径之一。试验选择的首采工作面——W01 工作面位于敏东一矿 15-3^{上}煤层一盘区，初采阶段曾发生严重的突水事故，经停采处理后继续生产，恢复生产过程中采空区涌水量一直持续在 600～700m³/h，直至工作面回采完毕，采空区涌水量一直稳定在 600m³/h 左右。后续工作面回采过程中，一直未出现如 W01 工作面所示的显著涌水现象。经过多年的持续涌水，W01 工作面采空区涌水量目前处于 500 m³/h 左右，是井下涌水的主要区域。

1）技术思路和要求

基于原位保护工程实施思路是充分利用导水裂隙的自修复规律，采取向导水裂隙发育区灌注自修复催化剂或封堵浆体的方式，促进裂隙通道的修复，逐步恢复其隔水功能，实现地下含水层保护（图 9-30）。

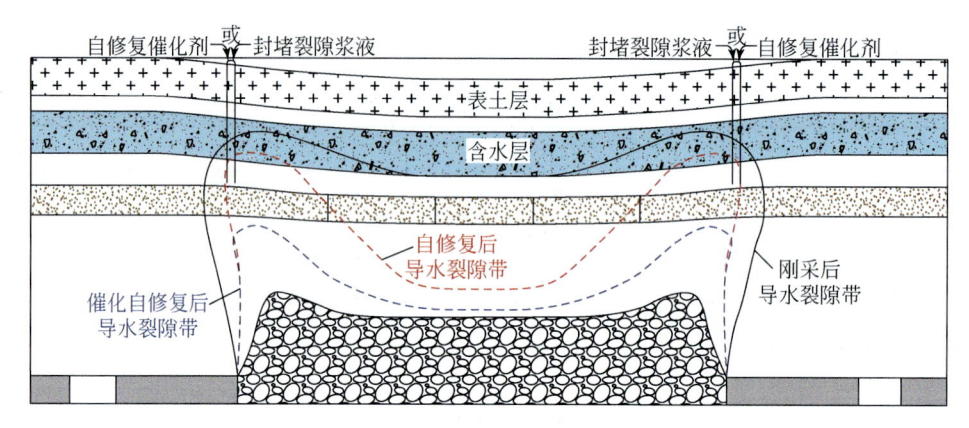

图 9-30 人工注浆促进导水裂隙自修复的地下水保护示意图

具体实施时应首先准确辨识 W01 工作面工程试验治理区采动覆岩主要导水通道的分布范围，在此基础上采取利于导水裂隙快速修复的工艺和方法，实现覆岩导水主通道的有效封堵，达到地下水减流或阻流的保水目的。其主要指标涉及以下几个方面：

（1）地层含水层空间结构分布及各含水层间自然水力连通状况；
（2）W01 工作面采动覆岩导水主通道分布特征；
（3）有效封堵导水通道的修复方法和配套工艺；
（4）W01 面覆岩主要导水通道封堵后的地下水流场变化及其对后续安全采煤的影响。

考虑到相关方法应用于工程实践的复杂性，因此在具体实施时设计分 3 个阶段逐步实施。

2）实施阶段

（1）技术方法可行性研究阶段

对敏东一矿覆岩Ⅱ、Ⅲ含水层划分进行重新厘定与研究，探索各含水层水流场的自然特征和煤矿开采后的扰动变化，揭示不同含水层之间的天然水力联系通道分布情况。研究煤炭开采对Ⅱ、Ⅲ含水层地下水的影响，通过建立主要煤层与地下含、隔水层的高精度三维地质模型，确立主要含（隔）水层厚度与主采煤层空间组合关系；结合已有三维地震、电法等物探资料，根据 W01 工作面覆岩导水裂隙发育的钻孔探测数据，研究Ⅱ、Ⅲ含水层受采动影响的水流场变化规律，分析其向工作面泄漏的规律、导水通道分布等，为主要泄流区"靶点"定位提供依据。

基于敏东一矿软岩地层条件下采动岩体裂隙的自修复机理和规律，从人为干预角度研究加快其自修复进程的裂隙限流控制技术和方法。根据修复试剂对导水裂隙促进自修复的效果及其优缺点，优选形成适宜敏东一矿软岩地层和裂隙发育条件的导水主通道引导修复技术，为现场工程试验实施提供基础。

(2) 注浆封堵工艺的工程试验

选取 W01 工作面初采阶段开采区域，向研究揭露的覆岩导水主通道分布区域施工注浆钻孔，按照优选的修复工艺和方法开展工程试验。试验过程中，严密监测含水层水位、井下涌水等关键参数，监控回采工作面采空区涌水及附近地下水水位变化情况；根据试验封堵效果改进和完善相关修复工艺和程序，最终形成适用于敏东软岩区采动覆岩导水主通道的引导修复方法，为全面开展工程治理提供依据。

(3) 全面开展工程治理提出可行性研究报告

综合前面的现场探测、理论研究和工程试验结果，对覆岩导水主通道引导自修复的地下水原位保护技术可行性进行评价，形成适宜的修复工艺和方法，为示范工程实施提供依据。

2. 导水主通道分布辨识

含水层的采动渗流区也是工作面聚水区，主通道则是渗流区地下水直接进入采空区的导水通道。基于主含水层的空间分布及采动渗流状态分析，辨识确定导水主通道是治理的基础。

1) 矿井涌水主控含水层（Ⅱ、Ⅲ）的空间分布特征

敏东一矿已建立起地下水观测网，根据不同水文观测孔揭露的不同含水层的水位变化情况，进一步获得了采动影响下地层Ⅱ、Ⅲ含水层的流场变化规律。根据 2012~2019 年 Ⅱ、Ⅲ含水层水位变化统计发现，Ⅱ含水层平均水位深度在 18~82m 之间变化，Ⅲ含水层平均水位深度在 8~187.87m 之间变化。如图 9-31（a）所示是 2019 年 9 月Ⅱ含水层的水位深度等值线，可见其水位深度呈现西南浅、东北深的变化趋势。图 9-31（b）所示为 2019 年Ⅲ含水层的水位深度分布状态，可见受井下采煤影响，在 13-水 1 观孔附近已形成降水漏斗，水位深度达到 180m 左右，13-水 1 观孔东西两侧，水位回升。同时，为了研究Ⅱ、Ⅲ含水层之间的联系，对两个含水层的水位深度进行对比，形成了水位深度差空间分布（图 9-32），可见 13-水 1 观孔附近形成明显的降水漏斗，最大水位差超过 150m。

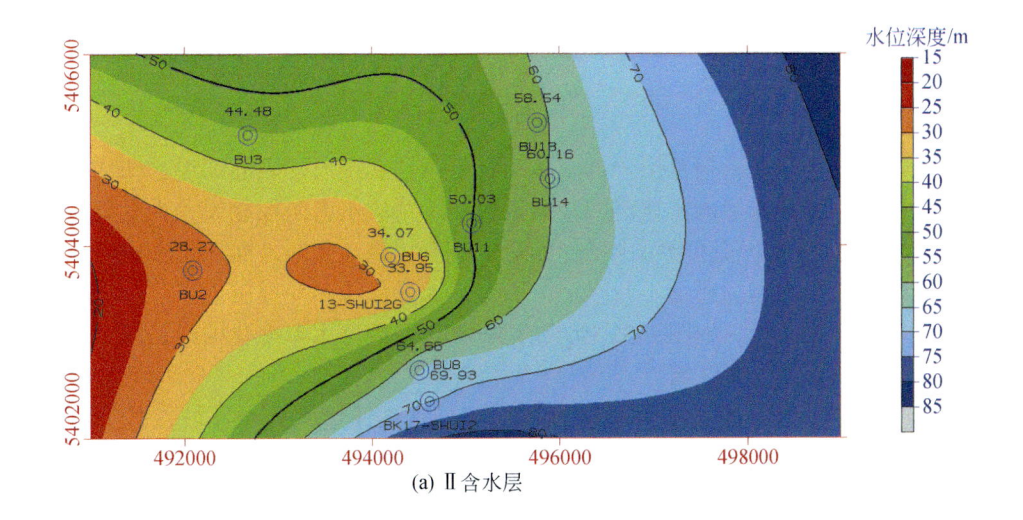

(a) Ⅱ含水层

(b) Ⅲ含水层

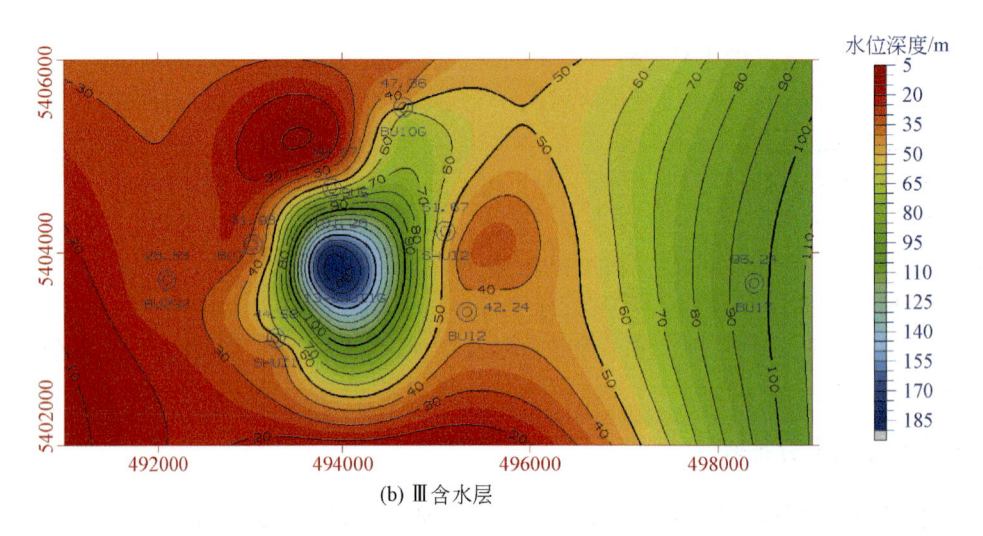

图 9-31　2019 年 Ⅱ、Ⅲ含水层的水位深度等值线

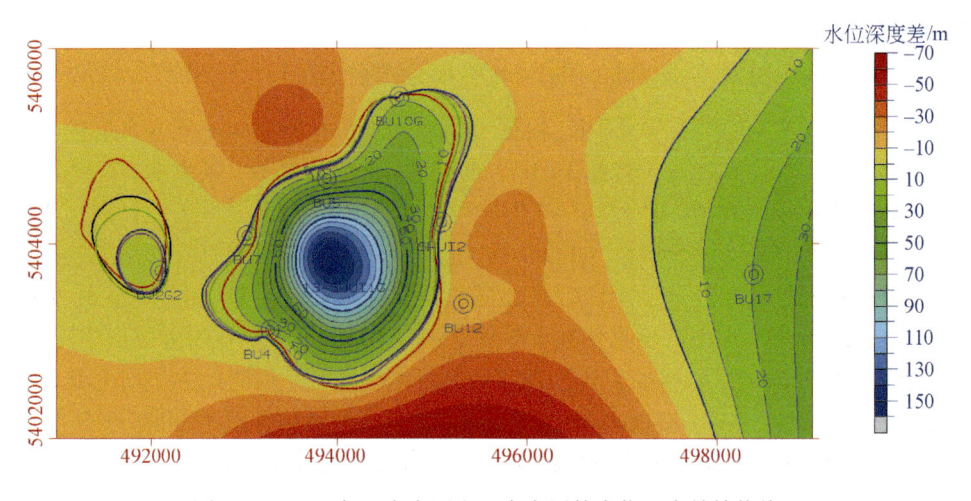

图 9-32　2019 年 Ⅱ含水层和Ⅲ含水层的水位深度差等值线

2）导水主通道分布辨识

（1）理论判别

理论上，工作面开采影响范围局部区域存在的导通含水层的裂隙通道，即为顶板主要导水通道。准确判别覆岩导水主通道的分布区域对于顶板水害防控显得尤为重要。一般而言，导水裂隙主通道的分布区域可由工作面涌水量变化直观判断。即在工作面涌水量持续上升的区域，覆岩导水裂隙通道不断增加；而若涌水量保持不变或出现下降趋势，则相应区域未出现新的导水通道。如图 9-33 所示的 W01 工作面涌水量变化曲线，图中框线部分即导水裂隙通道发育的大概区域。

为确定覆岩导水裂隙带的具体范围，以辨识导水主通道的分布区域，基于工作面开采区域地质钻孔数据，导水裂隙带高度的判别采用"基于关键层位置的导水裂隙带高度预计方法"，该方法的可靠性已得到现场多个工程案例验证。具体判别流程为：根据地

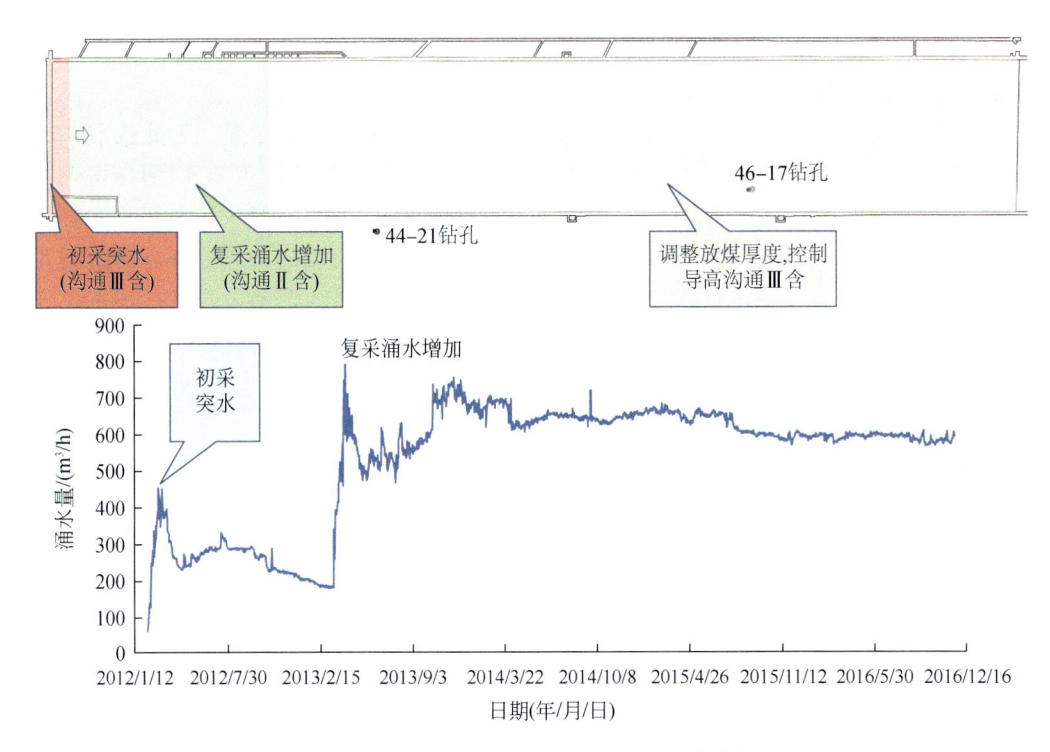

图 9-33　敏东一矿 W01 工作面涌水量变化曲线图

质勘探得到的具体覆岩柱状，采用关键层判别软件 KSPB 进行覆岩关键层位置的判别，然后从开采煤层顶界面开始判断覆岩（7～10）倍采高范围外是否存在关键层；若存在，则导水裂缝带高度为（7～10）倍采高范围外第 1 层关键层底界面至煤层间的距离；若不存在，则导水裂缝带高度将大于或等于基岩厚度。如图 9-34 所示的 44-21 钻孔柱状及其关键层位置判别结果，初采阶段工作面采高 3m，取 10 倍采高进行判别，则导水裂隙带高度发育至 No.11 的 8.95m 厚粉砂岩亚关键层底界面，对应导水裂隙带高度为 36m；根据覆岩含水层的赋存位置，此时导水裂隙带沟通上覆Ⅲ含。而后工作面发生突水，经过长时间处理后恢复生产，加大采高为 5.7m，同样按照 10 倍采高判别，则导水裂隙带高度发育至 No.18 的 72.4m 中砂岩主关键层底界面，对应导水裂隙带高度为 60m，已沟通覆岩Ⅱ含，由此造成工作面复采时的涌水量显著增大。而后，工作面采取了调整放煤厚度以避免导水裂隙沟通Ⅱ含的方式，控制了采空区涌水量的走势。根据后续开采区域 45-17 钻孔柱状，按照后续阶段平均 5m 的采高判断，导水裂隙带发育至 No.21 的 12.6m 粉砂岩亚关键层底界面，对应导高为 83m，仅沟通Ⅲ含。相比而言，Ⅱ含富水性明显高于Ⅲ含，因而沟通Ⅲ含并未造成井下涌水量的显著增加。

据此分析和主通道分布研究结果，进一步具体划分 W01 工作面覆岩导水裂隙主通道分布范围。确定导水裂隙主要通道基本分布于开采边界附近区域（图 9-35），其平面范围大约处于开采边界内侧 50m 至开采边界外侧 10～20m 区间。其中，初采阶段的 280m 范围对应回风顺槽附近区域是导水裂隙沟通Ⅱ含和Ⅲ含的区域，是人工修复堵水的重点区域。

（2）现场实测验证

a. 现场探测方案

鉴于目前井下采空区涌水区域主要集中于 15-3^{上}煤层 W01 工作面，为此选取该工作面为试验区域开展采后覆岩导水裂隙发育高度探查。探查工作共施工 3 口两带探查孔，导高探测后两个孔兼做水文监测孔。探查钻孔分别位于 W01 面中部（导高探测 MD-1#）以及回风顺槽两侧（导高探测 MD-2#、MD-3#），MD-2#孔距顺槽 20～30m，MD-3#孔距顺槽 10m（图 9-36）。采用钻孔冲洗液漏失量法和钻孔电视相结合的方法进行导水裂隙带发育高度的探测，MD-2#孔需钻进至覆岩垮落带范围，以进一步验证采空区的水渗流能力及其注水性；MD-1#和 MD-3#孔根据理论判别结果设计施工深度为 230m，预估可进入导水裂隙带范围。

具体观测执行《导水裂缝带高度的钻孔冲洗液漏失量观测方法》（MT/T 865—2000），根据冲洗液漏失量、孔内水位、冲洗液循环中断、异常现象、岩心鉴定等方面观察分析导水裂隙发育状况。

层号	厚度/m	埋深/m	岩层岩性	关键层位置	岩层图例
25	35	35.00	松散层		
24	40.25	75.25	砂砾岩		
23	2	77.25	粉砂岩		
22	64.25	141.50	中砂岩		
21	0.8	142.30	粉砂岩		
20	0.8	143.10	煤层		
19	3.41	146.51	粉砂岩		
18	72.4	218.91	中砂岩	主关键层	
17	0.7	219.61	粉砂岩		
16	1	220.61	煤层		
15	0.5	221.11	泥岩		
14	1.5	222.61	煤层		
13	10.85	233.45	粉砂岩	亚关键层	
12	0.5	233.96	中砂岩		
11	0.95	242.91	粉砂岩	亚关键层	
10	0.7	243.61	煤层		
9	0.8	244.41	泥岩		
8	0.5	244.91	粉砂岩		
7	5.75	250.66	细砂岩		
6	7.1	257.76	中砂岩		
5	8.2	265.96	粉砂岩		
4	0.7	266.66	煤层		
3	9.25	275.91	粉砂岩	亚关键层	
2	1.7	277.61	煤层		
1	1.5	279.11	泥岩		
0	9.7	288.81	煤层		

(a) 44-21钻孔柱状

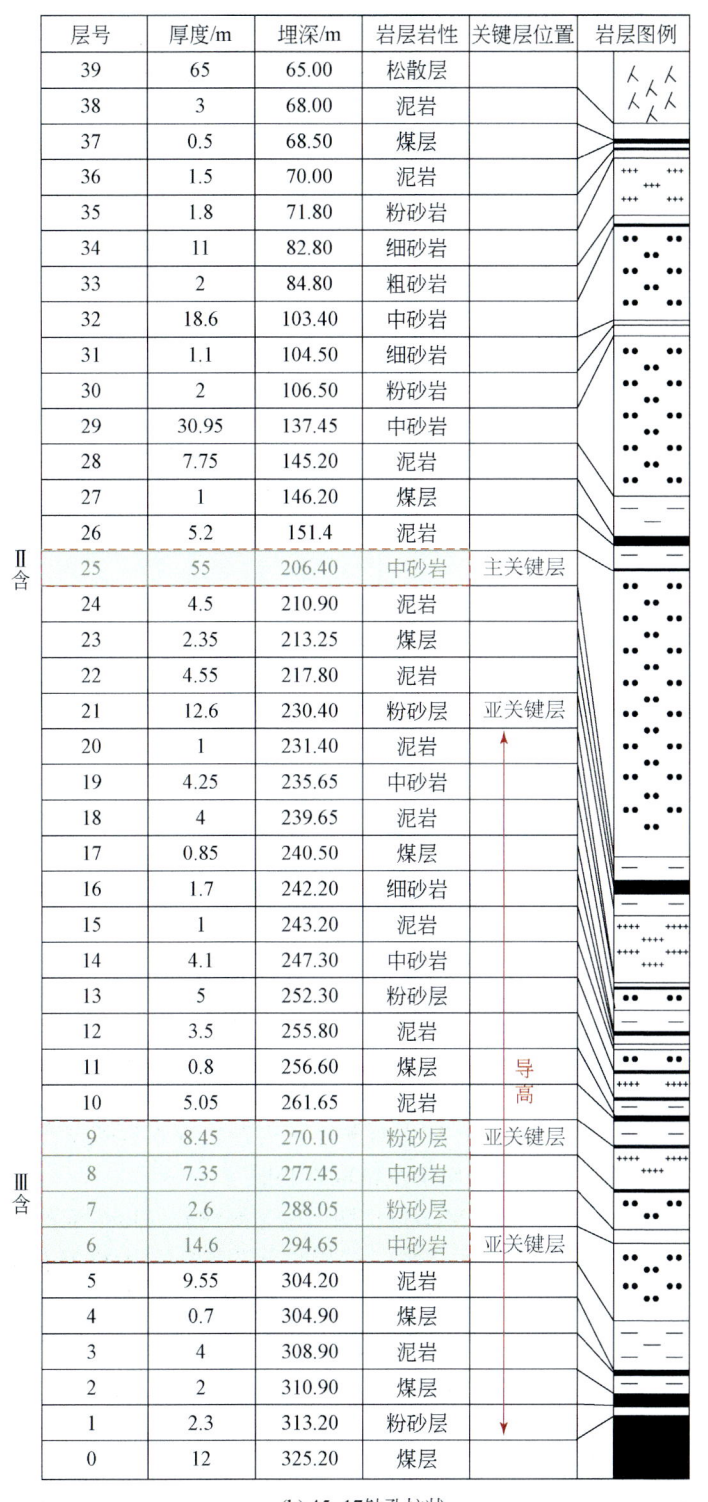

第9章 示范区地下水资源保护工程应用实例

层号	厚度/m	埋深/m	岩层岩性	关键层位置
39	65	65.00	松散层	
38	3	68.00	泥岩	
37	0.5	68.50	煤层	
36	1.5	70.00	泥岩	
35	1.8	71.80	粉砂岩	
34	11	82.80	细砂岩	
33	2	84.80	粗砂岩	
32	18.6	103.40	中砂岩	
31	1.1	104.50	细砂岩	
30	2	106.50	粉砂岩	
29	30.95	137.45	中砂岩	
28	7.75	145.20	泥岩	
27	1	146.20	煤层	
26	5.2	151.4	泥岩	
25	55	206.40	中砂岩	主关键层
24	4.5	210.90	泥岩	
23	2.35	213.25	煤层	
22	4.55	217.80	泥岩	
21	12.6	230.40	粉砂层	亚关键层
20	1	231.40	泥岩	
19	4.25	235.65	中砂岩	
18	4	239.65	泥岩	
17	0.85	240.50	煤层	
16	1.7	242.20	细砂岩	
15	1	243.20	泥岩	
14	4.1	247.30	中砂岩	
13	5	252.30	粉砂层	
12	3.5	255.80	泥岩	
11	0.8	256.60	煤层	导高
10	5.05	261.65	泥岩	
9	8.45	270.10	粉砂层	亚关键层
8	7.35	277.45	中砂岩	
7	2.6	288.05	粉砂层	
6	14.6	294.65	中砂岩	亚关键层
5	9.55	304.20	泥岩	
4	0.7	304.90	煤层	
3	4	308.90	泥岩	
2	2	310.90	煤层	
1	2.3	313.20	粉砂层	
0	12	325.20	煤层	

(左侧标注：Ⅱ含、Ⅲ含)

(b) 45-17钻孔柱状

图 9-34 敏东一矿 W01 工作面不同开采区域覆岩柱状及关键层位置判别结果

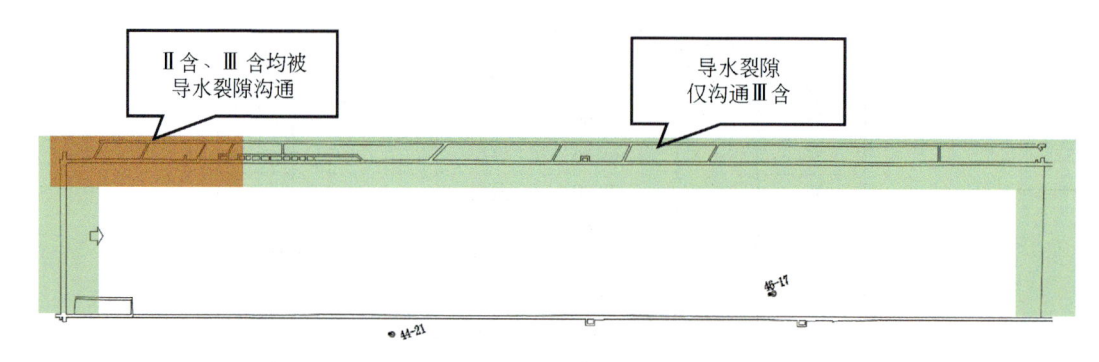

图 9-35　W01 工作面采动覆岩导水裂隙主通道分布范围

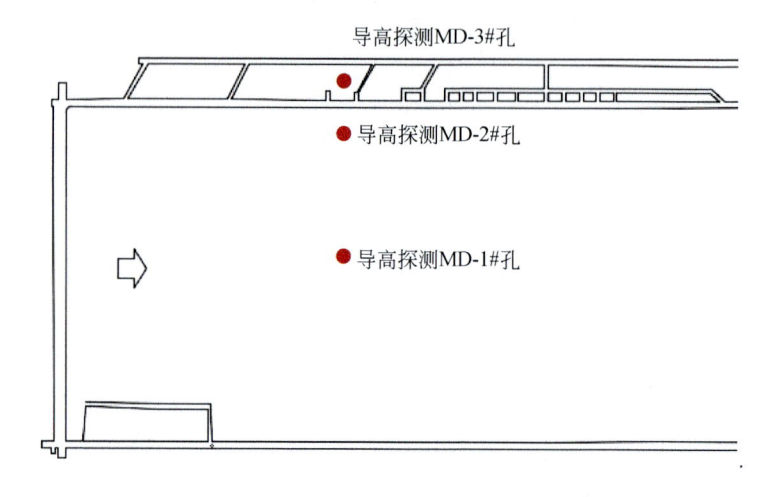

图 9-36　W01 工作面覆岩导水裂隙发育探测钻孔布置图

b. 现场探测结果与分析

现场施工依次完成位于工作面开采边界内侧附近的 MD-2#孔、MD-1#孔和 MD-3#孔的施工。3 钻孔施工过程中均开展了岩心钻取、冲洗液漏失量观测、钻孔水位观测等工作，并在成孔后进行常规测井和超声成像观测。依据取心柱状和常规测井，编制覆岩柱状，依据冲洗液漏失量、钻孔水位以及超声成像观测，获得覆岩导水裂隙发育及孔壁围岩破坏情况。如图 9-37 所示为 3 个钻孔现场施工及钻取岩心照片。

现场钻孔实施中，MD-1#孔和 MD-3#孔均已施工至终孔 230m 位置，并完成了相关观测工作，已经完成水文孔的改造施工工作（扩孔并布设花管）。MD-2#孔施工 240m 左右时出现卡钻现象，被迫放弃后，又在原钻进位置平移孔位后重新钻进探测，该孔在 240m 的钻进过程已进行了相关取心、测井，以及冲洗液漏失量观测，并在孔深 215m 范围进行了套管固井工作，以封闭Ⅰ含、Ⅱ含。钻孔虽未钻进至 290m 的设计孔深，但在 240m 钻进过程中也获得了一些反映覆岩破坏特征的重要数据。

图 9-38 为 3 个钻孔的冲洗液漏失量和孔内水位变化曲线，可见除 MD-2#孔外，处于工作面中部和边界外侧的钻孔均未见明显的冲洗液漏失和孔内水位变化现象。

第 9 章 示范区地下水资源保护工程应用实例

(a) MD-1#孔、MD-2#孔、MD-3#孔施工

(b) MD-2#孔钻取岩心

图 9-37 覆岩导水裂隙发育探查钻孔施工现场照片

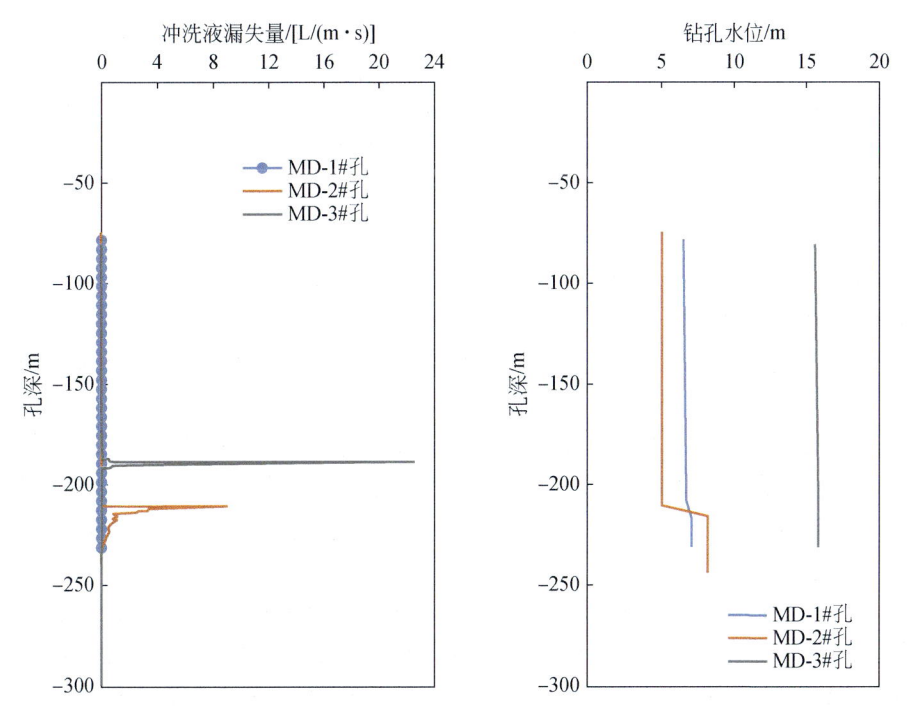

图 9-38 3 个钻孔的冲洗液漏失量和孔内水位变化曲线

MD-1#钻孔。该孔位于工作面中部，在整个230m的钻进过程中一直未呈现出明显的冲洗液漏失现象，而孔内水位也仅在孔深208m位置出现轻微下降，其余区段均未见明显变化。可见，该孔钻进位置对应采动覆岩中裂隙并不发育，这应与采空区中部处于充分采动状态和覆岩的长期压实作用有关。

MD-2#钻孔。该孔处于工作面开采边界内侧附近，在钻进至孔深211m左右位置曾出现孔口不返浆现象，对应冲洗液漏失量达8.9L/(m·s)；同时，在钻孔钻进至225m左右时，曾进行了套管固井工作（固井范围215m孔深），在此过程中注入前置液出现了套管外环孔腔不返浆现象；结合这两个信息可推测从孔深211m位置应已进入采动裂隙发育区。固井结束后，钻孔自孔深225m位置继续向下钻进，在钻进至240m孔深出现卡钻，此时向孔内泵入护壁泥浆仍不见孔口返浆现象，推测护壁泥浆已流入裂隙岩体中，更进一步证实对应区段已进入覆岩导水裂隙发育区。由以上现象及观测数据可以判断，MD-2#孔位置揭露的覆岩导水裂隙带顶界面为孔深211m位置，结合该处对应煤层底板标高可确定，覆岩导水裂隙带高度为70m。

MD-3#钻孔。该孔位于工作面开采边界外侧附近，钻进过程表现的冲洗液漏失状况与MD-1#钻孔类似，仅在钻进至孔深189m位置附近时出现瞬时偏大的漏失现象，冲洗液漏失量22.5L/(m·s)，但孔内泥浆仍能正常返浆，表明钻孔可能揭露微小裂隙。因裂隙的渗透性不佳，表现出的冲洗液漏失程度不明显。

对比工作面不同位置3个钻孔的钻进监测数据可见，在MD-2#钻孔探测得到的孔深211m以下区段出现的较大冲洗液漏失和裂隙发育现象，在其他2个钻孔并未探测得到，表明软岩条件采动裂隙明显的自修复现象。而且，在MD-2#钻孔自固井后直至孔深240m的钻进阶段，也未见明显冲洗液漏失和孔内水位变化现象，表明覆岩导水裂隙的自修复呈现明显"分区性"。即在垂向剖面上，不同层位对应采动裂隙的自修复程度不同，这显然与覆岩岩性以及当年开采后导水裂隙的初始发育状况密切相关；岩性越软、采后当年裂隙发育程度越小，对应后期裂隙的自修复难度越小、效果越好。

3. 人工引导自修复与调控方法

根据前述采动导水裂隙通道发育范围的分析，结合W01工作面的涌水量变化曲线，判断井下涌水主要由初采阶段的280m推进距范围对应裂隙主通道发育区域导流而来。重点针对这一位于开采边界附近的主通道发育区域实施修复封堵，设计提出如图9-39所示的钻孔注浆方案。

修复试剂灌注钻孔针对Ⅱ含和Ⅲ含分别外错开采边界10m和内错20～30m布置，以对开采边界附近的破断张拉裂隙主通道重点封堵。其中，外错布置钻孔的终孔深度为266m，对应Ⅲ含内最下面一层粉砂岩厚硬岩层，而内错布置钻孔的终孔深度则为230m，对应Ⅱ含下部一层粉砂岩关键层位置。具体孔深按照对应开采区域的覆岩柱状进行确定。

无论是外错或内错钻孔，施工时由地表至Ⅱ含底界面区域均采用套管护孔，防止上覆Ⅰ含、Ⅱ含的含水层水体通过钻孔涌入井下。考虑到修复试剂材料在导水裂隙范围水平扩散范围有限（根据相关工程经验，一般不超过60m），因此在平面上设置间隔80m布置一个

(a) 平面图

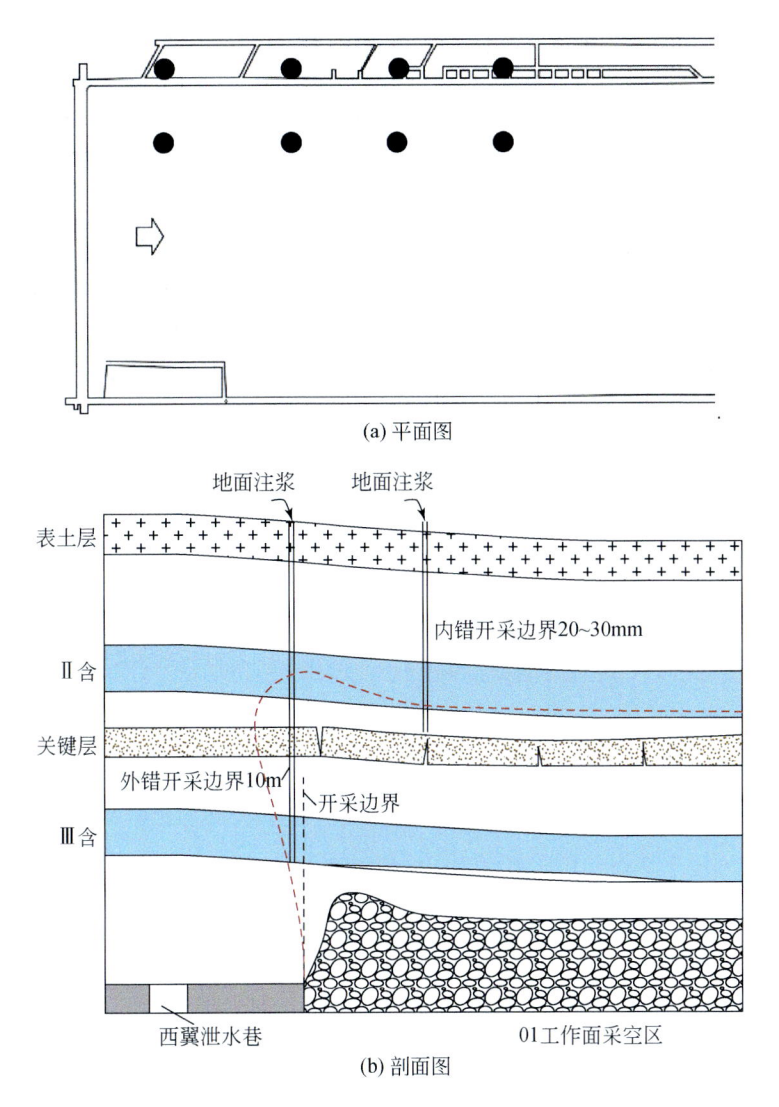

(b) 剖面图

图 9-39　覆岩导水裂隙主通道引导自修复的含水层保护技术方案示意图

钻孔。实际工程实施时，当钻孔钻进至Ⅱ含底界面且实施完套管护孔后，即采取钻进出现冲洗液大量漏失就注浆封堵的方式，直至钻进至设计终孔层位。

考虑到导水裂隙主通道的发育开度普遍较大，粒径偏小的封堵材料可能难以在裂隙空间停留，设计灌注初期先选用粒径偏大的封堵材料减小通道的过流断面，待注浆压力有上升趋势时，再改用促进裂隙自修复的试剂灌注。而对于W01工作面其他开采区域对应覆岩导水裂隙主通道区域，可参照与上述同样的方法实施。但由于这些区域导水裂隙仅沟通Ⅲ含，因此仅需外错开采边界10m布置钻孔，且钻进层位同样位于Ⅲ含内的砂岩硬岩层对应层位。

本章汇集了近五年在东部草原区大型煤电基地典型区（宝日希勒矿区、胜利矿区、敏东一矿）应用地下水资源保护新方法的示范工程成果。一是基于露天煤矿地下水保护模式和地下水库建设关键技术研究，通过地下水库建设的可行性验证和大型露天矿近地表生态型储水模式的现场实践，初步形成近底板水库储水、含水层连通层、近地表生态储水层和地表蓄水池的多层次地下水保护模式；二是基于软岩区导水裂隙带的深入研究，通过地下水库构筑可行性试验、导水裂隙带导通区探查和修复方法试验，实践探索了软岩区地下水原位保护可能性及技术途径；三是针对大量矿井水的储存与生态利用，通过矿井水向第四系松散层渗流试验、矿井水质在土壤、植被等生态要素的安全适应性实验分析，探索了矿井水转移储存和生态利用可能性，提出矿井水生态利用的洁净处理工艺方案。示范工程应用新技术效果显著，为大型煤电基地高强度煤炭开采下地下水资源保护与利用新技术提供了示范样本和有益经验。

结 束 语

本书是以我国能源集约化开发的重要形式——大型煤电基地为背景，针对煤电基地开发中持续的生态影响与区域生态安全保障的突出矛盾，聚焦煤电基地科学开发面临的水资源短缺与地下水系统破坏问题，按照"系统保护与协同利用"思路和煤电基地开发与区域生态安全协同目标，在我国大型煤矿区水资源保护研究与实践基础上，依托东部草原区煤电基地聚集区的系统研究与工程实践，突出大型露天矿区地下水库、大型井工矿地下水系统保护和区域水资源科学配置等重点，理论上围绕保护机制与方法，提出了露天矿地下水库储水介质重构机制、导水裂隙带自修复机制、近地表生态型储水机制、区域水资源调控机制和地下水保护地质评价、采动渗流系统分析和导通区辨识分析等方法；关键技术上针对有效保护与利用难点，开发了大型露天煤矿地下水库构建技术、大型井工矿地下水原位保护、导水裂隙带自修复促进、矿井（坑）水洁净储水与生态型利用等技术，实践上突出保护与利用效率，开展大型工程试验，按照"三层储水"模式构建了软岩区露天矿地下水库、含水层导水层和近地表生态型储水层，探索了软岩区煤矿地下水库构建、地下水原位保护和导水裂隙带自修复促进可行性，应用"低进-高推-慢停"柔性回采模式有效保护含水层，确立了矿井水生态型利用具体方法和大型煤电基地水资源科学配置方法，形成适应于我国煤电基地可持续开发的地下水资源保护与利用的关键技术体系，初步解决了我国大型矿区开发中水资源保护与利用中亟待解决的一些难点。

我国煤基能源集约化开发中，水资源科学保护与有效利用一直是煤炭资源开发与区域生态安全协调的难点。本书面向我国大型煤电基地区域生态安全研究提出和建立的水资源保护理论与关键技术，不仅进一步丰富了相关领域理论研究与科学实践内容，特别是基于典型大型煤电基地组织开展的相关工程试验，为我国煤电基地科学开发与区域生态保护协同中水资源保护进行了有益探索。鉴于前人研究结果的局限性和本研究时间有限性，针对实际应用场景的复杂性和多样性尚待进一步丰富和完善，特别是生态脆弱区的地下水资源保护与生态型利用（如生态型含水层重构、水-土-植协同修复、地下水原位保护、储水材料重构等）有待深入研究和实践，旨在系统提升大型煤电基地水资源保护与利用水平，促进我国煤基能源科学开发与区域生态安全建设。

本书是我国聚焦能源开发区域生态问题的相关重要成果，其出版必将对我国煤炭资源开发中水资源保护与利用实践起到重要推动作用。借此机会特别感谢科技部及中国 21 世纪议程管理中心、国务院国有资产监督管理委员会、中国煤炭工业协会、中国科学院等政府和行业主管部门的支持和关心；感谢在研究过程中，凌文、彭苏萍、顾大钊、武强、王双明等院士，申宝宏、王恩志、范立民、贺安民、靳德武、王佟、熊日华、王皓、陈苏社、李永峰等专家的指导和支持；感谢国家能源投资集团有限责任公司、清华大学、中煤科工西安研究院（集团）有限公司、中国矿业大学、中国矿业大学（北京）、神华宝日希勒能源有限责任公司、神华北电胜利能源有限责任公司、国源电力集团有限公司、神华地质勘查有限责任公司、神华宝日希勒露天矿、神华胜利露天矿、国神集团敏东一矿、华能伊敏露天矿等单位提供的大力支持；感谢所有未提及专家和科技人员为本书做出的积极贡献。

主要参考文献

曹定国，翁履谦，吴永根，等，2015. 快凝早强无机聚合物混凝土研究及应用［M］. 北京：科学出版社.

曹剑峰，迟宝明，王文科，2006. 专门水文地质学［M］. 北京：科学出版社.

曹志国，李全生，董斌琦，2014. 神东矿区煤炭开采水资源保护利用技术与应用［J］. 煤炭工程，46（437）：162-164，168.

陈南祥，李跃鹏，徐晨光，2006. 基于多目标遗传算法的水资源优化配置［J］. 水利学报，3（37）：308.

程寅，黄新，2015. 氯盐对碱激发矿渣净浆强度影响试验［J］. 北京航空航天大学学报，41（4）：693-700.

池明波，李鹏，曹志国，等，2023. 煤矿地下水库平板型人工坝体抗震性能分析［J］. 煤炭学报，48（3）：1179-1191.

崔玉川，2015. 煤矿矿井水处理利用工艺技术与设计［M］. 北京：化学工业出版社.

杜汉学，常国纯，张乔生，等，2002. 利用地下水库蓄水的初步认识［J］. 水科学进展，（5）：618-622.

杜新强，廖资生，李砚阁，等，2005. 地下水库调蓄水资源的研究现状与展望［J］. 科技进步与对策，（2）：178-180.

杜新强，冶雪艳，路莹，等，2009. 地下水人工回灌堵塞问题研究进展［J］. 地球科学进展，24（9）：973-980.

范立民，2017. 保水采煤的科学内涵［J］. 煤炭学报，42（1）：27-35.

范立民，杨宏科，2000. 沙层对矿井污水的净化作用及矿井水的利用——以榆神府矿区萨拉乌苏组沙层为例［J］. 国土资源科技管理，（6）：21-23.

范立民，李保平，2007. 陕北煤炭基地的矿井水资源及利用［J］. 地下水，29（5）：1-3.

范立民，张晓团，向茂西，等，2015. 浅埋煤层高强度开采区地裂缝发育特征——以陕西榆神府矿区为例［J］. 煤炭学报，40（6）：1442-1447.

范立民，向茂西，彭捷，等，2016. 西部生态脆弱矿区地下水对高强度采煤的响应［J］. 煤炭学报，41（11）：2672-2678.

冯缠利，贺随成，2012. 陕北榆林能源化工基地水资源配置及供水网络研究［J］. 陕西水利，6：61-62.

付亚伟，蔡良才，曹定国，等，2010. 碱矿粉无机聚合物混凝土的制备及性能研究［J］. 建筑材料学报，13（4）：524-528.

顾大钊，2015. 煤矿地下水库理论框架和技术体系［J］. 煤炭学报，40（2）：239-246.

顾大钊，张建民，杨俊哲，等，2012. 能源"金三角"煤炭开发水资源保护与利用［M］. 北京：科学出版社.

顾大钊，张建民，王振荣，等，2013. 神东矿区地下水变化观测与分析研究［J］. 煤田地质与勘探，41（4）：35-39.

关博文，刘开平，赵秀峰，等，2008. 煤矸石资源化再利用研究［J］. 煤炭转化，（1）：89-92，96.

郭倩，2014. 榆阳煤矿开采对周边地下水水位的影响［D］. 西安：长安大学.

郭强, 2018. 煤矿矿井水井下处理及废水零排放技术进展 [J]. 洁净煤技术, 24 (1): 33-37, 56.

何伟民, 2018. 宝日希勒露天煤矿矿区水资源处理和优化分配研究 [D]. 徐州: 中国矿业大学.

何绪文, 李福勤, 2010. 煤矿矿井水处理新技术及发展趋势 [J]. 煤炭科学技术, 38 (11): 17-22, 52.

黄修东, 束龙仓, 刘佩贵, 等, 2009. 注水井回灌过程中堵塞问题的试验研究 [J]. 水利学报, 40 (4): 430-434.

姬广青, 2013. 露天煤矿开采对地下水环境的影响研究 [D]. 内蒙古: 内蒙古大学.

姬亚东, 2009. 陕北煤矿区矿井水资源化及综合利用研究 [J]. 地下水, 31 (1): 84-86.

蒋晓辉, 谷晓伟, 何宏谋, 2010. 窟野河流域煤炭开采对水循环的影响研究 [J]. 自然资源学报, 25 (2): 300-307.

兰荣辉, 雷俊琴, 郑秀清, 等, 2014. 煤炭开采对多层含水系统水位动态的影响分析 [J]. 煤矿开采, 19 (3): 40-43.

李化建, 孙恒虎, 肖雪军, 2005. 煤矸石质硅铝基胶凝材料的试验研究 [J]. 煤炭学报, (6): 778-782.

李霖皓, 马昆林, 龙广成, 等, 2019. 煤矸石作为骨料对不同水泥基材料耐久性影响 [J]. 科学技术与工程, 19 (1): 227-235.

李令跃, 甘泓, 2010. 试论水资源合理配置和承载能力概念与可持续发展之间的关系 [J]. 水科学进展, (3): 307-313.

李鹏, 邢国章, 张院, 等, 2015. 北京地下水人工回灌悬浮物堵塞试验研究 [J]. 节水灌溉, (10): 63-66, 70.

李琦, 孙根年, 2007. 略述我国煤矸石资源的再生利用途径 [J]. 粉煤灰综合利用, (3): 51-53.

李全生, 鞠金峰, 曹志国, 等, 2017. 基于导水裂隙带高度的地下水库适应性评价 [J]. 煤炭学报, 42 (8): 2116-2124.

李少伟, 周梅, 张莉敏, 2020. 自燃煤矸石粗骨料特性及其对混凝土性能的影响 [J]. 建筑材料学报, 23 (2): 334-340, 380.

李舒, 陈元芳, 李致家, 2016. 井工矿开采对窟野河水资源的影响 [J]. 河海大学学报 (自然科学版), 44 (4): 347-352.

李向全, 张春潮, 侯新伟, 2021. 采煤驱动下晋东大型煤炭基地地下水循环演变特征——以辛安泉域为例 [J]. 煤炭学报, 46 (9): 3015-3026.

李永靖, 邢洋, 张旭, 等, 2013. 煤矸石骨料混凝土的耐久性试验研究 [J]. 煤炭学报, 38 (7): 1215-1219.

林学钰, 1984. 论地下水库开发利用中的几个问题 [J]. 长春地质学院学报, (2): 113-121.

刘基, 高敏, 靳德武, 等, 2020. 榆神矿区地表水水化学特征及其影响因素分析 [J]. 煤炭科学技术, 48 (7): 354-361.

刘天泉, 1986. 厚松散含水层下近松散层的安全开采 [J]. 煤炭科学技术, (2): 14-18, 63.

刘伟, 刘胜华, 秦文, 等, 2020. 贵州省区域性煤矿区闭坑后周边地表水的污染特征 [J]. 亚热带资源与环境学报, 15 (2): 11-19.

刘晓丽, 曹志国, 陈苏社, 等, 2019. 煤矿分布式地下水库渗流场分析及优化调度 [J]. 煤炭学报, 44 (12): 3693-3699.

罗海波, 刘方, 邓为难, 等, 2010. 贵州省煤矸石堆场径流污染特征及其对溪流水质的影响 [J]. 水土保持通报, 30 (4): 148-151.

主要参考文献

马农乐，赵中极，2006. 层次分析法及其改进对确定权重系数的分析［J］. 水利科技与经济，12（11）：732-734.

马向东，2014. 锦界煤矿开采对地下水系统影响研究［D］. 合肥：合肥工业大学.

马雄德，范立民，张晓团，等，2015. 榆神府矿区水体湿地演化驱动力分析［J］. 煤炭学报，40（5）：1126-1133.

茅艳，段敬民，王智敏，2004. 煤矸石建筑材料性能特性的分析［J］. 煤炭工程，（7）：61-63.

庞义辉，李鹏，周保精，2018. 8.0m大采高工作面煤矿地下水库建设技术可行性研究［J］. 煤炭工程，50（2）：6-15.

彭己君，刘田田，2011. 呼伦贝尔煤电基地建设现状、问题及对策［J］. 中国煤炭，3（37）：35-38.

浦海，许军策，卞正富，等，2022. 关闭/废弃矿井地热能开发利用研究现状与进展［J］. 煤炭学报，47（6）：2243-2269.

蒲心诚，1994. 高强混凝土与高强碱矿渣混凝土［J］. 混凝土，（3）：9-18.

蒲心诚，杨长辉，甘昌成，1992. 高强碱矿渣水泥与混凝土缓凝问题研究［J］. 水泥，（10）：32-36.

戚春前，2011. 赵各庄矿煤炭深部开采与地表浅部地下水位变化规律探讨［J］. 中国煤炭，37（1）：48-49，59.

钱鸣高，许家林，1998. 覆岩采动裂隙分布的"O"形圈特征研究［J］. 煤炭学报，（5）：20-23.

钱鸣高，缪协兴，许家林，2007. 资源与环境协调（绿色）开采［J］. 煤炭学报，（1）：1-7.

邵改群，2001. 山西煤矿开采对地下水资源影响评价［J］. 中国煤田地质，13（1）：41-43.

沈军，刘勇健，2002. 水资源优化配置模型参数识别的遗传算法［J］. 武汉大学学报，35（3）：13-16.

沈智慧，2001. 榆神府矿区矿井水资源化研究［J］. 水文地质工程地质，（2）：52-53.

师维刚，张嘉凡，张慧梅，等，2017. 防水隔离煤柱结构分区及合理宽度确定［J］. 岩石力学与工程学报，36（5）：1227-1237.

苏宏田，2012. 呼伦贝尔煤电基地发展调研分析［J］. 中国电力，7（45）：94-95.

陶虹，宁奎斌，陶福平，等，2016. 陕北典型风沙滩地区浅层地下水动态特征及对煤炭开采响应分析［J］. 煤炭学报，41（9）：2319-2325.

田燚，2012. 北京市平原典型岩性地下水回灌堵塞及防治的沙柱实验［D］. 北京：中国地质大学.

汪伟，贾宝山，祁云，等，2019. 高浊度矿井水资源化处理条件优选试验研究［J］. 非金属矿，42（1）：81-84.

王淑璇，张溪彧，杨建，2022. 露天矿矿井水强化混凝与季节适应性研究［J］. 工业水处理，42（9）：117-123.

王子昕，宋颖霞，郭呈宇，2019. 巴拉素煤矿煤炭开采对地表水的影响分析［J］. 矿业安全与环保，46（4）：108-112.

魏东，全元，王辰星，等，2014. 国家大型煤电基地生态环境监测技术体系研究［J］. 生态学报，11（34）：2821-2828.

文志杰，姜鹏飞，景所林，等，2021. 煤矿地下水库底板渗流模拟试验系统研制及验证［J］. 煤炭学报，46（5）：1487-1497.

吴英杰，2010. 锡林浩特市多水源综合利用及合理配置研究［D］. 呼和浩特：内蒙古农业大学.

武强，王志强，郭周克，等，2010. 矿井水控制、处理、利用、回灌与生态环保五位一体优化结合研究［J］. 中国煤炭，36（2）：109-112.

谢克昌，2014. 中国煤炭清洁高效可持续开发利用战略研究［M］. 北京：科学出版社.

薛忠新，李文俊，韩伟，2018. 张家峁煤矿矿井水处理回用工艺研究［J］. 煤炭工程，50（12）：21-22.

杨建，王强民，王甜甜，等，2019. 神府矿区井下综采设备检修过程中矿井水水质变化特征［J］. 煤炭学报，44（12）：3710-3718.

杨科，吕鑫，刘钦节，等，2022. 废弃矿井遗留煤柱-人工坝黏结体失稳特征试验研究［J］. 采矿与安全工程学报，39（6）：1071-1083.

姚强岭，郝琪，陈翔宇，等，2019. 煤矿地下水库煤柱坝体宽度设计［J］. 煤炭学报，44（3）：891-899.

易成，马宏强，朱红光，等，2017. 煤矸石粗集料混凝土抗碳化性能研究［J］. 建筑材料学报，20（5）：787-793.

袁亮，姜耀东，王凯，等，2018. 我国关闭/废弃矿井资源精准开发利用的科学思考［J］. 煤炭学报，43（1）：14-20.

曾路，余意恒，任毅，等，2019. 碱激发钢渣-矿渣加气混凝土的制备研究［J］. 建筑材料学报，22（2）：206-213.

张兵，宋献方，马英，等，2013. 煤电基地建设对内蒙古锡林郭勒盟乌拉盖水库周边水环境的影响［J］. 干旱区资源与环境，1（27）：190-194.

张成凤，2008. 基于遗传算法的榆林市水资源优化配置的研究［D］. 咸阳：西北农林科技大学.

张凤娥，刘文生，2002. 煤矿开采对地下水流场影响的数值模拟——以神府矿区大柳塔井田为例［J］. 安全与环境学报，（4）：30-33.

张建，邵长飞，黄霞，等，2003. 污水土地处理工艺中的土壤堵塞问题［J］. 中国给水排水，19（3）：17-20.

张金喜，陈炜林，杨荣俊，2010. 煤矸石集料基本性能的试验研究［J］. 建筑材料学报，13（6）：739-743.

张思锋，马策，张立，2011. 榆林大柳塔矿区乌兰木伦河径流量衰减的影响因素分析［J］. 环境科学学报，31（4）：889-896.

张溪彧，杨建，张全，2020. 高悬浮物矿井水电化学特性分析及污染物去除效果研究［J］. 矿业安全与环保，47（3）：37-41.

张溪彧，杨建，王皓，等，2022. 露天矿地下水库人工回灌介质渗透性与水质变化规律研究［J］. 煤炭科学技术，50（7）：291-297.

赵宾，王方田，梁宁宁，等，2018. 高应力综放面区段煤柱合理宽度与控制技术［J］. 采矿与安全工程学报，35（1）：19-26.

赵彩凤，杨建，2018. 高矿化度矿井水地下回灌对毛乌素沙漠地下水水质的影响［J］. 煤矿安全，49（3）：29-32.

赵婧彤，冶雪艳，杜新强，等，2019. 不同浓度悬浮物颗粒在多孔介质中迁移特性研究［J］. 水利水电技术，50（10）：25-31.

赵丽，孙艳芳，杨志斌，等，2018. 煤矸石去除矿井水中水溶性有机物及氨氮的实验研究［J］. 煤炭学报，43（1）：236-241.

赵天石，2002. 关于地下水库几个问题的探讨［J］. 水文地质工程地质，（5）：65-67.

郑娟荣，杨长利，陈有志，2012. 碱激发胶凝材料抗硫酸盐侵蚀机理的探讨［J］. 郑州大学学报（工学版），33（3）：1-4.

中国科学院地理科学与资源研究所，2012. 噬水之煤：煤电基地开发与水资源研究［M］. 北京：中国环境科学出版社.

周翠红，常欣，2007. 煤矸石综合利用技术综述 [J]. 选煤技术，（2）：61-64，73.

周继凯，何旭，王泽宇，等，2018. 海水海砂混凝土与潜在危害研究进展 [J]. 科学技术与工程，18（24）：179-187.

周梅，李高年，张倩，等，2015. 自燃煤矸石骨料在预拌混凝土中的应用研究 [J]. 建筑材料学报，18（5）：830-835.

周宁，2018. 草原区露天矿外排土场生态恢复的探究与实践 [J]. 中国资源综合利用，36（11）：194-196.

周笑绿，张萍，刘涛，等，2006. 神北矿区矿井水资源化研究 [J]. 上海电力学院学报，（3）：246-248，253.

Atia A A, Donia A M, Yousif A M, 2003. Synthesis of amine and thio chelating resins and study of their interaction with zinc (II), cadmium (II) and mercury (II) ions in their aqueous solutions [J]. Reactive and Functional Polymers, 56: 75-82.

Bill M, Barthj A C, Slater G F, et al., 2003. Carbon isotope fractionation during reductive dechlorination of TCE in batch experiments with iron samples from reactive barriers [J]. Journal of Contaminant Hydrology, 66 (1-2): 25-37.

Blowes D W, Ptaeek C J, Jambor J L, 1997. In situ remediation of chromate contaminated ground water using permeable reactive walls [J]. Environmental Science Technology, 31: 3348-3357.

Cady P, Boving T B, Choudri B S, et al., 2013. Attenuation of bacteria at a riverbank filtration site in rural India [J]. Water Environment Research, 85 (11): 2164-2174.

Davidovits J, 1991. Geopolymers: inorganic polymeric new materials [J]. Journal of Thermal Analysis, 37 (8): 1633-1656.

Dillon P J, Pavelic P, 1996. Guidelines on the quality of stormwater and treated wastewater for injection into aquifers for storage and reuse [R]. Australia: Urban Water Research Association Research.

Dong Z C, Xia J X, Fan C, et al., 2015. Activity of Calcined coal gangue fine aggregate and its effect on the mechanical behavior of cement mortar [J]. Construction and Building Materials, 100: 63-69.

Eastwood J C, Stanfield P J, 2001. Key success factors in an ASR scheme [J]. Quarterly Journal of Engineering Geology and Hydrogeology, 34 (4): 399-409.

Guo H M, Zhang B, Wang G C, et al., 2010. Geochemical controls on arsenic and rare earth elements approximately along a groundwater flow path in the shallow aquifer of the Hetao Basin, Inner Mongolia [J]. Chemical Geology, 270: 117-125.

Hollander H M, Hinz I, Boochs P W, et al., 2005. Experiments to determine clogging and redevelopment effects of ASR-wells at laboratory scale [C]. Berlin: 5th International Symposium Aquifer Recharge.

Junaid M T, Kayali O, Khennane A, et al., 2015. A mix design procedure for low calcium alkali activated fly ash-based concretes [J]. Construction and Building Materials, 79: 301-310.

Kumar P, Mehrotra I, Gupta A, et al., 2018. Riverbank filtration: a sustainable process to attenuate contaminants during drinking water production [J]. Journal of Sustainable Development of Energy, Water and Environment Systems, 6 (1): 150-161.

Lindsey R L, Page W, 1992. Inspection and maintenance of infiltration facilities [J]. Journal of Soil and Water Conservation, 47 (6): 481-486.

Luan J K, Zhang Y Q, Tian J, et al., 2020. Coal mining impacts on catchment runoff[J]. Journal of Hydrology, 589: 125101.

Ma L, Spalding R F, 1997. Effects of artificial recharge on groundwater quality and aquifer storage recovery [J]. Journal of the American water Resources Association, 33 (3): 561-572.

Marcela J, 2012. Riverbank filtration: an efficient and economical drinking-water treatment technology [J]. Dyna, 171 (79): 148-157.

Mingbo C, Zhi G C, BaoY W, et al., 2022. Prediction of water source and water volume of underground reservoir in coal mine under multiple aquifers [J]. Water Supply, ws2022035.

Morrison S, Metzler D R, Brian P D, 2002. Removal of As, Mn, Mo, Se, U, V and Zn from groundwater by zero-valet iron in a passive treatment cell: reaction progress modeling [J]. Journal of Contaminant Hydrology, (56): 99.

Nathalie T, Joseph N R, Menachem E, 2002. The promise of bank filtration [J]. Environmental Science and Technology, 36 (21): 422A-428A.

Robertson W D, Vogan J L, Lombardo P S, 2008. Nitrate removal rates in a 15-Year-old permeable reactive barrier treating septic system nitrate [J]. Ground Water Monitoring and Remediation, 28 (3): 65-72.

Stéphanie R P, Santo R, Pascale S, et al., 2000. Interrelationships between biological, chemical, and physical processes as an analog to clogging in aquifer storage and recovery (ASR) wells [J]. Water Research, 34 (7): 2110-2118.

Su H L, Ruey S J, 2002. Heavy metal removal from water by sorption using surfactant modified montmorillonite [J]. Journal of Hazardous Materials, B92: 315-316.

Xie S, Wen Z, Zhan H B, 2018. An experimental study on the adsorption and desorption of Cu(II) in silty clay [J]. Geofluids, (1): 3610921.

Yang S, Xu J, Zang C, et al., 2019. Mechanical properties of alkali-activated slag concrete mixed by seawater and sea sand [J]. Construction and Building Materials, 196: 395-410.

Younger P, Banwart S A, Hedin R S, 2002. Mine Water: Hydrology, Pollution, Remediation [M]//Trevors J. Environmental Pollution, vol 5. Dordrecht: Springer.